北歸

南渡北歸

第二部

岳南 著

Contents 目次

北

南渡北歸

第二部

第一章

聞道在蜀郡

一、李約瑟的李莊之行

陳寅恪與李莊失之交臂，標誌著中央研究院歷史語言研究所由盛轉衰。當年史語所的主將趙元任，早在昆明時期就棄所而去，跑到美國任教於夏威夷大學，後轉耶魯與哈佛大學任教，從此再也沒有與戰火熊熊的祖國同呼吸、共命運。史語所在李莊的另外幾員大將如梁思永仍重病在身，只能躺在病榻上做一點力所能及的工作。李濟的主要精力仍放在中央博物院籌備處，李方桂也已離開李莊到成都燕京大學任教，凌純聲不久即到重慶教育部蒙藏司做了司長，只有董作賓、吳定良、芮逸夫、石璋如等幾位元老還在李莊板栗坳這座孤獨的「山寨」裡艱難度日。面對日漸冷清且有些悲涼的境地，大家仍苦撐待變。正如石璋如所說：「留下的幾個人不管如何，依舊規矩工作。」[1]

就在學者們於貧困、寂寞中，蟄伏在山坳裡默默做著案頭工作時，一位高個頭、大鼻子、藍眼睛的老外，來到了李莊，使揚子江頭落寞的古鎮掀起了略帶鹹澀味的微波。這個老外便是後來以《中國科學技術史》在中國學術界廣為人知的英國劍橋大學教授、科技史家李約瑟（Joseph Needham, 1900-1995）。

如大多數事業有成的人物留下的傳記所述，在愛爾蘭成長起來的李約瑟，也屬於聰明好學之士，一九二二年畢業於劍橋大學，一九二四年獲該校哲學博士學位。後來，李約瑟更以研究生物化學聲名鵲起，三十七歲當選為英國皇家學會會員，其曾經轟動一時的生物化學與胚胎學方面的成名著作《化學胚胎學》、《生物化學與形態發生》，均在他四十歲之前問世。[2]

可能與人的性格或天性有關，據李約瑟自己介紹，求學時代的他有一天突然鬼使神差般對科學史發生了濃厚興趣，後又把目光漸漸移向東方文明曙光升起的地方。一九二二年夏天，剛從劍橋大學岡維爾—基茲學院畢業不久的李約瑟，無意中讀到一位中國留美學生用英文在《國際倫理學雜誌》發表的一篇論文〈為什麼中國沒有科學——對中國哲學的歷史及其後果的一種解釋〉。文中認為中國之所以沒有科學，「是因為按照她自己的價值標準，她毫不需要」。作者感慨道：「依我看來，如果中國人遵循墨子善即有用的思想，或是遵循荀子制天而不頌天的思想，那早就產生了科學。」[3]這篇文章的作者，就是後來任教清華、西南聯大、北大，並在「文革」期間跟在江青高翹的屁股後面一度呼風喚雨的馮友蘭。當年的李約瑟讀罷這篇奇文，於驚奇不解中生發出一系列感慨：許多年來，自以為高等民族的西方人對中國文明的無知、蔑視與偏見，以霸道甚至是渾蛋的邏輯搞出的所謂「歐洲文明中心論」與「中國文明西來說」等一系列偽學說，對中華民族和中國人已是極端的不公正和羞辱了，難道連中國人自己都不承

援華時的李約瑟

認中國有過科學?!該文闡述的觀點與自輕自賤的「小賤人」做派，對李氏的精神產生了極大刺激，文章的作者馮友蘭的大名，也一併長久地積存於他的記憶之中。

一九三七年十一月，中國的淞滬抗戰最為悲情壯烈之時，三位中國留學生來到英國劍橋大學李約瑟門下拜師學藝，分別是燕京大學的沈詩章、金陵大學的王應睞和上海雷士德醫學研究所一位南京藥商的女兒魯桂珍。三位黃皮膚的年輕人不僅給李約瑟帶來了中國的傳統文化，還給他帶來了對中國古代文明的堅定信念。這位大鼻子、藍眼睛的「夷人」，於人生中途突然轉向了對中國文化的熱愛與研究，而這一抉擇，與他和中國學生，特別是早年畢業於金陵女子大學理學院、時年三十三歲的魯桂珍相遇有極大關係。對於李、魯建立的友愛之情，李約瑟本人曾在多種場合坦誠地表示過，魯桂珍晚年也同樣不謙虛地「笑納」了。比魯桂珍大三歲的李約瑟，先是愛慕魯的美貌和她一顰一笑所展現的典型東方大家閨秀的風韻，連帶地引發了他熱愛中國文化的強大衝動與興致。而對中國文化強烈的喜愛，又促使李約瑟提出並思考一系列問題，正如他在後來的回憶文章中所言：「我對他們的了解越深，我與他們的思想就越相接近，這就導致我尖銳地提出一問題：

與李約瑟合著《中國科學技術史》時的魯桂珍。（引自王錢國忠編，《李約瑟畫傳》〔貴陽：貴州人民出版社，1999〕。以下引圖同）

為什麼在西元一至十五世紀的漫長歲月裡，中國在科學技術方面比西方更為有效並遙遙領先？中國究竟有哪些科技成就及其貢獻？為什麼中國的傳統科學一直處於原始的經驗主義階段，而沒能自發地產生近代科學及隨之而來的工業革命？」[4]——這一連串的疑問，就是後來世人津津樂道的「李約瑟難題」（Needham Puzzle）[5]的雛形。

既然疑問占據了李約瑟追求真理與科學精神的心靈，就要設法去解答、破譯，於是，李約瑟自內心深處發生了信仰上的皈依（conversion）。對此，李氏說道：「我深思熟慮地用了這個詞，因為頗有點像聖保羅在去大馬士革的路上發生的皈依那樣……命運使我以一種特殊的方式皈依到中國文化價值和中國文明這方面來。」[6]

《聖經》上說，猶太教徒掃羅在前往大馬士革的途中，忽然被一束強光罩住，並受到耶穌的責備。此後，掃羅反省了三天三夜，耶穌派了亞拿尼亞去看望掃羅。從此掃羅皈依了耶穌，並改名保羅，成為耶穌直接挑選的使徒。李約瑟形容自己的這種轉變「頗有點像聖保羅在去大馬士革的路上發生的皈依那樣」墜入中華文化的「愛河」，「對漢語、漢文、漢字和自古以來傳播於中國的思想，產生了激情。它們把我引入了一個我以往一無所知的新天地」。[7]正是這一思想和學術價值觀的轉變，使三十七歲的李約瑟開始向魯桂珍和劍橋另一位著名漢學家古斯塔夫．哈隆（Gustav Haloun）發憤學習漢語，並渴望在有生之年破譯這個「李約瑟難題」。當魯桂珍即將畢業離開劍橋時，李約瑟與她合寫了第一篇中國科學史論文，並相約：今後決心要在這方面做出一番事業，猶如羅馬國會上主張「迦太基不滅，我們就要被滅亡」的誓言一樣。

此時的李約瑟立志要寫出的是「一冊過去西洋文獻中曠古未見的關於中國文化中的科學、技術和醫藥的歷史專書」，並通過這部著作，解開這個令人困惑的難題——這就是後來震動世界，由最初的一冊而延伸到三十多卷冊的皇皇巨著《中國科學技術史》得以問世的胚芽。

一九四二年秋，英國政府在二次世界大戰最為重要的轉折時刻，決定派遣一批著名科學家與學者赴中國考察訪問並給予人道主義援助。作為英國皇家學會會員兼及初通中文，並對東方文明懷有濃厚興趣的李約瑟有幸被選中，他與牛津大學的希臘文教授E. R.多茲（E. R. Dodds，又譯為道茲或陶德斯）組成英國文化科學使團，前往中國。一九四三年三月，李約瑟與幾位同事從印度加爾各答經中國與外界相連的唯一通道——著名的「駝峰」航線，飛越喜馬拉雅山，進入雲南昆明，自此開始了長達四年的在華考察生涯。

在昆明逗留期間，李約瑟訪問了西南聯合大學與中央研究院在昆明的天文、化學和工程研究所，並為這幾家機構輸送了部分圖書、儀器等緊缺物品。

三月二十一日，李約瑟一行由昆明飛往重慶。翌日一早，前往中央研究院總辦事處拜訪總幹事葉企孫，討論戰後中國與歐洲科學合作事宜。其後與當時正在重慶的國民政府政治、科學、教育、文化界大員吳鐵城、陳立夫、王世杰、翁文灝、張道藩、蔣廷黻、蔣夢麟、朱家驊、梅貽琦等人分別做了晤談。受朱家驊聘請，李約瑟與E. R.多茲出任中央研究院通訊研究員。在英國駐華大使西摩的理解和支持下，這年六月，通過中英政府的共同努力，在重慶成立了中英科學合作館，李約瑟出任館長，辦公地點設在英國駐華使館一側的平房內，人員由六位英國科學家和十位中國科學家組成。

就在這個機構組建時，李約瑟因對昆明和重慶幾所大學與研究所的訪問，越發感到中國古代文明博大精深，埋藏在心中的陳年舊夢開始復甦，他找到國民政府教育部部長陳立夫，陳述自己除承擔的中英文化交流工作，還有一個研究中國古代科學的計畫，擬在自己最感興趣的中國古代科技成就、科學思想及其人類文化史上的價值方面，做深刻比較、研究，寫一部專著，名為《中國的科學和文化》（南按：即後來的《中國科學技術史》）。陳立夫聽罷，「以其所志正獲吾心」，[8]當即表示讚賞與支持，並鼓勵道：「這個計畫非常好，這本書由你寫比我們寫好，因為你不是中國人，由一個非中國人來談中國事物所編寫的書必然有更大的價值。」[9]為配合李約瑟這一工作計畫，陳立夫許諾政府在力所能及的範圍內給予全力支持。出於對這位外國學者所立志向的敬重，陳立夫還當場贈給李約瑟前後《漢書》各一部。事隔四十二年，李約瑟訪問臺灣時，還未忘記就贈書一事再次當面向陳氏道謝。

李約瑟的研究計畫，曾遭到部分在華外國集團勢力反對，其中反對最激烈的就是當時在重慶的美國國務院文化關係司對華關係處官員、後來成為著名中國問題專家的費正清。據費氏回憶，他當時「曾和李約瑟就他對中國科學技術的研究計畫進行過激烈的爭論」。[10]這個爭論一直持續到後來在羅馬召開的第十二屆歷史學家代表大會。不過當時的李約瑟並沒有把這個政客學者費正清放在眼裡，更不顧及費正清無休止的囉唆與胡言亂語，外加行動上的為難與阻撓。既然決心已定，又有中國政府要員如陳立夫、朱家驊、翁文灝等名流大腕強力支持，一個小小的美國文化官僚與政客費正清又何足懼哉？李約瑟決定立即行動起來，向自己

1921年，北大留美校友與赴美考察的蔡元培合影。前排中為蔡元培，左二為羅家倫，二排左一為馮友蘭。

的既定目標奮進。一九四三年初夏，李約瑟帶上助手，開始了中國西南地區的考察，從而有了與中國科學、教育界人士接觸交流的機緣。

李約瑟一行到達成都不久，正逢西南聯大文學院院長、哲學系教授馮友蘭受邀在成都華西壩幾家大學講演。在一次演講中，馮友蘭聲稱：道教是世界上迄今所知道的唯一不極度反對科學的自然神祕主義云云。當時李約瑟正與助手坐在來賓席上靜心聆聽，面對馮友蘭的面孔與聲調，李約瑟忽然記起這個呈慷慨激昂狀的人，就是二十年前在《國際倫理學雜誌》上公開放言中國沒有科學的那位中國留學生馮某，遂當場產生輕視之意，對其學說不以為然。這個時候的李約瑟已經開始認識到，真實的中國道教文化與馮氏所言恰恰相反，道教是非常贊同科學的，可以說是科學的啟蒙老師。

五月三日下午，藉華西協和大學邀請演講的機會，李約瑟於該校體育館以「科學與社會」

為題做了演講，並針對馮友蘭的學說特別提出：「科學是人和人的合作，以及隨著時代的不斷發展而累積起來的結果。全世界的各民族，都曾對科學有所貢獻。在遠古時代，埃及、巴比倫、中國和許多地中海國家，都對數學、天文、醫藥、化學及地質有過貢獻。在這些科學中，古代中國對煉丹術及在工程方面貢獻特別偉大。」按李氏的說法，「煉丹術」這個名詞就發源於中國。當時尚在成都的馮友蘭是否前往聽講不得而知，但從翌日《中央日報》引用一個學生的筆記所做的報導看，這個夾帶著對馮氏學說反擊的演講頗受聽眾歡迎，以至於當李約瑟「結束他的演說後很久，似乎還有餘音繞梁之慨」。[11]

隨著李約瑟對中國古代文明和科技成果有了更多、更進一步的了解和認識，他開始在論文中公開提出：中國文化技術中，「哪裡萌發了科學，哪裡就會尋覓到道家的足跡。無論你在哪裡發現煉丹術或古代化學，你就能在哪裡發現道家的影子，他們總是在那裡——煉丹房裡進行著世界上最早的科學實驗」。[12]如晉代的葛洪，被李約瑟稱為「他那時代最偉大的煉丹家和中國最偉大的煉丹術作家」，[13]葛氏所著的閃耀著科學思想光輝的名著《抱朴子》，極富科學哲理地探討了通過人為的方法來延長壽命或達到物質不朽的可能性。而整個道家思想體系，直到今天還在中國人的思想背景中占有至少和儒家同樣重要的地位。這是一種哲學與宗教的出色而極其有趣的結合，同時包含著「原始的」科學和方術。它對於了解全部中國科學技術是極其重要的。出於對中國道教的推崇與迷戀，李約瑟取了「十宿道人」等三個道號，自詡為「榮譽道家」。[14]李氏在論述道家對古代科學技術的貢獻時，沒有忘記對二十年前的馮文舊事重提，並毫不客氣地對馮友蘭那篇〈為什麼中國沒有科學——對中國哲學的歷史及其後果的一種解釋〉進行尖銳批評，稱之為「年幼的悲觀（Youthful Pessimism）」，同時直言不諱地指出「中國人並非如馮友蘭所斷言的對外界自然無興趣」[15]等。

一九四三年六月四日，李約瑟完成了對四川成都、樂山一線幾所大學與科研機構的訪問，在戰時遷往樂山的武漢大學石聲漢教授陪同下，與助手黃宗興及祕書等人於五通橋搭乘一條鹽船沿岷江漂流而下，於次日下午到達李莊碼頭，隨之進入坐落在李莊鎮中心禹王宮的同濟大學校本部進行考察交流。

同濟大學自昆明遷川，主持籌畫和負責大局工作的是在教育界頗具聲望的校長周均時。周氏早年在德國柏林工業大學留學時，與第二次赴德留學的朱家驊是同學，期間還結識了陳寅恪、傅斯年、俞大維，甚至後來的中共領導人朱德等勤工儉學的留學生，並與之結為好友。一九二四年，周氏歸國，先後執教暨南大學、中央大學、重慶大學。「八一三」淞滬抗戰爆發，周均時臨危受命，擔任同濟大學校長並負責大學南遷事務。無論同濟大學在昆明還是在李莊期間，周均時按照同濟是中國唯一一所用德語教學的高等學府，並肩負溝通中德文化交流重大使命這一特點，積極主張在抗戰期間仍然要盡可能地吸收德國的先進科研成果，為國家培養堪當大任的實用人才。只是好景不長，一九四一年十二月珍珠港事件爆發，香港等地相繼淪陷，國學大師陳寅恪生死不明，西南聯大爆發學潮。消息傳到李莊，與陳寅恪在歐洲留學時期交情甚厚的周均時，頗為孔氏家族的霸道與陳寅恪等文化知識界人士的命運不平，遂以激憤之情，親自鼓動、帶領同濟大學師生上街遊行，共同聲討「飛狗院長」孔祥熙及其家人的惡行，並將同濟大學的行動和言論通電全國。在重慶的蔣介石因為孔系人物暗中

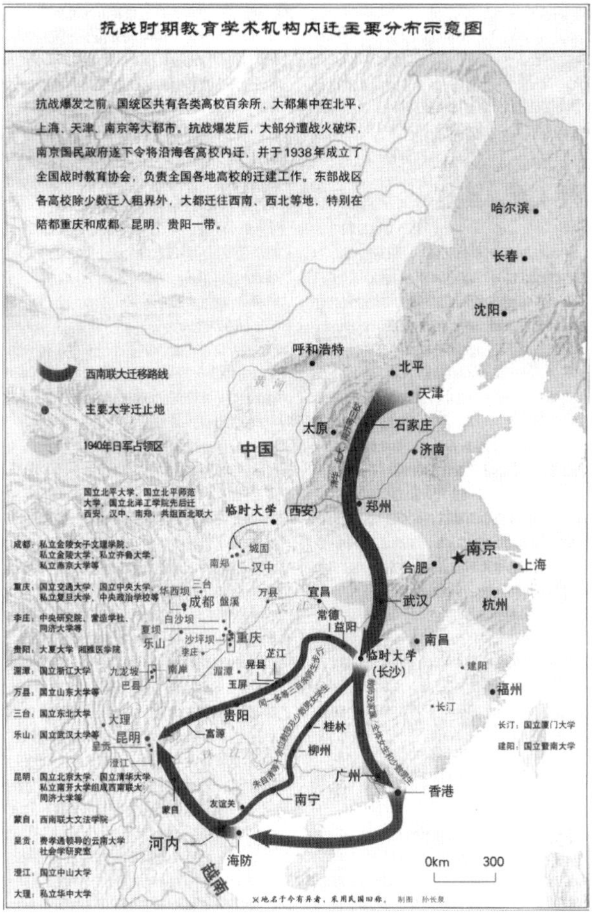

相告與挑撥，大為惱怒，認為周氏煽惑學生，有意給當局製造難堪。一氣之下，便通過陳立夫把持的教育部，撤銷了周的同濟大學校長職務，調任重慶大學教授兼工學院院長，同濟大學校長一職由剛從德國歸來不久的丁文淵接替。

丁文淵（號月波）乃原中央研究院總幹事丁文江的四弟，江湖上號稱丁老四。一九二〇

抗戰時期教育學術機構內遷主要分布示意圖。不過大部分師生確切的內遷路線是北平—天津—青島—濟南—鄭州，之後再輾轉長沙等地。

同濟大學校本部所在的李莊禹王宮，現改為慧光寺。此為當地群眾在慧光寺前進行紀念大禹活動兼及文藝表演。（作者攝）

年畢業於同濟大學醫科，後留學德國法蘭克福大學醫學院並獲醫學博士學位。回國後出任國民政府行政院參議、考試院參議、中國駐德國大使館參事等職。珍珠港事件後，隨著中國對德、義、日法西斯邪惡軸心國宣戰而被召回國內，代替周均時來到李莊出任同濟大學校長。儘管丁文淵和丁文江屬於同胞兄弟，但無論當時還是之後，這位丁老四在學問和為人處世等諸方面，都無法與著名的「丁大哥」相提並論，尤其是人品道德，可謂與「楷模」丁文江背道而馳，被世人廣為詬病。

丁文淵一到同濟大學，除不遺餘力壓制正義力量和學潮，還經常幹些雞鳴狗盜見不得人的惡事、醜事和上不了檯面的齷齪事，出任校長不到兩年，就被同濟大學的童第周、王葆仁、唐哲等二十四位知名教授告垮弄翻，成為教育界的反面教材和一個教訓。

當時在同濟大學擔任招生委員的李清泉（李莊人）曾有過這樣一段回憶：「周均時校長是學土木工程的，曾在德國留學和工作達十八年之久。第一次世界大戰柏林被圍時，他曾與當地人民同甘共苦，但對德皇威廉二世和納粹黨很反感。他平易近人，生活儉樸，雖在國外多年，卻沒有洋氣息，沒有穿過西裝，一頂舊呢帽不知戴了多少年，已成了暗褐色。他用人標準講究德才兼備，聘來的教授、講師，大都是國內的知名人士。後來接替他的丁文淵校長就與他剛剛相反，官僚架子十足，是蔣幫的一個文化特務。他在李莊郊外購有住宅，出入不管遠近都要坐轎，每天所著西裝都要換上幾次，一副假洋鬼子像。對比之下，印象很深。解放後我才知道周均時校長自李莊卸職後回到重慶，即被蔣幫把他關在中美合作所，於一九四九年殺害。雖已事隔多年，思之令人悽愴不已。」[16]

同濟大學校長周均時

同濟大學繼任校長丁文淵

李清泉回憶此事是在二十世紀九〇年代初，難免沾染了那個時代的特徵。從其他旁證材料看，丁文淵在李莊同濟大學的所作所為，令大多數有正義感的師生深惡痛絕應是事實，但要說是一個「文化特務」，還沒有足夠的資料加以認定。周均時離開李莊赴重慶後，亦沒有被關押，仍在重慶大學任教，後被國民黨特務祕密逮捕繼而遭槍殺，是一九四九年的事。一個剛正不阿的著名學者最後竟慘死在蔣系特務的槍口之下，惜哉！[17]

二、到野外捉青蛙的童第周

李約瑟一行進入李莊禹王宮，受到同濟大學以丁文淵為軸心的領導層熱情歡迎和接待，李約瑟在〈四川：自由中國的心臟〉一文中寫道：「該大學校部也在一座廟裡，但該廟不供奉孔夫子，而供奉大禹，他是傳奇式的灌溉工程師。他在古代向中國人傳授水利和防止洪水災害的知識。從演講臺上人們可以俯瞰下面漩渦翻滾的棕色奔流江水。在露天的大廳裡，學生集合聽專題講座。」[18]在訪問期間，李氏一行對同濟大學各學院做了較為詳細的考察，並對教學設備和師生情況進行了解，李氏親眼目睹了戰時中國教育界的狀況：「在這裡，同濟的物理系和化學系艱難度日，因為如同武漢大學一樣，他們的儀器大都在轟炸中和從東部運來時受損，但工學院各系都欣欣向榮。該校有一座自己的發電廠，學生們花大量時間來組裝和架設從下游運來的大量設備。這裡也有同盟國的協助，因為那位研究鋼結構的教授就是位波蘭人。尤其給人留下深刻印象的是由能幹的葉雪安博士領導的測繪系，設備精良，幾乎壟斷了中國對勘測員和製圖員的培養。」[19]

儘管同濟大學其他幾個系沒有工學院特別是測繪系那樣欣欣向榮，但在極其艱苦的條件下，仍做出了不少為學界矚目的成績。在同大遷來李莊之前，川南一帶流行一種當地人稱之為「痲腳瘟」的疾病，患者一經染上該病，即從腳部開始發麻，伴有嘔吐、腹瀉等症狀，當麻的感覺蔓延至人的胸部以上，立即死亡。當地百姓因不知為何犯病，以致談「麻」色變。同大醫學院遷來李莊不久，一天晚飯後，遷往李莊的宜賓中學三十七名師生在聚餐之後突然發病，校方震動，特邀同大醫學院唐哲教授前去診治。唐教授經初步會診，認為是一種鋇或磷的化學物質中毒。後經同院的杜公振教授與鄧瑞麟助教通過對動物反覆實驗和研究，終於查清「痲腳瘟」的病因是由於食用鹽中含有氯化鋇化學成分造成慢性中毒。病源找到了，病魔很快被降伏。消息傳出，李莊人民奔相走告，拍手慶賀。唐、杜兩位教授和鄧瑞麟助教的研究成果〈痺病之研究〉，榮獲國民政府教育部一九四三年全國應用科學類發明一等獎。一項研究成果挽救了成千上萬人的生命，整個川南民眾對此甚為感佩，宜賓專署參議會專門組織鄉民舞動獅子龍燈前往同濟大學致賀，大紅的旌表書寫著：「成績斐然，人民受益匪淺；頌聲載道，同濟令譽日隆。」當李約瑟聞知這一故事後，如同受益的李莊與川南人民一樣，對同濟醫學院教授們所表現出的情繫勞苦大眾的精神和傑出的醫學研究成果，從內心生出了一股敬佩、感念之情。

此次李莊之行，李約瑟還拜會了多年前在比利時相識的朋友童第周，「並用法語進行了極為難得的長談」。[20]從李約瑟的記載看，當時童第周所處的工作環境和工作熱情，使他於驚訝中大為欽佩。

一九〇二年出生於浙江寧波鄉村的童第周，於上海復旦大學畢業後進入南京中央大學任助教，一九三一年入比利時比京大學布拉舍教授的實驗室攻讀生物學，不久轉做達克（Dalcq）教授的助手。據童第周回憶，布拉舍教授生病後，由達克教授負責實驗室的工作，「他讓我試試，結果我把青蛙卵子膜順利地剝去了，達克教授讓美國人來看，大家很高興，並祝賀我……以後達克教授什麼工作都叫我做，如染色、實驗畫圖等。一九三一年暑假，達克教授帶我們到法國的海濱實驗室去做海鞘

同濟大學師生聽演講。李約瑟攝影，他在〈四川：自由中國的心臟〉一文中對這張照片做了說明：「另一個重要中心是同濟大學，位於嘉定與重慶之間長江邊的李莊。該大學校部也在一座廟裡……在露天的大廳裡，學生集合聽專題講座。」（引自李約瑟〔Joseph Needham〕、李大斐〔Dorothy Needham〕編著，余廷明等譯，《李約瑟遊記》〔貴陽：貴州人民出版社，1991〕）

的實驗工作。海鞘的卵子膜（相對於青蛙）更難剝去，他讓我把海鞘的卵子膜去掉，我也順利去掉了，在那裡做實驗的技術工作都是我的事。一年後，我自己設計了一個實驗室工作，實驗結果非常好。每年到海濱實驗室工作的人很多，其中也有英國的李約瑟博士。每年實驗結束，都要將實驗結果開個展覽會，我的實驗結果也被展出，給李約瑟博士很深的印象」。[21]就在這個海濱舉辦的幾屆展覽會上，李約瑟與童第周相識並成為朋友，當李約瑟看罷童第周的實驗，對這位來自東方的瘦小個子留學生讚美道：「年輕的中國人，有才華的中國人！」[22]

童第周在比利時布魯塞爾留學時於實驗室留影，在這前後與李約瑟相識。

一九三三年，童第周獲得博士學位，達克教授讓其再等一年，寫一篇論文，可再得一個特別博士學位。但此時的童第周急於回國效力，回答說：「特別博士不要了，我想回國。」[23]對方未再挽留，童於一九三四年回到國內，與夫人葉毓芬一起共赴青島山東大學任教。一九三七年盧溝橋事變爆發，山東大學遷往武漢，後轉到沙市，再流亡到四川萬縣，因經費不支，國民政府又採取棄之不顧的態度，學校被迫宣布解散，童第周與夫人隨之成了無家可歸的街頭流浪者。經多方奔波努力，夫婦二人先是在重慶國立編譯館謀得編譯員的職務，再是到中央大學醫學院任教，最後又輾轉來到李莊同濟大學理學院生物系任教授。

安靜的李莊鄉村，儘管免除了整日躲警報的煩憂與家破人亡的威脅，但與重慶、成都相比，環境條件又實在過於偏僻簡陋，這給正著力研究胚胎學的童第周帶來很大困難。直到晚年，童第周對這段生活仍記憶猶新：「在同濟大學條件很苦，點菜油燈，沒有儀器，只能利用下雪天的光線或太陽光在顯微鏡下做點實驗，有什麼條件做什麼研究工作，可是學校連一架像樣的雙筒解剖顯微鏡都沒有，工作實在無法開展。有一天，我從學校回家，路過鎮上一個舊貨商店，無意中發現一架雙筒顯微鏡，心中十分高興，心想：有了這架鏡子就可以開展好多研究工作。當問老闆這架德國鏡子多少錢，老闆開口六萬元，這把我震住了，雖說不算貴，但六萬元在當時相當於我們兩人兩年的工資。我和葉毓芬商量，無論如何也要把這架鏡子買下來。經過東拼西湊，向熱心科學的幾位親友借了一些，終於買下了這架雙筒顯微鏡。」[24]

顯微鏡到手，童第周如獲至寶，準備甩開膀子大幹一番事業。但要做胚胎實驗就必須有相關配套設施，這一點令童第周無可奈何，只好因陋就簡，土法上馬。唯一令人欣慰的是，李莊四周布滿了稻田和池塘，田地裡活躍著成群結隊的青蛙。每到春秋之季，童第周便與夫人、兒女及部分學生，攜帶大盆小盆，興致勃勃地到野外捕捉青蛙並收集蛙卵。一時間，李莊的田野溝渠人跑蛙跳，你追我趕，泥水四濺，形成了一道奇特的景觀。許多年後，當地鄉民還記得同濟有對教授夫婦，挽著褲腿，打著赤腳，在稻田和池塘裡撲撲稜稜捕捉青蛙的情景。而當時的學生們也同樣記得，在童教授的實驗室外，時常看到逃生的青蛙四處流竄，有的一邊逃竄一邊呱呱亂叫，恐怕外界不知道自己的行蹤，令人忍俊不禁。就是在這樣的境況中，童第周與李約瑟不期而遇了。

分別十幾年的老相識在戰時李莊這個天高皇帝遠的古鎮再度重逢，難免令人生出白雲蒼狗、他鄉遇故知等複雜的人生感慨，真有點像古詩中表達的「欲說還休，欲說還休」，「是離愁，別有一番滋味在心頭」。二人站在院內做了長時間交談後，李約瑟才想起要到童第周那簡陋的實驗室參觀一下。此前，童第周依據實驗所得的成果，撰寫了數篇高品質論文並得以發表，引起了國內外生物學界的矚目。

作為世界級生物化學專家的李約瑟，對童第周的一系列成果自是了然於心。但此次當他看罷所有的實驗設備和材料，儘管已有心理準備，還是有些驚訝地問道：「你就是用這樣的器材在這片空地上完成了那樣高難度的實驗嗎？」

童第周輕聲答道：「是的，戰時的條件就是這樣，只有盡最大的努力去做。」

李約瑟沉默片刻，搖搖頭，充滿敬意地說道：「在如此艱苦的條件下，能寫出那樣高水準的論文，簡直是不可思議！」

童第周微笑了一下，沒有回答，也不知如何回答才好。

當二人走出實驗室準備分手時，李約瑟突然轉身問：「在布魯塞爾有那樣好的實驗室，你為什麼一定要到這樣偏僻的山村進行實驗呢？」

童第周答道：「我是中國人嘛。」

李約瑟點點頭：「對，對，中國人，有志氣。」[25]

此次訪問，給李約瑟留下了終生難忘的印象，後來他在〈川西的科學〉一文中頗動感情地寫道：「童博士無疑是當今中國最活躍的實驗胚胎學家，他與夫人葉毓芬博士攜手，設法在擁擠不堪、極不舒適的環境裡創造了佳績。這些成績的取得，不但依靠每一步驟臨時想辦法，還由於童博士選擇了一個能夠盡量少使用染色劑、蠟和切片機等的重要課題，即確定胚胎的纖毛極性……此發現與地球另一端的權威人士霍爾特弗萊德博士的最新觀點不謀而合。英國科學訪華團非常榮幸地將童氏夫婦的科研報告交由西方科學雜誌發表。」[26]

就在李約瑟以驚喜之情盛讚童第周的道德文章與堅忍不拔的毅力時，童氏本人卻感受到了來自各方面的壓力。許多年後，童第周在回憶中說：「李約瑟來中國，親自到宜賓李莊這個小鎮上來看我，當時在小鎮上引起了一場轟動，也引起了國民黨政府的注意，更惹得那個系（生物）主任的嫉妒。這也是我在同濟大學待不下去的原因之一。」[27]一年之後，童第周終於在校長丁文淵、教務長薛祉鎬以及自己的頂頭上司——生物系主任的合力打壓排擠下，棄別同濟大學和那個生發夢想與光榮的簡陋實驗室，攜妻帶子離開李莊，投奔重慶北碚的母校復旦大學任教去了。

三、結緣在山中

李約瑟訪畢童第周，又在校方的安排下，為同濟大學師生用德語做了幾次專題科學演講報告。六月七日下午走出古鎮街巷，移往幾里外的山中板栗坳、門官田等地，開始對深藏在群山之中其他科研機構的考察訪問。

對此次上山，李約瑟在他的遊記中曾饒有興味地做了如下描述：「沿著河邊一條小路離城（鎮），小路穿行於在熱浪中閃亮的玉米地之間。過了不遠以後，開始攀登一條壯觀的石級小路進入山裡。路上經過一座優美的石橋。我們抵達那裡時看見房屋都很隱蔽。」在這裡「有許多寬敞的大宅邸，中央研究院歷史語言研究所、社會學研究所就設在這裡。研究所分別由著名學者傅斯年博士和陶孟和博士領導，約有七十位學者，因而是研究院兩個最大的研究所」。[28]

當天晚上，李約瑟又在致他夫人李大斐（Dorothy Needham）博士的信中說，在板栗坳遇到了「許多最突出的學者」，結識了「大學者傅斯年」，信中對傅的形象做了這樣的描述：「傅斯年，山東人，約五十五歲，有點洋化，談話很多而能引人入勝，微胖，具有一副令人不能忘記的面孔和形狀奇怪的頭，灰色的頭髮直豎上去。」[29]這個描述，在所有撰寫傅斯年的文章中，可謂是最切實和生動的精采一筆，傅氏之與眾不同且有些奇形怪狀的相貌，活靈活現地躍然紙上。

李莊板栗坳的鄉民沿五百多級臺階歸家途中，身後是長江。（作者攝）

蹲在李莊郊外山頂的「寨主」傅斯年與李約瑟相見，很快成為意氣相投與相互理解的「哥們兒」。傅斯年認為：自從明朝萬曆在位的年代，耶穌會士（Jesuit）利瑪竇（Matteo Ricci）東來，有很多訪問者來到中國，他們都是學者。然而他們的目的卻不在科學的交換。他們是飽學的，清康熙在位時期到中國的學者當中，有些人曾確立了他們的聲譽，但是他們的目的還是與李約瑟不同。李約瑟作為一個大國科學院的研究員，來中國的主要目的是科學交換以及增進和中國科學機構的友誼，在中國抗戰正酣的苦戰中給予中國人民以勇氣——這是李約瑟訪問中國的緣起而且也是未來科學合作的開始。傅斯年認為：

「戰時中國科學機關，包括各大學，其中大部分都名不副實……我們的設備實在是一無所有，而他們的工作者事實上是被遺忘的難民。當戰爭開始的時候，學術水準比現在為高，但由於敵人的推進，各學術機關被迫集中於更遠的西部；物質的損失引起精神的頹喪。在這種情形下，一個外國學者來訪問我們無疑地是會感到失望。然而倪（李）約瑟博士的印象卻不同。他看到情形的另一面，而他的了解是基於他的熱誠。他不嫌棄我們的窮困和簡陋，他看到我們的耐心；他不注意我們的落後情形，而注意我們將來的希望。」[30]或許，正是為了這將來的「希望」，傅斯年與史語所同人在板栗坳那盛夏的炎熱中，對李約瑟的接待才顯得格外熱情和坦誠。

當天晚上，李約瑟與助手黃興宗沒有下山，就住在板栗坳桂花院傅斯年家中。又因為這樣的關係，李約瑟結識了俞大綵。李氏在致夫人李大斐的同一封信裡，說傅斯年「娶了著名將軍曾國藩的一位孫女」（南按：實是曾外孫女）。由於「天氣炎熱，只能穿薄咔嘰襯衣和短褲，即使這樣還整天流汗不止，扇子成了必需品而不是奢侈品」。又說：「傅斯年在我的黑摺扇上用貴重的銀朱書寫了一長段《道德經》，頗有道家風範。我現在得另買一把扇子，因為這扇子變得太珍貴了而不能做日常使用。」[31]

訪問期間，由於傅斯年慷慨熱情，李約瑟在板栗坳看到了史語所幾乎所有的珍貴藏品，如大量的銅器、玉器和安陽殷墟出土的甲骨等。此外，還參觀了歷史組收藏的大量竹簡和拓片，只見上面「寫著孔夫子時代的經典，也有一些清朝初年的帝國珍貴檔案，包括給耶穌會士的信件，給西藏的政令，中國朝廷任命日本幕府將軍為王侯的公文。語言學組擁有每一個省份的方言的留音機唱片，等等。圖書也精采極了——有宋朝的真蹟，活字版印刷的書籍，等等」。特別令李約瑟興奮和感動是，當他提出關於科學史的許多問題並尋求這方面的材料時，引起了史語所同人普遍的興趣和理解，「各學科研究人員奔走搜尋，發掘他們所想得起的有趣資料。例如西元二世紀談到鞭炮的段落；幾次重大的爆破事件的記載；西元一〇七六年禁止向韃靼人出售火藥的通令。也就是說，比人們所揚言的伯爾妥・施瓦茨（Berthold

Schwartz）的『原始發現』還要早兩百年」。[32]多少年後，李約瑟還清楚記得，臨下山時，「歷史語言研究所所長傅斯年又送我一部善本的《天工開物》」。[33]對於史語所諸位人員的才學和熱情，李氏掩飾不住心中的喜悅，認為「那裡的學者是我迄今會見的人們中最傑出的，因這個學科一直是中國學者特別擅長的，這也是意料之中的事」。[34]

李約瑟沒有料到，此次訪問中，竟在中國西南部這個偏僻山坳裡遇到了一個堅忍不拔又滿懷熱情的科研群體，特別是一位青年學人的出現，令他眼睛為之一亮，冥冥中有一種說不清、道不明的親近感。這個青年將成為李約瑟學術研究生涯中，繼一九三七年與南京藥商的女兒魯桂珍不期而遇之後又一人生知己。也正是得益於這位年輕人的鼎力相助，才使已不再年輕的李約瑟最終登上了中國科技史研究領域的奇峰——這位年輕的青年才俊，就是中央研究院歷史語言研究所助理研究員王鈴。

王鈴（字靜寧），原籍南京，早年畢業於南京中央大學歷史系，在校期間，其出眾的才華深受中大文學院著名教授沈剛伯器重。為了謀求繼續在學業上長進，王鈴投考北京大學文科研究所，由於當時的主考人與中大文學院的沈剛伯等幾位導師關係不洽，城門失火，殃及池魚。王鈴雖以總成績第一名的壓倒性優勢贏得了大考頭彩，結果張榜時卻名落孫山，被無情地踢出圈外。當王鈴帶著滿頭霧水質問主考官為何把自己強行從金榜上扯下且掃地出門時，對方竟以「中大的學生不配到北大讀書」等理由做了虛妄的回答。王鈴聽罷悲憤交集，學界同人議論紛紛，皆對北大那位主考官如此無理和狂妄表示憤慨。

在中央大學讀書期間，受講授法國革命史的沈剛伯教授的影響，王鈴萌生了研究十七至十八世紀中國思想對西方影響這個課題的念頭，並陸續發表了一系列研究文章。這些頗有創見和新意的論文，不僅令沈剛伯大為賞識，同時幸運地落入了傅斯年的法眼。素有「拔尖主義」之稱的傅斯年獲知王鈴的遭遇後，想起自己當年在山東考取官費留學生時的經歷和世間作孽者製造的種種不平與罪惡，對王氏深表同情。在不便與北大研究所那位做主考官

梁思成拍攝並在《中國建築史》中採用的李莊板栗坳原史語所人員租住房屋圖片，此為典型的西南地區民居。

2003年，李莊鎮攝影師王榮全拍攝的李莊板栗坳原史語所人員租住房屋圖片。六十年過去，此處風貌依舊，令人感懷。

的朋友交涉的情況下，聘請王鈴到史語所做了一名助理研究員。據史語所同人回憶，王鈴性格和善，待人謙恭有禮，是個才氣洋溢、博聞強識的學者，深受傅斯年喜愛。通過這一事件，沈剛伯對傅的為人處世和道德風範深為佩服，並說道：「沒有如炬的目光與先知的灼見，自然只能與世浮沉。縱能明是非、別善惡，而沒有愛真理的精神和大無畏的膽量，遇著左右為難的事，也只好依違兩可。前者是盲從，後者是鄉愿，與那所謂『和而不流』、『中立而不倚』的中庸之道是大不相同的。這樣『強哉矯』的人實不多見，而孟真先生卻頗有此風。」[35]正是傅斯年的「愛真理的精神和大無畏的膽量」，才成就了王鈴的學業，並進一步成就了一位世界級科技史家李約瑟。按王鈴後來的說法：當李約瑟到板栗坳史語所訪問時，在「一所樸素農舍裡，由於當時中央研究院歷史語言研究所所長傅斯年的介紹，我認識了這位卓越的科學家——李約瑟。這次會面是我人生的轉捩點，因為我注定要在他的指導下，客寄劍橋工作十年」。[36]

當時的情況是，王鈴和李約瑟交談後，受對方思想精神感染，開始對中國古代科技史發生了興趣，接著又聽了李約瑟在李莊的幾次演講，久蘊在內心的爆發力突然找到了一個恰當的突破口，決心要在這一領域做出一番事業。李約瑟離開李莊後，王鈴憑藉史語所圖書館大量典藏，悉心收集火炮資料，並以英文寫成論文寄送重慶，請李約瑟介紹到西方科學雜誌發表。李約瑟讀罷文章，對這位年輕助理研究員的才華、學識以及刻苦鑽研精神深表敬佩，「這樣就決定了他們以後的長期合作」。[37]一九四六年，王鈴得到英國文化委員會獎學金，赴英國留學，與已回到英國劍橋大學的李約瑟開始了長達九年的合作，共同開創了聞名於世的皇皇巨著《中國科學技術史》（*Science and Civilization in China*，又譯《中國的科學與文明》）研究的先河。王鈴作為李約瑟第一位合作者，參加了這部多卷冊大作前五卷的研究、撰寫工作，直至一九五七年因生計等問題離開英國赴坎培拉澳大利亞國立大學高級研究所任研究教授，方才停止這一工作。王鈴留下的空白，將由以李約瑟的中國學生、朋友與未來的妻子魯桂珍為代表的幾位科學家共同填補完成。

1949年，李約瑟在劍橋工作室寫作《中國科學技術史》。

李約瑟在傅斯年引領下，於那陰暗簡陋的土屋裡和王鈴等年輕的研究人員交談過後，又在板栗坳牌坊頭大廳做學術講演。李在給妻子李大斐信中頗為自豪地說：「我比較緊張，但演講非常成功。」又說：「今天我們要去參觀營造學社。該社由偉大的政治家和學者梁啟超的一個兒子主持（你會記得有一次和你從蘇格蘭回來的火車上，我讀過梁的書，並且給我留下了深刻的印象）。我們也要去參觀疏散到這裡的中央博物院。」[38]

在下山之前，李約瑟專門到門官田中央研究院社會學研究所訪問了所長陶孟和及湯象龍、梁方仲、巫寶三、羅爾綱等研究人員。此前，對李約瑟的科學計畫曾進行過「激烈爭吵」的美國大使館駐華官員費正清，於一九四二年十一月中旬受好友梁思成的邀請，在赴重慶參加會議的陶孟和陪同下來過此地。二人搭乘一艘「破輪船上水」，經過三天三夜的動盪顛簸才到達李莊。一路上，費正清被中國內地千奇百怪的現象所吸引，他在回憶錄中曾專門提到一件趣事：當他看到一個呼吸困難的男子躺在地上，想上前幫助時，陶孟和卻不讓他多管閒事。陶說：「這也許是個圈套，你一旦碰了他，就很可能被纏住，迫使你花一筆冤枉錢。」費正清由此感歎說：「可見作為社會學家的陶孟和對當時中國下層社會了解之深透。」後世有研究者認為，這個看法和說法不一定準確，很可能是陶氏本人想像過於豐富，以及對中國同胞缺乏最根本的同情所致。對陶孟和的性格和為人處世方式方法頗為了解的顧頡剛就曾說過：「陶孟和等菁英學者對民眾的了解最終常常讓他們不信任、不接近『民眾』。」[39]這個話或許比費正清所言更接近實際。

陶氏把費正清領到李莊，拜訪了好友梁思成、林徽因夫婦，又專程到李莊郊外的門官田陶孟和主持的社會科學研究所辦公地點進行訪問，其間受到眾位研究人員平時難得一見的燒脆皮魚的特殊款待。當時費正清很想拜望一下在北平時就結識的好友、陶孟和夫人沈性仁。遺憾的是，曾經光彩照人、才華橫溢的一代名媛沈性仁，同她的另一位好友林徽因一樣，因患嚴重的肺結核，已赴蘭州治療休養，據說已不治身亡。費氏只好帶著無限悵惘與陶孟和握別。

四、一代名媛沈性仁

當李約瑟來到門官田見到這位著名的社會學家陶孟和時，陶正沉浸在失去愛妻的巨大悲傷中未緩過勁來。而與沈性仁相識相知的好友，除了陶孟和所在社會科學研究所的同人，包括金岳霖、林徽因等一批自由知識分子，在為沈氏不幸命運扼腕的同時，也陷入物傷其類、兔死狐悲的淒涼之境。

當年浙江嘉興的沈家兄弟姐妹四人，其學識風度，海內外景仰。大姐沈性真，字亦雲，早年熱中於社會改革，辛亥革命時曾在上海組織女子軍事團，抗日戰爭中又創辦上海南屏女中，晚年寓居海外，所著《亦雲回憶》二冊，頗受史家青睞。性真的丈夫乃國民黨元老黃郛，辛亥革命時，黃推陳其美為都督，自己出任都督府參謀長兼滬軍第二師師長，其間與陳其美，外加滬軍第二師第五團團長蔣介石結為拜把子兄弟。北洋時期，黃以教育部長身分，暗中助馮玉祥倒戈，發動了著名的「北京政變」，軟禁了大總統曹錕，驅逐末代皇帝溥儀於紫禁城，成就了一件轟動中外的大事。自此，黃郛時來運轉，代理內閣總理，並攝行總統職權，達到了一生的權力頂峰。國民黨南京政府成立後，黃郛又被蔣介石任命為上海特別市市長、外交部長和北平政務整理委員會委員長等要職。

沈性仁在家中排行老二，老三是她的弟弟沈怡，最後是小妹沈性元。沈氏家族的這四個姐弟，頗似宋氏家族的四姐弟，各自有著不同的政治抱負、生活方式和人生追求。沈性元丈

沈氏兄妹：沈性元（左一），二姐沈性仁（左二），大姐沈性真（左三），沈怡（右一）。另兩人為：黃郛（右三），陶孟和（右二）。

夫錢昌照（字乙黎），出生於江蘇常熟書香門第，早年赴英國留學，就讀於倫敦政治經濟學院和牛津大學，師從拉斯基、韋伯等著名學者，並與他的學長陶孟和一樣深受費邊社的影響。學成回國後，在同鄉張謇的引薦下用一年時間遊歷了半個中國，拜訪了當時掌控中國大局的張作霖、張學良、閻錫山、吳佩孚、孫傳芳等實力派人物。不久，錢昌照與才高貌美的沈性元小姐訂婚，因沈氏家族的關係，通過黃郛結識蔣介石，並很快受到蔣的重用。錢昌照先後出任國民政府教育部常務次長；國防設計委員會副祕書長；資源委員會副主任、主任等職。內戰爆發，國民黨兵敗如山倒之時，錢氏悄然出走香港。一九四九年後從香港轉歸大陸，出任全國政協副主席、民革中央副主席等職。生前留下了一部《錢昌照回憶錄》，於他去世十年後的一九九八年由中國文史出版社出版。這部著作內容雖然簡略，但資訊豐富，為治民國政治、工業和教育史不可忽視的重要資料。從這部回憶錄中可知，在名噪一時的黃河三門峽大壩工程開工之前，不只是國內的名流之後、黃炎培之子黃萬里教授極力表示反對，海外也同樣傳出了極富前瞻性和高智商的不和諧之音，而發出這一聲音的就是錢昌照的內兄、沈家的老三即早年畢業於同濟大學，後留學德國的水利專家沈怡。

沈怡在留德期間專門研究黃河治理，二十世紀三〇年代歸國後從政，曾任上海工務局局長、資源委員會主任祕書兼工業處處長、國民政府交通部次長、南京特別市市長等職。沈怡對黃河治理情有獨鍾，一九四六年夏，在南京市特別市長任上，仍沒有忘記黃河治理問題，曾專門組織黃河顧問團考察黃河流域，並聘請三位美籍顧問前來考察（包括薩凡奇、柯登等著名水利專家，藉此機會第二次到國民黨擬建的三峽工程壩址查勘地形地質）。一九四八年，沈怡出任聯合國遠東防洪局局長，駐泰國數年，領導治理湄公河。再後來，沈怡去臺灣，曾任國民黨當局交通部部長，任職六年。後因派系傾軋，元老派失勢，沈氏受到少壯派排擠，乃改任駐巴西大使，未久離任僑居美國，一九八〇年去世，享年七十九歲。沈氏著有《水災與今後中國之水利問題》、[40]《黃河年表》（一九三四年出版）、《黃河問題》（一九三五年出版）等專著，是中國為數不多的水利專家和市政工程專家。一九七九年，沈怡被診斷患癌症，希望他僅存人間的胞妹、時為全國政協副主席錢昌照夫人的沈性元前去探視。沈性元得電並徵得有關部門同意後，赴美探望。行前受水利部之託，將長江「三峽計畫」的資料帶去，徵求這位水利專家對建造大壩的意見。當沈性元把資料取出時，沈怡卻拒絕閱看，他說：「當年建造黃河三門峽大壩時，我在國外撰文認為幹不得，中蘇專家不聽，鬧成笑話。我又何必操心呢？」[41]沈性元怕回國後不好交差，一再婉轉相勸，並說「祖國尊重專家，遠在國外還鄭重徵求（意見）」云云。[42]沈怡才勉強看了一下資料，寫了幾條意見讓胞妹帶回國內。第二年，沈怡就去世了。

當年沈怡反對黃河三門峽工程的具體意見如何，是否為國內高層和專家學者所了解，不得而知。有研究者後來推測，「在當時，即使他的意見為國人所知，大概也會當作潛伏在國外的階級敵人的惡毒攻擊，反而會增加主建派的砝碼」。[43]事實上，許多政治化的工程都是如此的命運。沈怡生前還著有《沈怡自述》，在他去世五年後於臺灣出版，其中對錢昌照的政治生涯特別是晚年的生活多有批評。[44]作為民國時期一代名媛的沈性仁，早年留學歐美，在「五四」時期，其翻譯的戲劇作品《遺扇

沈怡與少年中國學會部分會員合影。前排右起：魏嗣鑾、陳寶鍔、曾慕韓、左舜生、康白情；後排右起：張夢九、黃日葵、宗白華、羅益宗、沈怡、周炳琳。（臺灣，後野史亭藏並提供）

記》於《新青年》發表。[45]此劇後來被譯為《少奶奶的扇子》或《溫德梅爾夫人的扇子》，曾搬上舞臺演出。這是外國話劇最早的白話語體翻譯劇本之一在中國發表，也是中國白話文運動的源頭。正是在這一探索性成果的基礎上，才產生了波瀾壯闊、影響深遠的白話文運動和新文學運動。此後，沈性仁與徐志摩共同翻譯了《瑪麗．瑪麗》等文學作品，引起文化界廣泛關注，特別受到一代才女加好友林徽因的激賞。

除文學戲劇，沈性仁對社會經濟問題亦有較大興趣，一九二〇年，她與丈夫陶孟和合譯的《歐洲和議後的經濟》（凱因斯著）被納入《新青年叢書》第六種出版。荷裔美國科普作家房龍的成名作《人類的故事》於一九二一年出版後僅四年，就由沈性仁翻譯成中文並由商務印書館出版（一九二五年），在中國掀起了一股經久不衰的「房龍熱」。後來成為著名報人、作家的曹聚仁曾回憶道：二〇年代在候車時偶然買到《人類的故事》中譯本，於是，「那天下午，我發痴似的，把這部史話讀下去。車來了，我在車上讀。到了家中，把晚飯吞下去，就靠在床上讀，一直讀到天明，走馬觀花地總算看完了。這五十年中，總是看了又看，除了《儒林外史》、《紅樓夢》，沒有其他的書這麼吸引我了。我還立志要寫一部《東方的人類故事》。歲月迫人，看來是寫不成了。但房龍對我的影響，真的比王船山、章實齋還深遠呢！」[46]儘管曹氏沒有談及沈性仁的翻譯之功，但若沒有沈氏的努力，就不會有中國人如此快捷地看到《人類的故事》並大受影響，這一事實想來曹氏是不會否認的吧。

當年徐志摩自海外歸國，在北平發起了一個文學沙龍——新月社，常來石虎胡同七號新月俱樂部參加聚餐會和活動的人物有胡適、徐志摩、陳西瀅、凌叔華、沈性仁、蹇季常、林

徐志摩與沈性仁合譯的《瑪麗・瑪麗》封面

徽因、林語堂、張歆海、饒孟侃、余上沅、丁西林等一大批大學教授和作家文人，也有黃子美、徐申如等企業界、金融界人士，另有梁啟超、林長民、丁文江、張君勱等資格稍老的社會、政界名流，可謂一時俊彥，大有「談笑有鴻儒，往來無白丁」之聲勢。據當時參與者回憶，這些出身背景、年齡、興趣和職業不盡相同的人物，所談話題從政治、經濟、文化、教育到文學，駁雜多樣，所關心的問題也不盡一致，雖然來俱樂部「社交」的目的是一樣的。

就在這一時期，沈性仁與梁思成、徐志摩、金岳霖、胡適，甚至生性靦腆的朱自清等男性文人學者，相識相交並成為要好的朋友。後來，隨著梁思成、林徽因由東北大學返平，住北總布胡同三號以及「太太客廳」的形成，陶孟和與沈性仁便成為「客廳」中的主要賓客。冰心的小說〈我們太太的客廳〉裡邊的「科學家陶先生」，指的就是陶孟和——假如一一對號入座的話。

對於沈性仁高雅的儀態與光彩照人的容貌，作為女性的林徽因既羨且佩，而對林徽因傾慕、愛戀了一輩子的金岳霖，初次見到沈性仁時，即驚為天人，大為傾心動情，平時不作詩的老金，一反常態地作起愛情詩來，並在題贈沈性仁的一首藏頭詩中寫道：

性如竹影疏中日，
仁是蘭香靜處風。[47]

老金以婆娑的竹影與蘭花之香來比喻「性仁」風采麗姿，其傾慕豔羨之情溢於言表。

被譽為「民主先生和自由男神」（唐德剛語）的胡適，曾主張作為一個具有現代知識的人，就需要有幾個女友，因為男女之間在觀察處理事物、性情陶冶方面常有互相彌補的益處云云。他在一九一八年四月五日由北平寫給家鄉母親的信中，說到當日應邀在丁（文江）先生夫婦家吃飯，同席有陶孟和及其未婚妻沈性仁，還有另外一位沈女士，大家在一起聚談。然後說：「我在外國慣了，回國後沒有女朋友可談，覺得好像社會上缺了一種重要的分子。在北京幾個月，只認得章行嚴先生的夫人吳弱男女士。吳夫人是安徽大詩人吳君遂（北山樓主人）先生的女兒，曾在英國住了六年，很有學問。故我常去和她談談。近來才認得上面所說的幾個女朋友。」[48]無論是此前還是之後，胡適都需要有女朋友助談，特別是受過良好教育的女性朋友，而沈性仁正是他心中所謀求渴望做異性朋友的絕佳人選。

或許生性過於靦腆，或許心中過於憂傷，在清華任教的文學家朱自清，每見到漂亮或心儀的女人，都有精細的觀察，且在日記中有簡約記載。如：

一九二四年九月五日，由溫州乘船赴寧波任教。「船中見一婦人。臉甚美，著肉絲襪，肉色瑩然可見。腰肢亦細，有弱柳臨風之態。」

一九三二年八月十六日，蜜月中遊完普陀，「到上海，赴六妹處，遇鄧明芳女士，頗有標格」。

一九三三年一月二十二日，入城，在楊今甫處午飯，飯後論《啼笑姻緣》及《人海微瀾》。「旋陶孟和夫婦來，陶夫人余已不見數載，而少年似昔，境遇與人生關係真巨哉。」49

1955年，錢昌照一家與陶孟和（中）合影。

朱氏記載的陶夫人即沈性仁，「少年似昔」，當是指已近中年的沈氏美貌風采均不減當年，仍是妙齡春色，甜怡誘人，而不是徐娘半老、風韻猶存的世俗比喻。從這句頗為含蓄的隱語中可窺知沈性仁當年奪人心魄的高雅氣質和朱自清內心豔羨動情的波光流影。

一切都如朱自清筆下的荷塘月色般悄然流逝。抗戰爆發後，沈性仁隨陶孟和開始了流亡生活。幾年的戰亂與生活困苦，使她的身體受到巨大耗損，生命在磨難中一點點走向消亡。

自從社會科學研究所由昆明遷到李莊後，由於環境和氣候的變化，特別是如德國人王安娜博士曾說過重慶一帶的環境一樣，由於川南一帶含硫量很高的煤塊燒出來的煤煙混在一起成了煙霧，而這些瀰漫著硫黃味的濃煙整日徘徊於李莊及周邊地區上空不散，與林徽因的遭遇幾乎相同，沈性仁也患了嚴重的肺結核，且日甚一日，幾度臥床不起。陶孟和想方設法為其醫治，但鑑於李莊缺醫少藥的現狀，陶氏本人甚至同濟大學道業高深的醫學教授都深感無能為力，只有看著俏麗文靜的夫人一天天消瘦下去。到了一九四二年秋，國民政府資源委員會組織一個考察團去西北各地旅行，並有在蘭州設點的打算。陶孟和聞訊，找到連襟錢昌照，讓沈性仁順便搭車去蘭州治病。當時沈怡正在蘭州，而陶孟和也正進行社科所蘭州分所的籌備，他認為自己或許很快就能率部分人奔赴蘭州，所以讓夫人先走一步在其弟處落腳治病。在陶、沈夫婦看來，西北空氣比李莊清爽得多，對患有肺病之人大有益處，加上蘭州城的醫療條件更是李莊沒法相比的，因而沈性仁毅然奔赴西北而去。意想不到的是，這一去竟成永訣。一九四三年一月二十一日，沈性仁在蘭州撒手歸天。

注釋

1 陳存恭、陳仲玉、任育德訪問，任育德記錄，《石璋如先生訪問紀錄》（臺北：中央研究院近代史研究所，二〇〇二）。

2　一九〇〇年十二月九日，李約瑟生於倫敦南區一個中產階級家庭。一九一四年，第一次世界大戰爆發，時年十四歲的李約瑟被送到愛爾蘭諾普頓郡昂德爾公學學習。在這所要求學生全面發展的中學裡，李約瑟受W. F.桑德森校長的影響，逐漸培養起對科技、歷史等方面的濃厚興趣。桑德森對李約瑟的一些諄諄教導，如「思考問題要有廣闊的視野」、「如果你能找到煥發起自己執著追求的東西，那麼你就能把它幹好」等，對他產生了深刻的影響。後來李約瑟說：「中國科學技術史」這一研究課題，我想就是「以廣闊的視野思考問題」的最好實例了。通過李約瑟的自述，可以看出，愛爾蘭當是他日後走上科學道路的發源地（參見王錢國忠編，《李約瑟畫傳》〔貴陽：貴州人民出版社，一九九九〕；李約瑟，〈以廣闊的視野思考問題〉，收入王錢國忠編，《李約瑟文錄》〔杭州：浙江文藝出版社，二〇〇四〕）。

3　馮友蘭，《三松堂學術文集》（北京：北京大學出版社，一九八四）。

4　王錢國忠編，《李約瑟畫傳》（貴陽：貴州人民出版社，一九九九）。

5　所謂「李約瑟難題」，據上海交通大學人文學院院長、科技史家江曉原說：實際上是一個偽問題（當然偽問題也可以有啟發意義）。那種認為中國科學技術在很長時間裡世界領先的圖景，相當大程度上是中國人自己虛構出來的——事實上西方人走著另一條路，而在後面並沒有人跟著走的情況下，「領先」又從何說起呢？「領先」既無法定義，「李約瑟難題」的前提也就難以成立了。對一個偽問題傾注持久的熱情，是不是有點自作多情？如果將問題轉換為「現代中國為何落後」，這倒不是一個偽問題了（因為如今全世界幾乎都在同一條路上走），但它顯然已經超出科學技術的範圍，也不是非要等到李約瑟才能問出來了。順便提一下，作為對「李約瑟難題」的回應之一，席文（美國科技史學家）曾多次提出，十七世紀在中國，至少在中國天文學界，已經有過「不亞於哥白尼的革命」，這一說法也已經被指出是站不住腳的（江曉原，〈十七、十八世紀中國天文學的三個新特點〉，《自然辯證法通訊》一〇卷三期〔一九八八〕）。江曉原之說有他的道理，但要說是一個「偽問題」未免有點譁眾取寵的意味。大凡問題應以是與不是界定，如這是個問題，或不是個問題，不能以真偽界定——這是常識。至於李約瑟的觀點是否站得住腳，也不是一個小小的席文就可拍板定案的。

6　王錢國忠編，《李約瑟畫傳》（貴陽：貴州人民出版社，一九九九）。

7〈《中國科學技術史》編寫計畫的緣起、進展與現狀〉，《中華文史論叢》第一輯（一九八二）。

8 陳立夫，〈中國之科學與文明．前言〉，收入李約瑟（Joseph Needham）著，陳立夫主譯，黃文山譯述，陳石孚、任泰同校，《中國之科學與文明》第一冊（臺北：臺灣商務印書館，一九七二）。

9 劉景旭編著，《李約瑟與《中國科學技術史》》（北京：中國少年兒童出版社，二〇〇一）。

10 費正清（John King Fairbank）著，陸惠勤等譯，《費正清對華回憶錄》（*Chinabound: A Fifty-year Memoir*）（上海：知識出版社，一九九一）。

11《中央日報》，一九四三年五月四日。

12 王錢國忠編，《李約瑟畫傳》（貴陽：貴州人民出版社，一九九九）。

13 同前注。

14《李約瑟畫傳》。李約瑟這一觀點並未得到西方學術界的公認，據後來擔任過劍橋李約瑟研究所所長的何丙郁博士說，一九九五年八月，劍橋大學李約瑟研究所舉辦為期兩天的討論會，主題是「道家是否對中國科技的貢獻最大」，邀請歐洲各國有名的漢學家與會，但他們認為除了煉丹術的研究是道家最大的貢獻外，別的方面並沒有什麼大的作為。入會者舉出了中國歷史上很多非道家人物，如漢代張衡、唐代的和尚一行等科學家，在數學、天文等基礎科學方面的貢獻遠勝於道家。在場學者，包括旁聽的研究生，沒有一個人同意李約瑟的觀點，而李約瑟自始至終沒說半句話。當時何丙郁只好出來打圓場，說同意或反對李約瑟觀點的都不算錯，關鍵看對「道」如何理解云云，此次討論也就不了了之（何丙郁，〈從李約瑟說起〉）。

15 Joseph Needham, "Science and China's Influence on the World," in Raymond Dawson (ed.), *The Legacy of China* (London: Oxford University Press,1964), p. 302.

16 熊明宣主編，《四川省歷史文化名鎮：李莊》（內部發行）（宜賓：李莊人民政府，一九九三）。

17 周均時離開李莊到重慶大學任職後，對蔣介石施政方針大為不滿，遂於一九四九年夏加入「民革」組織，並出任民革川康分會地下組織負責人，同時進行祕密策反國民黨高級將領如楊杰將軍等人的工作。由於打入民革內部的特務告密，周於八月二十日被保密局特務逮捕，次日轉移到重慶歌樂山白公館關押。一九四九年十一月，國民黨撤離重慶前對白公館與渣滓洞等幾十名政治犯執行槍殺，周均時亦在其列。朱家驊聞訊，親自驅車到保密局找局長毛人鳳，請求刀下留人，未果。周被如期槍殺。同時遭到槍殺的還有曾參加「西安事變」的東北軍副軍長黃顯聲、黎劍霜夫婦，以及小說《紅岩》中「江姐」、「許雲峰」、「小蘿蔔頭」原型等五百餘人。

18 李約瑟，〈中國西南部的科學（一）物理—化學科學（一九四三）〉，原載《自然》雜誌一五二卷（一九四三）。轉引自李約瑟、李大斐編著，余廷明等譯，《李約瑟遊記》（貴陽：貴州人民出版社，一九九一）。

19 同前注。

20 王國忠，《李約瑟與中國》（上海：上海科學普及出版社，一九九二）。

21 童第周，《童第周：追求生命真相》（北京：解放軍出版社，二〇〇二）。

22 同前注。

23 同前注。

24 同前注。

25 同前注。

26 李約瑟、李大斐編著，余廷明等譯，《李約瑟遊記》（貴陽：貴州人民出版社，一九九一）。

27 童第周，《童第周：追求生命真相》（北京：解放軍出版社，二〇〇二）。

28 〈一九四三年二月—十二月的書信摘錄〉收入李約瑟、李大斐編著，余廷明等譯，《李約瑟遊記》（貴陽：貴州人民出版社，一九九一）。

29 同前注。

30 傅斯年，〈倪約瑟博士歡送詞〉，收入歐陽哲生主編，《傅斯年全集》卷五（長沙：湖南教育出版社，二〇〇三）。

31 《李約瑟遊記》。李氏說傅送他善本《天工開物》之事，怕是李約瑟本人的誤解。按照常理，傅不可能、也不敢把國家如此貴重的珍品私贈外國人，或許是一複製本或通行本。

32 同前注。

33 同前注。

34 同前注。

35 沈剛伯，〈追念傅故校長孟真先生〉，臺北《大學新聞》，一九六三年十二月二十六日。

36 黃然偉，〈關於王鈴〉，轉引自王國忠，《李約瑟與中國》（上海：上海科學普及出版社，一九九二）。

37 同前注。

38 李約瑟、李大斐編著，余廷明等譯，《李約瑟遊記》（貴陽：貴州人民出版社，一九九一）。

39 顧頡剛，〈悼王靜安先生〉，《文學週報》五卷一期（一九二八年五月）。

40 《東方雜誌》二八卷二二號（一九三一年十一月）。

41 錢昌照，《錢昌照回憶錄》（北京：中國文史出版社，一九九八），頁一六一。

42 同前注。

43 號稱「萬里黃河第一壩」的三門峽水庫，是新中國成立後治黃規畫中確定的第一期重點項目。二十世紀五〇年代初，中國政府專門邀請蘇聯老大哥派專家前來籌畫並主持設計。蘇聯方面派來的是一位名叫伯克夫的技術工人，為了能在中國坐穩「老大哥」交椅，臨行前，蘇聯政府特意為伯克夫破格搞了頂副教授、工程師的帽子戴在頭上。於是，伯克夫副教授踏入中國國門後，當仁不讓地以「老大哥」的身分率領中國水利界一幫文臣武將，趾高氣揚出現在黃河流域考察隊伍的最前頭。按伯克夫的考察構想，這個「黃河第一壩」修在上游的潼關最為合適。此方案一出籠，立即引起了參與考察的中國專家的質疑，據說清華大學水利系年輕教授張光斗等人與伯克夫進行了針鋒相對的辯論。據張光斗說，不只是當地土質含沙量高不宜修築大壩，更重要的是一旦在此地築壩蓄水，汛期來臨，整個關中平原將成澤國，會直接導致八百里秦川陸沉的悲劇。後來「老大哥」也感到在潼關築壩的艱難與危害，遂決定棄潼關而轉赴下游的三門峽修築。
出於政治、經濟的需要，一九五四年，由毛澤東批准修建三門峽大壩工程。鄧子恢在懷仁堂向全國人大代表們宣布了中國政府的宏偉計畫，並說：「我國人民從古以來就希望治好黃河和利用黃河。他們的理想只有到我們今天的時代，人民民主的毛澤東時代，才有可能實現。在三門峽水庫完成之後，我們在座的各位代表和全國人民就可以去黃河下游看到幾千年來人民所夢想的這一天——看到『黃河清』了！」——自此，一句古老諺語「聖人出，黃河清」又在神州大地流行開來。

根據中國政府的要求，三門峽大壩工程由蘇聯的伯克夫主持設計，大壩代號「三六〇」。

動工之前的一九五七年四月，中國政府水利部在北京邀請了七十位中國專家、教授參加了設計方案論證會議。其中，清華水利系的張光斗與黃萬里這兩位三〇年代自美國學成歸國的水利專家均榜上有名（張光斗，一九三五年赴美留學，先後獲美國加州大學柏克萊分校水利工程學碩士、哈佛大學土木工程學碩士學位，後中斷博士學位學業於一九三七年歸國；黃萬里，黃炎培之子，一九三四年赴美留學，先後讀過三所大學，分別獲碩士與博士學位，是伊利諾大學的第七個博士，也是中國第一個水利工程學博士，一九三七年歸國）。據說這是一個「務虛」的會議，論證進行了七天。當時主持設計的蘇聯專家伯克夫與負責這一項目的中國各級官員以及絕大多數專家認為，通過綠化，黃河流域水土保持能很快生效，上游進入三門峽的泥沙能很快減少，因此可用三門峽的高壩大庫全部攔蓄泥沙。大壩蓄水後，經過沉澱變清，然後用下洩清水來刷深黃河下游的河床，從而把黃河一勞永逸地變成地下河——這一思路導致了三門峽工程規畫沒有設計洩流排沙的孔洞（後設計，但在施工中又被封死）。在當時的政治環境下，參加論證的七十位專家，絕大多數人對在三門峽建壩攔沙於上游，壩下不設排沙孔洞這一方案，或真心或違心或別有用心地表示擁護。只有「不知天高地厚」的清華教授黃萬里和一個大學畢業不久、名叫溫善章的小技術員，對大壩工程提出反對意見。據說黃萬里在七天會期中，單槍匹馬，舌戰群儒，和蘇聯專家、中國專家展開激烈論戰。按黃的說法：「三門峽大壩建成後，黃河潼關以上流域會被淤積，

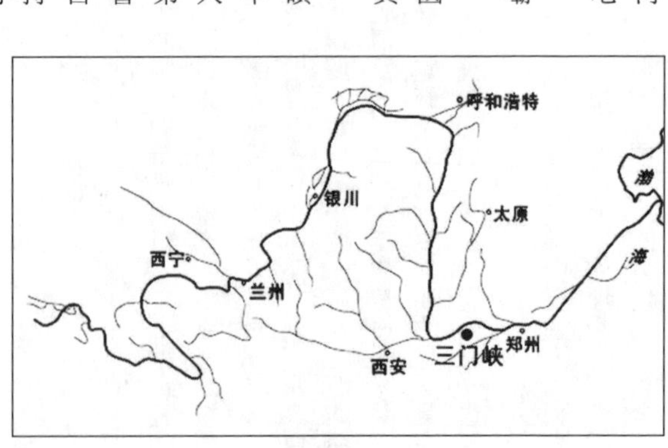

黃河三門峽大壩所在位置簡圖

並不斷向上游發展，到時候不但不能發電，還要淹掉大片土地；同時，黃萬里對舉國上下大喊大叫的『聖人出，黃河清』的說法甚為不屑，認為『黃河清』只是一個虛幻的政治思想，在科學上是根本不可能實現的。而贊成這種說法的官員、專家，實出於政治阿諛而缺乏起碼的科學精神。黃河水流必然挾帶一定泥沙的科學原理不能違背，即是從水庫流出的清水，由於沖刷力要比挾帶泥沙的濁水強大，將猛烈沖刷河床，必然使黃河大堤成片崩塌，清水也必將重新變成濁水」云云。

不久，黃萬里在校內報紙《新清華》上，以小說的形式發表了〈花叢小語〉。文章批評北京新修的道路反漿，公共汽車停駛，要是在美國，市長早幹不成了，等等。又從「文人多無骨」延伸到當年黃河三門峽工程的論證。其中一段說，「你看章×原來有他自己一套治理黃河的意見，等到三門峽計畫一出來，他立刻敏捷地放棄己見，大大歌頌一番。並且附和著說『聖人出而黃河清』從此下流河治」云云。

很快，清華校方把黃氏「大作」〈小語〉上報毛澤東，毛看後隨即加上「什麼話」按語在六月十九日的《人民日報》上刊出。同時，毛澤東還針對黃的文章說：「有這麼一些中國人，說美國一切都好，月亮也比中國的圓」（曾昭奮，〈江河萬里〉，《清華園隨筆》〔北京：清華大學出版社，二〇〇四〕。以下引文同）。黃的文章立即成了反黨、反蘇、反社會主義的「鐵證」，黃萬里被打成「右派」，下放農場接受勞動改造。後來黃萬里曾對人說：「我的右派帽子是毛主席『欽定』的，逃也逃不了。」

當一九三七年黃萬里從美國學成歸來時，途經橫濱暫泊，偶遇在日本學醫的丁玉雋小姐，二人一見鍾情，同船歸國後即在廬山舉行了婚禮。丁玉雋的父親乃國民黨元老丁惟汾，第一次國共合作時期，丁任工人部長、祕書外常委、國民黨中央執行委員會常委、青年部長等職，毛澤東任宣傳部代理部長，二人同為黨國大員，且頗為友善。而黃炎培則是教育界名宿，國共合作時期亦擔任政府要職，因而黃、丁二位名門子女的廬山之戀，曾轟動一時，給世人留下了難以忘懷的印象。事隔二十二年之後的一九五九年，毛澤東在廬山與彭德懷展開政治決戰，他在批彭時有「你彭德懷和黃萬里一樣腦後長著一塊反骨」等語。

由於毛主席的這一「反骨」結論，黃萬里在「右派」前又加了一個「大」字，成了罪大惡極的「大右派」，帽子一戴就是二十二年半，直到一九八〇年二月二十六日，才獲得了「右派改正的決定」，成為清華大學最後一個摘帽的右派分子。

一九五七年四月十三日，黃河三門峽水利樞紐工程正式開工。張光斗因為贊成修壩，成了三門峽工程的中方技術負責人。一時間，河南與陝西兩省熱鬧起來。同月，西安農業展覽館緊跟形勢，舉辦了「三門峽工程圖片資料展」。在門口最顯赫位置的一塊展板上，書有「聖人出，黃河清」六個金光閃閃的大字。其時簡化字剛推行不久，許多人不認識被簡化了的「圣」字（正體為「聖」），圍觀者交頭接耳小聲議論，忽見當地人送外號「二桿子」的中年漢子高聲朗讀曰：「怪人出，黃河清。」話音剛落，「二桿子」就被現場的保衛人員三拳兩腳掀翻在地，五花大綁押入公安機關，爾後以現行反革命分子罪名打入深牢關了起來。鑑於這一「怪人出」的政治事件，展覽館的領導者怕惹火燒身，很快就取掉了上寫六個大字的展板。

展板是取掉了，但那位不知名的「二桿子」高聲呼喊的話，像是一句讖語，昭示著未來的不祥。不但黃河沒有變清，反倒是滾滾泥沙淤塞了三門峽大壩，回水倒灌涇渭河，淹了富庶的八百里秦川。千古民族宿願，又一次在混濁的黃水裡化為泡影。

一九六一年，三門峽大壩建成，一九六二年二月第一臺十五萬千瓦機組試運轉，總投資九億四十二千元人民幣，對當時的新中國來說，可以說是傾全國之力。建成後的工程雖然給黃河下游防洪安瀾和灌溉、發電等方面帶來了一定經濟效益，但在建造時由於沒有考慮排沙這一關鍵性技術問題，泥沙淤積問題日益凸顯。據國家水電部資料顯示，一九六〇年工程蓄水，到一九六二年二月發電時，水庫就淤積了十五億噸泥沙；到一九六四年十一月，總計淤積泥沙五十億噸。約三年，庫內淤塞泥沙達三十四億立方米，幾為設計庫容的一半。而黃河回水，使潼關河床淤高了四・五米，迫使黃河最大支流——渭河水位上升，直接威脅中國西北的經濟中心西安的

1981年4月在清華大學講臺上的黃萬里

安全。中國最富裕的關中平原，大片土地出現鹽鹼化和沼澤化，使得庫區移民上上下下來回反覆遷徙，十幾萬人弄得一貧如洗，疾病纏身，男女老少啼饑號寒，其淒苦悲慘之狀，令見者為之淚下，曾代表國務院前往考察的高官大員面對慘況，亦禁不住說：「國家對不起你們。」據黃萬里的長公子黃觀鴻說：當時三門峽的敗象日顯，陝西泥沙日積，地方官忍無可忍，繞過周恩來徑向毛澤東告狀，毛澤東急了，說：「三門峽（大壩）不行就把它炸掉！」

為情勢所迫，一九六四年，三門峽不得不進行第一次改建，強行用炸藥在壩底炸開了「兩洞四管」，以用於洩流排沙；一九六九年，又進行了第二次改建，耗資八千萬元，再度在壩底炸開了八個孔洞，進一步增大了洩流排沙的能力。儘管如此，依然留有巨大隱患。二〇〇三年八月，渭河一場洪災，使建成四十多年的三門峽水利樞紐工程再次成為社會各界爭論的焦點。據陝西方面的水利專家說：「今年渭河的水並不大，只相當於渭河五年一遇的洪水。但今年形成的災害比較大，相當於渭河五十年一遇洪水的災害（其中華縣、華陰市遭受了自一五五六年以來五百年最大的災害，生活水準倒退了十年），這場災害使陝西全省有一千零八十萬畝農作物受災，二百二十五萬畝絕收，成災人口五百一十五萬人，直接經濟損失達八十二億九千元」（參見二〇〇四年二月二十二日《工人日報》）。當年黃萬里「黃河下游的洪水他年必將在上游出現」的預言再一次不幸言中。

據陝西省水利志的記載和近現代水利專家的考察，渭河在歷史上並不是一條淤積嚴重的河流，從春秋戰國時期到一九六〇年的兩千五百年間，河床淤積厚度僅為十六米，平均每一百年才淤積〇．六米。自三門峽水庫建成後淤積速度可謂一瀉千里。據二〇〇三年十月二十二日潼關水文站所測數據，當天的潼關高程是三百二十七．

三門峽大壩

九四米，而一九六〇年只有三百二十三・四〇米，僅僅四十多年時間竟比過去高出了四・五米，相當於歷史上七百五十年淤積量。因潼關高程居高不下，關中水患則永無窮盡。

繼這場洪災之後，對三門峽水庫的「異議」此起彼伏，持續不斷，但事已至此，當局亦無可奈何。

44 民國時期，有人形容錢昌照在錯綜複雜的人際關係上一個明顯的標誌是：「他和黃郛是連襟，和沈怡是郎舅，和翁文灝是冤家，和CC系是對頭，和宋子文是過從甚密的拜把子兄弟。」沈怡《自述》中說錢「送秋波於宋子文失意之際，慧眼識英雄，兩人成了莫逆」。

宋、錢關係由曖昧到訂交，始於錢擔任國民政府祕書時期，完成於資源委員會任上。錢曾回憶說：「我自認識宋以後，彼此之間的關係非常好。孔、宋有矛盾時，我支持宋。當我在資委會的工作中同孔發生矛盾時，宋總是支持我的」（錢昌照，《錢昌照回憶錄》〔北京：中國文史出版社，一九九八〕。以下引文同）。錢認為這是「我與宋自然而然相互在政治上連結起來」的基礎。抗日戰爭末期，錢昌照受國民黨高層人物和社會各界部分人士群聲喊打，逐漸在蔣介石面前失寵，當時他唯一能夠抓住的一根稻草就是宋子文，因而這一時期可稱為錢、宋蜜月期或民間說的「久別勝新婚」時期。錢在回憶錄中也承認這一時期「和宋子文的關係就更加緊密」。儘管有了宋子文這根稻草救急，但就宋的處境和能量，只能救其一時不能救其一生，錢昌照在民國時期政治舞臺上最終敗下陣來。

錢昌照於資源委員會起家，亦由其敗家，原因何在?只要看一下資源委員會的歷史就可略知一二。一九三一年，「九一八」事變之後，蔣介石就清醒地認識到，中國最終要和日本一決雌雄。但以當時中國的情形跟日本開戰，顯然不是日本的對手。只要戰端一開，那就不是僅憑勇氣和無畏的精神可勝對方的，必須在政治、經濟、軍事等諸領域均有所作為，方能以弱勝強，克敵制勝。而經濟在此時尤顯迫切和重要。時任國民政府祕書兼教育部次長的錢昌照，憑著自己在英國所學政治經濟學的敏銳頭腦與高人一籌的眼光，瞅準這一機會，適時向蔣介石提出，日本侵華趨勢日益明顯，政府應該建立一個國防設計的機構來統籌計畫抗戰工作。蔣介石聽罷深以為然，對錢氏其人高瞻遠矚的新思維很是欣賞，於是順水推舟地做個人情，決定由錢出面擔當這一重任。此時的錢昌照屬於典型的歐美少壯派官僚，儘管精明強幹，銳氣逼人，但他沒敢忽視翁文灝的存在。有翁氏這一天下知名的英才存在，錢昌照自知一時無法與之匹敵，只好甘居其後，乃按武林推薦盟主的規矩，向蔣介石真誠地薦舉了翁。蔣原對翁就深有好感，而翁本人又奉行潔身自好，素來與政治無緣，正合蔣的心意。當時國民黨政權根基在南方（後來也基本如此），而且政府的各類官僚也多出自國民黨內部，而翁是北方知識分子，根基也在北方學術界。蔣正好通過翁來拉攏北方一批學術文化界人士，特別像胡適一派的自由知識分子，讓他們靠近南京政府，為黨國效力。

主意打定後，蔣親自請翁文灝和與翁友善的張季鸞等人到廬山來講課。翁文灝到廬山見到蔣介石，提出在戰前經濟困難時期，特別要重視調查中國的資源，通過對資源的開發提升中國的經濟地位。蔣一聽正合心意，相談甚歡，遂引翁為知己。後來蔣說要成立一個國防設計委員會，由翁出面組織。翁推託再三，蔣介石乾脆說：「這個主任我來做，你來做祕書長，由錢昌照做你的助手。」最後的結果是，蔣自己兼任了名義上的國防設計委員會委員長，翁文灝接受了祕書長一職，但人仍在北京，錢昌照出任副祕書長，在南京主持委員會的實際工作。錢在回憶錄中說，國防設計委員會成立於一九三二年十一月一日，隸屬於國民政府的參謀本部，是個祕密機構。「這個委員會的委員都是有軍銜的，翁文灝是中將。」委員會成立後，前期主要工作是進行中國的資源調查。翁文灝還聘請了一大批中國一流的知識分子和社會各方面的賢達之士，如胡適、丁文江、傅斯年、蔣廷黻、何廉、陶孟和、王世杰、周鯁生、錢端升、吳鼎昌等，外加一些金融實業人士以及少部分國民黨黨務人員，一時為國人所重。到了一九三五年四月，戰爭形勢更加趨緊，國民黨對軍事機構進行大的改組。國防設計委員會轉為資源委員會，工作的內容也從原來的參謀性質轉變為一個龐大的工業建設機構。

一九三七年戰爭全面爆發。資源委員會面臨的首要工作是組織沿海工礦企業內遷。一九三八年一月，資源委員會接管軍事委員會下屬的第三部（主管國防工業）、第四部（主管國防經濟），以及建設委員會改隸新近成立的經濟部。翁文灝出任經濟部部長兼資源委員會主委，錢昌照任副主委。自此，資源委員會便與經濟部捆綁在一起。一九三六年，資源委員會所屬的工礦企業僅有二十一個單位，到了一九三九年，有六十七個單位，三年後膨脹至九十六個。至抗戰勝利前夕，達到了一百二十一個。一九四五年更增為一百三十個。短短九年就擴展了六、七倍，其故安在？

首先，國家的融資大量撥給資源委員會。該會資金來源主要依賴政府預算與中國、交通兩銀行的融資。錢昌照與宋子文關係頗為密切，宋在這段期間內擔任中國銀行董事長，而交通銀行董事長胡筠與宋子文關係又非同一般，宋子文之弟宋子良又為交通銀行董事之一，以銀行的力量來支持資源委員會，是相當容易的。更何況宋自一九四〇年六月起，被委為蔣介石的私人代表，專司爭取美援，影響力提高。資源委員會與之結合，得以迅速發展是可想而知的。當時孔、陳兩家都瞅準了資源委員會這塊肥肉，想從中分一杯羹。孔祥熙一直想抓住鎢、銻兩大礦產資源，卻沒有達到目的，遂對錢氏懷恨在心；CC系的陳果夫、陳立夫想在資源委員會的各項事業內設立國民黨黨部，均遭拒絕。據錢昌照在回憶錄中說，「資源委員會之所以能和孔、陳對抗，一則由於蔣介石在經濟方面往往利用資源委員會牽制孔、陳，二則由於宋子文和孔、陳一向不和，鉤心鬥角，每當資源委員會和孔、陳發生爭執的時候，他總是支持資源委員會。」因而錢氏與孔、陳的對抗總是占盡上風。翁文灝等資源委員會人員擔任經濟部高官，主管工商事業，於分配上占盡便宜，使資源委員會在與私營企業競爭時占絕對優勢。據統計，資源委員會和其他的公營事業的資本額在一九四四年達到戰前的五十倍，在全國總資額中所占的比率，從戰前的百分之十二增加到一九四二年的百分之七十。資金既控制在公營事業手裡，政府又實施統制與獨占貿易、增稅、收藏金銀外幣等政策，私營企業必然要凋零破敗。當各私營企業紛紛破產之際，資源委員會以國防建設的名義加以併吞，得以急速擴張，成為不可一世的資本大鱷。

對於這一畸形格局的演變，除了孔、陳為一己私利而仇恨外，也引起了社會有識之士的警覺和不滿。傅斯年在一九四七年三月一日《觀察》二卷一期刊發的〈論豪門資本之必須剷除〉中，就曾公開提及「國家資本」這一被歪曲的社會痼疾，除了鐵路、航業、銀行業等豪門資本外，傅還特地指出：「又有資源委員會號稱辦理一切重工業，這樣發達的國家資本，我們應該幾乎要成社會主義國家了，然而內容大大不然。糟的很多，效能二字談不到的更多。譬如兩路局、資源委員會等，你不能說他貪汙。但無能和不合理的現象更普遍。推其原因，各種惡勢力支配著（自然不以孔宋為限），豪門把持著，於是乎大體上在紊亂著，荒唐著，僵凍著，腐敗著。惡勢力支配，便更滋養惡勢力，豪門把持，便是發展豪門。循環不已，照道理說，國家必糟。」

曾做過資源委員會委員的胡適，在一九五四年曾借用朋友的話對此做過評論：「中國士大夫階級中，很有人認為社會主義是今日世界大勢所趨；其中許多人受了費邊社會主義的影響，還有一部分人是拉斯基的學生。但是最重要的還是在政府任職的許多官吏，他們認為中國經濟的發展只有依賴政府，靠政府直接經營的工業礦業以及其他的企業。從前持這種主張最力的，莫過於翁文灝和錢昌照，他們所辦的資源委員會，在過去二十年之中，把持了中國的工業礦業，對於私有企業（大都是民國初年所創辦的私有企業）蠶食鯨吞，或則被其窒息而死。他們兩位（翁文灝、錢昌照）終於靠攏，反美而羨慕蘇俄，也許與他們的思想是有關係的」（胡頌平編著，《胡適之先生年譜長編初稿》第七冊〔臺北：聯經出版公司，一九八四〕）。沈怡晚年在〈自述〉中，對錢這一時期的工作也多有批評，認為「資委會的主要負責人經常吃吃喝喝，工作效率不高」云云。錢為此很不高興。就錢昌照政治命運而言，儘管與翁同在資源委員會任主要職務，但兩人的關係並不融洽，後來逐漸惡化到不能共事的程度。抗戰勝利後，錢受到翁文灝、孔祥熙及CC系的排擠和打擊，在胡適等自由知識分子的搖旗吶喊下，為平息眾怒，蔣介石痛下決心撤銷了錢的資源委員會副主任職務。一九四九年八、九月間，錢懷著對蔣介石、翁文灝、CC系等各派系的強烈不滿，準備赴英國講學。在逗留香港期間，剛好遇上舊友、中共地下黨員、著名電影導演張駿祥。錢向張述說了自己的境遇和對局勢的悲觀態度。張立即將這一情況告知夏衍，夏再向潘漢年做了彙報。潘以特有的政治敏感，當即指示夏衍：這是一件大事，趕快通過張駿祥約錢昌照談談，盡可能勸他留下來，不要去英國，更不要去臺灣，將來可以為新中國建設服務云云。與此同時，潘漢年又將此事向中共中央做了彙報，請示對錢的工作方針。很快，潘收到周恩來回電，指示他一定要設法勸錢留在香港，並明確指出，為了新中國的建設，我們希望資源委員會的工程技術人員都留在大陸，為祖國服務。經過中共組織的一連串工作，錢回返大陸。

45　劇本分別發表於《新青年》五卷六期（一九一八年十二月）；六卷一、三期（一九一九年一、三月）。

46　曹聚仁，《我與我的世界》（北京：人民文學出版社，一九八三）。

47　劉培育主編，《金岳霖的回憶與回憶金岳霖》（成都：四川教育出版社，一九九五）。

48　《胡適日記》（內部發行）（北京：中華書局，一九八五）。

49　朱喬森編，《朱自清全集．日記編》卷九（南京：江蘇教育出版社，一九九八）。

第二章

小鎮故事多

一、此情可待成追憶

沈性仁去世的噩耗傳出，家族至親悲慟欲絕，許多與之相識的朋友也為之灑下了悲傷的熱淚。費正清曾哀惋地慨歎道：「她是我們朋友中最早去世的一個。」[1]一月二十三日晚上，金岳霖在昆明西南聯大接到沈性仁去世的電報，感覺「當時就像坐很快的電梯下很高的樓一下子昏天黑地」，等穩下來時，「又看見性仁站在面前」。[2]沈性仁在去世八天前，還親筆給遠在昆明的老金寫過一封信，「那封條理分明，字句之間充滿著一種淡味，一種中國人和英國人所最欣賞的不過火的幽默」的信，讓老金無法相信「八天的工夫就人天闊別」了。於是，金岳霖懷著悲天憫人的情感，寫下了一篇含血沾淚的悼文，以紀念這位在中國白話文運動史上做出過傑出貢獻的光彩照人的女性。

老金認為，沈性仁是「非常單純之人，不過她也許在人叢中住，卻不必在人叢中活而已」，「佛家的居心遇儒家的生活……單就事說，性仁能做的事非常之多；就她的性格說，她能做的事體也許就不那麼多了。」她是一個入山唯恐不深、離市唯恐不遠，真正高雅、淡泊、風韻無邊的人間女神。文中又說：

> 認識性仁的人免不了要感覺到她徹底的雅，她的確雅，可是她絕對不求雅，不但不會求雅，而且還似乎反對雅……我猜想她雖然站在人群的旁邊，然而對於人的苦痛她仍是

非常之關心的。在大多數人十多年來生活那麼艱苦的情形之下，雅對於她也許充滿著一種與時代毫不相干的紳士味……性仁雖然站在人群的旁邊，然而對於朋友她又推赤心於人、肝膽相照、利害相關，以朋友的問題為自己的問題。她是想像力非常之大而思想又百分的用到的人，可是想像所及的困難有時比實際上的困難還要大。她在李莊聽見昆明的物價高漲的時候，她深為奚若太太發愁，恨不能幫點子忙。然而她無法可想，而在那束手無策的狀態之下，她只有自己想像而已。想的愈多，困難也就愈大。這不過是一例子而已，這一類的景況非常之多。朋友們的處境困難常常反比不上性仁為她們著想而發生的心緒上的憂愁。她的生活差不多以自己為中心，有的時候我簡直感覺到她的生活是為人的生活，不是為自己生活。也許她這樣的心靈是中國文化最優秀的作品。[3]

金岳霖這篇〈悼沈性仁〉散文，堪稱民國史上所有散文作品中寫女人寫得最細膩、最優美的文字之一，內中蘊含了英國紳士式的從容、清純、灑脫、飄逸，伴著中國古典的深厚綿長和淡淡的哀傷，讀之感人肺腑，韻味綿長不絕。金岳霖不僅有一顆哲學家的頭腦，還應當算是世上最為難得的一位好男兒、好情人。假如把老金與風流成性、整日在女人堆裡鑽來盪去的老情種徐志摩相比，老金對女人的了解、認識與同情，要比徐氏更透徹、更遼遠、更有深度，也更能進入女人的心扉。正如沈性仁的小妹、錢昌照夫人沈性元所稱：「回憶到金老（岳霖）對我二姐性仁的尊重理解。金老認為，性仁二姐的性格是內向型的。她文靜、深思、內涵比較充實……等，金老稱之為『雅』。性仁二姐待人誠摯，處事有方，這些我們

沈亦雲與二妹性仁（中）、三妹性元（左）。（引自《亦雲回憶》）

父母所留給她的品格，也許由於她愛好文藝所獲取的哲理而更深化了些。」又說：「二姐處在多難的舊中國，身居在知識分子經濟不寬裕的家庭，家務之外，有不少朋友的社交活動，還能抽出時間勤於譯著，她翻譯了房龍的名著《人類的故事》，此外也譯有英文中篇小說。這些也是金老所欽佩的一方面吧。」[4]

金岳霖對沈性仁心嚮往之，而沈對老金也可謂高仰景行。沈性元說：「我從二姐偶然的話語裡，得知金老搞邏輯學，寫作有個少有的特點：常常費了不少工夫寫成厚厚的一疊稿了，當發現其中有不滿意處，他會把全部稿子毀棄，絕不『敝帚自珍』，更不會以為『文章是自己的好』。他會重新開始，有疑義就再作廢而不惜，絕不把自己所不滿意的東西問世饗人。金老，當年的『老金』就是這般著作治學的，他得到二姐的衷心欽佩。」從彼此的回憶文章中，可以窺知金、沈之間的友愛，一點也不遜於老金與林徽因之愛，若就人性中的深層情感論，可能還有過之。

作為與沈性仁相濡以沫，共同經歷了世間滄桑、離亂生死的陶孟和，沒有專門寫下懷念愛妻的文字，這倒不是說已與愛妻在生死兩茫茫中相忘於江湖，而是內心的苦楚與孤寂，非文字所能表述於萬一，因而選擇了沉默而獨自面對苦難。據時在社會科學研究所的研究人員巫寶三回憶：「李莊雖是一個文化區，但究與西南聯大所在地的昆明大有不同。同濟是一理工醫大學，無文法科，因此陶先生同輩友好在此不多，經常來晤談者，僅梁思成、思永兄弟，李濟、董作賓等數人而已。同時陶老的夫人當時健康欠佳，後去蘭州休養，在抗戰後期病故。陶先生大半時間住在李莊，生活孤寂可知。但處境雖然如此，他對扶植研究事業的熱忱，一仍往昔。在夏季，他頭戴大草帽，身著灰短褲，徒步往返於鎮上及門官田的情景，猶歷歷在目。」[5]

當李約瑟到來時，剛剛五十七歲的陶孟和已是頭髮花白，身軀佝僂，沉默寡言且有幾分恍惚，望之令人心酸。李氏與陶孟和及大大小小的研究人員做了交談，索取了部分資料，對各位人員的精神風貌和研究成果給予了充分理解和肯定，並在日記中寫下「由此可見，即使在困難時期，川西的生物學、社會學的研究也很豐富」[6]等讚語。此次訪問，最令李約瑟感興趣的是社會科學研究所費時幾年、集中精力進行的抗戰期間中國經濟損失的研究工作。

中央研究院社會學研究所研究人員，於1942年底在李莊門官田租住的宿舍。（王榮全攝並提供）

在此之前，陶孟和對第一次世界大戰交戰國各方面的損失估計，以及戰後巴黎和會各方代表談判情形有過詳細了解和研究。抗日戰爭爆發後，他極富政治戰略眼光地向國民政府提出，「戰時經濟狀況及其損失應作為一個重大課題及早調查研究，以作為抗戰勝利後和會談判的依據」。[7]在這一學術戰略思想指導下，自一九三九年在昆明開始，陶孟和就集中精力組織人力調查研究淪陷區工廠及其他經濟文化機構遷移情況。來李莊後，整個研究所的工作由原來的經濟、法律、社會學等諸領域，轉到了經濟學，並確定了以戰時經濟研究為主的總方針，開始了由調查問題、揭示問題，並協助政府解決問題這一重大政治經濟事宜的轉化。在此期間，陶氏與研究所同人以「抗戰損失研究和估計」為題展開調查，著手編纂抗戰以來經濟大事記，出版了對淪陷區經濟調查報告及經濟概覽。也就在這一時期，受翁文灝主持的國民政府經濟部委託，社會學所專題研究了戰時物價變動情況；同時受國民政府軍事委員會參事室委託，調查研究並完成了《一九三七－一九四〇年中國抗戰損失估計》等科學性論證報告。這項極具社會和科學意義的調查研究工作，得到了中央政府的讚譽，一時為各方所重視。

令陶孟和為之扼腕的是，他與同事輾轉幾萬里，含辛茹苦，耗時八年，以國際通用的科學計算方法調查研究出的報告，因戰後國共兩黨與日本政府的複雜關係，這批關乎國家民族復興大業的重要研究成果竟成了一堆廢紙，被當局棄之麻袋不再理會。最後的結局是：中國人民八年堅苦卓絕的抗日戰爭打贏了，但國共雙方分別代表自己的政權，主動放棄了對日本政府的戰爭索賠，中國在戰爭中折合當時美元計算數額高達一千億元以上的各種經濟損失，全部付之東流，未得到一分一釐的賠償。此舉可謂悲涼、窩囊、「二駕轅」到了頂峰，徒令後世子孫悲憤交加、扼腕長歎。

辭別了陶孟和與社會學所一幫埋頭苦整，但並未預料到自己八年心血日後被國共雙方的當權者視為臭狗屎裝入麻袋扔入垃圾堆的可憐的研究人員，李約瑟走下山來，欲拜訪他心儀已久的梁思成。由於梁啟超巨大的光芒和社會影響力，可能當時介紹的人沒有提到也許更能令李約瑟心馳神往的一代才女加美人林徽因，否則以他好奇和愛美的性情，不會不在寫給夫人的信中加以提及——而事實上，他當時只提到了「偉大的政治家和學者梁啟超的兒子」梁思成。

在上壩月亮田農舍的梁思成得到消息，儘管對李約瑟其人未曾相識，亦不了解底細，但想到一個外國人，不遠萬里來到中國，並來到中國西南偏僻閉塞的李莊，這是一種什麼精神？由於階級和歷史的局限，此時的梁思成還沒有像延安的毛澤東在〈紀念

1935年，金岳霖（左一）、梁再冰（左二）、林徽因（左三）與費正清（右一）、費慰梅（右二），以及費氏夫婦的朋友在北平天壇。

白求恩〉中所想到的「這就是國際共產主義精神」。但既然對方號稱為了中英文化交流而來，起碼也算國際友人合作的精神。因了這種精神，作為東道主的梁思成自然要盡其所能地招待一番。只是此時梁家包括整個營造學社一貧如洗，平時吃飯都成問題，哪裡還有特殊的條件設宴招待？半年前，當費正清與陶孟和一道從重慶來到李莊時，這位來自美國的文化官員，親眼目睹了知識分子貧困的生活條件。費氏看了梁家與營造學社的窘迫狀況，曾勸梁思成賣掉身上的一支自來水筆和手錶等物，以換取急需的食物維持生計。對於學者們如此艱難的生活狀況，費正清曾感慨地說道：「依我設想，如果美國人處在此種境遇，也許早就拋棄書本，另謀門道，改善生活去了。但是這個曾經接受過高度訓練的中國知識界，一面接受了原始純樸的農民生活，一面繼續致力於他們的學術研究事業。學者所承擔的社會職責，已根深柢固地滲透在社會結構和對個人前途的期望之中了。」[8]

李約瑟來李莊之前，營造學社人員經歷了一陣回光返照式的興盛之後，又無可挽回地再度陷入了衰落，因「主要成員梁思成、劉敦楨由於當時環境，在工作上意見相左，遂造成不能合作之局，其他同人亦有相繼離去者」。[9]劉敦楨已於半年前攜家帶口離開李莊乘船赴重慶中央大學任教，盧繩等人也各奔東西。原本就風雨飄搖的營造學社，兩根宏大支柱突然折掉一根，梁思成獨木苦撐，掙扎度日，大有樹倒猢猻散之危。據說，當劉敦楨決定離開李莊另謀高就的那天，梁劉二人談了一夜，最後都流了眼淚。世事滄桑，聚散分離，本屬正常，只是在這樣的境況下訣別，令人倍感淒涼傷心。

此次面對李約瑟的到訪，家徒四壁又好面子的梁思成，抓耳撓腮在院子裡轉了幾圈後，突然發現鴨子們還不知憂愁地呱呱亂叫。這是梁家自春天就開始餵養的幾隻本地鴨，除指望下幾個鴨蛋補養一下林徽因與梁思永的病體，還準備秋後宰殺幾隻，對平日難見油星的營造學社同人好好犒勞一頓。如今貴客臨門，梁思成只好忍痛割愛，決定先宰殺兩隻公鴨以款待客人。站在院子裡親眼目睹梁思成捕殺鴨子的李約瑟，當然不知這一令人心酸的背景，只是以好奇、驚喜的心情觀看了這一具有鄉村特色的場面並飽嘗了一餐美味。此一情形的具體細節，林徽因在寫給費正清夫婦的信中有過表述：「李約瑟教授剛來過這裡，吃了炸鴨子，已經走了。開始時人們打賭說李教授在李莊時根本不會笑，我承認李莊不是一個會讓客人過度興奮的地方，但我們還是有理由期待一個在戰爭時期不辭辛苦地為了他所熱愛的中國早期科學而來到中國的人會笑一笑。」[10]

事實上，李約瑟見到他心目中的「偉大的政治家和學者梁啟超的兒子」梁思成，以及躺在病床上的「兒子媳婦」林徽因並做了簡短交談後，這對夫婦出眾的才華和林徽因的美貌，令他大為驚喜並出人意料地露出了笑容。他當著眾人的面表示自己能與梁、林夫婦在李莊這個偏僻的小鎮上相會，感到非常高興和自豪。同時李約瑟也沒忘記以英國紳士的風度，誇讚一番林徽因那帶有愛爾蘭口音的英語，林受到誇讚當然高興得不得了，她在信中對費正清夫婦說：「我從不知道英國人對愛爾蘭還有如此好感。」這個時候的梁林夫婦尚不知道，愛爾蘭正是李約瑟生命中最難忘的成長之地。林徽因的愛爾蘭口音，正好給予對方他鄉遇故知的知音之感。在戰亂流離的異國他鄉，能遭逢如此快事，作為對故鄉懷有眷眷深情的李約瑟焉能不露出真誠的笑容？

中國營造學社在李莊租住的民房，站立者是莫宗江。

吃飽喝足之後，李約瑟詳細觀看了營造學社的研究課題，親眼目睹了在如此艱苦卓絕的環境中研究人員的工作態度，心靈受到強大震撼，他在自己的筆記本上寫下了這樣一串預言式文字：「如果戰後中國政府真正大規模地從財政上支持研究和開發，二十年左右後，中國會成為主要的科學國家。中國人具有民主的幽默感和儒家高尚的社會理想。認為中國人會屈從於日本帝國主義侵略者的誘降是不可思議的。」[11]

後來的事實證明，李約瑟的預言說對了一半，二十年後的中國大陸儘管有了原子彈和氫彈，以及足以鎮壓一切敵對勢力的堅硬坦克和裝甲兵器，但離「科學國家」還有一大段距離，更談不到「主要」和進入世界發達國家的主流。而國民黨控制的臺灣孤島，其科學的發展同樣緩慢得令人感到窒息。一九六二年二月二十四日，當臺灣中央研究院舉行第五次院士會議欲選舉新一屆院士時，李濟在演講中曾對臺灣的科學前景持以「不敢樂觀」，且有些悲觀的論調。儘管主持會議的胡適大不以為然，未過幾分鐘便倒地不起，但仍然無法改變殘酷的現實，中國海峽兩岸在抗戰勝利的半個世紀之後，仍然沒有成為一個世界公認的、規範的「科學國家」。倒是後一點被李約瑟有幸言中，中國人民不但沒有屈從日本侵略者的誘降和血腥屠殺，最終以民族的堅強與韌性，於腥風血雨中取得了抗戰勝利。

六月十三日，李約瑟來到位於李莊鎮張家祠內的中央博物院籌備處進行訪問，同時做李莊之行的告別演講。演講之前，一個意外插曲的出現，給眾人留下了深刻印象——這便是陶孟和與傅斯年兩個冤家對頭摒棄前嫌，握手言和。

二、由決裂到言和

儘管陶孟和是傅斯年的師輩人物，傅卻一直不把陶當長輩看待，除了前面早已敘述的陶孟和所率領的隊伍，並非是梁山晁蓋、宋江那幫兄弟的嫡系，也不是二龍山入夥的魯智深、楊志、武松等強勢集團，而只是如少華山入夥的史進、朱武等輩，雖踏進梁山大門，卻一直未能取得各門各派武林高手敬慕。更為致命的是，陶孟和所率領的這支滿身「土包子」色彩的隊伍，多少年來一直未有大的改觀，歐風美雨一直沾不到自己身上，頗有風颳不透、水潑不進的頑石狀加外來單幹戶的味道。在藏龍臥虎的水泊梁山族群中，這支隊伍也只能是謹言慎行，如履薄冰，委曲求全地居於花和尚魯智深、黑旋風李逵、矮腳虎王英，甚至一丈青扈三娘，或蒸人肉包子的母夜叉孫二娘等列位大哥大嫂之下了。

與此相反的是，作為最早入夥水泊梁山的傅斯年，自有一種先到為主，占山為王的霸氣、驕氣與傲氣「三氣」疊加之態勢。正如時任《中央日報》主筆的程滄波所說：「我與孟真接觸頻繁，在中央研究院成立時，當時南京成賢街的中央研究院總辦事處，蔡先生常常住在裡面，我常去盤桓，和楊杏佛陪著蔡先生吃飯的機會更多。蔡先生是不吃飯的，在飯桌上，蔡先生席位上是一暖壺紹興酒，大概是六兩。蔡先生一個人獨酌，我們陪他吃飯。蔡先生酒吃完，接著吃幾塊烤麵包。孟真也常去吃飯，當時孟真見著人，總是昂起了頭，有時仰天噓幾口氣，就是在蔡先生旁也依然如此。」[12]

程氏只看到對方鼻孔朝天、對天噓氣的霸王神態，可能還沒領教傅斯年狂話連篇、目空一切的沖天豪氣。據傅斯年自己坦白交代，國民黨北伐成功之後，傅氏與幾個同學在蔡元培家中吃飯，神情亢奮中，蔡元培與幾人均喝了不少的酒，傅斯年乘著酒興，以梁山好漢的做派站在餐桌旁突然振臂狂呼道：待「我們國家整好了，不特要滅了日本小鬼，就是西洋鬼子，也要把他趕出蘇彝士運河以西，自北冰洋至南冰洋，除印度、波斯、土耳其以外，都要『郡縣之』……」，此番張牙舞爪、不知天高地厚的大呼小叫，令微醺的蔡元培大為不快，蔡當場「聲色俱厲」地呵斥道：「這除非你做大將！」[13]一句話如冷水潑頭，傅斯年大駭，轉頭看看蔡元培盛怒的面色，頓時酒醒三分，遂不再吭氣。——這個典故很形象地透出傅斯年性格中固有的囂張與跋扈本色。試想，傅氏膽敢在「北大之父」蔡元培身旁放肆一把，作為一個原北大教務長、現在與自己同在一級別的研究所所長、國民政府參政員如陶孟和者，傅斯年又如何放在眼裡？

陶孟和為人生性老實平和，盡可能避免與人爭勝和交惡，但在許多事情上有自己的算盤，一旦算盤打得過多，難免令同行看輕。除此之外，陶、傅交惡，更深層的癥結還在於二人各自所持的政治思想、人生觀等諸方面，或如後來中國大陸宣傳部門宣稱的「意識形態」不同與分歧所致。

陶孟和在英國倫敦大學求學時，主要研究社會學，接受的是韋伯夫婦的理論體系。因當時的韋伯與蕭伯納等共同創立費邊社，在英國從事所謂的社會改良主義運動，作為韋伯信徒的陶孟和，其思想多少也受到蕭伯納的影響。傅斯年在英國留學時，與韋伯夫婦和蕭伯納等輩曾有過接觸，但傅對二人特別是蕭伯納本人頗為輕視，或者說大為反感。

1933年2月17日，蕭伯納訪問上海時與蔡元培、魯迅合影。

出生於愛爾蘭都柏林的蕭伯納，自在倫敦以文學創作嶄露頭角後，號稱社會主義者，從三十六歲開始，到九十四歲嗚呼歸天，五十八年裡共寫了五十一個劇本。一九二五年獲諾貝爾文學獎。一九三一年，蕭伯納來到深得自己好感的蘇聯訪問，高爾基寫信祝賀他的七十五歲壽辰，稱頌他是「勇敢的戰士」云云。一九三三年二月，蕭伯納受中國民權保障同盟總會幾位大老的邀請，儘管有不屑踏上中國領土的念頭，但最終還是於二月十七日由香港到上海登陸做了短暫停留，並與宋慶齡、蔡元培、魯迅、楊杏佛、林語堂等名流匆匆見了一面。蕭氏之意「本來玩玩的」（魯迅語），但還是以西方人的自傲自大，以不屑的神情，居高臨下地對中國及中國文化咕嚕了幾句洋話，大放了一通厥詞，謂「中國固無文化可言，有之也在中國的鄉間田野」云云。後來中國許多各揣不可告人之目的，或稀里糊塗，大肆迷信和吹捧蕭伯納，將其視為哲人、世界人類的大救星，並藉此抬高與其有一面之緣的中國同盟幾位大老的身價。但也有人當時就表示對蕭氏為人為文不屑一顧，對其行為更是深惡痛絕。在這批頭腦清醒、情感激烈的勇士中，傅斯年算是靠前的一個，對蕭的行為與思想給予猛烈抨擊。其惡感之深、用情之烈，直到十幾年之後的一九五〇年依然鬱結在心、如鯁在喉，甚覺不吐不快。這一年，由其他事件引導，傅斯年想起蕭氏的思想對中國人流毒之深，於是寫了〈我對蕭伯納的看法〉一文，以消除其毒素，化解心中的塊壘。文中說道：

蕭伯納「自己實在無多創造的思想，而是善於剽竊別人的思想。他所剽竊最得力的人就是魏伯（南按：韋伯）夫婦。蕭伯納的文字囉唆，思想淺出，作品風行一時，一輩子賺了很大的錢。他對於抽版稅是絲毫不苟的。章士釗求見，說：『先生在中國很出名。』他說：『在中國出名何用？中國不曾參加國際版權協定。』這雖然帶有笑話，但我在英國讀書時（三十年了），大學學生演他的戲，版稅一道決不放鬆——儘管他是一個社會主義者」。「蕭伯納將老，怕要死，寫了一本《返於老彭》（*BACK TO METHUSELAH*），還是一部大作（大約是一九二〇年）。從此以後，剽竊得越發生吞活剝，見解越無中心，越說越無責任心。我想，假如不返於老彭，少活三十年，豈不更為完美？這實在不像人死後的說話，但這樣場合，這樣說法我卻有點摹仿他的調兒。」[14]

在傅斯年眼裡，儘管蕭伯納的思想抄襲韋伯，但韋伯夫婦也不是什麼好東西，是一對徹頭徹尾的「社會主義的新官僚派」，且是一位「人道主義色彩甚淡，效能的觀念甚重，而謂人道主義者為幻想家」的庸俗之輩。傅在文章中頗負意氣地指責道：「魏伯夫婦晚年大大讚賞蘇聯，以為是一個新的文明。在東方的民族中，三個人都極其佩服日本，因為中國人『亂烘烘』，『不會辦事』（好個帝國主義的看法）！魏伯遊中國後，說中國人是劣等民族，蕭伯納遊日本，路過上海幾有不屑上岸的樣子。」最後，傅斯年對蕭伯納做出的總體結論是：「他在政治上，是看效能比人道更重的；在思想上，是剽竊大家；在文章上，是滑稽之雄；在戲劇上，是一人演說；在藝術上，是寫報紙文字。」[15]總之，在傅斯年眼裡，蕭伯納是一個極其糟糕，一無是處的騙子、妄人加街頭小混混式的丘八。

此文一出，得到了一批中國自由知識分子讚譽和追捧，抗戰期間任《中央日報》主筆，後為臺灣東吳大學教授的程滄波評論說：「〈我看蕭伯納〉大概是孟真最後一篇文章，這一篇短短的文章結束了孟真三十年的文字生涯。這一篇文章，是孟真『等身著作』的壓臺戲。

孟真在那篇文章中說：他不是學戲劇，他也不是學文藝批評，但是，像蕭伯納這樣一個題目，不是一個專家寫得好的，這樣一個複雜、迷亂、幻景的題材與人物，不是具有豐富的中西學識、超特的智慧，是沒法一刀劈下去的。孟真那一篇文章，把一個蕭伯納，一刀劈下去了。蕭伯納經他這一劈，由神奇化為腐朽，把蕭翁一生的魔術全揭穿了。孟真的不朽，那一篇文章就夠了。」[16]

傅斯年的老友毛子水也評價道：傅氏文章中的「三千個字，將永為文學批評史上重要的文獻，是要『知人論世』者所不可不讀的……孟真先生以蕭伯納『看效能比人道重』的理由而不滿蕭伯納，對極了！」程與毛氏所言，是耶？非耶？或似是而非？但有一點似不可懷疑，即傅文一出，蕭伯納製造的神話和迷信被戳穿、打破，許多喝過蕭氏製造的迷魂湯，一直沉溺在蕭氏神話迷夢中的國人逐漸清醒，而隨著時間流逝，神情越發變得清晰、明智，蕭伯納的影響也成了蜥蜴的殘夢——恐龍的時代一去不復返了。

與傅斯年的思想大不相同，或曰背道而馳的是，陶孟和除接受了韋伯夫婦「社會調查」的思想並照章行動，對蘇聯的一切人事大加讚賞。一九二四年一月二十四日，蘇俄領袖列寧去世，已從英國回到國內的陶孟和於二月二十六日，聯合李大釗、馬敘倫、郁達夫、丁西林、沈尹默等四十七位教授致函北京政府外交總長顧維鈞，要求政府與蘇聯恢復邦交。函中特別指出「蘇俄以平民革命推倒帝制……其顯揚民治，實吾良友」云云。由於對蘇聯革命的贊成與崇敬，陶氏的政治思想逐漸滑向另類，並對中共的思想與做法表示同情的理解。

傅斯年與之相反，他對中共與蘇聯皆無好感，公開表示反對。除了反共，傅同樣反蘇，

「因為民族主義與人道主義，所以反共反蘇」。[17]在傅氏的眼裡，共與蘇是連帶的，不可分割的一根繩上拴著的兩隻螞蚱。對這兩隻山林草莽中連蹦加跳的螞蚱，他心生嫉惡，欲加以剷除滅之而後快。[18]按傅斯年的說法，中共緊隨蘇聯其後，學史達林那一套，搞的不是民主而是專制，有一套不講事理不重人性的辦法。[19]因而一旦共產黨掌權，社會秩序就將大亂，甚至認為人民的自由也會被剝奪，文化會變成一片荒漠等。

陶孟和早年曾對蔣介石本人和國民政府寄予厚望，並與蔣本人有過接觸。按金岳霖晚年的說法，「從他的家庭著想，他是可以當蔣介石朝的大官的，可是他沒有。我有一次在南京，疑心他要做南京的官了，因為他住的地方真是講究得很。可等待了好久，他仍然沒有做南京的大官，我疑心錯了」。又說：「陶孟和的思想偏左，不是舊民主主義者，也不是共產黨人。他的政治思想可能最近社會民主，但是也沒有這方面的活動。」[20]

金岳霖說的當是老實話，陶孟和不是一個刻意追求做黨國大員的人，如果刻意要做，憑其與黃郛、錢昌照、沈怡的姻親關係，應該大有希望。抗戰期間，陶以無黨派人員和自由知識分子的身分，出任國民政府參政會參議員，開始涉足政界。但隨著對國民黨及蔣家王朝認識的逐漸加深，他由失望漸漸產生反感。後來隨著主持多項農村經濟與社會狀況調查，以及整個社會政治向心力轉移，陶改變了自由知識分子的菁英姿態，「左傾思想日益強烈」。在李莊時期，國民黨政府的腐敗已呈不可遏止的糜爛狀態，陶孟和引用原清華大學校長、時任農林部部長周詒春的話對手下的同事說：「國民政府已經爛到核心了（Rotten to Core），就是說不可救藥了。」[21]面對這個「不可救藥」的政府，有一些所謂社會名流，仍不知好歹地趨炎附勢，竭力維護這個「核心」。為此，陶孟和以嘲諷的口氣舉例說：「這種人見到政治高層人物，屁股坐在椅子邊邊上，不管對方說什麼，他只公雞啄米似的不住點頭，哈喲哈喲地連連稱是，一副奴才之相，望之令人生惡。」可見這個時候的陶孟和，除了保持自己作為一個自由知識分子的大節，對國民黨政府以及「核心」確是深惡痛絕，對蔣介石本人也不抱大的希望了。

關於這一時期的情形，費正清在他的回憶錄中曾有過記述：「李濟說百姓們現在都在挨餓。這些年來，他已死掉了兩個孩子，陶孟和也死了配偶。知識分子們認為，如果他們是被重視的，或者是當此國難之際，全國上上下下各階層是在同甘共苦的，那麼即使挨餓也沒有什麼關係。但是他們親眼看到了如此怵目驚心的不平等現象和社會上層的奢侈浪費。因此，許多知識分子感到心灰意懶，一部分人將會死去，其餘的人將會變成革命分子。」又說：「以上種種印象，僅是從當時所記錄的一大堆材料中間選擇出來的一部分，加在一起得出一個結論：蔣介石作為國民黨政權的象徵和中心，一九四三年後期已失去了中國知識階層的信任和忠誠。」[22]費氏所言大致不差，蹲在李莊深受貧病折磨與生活苦痛的陶孟和，面對一個腐爛的「核心」，苦悶與孤寂得不到緩解，思想越來越滑向另類，最終走上了「棄暗投明」，全面倒向中共的政治態勢。

傅斯年則不同，他痛恨國民黨政府的腐敗，也看到和承認這個「核心」的腐爛，但只是「哀其不幸，怒其不爭，恨鐵不成鋼」式的痛恨，骨子裡一直是忠誠不滅，且有欲以一己之力扶大廈之傾的妄念。這一政治、思想觀念的形成，除了傅斯年本人的特殊性格，還有一些複雜的社會原因相互影響交織而成。正如臺北傅斯年研究專家王汎森所言：在那樣的一個時代，要想成為一個學閥或學霸，必須有學術以外的網絡和綿密的政府關係，同時還要與僅有的幾個基金會如中基會、中英庚款委員會，保持密切關係。而傅斯年正好具備了這樣的條件，無論是政府內部自由派大員還是基金會負責人兼黨國大員朱家驊，或是宜師宜友的中基會主要負責人之一胡適，都與傅保持了非同尋常的友誼。在民間資源絕少的年代裡，這是極為關鍵的一種關係。從傅斯年來往的書信以及在李莊時對梁家兄弟，連同林徽因的關照中即可見出，後來傅氏為陳寅恪治眼病向朱家驊與基金會求請款項也是如此。整個抗戰時期，傅斯年為貧病交加的落魄知識分子向各方請求補助，成為他生活中很大的一項要務，被譽為「照顧知識分子的知識分子」。因了這種關係和緣由，王汎森得出的結論是：「這樣的角色使得他在政治態度上不可能與國民黨政府決裂，他對政治的不滿與批評，驅使他連續轟走兩位行政院長，但他只是『御史』，而不是革命者。」[23]把自己當作「御史」的傅斯年，因其本身在政學兩界非同尋常的人脈背景，以及傅氏本人獨特強悍的處事方式和能力，最後得到了「老大」蔣介石的尊重。蔣的尊重又加重了傅斯年以整個身心擁護國民政府的因子，對國民黨和政府核心特別是蔣介石本人，越發抱有真誠的希望與幻想，這也就是為什麼傅斯年參政後，一直以「御史」角色頻頻出現並與當朝「皇親國戚」孔祥熙、宋子文之輩叫勁對壘的根由。傅當選國民政府參政員之後的一段時間，常在重慶的集會場合對黨國大事發表「宏論」。據他的老友程滄波說，忽一日，傅論及當時國民政府五院院長。論孫科，說：「猶吾君之子也。」論于右老，乃是「老黨人且是讀書人」。論戴季陶，說：「阿彌陀佛。」論到孔祥熙，高聲呈義憤狀：「他憑哪一點？」[24]

後來，傅斯年一直抓住孔祥熙、宋子文死死不放，蔣介石無可奈何，最後不得不把孔、宋分別從行政院長任上卸下來——當然，這是抗戰勝利之後的事了。

傅斯年既然對「老大」介公和其操控的黨國政府深以為然，且大有一榮俱榮、一損俱損之觀念，這就決定了他與陶孟和雖同住李莊一隅之地，卻「雞犬相聞，老死不相往來」的政治宿命。

傅斯年〈這個樣子的宋子文非走開不可〉（1947年2月15日）、〈宋子文的失敗〉（1947年2月22日）。

刊登傅斯年抨擊孔宋家族文章的《觀察》與《世紀評論》，正是借助於傅氏幾篇文章的威力，社會各界正義之士，包括政府高級人員、自由知識分子胡適等一起援手，孔祥熙與宋子文相繼被趕下了臺。

如果僅是老死不相往來，陶傅之間的關係或不至於鬧到決裂甚至反目成仇。但是，既然同在中央研究院這個大鐵鍋裡摸勺子吃飯，筷子與碗的相碰就成為不可避免的事實，何況有時候人在江湖，身不由己，陶傅二人的分裂圍繞「進軍西北」事件很快展開。

一九四一年年初，身為中央組織部部長、中央研究院代院長的朱家驊，電召正在齊魯大學研究所任職的顧頡剛到重慶辦《文史雜誌》。朱要顧去重慶的目的，不專為編《文史雜誌》，還有一項重要任務，就是幫他做邊疆工作。時朱家驊在組織部辦了一個邊疆語文編譯委員會，他自兼主任，顧到後為副主任，主持委員會日常工作。這年的十月十二日，對「邊疆」問題極為熱心的朱家驊發表了〈西北建設問題與科學化運動〉一文，鼓動科學工作者「到西北去開闢一個科學的新天地」，使原已興起的「西北熱」再度升溫。顧頡剛感念朱家驊對自己有知遇之恩，上任後請了費孝通、韓儒林、李安宅等蒙、藏、阿拉伯、暹羅、安南諸種語文的專家操作起來。許多年後，石璋如回憶說：「這時政府跟民間都瀰漫一股西北熱。民國三十年于右任赴敦煌考察，歸後盛讚敦煌景致，另外也有與我們關係不大的藝術考察團去，而更早些時候張大千已經去敦煌了，各界因此紛紛組團去西北。」[25]

這一情形的出現，除了社會各界人士的熱情，與最高領袖蔣介石的政治考慮與支持鼓動密不可分。早在幾年前，蔣介石就意識到西北在政治上的危險，特別是新疆土皇帝盛世才公開對抗中央，屯兵新疆，對中央政府構成很大威脅。而盛世才與蘇聯關係過從甚密，強大的蘇聯或明或暗地打著新疆的主意，時刻準備將其吞併，劃入蘇俄紅色帝國版圖。面對這種危局，蔣介石先是忍而不發，直到一九四一年德國進攻蘇聯，史達林無力東顧，蔣介石才趁機出動，先派朱紹良統率重兵於河西走廊，對盛氏集團形成一種強大的威懾力。一九四二年八月，蔣親自乘機赴西寧、酒泉等地視察，以軟中帶硬的手腕解決了新疆問題，驕橫跋扈的盛世才表示臣服中央政府。

西北視察歸來，特別是降伏了盛世才之後，蔣介石精神振奮，同時進一步認識到西北對於中央和整個國家的重要性，遂提出「西北不但是我們抗戰的根據地，而且更是我們建國最重要的基礎」的主張。蔣的演說，立即在社會各界引起強烈反響，「『開發西北、建設西北』等口號風起雲湧，頗有雨後春筍之勢」。[26]

在這股大浪高潮聲中，作為中央大員的朱家驊不甘落後，為了迎合蔣介石的主張，他突發奇想，提出了一個「進軍西北」的計畫，讓李莊的陶孟和把社科所搬到西北去。此事得到了原清華大學歷史系主任、時任國民政府行政院政務處處長蔣廷黻的贊成，二人一拍即合。朱家驊找來陶孟和協商，陶當即表示同意，並慷慨激昂地表白道：「當此之時，有可服務國家之處，當決然擔任。」朱家驊一看這陣勢，立即讓陶孟和拿出一個書面計畫面呈最高領袖蔣介石批示。陶孟和很快把計畫弄將出來，意在把社科所搬遷到蘭州，專就經濟及文化接觸兩項進行研究，並請蔣廷黻轉呈介公審閱。老蔣看罷，認為這個計畫正是深入貫徹自己這個最高領袖指示精神的體現，當然樂觀其成，只是不知出於何種考慮，批示要社科所遷到蘭州以西的地方去。這個批示令蔣廷黻和朱家驊大感意外，不知老蔣心中搞的什麼鬼把戲。憑當時的猜測，蔣介石可能出於政治方面的考慮，想讓陶孟和的社科所像外國傳教士一樣在西北鄉村建立工作站，以考察民情、民風為名，潛伏於社會各階層，密切關注和監視對中央政府形成威脅的外在危險力量，實際上相當於中統和軍統的工作站，以蒐集情報為職業的特務機構。然而，中央研究院社會科學研究所是一個公開的學術研究機關，所做的事和追求的理想自然是學術事業，不可能變成一個掛羊頭賣狗肉的特情機構。既然介公已做批示，又不能送回去重批，在無力回天的情況下，為了安撫興致正濃的陶孟和，蔣廷黻、朱家驊二人想了一個對策，由蔣廷黻出面寫信給陶孟和，說道「無以介公批了遷蘭州以西而失望。若干工作仍可在蘭州做，只是牌子掛於蘭州以西」[27]云云。

按照對這段歷史有過專門研究的臺灣近代史研究所研究員潘光哲的推測，當時陶孟和之所以很痛快並熱心「進軍西北」，他有自己的一個小算盤，這就是「名義上是遷，實際上是添」，即社科所本部仍在李莊扎根不動，憑藉政府撥發的一筆經費，另外聚集一部分人馬在蘭州安營紮寨，形成事實的社科所分所。如此這般，經費既足，人馬強壯，活動範圍廣大，就自然能產出豐厚的科學研究成果，陶孟和與整個所內人員也可藉此揚眉吐氣，以雪自離開北平加入中央研究院以來的種種怨怒與恥辱。

潘氏的推測自有道理，但似不全面，此次所謂的「進軍西北」，顯然是陶孟和藉機擺脫傅斯年的壓力，把社會學所從李莊撤出，他本人帶領一幫難兄難弟進駐蘭州，從此與傅斯年本人和史語所徹底斷絕交往，以圖眼不見心不煩，弄個難得的清靜。按照當時朱家驊與蔣廷黻的設想，所謂蘭州以西，不過在蘭州郊外，或者在蘭州與西寧交界之城鎮罷了。當朱家驊與蔣廷黻請示介公，這個「以西」到底要落實到何處時，想不到蔣介石大筆一揮，寫上了「酒泉」二字。這個酒泉是處於蘭州以西千里之外飛沙走石的不毛之地，陶孟和與手下的弟兄果真到了這塊荒無人煙的沙漠戈壁，如何自處？又會有什麼作為？如此一著，令所有熱心奔波者都感到冷水澆頭，全身發涼。

既然黨國領袖白紙黑字寫得清楚明白，朱家驊與蔣廷黻也不敢明目張膽地要布袋戲，以此來擺弄精明如猴的介公。陶孟和得知此情大感沮喪，但一時又想不出對策。正在幾人無計可施之時，此事被蔣廷黻譏諷為中央研究院「太上總幹事」的傅斯年聞知。傅未做深究，又以「太上總幹事」的習慣和派頭主動致信朱家驊，開始替這位交情甚篤的上司排憂解難。信中說：「……此事大可發愁，酒泉嚴格說僅一油棧，如何設社會所，其中既無經濟可以研究，亦無文化接觸可以研究（研究文化接觸最好在西寧），社會所如在西北設分所，必以蘭州為宜，酒泉切切不可，此點若不改，後患無窮。若名稱上在酒泉掛社會所之牌，必為空洞。以介公之熱心西北，夏、秋未必不去，一看其為空洞，非真遷也，恐本院整個蒙不良之影響。」又說：「本院似不當把社會所實際上放在李莊，分店在蘭，牌子卻掛在酒泉，而謂不在蘭州也。」[28]

傅斯年寫這封信的時候，的確有點「太上」的架式，對朱家驊、蔣廷黻與陶孟和串通弄出的這個到西北創辦社科所的主張，表面上熱心，實則心存芥蒂。傅意識到西北之重要，但只是限於政治上之危局，至於朝野上下掀起的西北建設和立國之本之類的說法，頗不以為然，並有輕視之意。在這樣的思想觀念指導下，傅斯年對陶孟和主張社科所搬遷西北的構想，曾戲謔道：「引當時報上一名詞云『陽奉陰違，貽誤要公』以為笑謔。」兩個月後，傅斯年綜合各種信息分析，突然感到苗頭不對，陶孟和如此熱心「進軍西北」，分明是和自己爭地盤的一個陰謀。早在南京中央研究院招降北平的陶孟和舊部時，滿身霸氣、嗅覺敏銳的傅斯年就曾專門找到陶訂了一個「君子之約」，其中有「近一百年史，即鴉片戰爭起，由社會所辦，其設備亦由社會所」。而鴉片戰爭之前的歷史，則由傅主持的史語所辦，社科所不得染指。傅斯年在後來的行事中，確是實實在在地履行了這個君子協定。史語所研究人員全漢昇「昔有志治近代一問題」，被傅斯年及時阻止，傅命其研究範圍只能在清初以上，不得窺視近代。傅氏如此，陶孟和也只好號令手下弟兄不能窺視近代以上，兩所人員可謂大路朝天，各走一邊，井水不犯河水。令傅斯年想不到的是，此次陶孟和藉「進軍西北」之機，已經暗中招兵買馬，擴軍備戰，開始了實際行動。據朱家驊透露，陶孟和欲把顧頡剛在重慶辦《文史雜誌》招聘的費孝通、韓儒林、李安宅等輩，全部弄到駐蘭州的社科所分所，以壯聲勢。李安宅早年畢業於燕京大學，與費孝通亦師亦友；韓儒林雖畢業於北大哲學系，但後來任教於燕京，顧頡剛在重慶時，一度受中央大學校長顧孟餘邀請，出任中大出版部主任，邊疆語文編譯委員工作，則由顧氏推薦的這位蒙藏史專家韓儒林主持。

幾年前在昆明時，傅斯年就因吳文藻、費孝通鼓搗出一個所謂的「民族學會」，另立山頭與史語所相抗衡大為惱火，直至雙方干戈相向，傅用奇計把吳、費等輩山頭推倒削平為止。現在陶孟和又暗中拉攏集結費孝通等「燕大派」進入中央研究院社科所，企圖嘯聚山林荒野，與史語所抗衡對壘，這還得了？於是，傅斯年立即致函陶孟和，內有「恐有大規模之重複在後，未便再顢頇下去」等敲山震虎式警告和交涉之語。陶孟和正為「分店在蘭，牌子在酒泉」之事如何蒙混過關大傷腦筋，忽見傅斯年以咄咄逼人的氣勢對自己所做的一切橫加指責，自是不甘臣服，當場揮毫予以反擊：「……今又遭一再鞭扑，且警告以所請之人不得任為研究員（實際上現僅有一人），弟行能無似，如足下承認弟無資格進行西北工作，或須完全退出『中央研究院』，尚祈坦白告我為幸。」[29]

傅斯年接函，見對方不把自己這位「太上總幹事」放在眼裡，竟敢公開叫板兒，火氣更盛，血壓呼呼上躥，再度潑墨揮毫，除了對陶孟和嚴加痛責，還致書朱家驊，把陶孟和欲「掛空牌於酒泉」的設想，上升到「近於蒙蔽政府之事」的政治高度，並堅稱此為「院務之大事」，應該「聞之院務會議，以商其各種可能之利害」，因為這等大事，並不是院長和某位所長合謀就可以算數和應該執行的事情。至於中央研究院的發展前景，該如何擘擬，不容許「黑箱操作」。傅斯年此言既有政治高度，又有理論依據，還有事實上的利害得失，可謂步步為營，刀刀見血，針針封喉，令處於黨國大員地位又「高處不勝寒」的朱家驊聞之心驚肉跳，不得不好好思量一番。

已經開始對傅斯年的打壓進行反擊的陶孟和並不服氣，他再次致函傅斯年直言不諱地說：「退一步講，中國學術工作，以至近於學術之工作如此幼稚，研究之處女領土如此之大，『重複』……又有何妨？」而傅斯年最不能容忍的就是別人與自己所掌控的領域「重複」，與自己「重複」，就等於另立山頭，扯旗造反，向自己宣戰。這一點，從傅氏當年特別看重的弟子夏鼐於一九五五年的說辭中即可以明瞭。時任中國科學院考古研究所副所長的夏鼐，在政治壓力下，於同年《考古通訊》三期發表了〈批判考古學中的胡適派資產階級思想〉一文，文中列舉了胡適多條罪狀，其中第五條便是：「宗派林立，學閥稱霸。胡適傅斯年輩學閥，是以研究機構和高等學校作為地盤的，成為一種排他性的宗派。像軍閥一樣，他們雖時常打算擴充地盤到別人的勢力範圍中去，但自己的地盤是絕不容他人染指的。這種風氣也傳染到考古工作中去。」夏鼐這些話，雖是處於當時嚴酷的政治形勢而不得不為之，但也從另一個側面反映了胡適、傅斯年確實有這方面的毛病。

而在社科所於西北掛牌的問題上，傅斯年見陶孟和把自己的警告當作耳旁風，且還振振有詞地予以辯駁，氣惱中再度給朱家驊發一密函，除了要求把此事「聞之院務會議」，還想出另外打壓制裁陶孟和的一個計策，強烈要求將社科所與史語所「兩所工作之分界，提交院務會議」，當院務會議將分界劃清並得到兩所負責人認可後，另「由全院辦一中央研究院西北工作站」，以便集中強有力的人員做更全面的工作。

陶孟和得知傅斯年的密函內容，深知這是傅在中間攪渾水的把戲，假如全院在西北辦一工作站，派去的人員自然又是以史語所為龍頭老大，社科所人員還是在他們的打壓欺負之下且永無出頭之日。想到這裡，陶孟和大怒，再也顧不得作為長輩的面子，乾脆撕破臉皮，以牙還牙，並以「足下伎倆高超，素所深悉」等語致函傅斯年，對其言行大加痛斥。傅斯年接函自是怒火萬丈，當即回函予以反擊，其中特別提到「伎倆」一詞。傅說道：

> 伎倆一詞，其 Connotations 在中國雖無標準字典，然試看《聊齋》、《西遊》、《兒女英雄傳》、《封神榜》等書，完全是一句罵人很重的話，意為「小小陰謀」之類或英語之 Treacherous……此等罵人話，最好盼望我公收回，即是說，下次來信，聲明收回

「足下伎倆高超，素所深悉」十個大字，除非我公認為不必再做朋友的話。[30]

雙方情緒至此，已形同戰場上的肉搏狀態，裂痕既開，很難融合。又經過幾個回合的交鋒，二人的裂痕越來越大。最終的結局是，陶傅二人形同寇仇，無論是陶孟和設想的「分店在蘭，牌子卻掛在酒泉」，還是傅斯年構想的「西北工作站」的對應之策，統統成了泡影。

意想不到的是，由於李約瑟的到來，形同陌路且於對方心懷耿耿的陶傅二人，又暫時擯棄前嫌，雙手握到了一起。

關於兩位學術巨頭是以何等心境和緣由，在這樣的時間和場合走到了一起，歷史沒有留下詳細記錄，只是後來林徽因在給費正清夫婦的信中透露了隻言片語，信中稱：「有人開玩笑說，梁思成成功地使平時有嫌隙的陶孟和博士與傅斯年博士在李約瑟的講演會上當眾握手言和，應當獲諾貝爾和平獎。這件事因為在大庭廣眾下發生，更具戲劇效果。它剛好在李教授在中央博物院大禮堂做講演之前那一刻發生的。據報導，許多人暗自為這件事鼓了掌。李濟博士走上前去和梁思成握了手，並且私下說要授給思成諾貝爾和平獎。」[31]林徽因在信中特別提及讓費正清夫婦放心，並言「人類總的來說還是大有希望的」。最後又突如其來地插進一句：「這次和解的基本工作還得歸功於某位人士。這位人士有拚命捲入別人是非的癖好，而且盡人皆知。」[32]

林徽因所說的「某位人士」，隨著當年在李莊的知情者一個個凋謝而難以查考。金岳霖晚年曾說過一句話：「陶孟和先生是我的老朋友，後來在四川李莊同我發生了矛盾，但是，那是個人之間的小事。」[33]話到此處沒有接著說下去，具體細節不得而知。或許，這個矛盾與林徽因提到的「某位人士」捲入金、陶或沈性仁之間的是非亦有關聯，只是真相到底如何，尚不能確定，這個插曲或將成為一個永久懸案而無法破解了。

三、李約瑟難題的癥結

李約瑟在中央博物院籌備處演講完畢，又與傅斯年等學者進一步討論中國的科學技術為何自近代以來落後於西方這個所謂的「李約瑟難題」。李氏在強調了中國的氣候、地理環境、經濟的、社會的、知識的，以及政治的因素與歐洲不同外，特別對中國的官僚制度做了深刻的剖析，認為正是獨具「中國特色」的官僚體制，遏制了現代科學的發生和發展。[34]在談到西方與中國的區別時，李約瑟說：「我自己並不是歐洲中心論者，但現在歐洲大部分人相信他們從一生下來就處在世界文化的中心，並非常有信心地走自己的路，他們相信沿著這條據說是萬無一失的路，就能夠走向充滿光明與希望的未來。中國人就不同了，我相信中國過去偉大的科學技術曾給整個人類做出過巨大貢獻，但現在的的確確是衰落了，這個民族正處於封建的農業文化之中，要掌握現代科學技術，就必須面對世界……」坐在一旁的傅斯年聽著對方這番宏論，越聽越感到憋氣與惱火，突然跳起來大聲道：「他媽的，我們都折騰幾千年了，怎麼中國總得面對世界呢！」

傅氏的話令在場的所有人都吃了一驚，但又覺得有說不出的悲涼，尤其結合眼前自己的生存環境和國難家愁，更感苦痛，討論場面的高昂氣氛驟然而降。李約瑟意識到剛才的話可能刺傷了學者們特別是「大學者」傅斯年的自尊心，有些尷尬地咧著自己特有的女性式性感的嘴笑了笑，心中默默記住了這個教訓。在以後的日子裡，李氏在與中國學者的討論中，再也不敢妄加評論和不明人情事理地說中國人要「面對世界」了。而隨著對中國文化的不斷了解，聰明過人的李約瑟決定入鄉隨俗，按中國人思維邏輯為人處世，並多次入山學道，給自己起了一個「十宿道人」的名字，以示對中國道家文化的崇拜。往後的日子，無論與學者還是官僚打交道，皆謹小慎微地向外噴吐令對方歡喜的呈蓮花狀光彩的言辭，以博取「他人高興我高興」的大團圓氣氛。

李莊張家祠，中央博物院籌備處所在地。（王榮全攝影並提供）

李約瑟的中途轉圜，令中國官僚與學者很是受用。按照「有來無往非禮也」的慣例，甚覺對方給足了自尊和面子的中國官僚，甚至包括翁文灝、傅斯年、汪敬熙、毛子水等學者，又回過頭對既「了解我們」又「雪中送炭」的「最使人想念的朋友」李約瑟不遺餘力地鼓吹起來，直至把對方吹到看不見的雲空，像孫悟空一樣騰雲駕霧翻起跟頭。而這個時候，在中國千萬官僚和學者中，似乎只有一個人醒著——這就是中央博物院籌備處主任李濟。李氏後來在談到毛子水發表的〈中國科學思想〉一文時，對毛氏肯定李約瑟所說的兩件事：「（一）西歐近三四百年的科學，的確是我們古代的聖哲所不曾夢想到的。（二）如果中國以往有西方那樣的氣候、地理、社會和經濟的因素，近代科學定必發生於中國……」等觀點，皆不以為然。李濟說：「我沒有機會讀到李約瑟的原文，不敢保證李氏原文的語氣是否如譯文給我們的印象；但我聽過他在李莊講過這一類的題目，他的大致的意見似乎是這樣的。不過，在那時他來中國的使命，帶有外交性質，故除了搜集他所需要的資料外，自然也要爭取中國讀書人的好感，所以說的話也必定揀取最好聽的。至於他的內心裡真實感覺如何，就無從揣測了。我個人的記憶，他似乎有些話沒全說；不過，沒說的話不一定是不好聽的話。」

對此，李濟認為當前「最迫切的問題，不是中國是否有過科學，而是在中國如何推進科學……（目前）我們所要的是科學的成績，不是科學的本身；我們對於科學思想的本身，除了少數人外，仍不感興趣。我們尚沒擺脫張之洞的中學為體，西學為用的觀念……假如我們要規規矩矩地提倡科學思想，我們應該學禪門的和尚；因為禪門第一戒是不打誑語。科學思想的起點也在此；科學思想裡沒有世故的說法，也沒有官樣文章」。[35]

儘管李約瑟有些話沒有說，也可能在與中國官員、學者打交道的過程中「入鄉隨俗」地應用了一些「世故的說法」。但他在揚子江頭的李莊古鎮與傅斯年、陶孟和、李濟、梁思成，甚至王鈴等年輕學者的討論中，加深了對中國科技史料的認知與推測，堅定了此前的看法——也就是在漫長的封建社會特別是明清之後，中國的官僚體制阻礙了科學技術的發展，當是一個無法繞開的事實。但是，在這一越來越僵死的體制下，卻又暗伏著一股人民大眾不斷發明創造的潛流，即使在最嚴酷的冰凍時期，這股潛流也流淌不息，千百年流傳下來的文獻和科學技術發展的珍貴資料，便是這一現象的明證。而對這些紛亂雜陳的彌足珍貴的歷史資料，作為現代學者，就需要進行嚴謹的鑑別、研究，從中抽繹出真正屬於「現代科學」的物質精神財富，才能促使那些傲慢的西方學者注意，並使這些資料轉化為真正現代科學的酵母和新動力。就東西方文化交流和李約瑟本身的收穫而言，令後來的研究者幾乎達成共識的是，如果李氏在這次訪華使命中，沒有得到蝸居在李莊的學者們啟發和鼎力幫助，他所主持的聞名於世的具有劃時代性質和里程碑意義的《中國科學技術史》大廈的建構，或許還要推遲若干個年頭。

許多年後的一九八一年九月二十三日，當李約瑟重新踏上中國土地，並在上海做題為「《中國科學技術史》編寫計畫的緣起、進展與現狀」學術講演時，不無感慨地道：「說到『緣起』，就得從四川的一個小市鎮李莊談起。在抗日戰爭時期，中央研究院歷史語言研究所遷到了那裡。在傅斯年、陶孟和的主持下，我結識了一位正在研究火藥史的年輕中國學者。他名叫王鈴，號靜寧。他成了我的第一位合作者。從一九四七年到一九五七年，他一共在劍橋住了九年，協助我工作。」[36]對於從李莊山坳裡走出、曾協助自己工作了九年之久的第一位合作者王鈴在劍橋的經歷，李約瑟同樣公開承認並坦誠地做了如下評價：「首先，他在中國史學研究方面的專業訓練，在我們日常的討論中，一直起著很大的作用。其次，由本書第一次譯成英文的中國文獻，其英文初稿十之七八是他翻譯的，然後我們兩人必定一同詳細討論校核，往往經過多次修改才最後定稿。別人的譯文，我們兩人必須核對中文原書後才加以採用。王鈴先生還花費許多時間去查找和瀏覽各種原先認為有用的材料，從這樣的探究中往往又發掘出一些資料，對這些資料我們再從科學史的觀點仔細審查，然後確定它們的價值。許多煩瑣的圖書館工作，以及各種索引和編目工作，都由他負責。假如沒有這樣一位合作者的友誼，本著作即使能出版也將推遲很久，而且可能會出現比我們擔心現在實際有的甚至更多的錯誤。」[37]

李約瑟此說大致是不差和公允的，不能說沒有王鈴就沒有李約瑟日後輝煌的成就和不朽的聲名，但此成就要推遲若干時日當是毋庸置疑的。因而，對王鈴這位長期合作者，李約瑟一直念念不忘，並從內心深處表示感激，二人的友誼一直保持到王鈴去世。[38]

有道是吃水不忘掘井人，在贏得世界性聲譽的同時，李約瑟同樣沒有忘掉給予自己重大幫助和支持的黃宗興和何丙郁博士，以及終老中國本土的知名學者葉企孫、傅斯年、俞大維等人。當一九八六年《中國科學技術史》第五卷七分冊「軍事技術、火藥的史詩」完稿之際，李約瑟在「作者的話」中，特別提及四十三年前那個夏日在李莊板栗坳會見史語所人員的經歷，並飽蘸感情地寫道：「一天晚上，談話話題轉向了中國火藥的歷史，於是傅斯年

王鈴與92歲的李約瑟再度相會於劍橋

親手為我們從一〇四四年的《武經總要》中，抄錄出了有關火藥成分的最早刻本上的一些段落，那時我們還沒有《武經總要》一書……與火箭裝置無二的火藥發動機和蒸汽機，是從歐洲科學革命中湧現出的思想產物，但所有在這之前長達八個世紀的先期發展都一直是中國人完成的。」[39]或許出於一種感恩，當這一卷大書出版時，扉頁上用不同的黑體字碼印著：

謹以本書獻給

已故的

傅斯年

傑出的歷史學和哲學學者

戰時在中國四川李莊的最友好的歡迎者

他曾在那裡和我們共用一晚探討中國火藥的歷史

俞大維

物理學家

兵工署署長（一九四二—一九四六年）

我常常在他的辦公室與他共用他的「戰地咖啡」

並在一九八四年我們愉快地重逢

注釋

1 費正清（John King Fairbank）著，陸惠勤等譯，《費正清對華回憶錄》（*Chinabound: A Fifty-year Memoir*）（上海：知識出版社，一九九一）。

2 金岳霖〈悼沈性仁〉，收入劉培育主編，《金岳霖的回憶與回憶金岳霖》（成都：四川教育出版社，一九九五）。

3 同前注。

4 沈性元，〈不失其「赤子之心」的學者——對金岳霖先生的點滴回憶〉，收入劉培育主編，《金岳霖的回憶與回憶金岳霖》（成都：四川教育出版社，一九九五）。

5 巫寶三，〈紀念我國著名社會學家和社會經濟研究事業的開拓者陶孟和先生〉，《近代中國》第五輯（上海：上海社會科學院出版社，一九九五）。

6 李約瑟、李大斐編著，余廷明等譯，《李約瑟遊記》（貴陽：貴州人民出版社，一九九一）。

7 巫寶三，〈紀念我國著名社會學家和社會經濟研究事業的開拓者陶孟和先生〉，《近代中國》第五輯（上海：上海社會科學院出版社，一九九五）。

8 費正清（John King Fairbank）著，陸惠勤等譯，《費正清對華回憶錄》（*Chinabound: A Fifty-year Memoir*）（上海：知識出版社，一九九一）。

9 單士元，〈中國營造學社的回憶〉，《中國科技史料》一九八〇年二期。據與梁思成夫婦共事的陳明達生前對其外甥殷力欣說，梁、劉在李莊後期不能合作，生活艱苦是一個方面，主要的還是劉認為林徽因過於霸道，對營造學社事務干涉過多，最後不得不離開李莊另謀他職（二〇〇七年冬，殷力欣與作者談話記錄）。

10 〔美〕費慰梅（Wilma Fairbank）著，成寒譯，《中國建築之魂：一個外國學者眼中的梁思成林徽因夫婦》（上海：上海文藝出版社，二〇〇三）。

11 李約瑟、李大斐編著，余廷明等譯，《李約瑟遊記》（貴陽：貴州人民出版社，一九九一）。

12 程滄波，〈再記傅孟真〉，原載《傅故校長哀輓錄》卷二，轉引自王富仁、石興澤編，《諤諤之士：名人筆下的傅斯年　傅斯年筆下的名人》（上海：東方出版中心，一九九九）。

13 傅斯年，〈我所景仰的蔡先生之風格〉，收入歐陽哲生主編，《傅斯年全集》卷五（長沙：湖南教育出版社，二〇〇三）。

14 傅斯年，〈我對蕭伯納的看法〉，《自由中國》三卷一〇期（一九五〇年十一月十六日）。

蕭伯納（George Bernard Shaw, 1856-1950），戲劇家、評論家兼熱心的社會主義者。

除了政治觀念上對蕭氏大為反感，傅斯年還認為蕭伯納的戲劇充斥著虛偽與陳詞濫調。這個濫調是「莎士比亞戲中的丑角（Fool），或應云『戲子』，因與中國之丑角大不相同。莎士比亞戲劇中的戲子是這樣的：用極傻的姿態，和表面極傻的語言，說極有幽默，極其富於批評意義的話。蕭伯納自命不凡，他說『也許莎士比亞比我高些，但我站在他的肩膀上』，這話的道理，假如文藝進步如科學一般，後來居上；然而並不如此。他和莎士比亞確有一個關係，就是他是莎士比亞袋中的人物『戲子』，多嘴多舌的很有趣味而已。莎氏的戲劇氣象萬千，他只得其一曲而已。托爾斯泰批評莎氏，謂他的藝術無人生熱誠，彷彿『性命無安頓處』，這話自有道理，奈何蕭伯納以一曲之才而要『蚍蜉撼大樹』？」蕭伯納自稱他在思想上受巴特勒（Samuel Butler）的影響，但傅斯年認為蕭對於巴特勒是一味地剽竊而已，並且是亦步亦趨，「即如巴特勒發了奇想，『考證』出荷馬史詩的作者是一個希臘女人，蕭伯納也就是『考證』莎士比亞短詩的暗色女人是誰。（但）二人有個大不同。巴特勒文字雋美，思想深入，生前幾乎無人讀他的書」，而蕭伯納卻正相反（〈我對蕭伯納的看法〉）。

15 同前注。

16 程滄波，〈記傅孟真〉，《新聞天地》一五六期。

17 原載《獨立評論》五號（一九三二年六月十九日），轉引自焦潤明，《傅斯年傳》（北京：人民出版社，二〇〇二），頁二〇四。

18 李約瑟來李莊之時，抗日戰爭已渡過了最艱難的關頭，國內與國際的大氣候呈柳暗花明之勢，國人多憧憬著戰後的美麗遠景。因此後方的若干學人，急不可耐地提出了戰後建都問題，並引起了廣泛的討論。有人主張戰後仍在南京，有人主張遷都長春，有人主張遷都北平或西安等。受這股風潮影響，尚來主張「反攻第一，收復失地第一，而笑人家談戰後事」的傅斯年，也在悄悄地思考醞釀這一關乎民族興衰存亡的重大問題，而思考的結果是應遷都北平。這一主張理由很多，而最為主要的，便是遷都北方可以全力抗制蘇俄。傅氏認為凡一國之都城，應設在全國軍略上最要害之地，而戰後全國軍略上最要害之地，必在北方。國人應鼓起勇氣，效法漢唐定都長安的精神，把國都放在與強鄰接近的地方（漢唐的主要壓力來自於西北地方匈奴等少數民族）。當時的蘇俄對中國的野心日熾，傅斯年礙於世界反法西斯聯盟的形成和中蘇正在進行「邦交」活動，從大局著想，沒有對蘇俄做明顯的指責，但他沒忘了委婉地告訴國人，蘇俄將來必為中國的大患，以此喚起沉浸在麻木中的國人注意。這一觀點他在稍後發表的〈戰後建都問題〉（原載重慶《大公報》星期論文，一九四三年十一月二十九日）一文中可以看出：

傅說：「強大的蘇聯，與我們工業化的基礎地域接壤，這個事實使得我們更該趕快工業化這個區域。我們的頭腦，理當放在與我們接壤最多的友邦之旁，否則有變為頑冥之慮。大凡兩個國家，接觸近，較易維持和平；接觸遠，較可由忽略而無事生事。遠例如宋金，本是盟國，以不接頭而生侵略。近例如黑龍江之役，假如當時政府在北平，或者對那事注意要多些吧！」

又說：「北平以交通發達之故，可以控制東三省，長城北三省。其地恰當東三省，長城北三省（熱河、察哈爾、綏遠），華北四省（冀、豫、魯、晉）共十省之大工業農牧圈之中心。這個十省大工業農牧圈，是中華民國建國的大本錢。有這十省，我們的資源尚不及美蘇與大英帝國，沒有這十省，我們絕做不了一等國家，絕趕不上法德，只比義大利好些而已。」

文中雖然仍稱蘇俄為「友邦」，但內中卻暗含著一個魯迅式的「友邦驚詫論」，通篇的立意則是非常明顯。

此文發表後，曾有若干人士致信傅斯年，討論這一問題。據說其中有一位鄭君，在談到中國近代的外患時，認為日、英、法三國為中國的頭號仇敵。傅斯年在回信中要他不要忘記俄國，並告訴他俄國（包括帝俄和蘇俄）侵略中國屠殺華人的史實。傅在信中以悲壯的語調說道：「請你看誰併了中國領土最多？以西北論，不特藩邦皆亡於俄，即伊犁將軍的直接轄境，亦以『回亂』、『代管』一幕中喪失其一半。你看現在的地圖，不是伊犁直在邊界上嗎？那個地方不是有一個陷角嗎？原來的疆土巴爾喀什湖在內。再看東北，尼布楚條約（康熙朝）中俄分界，以北冰洋、太平洋之分水嶺為界，所以全部的俄屬東海濱州、黑龍江州，是中國的直接統治區域。其中雖地廣人稀，但漢人移居者已不在少數，在咸豐間已遭屠殺。而璦琿一地，所謂江東六十四屯，其居民（多是漢人移民者）在庚子年幾乎全數被俄國馬隊趕到江裡去，留下幾個解到彼得斯堡。試看東海濱州、黑龍江州的幾個俄國大城，哪一個不有漢名？（如伯力、廟街、海參崴等等）那時候這些地方已經有不少移民，而一齊殺戮。這些地方，在清朝政治系統上是與中國內地一般直接的。所以你所恨『日、英、法』一個次序，至少把俄國加入吧！」

又說：「蘇俄革命時，中國人在俄境者尚有數十萬，史達林在清黨中，全數遷到Kharsakstan或以西，下落全不明了，你知道嗎？這些人有許多在蘇聯建過功勳，蘇波戰事中，中國人有十幾萬。」（傅樂成，〈傅孟真先生的民族思想〉，原載《傳記文學》二卷五、六期〔一九六三〕，轉引自王富仁、石興澤編，《諤諤之士：名人筆下的傅斯年　傅斯年筆下的名人》〔上海：東方出版中心，一九九九〕）。

傅在〈蘇聯究竟是一個什麼國家〉中，用自己的價值判斷方式分析了蘇聯的經濟體制和政治制度及意識形態，否定了其先進性。認為蘇聯是中國面臨的敵人，其野蠻主義與歷史上的北方游牧民族和沙俄是一樣的。因為種種跡象表明，蘇俄是帝國主義者，是擴張主義者。在他看來，史達林執政後，「狐狸尾巴就出現了」，俄羅斯歷史上所有的暴君統統成了民族英雄。帝俄時代曾因征討羅馬尼亞建立戰功的將軍西窩涅夫銅像，自敖德薩倉庫中走上了羅馬尼亞河外的廣場，就是明證。傅氏還認為蘇聯專事向外擴張，而不向內發展。到處威脅別國的安全，可以說「乃是一個集人類文明中罪惡之大成的國家。為了捍衛中華民族的傳統和文化，就必須反對蘇聯的意識形態滲透，因為舊俄羅斯的帝國主義，蘇聯的新野蠻主義，正是橫在我們眼前最大的危機，也是我民族生存最大的威脅」（原載《傅斯年文集》第五冊，轉引自焦潤明，《傅斯年傳》（北京：人民出版社，二〇〇二）。

19 傅斯年不僅站在民族主義的角度反對蘇聯，而站在自由主義立場上更加反對蘇聯。他認為蘇聯對內對外展現的根本不是社會主義面容，而是地地道道的帝國主義嘴臉。所謂的「自由」、「平等」本來都是法國大革命的口號，馬克思主義主張無產階級專政，蘇聯的制度「表面說是經濟平等，事實上恢復了中古的階級政權形式的不平等」。傅氏後來著文說：「馬克思派提倡以無產階級專政，先是一個根本不平等。個人專政，是一個人有特殊的權能，寡頭專政，是少數幾個人有特殊權能。一個階級的專政更不得了，乃是這一個階級整個有特殊權能。一個人專政已經吃不消，但一個人同他所用的人，終究力量有限，人民還保有若干『自由』，等到一個階級專政，那麼，到處都是專政者，人民的『自由』固然絕對沒有了，而『平等』又何在？」「再說，在××主義這樣虛偽的號召『平等』之下，他只相信組織力的，他那種組織，組織到極度，一切組織都成了特務組織，一切作風都成了特務作風，過分的組織固然妨礙『自由』，過分的組織又何嘗不妨礙『平等』？」「再說，……財富之分配不平均，固然影響『平等』、影響『自由』，政權之如此集中，絕不給私人留點『自由』的餘地，豈不是影響『自由』、影響『平等』？」「政權集中的危害要比金錢集中為害更大，更影響平等。」

傅斯年認為平等是一個法律的觀念，沒有平等的法律，哪裡來的平等。他得出的結論是史達林的蘇聯是一個「獨占式的國家資本主義」（特徵是國家控制一切資本，一切人民的生命都成了國家資本，國家是誰？是史達林和他的政治局）、「選拔式的封建主義」（雖然不是遺傳的，卻是一個特殊階級在廣大民眾上統治，權力無限的統治）、「唯物論的東正教會」（其愚民政策完全一致）。因而傅斯年說，「蘇聯實在是自有史以來最反動的一個政治組織，因為他包含中世到近代一切政治制度中一切最反動的部分，而混為一體」（傅斯年，〈自由與平等〉，《自由中國》一卷一期）。

20 金岳霖，〈陶孟和為當時的人所欽佩〉，收入劉培育主編，《金岳霖的回憶與回憶金岳霖》（成都：四川教育出版社，一九九五）。

21 巫寶三，〈紀念我國著名社會學家和社會經濟研究事業的開拓者陶孟和先生〉，《近代中國》第五輯（上海：上海社會科學院出版社，一九九五）。

22 費正清（John King Fairbank）著，陸惠勤等譯，《費正清對華回憶錄》（*Chinabound: A Fifty-year Memoir*）（上海：知識出版社，一九九一）。

23 王汎森，《中國近代思想與學術的系譜》（石家莊：河北教育出版社，二〇〇一）。

24 程滄波，〈再記傅孟真〉，原載《傅故校長哀輓錄》卷二，轉引自王富仁、石興澤編，《諤諤之士：名人筆下的傅斯年　傅斯年筆下的名人》（上海：東方出版中心，一九九九）。

25 陳存恭、陳仲玉、任育德訪問，任育德記錄，《石璋如先生訪問紀錄》（臺北：中央研究院近代史研究所，二〇〇二）。

26 蔡鼎，〈從國防觀點泛論西北工業建設〉，《軍事與政治》四卷五期（一九四三年五月）。

27 潘光哲，〈「中央研究院」逸事〉，《溫故》之三（桂林：廣西師範大學出版社，二〇〇五）。

28 同前注。

29 同前注。

30 同前注。

31〔美〕費慰梅（Wilma Fairbank）著，成寒譯，《中國建築之魂：一個外國學者眼中的梁思成林徽因夫婦》（上海：上海文藝出版社，二〇〇三）。

32 同前注。

33 金岳霖，〈陶孟和為當時的人所欽佩〉，收入劉培育主編，《金岳霖的回憶與回憶金岳霖》（成都：四川教育出版社，一九九五）。

34 一九四四年，李約瑟一行來到廣東坪石鎮，拜訪了流亡至此地的中山大學經濟學教授王亞南。在坪石鎮一家小旅館裡，李氏兩度提出了他的「難題」，並請教中國歷史上官僚政治與科學技術的關係問題，王亞南聽罷，因平素對這一問題沒有研究，一時無以作答。李希望王從歷史與社會的角度來分析一下中國歷史上官僚政治與科技的關係。因了這一啟發，王亞南開始關注、研究這一問題。後來，王氏在上海《時與文》雜誌上連續發表了十七篇論述中國官僚政治的文章，作為對李約瑟的答覆。一九四八年，上海時與文出版社將王亞南的論文集結出版，書名《中國官僚政治研究》，對「李約瑟難題」算是做了一個初步解析。此書出版後曾轟動一時，引起學術界廣泛關注，同時奠定了王亞南的學術地位，新中國成立後，王亞南被任命為廈門大學校長，後被選為中國科學院哲學社會科學學部委員。

35 李濟，〈關於在中國如何推進科學思想的幾個問題〉，收入李濟，《安陽》（石家莊：河北教育出版社，二〇〇〇）。

36 李約瑟，〈《中國科學技術史》編寫計畫的緣起、進展與現狀〉，《中華文史論叢》一九八二年第一輯。據李約瑟的中國助手黃宗興博士（後任劍橋李約瑟研究所副所長、美國國家科學基金會生物資源應用組主任）說：自一九四三年夏到一九四四年夏秋的一年多時間裡，李約瑟及其在重慶建立的中英科學合作館成員，依靠一輛兩噸半的舊卡車，在日軍非占領區進行了四次長途考察旅行，整個行程達兩萬五千公里，足跡遍布中國西部、西北部、東南部和西南部，共訪問了三百多所大學及科研機構，贈送西方科學書刊六千七百餘冊，推薦一百多篇中國科學論文至西方雜誌發表，並結識了上千位中國科學家及學者（《李約瑟畫傳》）。一九四五年年初，李約瑟出任英國駐華大使館科學參贊，是年秋，再赴中國北部考察旅行。一九四六年三月，從中英科學館館長任上卸任，逗留南京、濟南、北平、上海等地，經香港回國，旋赴巴黎任聯合國教科文組織（UNESCO）自然科學部主任職。一九四八年辭教科文組織職，返劍橋在中國學者王鈴協助下開始了浩瀚工程《中國科學技術史》的撰寫工作。

在李約瑟離渝返英時，中國學術界專門為其舉辦了歡送會，傅斯年在會上深情地說，李約瑟「來到中國不久就開始在《自然》上寫了若干篇短文，報告他觀察的結果，描述著中國科學的動態。像這樣由一位公認的權威，在一個著名的雜誌上表現中國的科學工作，是前所未有的。去年他到莫斯科去參加蘇聯科學兩百周年紀念典禮，在那裡他又詳細而明白地報告了中國的科學工作。因此他已經做了一年以上中國學術界的一位出色而忠實的代表了」。又說：「同情我們但不了解我們的人，自然是我們的朋友，特別是在艱難困苦的時候；而了解我們但不同情我們的人所說的話是值得我們特別警惕的。然而最可寶貴的是又了解我們而又同情我們的人，尤其是他們的同情是由了解而來的。倪（李）約瑟現在到上海和北平去，然後回到英國。他深信他會回到中國來，但是雖然如此，我們還是感到難過。誠如莊子所說：『送君者皆自崖而返，君自此遠矣。』」（傅斯年，〈倪約瑟博士歡迎詞〉，收入倪約瑟〔Joseph Needham〕原著，張儀尊編譯，《戰時中國的科學》〔二〕〔臺北：中華文化出版事業委員會，一九五二〕）。當時在重慶的中央研究院代理總幹事、心理研究所所長汪敬熙說：「這三年內，他在交通困難的情形之下，遍遊中國，自西北的敦煌到東南的福州。中國的學術和工業機構他看得極多。他十分了解我們的優勢與不足，他很坦白地告訴了我們這一切。當然，除了一些作客的人不便說的話之外。他對於我們的實際幫助是使我們從事科學工作的人永遠不忘的。」又說：「他的夫人也是一位生物學家，在民國三十三年年底來到中國幫助他的工作。他的夫人先回英國兩個月，現在他也將離開重慶啟程回國，我們對於他們的離別，感到十分悽楚。我們覺得我們與他們像是一家人，不願意他們走。在困難的時候，『雪中送炭』的友人，是最使人想念的朋友」（重慶《大公報》，一九四六年三月七日）。

一九九〇年九月四日，李約瑟在第一屆福岡亞洲文化獎特別獎受獎紀念講演會上說道：「一九四六年，我收到了我的朋友——聯合國教科文組織第一任總幹事朱利安．赫胥黎的一封電報。電報上寫道：『速歸，幫助我組建聯合國教科文組織自然科學部。』於是我回到巴黎，在這個組織工作了一年又六個月。魯桂珍後來也在那裡工作過九年。」

他又說：「我元配妻子桃樂西．瑪麗．莫伊爾．尼達姆（南按：李大斐），於一九八七年去世，時年九十一歲。我們共同度過了六十四年幸福生活。後來，我和魯桂珍於一九八九年結婚。結婚儀式是在基茲學院的禮拜堂內，由學院院長同時也是我的導師約翰・斯特德主持舉行。那是在儀式結束後舉行的三明治午餐會上的話了，兩個八十開外的人站在一起，或許看上去有些滑稽，但我的座右銘是：「就是遲了也比不做強！」（李約瑟，〈以廣闊的視野思考問題〉，收入王錢國忠編，《李約瑟文錄》〔杭州：浙江文藝出版社，二〇〇四〕）。

《中國科學技術史》按計畫共有七卷，前三卷皆只一冊，從第四卷起出現分冊。劍橋大學出版社自一九五四年出版第一卷起，迄今已出齊前四卷，以及第五卷的九個分冊、第六卷三個分冊和第七卷一個分冊。由於寫作計畫在進行中不斷擴大，分冊繁多，完稿時間不斷被推遲，李約瑟終於未能看到全書出齊的盛況。

一九八一年九月二十三日，李約瑟於上海所做題為「《中國科學技術史》編寫計畫的緣起、進展與現狀」學術講演中，在感念王鈴的同時，還說過這樣的話：「在一九五七年王鈴離開劍橋去澳大利亞時，《中國科學技術史》的第一、二卷業已出版。我認為劍橋大學出版社是值得稱道的。當時他們接受的是一項不尋常的任務，知道這部書至少得出七卷，誰知以後竟要出到二十冊之多。當時我作為漢學家，也完全沒沒無聞；人們只知道我是一個生物化學家兼胚胎學家。然而劍橋大學出版社的董事會卻具有遠見卓識，認為我們的編寫計畫應當得到支持，而且給了我們這樣的支持。」又說：「王靜寧去澳大利亞後，我說服了今天在座的魯桂珍來代替他作為我的助手。當時她已經在巴黎聯合國教科文組織的祕書處工作了九年。九年的睽違，使她不太願意再回到實驗室去搞營養科學和生物科學了。我就勸她改行成為醫藥史、醫學科學史和生物科學史的專家。我勸說她來到劍橋，全力投入我們的編寫計畫，甘苦與共。現在，她是劍橋大學東亞科學史圖書館的副館長。」

37 李約瑟著，盧嘉錫總主編，王冰譯，《中國科學技術史》（*A History of Science and Technology in China*）卷一導論（北京：科學出版社，一九九〇）。

38 在中國，翻譯李約瑟《中國科學技術史》的工作，一直受到特殊重視。一九六四年，周恩來總理曾指示有關部門把這部巨著譯成中文出版，中科院即組織力量著手翻譯，因「文革」爆發，此項工作未能順利實現，直到一九七五年才由科學出版社分為七冊出版了原著的第一卷和第三卷中譯本。在此前後，臺灣方面在陳立夫主持下也組織翻譯並陸續出版了第一卷至第四卷以及第五卷第二、三兩冊的中譯本，共十四冊。一九八六年十二月，由中國科學院與有關部門組織成立了「李約瑟《中國科學技術史》翻譯出版委員會」，中國科學院院長盧嘉錫為主任，一大批學術名流擔任委員，並有專職人員組成的辦公室長期辦公。所譯之書由科學出版社與上海古籍出版社聯合出版，十六開精裝，遠非「文革」中的平裝小本可比擬。所出各卷書目如下：

第一卷 導論
李約瑟著，王鈴協助；一九五四

第二卷 科學思想史
李約瑟著，王鈴協助；一九五六

第三卷 數學、天學和地學
李約瑟著，王鈴協助；一九五九

第四卷 物理學及相關技術
第一分冊 物理學
李約瑟著，王鈴協助，羅賓遜（K. G. Robinson）部分特別貢獻；一九六二
第二分冊 機械工程
李約瑟著，王鈴協助；一九六五
第三分冊 土木工程和航海（包括水利工程）
李約瑟著，王鈴、魯桂珍協作；一九七一

第五卷 化學及相關技術
第一分冊 紙和印刷

錢存訓著；一九八五
第二分冊　煉丹術的發現和發明：點金術和長生術
李約瑟著，魯桂珍協作；一九七四
第三分冊　煉丹術的發現和發明（續）：從長生不老藥到合成胰島素的歷史考察
李約瑟著，何丙郁、魯桂珍協作；一九七六
第四分冊　煉丹術的發現和發明（續）：器具、理論和中外比較
李約瑟著，魯桂珍協作，席文部分貢獻；一九七八
第五分冊　煉丹術的發現和發明（續）：內丹
李約瑟著，魯桂珍協作；一九八三
第六分冊　軍事技術：投射器和攻守城技術
葉山（Robin D. S. Yates）著，石施道（K. Gawlikowski）、麥克尤恩（E. McEwen）和王鈴協作；一九九五
第七分冊　火藥的史詩
李約瑟著，何丙郁、魯桂珍、王鈴協作；一九八七
第八分冊　軍事技術：射擊武器和騎兵
第九分冊　紡織技術：紡紗
第十分冊　紡織技術：織布和織機
庫恩（Dieter Kuhn）著；一九八七
第十一分冊　非鐵金屬冶煉術
第十二分冊　冶鐵和採礦
第十三分冊　採礦
Peter J. Golas 著；一九九九
第十四分冊　鹽業、墨、漆、顏料、染料和膠黏劑

第六卷　生物學及相關技術

第一分冊　植物學

李約瑟著，魯桂珍協作，黃興宗部分特別貢獻；一九八六

第二分冊　農業

白馥蘭（Francesca Bray）著；一九八八

第三分冊　畜牧業、漁業、農產品加工和林業

丹尼爾斯（C. A. Daniels）和孟席斯（N. K. Menzies）著；一九九六

第四分冊　園藝和植物技術（植物學續編）

第五分冊　動物學

第六分冊　營養學和發酵技術

第七至十分冊　解剖學、生理學、醫學和藥學

第七卷　社會背景

第一分冊　初步的思考

第二分冊　經濟結構

第三分冊　語言與邏輯（現已調整為第一分冊）

哈布斯邁耶（C. Harbsmeier）著；一九九八

第四分冊　政治制度與思想體系、總的結論

39《中國科學技術史》第五卷第七分冊（北京：科學出版社、上海：上海古籍出版社，二〇〇五）。

正如李約瑟本人所言，《中國科學技術史》全書的撰寫，得到大批學者的協助。其中最主要的協助者是王鈴和魯桂珍，另外有黃盛宗、何丙郁等華人。當然還有一大批海外華裔和外籍學者。據已公布的名單，至少還有

R·堪內斯、羅祥朋、漢那—利胥太、柯靈娜、Y·羅賓、K·提太、錢崇訓、李廉生、朱濟仁、佛蘭林、郭籟士、梅太黎、歐翰思、黃簡裕、鮑迪克、祁米留斯基、勃魯、卜正民、麥岱慕等人。對於《中國科學技術史》的寫作與合作者，後來曾擔任劍橋李約瑟研究所所長的何丙郁曾說過這樣一段話：「長期以來，李老都是靠他的合作者們翻閱《二十五史》、類書、方志等文獻，搜尋有關資料，或把資料譯成英文，或替他起稿，或代他處理別人向他請教的學術問題。他的合作者中有些是完全義務勞動。請諸位先生千萬不要誤會我是利用這個機會向大家訴苦，或替自己做些宣傳。我只是請大家正視一件事情：那就是請大家認清楚李老的合作者之中大部分都是華裔學者，沒有他們的合作，也不會有李老的中國科技史巨著。李老在他巨著的序言中也承認這點。我還要提及另一個常被忘記的事情，那就是李老長期獲得中國政府以及海內外華人精神上和經濟上的大力支持，連他晚年生活的一部分經費都是來自一位中國朋友。換句話來說，我們要正視中華民族給李約瑟的幫助，沒有中華民族的支持，也不會有李約瑟的巨著。假如他還在世，我相信他也不會否認這個事實。從一定程度上來講，《中國科學技術史》可以說是中華民族努力的成果」（何丙郁，〈李約瑟的成功與他的特殊機緣〉，《中華讀書報》，二〇〇〇年八月九日）。斯言是也！

第三章

山下旌旗在望

一、一號作戰計畫

李約瑟走後，李莊小鎮復歸平靜。隨著國際局勢變化，中國的抗戰已由戰略防禦轉入戰略反擊，大道小道的各種消息水陸並進向這個長江盡頭的古鎮傳來。

一九四三年六月十八日，蔣介石下令把陝北洛川防範日軍的國民黨胡宗南部四十萬大軍，調往陝甘寧邊區包圍中共就地坐大的陝甘寧邊區人民政府和軍隊。

九月六日至十三日，蔣介石主持召開國民黨五屆十一中全會並致訓詞，指出「現在最後勝利已在望」，強調「在這次全會期中，特別要集中心力於建國的問題，以期得到一個圓滿的方案」。[1]這次會議推選蔣介石為國民政府主席（南按：原主席林森已於這年八月一日去世）。

十一月二十三日，蔣介石以堂堂中國國家元首和世界級政治巨頭的身分，出席了中、美、英三國首腦開羅會議。其間與羅斯福單獨舉行會談，主要討論中國領土被日本占領地區的歸還問題。雙方一致同意：東北三省、臺灣及澎湖列島在戰後一律歸還中國，琉球群島由中美共管；日本天皇制要否維持應由日本人民自決；朝鮮的獨立可予保障。

十二月三日，抗日戰爭與世界反法西斯戰爭史上著名的《開羅會議共同宣言》，於重慶、華盛頓、倫敦同時公布。也就在這一天，侵華日軍為策應太平洋戰場和印緬作戰，以四個精銳師團的優勢兵力攻占湖南常德。國民黨守軍第五十七師將士浴血奮戰，終因寡不敵眾，全師八千五百二十九人僅三百二十一人突圍而出，其餘全部陣亡。四天之後，中國軍隊聯合美國第十四航空隊共同作戰，一舉奪回常德，圍困中國整個西南地區的日軍全線撤退。[2]

一九四四年一月一日，蔣介石向全國軍民發表廣播講話，指出中國的抗日戰爭勝利在望，中國國譽日隆，圍攻並徹底打垮日寇，中國須擔當主要任務云云。

就在抗戰曙光照亮東方地平線並向浩瀚遼闊的天際放射之時，風雲突變，深感危在旦夕，即將全面崩盤的日本大本營，決定用盡最後一絲力氣拚死一搏，打通大陸交通線，力爭「一戰而挽回頹喪之民心士氣」，[3]死裡求生。日本大本營制定的戰略構想是，以黃河南岸之「霸王城」為基點，先征服平漢鐵路之南半段，進而攻占長沙、衡陽、桂林、柳州以迄南寧，打通湘桂及粵漢兩鐵路線，全程共一千四百公里。這一作戰構想，即抗戰後期著名的「一號作戰計畫」。

根據這一計畫，在全面崩盤之前已經殺紅了眼的日本小鬼子，於四月初正式從北線發動攻勢，先後發起豫中戰役、長衡戰役、桂柳戰役等系列大規模決戰。國民黨軍隊在各個戰場雖進行了頑強抵抗，但連遭敗績。

四月十八日，集結在中原以岡村寧次為總指揮的十四萬八千日軍，開始向以蔣鼎文為第一戰區司令長官的中國守軍八個集團軍近四十萬人展開攻擊。日軍攻勢凌厲，所向披靡。國軍連連敗退，日失一城，日軍前鋒以銳不可當之勢直逼豫中最後一座重鎮——洛陽。按照日軍大本營作戰計畫，攻陷豫中後繼續西進，越過潼關，兵發西安，奪取寶雞，然後順川陝公

提出「大陸打通線」計畫的日本派遣軍總司令畑俊六大將

路南下，直逼重慶這座戰時陪都，如此中國必亡矣。為挫其鋒銳，阻遏日軍西進的步伐，蔣介石密令第一戰區與日軍交火一個月後，主力部隊有計畫地向西撤退至潼關一線布防。至五月二十五日，在三十七天的時間裡，駐守豫中的國軍丟失城池三十八座。第一戰區司令長官蔣鼎文指揮部所在地——洛陽，經過十餘日的苦撐死守後終告失陷。城破之時，守城的三個師幾乎犧牲殆盡，僅千餘人突圍而出。所幸的是，日軍進至潼關一線，遇到了憑險駐守的第一戰區官兵拚死抵抗，兵鋒大挫，終未能越過潼關天險而進入關中大地，由寶雞南下直逼重慶的戰略計畫遂宣告破滅。

日軍雖在潼關受阻，但已攻占奪取了整個中原戰略要地。自古兵家就有「得中國必先得中原」之妙論，只要日軍在中原站穩腳跟，長衡、桂柳兩大戰役便有獲勝可能，繼而打通湘桂線，原制訂的「第一號作戰計畫」可告完成，日本軍隊將由此得以新生，整個遠東戰局就有鹹魚翻身的可能。

中原重鎮洛陽陷落的第三天，即五月二十七日，日軍分左、中、右三路對湖南省省會長沙展開圍攻，先後調集三十六萬兩千人，與整個湖南戰場的第九戰區薛岳部三十萬國民黨軍展開激戰。

六月十六日，國民黨守軍傷亡慘重，力不能支，嶽麓山失陷。十八日，負責守衛長沙的第四軍被日軍包圍，又遭敵機三十餘架轟炸掃射，終至「軍心動搖，遂難掌握」，長沙城陷。第四軍軍長張德能集合該軍殘餘一千三百多人突圍而出，雖經薛岳解釋戰役經過，並有副參謀總長白崇禧請求從輕發落，張德能仍被滿腹怒氣的蔣介石下令槍決。

攻陷長沙後，日軍以其第二線兵團加入第一線作戰，迅速南下，企圖一舉拿下衡陽，達到與桂境兵力會師的戰略目的。面對危局，國民黨軍事委員會總指揮部急速調兵遣將，分三路進行阻擊，抗戰史上最為慘烈的以衡陽為中心的劇戰拉開了序幕。

六月二十日，中日雙方在衡陽周邊五十公里的範圍內，分別投入了三十萬與三十五萬兵力，先於外線展開激戰。至七月底，日軍四個精銳師團相繼逼近戰略中心衡陽。國民黨第九戰區第十軍方先覺部扼守衡陽，抵抗日軍的猛烈進攻。此次衡陽之戰，是

日軍大陸打通線構想圖。（引自葛先才，《長沙・常德・衡陽血戰親歷記》〔北京：團結出版社，2007〕。以下引圖同）

抗戰後期最大規模的一次會戰，被蔣介石稱之「有關於國家之存亡，民族之榮辱至大」[4]的最後一場生死之搏。日軍大本營燈火通明，各級將官、參謀人員日夜研究、關注著這場戰事，中國軍民與各黨派團體翹首以待，盼望國軍用盡吃奶的力氣也要頂住，千萬不要被打趴壓垮。身在陝北延安窯洞的中共領袖毛澤東在對這場大戰給予熱切關注的同時，又以一個卓越戰略家的智慧與姿態高屋建瓴地指出：「衡陽的重要超過長沙，它是粵漢、湘桂兩條鐵路的連結點，又是西南公路網的中心，它的失守就意味著東南與西南的隔斷，和西南大後方受到直接的軍事威脅。衡陽的飛機場，是我國東南空軍基地之間的中間聯絡站，它的失守就使辛苦經營的東南空軍基地歸於無用。」不僅如此，「衡陽位於湘江和耒水合流處，依靠這兩條河可以集中湘省每年輸出稻穀三千萬石，還有極其豐富的礦產，於此集中，這些對大後方的軍食民食和軍事工業是極端重要的，它的失守會加深大後方的經濟危機，反過來卻給了敵人『以戰養戰』的可能性」。[5]

正是緣於衡陽及其周邊地區在軍事中不可取代的重要戰略地位，從武漢失守到一九四四年日軍圍攻衡陽，在將近六年的時間裡，作為中日交戰的主戰場這一帶戰事未曾消停過。一九三九年中國十大戰區，以湖南為主要戰場的第九戰區擁有最多兵力，極盛時達到五十四個步兵師，占全國總兵力的四分之一強。一九三九至一九四五年抗戰勝利這段時間，正面戰場共有十二次重量級大會戰，分別是：第一次長沙會戰、豫南會戰、上高會戰、棗宜會戰、晉南會戰、第二次長沙會戰、第三次長沙會戰、浙贛會戰、鄂西會戰、常德會戰、豫湘桂大會戰、老河口芷江會戰。其中有六次大會戰在湖南戰區展開。七七事變之後，日軍原定計畫三個月亡華，但僅湖南一地，國軍就頂了五年之久，多次會戰，日軍始終未能越雷池一步，由此可見湖南戰略地位之重要與國軍高層對這一戰區的重視程度與兵力之強。

此時駐守衡陽的國民黨第十軍，前身為黃埔教導團，北伐時代擴編為國民革命軍第三師，或稱「老三師」，其將領分別為錢大鈞、李玉堂、蔣超雄、方先覺、葛先才、周慶祥等，歷屆第十軍軍師長也多為「老三師」舊部。抗戰軍興，第十軍成為國民黨五大主力之一，其特點是善於防禦作戰。抗戰八年，第十軍打硬仗的次數和展現的頑強鬥志，並不亞於號稱「虎賁」之師、「抗日鐵軍」的王牌第七十四軍（抗戰後整編為七十四師，師長張靈甫）。第十軍最出色的一戰是一九四一年年底至一九四二年年初，三戰長沙中擔任長沙守備任務的保衛戰。時軍長為黃埔一期生，號稱「黃埔三傑」、「山東三李」（李仙洲、李延年、李玉堂）之一的李玉堂。當此之時，李的指揮部設在嶽麓山前一個祠堂內，面對飛蝗一樣圍攻而來的日軍，李鎮定自若，從容指揮。一日中午，李玉堂在指揮部一手拿煎餅，一手用筷子夾食大頭菜，忽有敵彈飛來，將眼前一個盛大蔥和蝦醬的鹹菜罐子擊得粉碎，李不

突破隴海路國軍防線的日軍快速向西南挺進

為所動。轉眼又一彈飛來，將筷子擊為兩截，李有點氣憤地罵了一句「把他娘！」即用手抓大頭菜吃。部下勸李更換指揮位置，李認為飛來的乃是流彈，無礙大局，終未搬遷指揮部。在李玉堂以身作則的感染下，第十軍將士豪氣凜然，於嶽麓山和長沙城頭與敵人展開血戰，致使日軍傷亡慘重。一九四二年一月一日，日軍再度發動對長沙的進攻，第十軍也抱定與長沙城共存亡的決心，連續與敵激戰三晝夜不分勝負，日軍調集大批飛機對長沙城守軍實施連續長波次轟炸，守軍傷亡慘重，日軍占據上風。延至一月四日，奉命守衛長沙南門城外的第十軍預十師三十團與攻城的敵人短兵相接，展開肉搏，一時血肉橫飛。日軍在飛機配合下，攻勢凌厲，長沙城岌岌可危。黃埔四期出身、三十團團長葛先才上校見部下傷亡激增，情況危急，恐支持不到黃昏長沙就落入敵手，焦急中乃決定孤注一擲、拚死一搏，發動全團展開衝鋒。一時間，十數支軍號響起，全團官兵包括炊事兵、雜務兵、傳令兵等一切勤雜人員全部投入衝鋒與肉搏的行列中。軍號聲與喊殺聲與全團官兵誓將一死的浩然氣勢，使敵人大受驚嚇，驚慌潰退，兄弟部隊乘勝追擊，長沙之危就此得解，第三次長沙大捷的序幕就此拉開。當晚，葛先才奉蔣委員長令晉升少將，軍長李玉堂獲頒青天白日勳章。一月五日，第九戰區司令長官薛岳上將下達了追擊、堵擊和截擊潰退日軍的命令，湘北大地頓時殺聲四起，炮火連天，敵軍以傷亡五萬七千人（陣亡三萬三千九百四十一人）的慘重代價宣告此役敗亡，中國軍隊就此書寫了近代戰爭史上最為輝煌的一頁。在整個長沙大捷中用命最甚、立功最大的第十軍，獲頒國軍最高榮譽「飛虎旗」一面，被軍事委員會命名為「泰山軍」。

第三次長沙大捷，第十軍聲名鵲起，軍長李玉堂榮升第九戰區兵團司令，第十軍軍長由原黃埔三期生、該部預十師師長方先覺接任，方的第十師師長一職由葛先才繼任。此次守衛衡陽，正是方先覺統領的第十軍。

此時的第十軍因此前參加常德保衛戰遭到日軍重創，原四師（第三師、第一九〇師、預備第十師、暫編第五十四師）已折半，僅相當於兩個師的兵力，共有一萬七千餘人，屬於久戰疲憊之師。而日軍圍攻衡陽部隊除第十一軍四個師團，另有直屬炮兵、化學部隊等共計十一萬人，中日兵力比值為一比六．四，如此懸殊的兵力對比，在整個抗日戰爭中屬首次出現，正因了這諸多的因素，為這場戰爭增加了一系列懸念並塗上了悲壯色彩。

按照國民黨軍事委員會原定計

1943年11月，日軍為了掃清湖南側翼，威脅芷江的空軍進攻基地，妄想貫通「酉秀黔彭」各縣進入四川，以十多萬兵力分四路，在陸軍毒氣與空軍幫助下進攻常德。中國組織了第九、第六兩戰區二十萬人進行反擊，此役便是抗戰史上著名的常德會戰。圖為號稱中國「虎賁軍」的第七十四軍（由余程萬的五十七師和張靈甫的五十八師為主）官兵向敵射擊。

直接指揮常德與衡陽兩大戰役的日軍第十一軍軍團長橫山勇，人稱「老狐狸」。

畫，國軍主力布置在衡陽周邊，以方先覺部萬餘人吸引日軍傾全力前來攻城，只要方部扼守衡陽十天，最多兩周，即有周邊主力部隊增援並成鐵桶合圍之勢，裡應外合，一舉圍殲來犯之敵。

日軍大本營的作戰方案是，傾第十一軍團全部兵力圍攻，於一日之內可攻陷衡陽。就在這作戰命令下達時，老謀深算的第十一軍團司令官橫山勇，識破了中國軍隊高層的戰略意圖，未敢輕易發兵，只調集兩個師團部分兵力三萬餘人做前鋒，分波次向衡陽圍攻，其他部隊則負責阻擊周邊的國民黨援軍並伺機圍殲國軍主力。用橫山勇的話說：「只要將敵人周邊主力擊破，衡陽守軍得不到援軍，在無補給之情況下，至其戰力耗盡時，則不攻自破矣。」[6]既然中國原有的戰略部署被日軍破解，戰爭的進程也就出乎雙方軍事高層預料之外了。

六月二十三日凌晨，衡陽攻防戰正式打響，雙方均以火炮為主猛擊對方，日軍主用重炮與野山炮，中方主用迫擊炮，中間伴有其他武器交火與小範圍、短時間的肉搏戰。中國守軍士氣高漲，日本方面「負責攻城之兩師團，鑑於長沙之攻占，已被他人捷足先登，功震全國，乃欲急起效尤，一時戰志如雲」。[7]兩支強軍狹路相逢，各懷戰志，死拚硬磕，戰鬥持續了近一個月，雙方傷亡重大，未分勝負，攻防雙方皆拚全力支撐。多少年後，據方先覺對日本《產經新聞》記者古屋奎二說：「由於長期作戰，醫藥品和食品缺乏，極感困苦。沒有止血藥劑，沒有繃帶，負傷官兵的傷口有發炎生蛆的現象。本來可以救治的官兵，很多都死亡了。我們給予敵人的打擊也非常之大，每天可以望到敵陣在舉行火葬的煙焰。整個衡陽城被死屍臭氣所籠罩，實在是很悲慘。」[8]

衡陽交戰前，日軍大本營擬定在一日之內攻占衡陽的戰略成為泡影，事後被日軍軍史專家斥為「其必勝之信念，誠屬可嘉；其廟算之粗率，罪無可逭」。[9]日軍如此，中國軍隊同樣陷入了因高層廟算不周而導致在旋渦中不能自拔。在苦戰中勉力支撐的國民黨守軍日夜盼望的增援部隊，因受日軍外線阻擊，行驅艱難，始終未能抵達衡陽城門。經過如此長時間的消耗，衡陽已成為一座內無糧草、外無救兵的孤城。而日軍自七月下旬起，設在外線的兵站每夜仍可向衡陽前線官兵輸送三十至四十噸的給養。面對此情，親自指揮此次會戰的中國最高統帥蔣介石意識到局勢嚴峻，嚴令外線各軍迅速攻擊前進，以解衡陽之危。但在日軍強大炮火與兵力阻擊下，七月二十日，國民黨第六十二軍進展至衡陽西南約七公里處，由西北增援之第七十九軍亦距衡陽不過八公里處，受到敵人猛烈炮火的壓制，而第十軍於十九日夜間派出向第六十二軍方向接應的特務營也遭到日軍伏擊，全部陣亡。蔣介石預計窮一日之力，兩軍各向前推進五公里即可解衡陽之圍，但這短短的五公里路程卻如萬水千山，計畫始終未能貫徹，援軍被迫停止。衡陽面臨彈盡糧絕、城破有日的險惡處境。

生死已到緊要關頭，最後的決戰即將開始。中日雙方皆傾全力投入這場關乎國家存亡的攻守戰。大海那邊的日本天皇翹首以待，密切關注著這場千里之外的戰事。日軍大本營命令

國民黨第十軍軍長方先覺

第十一軍全力投入攻城之戰，並調集炮兵、化學部隊配合，以盡快拿下衡陽。正身患痢疾、身體衰弱、焦躁不安的日軍橫山勇中將認為時機已到，不再猶豫，集結第十三、四十五、五十八、六十八、一一六共五個師團，外加五十七旅團和重炮、化學部隊共十一萬餘眾，向衡陽城圍攻而來。面對日軍的強悍攻勢，國民黨軍事高層人員更加焦慮不安，皆以悲壯的心境注視著這場關乎民族安危的攻防戰。

當此之時，美國派往中國戰區擔任戰區參謀長的史迪威將軍，為爭奪實際上的中國戰區最高統帥權，進而支配、統治中國政府和軍隊，不惜與蔣介石公開叫板爭雄，並密電唆使羅斯福總統和一些政客，通過美國輿論向蔣施壓，迫其就範，讓蔣介石無條件交出中國軍隊的指揮大權。由於美國上層對蔣的施壓和輿論對國民黨軍隊的譏諷甚至誹謗，導致蔣介石與中國軍隊蒙受羞辱，國際地位大損，而「敵寇更恣意進攻，徒增我軍民痛苦」。[10]在國勢危於累卵的嚴峻時刻，衡陽之戰的重要性就不只具有軍事戰略價值，更涉及政治及外交上的關鍵作用。如果衡陽防守能取得最後勝利，則政治外交將隨之逆轉；反之，將雪上加霜，後果不堪設想。七月二十日，蔣介石在日記中寫道：「……軍事憂惶，未足言危，而對美外交之頹勢，實為精神上最大之打擊。但果能邀天之福，軍事獲勝，則外交危機，亦可轉安，萬事皆在於己之盡力耳。」[11]

衡陽之戰不僅牽涉中國一地之得失，而關乎華盛頓與尚在緬北指揮盟軍攻擊密支那日軍的史迪威將軍，更關乎整個遠東戰局與政治安穩。五天之後的七月二十五日，蔣介石取勝之心已變得極度迫切，不惜於暗夜中向天祈禱：「願主賜我衡陽戰事勝利，當在南岳頂峰建立大鐵十字架一座以酬主恩也。」[12]綜觀抗戰八年，手握數百萬大軍的蔣委員長，經過了一次又一次劫難，但如此焦慮迫切之情，從未有過。令人萬分遺憾的是，縱然他一日發出「十二道金牌」，援軍仍無法打破日軍的阻擊線，衡陽解圍仍是夢中之影。

日軍正在向飛機搬運炸彈，準備轟炸衡陽機場。

孤軍守戰，勢難支撐的第十軍軍長方先覺仍不斷發出急電，力陳所部將士面臨的困難與險境：「本軍固守衡陽，將近月餘，幸我官兵忠勇用命，前仆後繼，得以保全，但其中可歌可泣之事實與悲慘壯烈之犧牲，令人不敢追憶！」又說：「自昨三十日晨起，敵人猛攻不止，其慘烈之戰鬥，又在重演。危機隱伏，可想而知，非我怕敵，非我叫苦，我絕不出衡陽！但事實如此，未敢隱瞞，免誤大局。」[13]

蔣介石在七月三十一日的日記中寫道：「衡陽保衛戰已一月有餘，

第十軍官兵死傷已過十分之八，而衡陽屹立不撼。蓋以衡陽之得失，其有關於國家之存亡，民族之榮辱者至大也。」[14]

八月一日，日本第十一軍司令官橫山勇中將，佩戴「天照皇大神宮」神符，偕隨員乘偵察機三架由長沙飛抵衡陽機場，親自指揮日軍步兵、炮兵等兵種相當於七個師團的兵力聯合作戰，企圖一舉攻下衡陽，擊潰方先覺部。

八月二日，國民黨增援部隊按蔣的數次電令火速向衡陽推進，仍如攜山搬家，無法突破日軍封鎖。無奈中，蔣介石動用飛機穿越敵人炮火向衡陽投下手諭，不許方先覺再發電請援，同時囑其注意一死報國，內稱：「我守衡官兵之犧牲與痛苦，以及迅速增援，早日解圍之策勵，無不心力交瘁，雖夢寐之間，不敢忽之。惟非常事業之成功，必須經非常之鍛鍊，而且必有非常之魔力，為之阻礙，以試煉其人之信心與決心之是否堅定與強固。此次衡陽得失，實為國家存亡攸關，決非普通之成敗可比。自必經歷不能想像之危險與犧牲，此等存亡

我守衡官兵之犧牲與痛苦、以及迅速增援、早日解圍之策勵、無不心力交瘁、雖夢寐之間、不敢忽之、惟非常事業之成功、必須經非常之鍛煉、而且必有非常之魔力、為之阻礙、以試煉其人之信心與決心之是否堅定與強固、此次衡陽得失、實為國家存亡攸關、決非普通之成敗可比、自必經歷

國民政府軍事委員會便用箋

不能想像之危險與犧牲、此等存亡大事、自有天命、惟必須吾人以不成功便成仁、惟有以一死報國之決心以赴之、乃可有不懼一切、戰勝魔力、打破危險、完成最後勝利之大業、上帝必能保佑我衡陽守軍最後之勝利與光榮、第二次各路增援部隊、今晨皆已於期到達三塘、鴉鵲山、水口山

國民政府軍事委員會便用箋

張家嶺、七里山預定之線、余必令空軍掩護、嚴督猛進也。

國民政府軍事委員會便用箋

蔣介石給方先覺的手諭（臺灣中央研究院近代史研究所檔案室提供）

大事，自有天命，惟必須吾人以不成功便成仁，惟有以死報國之決心以赴之，乃可有不懼一切，戰勝魔力打破危險，完成最後勝利之大業，上帝必能保佑我衡陽守軍最後之勝利與光榮。」[15]同時告之增援大軍已「嚴督猛進」，嚴令第十軍將士繼續堅守勿退，力克敵軍。

方先覺懷揣訓令，苦苦支撐，艱難等待。幾天過去，儘管心急如焚，望眼欲穿，仍是「上窮碧落下黃泉，兩處茫茫皆不見」，連一個援兵的影子也沒看到。

八月四日晨，日軍以重炮五門、野山炮五十門和約五師團兵力向衡陽發起第三次也是最後一次總攻。按總指揮官橫山勇的作戰計畫，預期可在一天之內，必下此城。但正如日本戰史所述：「敵人之守將方先覺將軍，為一號驍勇善戰之虎將，其第十軍之三個師，皆以必死之決心，負嵎頑抗，寸土必守，其孤城奮戰的精神，實令人敬仰。我第一日之全力猛攻，竟又被迫無效而終。亙四十餘天之激戰中，敵人尚無一卒向我投降，實為中日戰爭以來之珍聞，如非敵人在長期抗戰中已逐步將遊雜部隊整編為正規軍，則必係我軍之兩次挫敗，使敵軍堅定了必勝的信心！但我軍之此次總攻，若不成功，將何以對陛下！何以見同胞！第十一軍亦將永遠淪為受人卑視的境遇。責任心榮譽感之所驅，全軍將士猶如強攻旅順要塞之乃木軍（南按：指一九〇四年日俄戰爭時期之日軍），生死不顧，用肉體徑向敵人之陣地硬拚。」[16]從這則記載可以看出，此時已殺紅了眼的日軍同樣只能進不能退，遂決定孤注一擲，來一個魚死網破的最後決戰。

八月六日，中日雙方經過激烈的爭奪拚殺，強悍的日軍第五十八師團憑藉熟練的攻堅經驗，終於突破衡陽城北一角，並迅速以一部突入市街。在敵機猛烈轟炸下，守軍陣地幾夷為平地，陣地官兵與攻入之敵展開近戰與肉搏，血戰不久全部戰死。日軍乘勢以精銳之師向城內第十軍指揮部所在地——中央銀行急速進擊，守城官兵再度與日軍展開大規模巷戰與肉搏，衡陽頓成一座鮮血噴濺的血城，第十軍無一人不參加近戰與白刃格鬥，無論是炊事員還是勤雜兵，都掄著菜刀與燒火棍進入戰場竭力拚殺，慘烈的肉搏持續了兩個晝夜又半天之久。

八月七日，日軍調集重炮、野山炮百餘門齊向衡陽城猛烈射擊，橫山勇再度下令強行總攻，欲一舉攻克城池。蔣介石深知衡陽戰況已到生死存亡、千鈞一髮之際，特督令援軍戰車部隊急進增援，並電第十軍告以「援軍明日必到衡陽，決不延誤」。延至下午三時，衡陽城內仍不見援軍到達，此時守軍支撐已到極限，方先覺在徵求手下幾位高級將領的意見後，向蔣介石發出了最後一份電報：

敵人今晨由北城突入以後，即在城內展開巷戰，我官兵傷亡殆盡，刻再無兵可資堵擊，職等誓以一死報黨國，勉盡軍人天職，絕不負鈞座平生培育之至意。此電恐為最後一電，來生再見。

職方先覺率參謀長孫鳴玉

師長周慶祥、葛先才、容有略、饒少偉同叩[17]

電報發出後，方先覺巡視部隊已過，回到指揮部決心自戕，當手槍對準太陽穴之際，兩個副官撲上來把槍打掉，眾皆悲泣，一面組織傷兵殘將繼續阻擊，一面仍幻想有天兵突降，挽狂瀾於既倒。

蔣介石通過空軍偵知衡陽城已岌岌可危，約晚七時接到方先覺發來的電文，悲愴中幾乎暈倒。於絕望中，口述「祝上帝保佑你們」[18]七字電文，爾後一聲長歎，整個身子靠在椅背上，頭偏於一旁，無力地閉上眼睛不再言語。站在蔣介石一邊的侍從室第六組組長兼軍統局幫辦唐縱，在當天的日記中記載，六組首接方先覺來電，「讀後不禁暗然神傷，熱淚奪眶！查衡陽自六月二十六日敵軍迫城至本月八日止，達四十四天，我援軍始終不能攻達衡城，致守城士兵全軍玉碎，痛歎無已！」[19]

另據《總統蔣公大事長編初稿》記述：

迄黃昏時據空軍偵察回報：「城西北角似有戰事，其他符號則仍指向西南，表示敵正進攻中云。」公於研判後自記曰：「綜核各報，城北一部雖被敵攻破，但其範圍未曾擴大，尚非絕望之局，只有督促援軍，明日能如期急進，以勢論之，此次戰車之參戰，應可如期成功也。」是夜公起床禱告凡三次幾未入眠也。

八月八日，公以衡陽會戰守軍苦鬥至此歷時凡四十七晝夜，故於凌晨四時即起默禱能轉危為安。至五時猶得衡陽電訊，詎十五分鐘之後電訊中斷，自此即絕不復通矣！旋於十時許猶接空軍偵察報告：「衡陽城內已不見人跡。」於是乃確知衡陽已陷矣。公因自記所感曰：「悲痛之切實為從來所未有也。」[20]

衝進衡陽城的日軍一部向第十軍軍部趕來

衡陽攻守戰，國民黨第十軍以一萬七千人的劣勢兵力，與十一萬日軍相抗，堅守孤城四十七天，在僅二平方公里的戰場上，數度肉搏，以死傷一萬五千人，亡七千餘人，軍長方先覺以下參謀長、四師長被俘的代價，致敵死傷七萬餘眾，其中四萬八千人被擊斃，日軍六十八師團師團長佐久間中將於此役被擊斃，五十七旅團長志摩源吉少將，被迫擊炮彈自腹部貫穿而亡。[21]衡陽之戰，是抗戰史上最慘烈的劇戰，儘管打出了第十軍全軍覆沒的悲劇，衡陽最終失守，但同樣打出了中國軍隊在抗日戰爭中防禦作戰獨一無二的巔峰，也是少有的在一次戰役中，日軍傷亡人數大大高於中方的一次大戰，如此大小懸殊的比率，在世界戰爭史上極為罕見。日本戰史把此次戰役稱為「中日八年作戰中，唯一苦難而值得紀念的攻城之戰」，其「犧牲之大，令人驚駭」。[22]也正是由於此次衡陽久攻不下與官兵傷亡慘重，引起日本軍政兩界及社會輿論對東條英機內閣的痛責。在群起聲討中，東條內閣於七月十八日倒臺散架。綜觀抗戰八年，真正血火交織的死打硬拚之戰，自淞滬始，以衡陽終，其間不過數場而已。

日軍大本營對攻占衡陽「如釋重負，對爾後之作戰，則一面規誡橫山加強整補，勿再急進，一面考慮於中秋節前後，再向次一目標——桂林——發動攻擊，並立即以新兵十萬，撥補予第十一軍」。[23]

隨著戰略中心衡陽陷落，湖湘一線的國軍全面崩潰，導致廣西失去了重要屏障。日軍趁機調集優勢兵力，與西南戰區的日軍遙相呼應，南北夾擊，在很短的時間內，南線軍事重鎮桂林、柳州、南寧以及廣東、福建部分軍事要塞相繼失陷，中國軍隊損失兵力六十餘萬。此後不久，日本中國派遣軍和駐東南亞的南方軍，在廣西南部勝利會師，從而打通了中國內地通往越南的大陸交通運輸動脈，完成了日軍大本營擬訂的「一號作戰計畫」。這一戰略計畫的成功，極大地鼓舞了日軍士氣和野心，認為「一號作戰的顯赫成果，可以說是使當時陷於淒慘不利戰局中的日本，微微見到一線光明」。[24]

1946年2月，國民政府軍事委員會派員赴衡陽搜尋陣亡將士遺骸，集體營葬，建烈士公墓，以慰忠魂。圖為搜尋到的七千四百餘名陣亡將士中的部分忠骸。

二、一寸山河一寸血

就在柳州淪陷之時，驕悍的日軍一部北進貴州，進攻黔南重鎮獨山，威脅貴陽，震動重慶，世界各方的焦點都驟然投向遠東戰場上的核心——中國大陸東南地區。中外許多軍事戰略家和觀察家指出：由於長江三峽的險峻與沿途布置、修築的軍事工事，使日軍當年打到湖北宜昌後，主動放棄了穿越三峽繼續西進的作戰計畫。因為當時的廣東韶關等地還在中國軍隊手中，日本沿長江一線孤軍深入，不但要冒很大的軍事風險，而且要付出慘重代價，單獨突破陪都重慶在戰略上沒有多大的實際意義。因此，日軍出於戰略上的考慮，在三峽地區沒有策畫大規模進攻，其間對三峽一線的轟炸並不是為大舉進攻做準備，只是做震懾性的騷擾。但當日本軍隊此次完成「一號作戰計畫」，打通大陸交通線之後，便有了進攻重慶，占領整個西南地區，切斷唯一外援通道——滇緬公路，從而達到全面征服中國的目的。為完成這一「宏偉的計畫與夢想」，日軍經過多方考證權衡，選擇的進攻方向就是貴州的獨山。

獨山被日軍占領，如同一把鋒利的尖刀，從側部刺向中國的軟肋。且這尖刀如同狂飆突降，來勢凶猛迅疾，難以抵擋，中華民族又一次面臨覆亡的危險。凶訊傳出，舉國皆驚，一時人心惶惶，感到又一次大難臨頭。國民政府召開緊急會議，商討放棄重慶，遷都西昌或大西北的計畫。

就在日本大軍迫近，即將飲馬川江之際，十月十一日至十四日，蔣介石在重慶召集國民政府黨政軍各界大員、各省市政府要人、各級三民主義青年團負責人及教育界人士一百五十餘人，舉行「發動知識青年從軍會議」，討論知識青年從軍方案，決定成立知識青年從軍委員會，指定張伯苓、莫德惠、何應欽、白崇禧、陳立夫、張厲生、周鍾嶽、顧毓琇、谷正綱、張治中、康澤等為委員。會議決定從全國各地招募十萬名知識青年編成新軍，投入戰場。蔣介石親自指定蔣經國、蔣緯國兩個兒子加入青年軍，共赴國難。

消息很快在全國範圍內傳播開來，《中央日報》、中央廣播電臺等新聞媒體開始配合這一計畫高聲鼓譟。諸如「一寸山河一寸血，十萬青年十萬兵」「國家第一，民族至上」、「軍事第一，軍人第一」「國破家亡君何在」「皮之不存，毛將焉附」等宣傳口號，連篇累牘地見諸報刊、廣播。迫於外敵壓力與輿論蠱惑，各地知識青年特別是各高校師生經過短暫徬徨、觀望之後，終於被調動起來，加入了青年軍的行列，但在精神、氣勢上明顯不能和第一次報名參軍相比擬了。據時任西南聯大文學院院長、哲學教授馮友蘭回憶：「國民黨政府的這個措施，如果是在抗戰初期，學生們是會爭先恐後報名參加的；可是在這個時候，學生們對於抗戰最後勝利的信心雖然沒有動搖，但是對於國民黨政府的幻想已經破滅了，對於青年軍的報名疑慮很多，觀望不前。當時的教育部為各大學分配了名額，規定了指標。聯大的常委會慌了，於是召開動員大會，請教授們向學生勸說。我的發言大意說，抗戰已經進行這幾年了，以前國家、政府不徵發高中以上的學生，實行免役，這是因為當時沒有新式武器，還用不著有科技訓練的人。現在美國送新式武器來了（南按：此時美國已開始在武器裝備方面援華，用於中國本土和緬甸戰場），正需要有科技訓練的人去使用。如果有科技訓練的青年不去從軍，叫誰使用呢？這個仗以後怎麼打呢？聞一多發言最突出，大意說，現在我們在政治上受壓迫，說話也沒人聽，這是因為我們手裡沒有槍。現在有人給我們送槍，這是一個最好的機會。不管怎麼樣，我們要先把槍接過來，拿在手裡，誰要反對我們，我們就先向他下手。這次會開得很熱烈。散會以後，我走出校門，看見有人正在那裡貼大字報，反對報名從軍。我心裡很氣憤，走上前去，把大字報撕了，並且說，我懷疑這張大字報是中國人寫的。這次動員會開過以後，學生報名從軍的多起來了，不過幾天就超過了指標。」又說：「青年軍成立了，蔣介石派霍揆彰到昆明主持訓練。後來又把青年軍開到印度，接受美國運來的武器，就地訓練。到一九四五年日本就投降了，青年軍並沒有開到前線和日本作戰。」[25]

馮氏之說有些含含糊糊，也可以說是意味深長。事實上，西南聯大當時的情形遠沒有如此簡單。

聞一多原是最不贊成學生從軍的教授，一九三七年盧溝橋事變爆發，有人倡導學生從軍，聞氏反對，早些時候他曾對北平藝專的學生說：「一個學生的價值遠高於一個兵士的價值，學生報國，應該從事更艱深的工作才對。」[26]按他的觀點，學生參軍是浪費人才，並認為學生乃民族文化精神的傳人，肩負著民族復興與未來發展的重大歷史使命，多保留幾個讀書種子，讓他們的腦袋留在教室、實驗室或研究室，俯下身來做學問或科學研究，比把腦袋別在褲腰間出沒於血肉橫飛、人頭亂滾的戰場，意義要大得多，對民族整體的貢獻，也比軍人偉大得多。如果沒有科學文化菁英的存在，單靠軍人是不可能拯救中華民族危亡的，更談不到偉大的民族復興云云。當民族危亡迫在眉睫，國民黨腐敗日重月深之時，聞一多哀其不幸、怒其不爭，政治觀點發生突變，又一度產生了以學生兵作為新生力量，來改造國民黨這支舊式封建軍隊的短暫幻想，認為青年學生們從軍不僅是必要的，也是必需的。就在日軍即將實現「一號作戰計畫」，打通大陸交通線，攻占獨山的前夜，在一次由駐昆國民黨第五軍軍長邱清泉主持召開的時事討論會上，聞一多曾激憤地說道：「盟軍各個戰場，現在都在收復失地，只有我們還在繼續失地！這樣的政府，這樣的軍隊要它何用？」未久，他在課堂上講到國際國內戰爭形勢，及國民黨軍方的腐敗無能，慷慨陳詞：「這樣的政府，這樣的軍隊，已經到了非改造不可的地步了！」[27]從這個時候開始，聞氏一改過去的態度，積極呼籲青年學生們參軍報國。

當學生們報名應徵入伍，即將離開西南聯大時，在歡送會上，聞一多要求學生日後不要成為騎在人民頭上耀武揚威的軍閥與官僚老爺，而要積極參與改造這支舊軍隊，使之成為具有國際水準的現代化軍隊和國家依仗的真正棟梁等。遺憾的是，聞氏只是一廂情願，歷史告訴世人的是，不但這些年輕學子未能改變這支舊式軍隊的模式，自己的鮮活生命與滿腔熱情連同那美麗的夢想，也一同被這支軍隊有形無形的巨輪碾得粉碎，由此演化成為一個時代的悲劇。

1944年12月28日，西南聯大師生歡送從軍抗日同學（北大校史館提供）。

面對風起雲湧的國際國內局勢，作為西南聯大實際主持工作的梅貽琦，極其清醒、沉著地駕馭了政局。從聯大保存下來的材料看，在幾次徵召入伍的鼓譟聲中，梅貽琦從來沒有主動要求教師或研究生棄學從軍，整個西南聯大的從軍者，大都是本科以下學歷的青年學生。即使在這類學生中，梅貽琦亦盡可能地保留下一批最有希望的讀書種子，使人文特別是科學知識結構不至於出現斷層或後繼無人，如理科方面的楊振寧、黃昆、唐敖慶、郝詒純等一批經過嚴格篩選的優秀學子，均被妥善地保存於清華研究生院中。而李政道、鄧稼先等稍年輕的學術苗子，也無一例外地被保留了下來。這一大批學人日後為中華民族振興以及世界人類科學的進步做出了傑出貢獻。

當然，若有教師與研究生主動請求從軍，梅貽琦亦不加阻攔，任其自便，他自己的一兒一女就先後從聯大應徵入伍。女兒梅祖彤加入國際救護組織，為抗戰效力。梅貽琦的獨子，當時就讀於西南聯大水利工程系二年級的梅祖彥，於一九四三年十一月決定棄學從軍。梅貽琦認為當時國家形勢動盪，能在大學讀書，機會難得，希望兒子把學業完成再做決定，報效國家的機會以後還有很多。但兒子去意已決，梅未阻攔。當時許多人認為，梅祖彥入伍之後會投奔他的姨父——國民黨名將衛立煌擔任總司令的滇西遠征軍任職，並依靠衛的關係得到照顧和升遷。梅祖彥卻出人意料地投奔了並沒有人際關係的空軍部隊，當了一名普通的翻譯員，直到戰爭結束一年後的九月，譯員工作結束，才遵照美國軍方的安排到美國麻薩諸塞州伍斯特理工學院復學，插入機械系二年級繼續學業。

與西南聯大略有不同的是，地處川南長江上游李莊的同濟大學，則對此次青年從軍保持高漲的熱情。據後來赴臺灣的同濟學生王奐若回憶：「當年重慶市及四川、雲、貴各地中學生知識青年投筆從戎者風起雲湧，熱潮所至，如江水之奔騰，不可遏止。位於四川宜賓李莊的同濟同學紛紛響應，於紀念周會上舉行從軍簽名儀式時，鼓聲頻傳，個個摩拳擦掌，怒髮衝冠，熱血沸騰。同濟同學當時簽名者達六百餘人之多，約占全校三分之一人數，為全國院校從軍人數之冠（未簽名者多因體弱多病受師長勸阻）。當年，留在同濟的德人教授看到這種陣勢，都感動得熱淚盈眶，伸出大拇指叫好，並高呼：『中國不會亡！』（Republic China ist nicht gestorben!）『中國一定強！』（Republic China muss sich stärcken!）」[28]

除學生外，同濟大學報名者還有幾位青年教師，其中一位剛從德國回歸的工學博士楊寶琳教授也踴躍加入了報名隊伍，當時的《中央日報》、《掃蕩報》等主流媒體，都進行了大篇幅的報導宣傳，在全國引起了不小的轟動。

1945年冬，身著戎裝的梅祖彥轉入美國Keeslr（一空軍基地）工作時留影。（梅祖彥提供）

就在同濟大學報名參軍掀起熱潮之際，正在重慶辦理公務的傅斯年匆匆趕回李莊召集會議，動員史語所青年研究人員報名參軍。在傅斯年看來，國難臨頭，樹立國民的健全人格，守土抗戰乃整個民族最為急迫的責任和使命。遙想一九三五年，日本策動「華北特殊化」。時任冀察政務委員的蕭振瀛招待北平教育界名人，企圖勸說就範。出席招待會的傅斯年聞言拍案而起，當即斥責蕭氏賣國求榮，表示堅決反對，誓死不屈。據當年參與此事的陶希聖回憶說：「孟真在蕭振瀛的招待會上，悲憤的壯烈的反對華北特殊化，這一號召，震動了北平的教育界，發起了『一二・九』運動。北京大學同人在激昂慷慨的氣氛中，開了大會，共同宣誓不南遷，不屈服；只要在北平一天，仍然做二十年的打算，堅持到最後一分鐘。」[29]自此，整個北平的混沌空氣為之一變。

也就在這一年，傅斯年夫人俞大綵懷有身孕，孩子尚未出生，就預先起了個傅仁軌的名字。按傅氏家族的輩分，自傅斯年以下皆以「樂」字相排，如一直跟隨傅斯年讀書、工作的傅樂成、傅樂煥、傅樂淑等同族兄妹，即沿用其例。傅斯年為自己的孩子命名而打破常規，並非諸如「破四舊，立四新」式的故弄玄虛或標新立異，而是另有深刻的寓意。據羅家倫回憶：「說到聰明的孩子仁軌的命名，確有一件可紀念的事，有一天孟真對我說，我的太太快要生孩子了，若生的是一個男孩，我要叫他做仁軌。我一時腦筋轉不過來，問他說，為什麼？他說，你枉費學歷史，你忘了中國第一個能在朝鮮對日本兵打殲滅戰的，就是唐朝的劉仁軌嗎？從這種史蹟上，預先為兒子命名，他內心所蘊藏的是多麼強烈的國家民族意識。」[30]傅斯年認為，中國之抗戰須從每一個有良知有骨氣的人做起，政府與統治集團和無數的既得利益者醉生夢死，使廣大民眾失望絕望，但人民自身可望到別處，「淺看來是絕望，深看來是大有希望。這希望不在天國，不在未來，而在我們的一身之內」。[31]同時又清醒地意識到「中國人之力量，在三四萬萬農民的潛在力，而不在大城市的統治者及領袖。中國的命運，在死裡求生，不在貪生而就死」，「三千年的歷史告訴我們，中華民族是滅不了的，而且沒有今日天造地昧這形勢，民族是復興不來的」。[32]傅氏對民族抗戰與復興力量的認知，確是高瞻遠矚又細察分毫，準確地參透了中國的病根，把住了勝敗的命脈，惜當時大多數黨國大員與自譽為高等華人者，甚至包括最高領袖蔣介石在內，都沒有真正認識到內中的玄機奧妙，或已有意識但又從心理上不予承認並加深隔閡。倒是處於弱小地位的共產黨較早地參破了這一玄機並加以利用，日後國共交鋒的勝負與不同的命運歸宿，也因此而注定——這是傅斯年的過人之處，也是他傾全力維護的國民黨政府的一個悲劇。

一九四三年年初，傅斯年的侄子（傅斯嚴之子、傅樂成之弟）傅樂德欲報名參軍，傅斯年表示支持，不久，傅樂德隨青年遠征軍赴印度北部戰場與日軍作戰。得此消息，傅斯年特別去信勉勵道：「你這次從軍，實在是好事。此時青年總當以愛國第一，立起志氣來，做於國家有益的事。我們這一輩的，太多自暴自棄，或者懶惰無能，把這樣的局面交給你們一輩的手中，實在慚愧！只盼中國在你們這一代的手中，成一個近代化的安樂國家。」[33]作為一個對國家民族具有深切使命感的長輩，在自謙的同時，字裡行間透露著對這個侄子及新一代中國青年熱切的期待。

一九四四年夏秋，日軍為實現「一號作戰計畫」圍困湘中重鎮衡陽。在異常酷烈的戰事中，國民黨精銳方先覺第十軍全軍覆沒，其他戰場的國軍也連連喪師失地。消息傳到李莊，傅斯年心情異常沉重，在泥牆土屋的孤燈下，他展紙研墨，為九歲的兒子傅仁軌書南宋著名

傅斯年夫婦與兒子傅仁軌

愛國將領文天祥〈正氣歌〉、〈衣帶贊〉諸詩，並題跋曰：「其日習數行，期以成誦，今所不解，稍長必求其解。念茲在茲，做人之道，發軔於是，立基於是。若不能看破生死，則必為生死所困，所以異於禽獸者幾希矣。」[34]

當年文天祥被俘就義前，曾在衣帶中藏有詩文，被後人稱為〈衣帶贊〉，其中有「讀聖賢書，所學何事」兩句，傅斯年經常藉以自勉自勵。而〈衣帶贊〉開篇即說「孔曰成仁，孟曰取義」，即孔子所說的「殺身以成仁」，孟子所言「舍生以取義」兩句。傅在題跋中所書「（人之）所以異於禽獸者幾希」則是孟子的名句。可見此時的傅斯年對於孔孟兩位大賢立身為人之道信守不渝，雖名為幼小的兒子題書，實乃面對嚴酷的現實，借古喻今，抒發自己對古代仁人志士的崇敬之情，以及為維護民族大義保持個人節操不惜以身殉道的精神氣概。

令傅斯年略微遺憾的是，當他在李莊史語所會議上鼓動青年學者們從軍時，竟出乎意料地沒有一人回應。傅見此情景，進一步鼓動道：「你們現在不參軍，將來抗戰結束後，你們的兒女要問你們，爸爸，你在抗日戰爭中做了些什麼？你們將怎麼回答呢？」這暗含激將之法，極富煽動性的言辭，仍然沒有在眾位青年心中引起波瀾，其尷尬的局面，令傅斯年有些不快。靜默一陣，傅氏沒有再強行讓對方表態，只是說了句「這樣的大事也不是一時就可決定得了的，大家回去再好好想想吧」。[35]言畢宣布散會，自此再也沒召集會議提及入伍當兵之事了。

或許由於研究歷史的緣故，或是經過無數風雨的吹打歷練，此時史語所的青年學者們對政治和國民政府的腐敗，以及政客們的所作所為有了較為明晰的理解，已完全不同於同濟大學的學生，甚或書呆子博士如楊寶琳者那樣幼稚了。他們對國家民族前途，心中自有一番更合乎現實，更經得起實踐檢驗的預見性方略。而這一切，傅斯年早已心知肚明，只是不便擺到桌面上提出討論，各自心照不宣罷了。

三、江水無語東流去

就在傅斯年勸說史語所青年人員參軍的時候，在李莊板栗坳大山那邊上壩月亮田中國營造社的土屋裡，身體尚未康復的林徽因正伏案寫著一首叫作〈刺耳的悲歌〉的詩，她在詩中以悲愴的筆調抨擊了那些被戰時後方艱苦、暗淡的生活腐蝕了意志，因而動搖、徬徨，看見別人做了高官、發了國難財而眼紅心跳，甚至不惜放棄學術事業，奔走豪門，投機鑽營，溜鬚拍馬，一門心思夢想升官發財的青年人。同時，透過陰濕的格子小窗，林徽因彷彿窺視到在那可見的天際，又飄浮起內戰的烏雲。為此，她強烈地抨擊了國民政府不懷好意，借青年知識分子的愛國熱情，騙取他們去參加所謂的「青年軍」，名義上共赴國難，參加抗日，實則準備暗中對付共產黨，為打內戰積蓄新生力量的卑鄙伎倆。——對國民政府這一深藏不露的陰謀，向來眼觀六路、耳聽八方，聰明絕頂如傅斯年者，自然深知個中況味。[36]而他手下的青年學者們，自然也不糊塗，只是在這一陰謀面前各自裝糊塗地保持了沉默而已。

沉默的青年學者們沒有想到，政府這一假公濟私的陰謀，被蟄居在偏僻小鎮中另一個醒著的才女林徽因以詩的形式披露出來，從而給世人留下了一個先知先覺的神奇印象。據梁從誡晚年回憶說：這是林徽因一生中所寫的唯一一首政治詩，「抗戰後國民黨利用『青年軍』鎮壓學生運動，打內戰，證明了母親這個『不問政治』的人政治敏感性」。[37]後來的事實大都證明了林徽因眼光銳利，政治敏感性的正確——當然，真正的悲劇是林徽因此時沒有想到的，有些意外插曲也超出了她想像的範圍，如吳金鼎的參軍即是一例。

吳金鼎是在傅斯年開過徵召會議一個星期之後，突然主動提出參軍抗戰的。這一舉動令熟悉他的同事和朋友都大吃一驚，但吳氏還是決意把夫人王介忱留在李莊，獨自一人提著背包悄悄地隨「青年軍」遠去——儘管四十三歲的他此時已不再是青年。

作為一名留學海外的博士與成就斐然的考古學家，吳金鼎的半路「出家」，給後人特別是研究考古學史的史家留下了一串不解之謎。由於留存的材料稀少，加之吳氏本人離開李莊五年之後便撒手人寰，使他這次投筆從戎的心境和緣由更顯得撲朔迷離。不過，既然他生活在李莊知識分子的群體之間，且本身還是一個頗有些名聲的大字號「海龜」，總要在流逝的歲月中遺下一些稀疏的印痕。

一九四二年十二月二十三日，傅斯年在李莊致信重慶中央研究院總幹事葉企孫，討論聘請夏鼐由中央博物院轉到史語所工作事宜。當時夏鼐正在家鄉溫州休假，傅斯年曾託中央博物院總幹事曾昭燏致函夏，促其早返。傅在致葉企孫的信中說道：

一、夏鼐之學問前途甚大，本所早有意聘他。但博物院亦重視之（濟之前云，既要我辦博物院，我也要留個好的）。去年（三十年）一月，博物院鬧窮，弟正在李莊（病前），對濟之云「可撥一位過來，自郭子衡至王孤鉀，隨濟之意，你我看夏鼐最好，不過仍由兄決定」。濟之決定撥吳金鼎過來。

二、為考古組前途人才計，本所目下應該請他。

三、本所經費，用得超過。弟久懷疾戾，此時不敢提請大薪水之人（要來當為副研究員，其薪當在三百以上），而路費浩大，亦一問題也。有此情形，故乞兄直接與濟之商定，至感！[38]

這封信除說明無論是李濟還是傅斯年，對夏鼐的才學、為人和處事能力格外看重，同樣透露出吳金鼎由中央博物院轉到史語所，是李濟的安排，並非傅斯年的本意。儘管吳與傅均是山東老鄉，且吳氏在城子崖的發現、發掘中做出了重大貢獻，但在傅的心中，吳的學問與處事能力依然沒法與江南才子夏鼐相匹敵，多少有些輕視意味。李濟的心思與傅斯

吳金鼎率隊與四川學者馮漢驥等共同發掘的成都永陵（作者攝）

年不同，儘管後來李曾不止一次地對人說過：「自己認為生平有兩個在考古學方面最得意的學生，一個是夏鼐，一個是張光直（南按：張乃李濟赴臺後臺灣大學的學生）。」[39]但此時李濟還是一直把吳氏作為自己學術上的繼承人來看待和栽培的，這從中央博物院在李莊期間進行的彭山崖墓與後來成都琴臺永陵共兩次大型田野考古發掘，全為吳金鼎一人所主持即可證明。那麼，吳離開中央博物院籌備處又做何解釋？據說，李濟當時之所以推薦吳金鼎入主史語所，並不是對吳的看輕，相反則是寄予了一片希望的。由於李濟擔任中央博物院籌備處主任兼史語所考古組主任職，身心俱疲，研究工作大受影響。自雲南昆明時期起，李就把主要精力放到研究殷墟出土的陶片上，且有過多次實驗並小有斬獲。而吳金鼎正是研究陶片的專家，對城子崖與殷墟出土物非常熟悉，此去史語所考古組，正好接替李濟難以顧及的一攤兒，把研究工作繼續做下去。至於彭山發掘的器物，已有中央博物院的曾昭燏、趙青芳等青年才俊予以整理。而繼彭山漢墓之後發掘的震動中外的中國首座帝王陵墓——成都琴臺永陵之器物，則大部分留在了四川省博物館，運到李莊的只是一小部分。[40]如此安排，吳金鼎雖以史語所人員的名義工作，但可兼顧兩邊，共同作為課題研究。可惜事情沒有李濟想的那麼簡單。

夏鼐接受召喚，匆匆結束了休假生活，自溫州老家返回李莊，協助李濟為即將開幕的中央博物院籌備處首次在重慶公開展覽會撰寫的〈遠古石器淺說〉初稿做進一步的加工潤色工作。其間，夏鼐「毫不客氣地對原稿提出了近四十處大小修改意見。李濟在該稿付印前曾參考夏的意見，並接受了其中多處意見對原稿做了修改。由此也可以看出他們師生之間的學術情誼是不一般

永陵前的石像生（作者攝）

永陵前的石像生具有強烈的時代藝術特色（作者攝）

的」。[41]從李濟之子李光謨這段記述中可以看出，除了李與夏不一般的師生情誼外，亦可見夏「該出手時就出手」的老練、成熟、雷厲風行的工作作風和高超的處事能力。正是這種別人難以企及的特點，才得到了李濟與傅斯年的共同賞識。而夏鼐本人也在一九四八年那個風雨飄搖的年代裡，在傅斯年赴美治病時，以年輕的身軀挑起了代理史語所所長的重擔。

一九四二年十月，夏鼐受傅斯年之聘由中央博物院轉入史語所考古組工作，職銜為副研究員。一九四四年二月，夏鼐代表中央研究院歷史語言研究所參加了與中央博物院籌備處、北大文科研究所等單位合組的西北科學考察團離開李莊，對河西走廊和敦煌附近進行將近兩年的科學考察。吳金鼎因其間代表中央博物院籌備處主持發掘成都琴臺永陵王建墓，一直延續至一九四四年年初才正式由中央博物院籌備處轉入史語所考古組工作。非常不幸的是，由於傅斯年對其輕視，加之各方面複雜的人際關係，吳沒能像他的學弟夏鼐一樣被冠以副研究員的職位，只弄了一個「技正」的帽子戴在頭上，而在科研機構，研究人員屬於正牌，「技正」卻是技術人員與管理人員同類，幾近於最為低級的勤雜人員。一九四二年十月二十一日，傅斯年在向中央研究院提交的《工作報告》中就明確注明：「本所設所長一人，研究員、副研究員各若干人，研究員及副研究員分專任與兼任。另設通信研究員若干人……此外，並設助理研究員及助理員各若干人，其不屬於研究人員者，則有技正、技士、技佐、管理員、事務員及書記。」[42]當時整個史語所屬於正式的研究人員總數達三十人，除陳寅恪屬於兼任外，其他二十九人全為專任。而堂堂的留英博士吳金鼎卻不在此列，只能與戴著非研究人員所有的一頂號曰「技正」的白皮小帽，混跡於二、三流的勤雜人員行列。在一貫重視儒家所謂「勞心者治人，勞力者治於人」的傳統中國知識分子看來，這個「技正」的頭銜，無論怎樣掩飾和打扮，內在的含金量與外部的光芒，都無法與研究員這一「頂戴」相提並論。

事實上，就當時的薪水論，史語所的研究員月薪五百元，而「技正」是技術人員中最高的職銜，月薪只有四百元，這就是說，吳金鼎的晉升之路已被堵死，一輩子不可能拿到與研究員同樣的薪水了。於是，吳把這一待遇自然地看作傅斯年故意對自己的汙辱與輕慢，從而對傅大為不滿並滋生了怨恨之情。山東人固有的倔強、偏執性格與心中的鬱悶，使吳金鼎漸漸產生了拋下自己的研究事業，離開這塊令人不快的是非之地，索性一走了之的念頭。當時吳金鼎正整理編寫成都琴臺永陵發掘報告，經過反覆思考，藉政府決定招收知識青年入伍抗日的契機，終於做出了令傅斯年、李濟以及所有相識者都始料不及的抉擇，並不顧眾人一再勸說挽留，懷著「此處不留爺，自有留爺處」的悲憤心情，於這年年底背著正在編寫的半部成都琴臺永陵王建墓發掘報告草稿，在黎明的蒼茫夜色中，頂著漫天風雪孤獨而淒涼地踏上了前途未卜的旅程。

一九四五年年初，按照蔣介石指令，號稱由十萬知識分子組成的青年軍，在短暫集中後編成九個師，以原緬甸遠征軍總司令羅卓英擔任訓練總監，蔣經國為軍政治部主任，負責行政上的實際領導職責。青年軍的組建，為蔣經國步入軍隊高層系統並執掌軍權打開了一條寬敞的通道。

按照國防委員會頒布的命令，徵召的青年軍各師、團分別在四川、陝西、貴州、雲南、江西、福建等六個不同地區整訓。自一九四五年一月一日起，四川省從軍的知識青年陸續集中，分批乘專車赴瀘縣軍營整編。直到八月初，同濟大學參軍的三百多人，才開赴瀘縣二〇三師受訓。

此時，中國軍隊的人格教育和兵制教育，依舊沿襲清末新軍的老套路，即靠湘勇起家的曾國藩外加「軍閥王國的始祖」、日本人山縣有朋的訓導模式。而這個時候的中國文人教育，特別是高等教育，繼五四運動之後已發生了巨大變革，民主、自由等思想已融入青年學生的血液之中，並成為學子們為之追求的理想和人生行動的目標。兩種截然不同的思想文化和教育方式，在舊式軍人與新生代學生軍之間產生了劇烈碰撞與對立，這種隔膜與對立，就不可避免地為從軍學生的個人悲劇埋下了伏筆。

早在一九四〇年，一些滿懷愛國熱情投筆從戎的青年學生，加入了國民黨在重慶綦江舉辦的戰時幹部訓練團。其間，有學生兵開始公開傳閱有共產傾向的另類書籍，鼓吹聯合抗日，並與一些舊式軍官在思想和行為方式上發生了衝突。面對這一情形，黃埔一期生、時任戰幹團教育長的桂永清大為震怒，強行下令逮捕了上百名「造反」與「滋事」的學生兵，除了拉到郊外槍殺外，對幾名帶頭滋事的所謂頭頭，分別挖坑活埋，這一殘酷的殺戮釀成了震驚全國的「綦江慘案」。雖然在全國民眾一片憤怒聲討中，桂永清遭到了革職處分，但不久即轉赴德國出任武官。再之後，又相繼獲得了國民黨海軍總司令、陸海空三軍總參謀長、一級上將等高職顯爵。

一九四四年夏秋徵召的所謂十萬青年軍，同樣免不了這一悲慘的厄運。同濟出身的學生兵有一位名黃克魯者，在瀘州整訓期間，親眼目睹了通訊營營長貪汙腐敗的行徑，大感不平，以傅斯年經常掛在嘴邊的名言「讀聖賢書，所學何事」，以及范仲淹老先生「先天下之憂而憂」的士大夫姿態出面制止，竟被對方當場搧了兩個耳光，然後命人一頓拳腳打翻在地，拖進一間黑屋子關了禁閉。另一位同濟出身的學生兵名藍文正，在集訓時不服從長官的口令，並以「位卑未敢忘憂國」之類的豪言壯語予以頂撞。長官怒不可遏，當場下令將其拉出訓練場，就地槍決了事。同濟醫學院出身的學生兵許耀祖，因受不了法西斯式的軍事專制和特務統治，幾次逃跑未果，在一次次響亮的耳光與槍托敲打的哀號聲中，最終導致精神失常，整日叫喊不止。有一天，許耀祖大腦突然清醒過來，回想往事使他倍感苦痛，於是悄悄來到訓練場，撿起一支步槍，口含槍筒，手扣扳機，飲彈自盡。至於那位在徵召運動中名噪一時的「海龜」楊寶琳，因有西洋博士與名校教授的雙重重量級頭銜，被長官破例任命為青年軍二〇三師工兵二連少校指導員。楊在軍中雖感大不適應，身心俱受折磨，但總算熬了下來，既未遭到被拖出操場就地正法的厄運，亦未導致精神失常的惡果。後來，楊寶琳隨軍渡海去了臺灣，任職於裝甲兵戰車工廠，在同是留德的學長蔣緯國將軍麾下效勞。未久，楊突然宣布自己看破紅塵，生死兩忘，遁跡空門，自冠法號「釋自渡」，以他的專業強項——工程力學原理闡釋佛理法道。二十世紀八〇年代，著名的釋自渡法師懷揣著當年壯志未酬的理想與抗日興國的陳年大夢，在一片「阿彌陀佛」梵語聖歌聲中於巴西圓寂。據說，原楊寶琳教授，後釋自渡法師歸天之時，沒有像他的前輩弘一法師李叔同那樣留下「一事無成身漸老，一錢不值何消說」的詩名，或「悲欣交集」的四字真經，而是道出了一段對自己人生歷

1944年11月，重慶各界歡送軍政部教導團學生兵出征大會場面。

程經年思索的佛理：「心無掛礙。無掛礙故，無有恐怖，遠離顛倒夢想，究竟涅槃。」

比之藍文正、許耀祖以及楊寶琳等同濟大學的學生與教授，吳金鼎可謂幸運至極。他從軍之後，憑著在倫敦大學苦心修練的嫻熟英語和外人很難弄懂的「技正」的頭銜，很快被分配到四川新津盟軍設立的第二招待所，當了一名招待主任，專門負責為美國在華空軍提供翻譯、娛樂、導遊、兌換外幣等吃喝拉撒事宜，有時還可免費陪著美國大兵吃幾塊無論是李莊的林徽因還是成都的陳寅恪之類病中學者都難得一見、帶有香辣味的燒烤肉，喝幾杯泡沫四濺、酣水奔流的上等啤酒，日子看上去頗為瀟灑自在。只是吳金鼎總覺得心緒難平，且感到「手忙腳亂，體力日衰」，每當陪美國大兵喝得酒醉時，便搖晃著五短身材獨自回到宿舍，從枕頭下抽出那半部既未考證，也沒來得及配圖的《成都前蜀王建墓發掘報告》，抱在懷裡，痛哭流涕，悲慟不已。

戰爭的腳步依然向前猛進，只是日本人越來越感覺舉步維艱，中華民族的地平線再度亮出了希望的曙光。誠如傅斯年預料的那樣，日軍為完成「一號作戰計畫」，在長達半年的連續作戰中損耗巨大，國際戰場形勢變化迅速，日軍在太平洋戰場連連失利，帝國海軍受到重創。護衛日本本土的周邊島鏈基地，被美國譽為「漂浮的陸地」之航空母艦陸海空力量「五馬分屍」，日本四島危機凸顯，不得不倉皇調整戰略，把主要精力用於局勢更加緊迫的太平洋戰場，以對付美軍對本土要害的致命打擊。占領中國西南地區獨山的日軍，遂成為一支流浪於異域的孤軍，不得不放棄獨山，撤出黔東南，固守中國東南沿海和南洋，勉力支撐岌岌可危的海上戰局。正如日本戰史在總結「一號作戰計畫」最終失敗所發的慨歎：「決心之下，雖移山填海之難，亦有成功之日。惜我軍已成強弩之末，終致功敗垂成。」43

中國抗日戰爭勝利的信息接踵而至，號稱十萬之眾的青年軍在一片混亂和嘯叫聲中，以虎頭蛇尾的形態宣布解散，在抗日戰爭歷史上沒有留下任何值得一提的戰績。而蔣經國卻藉此機會一躍殺入國民黨軍隊的高級領導層，為日後榮登「大位」奠定了堅實的基礎。

隨著青年軍的解體，大批有志愛國青年避免了到剿共戰場上充當炮灰的厄運，幸運地躲過了一劫。有道是，天機可測，命運不可測，既然茫茫史河中風雲激盪、天崩地裂的大時代已經來臨，內戰不可避免，總會有人要為此埋單，或以鮮血，或以生命。正如魯迅所說的大時代之「所謂大，並不一定指可以由此得生，而也可以由此得死……不是死，就是生，這才是大時代」。當十萬青年軍於一九四六年做鳥獸散後，國民政府在原軍事框架的基礎上，著手徵召第二期青年軍，把原九個師的兵力縮編為七個正規師。這些新徵召的學生兵經過短期訓練，隨著天空翻騰的烏雲最終交織成鋪天蓋地的內戰風雨，隸屬於國民政府的青年軍立即被投入山崩海嘯、人頭亂滾的戰場，與中共軍隊在城市鄉村、荒野草莽中展開了一場又一場血與火的爭奪戰。最終的結果是：青年軍有六個整編師相繼被共產黨軍隊殲滅，數千人陣亡，數萬人被俘。當年林徽因那一首〈刺耳的悲歌〉，不幸竟成為青年軍孤魂怨鬼的一曲輓歌。

注釋

1 李勇、張仲田編，《蔣介石年譜》（北京：中共黨史出版社，一九九五）。
2 賈新民主編，《二十世紀中國大事年表》（北京：中國人民大學出版社，一九九二）。
3 趙慶升譯，〈日本帝國陸軍最後決戰篇〉（衡陽戰役之部），《軍事雜誌》三六卷五、六、七、八期（一九六八）。
4 古屋奎二，《蔣介石祕錄》卷九，轉引自羅玉明，《抗日戰爭時期的湖南戰場》（上海：學林出版社，二〇〇二）。
5 毛澤東，〈衡陽失守後國民黨將如何〉，延安《解放日報》社論，一九四四年八月十二日。
6 葛先才著，李祖鵬編，《長沙．常德．衡陽血戰親歷記：國民黨將領葛先才將軍抗戰回憶錄》（北京：團結出版社，二〇〇七）。
7 趙慶升譯，〈日本帝國陸軍最後決戰篇〉（衡陽戰役之部），《軍事雜誌》三六卷五、六、七、八期（一九六八）。
8 古屋奎二編撰，《蔣介石祕錄：中日關係八十年之證言》，轉引自黃仁宇，《從大歷史的角度讀蔣介石日記》（北京：九州出版社，二〇〇八）。
9 趙慶升譯，〈日本帝國陸軍最後決戰篇〉（衡陽戰役之部），《軍事雜誌》三六卷五、六、七、八期（一九六八）。
10 〈蔣介石日記〉，一九四四年七月十四日，收入秦孝儀主編，《總統蔣公大事長編初稿》（臺北：中國國民黨中央委員會黨史委員會編，一九七八）。

11〈蔣介石日記〉，收入秦孝儀主編，《總統蔣公大事長編初稿》（臺北：中國國民黨中央委員會黨史委員會編，一九七八）。

12 同前注。

13 同前注。

14〈蔣介石日記〉，收入秦孝儀主編，《總統蔣公大事長編初稿》（臺北：中國國民黨中央委員會黨史委員會編，一九七八）。

15 黃仁宇，《從大歷史的角度讀蔣介石日記》（北京：九州出版社，二〇〇八），頁三〇〇。

16 趙慶升譯，〈日本帝國陸軍最後決戰篇〉（衡陽戰役之部），《軍事雜誌》三六卷五、六、七、八期（一九六八）。

17 秦孝儀主編，《總統蔣公大事長編初稿》（臺北：中國國民黨中央委員會黨史委員會編，一九七八）。

18 同前注。

19 唐縱著，公安部檔案館編注，《在蔣介石身邊八年：侍從室高級幕僚唐縱日記》（北京：群眾出版社，一九九一）。

20 秦孝儀主編，《總統蔣公大事長編初稿》（臺北：中國國民黨中央委員會黨史委員會編，一九七八）。

21 此處所記中日雙方傷亡數字源出美國國會圖書館資料，引自《長沙．常德．衡陽血戰親歷記：國民黨將領葛先才將軍抗戰回憶錄》（附錄五）。關於第十軍在城破之時的命運眾說紛紜，幾成懸案。大約一九七三年末或一九七四年初，日本《產經新聞》編輯古屋奎二為編撰《蔣介石祕錄》，曾赴臺北訪問方先覺並談及衡陽之戰最後經過。據方說：八月八日晨，「有自稱為日軍第十一軍使者的竹內參謀來接洽停戰。當即告訴他：我們絕對沒有投降之意。同時提出：（一）保證生存官兵安全，並讓他們休息。（二）收容傷兵，並鄭重埋葬陣亡官兵等條件。竹內說：『中國軍勇敢作戰的情形，不僅在此地的日軍，就連日本天皇和大本營都已有所聞。』特地表示敬意，並對我方的條件完全同意。而日本記錄說我們投降，甚至有說是舉行了投降儀式是絕對錯誤的。我以軍人的名譽發誓沒有那回事」（引自黃仁宇，《從大歷史的角度讀蔣介石日記》，頁三〇〇）。

另據葛先才在他的回憶錄《長沙．常德．衡陽血戰親歷記：國民黨將領葛先才將軍抗戰回憶錄》中說，城破之後，第三師周慶祥師長與葛先才商量，大意是：「戰，乃敵能殺我，我能殺敵，方稱為戰。如今處境，則不能稱之為戰，因我完全處於被動挨打被殺之地步，即將失去殺敵之能力。」後經與方先覺商量，決定與敵有條件地達成停戰協議，於八日十二時雙方停戰，軍長、師長與參謀長作為人質，被日軍帶往一座天主教堂內囚禁起來，其餘官兵放下武器自動走出衡陽星散而去，敵人未做追殺。衡陽失陷後，蔣介石電令全國軍隊，於八月二十日上午六時，在各軍集合全體官兵，為衡陽殉國守軍默哀三分鐘，藉此敬悼。衡陽失守三個月後，國民黨中央特務人員把方先覺祕密接走，其他將領被日軍轉送到「聯湖書院」囚禁，並有一排武裝士兵看管。四個月後，在中央情報人員和地方人士冒險營救下，葛先才等幾位被囚將領全部逃脫回到重慶。一九四四年十二月十二日，方先覺於衡陽逃脫後首次在重慶拜謁蔣介石，蔣似乎忘了當年「不成功便成仁」的電囑，方也不再提當年那「來生再見」的電文，蔣在當天的日記中云：「與之相見匪僅悲喜交集，且有隔世重逢之感」（秦孝儀主編，《總統蔣公大事長編初稿》）。之後，方先覺、周慶祥、葛先才、容有略、饒少偉五位衡陽脫險將領相繼獲頒青天白日勛章。

據蔣介石侍從室六組組長唐縱日記載，一九四五年五月五日，國民黨第六次全國代表大會在重慶復興關舉行，十日上午會上，「王崑崙質詢方先覺既投降敵人又逃回後方，外面頗有懷疑，究竟如何，請軍部答覆。休息後，總裁訓話，對大會不信任主席團事，略加解釋，並責備喬鵬書態度不當，對王崑崙質問方先覺事，甚不以為然，此係共產黨造作謠言，何以代共產黨發言。王起而辯護，總裁大怒，拍桌而罵，其後指示本黨今後工作方針與黨員活動方式」（《在蔣介石身邊八年：侍從室高級幕僚唐縱日記》）。

一九四六年二月，葛先才奉蔣介石之命赴衡陽搜尋陣亡將士遺骸，集體營葬，建為烈士公墓，以慰忠魂。另據推測，可能因日本第十一軍橫山勇司令對衡陽戰俘的縱容，戰後他未判罪，能得以壽終；而南京大屠殺的元凶松井石根大將則被處絞刑。

22 趙慶升譯，〈日本帝國陸軍最後決戰篇〉（衡陽戰役之部），《軍事雜誌》三六卷五、六、七、八期（一九六八）。據該文發表的數字，日軍衡陽之戰死傷亡共計一萬九千三百八十一人，內含軍官九百一十人（死三百九十人，傷五百二十人）。

23 同前注。

24 日本防衛廳防衛研究所戰史室編，《湖南會戰》下冊，轉引自羅玉明，《抗日戰爭時期的湖南戰場》（上海：學林出版社，二〇〇二）。

25 馮友蘭，《馮友蘭自述》（北京：中國人民大學出版社，二〇〇四），頁二七一。當年聯大同學加入國民黨青年軍後，經過短暫培訓，大多數作為汽車駕駛員在印緬公路上奔波，對國民黨軍隊的腐敗有切身體會。據《聯大點滴》說：「聯大校方於七月二十九日開會歡迎回國從軍同學，席間被歡迎者無不牢騷滿腹，對精神上物質上的痛苦敘述得很詳盡，竟有高呼『救救我們』的。理學院院長吳有訓對他們做了一個測驗，結果願繼續幹下去的很少，張奚若教授很感動地說：『目前要改善你們的生活，簡直是不可能。』當馮友蘭教授閃閃爍爍的說什麼『從這面說政府是對的，那一面是不對的』時，張老霍的站起來說：『這種說法，簡直是胡說八道！』一時掌聲雷鳴」（《新華日報》，一九四五年八月九日，轉引自聞黎明、侯菊坤編，聞立鵬審定，《聞一多年譜長編》（武漢：湖北人民出版社，一九九四））。馮友蘭天性具有的搗糨糊、和稀泥的處世哲學與「騎牆」性格，在戰前的清華園由於環境與政治氣候關係尚未全部顯露。到了西南聯大時代，空間縮小，人事紛爭增大，各方面的矛盾相互尖銳與集中起來，馮友蘭的人格缺陷就暴露無遺。在許多問題處理上，馮往往出於自身名利的考慮，說一些模稜兩可、不著邊際的話。臺灣馬逢華曾說當年他和蕭公權閒聊，說起清華舊事，蕭公權說，戰前清華園教授同人之間就流行這樣的說法：Whatever Daisen says, it goes；Whatever it goes, Chisen says。這話翻譯成白話就是：（陳）岱孫怎麼說，事情就怎麼做；事情怎麼做，芝生就怎麼說（馬逢華，〈西南聯大的幾位教授〉，《傳記文學》五二卷六期（一九八八））。此語可謂一針見血地道出了馮友蘭的性格與人生哲學。當年西南聯大的學生，後為著名生物化學家、中科院院士的鄒承魯在答〈科學文化評論〉雜誌記者問時，記者問他：「西南聯大的先生裡您最欣賞誰，最不欣賞誰？」鄒承魯說：「最佩服的是陳寅恪，最不欣賞的是馮友蘭。」同是西南聯大學生的何兆武在評價鄒言時說：「這話說來似乎有點不敬，不過當年我們做學生的大都對馮友蘭的印象不佳，主要還是由於政治的原因。馮友蘭對當權者的政治一向緊跟高舉，像他《新世訓》的最後一篇〈應帝王〉鮮明地表現出想作『帝王師』的心態。在我們看來，一個學者這樣做不但沒有必要，而且有失身分」（何兆武口述，文靖撰寫，《上學記》（北京：生活・讀書・新知三聯書店，二〇〇七，三版））。此公後來特別是「文革」時期所做的一切，都可從他早年這些脈絡中尋出影子。

26 李洪濤，《精神的雕像：西南聯大紀實》（昆明：雲南人民出版社，二〇〇一）。

27 同前注。

28 據抗戰時期同濟大學畢業生、臺北工程師王若奐，〈同濟校友對國家的貢獻〉，打印稿。

29 陶希聖，〈傅孟真先生〉，《中央日報》，一九五〇年十二月二十三日。

30 羅家倫，〈元氣淋漓的傅孟真〉，《中央日報》，一九五〇年十二月三十一日。

31 〈「九一八」一年了！〉，《獨立評論》一八號（一九三二年九月十八日）。

32 傅斯年，〈日寇與熱河平津〉，《獨立評論》一三號（一九三三年八月十四）。

33 原載《時代追憶論文集》，轉引自岳玉璽、李泉、馬亮寬，《傅斯年：大氣磅礴的一代學人》（天津：天津人民出版社，一九九四）。

34 歐陽哲生主編，《傅斯年全集》卷五（長沙：湖南教育出版社，二〇〇三）。文天祥（一二三六—一二八三），字宋瑞，一字履善，號文山，南宋廬陵（今吉安）人。南宋末年，朝廷偏安江南，國勢弱小，北方蒙古族於一二七一年結束了內部為爭奪皇位自相殘殺的局面後，建立了元朝，繼而組軍南下，兵鋒直指南宋腹地。一二七三年，元朝丞相伯顏統二十萬大軍攻下襄樊，以此為突破口，順江而下，攻打南宋首都臨安。一二七五年，南宋守將賈似道統率的十三萬大軍被元軍殲滅，朝廷再無兵可用，首都臨安危急，南宋面臨著亡國滅種的嚴重威脅。此時宋恭帝在位，年僅四歲，太皇太后謝氏臨朝聽政，發出「哀痛詔」，號召天下四方迅速舉兵「勤王」。當時正擔任贛州知府的文天祥「捧詔涕泣」，立即應詔從命，在兩三個月內組織了一支近萬人「勤王」隊伍，幾經周折，趕到了臨安。而在成千上萬員朝廷命官中，帶兵勤王者只不過文天祥和張世杰等三人而已，國運之衰微，人心之冷暖，局勢之危急，令人頓足扼腕。一二七六年二月，臨安陷落，皇帝被俘。由文天祥、張世杰等將領先後擁立的趙昰、趙昺小朝廷轉戰於東南沿海地區堅持抗元鬥爭，後被元兵擊敗，只好退至廣東，堅持抵抗。一二七八年十一月，文天祥收拾殘軍，移兵廣東潮陽，不幸於十二月二十日兵敗五坡嶺（今廣東海豐北），被元軍俘虜。

文天祥被俘後，元大將張弘範將其押往元大都（今北京），並要他寫信招降宋將張世杰。文答曰：「我不能救國，難道還能教人叛國？」張弘範乃強迫就範。文天祥答應後，寫下了著名的篇章〈過零丁洋〉一詩。最後兩句「人生自古誰無死，留取丹心照汗青」成為千古名句。

張弘範讀畢，暗自搖了搖頭，只好作罷。到大都後，元世祖忽必烈為了誘使文天祥投降，在生活上殷勤款待，並派投降元朝的南宋宰相留夢炎以「現身說法」勸降，未果。為對文施壓，元朝廷將他囚禁在陰暗潮濕、老鼠橫行、臭氣薰天的牢房裡。面對非人的磨難，文天祥在獄中寫下了浩然正氣、千古傳頌的〈正氣歌〉，抒發了他堅守氣節、寧死不屈的悲壯情懷。

臨刑前幾天，元世祖親自出面勸降文天祥並許以丞相的高位，這是十三世紀遠東大地上兩個重要人物第一次也是最後一次會面。關於見面的地點，有人說是在土牢，《宋史》說是在皇宮，尚有可考處。無疑義的是，文天祥沒有因忽必烈的召見而感動，他以外臣之禮「長揖不跪」，對元世祖以宰相之位相邀婉言以謝。最後，忽必烈問：「汝何願？」文天祥對曰：「祥受宋恩，為宰相，安事二姓？願賜之一死足矣。」忽必烈無語。

回到牢獄後，文天祥知道自己死期已至，乃寫兩首絕命詩交給三年來照顧自己的張弘毅。張是文的同窗，在文押解途中自請隨行，三年中一直負責文的飲食起居。接著文天祥又寫了一篇〈衣帶贊〉，藏於腰帶間，因而又稱「衣帶詔」。

一二八三年一月九日，文天祥被押往燕京城北的柴市處斬。臨刑前，監斬官告訴文此時反悔還可以當丞相，文回答，我要做的事都做完了，無他願，只求速死。遂被斬。次日，其妻歐陽氏前來收屍，在文天祥衣帶中發現了那篇〈衣帶贊〉。其詞曰：「孔曰成仁，孟曰取義，惟其義盡，所以仁至。讀聖賢書，所學何事，而今而後，庶幾無愧。」此篇遂成為文天祥光照日月、氣壯山河的絕唱。文氏本人也因他的光輝形象和壯烈詩篇而成為永垂不朽的民族英雄。

35 岳玉璽、李泉、馬亮寬，《傅斯年：大氣磅礴的一代學人》（天津：天津人民出版社，一九九四）。

36 當日本軍方拚全力實現「一號作戰計畫」時，傅斯年在重慶一九四四年七月九日《大公報》發表了〈我替倭奴占了一卦〉一文，以一個歷史學家和軍事戰略家的眼光，對抗戰形勢和日本的戰略戰術做了預測。這是抗戰期間傅氏本人最優秀，也最為切中要害的軍事理論和戰略思想的文章。就整個抗戰八年而言，在所有發表的軍事戰略文章中，傅氏此文仍稱得上是最為傑出的佳作名篇之一，對國人的民族自信心和中國必勝的精神起到了極大的振奮作用，對中國軍事戰略部署和用兵方略具有十分明晰、現實的指導意義。傅文開篇便單刀直入地稱：

> 上月我在重慶，倭奴正在進行河南戰事，自鳴得意得很。我便替他占了一卦，那卦詞正是李義山的一首絕句，詞曰，「向晚意不適，驅車登古原。夕陽無限好，只是近黃昏。」這就是說，一個人到天晚的時候，要辦的事一事無成，心中大是狼狽，於是乎趕車子到古原上散散心中的悶氣；在古原上，斜陽正在山頭，這光景也頗可留戀的，只是黑暗便在半小時中到來，雖在戀戀不捨這些原上的景物，畢竟這運命是落日的運命是注定了。
>
> 解曰：「向晚」是倭奴的氣力已到最後一著，「意不適」是明知失敗之象，所「驅」的「車」便是那些自鳴得意的鱉腳坦克和裝甲車。長沙既是古戰場，洛陽更是「古原」之至，「夕陽無限好」是形容倭奴的回光返照。判曰：夕陽之下即是黃昏，黃昏之後立即天黑，這事進行的速度，猶如駿馬奔馳。所以此卦為下下，其象為迅速覆亡。

傅斯年說這一段雖是笑話，但事理正是如此，所謂的「一號作戰計畫」，是日本在自覺毫無辦法的情形中進行的生死一搏。按傅的分析，由於日本是個天賦薄弱的國家，因而像德國當年之大規模的閃電戰，美國已經興起的海軍新戰術，都是它擔負不起的。日本要實現「大東亞」之夢，採取的戰略是：上策打敗美國；中策不為美國打敗；下策即是對付中國。就中日關係而言，日本戰中國而敗，其下場自不必說；若戰中國而勝，它的問題仍沒有解決。由於兩面作戰，日本陸海軍消耗極大，「倭奴在今天，上策既不能打敗美國，中策又不能不為美國打敗，萬不得已，然後取此下策，向我們挑釁。其目的是顯然為鞏固大陸上的地位，以為時機一到，便向盟邦求和」，以便爭取到更大的主動和本錢。此計在傅斯年看來，全是妄想。因為就戰爭形勢論，日軍大陸上的攻勢，大體上只能進展到如此地步，要想深入中國西部或真正威脅了川、滇、黔三省之地，幾乎是不可能的。——後來的事實完全證明了傅斯年對戰爭局勢預測之正確。由此可知，傅在李莊召開的徵兵會議，當是象徵性地做一表示，並未較真。對新徵召的號稱十萬之眾的青年軍真正用途，當時的傅斯年不可能沒有感覺和預測，不過在亂象紛紜的世事中，他所能做的也只有低調處理屬於自己地盤上的一點事宜。至於這支新軍日後是否用於國共內戰，就不是一個「非官非學」的傅斯年可以控制和駕馭的了。

37 梁從誡，〈倏忽人間四月天〉，《不重合的圈：梁從誡文化隨筆》（天津：百花文藝出版社，二〇〇三）。

38 歐陽哲生主編，《傅斯年全集》卷七（長沙：湖南教育出版社，二〇〇三）。

39 李光謨，〈跟費慰梅談生平〉，《從清華園到史語所：李濟治學生涯瑣記》（北京：清華大學出版社，二〇〇四）。

40 成都永陵，乃五代前蜀皇帝王建之墓。王建（八四七—九一八），字光圖，河南舞陽人，唐末五代時期傑出的封建統治者。其創立的前蜀政權是五代十國時期承唐啟宋重要的國家政權，對後世在政治、經濟、文化等方面產生了巨大而深遠的影響。王建死後葬於成都，號為永陵。永陵未發掘之前，歷盡千年滄桑漸被後人忘卻，陵墓高大宏偉的土塚被後人附會為漢代大辭賦家司馬相如的「撫琴臺」，並於其上修建了琴臺建築。

一九四〇年秋，為躲避日本飛機轟炸，天成鐵路局在撫琴臺北面修築防空洞。工程進行之中，突被一道磚牆所阻，當時人們誤以為是「琴臺基腳」。四川省考古學家馮漢驥聞訊後，親臨現場調查，斷定其為古墓葬。一九四二年秋，四川省教育廳廳長郭子傑撥教育經費資助琴臺考古發掘。九月至十一月，馮漢驥率四川博物館籌備處部分員工進行了第一期發掘清理工作。一九四三年春，中央研究院歷史語言研究所吳金鼎、王文林，與中央博物院籌備處王天木（振鐸）以及中國營造學社的莫宗江、盧繩等專家學者進行了第二期考古發掘清理工作，至九月方告結束。發掘出土的王建石像、謚寶、玉大帶、玉冊等稀世文物證明「撫琴臺」正是令歷代古物學家與考古學家苦苦追尋而不得的五代前蜀皇帝王建的永陵。此次發掘，使南宋以後即隱沒不彰的王建陵墓終於重見天日，揭開了流傳千古的所謂撫琴臺之謎。從此，「撫琴臺」在成都學術界被永陵或王建墓代之，但民間多數仍沿襲舊稱。王建的永陵是二十世紀中國首次科學發掘的古代皇帝陵墓，在考古史上占有重要地位。

另據主持琴臺發掘的馮漢驥（一八九九—一九七七）所述：「一九四一年春，前四川博物館成立，才開始擬定琴臺的整理工作。至一九四二年九月十五日開始發掘。參加工作的有馮漢驥、劉復章、前華西大學博物館林名鈞等亦為協助工作……在清理中發現玉冊，乃確知其為前蜀永陵。在清理期間，曾經當地流氓刁難破壞，停工一周，至十一月底始將第一階段工作結束。第二階段的發掘工作，由前中央研究院歷史語言研究所和前中央博物院籌備處共同組織『琴臺整理工作團』，由吳金鼎領導發掘，參加工作的除第一階段工作人員外，還有振鐸（天木）、王文林（南按：中國營造學社為了解決職員的薪水問題，是時已歸併為中央博物院之一部，工作代表是莫宗江；史語所的代表為吳金鼎、王文林，國立中央博物院籌備處的代表為王天木）。於一九四三年三月一日再行開工……全部發掘工作至九月二十一日結束，所有出土文物皆運至前四川博物館進行整理……王建墓的發掘原分兩個階段，前一階段（後室發掘）的報告由著者（馮漢驥）編寫；後一階段（前室和中室的發掘）的報告，則由吳金鼎先生編寫。吳先生的報告未編成即行離去，僅留下草稿，既未配圖，亦未對出土物進行復原和考訂。所以，吳先生的稿本僅係一種發掘經過的敘述（原稿現存四川省博物館檔案室）。吳先生在一九四八年去世後，編寫的任務則全部落到著者身上，內容之有今日者，亦全仗其發掘之科學與記錄之翔實。遺憾的是（吳）未能將其報告編竣，也不及親見此書之出版」（馮漢驥，《前蜀王建墓發掘報告》〔北京：文物出版社，一九六四〕）。

41 李光謨，〈跟費慰梅談生平〉，《從清華園到史語所：李濟治學生涯瑣記》（北京：清華大學出版社，二〇〇四）。

42 歐陽哲生主編，《傅斯年全集》卷六（長沙：湖南教育出版社，二〇〇三）。

43 趙慶升譯，〈日本帝國陸軍最後決戰篇〉（衡陽戰役之部），轉引自葛先才著，李祖鵬編，《長沙・常德・衡陽血戰親歷記：國民黨將領葛先才抗戰回憶錄》（北京：團結出版社，二〇〇七）。

第四章
勝利的前夜

一、延安訪問

就在各地報名參軍的知識青年沉浸在抗日愛國熱情之中時，國民黨將領胡宗南指揮的大軍加緊了對陝北的包圍和封鎖。一九四四年十一月七日，美國總統羅斯福私人代表赫爾利自重慶飛抵延安，毛澤東等中共領導人與其進行了三天會談，共同擬定了《中國國民政府、中國國民黨與中國共產黨協定》。主要內容是：廢止國民黨一黨專政，改組國民黨；成立民主聯合政府和聯合軍事委員會；承認所有抗日黨派的合法地位等。

十一月二十二日，蔣介石在接見駐重慶的中共代表周恩來、董必武時，以「天下老子第一」的強硬口氣，對美國駐華大使赫爾利與其擬定的草案提出了三點反建議：中共立即無條件地交出軍隊；接受國共及美方組成的三人委員會負責整編，並委託美國人指揮。只有做到了這一切，國民政府才能承認中共的合法地位，中共才可派代表參加國民政府行政院政務會議。最後蔣介石以國家元首的身分強調「政府的尊嚴不能損害」。中共代表周恩來聞聽，一口咬定國共與其他黨派成立聯合政府的主張，並說：「政府是內閣，並非國家，不稱職，就應該改組。」[1] 由此引起了聯合政府問題的國共之爭。

同日晚，蔣介石宴請傅斯年、陶孟和等部分國民參政員，在宴會上公開宣稱：「中共要求聯合政府，是不能接受的，因為我不是波蘭流亡政府。」[2]

十二月下旬，蔣介石前往軍政部招待所探望赫爾利，赫爾利說：「最近接到華盛頓兩通電報，美國政府很盼望委員長對中共問題做出決定。怎樣才能統領共產黨的軍隊，求得全國軍事統一，是目前的首要問題。要達到這個目的，必須在政治上讓步，請委員長對此早加考慮。」蔣介石聽罷，很有些不耐煩地對這個稀里糊塗、完全不通中國人處世哲學的美國老朽敷衍道：「不忙，不忙。現在還不能做出決定，看局勢怎樣發展，以後再說。」[3]

一九四五年四月下旬，即世界反法西斯戰爭最後勝利的前夜，居住在延安寒窯裡的中共領袖毛澤東，於中國共產黨第七次全國代表大會上，以「兩個中國之命運」為開幕詞，指出「中國人民面前擺著兩條路，光明的路和黑暗的路。有兩種中國之命運，光明的中國之命運和黑暗的中國之命運」。在隨後所做《論聯合政府》政治報告中，毛澤東提出立即廢止國民黨一黨專政，「成立一個由國民黨、共產黨、民主同盟和無黨無派分子的代表人物聯合組成的臨時的中央政府」。並要求：「為著討論這些事情，召集一個各黨派和無黨派的代表人物的圓桌會議，成立協議，動手去做。」[4]這一建議很快遭到國民黨方面的拒絕。同年五月，隨著歐美盟軍打垮並占領了德國，取得了歐洲戰場上的決定性勝利，日本的全面崩潰已指日可待。

在老大中華這塊地盤上，關於聯合政府的國共之爭，也到了不是魚死，就是網破，或者魚網俱滅，總之是兩個中國之命運何去何從，到了徹底攤牌的時候了。

在國共兩黨各不相讓，劍拔弩張欲抄傢伙動武的歷史轉折關頭，突然從草莽中蹦出了一群自稱綠林好漢的第三黨——在抗戰後期組建的中國民主同盟。此同盟成員大都是由散落於社會各界的儒生與策士組成，首領如章伯鈞、羅隆基、黃炎培、左舜生等，皆為一時較有名頭的知識分子與不肯安於現狀的謀僚策士。在這一充滿機遇的大動盪、大變革、大整合的歷史性時刻，此輩儒生術士產生了一種希望，認為春秋戰國爭雄的蘇秦、張儀時代再度來臨，整個列國的興衰存亡可以受到辯士們的三寸不爛之舌，施展揣摩、捭闔、鉤鉗、合縱、連橫、轉圜等「陰道陽取」的遊說權變之術的影響。遙想當年，鬼谷子的門生蘇秦僅憑一項縱橫捭闔之術，一躍而為六國縱約長，身佩六國相印，名動天下。隨後「乃投縱約書於秦。秦兵不敢窺函谷關十五年」。[5]各路諸侯皆聽命於蘇秦，形成了蘇氏「所在國國重，所去國國輕」，「一怒而天下懼」的戰略格局。[6]

往事可鑑，民盟的策士們認為，既然當今天下格局已成三分之勢，抗戰勝利的果實就應由三家或大家共同分享，豈能聽憑蔣氏勢力或與陝北黃土高原上毛澤東領導的中共平分天下？無論如何，作為中國的其他在野黨，特別是漸成氣候的民盟黨派，也要爭取政治權力。按照這一思維方式，黃炎培、章伯鈞、羅隆基等人，均認為當前的機會瞬息萬變，稍縱即逝，一旦失之交臂，江山將永不可得！於是，諸儒生策士的興奮點很快集中在「怎樣把握住這千載一時的機會，實現中國的民主」。[7]也就是要盡力促成由各黨各派共同參與、掌控的聯合政府這一現實行動。在國共兩黨為即將產生的新政府是聯合還是獨裁問題爭吵不休、各不相讓的間隙，黃炎培等公開發表言論，希望「國共問題可由其他黨派出任調解」，[8]並以各種輿論和方法向蔣介石施壓，並對中共施加影響。

面對各地與各色人等的角力和施壓，蔣介石採取任憑風浪起、穩坐釣魚臺的態度不予理睬，同時斬釘截鐵地對前來勸說的美國駐華大使赫爾利表示：如同意成立聯合政府，就等於承認國民黨被中共「徹底打敗了」，等於「把對政府的控制交給共產黨」。[9]對這一說法，迷迷瞪瞪、不知中國這碗老湯深淺鹹淡的赫爾利表示不能理解，認為中共參加聯合政府，最多不過是「插進一隻腳趾」，何以會扯到敗與不敗？望著這個老傢伙幼稚但真誠的憨樣，蔣介石不得不告訴他「插進一隻腳趾就會全身擠進來」，一旦擠進來，後果不堪設想。赫爾利仍搖頭表示不懂和不解，但國民黨高層和內部有識之士，卻清楚意識到複雜而不妙的時勢以及國民黨面臨的險境。蔣介石侍從室六組組長兼軍統幫辦唐縱，在一九四五年五月三十一日的日記「上月反省錄」條中做了這樣的「反省」：

國民黨黨員大部分為公務人員，此種黨員在十餘年來一黨專政的長時期中，地位提高了，財產增大了，生活優裕了，大家希望保持其原有生活與地位，故不希望改革，以動搖其自己之地位。

一、國共問題日益嚴重化。

二、國民黨的革新希望甚微，而日惟設法保守勢力掙扎；但共產黨的攻勢甚銳，氣勢迫人，令人惶恐不安。

三、在今年反攻的時期，可能發生國共兩黨正式戰爭。共產黨在華中、華南必歸失敗，但在華北、東北可能另成局面。

四、共產黨準備召集解放區人民代表大會，以與國民代表大會相抗衡。毛澤東《論聯合政府》，欲以此號召不滿現狀之各黨派共同奪取國民黨之政權，聯合政府即為瓦解國民政府之手段。

五、各黨派本身力量不足與國民黨相抗衡，欲利用共產黨之聲勢以自抬身價，故無形中各黨派已成為共產黨之尾巴！[10]

儘管以上內容是唐縱私人日記所載，屬於隱祕的內心獨白，但除第三條蔣介石可能未能清醒認識，或過於自信而不以為然外，其他諸條的思想觀點與蔣介石的言論基本相同、相通。正因為蔣介石對時局和各色人等如此認識並表現出強硬態度，中共領導層才認為國共商談已陷於無法轉圜的境地，事情越陷越僵。而這個時候對夾在中間的黨派來說，費盡九牛二虎之力從中斡旋，而自己的身價尚未增加一分一釐，國共雙方又甩手反目，更體現出第三黨的身價之輕，必須想法再找些理由轉起來。於是，各路豪傑、策士再度集結力量共同上陣展開攻略。經過一番水煮火燎般的上下折騰，終於得到蔣介石在「轉圜」方面的默許和暗示，於是便有了黃炎培等參政員與延安方面的直接溝通與訪問。

六月二日，褚輔成、黃炎培、傅斯年等七位國民參政員，聯名草擬了一份致毛澤東、周恩來的電報：

延安毛澤東、周恩來先生惠鑒：

團結問題之政治解決，久為國人所渴望。自商談停頓，參政會同人深為焦慮。月前經輔成等一度集商，一致希望繼續商談。先請王若飛先生電聞，計達左右。現同人鑒於國際國內一般情形，惟有從速完成團結，俾抗戰勝利早臨，即建國新猷實基。於此敬掬公意，佇候明教。[11]

六月六日，電報由參政會祕書處發出，列名者為褚輔成、黃炎培、冷遹、王雲五、傅斯年、左舜生、章伯鈞等七人。

當此之時，中共中央正在舉行第七次全國代表大會，對幾位策士們的來電未予理睬。十天後的六月十六日，中共首先聲明不參加四屆一次參政會，然後於十八日，毛澤東、周恩來才勉強提起興致，聯名覆電在重慶的中共代表王若飛，讓其轉告參政會並七位參政員，歡迎彼到延安一敘，並說「估計蔣得此消息後，不一定要他們來，如仍許其來，即使無具體內容，只來參觀，亦應歡迎之，並爭取你陪他們同來」[12]等。

三天後，此電由孫科轉交給黃炎培、冷遹等人，電文如下：

褚慧僧、黃任之、冷御秋、王雲五、傅孟真、左舜生、章伯鈞諸先生惠鑒：

來電敬悉。諸先生團結為懷，甚為欽佩。由於國民黨當局拒絕黨派會議、聯合政府、及任何初步之民主改革，並以定期召開一黨包辦之國民大會製造分裂，準備內戰相威脅，業已造成並將進一步造成絕大的民族危機，言之實深痛惜。倘因人民渴望團結，諸公熱心呼籲，促使當局醒悟，放棄一黨專政，召開黨派會議，商組聯合政府，並立即實行最迫切的民主改革，則敝黨無不樂於商談。諸公惠臨延安賜教，不勝歡迎之至。何日啟程，乞先電示。掃榻以待，不盡欲言。[13]

從以上電文可清楚看出，中共對此事的態度既積極又慎重，這是因為七參政員「大都是舊知識分子或黨派領袖，同民族資產階級、小資產階級有著廣泛的聯繫」，不僅「在社會上有地位、有影響」，而且「政治立場上屬中間派」。[14]對於這樣的代表人物，中共沒有理由拒絕他們來訪，但為了防止為國民黨做說客，或者以國民政府觀察團的名義自居，在政治事務上對延安不識時務地指手畫腳，甚至胡言亂語，說一些不著邊際、令人討厭的妄語。按照毛澤東的意圖，電文先是綿裡藏針地指責一番國民黨當局的不是，接著警告性地回敬，倘「促使當局醒悟，放棄一黨專政」，延安方面當「樂於商談」並請親臨「賜教」。如果不圍繞這一主題，或搞什麼小動作，甚至與共產黨耍布袋戲，對不起，你們就在重慶那花花世界裡待著，不要跑到陝北這條山溝裡來揚風扎猛地瞎折騰了。

黃炎培、章伯鈞等見電後驚喜交加，並意識到電文中對方那軟套包裹下的針刺，幾人經過緊急磋商，搞出了三條合縱連橫的應對方案：

一、由政府召集政治會議；

二、國民大會交政治會議解決；

三、會議以前，政府先自動實現若干改善政治之措施。

方案既定，七參政員認為，只有蔣介石認可，方能啟程。否則將是三大皆空，一切都是瞎扯淡的事。

六月二十七日，七參政員與王世杰、邵力子再次聚議，並欲請王把三條方案送達蔣介石。王世杰認為此事由黃炎培挑頭，十有八九會引起蔣的反感並把事情弄黃了。作為長期在國民黨中樞和蔣介石身邊周旋的高級謀士兼政客王世杰，對蔣的稟性脾氣與好惡是深有了解的，蔣對黃炎培等策士幾年來的吵吵嚷嚷大為頭疼兼深惡痛絕，激憤時曾幾次當著謀僚的面破口大罵黃氏不仁不義，屬於見風使舵、騎牆賣笑之輩。此種發洩甚至責罵，從蔣介石日記中可以看到，如一九四〇年四月四日，蔣在日記中責罵道：「政客梁漱溟、黃炎培等對共黨之騎牆投機之可恥，殊堪鄙棄。此種政客之為害國家，其無形罪惡，甚於共匪與漢奸也。」[15]一九四〇年九月六日記：「王炎培等政客，以誹謗為直諒，並自示公平勞苦，當面毀人而不自覺。此乃中國一般政客士紳之惡習，非王一人而已也。」（南按：王應為黃。）一九四一年九月十三日「上星期反省錄」記：黃炎培「其言其行，幼稚卑汙，形同妓女」。一九四五年一月三日又記：黃炎培等「中國士大夫階級重外輕內，有私無公之劣根性」。儘管當時的王世杰沒有看到蔣介石日記內容，但從平時的言行舉止和察言觀色中，完全可知蔣對黃氏等一群「騎牆」策士的厭惡態度。因而，當王世杰接到這份策士們弄出的合縱連橫的三條方案後，當頭棒喝道：「如送領袖，必大遭拂怒。」[16]

眾策士一聽，頓感灰心，如惹得介公為此拂怒，這還了得？遂提出乾脆散攤兒，不要再做這些費力不討好的無用功。幾人中唯黃炎培頗不甘心，覺得事情仍有可為，遂施展鉤鉗之術捭闔道：「撞壁須撞到壁，今壁尚未見，僅憑旁人預測勢將碰壁，便放手了，豈為合理？」[17]在他的一再堅持下，眾位參政員決定於二十七日下午鼓起勇氣面謁蔣介石，並推舉時年七十三歲高齡的國民黨老牌黨員褚輔成代表報告。

老褚年輕時候曾是大清朝的監生出身，留學日本東洋大學高等警政科，在日本加入同盟會，辛亥革命時追隨孫中山領導起義，一度出任眾議院副議長、浙江省政府委員兼民政廳長等高官，算是風雲一時的人物。但今非昔比，或者是人已成老朽，血性消融不再，或者是王世杰的棒喝使其喪失了底氣。見到蔣時，年老體弱的老褚未敢呈函，好像做錯了事一樣，談話中支支吾吾、含含糊糊地說了原定的前兩條，最後一條方案憋在肚中與殘存的餃子一起咕嘟嘟煮爛了好一會兒，始終未能端上檯面。面對老褚畏頭縮腦的表現，同來的幾位策士震於蔣的聲威，只能面面相覷，未敢上前言及，場面頗為尷尬。

想不到此時的蔣介石卻另有打算，眼看預定的國民參政會開幕之期日益迫近，中共方面強硬反對，其他各色人等也趁機跳將出來說三道四、煽風點火，向自己使氣撒嬌，不時鬧點小彆扭，或乾脆興風作浪，弄得自己心煩意亂又一時無可奈何。如今有這麼一幫熱心功名的策士儒生自動找上門來，要做「中間人」或馬前卒，為國民大會的召開清除障礙、掃清道路，此舉正合「朕意」。於是，蔣不動聲色地聽畢，環視眾位，突然滿面帶笑地以「偉大的、懇切而坦白的精神」答覆道：「國家的事，只須於國家有益，都可以商談的。」[18]停頓片刻，又說：「中間人，公道話，原來最難討得雙方的喜歡。」遂當場慨允。當黃炎培等領命告辭時，蔣介石又和顏悅色地拱手道：「辛苦，辛苦！」[19]眾人見狀，受寵若驚，各自瞪著直勾勾的眼睛，伸著舌頭悄然退出。

回到參政會的七參政員如得尚方寶劍，在謁蔣時勾頭聳背、戰戰兢兢的頹喪畏縮模樣一掃而光，一個個精神煥發，豪情萬丈，議論不止，說到激動處，一個個面紅耳赤並有熱淚盈珠者。身穿藍布長袍，走起路來搖搖晃晃的老褚也被蔣介石剛才的話語深深打動，哆嗦著身子猛地一拍案板道：「走一遭算什麼！這老命還得一拚！」[20]延安之行就此決定，眾皆歡呼。

就在七參政員即將啟程的六月二十九日，唐縱在日記中做了這樣的記載：「陳主任為這等事晚上失眠。余曰，大局是好轉的，宋子文往莫斯科，我看會有結果的。中蘇邦交的改善，對於共產黨是一個解決的途徑，陳主任不敢相信。」[21]唐氏畢竟是蔣介石身邊的二流謀士，在政治識見上，與他的上司、蔣介石侍從室二處主任、號稱國民黨「領袖文膽」與「總裁智囊」的陳布雷相比，還欠火候，不久的事實就證明了陳布雷的預見遠比唐縱高明、透徹。

六位參政員飛抵延安時，中共領導人前往迎接。右起：毛澤東、黃炎培、褚輔成、章伯鈞、冷遹、傅斯年、左舜生、朱德、周恩來、王若飛。

一九四五年七月一日上午九時三十五分，在王若飛的陪同下，褚輔成、黃炎培、左舜生、章伯鈞、傅斯年、冷遹等一行六人，於重慶九龍坡機場乘美國專機飛往延安。老謀深算的王雲五自知此行將無功而返，遂稱病打了退堂鼓，因而只有六位參政員前往。下午一時，飛機抵達延安機場，毛澤東、朱德、周恩來等中共領導人親自到機場迎接，然後乘車至王家坪第十八集團軍總司令部共進午餐，再乘車轉至瓦窯堡陝甘寧邊區政府招待所下榻。

七月二日早晨，工作人員向六位參政員各送一份請柬，內容相同，只是姓名有別。其中給傅斯年的請柬如下：

茲定於七月二日下午六時在中央辦公廳潔樽候教，敬請光臨為盼。

此致

孟真先生

毛澤東謹訂

七月二日下午，毛澤東、朱德、劉少奇、周恩來在延安楊家嶺會見六位參政員，雙方做了初步溝通。傍晚，按照預先布置在中央辦公廳餐廳設宴招待，從前方到延安出席會議尚未回防區的中共軍事將領賀龍、劉伯承、陳毅、聶榮臻、鄧小平、彭真、高崗、陳雲等出席了宴會。毛澤東、周恩來分別做了歡迎詞和祝酒詞。酒席上，傅斯年緊挨毛澤東就座，毛風趣地對傅說：「我們是老相識了，在北京大學時我就認得你，你那時名氣大得很，被稱作孔子以後第一人哩！」

傅斯年聽罷，手舉筷子，張開大嘴笑著說：「毛先生過譽，那是同學們的戲謔之詞，何足道哉。」

毛澤東微微笑道：「不要客氣嘛！」隨後面向眾人說：「今天的宴會，菜沒有好菜，酒也不夠好，都是我們延安的士兵自己生產出來的，自己動手，豐衣足食嘛！」[22]

毛的一席話讓在座者心情輕鬆了許多，眾皆一邊飲酒一邊無拘無束地相互交談起來。面對毛澤東的談笑風生，幾位參政員在打著哈哈敷衍的同時，又有一番不同的心境。

此次訪問延安的六人中，褚老漢是老牌國民黨員，左舜生乃青年黨人，章伯鈞為農工民主黨人，黃與冷自稱無黨派人士，但與民主同盟關係密切，用黃炎培的

毛澤東設宴招待六參政員，毛的右首是傅斯年。（臺灣中央研究院歷史語言研究所傅斯年圖書館提供）

話說便是「立場雖有小異，主張卻是大同」，[23]完全可看作是民盟成員或盟友。只有傅斯年屬於真正的無黨派人士、自由主義知識分子、學術界重量級大腕。儘管老褚是國民黨員，但因年老體衰，又是讀書人加老實人，國民黨高層並無意讓他拋頭露面為黨國事業折衝樽俎，他與傅斯年加入這個草頭班子，是黃、左、章、冷等四位活躍分子極力蠱惑拉攏的結果，在總體結構中屬於攙沙子性質，主要目的是起到虛張聲勢，給外界造成一種多黨派、多團體的民主氣氛和色彩。對這一把戲，羅家倫洞若觀火，曾略帶諷刺地多次勸說過傅斯年，讓其「不要和蟋蟀一樣，被人一引就鼓起翅膀來」。[24]意思是不要跟著黃炎培等一班人瞎鬧騰，天下事不是靠黃、章等幾名策士就可以捭闔得了的。且蘇秦、張儀用舌頭定乾坤的時代早已跟著秦始皇他老爺爺——昭襄王，一同變為糞土湮沒於歷史煙塵之中了。眼前正是亂世英雄出四方，有槍就是草頭王，槍桿子裡面出政權的新社會，哪裡還有靠幾位儒生的三寸不爛之舌就輕易擺平天下的好事？如此做法無疑是在飛機裡做夢——空想。但此時尚心存僥倖與幻想的傅斯年已聽不進朋友之勸，竟跟著黃炎培等人稀里糊塗地上了飛機，開始了他心中並無底數的夢想之旅。

就當時的情形論，在六位參政員中，當屬左舜生與傅斯年心境最為複雜。

左舜生與毛澤東同為湖南人且屬同庚，早年與毛又同係「少年中國學會」會員。二〇年代初，左氏赴法國留學，後來提倡國家主義，反對共產主義。一九二五年，左舜生成為中國青年黨首領之一，一九三〇年與陳啟天在上海創辦《鏟共》半月刊，以剷除消滅共產黨為宗旨。一九四一年中國民主政團同盟成立時，他出任祕書長，積極倡導反共。此次來到延安，仍不忘鼓吹他的那一套反共滅共的歪理邪說。七月三日上午，左與毛澤東單獨交談時，頗不識趣地說道：「我認為，一個國家的政黨可以有多個，軍隊卻不能個個政黨都有。否則，就要發生內亂，國家就不太平。」

毛澤東聽罷沒有作聲。左舜生見對方沒有接話，以為被自己擊中要害，於是繼續說道：「我們青年黨就主張走議會道路，不辦武裝，成為國家真正的參政黨，對國民政府沒有任何威脅。」

話音一落，毛澤東忍不住問道：「你的意思是要我們也向你們青年黨學習？」

左舜生答：「談不上學習，我覺得我們青年黨的這種做法是對的。」

「怎麼對呢？」毛澤東頗不以為然地問道。

「和平議政，對政府沒有威脅，也有利於各黨派的團結嘛！」

毛澤東聽出左舜生的弦外之音，他冷靜地說道：「我也主張一個國家只有一支軍隊，但要看軍隊掌握在誰的手裡，為誰服務。要知道，一個沒有武裝的政黨是沒有力量的，被蔣介石視為土匪亂黨的人，若沒有一點兒自己的武力，根本無法生存，更不用說有發言權和改造社會了。老庚呀（南按：湖南人叫同年出生者的俗稱），你這個青年黨的『軍事爺』，怎麼連這個道理也不懂呀！」

挨了一頓教訓，左舜生仍不識趣，還在嘟嘟囔囔地說一些在他自己認為聰明絕頂，實則糊塗蟲一樣的伴有勸降意味的混帳話，並說介公的領袖地位如何不可動搖云云。毛澤東忍無可忍，面露慍色，提高了嗓音激憤地說道：「蔣介石總以為天無二日，民無二主，我『不信邪』，偏要打出兩個太陽給他看！」[25]毛澤東神傲氣雄的風采，頓時把左舜生給震住了，這位老朽遂不再妄言要延安交出軍隊並維護介公領袖地位等妄語。

不知是想緩和剛才不愉快的氣氛還是真的別有他圖，已是五十二歲，全身乾癟得幾乎只剩一堆筋骨，走起路來全身打晃的左舜生，突然又用鉤鉗之術，提出一個令毛澤東頗為尷尬的問題。左氏要與他一直崇拜的女明星、毛澤東新任夫人、原上海著名影星藍蘋見上一面。毛聽罷先是以「我不認識藍蘋」，後又改為「她生病了」為由予以拒絕，爾後邁開大步向別處走去，再也不肯理睬這位無聊、蹩腳加淺薄的術士之徒了。後有人引用明代宋濂評鬼谷子的話論左氏曰：「舜生所言之捭闔、鉤鉗、揣摩之術，皆小夫蛇鼠之智。用之於家，則亡家；用之於國，則僨國；用之於天下，則失天下。」甚然也。

左舜生的為人處世與不識好歹的輕妄之舉，不但令毛澤東反感，即是同來的傅斯年對其亦頗為輕視。早在一九三七年十月十一日，傅致剛到美國不久的胡適一封信中，在提及國內情形時說：「所謂參議會又添了些無聊分子，徐謙、羅鈞任、甘介侯、左舜生等。羅毫無見識，殊大希望。此人乃官僚、酒徒之混合，因其為酒徒，故有時似勇，絕不該稱之曰『忠節』也。此一鳥會常有荒謬絕倫，匪伊（夷）所思之提案，亦常為我罵散，大有我是此會之『清心丸』之慨！可歎可歎。有好些人運動為此參議官，或成（如左），或不成（如羅隆基），若再這樣下去，我也只好走了。」[26]

此次延安之行，左舜生還是按重慶的老套路數，懵懵懂懂地提出如此「荒謬絕倫，匪夷所思」的怪論，惹得同鄉毛澤東深惡痛絕，真可謂狗改不了吃屎也！

二、毛澤東與傅斯年夜談往事

相對左氏施展的捭闔、鉤鉗等無聊之術，傅斯年不愧是胡適所說的「世間稀有的一個天才」和學政兩界大鱷。同為毛澤東的舊識，卻沒有像左氏一樣稀里糊塗地讓人家放下手中的槍桿子。傅氏深知相互之間的關係和面前各自的地位與往昔大為不同了，所謂此一時，彼一時也。

毛澤東是一九一八年夏天從湖南鄉村走進北大的，就在這期間，他和大名鼎鼎的胡適以及北大學生領袖傅斯年遭遇了。許多年後，毛在延安那口黃土凝成的簡陋窯洞裡，於寂靜的夜幕中伴著青燈向美國記者愛德格．斯諾（Edgar Snow）回憶了這段使他刻骨銘心的經歷：「我自己在北平的生活是十分困苦的。我住在一個叫三眼井的地方，和另外七個人合住一個小房間，我們全體擠在炕上，連呼吸的地方都沒有。每逢我翻身都得預先警告身旁的人。」[27]「對於我，北平好像花費太大了；我是從朋友們借了錢來北平的，來了以後，馬上就必須尋找職業。楊昌濟——我從前在師範學校的倫理教員，這時是國立北京大學的教授。我請他幫助我找尋一個職業，他就把我介紹給北大的圖書館主任。這主任就是李大釗，他不久成了中國共產黨的創立者，後來被張作霖槍殺了。李大釗給我找到工作，當圖書館的助理員，每月給我一筆不算少的數目——八塊錢。」又說：「我的地位這樣地低下，以至於人們都躲避我。我擔任的工作是登記圖書館讀報紙的人們的名字，可是大多數人，都不把我當人類看待。在這些來看報的人們當中，我認識了許多有名的新文化運動領袖們的名字。像傅斯年、羅家倫，和一些別的人，對於他們我是特別感興趣的。我打算去和他們開始交談政治和文化問題，可是他們都是忙人。他們沒時間去傾聽一個圖書館助理員說南方土話。」[28]

這段回憶不但令毛澤東感到悲傷，亦令後來的天下讀者倍感心酸，或許沒人想到，一個後來號稱推翻「三座大山」的世界級巨人，居然還有這樣一段卑微的傷心史。從這段不愉快的回憶中可以看出，當年在北大一呼百應、叱咤風雲、「不可一世」的傅斯年，的確是「目空天下士」的。令後人不可思議的是，傅、羅等幾個在北大讀書的毛頭小子，居然不把眼前這位即將成為「中國人民的偉大領袖和大救星」的偉人當人類看待，真可謂有眼不識泰山了。但，同那個時代所有的人一樣，傅斯年沒有想到毛澤東日後會成為比他還要不可一世和充滿霸氣與豪氣的一國之主，當然更不會想到許多年後有延安相會這一段插曲。倘傅氏有先見之明，以他的聰明與世故，想來是會「有時間」去好好聆聽一下這個圖書館的登記員說幾句「南方土話」的。

不過，事情總是在不斷變化中，當時人微言輕的毛澤東，對傅斯年等人搞的那些個東西，也由最早的崇拜漸漸轉為失望。據傅斯年的侄子傅樂成說，「毛在北大寫信給朋友，說他被孟真先生和羅家倫等人欺騙了。因為他們不像他在長沙耳聞的那麼優秀」[29]云云。這就是說，後來的毛澤東以他的磅礴之氣與對世事的深明洞見，已不把傅斯年、羅家倫之輩放在眼裡了。正如毛澤東自己所言，在窮困潦倒中，於這座帝王之都的公園和故宮宮址「看到了北國的早春，在堅冰還蓋著北海的時候，我看到了怒放的梅花。北京的樹木引起了我無窮的欣賞」。[30]這個時候，一個輝煌的大夢已在毛澤東心中萌生，即將在一個風和日麗的早春破繭而出，一飛沖天，於古老的天安門城樓上投下巨影。

而傅斯年這邊，對後來跑到偏遠山林河谷與黃土高原拉桿子鬧革命，以毛澤東為首的中共人物，很長一段時間同樣未放在眼裡。一九三二年九月十八日，傅斯年在《獨立評論》發表的〈「九一八」一年了！〉政論文章中，談到中國政治的出路問題，認為國民黨自身已腐化墮落，弄得天怒人怨，國勢瀕危。「今日之大難題，即在國民黨自身弄得沒有辦法，而中國並沒有任何政治力量可以取而代之。好比明朝亡國的時候，南京北京的姓朱的都不高明一般。」對有人提出共產黨是否可取而代之的疑問，傅的回答是：「共產黨自身的力量也是有限，以我前者同共產黨共事的經驗論，不能不覺得他們也是感情的發洩，而並無建國之能力，所做的工作很多還是洋八股。」[31]

今傅斯年深感汗顏的是，僅僅十幾年的時間，已是斗轉星移，物是人非，天地改色，老皇曆隨風飄逝了。轉瞬間，當年的北大故舊，穿過歷史的隧道，竟跑到陝北的窯洞裡再敘短長，綜論天下大勢。只是那位原北大圖書館助理員如今已作為一顆政治巨星，在這塊風清月高的黃土高原騰空而起，中國的命運也將由於這個人的一舉一動而重新改寫。相對當年氣壯山河的高大身軀，今日的傅氏只是作為一可有可無的策士、辯才，或媒婆一樣的「中間人」出現在光芒四射的超級巨星面前，並籠罩在毛澤東的巨大陰影之下。世事輪迴，陰陽轉換，三十年河東，三十年河西，二人的政治地位發生了巨大逆轉，各自內心的複雜、感慨之情自是不足為外人道也。有人云，傅斯年一生「誤在多讀了書，沾染上知識分子的缺點、弱點，不然，他是一位雄才大略的創業人物」。[32]這話也許不差，但歷史正是由一個個失誤與成功對接而成的，世人終於沒有看到傅毛二人像當年劉項一樣爭天下的局面，更沒看到傅斯年建國立號的功業，所看到的只是一位策士與一位政治巨人在昏黃的窯洞中席地而坐的背影。一位西方哲人說過：「如果人不是從一歲活到八十歲，而是從八十歲活到一歲，大多數人都可能成為上帝。」傅斯年之悲劇，或許淵源即在此不可逆轉的鐵律和宿命吧。

然而，傅斯年畢竟是傅斯年，儘管此時與他對坐者在政治氣勢上今非昔比，但他仍保持著自己的獨立人格和自由思想，神態舉止不卑不亢又不失大體，只是說話的口氣較之當年識時務一點罷了。

因了北大的這段因緣，毛澤東單獨拿出一個晚上與傅斯年進行了交談，其中最著名的一個細節是，毛沒有忘記北大時代令他百感交集的屈辱情結和經歷的時代精神薰陶。當談到傅斯年曾在「五四」中大出鋒頭，為反封建與新文化運動做出過貢獻，以及當時在政學兩界流傳的傅氏本人「嘗自負為『喑嗚叱咤，千人皆廢』之西楚霸王」[33]的典故時，傅斯年狡猾而又識趣地回應道：「我們不過是陳勝、吳廣，你們才是項羽、劉邦。」[34]毛澤東聽罷傅氏如此得體又使雙方皆不失面子的話，心中大為舒暢。

與左舜生的糊塗形成鮮明對比的是，傅斯年沒有讓毛澤東放下武器接受國民黨的招安，更沒有像左氏那樣沒出息地一味惦記著藍蘋，而是以士大夫傳統、儒雅的交際方式，請毛澤東在空閒時為自己題字留念，對方慨然允之。有關這方面的資料，在臺灣中央研究院歷史語言研究所於一九九五年為紀念傅斯年百歲誕辰而出版的一部《傅斯年文物資料選輯》中有所收入。這本書所收資料全部為影印，書中頁一一五收入了毛澤東給傅斯年的一封短箋和所寫條幅，另有給王世英的一個便條。便箋曰：

孟真先生：

遵囑寫了數字，不像樣子，聊作紀念。今日聞陳勝、吳廣之說，未免過謙，故述唐人詩以廣之。敬頌

旅安

毛澤東上七月五日

條幅寫道：

竹帛煙銷帝業虛，關河空鎖祖龍居。坑灰未冷山東亂，劉項原來不讀書。唐人詠史一首

書呈孟真先生

毛澤東

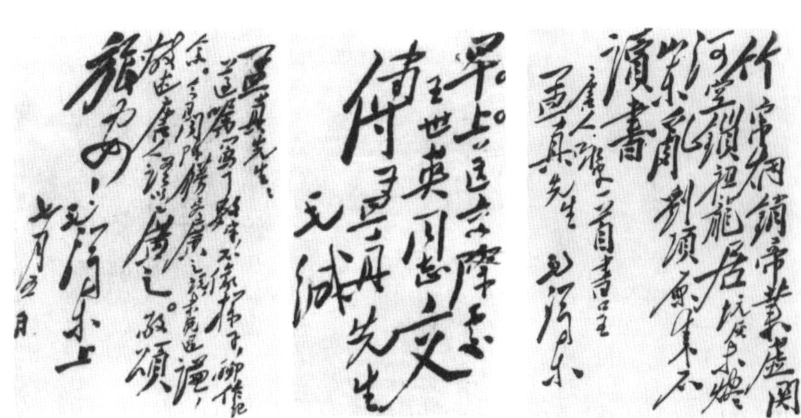

毛澤東手書傅斯年的便箋（臺灣中央研究院歷史語言研究所傅斯年圖書館提供）

毛澤東手書傅斯年的條幅（臺灣中央研究院歷史語言研究所傅斯年圖書館提供）

此詩為晚唐詩人章碣的〈焚書坑〉，詩中「劉項原來不讀書」一句，當是毛澤東自況，或含有自謙沒有傅斯年讀的書多，或者還有更深刻的內涵和用意，或者什麼意思也沒有，外人只是自作多情地瞎猜妄想而已。但這短箋和條幅至少可以說明當時的具體情況，對外界盛傳的傅斯年與毛澤東所說「我們不過是陳勝、吳廣，你們才是項羽、劉邦」之語，是一個佐證。毛的另外一張便箋，由延安交際處王世英轉交給傅斯年，上寫有「早上送交際處王世英同志交傅孟真先生毛緘」字樣。傅、毛延安相會最精采的故事，以這幅墨蹟做了見證。

結束了與毛澤東的長談與直接交往，七月四日，傅斯年又在延安各機關所在地，尋找九個月前陳寅恪問詢的林伯渠與范文瀾，順便看望久別的弟子劉燿（尹達）。

此前的一九四四年九月，重慶國民政府參政會決議組織成立延安視察團，傅斯年作為五位成員之一欲赴延安中共大本營視察。在成都燕京大學任教的陳寅恪得此消息，專門致函傅斯年，囑其到延安後向林范二人索取「新刊中國史數種」，同時富有預見性地告訴傅，「此行雖無陸賈之功，亦無酈生之能，可視為多九公、林之洋海外之遊耳」。[35]

陳氏信中的陸賈，漢初楚人，從高祖劉邦定天下後，出使勸說割據嶺南的南越王趙佗，迫使趙佗稱臣，後以敘述秦漢所以興亡的《新語》十二篇為劉邦所重。酈生，即秦漢年間的儒生酈食其，司馬遷《史記》載，酈生初識劉邦，便請命遊說陳留令，使劉邦輕而易舉地控制了號稱「天下之衝，四通五達之郊」的陳留。後又遊說齊王田廣，計成，「伏軾下齊七十餘城」。只是未等齊王獻城投降，劉邦手下大將韓信聽從幕僚之計，舉兵攻打齊國，齊王認為酈食其欺騙了自己，惱怒之下將其逮捕投入油鍋當作人肉麻花一烹了之。因陸賈與酈生皆劉邦時代有名的說客，司馬遷把陸、酈並舉，作〈酈生陸賈列傳〉。陳寅恪信中的「陸賈之功」與「酈生之能」，喻古代朝廷使者勸說地方勢力歸附中央政府的功績和才能，而當時傅斯年等參政員的延安之行，就負有類似使命，只是不便公開言說罷了。在這樣一種背景下，陳寅恪憑藉一個偉大歷史學家的洞察力和對時局的非凡卓見，加之與傅斯年的特殊關係，非常肯定地預言傅氏等一行，只能是既無「陸賈之功」，亦無「酈生之能」，權作古典小說《鏡花緣》中的多九公與林之洋兩個閒散人物，結伴到仙山瀚海胡亂遊蕩一圈而已。傅斯年接信後，因時機尚不成熟，視察團赴延安的事一拖再拖就擱了下來，直到九個月之後的今天，幾位參政員才在落腳的延安這塊中共地盤上，各逞「酈生之能」，爭搶「陸賈之功」。對此興趣不大的傅斯年，在完成計畫中的見面與談話後，開始穿梭於一排排窯洞探訪故友新知。

劉燿是抗戰前史語所發掘殷墟時自河南大學招收的畢業生，與石璋如一同進入史語所參加殷墟發掘，算是傅斯年學生輩人物。抗戰事起，劉燿隨史語所抵達長沙不久，離所逕自奔赴延安，化名尹達投入了共產黨陣營。先後進入陝北公學、馬列學院學習，後進入范老（文瀾）領導的馬列研究院歷史研究室從事馬列學說的研究，一九四一年到延安方面設立的中央出版局任出版科長。傅是在出版局所屬的一口窯洞裡見到了這位尹科長的。

儘管政治立場各有不同，但就傅、尹師生此次相見，卻有他鄉遇故知之感，一幕幕往事湧上心頭。遙想戰前的殷墟發掘，那是何等壯觀氣派，令人心旌激盪。隨著抗日戰爭的爆發和國共對立摩擦，導師與弟子天南地北，一別數載不得相見，憶及前塵往事，各自欷歔不已。傅斯年看了尹達的工作環境和工作成績，甚不滿意，忘記眼前是中共治下的延安而不是自由進出的李莊或重慶，一時感情衝動，竟有些糊塗和一廂情願地動員尹達隨自己一道回四川李莊史語所，重操舊業，接著續寫尹氏此前已完成大半的《山東日照兩城鎮史前遺址發掘報告》云云。這一提議，「對已經選擇了革命道路的尹達來說，當然是不可能的事情」。[36]其結果是，尹達驚惶失措，傅討了個沒趣。後來，尹達致信傅斯年對此次相會的隱情做過委婉的解釋，內有「延安一晤，至以為快。知諸師友均在努力寫作，自愧為學術工作盡力甚微，思之悵悵」等語。表示「所中所出有關考古之書，可否致送一份？盼甚。愚未完成之書，仍願續作。今後交通方便，大局安定，望能捎致北方大學，當設法完成之」。[37]此事只是尹達一說而已，真正的用意是向傅斯年示好，並替傅挽回一點丟失在黃土原上的面子罷了。

由於中共高層安排及尹達本人的關係，傅斯年除按名單會見主人外，還專門擠出時間參觀了延安的中央研究院、馬列主義學院等學術機關，單獨會見了馬列學院的副院長兼歷史研究室主任范文瀾。

范老是傅斯年的學長，於一九一七年畢業於北京大學國學門。曾受業於章太炎、黃侃、陳漢章、劉師培等「乾嘉老輩」，或曰「乾嘉餘孽」，因而他「沒有感覺到《新青年》所提倡的新思潮，是一條真出路」。[38]畢業後，范先後在幾個中學、北平女子文理學院做了近二十年的教書匠。一九三九年十月索性辭職跑到了延安並很快受到中共高層重用，開始以頭號馬列主義歷史學家的身分敲起了邊鼓。當毛澤東講「年輕人應該起來打倒老年人」「這是歷史的規律」的那場講演時，他就在座，毛還加了「范老你是專家，我講的不對你可要糾正呀」那樣的話。[39]未久開始撰寫《中國通史簡編》（以下簡稱《簡編》），其中寫到歷代統治者的殘暴荒淫與無恥，像配方一樣按比例配製。據說該大作出版並經《新華日報》連載後，曾轟動一時。《簡編》中的「商朝事蹟」部分，老范引用了中央研究院歷史語言研究所在安陽殷墟考古發掘的許多資料，同時對史語所及發掘人員的工作業績給予了讚譽性介紹。其中在「商代的生產工具」一節中，說道：「商代生產工具，已經不是石頭工具而是金屬工具。殷墟發掘專家李濟說：『大多數石器都非平常用的東西，有的是一種藝術的創造，有的是一種宗教的寄託，這些東西，在周朝多用玉琢，如璧琮一類的禮器，在殷墟所見仍為石製。』又殷墟發現許多銅器，有矢鏃，有鉤，有矛，有刀與削，有斧與錛，有觚，有爵，有各種銅範。李濟在論殷墟五種銅器說：『殷墟銅器，以矢鏃為最多，金屬原料，只有到了最便宜時，才能用作箭鏃，實際上在青銅時代用作箭鏃的仍是骨與燧石，這就是說用銅的時代，並不一定用銅作矢鏃。』」云云。

來延安之前，傅斯年與在李莊的李濟、董作賓、梁思永等學界中人已看到了這部著作，但具體做何評價一直不為外界所知，從一貫提倡「新思潮」的「海龜」傅斯年對「乾嘉餘孽」和「土鼈」們的反對與鄙視來看，恐怕難有好的評價——儘管老范早已「古為今用」地改用馬克思主義世界觀來寫此書了。

此次二人延安相逢，范老正在編寫一部關於農民造反和「造反有理」的中國政治史，並打算本著馬列主義「實事求是」、「求真務實」的精神，重新改寫《中國通史簡編》。傅氏得知此情，對這種治學態度表示讚賞，二人由此握手言歡，彼此增加了信任。至於傅斯年是否從范文瀾處要到了陳寅恪請託之書，不得而知，想來這點事是不難辦到的吧。只是令傅想不到的是，一九五〇年後，范重新改寫的《中國通史簡編》，在敘述到商代歷史和殷墟發掘的葬坑與出土器物時，只剩了一句「解放前有人做過發掘」的話。再後來，連「有人」二字也被老范的如椽大筆給一下勾銷了，只剩了草草六個字的「地下發掘證明」。[40]至於這聞名於世的殷墟遺址是人是鬼或妖魔鬼怪所發掘，在老范的眼裡已經不重要了，重要的是要得到郭老（沫若）還有其他不同高位上的大人物喜歡，即為「求真務實」的成功之作。自此，無論是傅斯年、李濟，還是董作賓、梁思永的名字，都與安陽殷墟考古發掘無緣。世人談到安陽發掘與甲骨文研究，便「只知有忠賢，不知有皇帝」了。當然，這個時候的傅斯年或董作賓早已跑到了臺灣並進入了九泉之下，與閻王小鬼們交往起來，對於地面上倖存的馬列學者們，是問蒼生還是問鬼神，他們已無力顧及了。此行傅斯年是否見到了陳寅恪點名代為求見的林伯渠，仍是不得而知。若林氏在延安，相見的可能性頗大。但即使相見，也不會有什麼高深和隱祕的問題可談，不過相互問候罷了。

訪問團共在延安逗留四天，與中共領導人幾次會見中，似乎是黃炎培談得更多、更具體，除了對國際、國內局勢的看法，黃氏認為國內各黨各派的團結有絕對的必要，並指出國共兩黨都有恢復談判的可能。在與毛澤東會談時，黃一度施展揣摩、捭闔、轉圜之術，談了一人、一家、一地方，乃至一國，「其興也勃焉，其亡也忽也」等所謂「興亡周期率」，頗得毛的好感，對方表示中共可以找到一個好法來擺脫這個周期率云云。[41]

在訪問的後期，當以黃炎培為主角的參政員提到對大局的看法，並說到「雙方商談之門，並沒有關閉」時，毛澤東很表同意，接著說：「只為了門外有一塊絆腳石，就是國民大會問題。」[42]黃氏深以為然。經過與中共高層人物多次會談，最後總算形成了一個《中共代表與褚輔成、黃炎培等參政員延安會談記錄》文件，可視為幾天來會談的總成果。

七月五日早餐後，訪問團成員匆匆趕往機場，毛澤東、朱德、周恩來等中共領導人親到機場送行。最後握別時，毛澤東特地叮囑六位參政員到重慶後務必向蔣委員長致謝，並稱：「有諸位來延安，使我們聽到許多平時不易聽到的話，增加了不少了解。並祝蔣委員長健康。」[43]同時，毛還託傅斯年轉達自己對胡適老師的問候——儘管胡適與傅斯年一樣，當年甚至不把這位圖書館助理員放在眼裡。

對於六位參政員抵達延安後的活動，中共中央在宣傳上似有嚴格規定，除以顯著位置在《解放日報》和《新華日報》上介紹中共舉行歡迎宴會外，對六位參政員的活動細節未加報導，而對於他們的離去，也只發了一條簡短且未加評論的消息了事。

六位參政員風塵僕僕回到重慶，向國民參政會和蔣委員長遞交了《會談記錄》，各人根據自己的所見所聞，撰寫了報章文字或發表了談話。此次訪問團的盟主黃炎培於興奮之中點燈熬油，苦幹了幾天幾夜，草草寫成了《延安歸來》一書出版發行，內中對延安的人和事極具讚賞，文中說：「在延安的幾天裡，隨處可以見到，這是事事有組織，人人有訓練的緣故。我們應該知道中共政治作風已變了。不是變向別的，而是變向平凡。」又說：「個個人得投書街頭的意見箱，也個個人得上書建議於主席毛澤東。」最後的結論是，自己的延安之行「如坐春風中」。[44]

與黃炎培不同的是，左舜生則寫了〈記民主同盟政團延安之遊〉一文，內中依舊對藍蘋

左起：毛澤東陪同冷遹、黃炎培等參政員在延安參觀。（引自吳印咸攝，卜慶功、邱豐編，《夢開始的地方》）

念念不忘：「我本來向毛澤東提議，要見見他的藍蘋的，但毛說她生病，不能見客。七月五日那天，我們離開延安的時候，毛帶著他們一個七八歲的女兒（南按：李訥，時五歲）來送我們，兩隻秀美活潑的眼睛，看樣子似乎和我在戰前見過一次的藍蘋有點像，可是藍蘋本人依然沒有來。『曲終人不見，江上數峰青』，當我們的飛機起飛以後，我還是感到這是此行的一點遺憾。」[45]

到了這個時候，左舜生還不明白，毛澤東託詞對方生病不讓相見，顯然不願讓其回重慶後四處張揚他和江青的婚姻關係。也可能是中共政治局做出的硬性規定，不讓在國統區名聲不佳又極愛出鋒頭的藍蘋在此種場合拋頭露面，以免節外生枝，壞了黨國大事。左舜生只是枉費心機、自作聰明地破解了「江青」之名的典說（南按：「江青」之名典出於唐朝詩人錢起於西元七五一年的應試詩〈省試湘靈鼓瑟〉名句：「曲終人不見，江上數峰青。」毛就是依據這兩句唐人詩為他的心上人藍蘋命名的）。左舜生勞神了半天，最終還是弄了個「曲終人不見」的悲涼局面。此憾未得彌補，想來左氏當是死不瞑目的吧。

與黃左二人大不同的是，傅斯年的延安之行，卻有自己獨特的觀感與政治洞見。據羅家倫說：「他（傅）在重慶被國民參政會推舉為訪問延安的代表團的五代表之一，他回來以後，和我談過幾次。他認為當時延安的作風純粹是專制愚民的作風，也就是反自由、反民主的作風。他和毛澤東因為舊曾相識的關係，單獨聊了一夜天。上天下地地談開了，談到中國的小說，他發現毛澤東對於坊間各種小說，連低級興趣的小說在內，都看得非常之熟。毛澤東從這些材料裡去研究民眾心理，去利用民眾心理的弱點，所以至多不過宋江一流。毛澤東和他漫步到禮堂裡，看見密密層層的錦旗，各處向毛獻的。孟真諷刺地讚道：『堂哉皇哉！』毛澤東有點感覺到。他痛恨同去的人沒出息。他說，章伯鈞是由第三黨去歸宗，最無恥的是黃炎培等，把毛澤東送他們的土織毛毯，珍如拱璧，視同皇帝欽賜飾終大典的陀羅經被一樣。孟真對他們說：『你們把他看作護身符，想藉此得保首領以歿嗎？』」[46]

羅家倫這段回憶難免有政治偏見及主觀成分，但此說的許多內容與史料相吻合，說明並不是空穴來風。傅、羅談話，較為透徹地反映了傅氏的內心世界和人生觀。傅斯年對中共與蘇聯皆無好感，並公開表示反對。他在一九三二年發表的〈中國現在

毛澤東、江青夫婦與女兒李訥在延安窯洞前。

傅斯年（左）在延安與周恩來親切交談

要有政府〉一文中，就公開宣稱共產黨「大體上是祖傳的流寇，不過以前的流寇但由凶年失政造成，今之共產黨乃由凶年失政以外，更加以國民經濟之整個崩潰而已」。[47]隨後又宣稱：「國民黨誠然太對不起國民，其所以對不起國民之一件，即是過量的對得起這些殘餘勢力，因為當年自己不曾努力，把這些東西根本拔去了，使他們今日尚在那裡胡思亂想，胡言亂道。」就中國革命的形勢與奪得政權建國方略問題，傅氏認為中俄有三大不同，除了地理位置與經濟條件特別是天然條件上的不同外，更表現在革命人才上截然不同。「俄國革命黨歷史將及百年，以如此長期之演進，如此長期之訓練，不特革命的人格得以培成，即施政之人物亦在革命黨中吸收不少，因為俄國革命中本有不少小學教師、低級官吏、小商人、小工業家、工程師、技員，政權到手，辦得了事，如此乃是建國，不然乃是發瘧子。國民黨以中山先生偉大人格之吸引力及其前身二十多年的經過，吸收不到一套施政建國的人才來，遑論幾年中專靠怨氣及性欲解放一隊缺知識少訓練的人們。共產黨之一朝攫得政權雖可能，而共產黨之建國是辦不到的。」[48]

正是因了這樣的政治觀念，傅斯年與毛澤東的關係，比後來的梁漱溟與毛澤東的關係還要複雜另類。性格與政治傾向不同，是傅斯年不可能對毛澤東產生崇拜的根本原因之一，也是他回到重慶後，口出此言的一個不難理解的緣由。後來，當傅斯年看到很多青年人逐漸演變成為激烈的「左」派分子時，猶如芒刺在背，一次閒聊時他對李濟說：「我要是十七八歲的青年，我也許對共產黨發生興趣」，接著又說：「但我自從與共產黨接觸以後，絕對不會當共產黨！」[49]簡短幾言透出了他內心對另類青年的不滿與對共產黨決絕的態度，這一態度直到他「歸骨於田橫之島」都沒有改變，也夠一根筋的了。

三、梁思成：日本京都、奈良的恩人

六位參政員的延安之行，被陳寅恪九個月前不幸言中，以黃炎培為首的策士班子，儘管使出了渾身解數，拿出了看家的捭闔、轉圜之術，仍然是既「無陸賈之功，亦無酈生之能」，可謂毫無斬獲，一敗塗地。七月七日，第四屆第一次國民參政會開幕，褚輔成、黃炎培、傅斯年等藉此機會於當天下午謁見蔣介石，稟報赴延安會談的結果並呈上《會談記錄》。蔣打著哈哈順手翻了幾下，便冷冷地撇在一邊不再顧及，仍堅持一黨專制的指導思想。這一做法弄得褚、黃等人大為尷尬，也引得共產黨方面大為不快。中共據此堅信國民黨虛張聲勢，故意混淆民眾視聽，甚至感到自己被國民黨當局又涮了一回。

在黃炎培等人回到重慶的第五天，也就是七月十日，已通過地下管道得知蔣介石真正想法的毛澤東，盛怒之下決定實施反制，於延安發表了著名的〈赫爾利和蔣介石的雙簧已經破產〉的戰鬥檄文，對國民黨及美國前往中國調解國共摩擦的代理人赫爾利大加討伐。此文一出，生存在一廂情願和幻覺中的民盟第三黨，不但沒有達到當年蘇秦合縱連橫，「所在國國重，所去國國輕」及「一怒而天下懼」等捭闔、鉤鉗的奇效，反而弄得灰頭土臉，豬八戒照鏡子——裡外不是人。最終落了個國共雙方的蔣介石、毛澤東兩巨頭一怒而自己懼，最後歸宗無著，兩條船都沒搭上，落得個在浪潮洶湧的渾水中瞎撲騰的尷尬結局。面對如此窘境，各路策士不得不掉轉屁股，扭頭向國民黨示好。其權衡、轉變的態勢，蔣介石及其謀僚看得極其真切，唐縱在七月底日記「上月反省錄」中做了如下記載：「黨派，民主同盟、青年黨，欲藉中共問題以自重，但自中蘇邦交改善，美國輿論好轉，與陝北部隊進占淳化而被擊退後，各方態度漸傾向中央而不願繼續追隨共黨以取怨於本黨……在參政會中各黨派並不如中共之期望完全附和中共主張，而通過國民大會案，使中共對各黨派起分離作用。」[50]

儘管國共兩黨都心懷怨氣與猜忌蓄勢待發，準備一場公開的肉搏，想不到世界局勢變化太快，國際反法西斯戰爭取得了驚人進展，黑了八年的天真的就要亮了。中國民眾的興奮點再度被調轉到東、西方兩大戰場，國共摩擦與幾個在野黨派人士撥弄的「轉圜」計畫被暫時擱置下來。

此時，日本軍隊幾乎完全喪失了戰略進攻能力，盟軍已完全掌握了制空權和制海權，並自各個領域和戰略要點實施反攻。原日本軍方認為，珍珠港一役，美國至少要到一九四三年才能在太平洋地區恢復元氣，而日本可趁美國實力恢復之前鞏固戰線。但事實卻大出意料，太平洋戰爭爆發後，被激怒的羅斯福總統下令傾全國之力盡速發展空軍和具有兩棲作戰能力的海軍，即海軍陸戰隊。美國憑藉強大的經濟與科技實力，很快製造出一批現代化戰艦和戰機，在太平洋地區的勢力迅速得到恢復和加強，並很快奪取了制空權和制海權，戰爭局面得以扭轉。

一九四二年六月，日本海軍進攻中途島，遭到美國海空部隊的拚死抵抗，日軍有四艘航空母艦和多艘驅逐艦、戰列艦被擊沉，從此在太平洋戰場被迫由戰略進攻轉為戰略防守。八月，美軍在所羅門群島的瓜達爾卡納爾島登陸，發動反攻。此後，日軍在太平洋上連連受挫，節節敗退。漸已控制太平洋局勢的美軍從瓜達爾卡納爾島開始，在所羅門群島和新幾內亞北部著手大規模反攻。由於日軍拚死阻擊，美軍進展緩慢，歷時半年苦戰才勉強攻下瓜島。之後，美國海空軍痛定思痛，一改過去傳統教科書式的作戰方法，實施全新戰略，這戰略如同當年成吉思汗之運用草原上鐵騎流動戰術，具有空前的革命性，使得日本軍隊手足失措，全盤皆翻。

日本方面初以為美國反攻是一島一島打過來，殊不知美國新戰略的實施，把太平洋當作成吉思汗的歐亞草原，運用越過堡塞的萬里長驅、越島進攻之戰法，即暫不進攻日軍某些防守頑固的島嶼，而是憑藉強大的戰艦越島而過，在新幾內亞北部採用蛙式躍進式速攻戰術，長驅直入，直逼日本本土，從而使部分防守島嶼孤立無援，成為一座毫無戰略作用的死島。

此外，日本軍方原以為美國海軍接近自己所有陸上空軍基地時，便是自己得手之時。殊不知美國的海空軍實力以空前的速度巨增，與日本海空實力差距越來越大。美國僅一九四三年製造並編入現役的航空母艦就有三十九艘，而日本直到一九四五年戰敗時，全部用於戰爭的航空母艦才不過二十五艘。

一九四四年七月，中太平洋美軍接連攻占吉伯特群島、馬紹爾群島和馬里亞納群島。十一月，美軍出動B-29遠程轟炸機，從馬里亞納群島的塞班島、關島起飛，直撲東京，實施連續大規模轟炸。另一路美軍從西太平洋沿新幾內亞北部進攻，與英、澳、荷軍隊會師後，攻占新幾內亞西部。一九四五年二月，兩路美軍勝利會師，重返菲律賓。六月，美軍迫近日本國門，號稱天下第一的無敵戰艦「大和號」被擊沉，日本海軍全部被摧毀。

幾乎與此同時，在國際矚目的緬甸戰場上，中國遠征軍在初期受挫之後，重新集結精銳與美、英、印、東非、西非部隊，於一九四三年十月在緬甸北部和西部投入反攻。在盟軍節節勝利的形勢下，緬甸國民軍和游擊隊於一九四五年三月底發動總起義，五月一日克復首都仰光，日軍在緬甸的戰略徹底告敗。

在中國本土戰場上，由於中國軍民堅持不懈地抵抗與反擊，終於粉碎了日軍企圖以戰養戰，把中國占領區變為太平洋戰爭「兵站基地」的計畫，有力地配合、支持了盟軍對日實施全面反攻。

在這樣一種全新的戰略戰術與政治格局下，為了保障各戰區文化遺產免於戰火，國民政府專門成立了中國戰地文物保護委員會，配合盟軍對地面文物實施保護。居住在李莊的中國營造學社負責人、古建築學家梁思成被徵召至重慶，以委員會副主任身分，負責編製一套淪陷區文物目錄，包括寺廟、古塔、陵園、考古遺址、博物館等一切重要人類文化遺產。與梁思成同時來到重慶的，還有助手羅哲文。

羅是中國營造學社一九四〇年年底在李莊招收的練習生。當時梁思成等人剛從昆明遷往李莊，急需一個青年人幫助學社同人處理雜務和繪圖等事宜，決定在當地招收一位可堪造就的青年學生前來工作。據羅氏本人回憶：「那時，我還是一個不到二十歲的青年，剛從中學出來，在宜賓的一家報紙上看到一則中國營造學社招考練習生的廣告。至於這一單位是幹啥子事情的並不知道。只見考題中有寫字、畫畫、美術等內容，我對此很感興趣，便去投考了。喜出望外，果然被錄取了。後來

2001年10月，羅哲文在李莊月亮田營造學社故地敘說過去的往事。（李莊鎮政府提供）

才知道，眾多的考生中只錄取了我一個人。」[51]

羅哲文來到營造學社後，先是幫助劉敦楨抄寫、整理文章和插圖，後作為梁思成的助手做資料整理和測繪等工作。羅氏原名羅自福，進營造學社之後，隨著美、英、蘇、中等國結成軍事聯盟，共同抗擊德、義、日三個邪惡軸心國，美國總統羅斯福、英國首相邱吉爾，包括蘇聯的史達林等人物的名字廣為人知。青年羅自福與美國總統羅斯福諧音，於是營造學社與李莊其他科研機構人員，甚至包括李莊鎮百姓和光屁股的孩子，見面之後總是對羅自福高聲呼「羅大總統」。如此之「尊稱」，弄得羅自福哭笑不得。後來當梁從誡的一幫同學來到營造學社玩耍並高呼「羅大總統」時，梁思成聞聽覺得有些彆扭，將孩子們轟跑之後，微笑著對羅自福道：「自福呵，這個『羅大總統』的雅號聽起來很響亮，不過在李莊這個小鎮關起門來做總統，總給人一種『偽』的感覺。現在中國偽的東西已經夠多了，什麼偽政府、偽主席、偽軍、偽北京大學、偽中央大學等。汪兆銘建了個偽中國政府，搞得天怒人怨，像過街的老鼠，人人喊打。你要再弄個偽美國政府，那天下不就更要大亂了。我看就不要在咱這個院兒裡做大總統了，還是改個名字，做個平常的中國繪圖員吧。」於是，在梁思成的建議下，羅自福遂改名羅哲文，很有些文人雅士的儒家味道。再後來，「羅大總統」的名號就慢慢消失了，羅哲文三個字倒在古建築學界傳開。

這次由「羅大總統」縮水而成的羅繪圖員隨梁思成到達重慶後，先把文物目錄一條條編好，然後再在軍用地圖上仔細標出準確位置。目錄為中、英兩種文字編成，並附有照片，印成若干份，發給各戰區指揮員和盟軍飛行員以供參考，防止炮火與飛機投放的炸彈焚毀這些目標。據梁的好友費慰梅說，梁思成編製的文物目錄，「有一份還傳到了周恩來手上，顯然引起了他的注意」。[52]幾年後內戰爆發，解放軍兵臨北平城下，中共軍隊祕密派人潛入清華園，請梁思成繪製一份全國重點文物地圖，就來自這次編製目錄的啟示。

就在梁思成編製淪陷區目錄的同時，對人類文明成果極其重視的盟軍司令部，通過中方請梁思成把日本的重要文物古蹟列表，並在地圖上標出位置，以便在轟炸中留意並盡可能地予以保護。梁思成與羅哲文工作了一個多月才完成任務，在送交地圖時，梁通過中方代表明確表示：如果對日本本土毀滅性轟炸不可避免，其他城市可炸，但京都、奈良不可為，日本民族的文化之根就存留於這兩座古城之中。現在的日本民族猶如太平洋孤島中一棵風雨飄搖、電擊雷劈的大樹，即將面臨亙古未有的毀滅性災難，樹的枝芽可以毀而再長，根卻不能再生，京都、奈良古建築與文化，是世界人類文化財產不可或缺的一部分，必須在轟炸中特別注意，把根留住。

當此之時，此項工作皆在不為外人所知的情況下祕密進行，按照「不該說的不說，不該問的不問」這一鐵打的保密規矩，梁思成與助手羅哲文完成這項任務後，又埋頭於保護其他文化、文物事宜的策畫之中，對自己的建議究竟落實得如何，未再過問，也不便過問。而這時由於盟軍遇到日本本土日軍的頑強抵抗，不得不再度擴大空中力量轟炸的力度，日本四島，幾乎所有的大中城市均被美軍空投的炸彈炸得瘡痍滿目，著名的東京大轟炸也越演越烈，整座城市浸染在血與火交織的漩渦中。在接近戰爭尾聲的三天之內，美轟炸機向東京投放了兩千噸炸彈，大火三個日夜，死人兩萬，焚屋二十七萬幢，九十萬人無家可歸。就在東

京都的東寺，原建於9世紀。

京遭受大轟炸的同時，名古屋、大阪也遭到猛烈轟炸，與東京規模一樣，也是兩千噸炸彈，整個城市一片火海，其損失之大，死傷慘狀不亞於東京。在飛機轟鳴，彈片呼嘯，烈火升騰的大失控、大混亂與陣陣慘叫哀鳴聲中，幾乎所有的日本人都認定，像東京、大阪這樣世界矚目的城市皆成廢墟，那麼，古老的京都、奈良必然面臨毀滅之災。對此，精明的日本小鬼子做了最壞的打算，除了模仿中國拆遷古物的方式，把兩座古城大量的珍貴文物遷移到遠處深山祕藏，對極具價值的歷史遺跡，特別是地面建築，全部拆除搬遷，待戰後再按原型恢復。由於建築古蹟極多，工程浩大，加之人心惶惶，拆遷工程進展緩慢。

然而，讓各路小鬼子感到不可思議的是，在盟軍鋪天蓋地的轟炸中，唯獨京都、奈良這兩座古城，奇蹟般地始終未遭到真正意義上的空襲。待小鬼子們費盡九牛二虎之力把著名的京都御所整個木構長廊全部拆遷之後，戰爭即宣告結束，遍布於兩城內的宮殿、古寺、古塔等古建築全部得以幸免。

多少年過去了，因為知情的梁思成很少提及這段往事，沒有人把京都、奈良的保全與一位中國建築學史家聯繫在一起。當年隨導師第一次進駐陪都重慶、卻沒機會飽覽山城景色的青年助手羅哲文，也漸漸淡忘了自己為此揮汗繪圖的情景。

一九八六年，羅哲文應邀到日本參加在奈良舉辦的「城市建設中如何保護好文物古蹟」國際學術研討會，其間和奈良考古研究所的學術部主任菅谷文則相遇。菅谷得知羅早年出於梁思成門下，一九四四年前後正跟梁在一起，便熱情地向他講述了二戰中的一些逸聞趣事。菅谷說：在第二次世界大戰後期，美軍在日本本土進行轟炸時，古建築文物最多的京都、奈良幸

奈良的法隆寺，建於西元7世紀，五重塔為木造，現為重建。

法隆寺的聖德太子像

日本《朝日新聞》1985年3月29日發表〈古都的恩人與中國學者〉一文影件

免於難，此事可能和梁思成有極大的關係。據前年到日本訪問的北京大學考古系主任宿白教授透露，梁思成於一九四七年到北大講過課，在講到文物古蹟是人類共同的文化遺產時，曾舉過抗戰時期為保護日本的古都，他曾向美軍建議不要轟炸京都、奈良，留住日本民族之根，也是世界人類文化之根的事例。菅谷此次想從羅哲文口中進一步了解事情的經過。

羅哲文聽罷，大為驚訝，立即回憶起當年在重慶的情景。羅說：「到了重慶，我們住在上清寺中央研究院的一座小樓裡，專門給了我一個單獨的房間。先生每天拿了一捆曬藍圖紙來，讓我按他用鉛筆繪出的符號，用圓規和三角板以繪圖墨水正規描繪。我雖然沒有詳細研究內容，但大體知道是日本占領區的圖，標的是古城古鎮和古建築文物的位置，還有一些不是中國的地圖，我沒有詳細去區分，但是日本有兩處我是知道的，就是京都和奈良。因為我一進營造學社的時候，劉敦楨先生寫的奈良法隆寺玉蟲櫥子的文章我就讀過了，而且日本也正在和我們打仗，為什麼要畫在日本地圖上呢？我沒有多問，因為我覺得是不宜多知道的。」[53]

經過羅哲文與菅谷的共同分析推斷，認為梁思成出生在日本，又在那裡生活了很長時間，對古城京都、奈良十分熟悉，對此地文物古蹟懷有深厚的感情，加之他一貫主張：古建築和文物是人類共有的財富，人類有共同保護的責任。當時所標、繪的圖，既關乎文物古蹟，又涉京都、奈良，因此他提出保護的建議順理成章，於他的性情和理念也正相吻合。對此，羅哲文還引了古建築學家鄭孝燮與自己說過的一個事例：一九五一年的某一天，在清華園的梁思成突然把年輕的鄭孝燮叫住，以哀惋的心情說道：「孝燮，告訴你一件不幸的消息，日本奈良法隆寺戰爭未毀，卻被火燒了，真是太可惜呵！」說罷，兩眼含滿了淚水。

孤證難立，有了羅哲文的回憶，綜合宿白與鄭孝燮所言，可知當年梁思成在北大講課時所言不虛。京都、奈良免於被炸毀的厄運，梁思成至少起了一定作用。真相終於在湮沒四十二年後大白於天下，日本朝野得知此情，均對梁思成的人品、學識報以敬佩之情，日本媒體紛紛撰文報導，稱梁思成為「古都的恩人」。此時離梁思成去世已十四年矣。

四、天降喜訊

就當時的國際形勢而言，屬於梁思成能做的，他已無可遺憾地盡到了責任，至於其他的一切，就不是一個學者所能管得了的了。[54]有道是，多行不義必自斃。天作孽，猶可違；自作孽，不可活。強大的盟軍給日本小鬼子奄奄一息的軀體致命一擊的最後時刻到來了。

一九四五年七月二十六日，中、美、英三國聯合發表了促令日本投降之《波茨坦宣言》：「直至日本製造戰爭之力量業已毀滅，有確實可信之證據時，日本領土經盟國之指定，必須占領。」又說：「日本政府立即宣布所有日本武裝部隊無條件投降，並對此種行動誠意實行予以適當之各項保證。除此一途，日本將迅速完全毀滅。」[55]

宣言發布後，日本政府在軍部強硬分子的操縱下，宣布「絕對置之不理」、「把戰爭進行到底」。[56]素以鷹派著稱的新任美國總統杜魯門雷霆震怒，決心給日本以毀滅性打擊（南按：羅斯福於一九四五年四月十二日在喬治亞州的溫泉因突發腦出血去世，時任副總統的杜魯門繼任總統）。

八月六日，被激怒的美國在日本廣島投下第一顆原子彈。

八月八日，蘇聯根據雅爾達密約決定對日宣戰。次日，蘇聯紅軍迅速進入中國東北地區，繼之向朝鮮北部和庫頁島進軍，一舉殲滅近百萬日本關東軍。蔣介石聞訊，以中國領袖的名義致電史達林，謂：「貴國對日宣戰，使全體中國人民奮起。」又說：「本人相信由於貴國壓倒性的力量加入，日本的抵抗必會迅速崩潰。」

八月九日，怒氣未消的美國在日本長崎投下第二顆原子彈，整座城市化為一片廢墟。當晚，已被打急了眼的日本天皇在御前會議上不顧軍部強硬分子的阻撓與蠱惑，最後裁決：以不變更天皇地位為條件，接受中、美、英三國提出的一切投降條件。

八月十日下午七時左右，日本政府決定接受中、美、英《波茨坦宣言》，並通過瑞典駐美公使向中、美、英三國發出乞降照會。消息迅速傳遍世界，重慶《中央日報》稍後接到了中央社記者由美國發來的電訊：

> 日本政府準備接受中美英三國政府領袖一九四五年七月二十六日在波茨坦所發表此後經蘇聯贊同之聯合宣言所列舉之條款，而附以一項諒解曰：上述宣言並不包含任何有損天皇陛下為至高統治者之皇權，日本政府竭誠希望此一諒解能獲保證，且切望關於此事之明白表示，迅速獲致。[57]

這一突如其來的消息，國民政府高層一無所知，包括最高元首蔣介石同樣蒙在鼓裡。據蔣介石侍從室專門負責情報事務的第六組組長唐縱日記載：「下午七時許，對面美軍總部在馬路上歡呼，移時馥華（南按：唐縱長女）歸來報告，謂日本無條件投降。不久，鞭炮之聲相繼而起，美人在馬路上跑躍，中國小兒圍繞而呼，廣播電臺播出嘹亮之音樂……我赴陳公館，陳家小孩在陳主任窗外燃放爆竹歡呼，陳主任大怒，責彼等孩子們不該如此，尚在研究如何證實消息。」

正當蔣介石的「文膽」陳布雷在自家院子裡擺出一副老夫子的嚴肅面孔，滿含怒氣呵斥燃放爆竹的孩子們的時候，美軍總部年輕的大兵們已開著吉普車，手舉香檳酒邊喝邊高呼口號滿大街亂竄了。而敏感的《中央日報》已經印出「號外」，開始在大街小巷四處叫賣、張貼，整個重慶已形成歡樂的海洋。此時正是太陽即將落山的黃昏時候，也正是人群最容易集中之時，《中央日報》火速派出數名記者遍布山城進行採訪並留下了一份珍貴的歷史記錄：

七點鐘左右，日本投降的消息被美國新聞處證實，美軍總部的大孩子們首先跳了起來，開起吉普車沿街直闖！漫街遍巷的人，壅塞著、歡呼著……人全瘋了，快樂啊！從中一路到新街口，張貼著本報號外的牆前，萬頭攢動，連不識字的赤腿漢也擠在裡面，雨樣的汗水把每個人的衣衫都和周圍人的衣衫黏在一起，大家都咧開嘴笑！頭上是一片歡樂的人海，每個人對每個人，每群人對每群人，都打著招呼「啊！啊！」互相道賀，大家的感情在氾濫！昇華！熟朋友見面了破例的張臂擁抱，起碼也親密地互相拍拍肩：「要回家了！」[58]

報導說：在出行的人群中，有一部分冒著熱浪圍成一團在聚精會神地收聽廣播，並堅定地相信會從廣播裡聽到更加真實詳細的消息。果然，正在播講英語節目的電臺突然中斷，繼而播音員開始用中文誦讀合眾社和中央社分別發來的電訊，隨後，播音員說道：「中國苦戰八年，終於贏得勝利，贏得和平……現在重慶大街小巷百萬市民已在狂歡中，現在請聽〈凱旋還故鄉〉。」爆發在聽眾頭上的，已是一片吼叫的歡聲。是時，女高音與男中音的嘹亮雄渾的大合唱在歡呼裡響了起來……

在這具有重大歷史意義的非凡的傍晚，重慶中央廣播電臺播音員熱血澎湃、感情激盪，已沒有了平日圓熟的技巧，任由情感隨著話筒噴湧，廣播結束時，播音員哽咽著說：「諸君，請聽陪都歡娛之聲！」

是時，收音機中傳出了響亮的爆竹聲、鑼鼓聲以及外國盟友「頂好」、「頂好」的歡呼聲。緊接著，「日本小鬼子投降了！」「抗戰勝利了！」「中華民國萬歲！」的歡呼聲如春雷般炸響開來，整個重慶形成了一片歡騰的人海。

是時，傅斯年正在重慶家中，當勝利消息猝然降臨時，先是目瞪口呆，接著方寸大失，欣喜若狂。平時滴酒不沾的他從一個牆角抓起一瓶不知什麼時候存放的瀘州大麯，搖晃著高大肥胖的身軀衝出門外，加入了奔跑歡跳揚臂高呼的人流之中。

許多年後，同在重慶的羅家倫還記得這幕經典場景。羅在回憶文章中第一句話就是——「孟真瘋了」。接下來說道：「他從聚興村的住所裡，拿了一瓶酒，到街上大喝。拿了一根手杖，挑了一頂帽子，到街上亂舞。結果帽子飛掉了，棍子脫手了，他和民眾和盟軍還大鬧了好一會。等到叫不動了，才回到原處睡覺。第二天下午我去看他，他還爬不起來，連說：『國家出頭了，我的帽子掉了，棍子也沒有了，買又買不起。哎！』」

傅斯年醒來後，按捺不住心中的狂喜，立即展紙揮毫給遠在李莊的妻子俞大綵和兒子仁軌寫信，讓他們與自己一起分享勝利的歡樂。信中說：「接到參政會通知，大家到祕書處慶祝。我九時半到，則已三十多人，愈到愈多，皆哈哈大笑，我現在方知舊戲中二人見面哈哈大笑之有由也。抱者、跳者、kiss者，想要安靜一下，談談如何遊行，幾乎辦不到……出門時，我遇見熟人打招呼，皆抱之以拳，段書詒後來說，他簡直吃不消。出門遇吳鼎昌，他說，你不要太興奮（彼與我皆患高血壓也），我即將其一搖再搖。」又說：「本來預備到美軍司令部及英美蘇三大使館的，在國府，蔣先生說尚未完成投降，尚有條件磋商，所以就回去。在參政會又很熱鬧，下午三時方歸，頓覺大病，一直睡下去，第二天方好。」[59]

同傅斯年一樣，曾為盟軍轟炸日本而躲在一間屋子裡於地圖上標記文物古蹟工作數日的梁思成仍在重慶，他的好友費慰梅為此留下了永生難忘的精采鏡頭：

思成和兩位年輕的中國作家還有我，一起在美國大使館餐廳共進晚餐。酒足飯飽，我們把藤椅拉到大使館門廊前的小山頂上，坐在臺地納涼。那天晚上熱得直冒汗，看長江對岸山上的燈亮起，像銀河掉下來一片燈籠，圓光點點，童話般放著光。思成談著很久很久以前泰戈爾訪問北京的事。忽然間，他不說話了。他和其他在座的人就像獵狗一樣，一下子變得緊張

重慶街頭歡慶抗戰勝利的場面

而警覺。他們聽到了什麼聲音，我也不得不靜下來，用耳諦聽。遠遠地，傳來警報聲。難道又有空襲？這是荒謬的，然而以他們每個人多年的親身經歷，對各種可能性都十分警覺。如果不是空襲，難道是在通知勝利？

在我們腳底下，勝利的消息似野火般蔓延了全城。在這高高的山坡上，我們差不多可以觀察到整個過程。一開始是壓抑的喊喊喳喳，或許是一些人在大街上跑，然後就是個別的喊叫聲，鞭炮聲劈劈啪啪響，大街早已熱鬧成了一片。最後四處都是一群群喊叫著、歡呼著、鼓掌的人們，好像全城在一陣大吼大叫中醒過來。[60]

是啊，這口氣整整憋了八年，八年的苦難、辛酸、屈辱、悲憤、忍耐，直至抗爭與浴血奮戰，做最後生死一搏。一旦勝利到來，被壓抑了八年之久的神經需要痛快地宣泄，人們的情緒如同被地殼壓得太久而終於像井噴與火山一樣轟然爆發，拘謹的變得放縱，沉鬱的變得豪邁。辛酸而艱苦的日子總算沒有白過，慶祝活動通宵達旦。

遙想當年，在那個寒風凜冽的嚴冬，中國軍隊在一片混亂中棄守首都南京，日本軍隊用超乎想像的野蠻，慘絕人寰地屠殺放下武器的戰俘和中國平民，瘋狂強姦無辜的婦女。而與獸性大發的日軍遙呼相應的日本市民，紛紛擁向東京街頭，提燈遊行、慶祝狂歡。想不到時隔七年之後這個夏天的夜晚，提燈遊行，慶祝狂歡的人群已換了人間。

「誰會笑，誰最後笑。」這是南京淪陷，日本東京狂歡之時，一位名叫魯道源的滇軍師長，在奉命率部馳援東南戰區的軍事集結中，說出的一句暗含機鋒的話語。

這是一個隱喻，也是一種宿命。它預示了中國人民在經歷九九八十一難之後，最終將修成正果，迎來勝利的歡笑；它暗合了中華民族必將在這場震天撼地的慘烈戰爭中，鳳凰涅槃、浴火重生的玄機奧祕。這一切，都隨著重慶街頭那炸響的爆竹和狂歡的人潮得到了驗證。自「七七事變」起，中國軍民抗戰進行了八年又三十三天；自「九一八」以來，則為十四年不足三十八天。苦難與抗爭，救亡與圖存，死者無聲的託付，生者悲愴激憤的籲求，都遙遙羈繫在這片風雨迷濛中升浮而起的聖地之上。

重慶不眠，中國不眠，整個中華民族將伴隨著這個不眠之夜開始新的歷史紀元。

這幀具有典型民國範兒的照片所透出的意境與情感，正應了杜工部那首名滿天下的詩：劍外忽傳收薊北，初聞涕淚滿衣裳。卻看妻子愁何在，漫捲詩書喜欲狂。白日放歌須縱酒，青春作伴好還鄉。即從巴峽穿巫峽，便下襄陽向洛陽。

五、日月重光

就在傅斯年滿面疲憊地給家人寫信之時，與其齊名的「五四」運動學生領袖兼傅的好友羅家倫，正滿含熱淚貓在一間小屋裡抒發自己澎湃的心情。片刻工夫，一首白話詩出籠並由《中央日報》主筆程滄波拿到報館以最快的速度刊發。詩曰：

凱歌

勝仗！勝仗！
日本跪下來投降！
祝捷的炮像雷聲響；
滿街爆竹，
煙火飛揚，
漫山遍野是人浪！
笑口高漲，
熱淚如狂！
向東望！
我們百萬雄師，

配合英勇的盟軍，
浩浩蕩蕩，
掃殘敵，如猛虎臨羊。
踏破那小小扶桑！
河山再造，
日月重光。
勝利的大旗，
擁護著 蔣委員長！
我們一同去祭告國父，
在紫金山旁！
八年血戰，
千萬忠魂；
才打出這建國的康莊。
這真不負我們全民抗戰，
不負我們血染沙場！[61]

羅家倫沒有像陳布雷一樣對放爆竹的人群加以訓斥，倒是有幾分讚賞，只是詩寫得很幼稚，很有些「假大空」的感覺，且有些句子似乎還不通。而羅氏似乎很看不起的這個「小小扶桑」，竟自甲午戰爭以來給中國軍民留下了刻骨的創痛，而中國則只有招架之功，幾無還手之力。但通篇讀過，作者真誠的喜悅、自豪之情躍然紙上，足以代表了千百萬中國軍民的心聲。只是這時的蔣委員長沒有急著到紫金山旁祭告國父，他有比祭告更急迫的事情要做。倒是沉浸在興奮與激動中的梁思成歸心似箭，想以最短的時間趕回李莊，與病中的妻子、家人及李莊的同事們分享勝利的歡喜，體會一下「建國的康莊」。

第二天一早，在費正清幫助下，梁思成偕助手羅哲文與費慰梅共同搭乘一架美軍C-47運輸機，經過四十五分鐘的飛行抵達宜賓機場。此時的宜賓機場草深沒膝，但飛行員還是借著勝利的歡喜勁兒強行駕機平安著陸。梁、費等三人轉乘一艘小汽船，沿著白燦燦的水面順江而下，很快抵達李莊碼頭。待他們登上岸時，迎面撲來的是滿街的標語和被熱浪裹挾著的喜慶氣氛——看來閉塞的李莊也早已得知了勝利的消息。

李莊方面能夠及時得知消息，所有的人認為應當感謝在同濟大學任教的德國人

滿懷喜悅的蔣介石與宋美齡

史圖博教授。正是這位略通中國話的醫學專家，於八月十日晚上那個關鍵的歷史性時刻，從自己那部破舊收音機裡聽到了重慶中央廣播電臺關於日本投降的廣播。據說，史圖博聽到後，像全身觸電般抖了一下，怔愣片刻，立即抓起收音機跑出去，首次不顧禮貌地撞開了一位中國教授的家門。於是，消息像狂漲的山洪風暴，「嘩」一聲衝出，在李莊全鎮瀰漫、蕩漾開來。黃昏籠罩下的李莊古鎮，一扇門又一扇門被撞開了，一雙又一雙眼睛睜大了，彙集的人群在大街小巷狂呼蹦跳開來。

「日本投降了！」「勝利了，中國勝利了！」

喊聲如天空中一聲聲驚雷，炸開了沉悶的天空與鬱悶的心靈。李莊古鎮一座座古廟、一戶戶農舍、一道道院落，男女老少，呼呼隆隆地衝出，或搖著毛巾，或挑著床單，或拿著臉盆、水桶，或抱著菜板，拖著燒火棍，敲打著，叫喊著，歡呼著，狂跳著，亂舞著，在泥濘的大街小巷和田間小路上奔流湧動。學生、教授、農民、工人、小商小販、北岳廟的和尚、南華宮的道士，手搖燈籠火把，擠在一起，抱成一團，哭哭笑笑，打打鬧鬧。教授與小販擁抱，和尚與尼姑親嘴，老漢與少女牽手相攜，鎮內鎮外，人聲鼎沸，口號震天，燈光搖晃，人影幢幢，狗聲吠吠，李莊所有的生物都調動起了敏感的神經，為等待了八年之久的勝利時刻齊歡共鳴。

住在李莊鎮內的中央博物院籌備處李濟、曾昭燏、郭寶鈞、王天木、趙青芳、李霖燦等研究人員得到消息，連夜參加了遊行活動。第二天一早，李濟召集中央博物院籌備處人員開會慶賀，在講話中，他作為在這一大背景下罕見的清醒者，極富理智與科學遠見地指出：

「日本投降是由於兩顆原子彈投擲在廣島及長崎的結果，但是更重要的是從此昭告了原子能新時代之來臨，勝利自是我們所樂於聽聞的，但是新時代之來臨，我們每一個人都當有新的認識，也有了更重要的新責任。」[62]

住在李莊鎮郊區四公里外山頂上板栗坳及門官田的中央研究院史語所與社會學所的學者們，夜裡忽聽山下傳來人喊犬吠的吵嚷呼叫之聲，以為又是土匪進村劫財劫色，當地軍警與治安隊群起緝拿，因而並未特別在意，各自關門或繼續在燈下讀書爬格子，或熄燈就寢。等第二天拂曉尚未起床，同濟大學的青年教師和學生組成的遊行隊伍已到達舍外。被驚醒的學者連同家屬認為土匪進得山來包圍了宅院，急忙提了菜刀與燒火棍，還有早些時候傅斯年專門讓李方桂為史語所同人購買的小銅鑼（南按：傅斯年叮囑史語所同人，一旦發現土匪來臨就急敲銅鑼求援），膽戰心驚地走出室外，悄悄趴在門縫處觀察動靜。

同濟大學外籍教授史圖博（李莊鎮政府提供）

只見滿山遍野飄蕩著用床單、枕套、破舊衣服，甚至廢舊報紙做成的花花綠綠的旗幟，旗幟下是一群群情緒激昂的男女學生。當從對方的呼喊聲中得知日本鬼子投降的消息後，學者們與被驚動的當地百姓，立即扔掉手中的菜刀與燒火棍，只拎著一只小銅鑼，打開大門，一個個「嗷嗷」亂叫著衝入人群，在山野田疇狂奔亂舞，叮叮噹噹地敲打起來。史語所職工自辦消費合作社的經理、時常拖著標準北京腔說相聲的魏善臣，也就是幾年前為合作社辦貨，在山下遭土匪搶劫並挨了一頓胖揍的「魏老闆」，聽到門外動靜，認為土匪一到，大難臨頭，急抓起一把自己前些時候託李莊鎮鐵匠打造的類似於豬八戒使用的九齒釘耙，準備與土匪拚個你死我活。待弄明真相，「嗖」地扔掉釘耙，搖晃著肥胖的身軀拱出門外，嘴裡吐著哼哼唧唧的聲音，一蹦三跳地躥到坐落在牌坊頭的合作社，從一個箱子裡掏出兩瓶酒，拉著正站在牌坊頭觀望的董作賓、石璋如等幾位資深研究員，高喊著「勝利了，我請客！」的話語，連拖帶拉地來到板栗坳最高處一個山坡，面對滾滾東逝的長江之水，相互向對方嘴中灌酒。當兩瓶酒見底之後，一個個淚流滿面，醉臥於山野荒草之中。這是繼長沙清溪閣醉別之後，八年來又一次輪迴。只是今非昔比，醉酒的心境已是天壤之別了。

當梁思成等三人來到李莊上壩月亮田營造學社，林徽因仍躺在床上，蒼白、瘦削的身子，宛如她那首〈靜坐〉詩中的描述：「一條枯枝影，青煙色的瘦細」。費慰梅看罷不禁欷歔。在李莊鎮內參加學生遊行的女兒梁再冰中途跑回家中，氣喘吁吁告訴了母親外面世界的精采盛況，林徽因「聞之狂喜」，頓時變得神采飛揚，大有「積痾頓失」之感。又見夫君與好友費慰梅風塵僕僕地從遠方趕來，林徽因再也按捺不住心中的興奮之情，她提出要在這歷史轉折的偉大時刻，親自趕到李莊鎮加入遊行隊伍，傾吐憋在心中八年的塊壘，為抗戰勝利發出自己的歡呼之聲。

一架自製的滑竿很快捆紮而成，林徽因坐在滑竿上，羅哲文等幾個年輕人抬起，梁思成與費慰梅跟隨兩邊，如同北方黃土原上大姑娘出嫁一樣，一行人說著笑著，呼呼啦啦、晃晃悠悠，頗有些滑稽意味地向李莊鎮中心進發。這是林徽因自從舊病復發之後，近五年來第一次來到這個古老小鎮的街巷，想不到竟是以這樣的心境和方式出現。

滿街的標語，滿街的人流，滿街的歡聲笑語。沒有人認得這位名冠京華的一代才女，更沒有人知道林徽因那非凡的人脈背景——此時這些身外之物全不重要，也不需要。所有與之相遇的大學師生或當地百姓，無不對其報以真摯的致意與微笑。林徽因望著一群又一群滿臉塵土與汗水，似曾相識的青年學生，驀地想起八年前盧溝橋槍聲響起之時北平街頭的情景。在那個酷熱的夏季裡，那些滿臉汗水交織，一家一家收集麻袋幫助二十九軍官兵修築工事的學生，不知現在流落何方。假如他們還活著，或許就在眼前這樣的遊行隊伍之中，或者早已流浪外域，或死掉了。這樣想著，熱淚順著瘦削、蒼白的臉頰緩緩流淌下來……

一九四五年八月十五日，日本政府的正式投降照會由瑞士駐華大使館轉致國民政府，內稱：

一、關於日本接受波茨坦宣言之各項規定事，天皇陛下業已頒布敕令。

二、天皇陛下準備授權並保證日本政府及日本大本營，簽訂實行波茨坦宣言各項規定之必需條件。天皇陛下並準備對日本所有陸海空軍當局及在各地受其管轄之所有部隊，停止積極行動、交出軍械、並頒發盟軍統帥部所需執行上述條件之各項命令。[63]

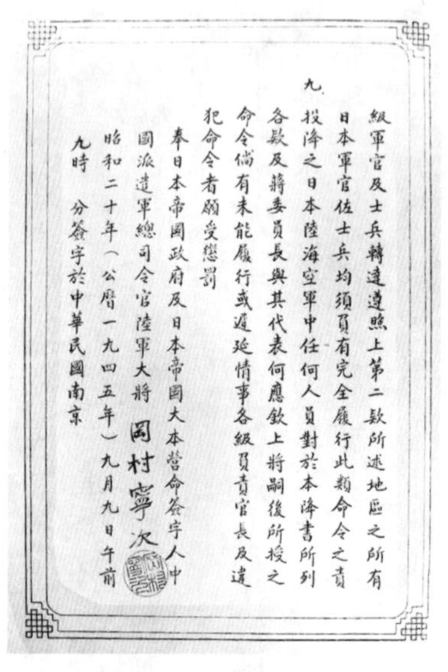

降書

一、日本帝國政府及日本帝國大本營已向聯合國最高統帥無條件投降

二、聯合國最高統帥第一號命令規定「在中華民國（東三省除外）台灣與越南北緯十六度以北地區內之日本全部陸海空軍與輔助部隊應向蔣委員長投降」

三、吾等在上述區域內之全部日本陸海空軍及輔助部隊之將領願率領所屬部隊向蔣委員長無條件投降

四、本官當立即命令所有上第二款所述區域內之全部

……

級軍官及士兵轉達遵照上第二款所述地區之所有日本軍官佐士兵均須負有完全履行此類命令之責

九、投降之日本陸海空軍中任何人員對於本降書所列各款及蔣委員長與其代表何應欽上將嗣後所授之命令倘有未能履行或遲延情事各級負責官長及違犯命令者願受懲罰

奉日本帝國政府及日本帝國大本營命簽字人中國派遣軍總司令官陸軍大將　岡村寧次

昭和二十年（公曆一九四五年）九月九日午前九時　分簽字於中華民國南京

日本投降書首、末兩頁。

重慶《中央日報》於當日七時收到外交部電文，半小時後，關於這一消息的「號外」印出並分發全市，民眾奔相走告，整個重慶為之轟動。慶祝的鞭炮再度燃起，火光煙霧伴隨著聲聲呼喊，震動著每一個人的心房，許多民眾在激情宣泄中相擁而泣。

同日上午，蔣介石以中華民國政府主席的名義，在重慶中央廣播電臺分別用中波和短波對全國軍民及全世界人士發表了抗戰勝利的廣播文告。講稿為蔣介石親自擬就，指出：「我們的『正義必然勝過強權』的真理，終於得到了它最後的證明，這亦就是表示了我們國民革命歷史使命的成功。我們中國在黑暗和絕望的時期中，八年奮鬥的信念，今天獲得了實現。」同時指出：「我中國同胞們須知『不念舊惡』及『與人為善』為我民族傳統至高至貴的德性。我們一貫聲言，只認日本黷武的軍閥為敵，不以日本的

人民為敵，今天敵軍已被我們盟邦共同打倒了。我們當然要嚴密責成他忠實執行所有的投降條款，但是我們並不要企圖報復，更不可對敵國無辜人民加以汙辱，我們只有對他們為他的納粹軍閥所愚弄所驅迫而表示憐憫，使他們能自拔於錯誤與罪惡。要知道如果以暴行答覆敵人從前的暴行，以奴辱來答覆他們從前錯誤的優越感，則冤冤相報，永無終止，絕不是我們仁義之師的目的……」[64]

廣播時間近十一分鐘，美國《時代》周刊駐華記者白修德（Theodore H. White）如此描述了蔣氏的廣播情形：

> 一九四五年八月，蔣安靜地坐在重慶一間悶氣的廣播室裡準備告訴中國人民戰事業已終結。他和平日一樣凝固地沉著。他的頭頂剃得淨光，不著絲毫白髮的痕跡。他的咔嘰軍裝上衣毫無瑕疵，不掛勛章，衣領緊扣在喉頭，上有斜皮帶勾扣著，一管自來水筆掛在口袋之上。廣播室盪熱，內中的二十個人汗流浹背，只有委員長看來涼快。他調整著角質框的眼鏡，看了看面前桌子上紫紅色的花一眼，慢慢地對著擴音器用高調而清爽的聲音告訴人民仗已打勝。他說著的時候，室外的喇叭傳播著這消息。街上人眾認識了他明顯的汽車，麇集在石砌的建築之門外，他可以聽到輕微的歡呼之聲。
>
> 他的演講歷時十分鐘。突然地他的頭顱低垂，失眠的眼眶陷凹處見形，在這一剎那的鬆弛，他的平穩之外貌露相，緊張與疲勞在這勝利的關頭顯現在他人身上……[65]

日本時間八月十五日，中午十二時，重慶上午十一時，日本裕仁天皇對全世界廣播了「停戰詔書」，正式宣布三百三十萬垂死掙扎的日軍放下武器無條件投降。九月二日，在泊於東京灣的美國「密蘇里號」戰艦上，正式舉行了日本投降簽字儀式。美聯社在這一天向全球播發的電文稱：「第二次世界大戰，歷史上最慘烈的死亡與毀滅的彙集，今天隨著日本的正式無條件投降而告終。」[66]

注釋

1 李勇、張仲田編，《蔣介石年譜》（北京：中共黨史出版社，一九九五）。
2 同前注。
3 同前注。
4 中共中央毛澤東選集出版委員會編，《毛澤東選集》卷三（北京：人民出版社，一九九一）。
5 司馬遷，《史記・蘇秦列傳》（標點本）（北京：中華書局，一九八五）。
6 同前注。
7 許紀霖，《無窮的困惑：黃炎培、張君勱與現代中國》（上海：上海三聯書店，一九九八）。
8 王世杰，《王世杰日記》，一九四五年一月十九日（臺北：中央研究院近代史研究所，一九九〇，影印本）。
9《美國外交文件》一九四五年卷七，頁一九五，轉引自陶文釗，《中美關係史（一九一一－一九五〇）》（重慶：重慶出版社，一九九三），頁三五五。
10 唐縱著，公安部檔案館編注，《在蔣介石身邊八年：侍從室高級幕僚唐縱日記》（北京：群眾出版社，一九九二）。

11《解放日報》，一九四五年六月三十日。

12 引自逄先知主編，《毛澤東年譜》（北京：中央文獻出版社，二〇〇二）。

13《解放日報》，一九四五年六月三十日。

14 金城，〈六參政員延安去來〉，收入重慶市政協文史資料研究委員會、中共重慶市委黨校、中國第二歷史檔案館編，《國民參政會紀實續編》（重慶：重慶出版社，一九八七），頁五二三。

15〈蔣介石日記〉，收入秦孝儀主編，《總統蔣公大事長編初稿》（臺北：中國國民黨中央委員會黨史委員會編，一九七八）。

16 中國社會科學院近代史研究所中華民國史研究室編，《黃炎培日記摘錄》（北京：中華書局，一九七九）。

17 同前注。

18 黃炎培，〈延安歸來〉，《八十年來：黃炎培自述》（上海：文匯出版社，二〇〇〇）。

19《黃炎培日記》，轉引自許紀霖，《無窮的困惑：黃炎培、張君勱與現代中國》（上海：上海三聯書店，一九九八）。

20 中國社會科學院近代史研究所中華民國史研究室編，《黃炎培日記摘錄》（北京：中華書局，一九七九）。

21 唐縱著，公安部檔案館編注，《在蔣介石身邊八年：侍從室高級幕僚唐縱日記》（北京：群眾出版社，一九九一）。

22 郭明生，〈傅斯年和毛澤東、周恩來的一段交往〉，《文史春秋》二〇〇四年六期。

23 黃炎培，〈延安歸來〉，《八十年來：黃炎培自述》（上海：文匯出版社，二〇〇〇）。

24 羅家倫，〈元氣淋漓的傅孟真〉，《中央日報》，一九五〇年十二月三十一日。

25 李敖，《李敖快意恩仇錄．星火記》（西寧：青海人民出版社，一九九九）。

26〈致胡適〉，收入歐陽哲生主編，《傅斯年全集》卷七（長沙：湖南教育出版社，二〇〇三）。

27〔美〕埃德加．斯諾（Edgar Snow）錄作，汪衡譯，《毛澤東自傳》（北京：解放軍文藝出版社，二〇〇一）。

28〔美〕埃德加・斯諾（Edgar Snow）著，董樂山譯，《西行漫記》（*Red Star Over China*）（北京：生活・讀書・新知三聯書店，一九七九）。

29 傅樂成，〈傅孟真先生與五四運動〉，轉引自聊城師範學院歷史系、聊城地區政協工委、山東省政協文史委合編，《傅斯年》（濟南：山東人民出版社，一九九一）。另，一九五四年在大陸興起的批判胡適與傅斯年等人的運動中，有人以為此舉主要與毛澤東的個人心態有關。毛在北大圖書館做助理員，這是他早期成長過程中一個極其重要的環節，因為這一經歷，毛澤東與陳獨秀、李大釗熟識，並在他們的影響下成為一個馬克思主義者。也是在這一過程中，毛澤東結識了胡適、傅斯年並有過接觸，後來胡適赴美國，曾不止一次地說過「我的學生毛澤東」、「共產黨裡白話文寫得最好的還是我的學生毛澤東」等話（《胡適口述自傳》〔合肥：安徽教育出版社，一九九九〕，頁二〇八），其原因是毛沒有完全遵從他「老師」指導。但不能諱言的是，毛那時在北大的地位低微，待遇頗低，加上一些北大師生與他接觸時態度倨傲，這無疑使自尊心極強的毛產生一種挫折感，這種情緒在他與斯諾的談話中已有些流露，毛後來對高級知識分子的心態與這一歷史陰影有著不可割裂的關係。中共建國後，北大校慶活動邀請毛澤東，不管是逢五的「小慶」，還是逢十的「大慶」，他老人家都未曾再踏入北大校園一步。「文革」中，據說毛澤東對北大的狀況極為不滿，曾有「廟小妖風大，池淺王八多」之語相贈，算是對他當年工作過的北大做了定論。

30〔美〕埃德加・斯諾（Edgar Snow）著，董樂山譯，《西行漫記》（*Red Star Over China*）（北京：生活・讀書・新知三聯書店，一九七九）。

31 歐陽哲生主編，《傅斯年全集》卷四（長沙：湖南教育出版社，二〇〇三）。

32 何茲全，〈憶傅孟真師〉，《傳記文學》六〇卷二期（一九九二年二月）。

33〈容庚與北京大學代理校長傅斯年先生一封公開信〉，北平《正報》，一九四五年十一月七日。此話是容庚攻擊傅斯年時所引用。抗戰勝利後，傅斯年作為北大代理校長奉命接收北大校產，並發表談話，表示南遷學校復員後堅決不用偽北大教員。時正任教於偽北大的容庚屬於被驅逐之列，對傅的講話和做法表示不能理解，於是有了這封辯駁性質的公開信。其中寫道：「公之被命代理校長，全校方翹首跂足，望公之來如望歲焉，於今兩月矣。誠不測公所以姍姍來遲之故。意者以漢奸走狗，不堪下刀欲其澌滅於無形乎。公嘗自負為『暗嗚叱咤，千人皆廢』之西楚霸王。庚辱知交十餘年，未嘗不冀公能變化氣質，為『豁達大度，善於將將』之漢高祖。故敢為公借前箸籌之」（下章有詳述）。

34 對於這句話，有研究者認為傅斯年「將毛澤東比作雄才大略的項羽、劉邦，並將不堪大任的國軍比作功敗垂成的陳勝、吳廣」（石舒波，《龍山春秋》〔鄭州：大象出版社，二〇〇八〕）。此說恐怕有誤。當時的「國軍」正配合盟軍進入對日本軍隊的全面反攻階段，達到了自抗戰以來如日中天，最為輝煌的鼎盛時期，何以用來與那兩個自喻為鴻鵠實為燕雀而究不能成大器的草莽英雄陳勝、吳廣類比之。傅其言，實乃以項劉比作國共兩黨，具體言之，乃以項劉比作蔣介石與毛澤東。陳勝、吳廣是對自己以及「五四」時代的學生領袖羅家倫等輩無可奈何的自嘲與自謔，甚或還有那位早已逃離延安（一九三八年）投奔蔣介石，並言「在外糊塗多年」，決心「棄暗投明」，聲明脫離共產黨，跟隨國民黨效犬馬之勞的張國燾之流之諷刺。從傅的話中還可看出，此時的他依然沒有把所謂的第三黨——民主同盟放在眼裡，更沒有產生黃炎培、章伯鈞、羅隆基輩認為的「蒼茫大地」，須由民盟來力主沉浮的幻覺。因而，這也注定了傅在延安的觀察與感受，與黃、章等人的大不同。

35 陳寅恪著，陳美延編，《陳寅恪集．書信集》（北京：生活．讀書．新知三聯書店，二〇〇一）。

36 中國社科院科研局編，《中國社會科學院學術大師治學錄》（北京：中國社會科學出版社，一九九九）。另，關於尹達撰寫《報告》一事，中科院編的《治學錄》做了如下敘述：一九三六年春，尹達（一九〇六—一九八三）從殷墟被抽調到山東日照兩城鎮參加龍山文化遺址考古，由梁思永帶隊。這次發掘是為進一步探討新石器時代龍山文化的面貌，共發掘五十多個龍山文化時期的墓葬。發現最多的是陶器，墓中的頭骨已經腐朽，經多方努力，收取了三十多個。

發掘所得於秋天運到南京。撰寫發掘報告的重擔落在尹達肩上。他一面參加清理標本的工作，一面著手整理記錄，編寫考古報告。報告的主體部分寫好後，還沒有來得及寫結論，日本帝國主義的鐵蹄已經長驅直入，南京告急。一九三七年秋，尹達隨史語所匆忙遷往長沙，敵機很快就對長沙開始轟炸。國難當頭，尹達決心忍痛放棄即將完成的研究項目，毅然離開個人收入優厚、工作條件令人羨慕的學術機構（南按：假如此說讓當年流亡西南邊陲的傅斯年、陳寅恪們讀到，不知將情何以堪），投身到民族革命戰爭的偉大洪流。他和幾位同事相約結伴，投奔延安參加抗日。一九三七年的年終這一天，尹達到達延安。

關於《山東日照兩城鎮史前遺址發掘報告》稿，考古學家梁思永在其一九三九年以「龍山文化」為主題所發表的論文中說：「這個報告將成為對於山東沿海的龍山文化的標準著作，是研究龍山陶器不可缺少的參考書。」另據近年從臺灣傳來消息說，中央研究院史語所將用尹達的原名劉耀，出版這部塵封了半個多世紀的考古報告的未完稿。這份由史語所帶到臺灣去的考古報告稿，在經過六十多年的世事滄桑之後，終於獲得了問世的機會，但報告的執筆人卻已命赴黃泉，無法看到自己的心血結晶了。

37 據臺灣中央研究院史語所檔案。

38 朱瑞熙、徐曰彪，〈范文瀾〉，收入中國社會科學院《當代中國社會科學名家》編寫組編，劉啟林主編，《當代中國社會科學名家》（北京：社會科學文獻出版社，一九八九）。

39 趙儷生，《趙儷生文集‧籬槿堂自敘》卷五（蘭州：蘭州大學出版社，二〇〇二）。

40 范文瀾，《中國通史》（北京：人民出版社，一九九四）。

41 新中國成立後，黃炎培以七十四歲高齡當上了政務院副總理兼輕工業部部長，這是中共投桃報李的酬謝。而黃也知恩圖報，據傳他是民主黨派中第一個喊出「毛主席萬歲」口號的人，而彭真是中共派系中第一個發明「毛主席萬歲」的人，但這個最早的發明權到底歸黃還是歸彭，在黨史研究界一直爭論不休。

42 黃炎培，〈延安歸來〉，《八十年來：黃炎培自述》（上海：文匯出版社，二〇〇〇）。

43 同前注。

44 同前注。

45 左舜生，《近三十年見聞雜記》（香港：香港自由出版社，一九五二）。

46 羅家倫，〈元氣淋漓的傅孟真〉，收入國立臺灣大學紀念　傅故校長籌備委員會哀輓錄編印小組編，《傅故校長哀輓錄》（臺北：國立臺灣大學，一九五一）。

47 歐陽哲生主編，《傅斯年全集》卷四（長沙：湖南教育出版社，二〇〇三）。

48〈「九一八」一年了！〉，《獨立評論》一八號（一九三二年九月十八日）。

49 李濟，〈創辦史語所與支持安陽考古工作的貢獻〉，《傳記文學》二八卷一期（一九七六年一月）。

50 唐縱著，公安部檔案館編注，《在蔣介石身邊八年：侍從室高級幕僚唐縱日記》（北京：群眾出版社，一九九一）。

51 羅哲文，〈李莊憶舊〉，《四川省歷史文化名鎮——李莊》，收入熊明宣主編，《四川省歷史文化名鎮：李莊》（內部發行）（宜賓：李莊人民政府，一九九三）。

52〔美〕費慰梅（Wilma Fairbank）著，成寒譯，《中國建築之魂：一個外國學者眼中的梁思成林徽因夫婦》（上海：上海文藝出版社，二〇〇三）。

53 劉東平，〈古建築的保護神：梁思成〉，《人物》二〇〇一年一期。

54 除了羅、鄭等人提供的證據外，在李莊還流傳著這樣一個段子。據羅南陔之子、原南溪縣政協委員羅萼芬說：「美國投放到日本的兩顆原子彈，為什麼沒投到京都、奈良？這個故事就發生在羊街八號我家。當時羅斯福要向日本扔原子彈，但不知道扔到哪裡合適，就問蔣委員長，介公也不知扔到哪裡是好。於是有人建議把梁思成接到重慶，徵求一下他的意見，看這原子彈咋扔合適，讓他畫個圈圈。梁思成臨走時，專門來到我家，找到我的父親羅南陔，要他好好照顧梁思永，還說美國要炸日本本土，但不知炸哪裡好，圈圈畫在何處也心中沒數。當時梁氏兄弟與我父親就商量，最後說哪裡都可以炸，但就是不能炸京都、奈良，因為那裡有很多古建築，一炸就太可惜了。梁思成很同意這個看法，說了些話就走了。日本決定投降後，梁思成從重慶回李莊，又來到我家看梁思永。我父親與他兄弟倆聊天，梁思成說，美國這次轟炸，日本的城市毀壞得很厲害，但最後還是按照我們商量的建議，沒有炸京都、奈良。後來羅斯福說光用常規炸彈還不行，需要扔幾顆原子彈，要不日本人不得幹，來問我。我還是那個建議，扔哪裡都可以，但就是別扔到京都、奈良。後來美軍就參考了我畫的圈圈，就把原子彈扔到了廣島和長崎。」羅萼芬說：「梁思成說這話的時候，我正好在旁邊給他們倒茶，就聽到了。所以說美國炸日本和扔原子彈，故事就發生我家。這個事從我家傳出去以後，李莊的百姓就說：『不是美國原子彈，日本投降不得幹；美國丟下原子彈，打得日本直叫喚。』後來羅哲文來李莊，問我這個事，我告訴他，他才把事實真相寫出來。」

羅萼芬老先生的這段話，自然是孤證難立，目前仍沒有找到其他材料可以佐證，羅哲文確實回李莊訪問過，但對此說表示懷疑。既然羅老先生說得言之鑿鑿，就只能作為一說記錄於此，姑妄言之，姑妄聽之吧（二〇〇三年九月二十六日，岳南在李莊羅萼芬家中採訪記錄）。

55《日本問題文件彙編》第一集（北京：世界知識出版社，一九五五）。
56 孟慶瑞、鄭復櫟主編，《第二次世界大戰簡史》（武漢：中國地質大學出版社，一九九六）。
57 重慶《中央日報》，一九四五年八月十一日。
58 重慶《中央日報》，一九四五年八月十一日。
59〈致俞大綵〉，收入傅孟真先生遺著編輯委員會編，陳槃等校訂增補，《傅斯年全集》第七冊（臺北：聯經出版公司，一九八〇）。
60〔美〕費慰梅（Wilma Fairbank）著，成寒譯，《中國建築之魂：一個外國學者眼中的梁思成林徽因夫婦》（上海：上海文藝出版社，二〇〇三）。
61《中央日報》（副刊），一九四五年八月十四日。
62 李霖燦，〈大匠誨人有典型：記濟老二三事〉，《中央日報》，一九八五年十二月三十日。作者李霖燦原在中央博物院籌備處工作，著名納西文字研究專家、美術史家，一九四八年年底押運古物去臺灣，一度出任臺北故宮博物院副院長，一九九九年去世。
63《中央日報》，一九四五年八月十六日。
64 同前注。
65 引自黃仁宇，《從大歷史的角度讀蔣介石日記》（北京：九州出版社，二〇〇八）。
66 王作化、王晉陽，〈第一個報導日本正式簽字投降的中國記者〉，《縱橫》二〇〇五年九期。

第五章

北大春秋

一、棄北大入內閣

就在日本正式投降的第二天，國民政府教育部長兼中央研究院代院長朱家驊找傅斯年談話，讓其出任北京大學校長，為復員北平做準備（南按：時朱已去國民黨中央組織部長職改任教育部長）。同時承諾傅斯年賴以起家並作為根據地與大本營的中央研究院歷史語言研究所，仍由傅本人牢牢地攥在手心，他人不得染指。朱家驊最後強調，這一決定不只是教育部和行政院，更是介公的旨意。

早在抗戰勝利前夕的一九四五年五月三十一日，國民黨一中全會常務委員會宣布行政院院長蔣介石、副院長孔祥熙辭職照准。遴選宋子文當行政院長，翁文灝為副院長，受命組閣。由於宋子文與時任西南聯大常委、北京大學校長的蔣夢麟皆為留美派系的首要人物，且二人關係密切，宋便拉蔣夢麟出任行政院祕書長。蔣夢麟在翁文灝的幫腔與自己的妻子陶曾穀串通、蠱惑下欣然同意，並於六月答應就職。

時蔣夢麟正在美國考察教育和採購洽商教學儀器、圖書，同時物色一批新教授，以為即將勝利復員的北大重建做準備。想不到圖書儀器沒到手，要聘請的人沒見到一個影子，自己卻棄北大當起政府的官僚。這一決定不但事前未與北大同人商量，事後也不致信向北大教授們解釋。更離譜的是，蔣自美國回國經過昆明也未下機到聯大看一眼，徑飛重慶。直到六月末，蔣夢麟才給北大歷史系教授兼校祕書長鄭天挺寫了一封信，說明自己到行政院當官的事，並有自己「仍可兼任北大校長。西南聯大常委事擬請周炳琳先生代理。北大事務擬請你偏勞」[1]等語，這一不合常情的舉動，立即引起北大教授們的強烈不滿，法學院院長周炳琳對此事尤為憤慨，感情異常衝動，大罵蔣夢麟不仁不義，無情無義，典型的混帳王八蛋。接信的鄭天挺也氣憤地對周炳琳說道：若「果有此事，未免辱人太甚，不惟（蔣夢麟）個人之恥，抑亦學校之恥」。又說：「（蔣）師果允之，則一生在教育界之地位全無遺矣！」[2]在鄭天挺等教授們的眼裡，蔣夢麟是天下士林罕有其匹的重量級甚至宗師級人物，這樣的人物在抗戰勝利之際拋棄北京大學，去做一個宋氏門下的幫閒者，實在令人費解和感到悲哀。但蔣夢麟對此卻不以為然，照樣我行我素，在蔣氏看來，他之所以做出這樣的選擇，實屬有著不得已的理由。

一八八六年生於浙江餘姚錢塘江岸蔣村的蔣夢麟，原名夢熊，字兆賢，別號孟鄰。按蔣夢麟在自傳中的解釋，蔣姓始祖是周代替成王攝政的周公的第三個兒子，被分封到黃河流域下游一個叫「蔣」的小地方，後來子孫統以蔣為姓氏。三世紀之前，蔣氏一支遷往長江流域，因而有了江南無二蔣的說法。據蔣氏家譜云，蔣夢麟一支的祖先是元末從徽州遷到浙江奉化，又從奉化輾轉來到餘姚定居，繁衍開來的，與一直在奉化居住的蔣介石一支屬於近族，後來蔣夢麟一直受到蔣介石的尊敬和照拂，與二人同族同宗有一點關係。

蔣夢麟幼年在家鄉餘姚蔣村私塾讀書，十二歲進入紹興中西學堂，開始學習外語和科學知識。後參加家鄉科舉考試，得中秀才。一九〇八年八月赴美留學，次年二月入加州大學，先習農學，後轉學教育。一九一二年於加州大學畢業後，赴紐約哥倫比亞大學研究院，師從杜威（John Dewey）攻讀哲學和教育學，比同門的胡適進入該校早了三年。一九一七年蔣畢業時，胡適也完成了哥大的學業即將離校。兩人不同的是，胡適於這年五月在答辯場上「面如死灰」，口吐白沫，差點昏倒在地，終未闖過最後一道鬼門關。而端坐殿中專管在鬼錄上簽名的閻王爺兼教授老頭子杜威，只是捋著自己花白的鬍子假裝糊塗，壓根不把眼前這位黃皮膚的「支那蠻」放在眼裡。年輕的胡適折戟沉沙，愴然淚下，不得不捲起鋪蓋，含恨離開哥大，赧顏東歸。這一年三月，蔣夢麟在哥倫比亞大學答辯場上躍馬挺槍，過關斬將，連續掀翻了幾位端坐在主考臺上不可一世的活閻王，終於突出重圍，闖過鬼門關，一舉拿下了該校哲學和教育學博士學位，大功告成。而同出一個師門同期畢業的胡適，拿到該校博士學位要比蔣夢麟整整晚了十年，而胡適坐上北京大學校長的椅子，則比蔣夢麟晚了十七年。

據說，當年蔣夢麟是背著陪伴了他海外留學九個年頭的一條毛毯，吹著口哨離開哥倫比亞大學的，可見其風流瀟灑、春風得意之態勢。蔣在美國留學時就與孫中山結識，並出任過孫中山在舊金山指導的革命性報紙《大同日報》主筆。因了這層關係，蔣氏歸國後先是充當臨時大總統孫中山的祕書，助孫撰寫〈實業計畫〉等文，其間結識了許多國民黨要人。五四運動爆發後，蔡元培辭職出走，由蔣夢麟出任北大代理校長（南按：在蔡元培任校長期間，蔣氏長期擔任總務長，曾三度代理校長）。當時孫中山曾寫信給蔣夢麟，其中有「率領三千子弟，參加革命」[3]等句，對蔣寄予了殷切厚望。因了這一風雲際會，蔣夢麟於一九二七年出任浙江省政府委員兼教育廳長、浙江大學校長等職，後為國民黨北伐成功後南京國民政府第一任教育部長。一九三〇年，因與國民黨幾位元老意見相左，蔣辭部長職，出任北大校長，並適時地提出了「教授治學，學生求學，職員治事，校長治校」的口號。儘管遭遇戰亂，但在蔣夢麟任期內北大的教學研究水準都有大幅提高，直至西南聯大八年，也是功績多多，受到學界的普遍尊重。

此次蔣夢麟毅然辭卻北大校長而入主宋氏內閣，令鄭天挺等北大教授大為不解。行政院祕書長的官銜僅相當於一個副部長，早在一九三五年抗戰爆發前，蔣夢麟、鄭天挺等人的好友翁文灝、蔣廷黻二人就分別棄學從政，出任行政院祕書長和政務處長。按蔣廷黻的解釋：「行政院是中國最高的行政單位。由於蔣委員長兼任院長，所以需要祕書人員輔佐他。祕書人員分成兩部分：一部分是以祕書長為首，下有祕書十名。另一部分以政務處長為首，下有參事十名。就理論上說，祕書長是協助院長執行政務的，而政務處長是替院長擬定政策的。易言之，一個要注意法令與慣例，一個要注意行政的效果。雖然理論如此，但事實上兩部分人員都是在一起辦公的。」又說：「所有中央各部會、省及特別市的重大事務都要經行政院通過，各部長、省主席及特別市市長的公文都要呈行政院院長。祕書人員要幫助院長處理這些事務，代他分勞。公文往往由祕書長或處長念給院長聽。特殊重大事件，要為院長做摘要。祕書長和政務處長都是次長階級，均能出席院會。」[4]正是有

青年蔣夢麟

了翁文灝和蔣廷黻的例子在先，鄭天挺才覺得蔣夢麟做此選擇特別不可思議。按鄭的說法，若說為了貪圖功名，早在十幾年前蔣夢麟就出任過國民政府第一任教育部長，算得上是高官大員了。現已屆六十歲高齡，北大校長的社會地位和影響也不算低，何必躬身屈就一個國人皆恨之的國之巨奸院長宋子文的幕僚？當花髮斑白的蔣夢麟低頭躬背，小心謹慎地向一個小自己差不多十歲的晚生宋子文誦讀文件時，情何以堪？此舉真是應了孟子那句名言：「人必自侮然後人侮之。」

面對蔣夢麟如此糊塗的抉擇，鄭天挺認為「為師計，殊不宜」。並把此意思特地致函蔣夢麟原祕書、後演變為其夫人的陶曾穀做了陳述，讓其轉告蔣不要置名節榮辱於不顧，關鍵時刻還須以北大前途與自己的名節為重。但對方不聽勸阻，一意孤行。在此種情形下，北大同人共舉傅斯年以公私兩重友誼向蔣進言，做最後的努力。按傅斯年的人格魅力和與蔣氏的交情，或許能挽狂瀾於既倒。

蔣與傅相識於一九一九年五四運動之後，當時傅剛畢業，但仍在北大西齋暫住，蔣由南方返京，接替蔡元培代理北大校長。傅斯年「肥胖的身材，穿了一件藍布大褂」，向這位代理校長「高談闊論了一番五四運動的來蹤去跡」，不久即離開北平回山東，然後放洋出國。一九二二年，蔣傅二人又在英國見面並有過推心置腹的交談。傅回國出任中央研究院歷史語言研究所所長後見面機會增多，二人關係更加密切。蔣夢麟曾回憶說：「當我在一九三〇年回北京大學時，孟真因為歷史研究所搬到北平，也在北平辦公了。『九一八』事變後，北平正在多事之秋，我的『參謀』就是適之和孟真兩位。事無大小，都就商於兩位。他們兩位代北大請到了好多位國內著名的教授，北大在北伐成功以後之復興，他們兩位的功勞，實在是太大了。」[5]

正是由於這樣一種非同尋常的關係，傅斯年才愛恨交織地勇於出面阻止。想不到依然回天乏力，蔣夢麟並未給他面子，傅斯年弄了個灰頭土臉。對此，傅在給胡適的信中說：「北大的事，是因孟鄰（夢麟）先生到行政院起來的。他這幾年與北大教授感情不算融洽，總是陶曾穀女士的貢獻，大家心中的心理是『北大沒有希望』。我為這事，曾和孟鄰（夢麟）先生談過好多次。他總是說，聯大局面之下無辦法，一切待將來。」又說：「我真苦口婆心勸他多次，只惹得陶之不高興而已。他答應宋到行政院，事先絕未和北大任何人商量過，到此地亦若干日與北大同人無信（過昆飛機未停），我勸他趕快回去一看，也未做到。於是昆明同人吵起來了。」[6]這一吵不要緊，引起了更多教授的憤慨。月底北大召開教授會討論，多數教授主張，既然蔣校長要到政府中樞做高官，是謂「天要下雨，娘要嫁人」的事，阻擋不得，但按教育部制

自美國學成歸國不久的蔣夢麟

定的《大學組織法》，大學校長不得兼任政府其他官職，就是說蔣夢麟既然坐上了行政院祕書長的椅子，就不能繼續兼任北大校長，必須辭掉，然後由在美國的胡適回來執掌北大。這個意見通過傅斯年轉達蔣夢麟和教育部長朱家驊後，蔣仍無動於衷，開始對傅的態度甚好，後來漸漸有所芥蒂防範起來，壓在抽屜裡的北大校長之印就是不交出來，大有與教育部和全體北大師生較勁的感覺。傅見對方如此狗坐轎子——不識抬舉，認為這些反常的舉動「是陶曾穀的把戲」。[7]盛怒之下遂不再顧及師友情誼，開始鼓動朱家驊乾脆來個一不做二不休，立即革掉蔣夢麟北大校長之職，勒令其交出印把子，一了百了。如果對方還算識趣，仍爭取讓蔣氏主動請辭，以保全在北大師生面前的一點面子。朱家驊聽罷認為此計可行，乃與傅斯年合力夾擊圍堵，蔣夢麟只好忍痛割愛，與北大一刀兩斷，公開辭去西南聯大常委及北大校長等本兼各職，義無反顧地加入了宋子文內閣。

蔣夢麟之所以做出令大多數同人不解甚至在大夥看來「羞恥」的抉擇，自有他的想法和理由。所謂人心隔肚皮，冷暖各自知。儘管傅斯年與鄭天挺等輩與蔣夢麟共事多年，但對蔣深層的思想與性格了解得並不夠。在傅斯年看來，蔣之所以做出這個自認為明智實則糊塗的抉擇，與他那位年輕的新任妻子陶曾穀背後鼓搗有極大關係，因為這位風騷加風流兼帶著愛慕虛榮的原教育部祕書，一直認為高官大員的奢侈生活才是真正的闊人的生活，其他職業皆屬低賤之輩，北大校長亦屬此類。因而已是徐娘半老的陶曾穀「尤工媚外」，在昆明短期居住期間，經常組織西南聯大與雲南大學漂亮女生，以慰勞盟軍的名義到俱樂部陪美軍軍官跳舞，且以每小時四美元的價格收費，結果是鬧得雞飛狗跳，廣受學界與社會人士詬病。因了這些「前科」，傅斯年在給胡適信中，明確認為陶曾穀在蔣夢麟辭北大校長問題上做出了很壞的「貢獻」。[8]

傅斯年的說法自是含著對陶徐娘不滿的情緒，且有點藉此洩憤之嫌，但就當時的情形論，把蔣的意願全部歸加到這位半老的徐娘頭上，似欠公允。陶曾穀縱有千種風情，萬般嬌媚，以及千萬顆攀高接貴、驕奢淫逸之心，只要蔣夢麟不為所動，她也只能乾瞪眼而無可奈何。只是蔣氏的身子先自己彎了，那也就怪不得陶徐娘趁勢踹上一腳，來個徹底弄翻顛倒了。就心理學的角度加以探討，蔣夢麟辭北大校長入內閣的「荒唐」舉動，自有其更加複雜和深層的原因，其深層可追溯到他的童年生活。歷史經驗給予人類的啟示是，一個人的童年生活在其心靈裡播下的種子，將終生影響他的性格、思想、事業與前途。對於這一命題，奧地利心理學家佛洛依德研究得更加深入細微。按照佛氏的嬰兒性欲理論，人生中最早的幾年完全決定他的一生，成人後的性格特徵和精神情緒的毛病，都和童年幾個階段的經歷有密切關係。作為「紹興土佬」（蔣夢麟語）的魯迅如此，作為鄉村土財主的兒子「賤相未脫」（魯迅語）兼一代教育家的蔣夢麟也莫能例外。

同大多數中國讀書人一樣，蔣夢麟童年所受的是私塾教育，五歲背誦《三字經》，後來開始攻讀四書五經。據他在自傳中說，那時恨透了家塾，一度蹺課回家，後來老師因勢利導，有針對性地講解課文的微言大義，家國情懷，他才從四書五經裡慢慢了解做人的道理，並有了一些朦朧的修身、齊家、治國、平天下的理想。少年蔣夢麟雖覺背古書既乏味又愚蠢，但當他到了成年，常常可以從背得的古書裡找到立身處世的指南針。而由少年到青年這一時期，當他看到並領悟了所有的學者名流、達官貴人，大都是經過數年寒窗苦讀的煎熬，才終於迎得飛黃騰達的人生風景時，對自己的前途也充滿了無限希望。「吃得苦中苦，方為人上人」，「天子重英豪，文章教爾曹。萬般皆下品，唯有讀書高」，「別人懷寶劍，我有筆如刀」等格言，驅策著年輕的蔣夢麟向學問之途奮力邁進，其情勢「正如初春空氣中的芳香吸引著一匹慵懶的馬兒步向碧綠的草原」。[9]學有所成的蔣夢麟決定參加科舉考試，以此來賭一生之榮枯。在這一思路指導下，他昂首挺胸走進了紹興中西學堂和浙江高等學堂，畢業後參加郡試，初試和複試均榜上有名，為即將踏上「人上之人」的獨木橋奠定了堅實的基礎。

促使蔣夢麟由一度蹺課的頑皮少年，轉化為一個埋頭讀書奮發的「小書生」，除了以上君子大道的滲透，還有一個不為外人所知的偶然事件。這個事件在蔣氏的命運轉折中起了極其重要的作用，並與其形影相隨，相伴一生。許多年後，蔣氏在他的自傳《西潮》中對這個隱祕故事做過詳細的解說：「我故鄉餘姚城外的姚江岸上有一座接官亭，這是各縣都有的。如果有上級官員過境，知縣就在這裡迎候。大約六十年前的一個下午，我發現亭子附近聚了一大堆人。我趕過去一看，原來是大家在觀望學臺和他的隨行人員紛紛下船，有些上岸。這位學臺正預備去寧波主持郡試。前一日，知縣已經從老百姓手中『抓』去好幾條大船，那條專為這位學臺預備的船上裝了好幾只加封條的箱子，至於箱子裡面裝些什麼，自然只有經手的人才知道了。」又說：「我遙望著學臺等一行換了船，學臺踏上最華麗的一隻，隨後這隻載著官吏和陋規禮金的小型艦隊就揚帆順著退潮駛往寧波去了。那種氣派使我頓生『大丈夫當如是也』的感觸。我心裡說從今以後一定要用功讀書，以便將來有一天也當起學臺享受封藏在箱子裡面的神祕禮物。」[10]

正是這頗具神祕色彩、令人心馳神往的一幕，在蔣夢麟幼小心靈裡埋下了「大丈夫當如是也」的種子，這粒種子催促著他在學業與事業雙重世俗功業上奮發努力，一度登上了比那位學臺還要顯赫的權勢寶座。在此後漫長的歲月裡，這粒種子一直伴著蔣氏身心，揮之不去，慢慢生根、發芽、開花、結果。如今，蔣夢麟之棄北大而入政府內閣，正是這粒種子梅開二度，適時開花結果的際會因緣。

蔣夢麟可謂生得其時又不適時。一九二八年，意氣風發的他初次登上中華民國政府教育部部長的高位時，是否享受到了當年家鄉那位學臺「封藏在箱子裡面的神祕禮物」，不得而知。但就當時那種亂象叢生、「城頭變幻大王旗」的社會局面，「神祕禮物」即使可得，也絕不會有什麼貴重的成色。到了執掌北京大學時代，要享受類似的禮物，怕也是心有餘而物不足了。隨著抗戰爆發，不但夢中的「神祕禮物」隨風而去，即使應得的那份乾薪也朝不保夕，生活難以為繼。由於戰爭使中國國土不斷淪陷，日軍又不斷地對海陸進行封鎖，中國經濟又恢復到了舊時代的情況。女人們又搬出她們的紡車，開始用手紡線。用煤油燈的人家開始改用桐油燈照明，抽紙煙的人改抽水煙，家織布代替了機織布。大片田地荒蕪，工廠倒閉，商店關門，鄉野田疇遍布面黃肌瘦的逃荒者與失業人員。而對於賴以避難的西南邊陲，同樣是百業凋敝，經濟一落千丈。在西南聯合大學的蔣夢麟親眼看到「物價則一日三跳，有如脫韁的野馬」。[11]家事校事國事皆令他愁腸百結、焦灼無計與惶恐不安。對於這段經歷，蔣夢麟在自述中說：「抗戰第二年我們初到昆明時，米才賣法幣六塊錢一擔（約八十公斤）。後來一擔米慢慢漲到四十元，當時我們的一位經濟學教授預言幾個月之內必定漲到七十元。大家都笑他胡說八道，但是後來一擔米卻真的漲到了七十元。法屬安南投降和緬甸失陷都嚴重地影響了物價。」又說：「物價不斷上漲，自然而然就出現了許多囤積居奇的商人。囤積的結果，物價問題也變得愈加嚴重。鐘擺的一邊盪得愈高，運動量使另一邊也擺得更高。」[12]

這種令知識分子落魄的生活遭際，時為西南聯大化學系著名的「怪教授」曾昭掄亦深表鬱悶和無奈，他在這年七月六日的日記中記載：「昆明教育界生活日趨艱苦，聯大教授中，每月小家庭開支達五百元者，為數不少。月薪不足之數，係由自己貼補。昨聞黃子卿云，彼家即每月需貼百餘元。一年以來，已貼一千元以上。原來存款，即將用罄，現連太太私房及老媽子的工錢，也一併貼入，同時尚當賣東西到資補助云。」八月二十八日記道：「九時，蔣明謙、買樹槐來談，自稱現今每月掙一百零五元，入不敷出，顧家更無辦法。買又云，彼等住昆師之教員被該校逐出，現已無家可歸。」[13]其悲慘之狀可與乞丐難分彼此，甚至可以於夜間同蓋一塊大廢報紙而成為真正情同手足的階級弟兄了。

一九四二年，聯大中文系教授王力應《中央週刊》之約寫過一篇〈戰時的物價〉的小品文，說：「這兩三年來，因為物價高漲的緣故，朋友一見面就互相報告物價，親戚通信也互相報告物價。不過這種報告也得有報告的哲學，當你對你的朋友說你在某商店買了一雙新皮鞋價值四百元的時候，你應該同時聲明這是昨天下午七時三十五分的售價，以免今天他也去買一雙的時候硬要依照原價付錢，因而引起糾紛。又當你寫信給你的親戚報告本市物價的時候，別忘了補充一句：『信到時，不知又漲了多少。』」又說：「現在有些小地方追趕某一些大都市的物價，恰像小狗背著斜陽追趕自己的影子。但是無論小地方或大都市，人人都在嗟歎物價如春筍，如初日，如脫手的氣球，只見其高，不見其低。有時候又像小學算術裡所敘述的蝸牛爬樹，日升三尺，夜降一尺，結果仍是升高……一向不曾做過生意，現在從北方帶來的原值一元的網球竟能賣得九十元，獲利九十倍，怎不令人笑顏逐開？」對於物價飛漲而教職員薪水也跟著蹦跳而又始終追不上物價的尷尬現實，窮困中仍不忘舞文弄墨的王教授以調侃的筆法寫道：「明年的薪水一定比今年增加：明年如果肯把這一支相依為命的派克自來水筆割愛，獲利一定在百倍以上。」[14]

王力早年考入清華國學研究院，據說是同班三十二名學生中唯一跟隨趙

上海用貶值法幣支付薪水情形和100萬元面值金圓券

元任治語言學課業者，後來負笈遠遊，留學法國，融中西文化於一身，成就斐然，屬於陳寅恪、趙元任學生輩中最出色的學者和語言學家。但據王力自己說，同是我這個人，寫正經的文章時往往為了推敲一個字而「嘔出心肝，若寫些所謂小品，卻是日試萬言，倚馬可待」。出現這種差別的原因，除了王氏自言是「尼姑思凡，動了一念紅塵」之外，當是生活本身的利刃已在他心中劃過無數道帶血的印痕，鬱積於心中的塊壘必須傾吐出來才感到身心舒坦一些，於是便有了他一連串發表於各報刊關於戰時物價與人民生活真相的文章問世。就當時的情形言，與王力處於同一種心境者大有人在，如抗戰期間一直在淪陷的上海行醫的醫學名家陳存仁，於一九四九年漂泊香港後，應《大人》雜誌之邀，連續寫了許多札記類文章，後來結集為《銀元時代生活史》和《抗戰時代生活史》出版。因兩部書多是作者的親身經歷和「發憤」之作，加之收集資料翔實，曾轟動一時，頗為抗戰生活史家重視。在《銀元時代的生活史》中，陳存仁對抗戰時的物價有這樣一段描述：

我為了寫這篇文稿，好多熱心的朋友為我搜集資料，有一位朋友替我在香港大學圖書館中查到戰事開始後，黃金美鈔對紙幣的比數列表如下（按：這裡所謂一元，起初是指老法幣，後來是敵偽時期儲備票，再後來是金圓券銀圓券等。）

一九三八年五月，美金一元，等於四千一百五十八元。（按：這是初見的記錄。）

一九三八年十二月，美金一元，等於六千一百六十元。（按：這是七個月加了半倍。）

一九三九年十二月，美金一元，等於一萬三千二百七十五元。（按：幣值大崩潰了。）

一九四〇年八月，美金一元，等於一萬七千七百二十五元。（按：幣值還是漲。）
一九四〇年九月，美金一元，等於十八元七角八分。（按：幣制已改。）
一九四二年十二月，美金一元，等於二十二元六角。（按：表示這年尚穩定。）
一九四四年八月，美金一元，等於七百八十六元。（按：說明幣值大瀉。）
一九四五年十二月，美金一元，等於十二萬一千餘元。（按：幣值瀉得不像樣子。）

對於戰時物價變遷與高漲程度，陳存仁又列舉親身經歷的兩例加以說明：

一種就是最不值錢的油炸燴（油條），每一條要賣到二千元，後來漲到五千元，再後來漲到一萬元。

還有一樣東西，就是買一盒火柴，要一萬元，什麼紙幣我已記不清楚，我卻算了一算，究竟一根火柴要值多少錢，拿鳳凰牌（最有名的一種）來說，我叫學生細細點一下，一盒火柴大致七十根，用一萬元計算，就是一根要值到一百三十三元。

……

從前銀元的市價，幾天一變，漸漸地成為一日一變，更進一步，成為早晚市價不同，總是漲，漲，漲！幣值總是跌，跌，跌！[15]

這樣的境況，正是在昆明的陳寅恪贈吳宓詩中所言「淮南米價驚心問，中統錢鈔入手空。念昔傷時無可說，剩將詩句記飄蓬」[16]的生動寫照。

一九四三年，李約瑟自英國第一次來昆明時，以一個科學家的眼光與理性，忠實地記錄了西南聯大師生貧困窘蹇的生活狀況：「由於戰爭及世界形勢的轉變，自由中國現在已經與世界的其他部分隔離很久了。」[17]稍後，在專為同盟國科學工作者撰寫的報告中，李約瑟對西南聯大的教學、科研等情形做了這樣的描述：「各系都設在用泥磚建造的『臨時營房』中，房頂上簡單地蓋著瓦和鐵皮，儘管有些房子上有中國式建築偉大傳統的雕簷，內部、地面是夯實的土，攙有少量的水泥。在這種情況下，配置研究和教學用的實驗室體現了高度的聰明才智。例如，由於沒有煤氣可使用，所有加熱必須用電進行，因而（用黏土自製的）電爐的電爐絲用完後，工作陷於停頓，人們發現雲南一家兵工廠的製炮車床的刨屑是很好的代用品。蘇木精買不到時，人們發現與其類似的一種染料可以從雲南土產的一種橘黃色木頭（Coesalpinia sappan）中提取。顯微鏡的載片買不到時，就切割被空襲震破的窗玻璃代替。買不到蓋板就代之以當地產的雲母片。還可以列出許多詳細的事例。」[18]

李約瑟所言非虛，此時西南聯大教學設備的陳舊與落後，所需物資，特別是實驗物品的緊缺，不忍追憶。據化學系學生吳大觀在一篇回憶楊石先教授的文章中說：「二年級第一學期上化學實驗課，每兩個同學一組，火柴盒裡僅裝三根火柴，做完實驗，按規定要把火柴盒連同借用的儀器一起還回去。我做完實驗，把火柴盒一搖，空了，便將空盒毫不介意地丟到靠門的垃圾堆裡。當保管員問我火柴盒，我卻回答：『一個破火柴盒還要它幹嗎！』第二天下午，楊先生把我叫到辦公室（楊石先，留美博士，原為南開大學教授，時任西南聯大化學系主任），我一眼就看到了放在桌上的火柴盒，心裡一怔，知道壞事了。楊先生真的生氣了，緊鎖眉頭，眼睛冒火，毫不原諒地指責我不知國家在抗戰中的困難，辦學不易，一口氣給我講了許多做人的道理。有一句話我至今不忘：『你耍什麼大爺脾氣，我要停止你的化學實驗。』仔細想想，在抗戰的歲月裡，一根火柴都十分珍貴，何況一個空火柴盒！通過一個火柴盒，我悟出了一個中國人生活的真諦：愛惜公物，勤儉節約。」[19]吳大觀同學後來所悟出的「生活真諦」，當然不只限於「中國人」，它對一切國家的人類皆適應。只是在中國最為艱難的抗戰時期，作為一個中國青年學子，當更應恪守並從內心深處領會這一真諦的意義，也只有如此，才能於無盡的苦難中保留住心中那粒充滿了希望與光明的火種。

也就在初次訪問中，李約瑟還看到：「學生們住在糟糕擁擠的宿舍裡，並且遭受著肺結核一類疾病的嚴重侵襲。因為缺乏洗滌設施，沙眼一類的感染非常普遍。但普通科學工作者現在的生活與以前相比差距更顯著，有重大成果的男女科學家也住在院子周圍搖晃的舊房子裡，無法保持清潔。工資只漲了七倍，而雲南的生活費用上漲了一百零三倍。我只能做這樣的比喻，就像一個人有了一套舒適的公寓並擔任了年薪一千鎊的職務，後突然變成每年不到七十英鎊，因此要生活在阿蓋爾郡的海岸上，就要節省每一個先令。一些在歐美名聲顯赫的人常常難以填飽肚子。」[20]

李約瑟究竟不是文科出身的秀才，他對聯大師生理解的同情當然會為中國人民乃至世界進步人類「理解」，但在行文中所做的這個蹩腳的比喻，既不夠高明又不夠「科學」。此時的聯大教授哪裡會有阿蓋爾郡海岸上的「舒適的公寓」，有的只是在髒亂的陋巷或偏僻荒涼的郊外風雨飄搖的幾間土屋。在這個黑土屋裡居住的教授及家人們，不是要節省「每一個先令」，而是需要想方設法從外面弄進家門一文大錢以便活命，有的人就是因為難以弄進一個「先令」而險些喪命。時任西南聯大物理學教授的吳大猷，先是租住在昆明市內周鍾嶽公館一層，後為避敵機轟炸攜家遷到郊外崗頭村，進城上課比較麻煩，對此，吳曾回憶說：一九四三年春天，「有一天我從崗頭村搭一輛馬拉的兩個輪子的板車去西南聯大上課，馬驚跳起來，把我摔下車的路旁。因為後腦受震，暈倒臥床差不多一個月。內子阮冠世本來便連病了幾年的，因為又擔心，又侍候我，等我稍痊了，她便病倒下來。脈搏微而快，有時數也來不及數。身體太弱了，醫生看也沒有什麼辦法……第二天城裡北京大學的辦事處的金先生下鄉來，看看是否要預備後事了。幸而冠世掙扎過去，病臥了幾個月，到了冬天，費好多事，借了一輛病車，從崗頭村送她到西山車家壁的惠滇醫院分院，住了兩個月，總算回過一口氣來。」又說：「現在大家或者不容易想像那時我們孤單單地住在鄉下，一個病危，一個憂急無策的情形。」[21]

吳大猷夫人倏忽間欲登鬼籙的時候，不知陰曹地府哪個值班的小鬼打了瞌睡或發了慈悲之心，倏忽間又越過了鬼門關，重回人間大地生活。相對來說，聯大陶雲逵教授一家就沒有如此幸運了。

一九〇四年出生的陶雲逵，早年留學德國柏林大學和漢堡大學，師從德國人類學家Fisher，攻讀人類學、遺傳學和民族學，獲博士學位後歸國，先後在中央研究院歷史語言研究所、南開大學、雲南大學、西南聯大從事彝族、傣族、納西族人類文化學研究和教學

1936年9月6日，吳大猷與阮冠世結婚留影。

工作，抗戰期間足跡遍布西南地區的山野村寨，成為中國人類學研究領域德國學派的代表人物。在聯大任教並兼任南開大學邊疆人文研究室主任期間，陶氏不畏艱險，赴雲南新平縣魯魁山大寨一帶納蘇（Nasupuo）部族（黑彝，屬於藏緬語系倮群），調查研究當地族群盛行的雞股骨卜風俗和傳布，其成果《西南部族之雞骨卜》轟動學術界而成為民族人類學的經典之作。一九四三年，陶雲逵率領幾名助手離開昆明到大理蒼山洱海一帶進行人類學調查，其間，愛子忽然得了當地人稱為「大熱病」的險症，一夜之間就被病魔奪去了生命，陶雲逵返回昆明，已經永遠看不到可愛的孩子了。貧困的生活與精神的打擊，令陶教授難以承受。未久，身患當時社會和坊間談虎色變的「回歸熱」而病倒（南按：一九三四年六月，北大教授劉半農前往內蒙古等地調查方言音調和聲調，途中遭昆蟲叮咬，染上「回歸熱」。返平後於七月十四日入住協和醫院，當日下午不治而亡，卒年四十三歲。傅斯年曾「為之流涕」，並謂劉是「北大老教員中第一位不該死者」），後來就醫於雲南大學附屬醫院，輾轉病褥達數月之久，最終轉為敗血症而於一九四四年一月二十六日撒手歸天，年僅四十一歲。

陶雲逵身後極度蕭條，夫人林亭玉遭失子喪夫之雙重打擊，經濟貧困，生活無著，痛不欲生，撇下才出生兩個月的女娃，投身滇池欲一死了之。幸有漁民發現，急駕舟前往搭救，將在水中翻滾的林氏用魚網套住提上船來。送醫院搶救時，在其口袋裡發現了一封遺書，世人才知道這位衣衫襤褸的投水女人，原是西南聯大一位著名教授的夫人。事後，南開大學為陶教授爭取撫恤而不得，而林亭玉又無法在昆明生活下去，兩難中，聯大的羅常培、馮文潛、黃鈺生，和陶雲逵生前摯友、留德同學、哲學家鄭昕等發起募捐，湊了路費和一點生活費，才將陶夫人及其襁褓中的女娃送回廣東陽江縣的娘家。

陶雲逵教授一家悲慘至此，那些夫妻兒女健全的

陶雲逵教授在雲南邊疆考察時留影

聘書

茲聘

陶雲逵先生為本大學歷史人類學教授

任期自民國三十二年八月一日起至三十三年七月三十一日止

南開大學校長張伯苓

中華民國　　月一日

1943年，陶雲逵受聘南開大學歷史人類學教授的聘書。（南開大學檔案室提供）

教授家庭，生活亦痛苦不堪，即如蔣夢麟、梅貽琦、潘光旦等聯大的頭面人物，生活處境同樣極端惡劣，難以為繼。據梅貽琦五弟、抗戰時期曾任成都燕京大學代理校長的梅貽寶回憶說：「三十四年美國國務院約請燕京大學指派教授一人，赴美報聘。教授會議推舉我去應邀。由成都起飛，道出昆明，在『五哥、五嫂』家住了一夜（南按：梅貽琦在家族輩分中大排行第五）。校長住宅倒也罷了，只是人口多些，擠些，晚飯實在太簡單了。當晚只見祖彥侄悶悶不樂，迥異尋常。臨睡給我搭了張行軍床，借了條被，就設在『五哥』書架前。他一面看學校公事，我們一面敘談家常。我問到祖彥，『五哥』才說，兩天前跑警報，彥侄把一副眼鏡連盒給跑丟了。家裡無錢給他再配一副，而他沒有眼鏡就不能念書，故而父子都覺十分窘困。我素來服務於私立學校，大致比國立機關待遇好些，而家裡多半有兩份職務收入。亦曾聽說『五哥』在昆明主持聯大，生活不寬裕，但未料到他們一貧至此。遐邇傳聞的校長太太製賣定勝糕的佳話，大概就屬於這個時期。」[22]

梅貽寶所言不差，就在這一時期，教授的月薪只夠半個月吃飯，剩下的半個月只好另想辦法，且多靠夫人們操勞。教授夫人來自五湖四海，為了吃飯，在昆明這塊地盤上開始八仙過海，各顯神通。有的繡圍巾，有的做帽子，也有的做一些小食品拿到街上叫賣。據梅貽琦夫人韓詠華回憶說：「我年歲比別人大些，視力也不很好，只能幫助做做圍巾穗子。以後庶務趙世昌先生介紹我做糕點去賣。趙是上海人，教我做上海式的米粉碗糕，由潘光旦太太在鄉下磨好七成大米、三成糯米的米粉，加上白糖和好麵，用一個銀錠形的木模子做成糕，兩三分鐘蒸一塊，取名『定勝糕』（即抗戰一定勝利之意），由我挎著籃子，步行四十五分鐘到『冠生園』寄賣。月涵還不同意我們在辦事處操作，只好到住在外面的地質系教授袁復禮太太家去做。袁家有六個孩子，比我們的孩子小，有時糕賣不掉時，就給他們的孩子吃。」

又說：「賣糕時我穿藍布褂子，自稱姓韓而不說姓梅。儘管如此，還是誰都知道了梅校長夫人挎籃賣定勝糕的事。由於路走得多，鞋襪又不合腳，有一次把腳磨破，感染了，小腿全腫起來。」儘管如此，還是要風雨無阻地來往奔波，而換來的錢大都給孩子們添置了必需的生活、學習用品，至於自己的生活，「經常吃的是白飯拌辣椒，沒有青菜，有時吃菠菜豆腐湯，大家就很高興了」。[23]

韓詠華一家高興了，潘光旦卻有點不太高興，他除了喝湯，還想吃肉，沾一點腥味，但又無錢購買。於是因地制宜，根據昆明當地耗子又肥又大且無處不在的特點，支起鐵質夾子抓耗子。每抓到耗子便「剝皮去內臟，收拾得很乾淨，切塊紅燒」，全家人分而食之。據潘光旦女兒潘乃穆在回憶文章〈關於潘光旦吃鼠肉的故事〉中所說：老鼠肉的味道「感覺和吃雞肉、兔肉差不多，並無異味。吃過之後也沒人因此害病」。[24]潘光旦吃耗子肉的事很快在昆明和更大的範圍傳開，經過好事者不斷加工渲染，一時成為街談巷議的話題。這一話題若干年後得到了馮友蘭證實，馮氏說：「潘光旦吃耗子肉的事，也盛傳一時。他的兄弟是個銀行家，在重慶，聽說他吃耗子肉，趕緊匯了一點錢來，叫他買豬肉吃。」[25]於是，潘光旦吃耗子肉的故事才漸漸消停。

二、蔣夢麟辭別北大之謎

正是昆明的艱難生活與困苦處境，最終導致蔣夢麟的思想和人生觀發生了大的嬗變。北京大學校長在士林中吵吵嚷嚷，看上去熱鬧風光，但說到底還屬儒生、寒士一個。按照古代對社會各階層的劃分，在三教九流中，儒生列入九流之「中流」階層。到了元朝，政府按人們所從事的職業，把被征服的臣民劃分為十個等級即「十流」：一官、二吏、三僧、四道、五醫、六工、七匠、八娼、九儒、十丐。此時的儒生已經成為地地道道的「臭老九」，位列娼妓之後，連一個妓女的地位都不如（南按：再後來的「文革」期間，「臭老九」們多數成了反革命分子而被送進大獄，享受起老虎凳與辣椒湯的待遇了），與乞丐成了門對門、眼對眼的親兄弟。作為一個大學校長，幾近一個丐幫幫主，並無真正的地位和風光可言，其落魄之狀在戰時的昆明尤為明顯。一九四三年十二月，在昆明的蔣夢麟利用鑽防空洞的時間，以英文撰寫完成了自傳體回憶錄《西潮》一書。在寫作間隙，他曾寫信給正在美國任大使的胡適，希望對方能幫忙校正一下其中的錯誤。在談到自己不用中文而用英文寫作時，表面上的理由是在防空洞光線不足的情況下，使用英文寫出的字較易辨識，但內在的動機還是為了在美國出版方便。此時蔣的五個子女都在學校讀書，開銷頗大，一切全靠自己與妻子微薄的收入艱難支撐，因而在請胡適校正的同時，也希望對方設法幫忙在美國尋找出版商盡快出版，以便「能賺點稿費養家餬口」。蔣認為在當時的貧困處境下，「如能摸幾文錢，使全家的靈魂不與體魄分離，已是意外的收穫了」。[26]身為國立北京大學校長，竟困窘至此，確也是令人扼腕太息。

與西南聯大教授包括蔣夢麟、梅貽琦等校長級的人物生活條件形成鮮明對比的是，在抗戰的大後方，同時存在著「朱門酒肉臭」的現象。身為名牌大學校長，有時總不免要參加一些官場、豪門的聚會，對這些聚會的場面以及宴會的奢侈程度，蔣夢麟沒有留下太多記錄，但從梅貽琦日記中可以尋出一些線索。如一九四一年十月十三日，梅在日記中寫道：

> 晚曾養甫請客在其辦公處（太和坊三號），主客為俞部長，外有蔣夫婦、金夫婦及路局數君。菜味有烤乳豬、海參、魚翅；酒有Brandy、Whisky；煙有State Express。飲食之餘，不禁內愧。[27]

曾養甫乃廣東平遠人，北洋大學畢業後留學美國，歸國後曾任廣州特別市市長、廣東財政廳廳長等職，一九三四年發起興建錢塘江大橋，並對主持修建大橋的茅以昇助力甚多。時任交通部滇緬鐵路督辦公署督辦。日記中提到的蔣夫婦，即蔣夢麟與陶曾穀。面對如此豐盛的酒肴，梅貽琦在深感「內愧」的同時，不知蔣氏夫婦做何感想，想來應該感覺很爽的吧，至少陶曾穀的心中是會有這種感覺的。

一九四三年一月二十七日，梅貽琦日記載：

晚赴李希堯夫婦飯約，主客為美國各部高級武官，男女客共四五十人，酒肴均甚豐盛，或太費矣。[28]

一九四五年十月三十一日，梅貽琦又記：

下午在常委會之前約孟真來談關於兩校復員問題。七點前會散，赴段克昌（曉峰）飯約，因其請帖未書「夫人」，故余自往。他客為衛夫婦、梁華盛夫婦、關太太、邱太太。菜甚好，金錢魚、北風菌、鹿筋、熊掌等羅列滿前，惜太多，不能盡賞耳。[29]

段克昌時為陸軍軍需監（後為總監），其職屬典型的肥差，從菜肴中罕見的鹿筋、熊掌即可見差使之肥。這個宴會也正應了當時流行的一句話「前方吃緊，後方緊吃」，且奢侈得讓客人眼花撩亂，以至到了「不能盡賞」的程度。這一情形正應了聯大教授王力所言：「路有凍死骨的反面是朱門酒肉臭。用不著研究經濟學，大家都能明白，朱門的酒肉越臭，路上的凍死骨越多。」[30]甚也。

然而，這些宴會只是表面上奢華的一面，至於高官大員們貪汙受賄、中飽私囊更是驚世駭俗。一九四五年，蔣夢麟的本家兼好友、原清華名教授、後為行政院政務處長蔣廷黻調任救濟總署署長，其奢華與氣派程度從他的侄子，自小跟隨蔣廷黻長大的蔣濟南後來在《人民日報》發表的〈致蔣廷黻的一封公開信〉中可見一斑。蔣濟南說：「救濟總署黑幕重重，如以汽車送人，大批冰箱被宋子文拿到私人公館去了，救濟物資，好的賣了吃了。壞的一部分丟到海裡（丟到海裡也有好的，後來又有人控訴），以一部分給了老百姓。你到湖南去時，余籍傳（湖南分署長）準備了好久，要『歡迎』你，花了二千萬（當時相當於十部大新卡車的價）。國民黨政府貪汙案件處處有，而以救濟總署最甚，美國人也在內。芝麻大的官也有一大幢房子，一部汽車。你看看，福州路一百二十號停了多少汽車？建國西路五百七十號房子，是汪精衛的『公館』，你接過來大加修飾，住的人經常只有六七人，可是工友卻有二十餘人之多，汽車一叫，工友們便一哄而出來排隊迎接！」[31]此時蔣廷黻的派頭與收受的金錢，已遠遠超過了當年蔣夢麟在家鄉看到學臺所開動的「載著官吏和陋規禮金的小型艦隊」。儘管蔣夢麟沒有親眼看到蔣廷黻衣錦還鄉的宏大豪華場面和私底下收受的賄賂，但類似現象滿目皆是，蔣夢麟不會陌生。閃光耀眼的金錢、寬敞明亮洋房，外加香車、美女，所有這一切，都是刺激蔣夢麟心肺的原料與活生生的榜樣，那種蟄伏在童年記憶中「大丈夫當如是也」的感觸再次從心底萌生，於是便有了在人生的晚年棄學從政，在夕陽沉墜的最後一刻伸手撈一把的夢想。而這一切，也正是其夫人陶曾穀所日夜渴盼的幸福生活。

除了生活貧困造成的壓力，以及在這種高壓下分娩的在人生晚境大撈一把的夢想，在蔣的心中還有一個無法繞開的情結，那便是對學潮的恐懼與厭惡。隨著抗戰勝利的來臨，蔣夢麟憑著十幾年執掌北大的經驗與深刻洞見，深感西南聯大亂象已生，無法遏制的學潮大風暴即將到來，身心俱疲的他再也沒有精力和心境捲入這場前途未卜的政治運動了。

一九一九年，當震動全國的五四運動爆發後，蔡元培為防事態進一步擴大，在營救出

1919年，五四運動中被軍警逮捕的北大學生。

被當局逮捕的學生後辭職悄然離京，自天津、上海一路跑到杭州，在一位朋友家中隱居下來。未久，當時正在南方的蔣夢麟於西湖邊一座住宅密室與蔡元培會晤，蔡向蔣坦陳了自己對北大未來的擔憂，認為自此之後北大的校規校紀將分崩離析，主校者很難維持局面——因為學生們很可能為此次取得的勝利而陶醉，「他們既然嘗到了權力的滋味，以後的欲望將更加強烈，也更難滿足」。[32]

如此下去，後果不敢想像。也正是這次祕密會晤，促使蔣夢麟鼓起勇氣，與前來勸駕的學生會代表張國燾一起，乘火車前往北大代理了蔡元培的校長職務，這是蔣夢麟正式介入北大高級領導層，也是結識傅斯年、羅家倫等五四運動健將之始。主校後，蔣與胡適等教授們接觸並交談時勢，對方同樣表現出與蔡元培一樣的憂慮。

擔憂很快變成了現實，北大學生在「五四」小勝之後，果然為其成功陶醉得忘乎所以。蔣夢麟驚奇地發現，「學校裡的學生竟然取代了學校當局聘請或解聘教員的權力。如果所求不遂，他們就罷課鬧事。教員如果考試嚴格或者贊成考試嚴格一點的紀律，學生就馬上罷課反對他們。他們要求學校津貼春假中的旅行費用，要求津貼學生的活動經費，要求免費發給講義。總之，他們向學校予取予求，但是從來不考慮對學校的義務。他們沉醉於權力，自私到極點。有人一提到『校規』，他們就會瞪起眼睛，噘起嘴巴，咬牙切齒，隨時準備揍人」。[33]這一情形到蔡元培於同年九月重返北大執掌校柄後都未改變。一九二二年十月，北大教授評議會通過一項辦法，規定學生必須繳講義費，此舉令部分學生大怒，馬上揭竿而起，糾集一干人馬氣勢喧騰地來到辦公樓前示威，要求學校當局立即取消這一規定。蔡元培聞訊趕到現場，告訴示威的學生必須服從學校規則，但在勝利中權力欲望膨脹起來的學生，已不再把這位使舊北大脫胎換骨為新式的「北大之父」放在眼裡，繼續高喊口號並張牙舞爪地擁進教室和辦公室，四處尋找主張這條「可惡規定」的人算帳，誓要砸爛他的「狗頭」。蔡元培見對方如此囂張，竟然蹬著自己的鼻子上臉，遂一改往日溫文爾雅的面目，怒目圓睜，一邊把袖子高高地捲到肘子之上，一邊搖擺著拳頭，聲色俱厲地大叫道：「你們這班懦夫，有膽的就請站出來與我決鬥。如果你們哪一個敢碰一碰教員，我就揍他！」[34]

蔡元培向示威的學生逼近幾步，對方就後退幾步，但始終圍成一個半圓形，如同群狼圍攻猛虎，躍躍欲試又不敢強攻，雙方陷入難分難解的僵局。在這尷尬情形中，幸得北大教務長顧孟餘聞訊出面表示延期收費，緊張的局面方得緩和。當然，學生們明白，所謂延期即是取消，示威者再度取得了「勝利」。[35]這件事給蔣夢麟留下了深刻印象，並清晰地記住了在此次紛亂中有一個高個子青年，一直躲在人群背後暗中鼓動學生們高聲叫罵。後來學校開除了幾個鬧得最凶的學生，但這位鬼頭鬼腦的青年卻成了漏網之魚，毫髮未損。多少年後，蔣夢麟在一個偶然的場合發現了他，此人已成為手腕圓滑的政客，而且還是一個心黑手辣的貪官。據說此人抗戰勝利不久即死去，空留下了一大堆造孽錢。對此，蔣夢麟得出一個結論，即生活中那些總是鬼頭鬼腦的傢伙，多半會成為社會的渣滓與不良分子。

當蔣夢麟正式執掌北大之後，學潮越來越凶，並出現了針對他本人的風潮。這個風潮的起因是有一件事蔣拒絕了學生們的要求，部分學生盛怒之中關閉了學校大門，並把蔣夢麟關在校長辦公室施以顏色。情勢緊張中，北大文學院院長胡適通過電話問蔣是否需要找警察救援，但被蔣謝絕。大門關了兩個多小時後，由於需要進出的教員與學生太多，在各方叫罵、推搡甚至廝打的多重壓力下，帶頭鬧事的學生不得不重新打開校門，放人群進出，最後蔣夢麟也被教員們從辦公室解救出來。但鬧事者仍緊跟不捨，叫罵不絕，最後的結局是，幾個帶頭鬧事的學生被學校評議會宣布開除。

對於學潮的爆發和學生們的陶醉心理，蔣夢麟認為，大多數學生開始是出於愛國熱情，起先是遊行、示威、罷課和抵制日貨，接著就轉而攻擊北京政府，因為他們認為一切毛病都出在北京政府身上。等發現沒有重要的國際問題或國內問題足資攻擊時，繼而掉轉矛頭與學校當局作對。造成這一切的主要原因，在於青年心理上的不穩定性，一旦受到刺激而採取行動時，這種不穩的情緒就爆發出來，而作為學校當局，想壓制這種澎湃的情緒是極其困難的。學生如是，工人的情形亦復如此。他們因生活不如意或勞動強度太大而心理不平衡，在找不到發洩與示威對象時，就把一股怨氣發在雇主身上。不過，中央政府或地方政府對付那些罷工工人，要比對付學生簡單得多。有時用武力來鎮壓，有時乾脆就拿機關槍掃射一番了事。後來，段祺瑞執政府認為機關槍是對付一切群眾運動的不二法門，在一群學生包圍執政府時，遭到殘酷的機關槍掃射。一九二六年著名的「三一八」慘案事件，蔣夢麟算是親身經歷者，他在後來的回憶中說：「我在事前曾經得到消息，說政府已經下令，學生如果包圍執政，軍隊就開槍。因此我警告學生不可冒險，並設法阻止他們參加，但是他們已經在校內列隊集合，準備出發，結果不肯聽我的勸告。他們一到了執政府，子彈就像雨點一樣落到他們頭上了。」結果是「這次災難有一百餘學生死傷，二十餘具死屍留在了段執政官邸門前的廣場上，另有數十人在送往醫院的途中或手術臺上斷了氣」。[36]段祺瑞執政府的這種殘暴行動，引起了全國各界人士的普遍抗議，段政府後來終於垮臺，此為重要原因之一。

除了對準政府，似乎永遠處在亢奮中的學生們還經常把矛頭對準號稱由「豬崽」議員們組成的「腐敗之家」——國會。蔣夢麟清楚記得，有一天下午，幾千名男女學生包圍了國會，要求取消議程上若干有關教育的議案，結果學生與守衛警察發生衝突。若干學生氣憤之餘，竟在幾天之後從天津偷偷運來三顆炸彈準備去炸議會，但「這事被我們勸阻了，總算沒有見諸行動，炸彈也運出城外丟到河裡。幾個禮拜之後，一位漁夫撿到其中的一顆炸彈，他把炸彈提在手裡搖來搖去，希望弄清楚裡面究竟是什麼東西。轟隆一聲，炸彈爆炸，炸得這位好奇的漁人血肉橫飛。警方認為這顆炸彈是革命時期投下河去的，因此根本未進行任何調查」。[37]北大當局與那運炸彈的學生算是躲過了一劫。

面對形形色色的學潮和暴力與反暴力行動，十幾年後，在昆明防空洞中就著慘淡昏黃的菜籽油燈回憶這段往事的蔣夢麟，頗有洞見地總結道：「學生勢力這樣強大而且這樣囂張跋扈，除了我前面所談到的原因外，另一個原因是這些學生當時多半是統治階級的子女。學生的反抗運動，也可以說是子女對父母的反抗。做父母的最感棘手的問題就是對付桀驁不馴的子女，尤其是這些子女的行為偏偏又受到鄰居們的支持。工人們情形可就不同了，他們的父母或親戚，既不是政府大員，也不是社會聞人，因此他們命中注定要挨員警察的皮鞭或軍隊的刺刀。只有在學生領導下，或者與學生合作時，工人才能表現較大的力量。」[38]蔣氏之言可謂一針見血，入木三分，真正道出了當時的學生運動與社會形態的內在原因。

1934年1月，從全國各地湧到南京的學生包圍國民黨中央黨部，要求消除內戰，積極抗日，並要求與蔣介石當面對話。蔣介石被逼無奈，只好「出宮」與學生們見面對話。

隨著學潮一浪接一浪湧動不息，原本躲在背後暗中操縱和鼓動的教員，也因欠薪、改革和官僚們腐敗等問題，與時俱進地紛紛走上前臺，向學校當局或政府公開叫起板兒來。如一九二一年六月，北京大學與其他七個國立大專學校的幾百名教員「為飯碗的問題」（陳獨秀語）掀起風潮，直至發生到總統府請願討要欠薪造成流血事件發生。教員們在學生們大隊人馬簇擁下，浩浩蕩蕩地來到教育部，強迫部內大員與聞訊趕來居中調停的八校校長到總統府請願。結果是，當不情願的教育部次長馬鄰翼與八校校長被教員與學生裹挾著來到總統府門前時，沉寂的大門轟然洞開，大批武裝憲警蜂擁而出，刺刀亂刺，槍把亂劈。年齡略長的教員和女學生紛紛跌入濁水遊蕩的溝中，有的滿身泥濘，有的一臉血汙，叫的叫，哭的哭，亂成一片。法政大學校長王家駒像死人一樣躺在地上，紛亂的腳步從他身上臉上踩過，差點被踩成人肉餅子。領頭的北大國文系教授馬敘倫（夷初）額頭被打腫一塊，鼻孔流血，嗷嗷大叫。對於此次流血事件，向來不贊成鬧風潮的胡適在事後的日記中，有些自責地記述道：「我這一年半以來，太『不好事』了。因為太不好事，故我們竟讓馬夷初帶著大家亂跑，跑向地獄裡去！」[39]蔣夢麟則更是深有感觸地說：「多事的那幾年裡，差不多沒有一月不發生一兩次風潮，不是罷課就是罷工。在那時候當大學校長真是傷透了腦筋。政府只有偶然發點經費，往往一欠就是一兩年。學生要求更多的行動自由，政府則要求維持秩序，嚴守紀律，出了事時，不論在校內校外，校長都得負責。發生遊行、示威或暴動時，大家馬上找到校長，不是要他阻止這一邊，就是要他幫助那一邊。每次電話鈴聲一響，他就嚇一跳。他日夜奔忙的唯一報酬，就是兩鬢迅速增加的白髮。」對這一段不堪回首的歲月，已是五十八歲，蹲在昆明地下防空洞筆走龍蛇的蔣夢麟慨歎曰：「我記下這些往事以後，又做了場噩夢，有時看到青年男女橫屍北京街頭，有時又看到憲兵包圍北京大學要求交出群眾領袖。夢中驚醒之後，輾轉反側無法安枕，一閉上眼睛，一幕幕的悲劇就重新出現。」[40]

所謂日有所思，夜有所夢，蔣夢麟此說並不虛妄，當是苦思焦慮的結果。此時的西南聯大已今非昔比，黨派滲透，各種政治勢力介入，使原本較為平靜的校園變得風起浪湧，波詭雲譎，不知什麼時候就將發生奪魂索命的血腥事件。而這個時候，蔣氏對西南聯大那些所謂的左派文人如聞一多、吳晗等輩的囂張氣焰，頗看不順眼，深感西南聯大在聞、吳等「另類」人物的暗中操縱下，已捲於黨派政治鬥爭的急流漩渦而不能自拔，血腥之氣已在整個聯大校舍瀰漫飄蕩。面對這一險象環生、處境難料的艱危情勢，蔣夢麟感到自己桑榆已晚，寒秋將至，再也無力與之抗衡和周旋了，對聯大局面逐漸失去信心，最終產生了對傅斯年所說「聯大局面之下無辦法，一切待將來」的頹廢之想，以及「北大沒有希望」等消極心理。在這一悲觀、頹唐的心理作用下，蔣氏開始為自己的前程打算，並考慮脫身之計。因了這諸多方面的緣由，便有了傅斯年給胡適信中所言，蔣與北大教授之間的感情越來越「不算融洽」了。

除了以上的緣由和心理動機，還有一點令蔣夢麟心裡感到恐懼的是，時逢亂世，若遇到一個善良寬厚的明主，知識分子們尚可苟延殘喘，甚或人五人六地生存下去。而一旦遇到焚書坑儒的秦始皇帝，或比秦始皇帝還要惡劣霸道的新主子，那就不是一場「知識分子改造運動」可以了結的了。稍有不慎，即身陷囹圄，甚至遭遇滅門之災。在這歷史動盪的轉捩點上，寧肯做一個無聊的政府幕僚或幫閒，也比做一個朝不保夕、奔波忙碌的「丐幫」幫主要平穩安全得多。此次入主宋子文幕府，說不定通過宋氏家族的斡旋，還可以順梯登天摘月，撈取更大的高官厚祿，以便獲得在童年時代心嚮往之的家鄉那位學臺「封藏在箱子裡面的神祕禮物」。正是懷揣這樣一個輝煌的夢想，蔣夢麟才不顧北大同人和士林好友們的竭力勸阻，甘願在宋氏小朝廷效犬馬之勞而置聯大於不顧。至於西南聯大解體之後北大何去何從，是有希望還是「無希望」，是死是活，已決心入主宋氏堂廟的蔣夢麟就顧不得許多了。

在學界一片惋惜、困惑甚至怨懟、斥責聲中，國民政府於同年八月免去蔣夢麟北京大學校長職。經蔣介石授意，政府欲任命有「大炮」之聲譽的傅斯年為北大校長，以維持局面。

蔣介石之所以讓傅斯年出面收拾聯大殘局，主持北大復員工作，並非一時頭腦發熱，確是經過一番深思熟慮的。傅斯年本身是一個自由主義知識分子，同時也是知識分子群體中享有很高威信的代表人物，但傅又具有熱心公事、嫉惡如仇的性格，正如他在致胡適信中所說，往往把公家的事弄成了自己的事，最後成為「亦官亦學」之人。恰恰是傅的威望、性格與對政府的忠誠擁護等條件，令蔣介石做出了如此決定。早在一九四五年二月二十六日，蔣介石侍從室高級幕僚唐縱，就奉命與原北大教授、時任《中央日報》總主筆、號稱國民黨權威理論家的陶希聖，交談過知識分子與政府的關係問題。唐縱當天做了這樣一段記錄：「與希聖談轉移自由分子對政府之惡感，希聖認為胡適之為最恰當之人物，可惜適之不能歸。其次傅斯年對西南聯大亦頗能影響，如果自由思想派能了解政府，則青年學生不致為共黨所愚。」[41]

陶氏這一見解為唐縱所接受的同時，對蔣介石自然要產生影響。事隔幾個月，身處亂離之世的傅斯年因歷史的風雲交會被委以重任，但他的頭腦尚屬冷靜，深知北京大學在天下儒林中的分量，更深知此時還有一個比自己威望大得多的學界領袖胡適遠在美國，而胡適才是收拾西南聯大殘局、復興北大的「最恰當之人物」——儘管傅斯年並不知道陶希聖對唐縱所說的話，更不是所謂的「英雄所見略同」，因為胡適在學界的地位則是眾人皆知的。就像當年清華研究院成立之初胡適沒敢忽視王國維、梁啟超的存在一樣，傅氏同樣沒敢忽視胡適這個高大身影的存在，只要胡老師一息尚存，自己是萬萬不能邁過鍋臺上炕，窺視北大第一把交椅的。於是，傅遂向朱家驊建議，讓德高望重的胡適回國主持北大事務，自己可做胡氏大旗下的一個大字號嘍囉搖旗吶喊，擂鼓助威。朱聞聽此言，出於複雜的考慮，對胡適頗不以為然，且對傅的薦舉表示冷淡。但傅斯年既不上任，又令朱很感為難，只好推託此舉是稟承黨國最高領袖介公的旨意，不好擅自更改，否則將有「欺君之罪」，如傅氏堅持不就，可逕自奏明介公，與教育部無涉云云。朱的一番說辭，傅斯年覺察有推託之意，但仍不改初衷，決心讓自己尊敬的胡老師來坐北大第一把交椅。

八月十七日，傅斯年決定放手一試，逕自上書蔣介石，動之以情，曉之以理，為自己不敢承襲如此名譽和重擔開脫。書中說道：

主席鈞鑒：

昨日朱部長騮先先生以尊　命見示，謂蔣夢麟先生之北京大學校長出缺，即以斯年承乏。騮先先生勉之再三，云意出鈞裁，強為其難。伏（夫）思斯年以狷介之性，值不諱之時，每以越分之言，上塵　清聞；未蒙顯斥，轉荷　禮遇之隆，衷心感激，為日久矣。今復蒙　眷顧，感懷　知遇，沒齒難忘。惟斯年賦質愚戇，自知不能負荷世務，

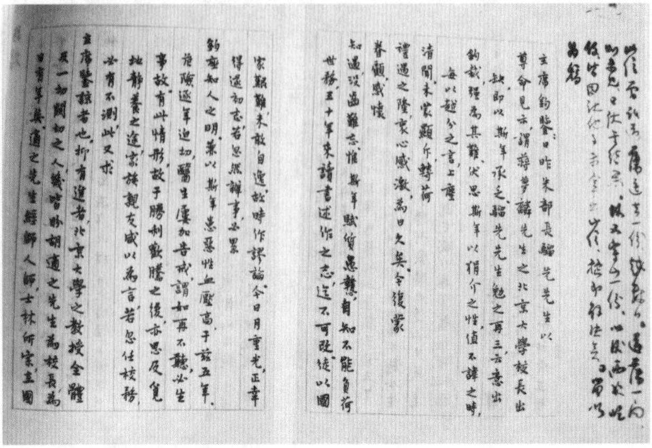

傅斯年給蔣介石的信（一）

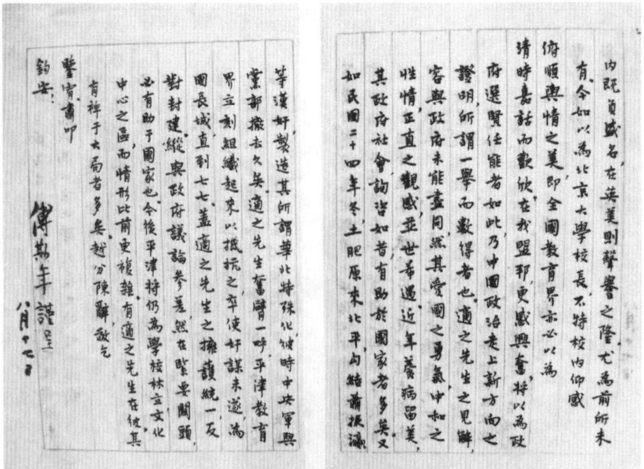

傅斯年給蔣介石的信（二）

此二圖為傅斯年給蔣介石的信，信首有傅斯年自注：此信曾託道藩送去一份，越數日，道藩一問則未見，只說無結果。故又寫此一份。以後兩次吃飯，皆因說他事未拿出此信，旋即解決矣。留以為稿。（臺灣中央研究院歷史語言研究所傅斯年檔案館「傅檔」）

三十年來讀書述作之志，迄不可改。徒以國家艱難，未敢自逸，故時作謬論。今日月重光，正幸得遂初志，若忽然辦事，必累　鈞座知人之明。兼以斯年患惡性血壓高，於茲五年，危險逐年迫切，醫生屢加告戒，謂如再不聽，必生事故。有此情形，故於勝利歡騰之後，亦思及覓地靜養之途，家族親友，咸以為言（然）。若忽任校務，必有不測，此又求主　席鑒諒者也。越分陳辭，敬乞　鑒宥。肅叩

鈞安！

傅斯年謹呈　八月十七日

傅斯年開頭所說的顯具六朝駢文特性的幾句話，單從行文來看，儘管有官場慣用的套話與阿諛奉承的氣味，但也不乏真誠。作為文章斫輪老手，傅氏在分寸的拿捏上不失為恰到好處，無論是自謙還是抬捧，並不顯生硬，對方心中一定很爽並願意笑納。而「每以越分之言」等句，想來二人都心照不宣，自是孔祥熙被罷官的暗指，而孔氏之丟掉官帽，蔣介石是在迫不得已的情形中，不惜得罪夫人宋美齡和樹大根深的孔氏集團與姻親宋藹齡，於痛苦中做出的抉擇。凡事一有被迫，被脅迫之人自是對脅迫者心懷怨恨，此為人之常情。儘管各自肚中明喻的方式巧妙地舊事重提，顯然地是把對方置於一個夾道跑馬不能回馬的境地，而此時的蔣介石對傅的「越分之言」當是更進一步理解與釋然了。在傅斯年這邊，僅是對舊事和自己的「忠心」理解和釋然是不夠的，必須拿出過硬的理由讓對方在保持權威和面子的情況下收回成命，絕不能讓一個國家元首感到自己令不能行，並為此惱怒或失落，更不能讓蔣公

心中萌生傅氏此舉乃驕狂自大，甚或狗坐轎子——不識抬舉的印象。於是有了傅斯年祭出「惡性血壓高」這一撒手鐧，以保全於萬一。傅氏之說並非故弄玄虛，後來赴臺灣出任臺大校長就是因此病而倒於講臺。在重慶時，孔祥熙經常對人放風，「聽說傅斯年快不行了」，也是緣於此惡症，想來蔣介石讀到此處，會多少有點感動並生出一絲諒解之情的吧。

當然，傅斯年上書的目的不僅在此，根據肥水不流外人田的古訓，既然聚義廳這把椅子自己不願或不便來坐，也不能便宜了別人，總要自家弟兄來坐才好。於是便有了下面這妙文：

> 抑有進者，北京大學之教授全體及一切關切之人，幾皆盼胡適之先生為校長，為日有年矣。適之先生經師人師，士林所宗，在國內既負盛名，在英美則聲譽之隆，尤為前所未有。今如以為北京大學校長，不特校內仰感俯順輿情之美；即全國教育界亦必以為清時佳話而歡欣；在我盟邦，更感興奮，將以為政府選賢任能者如此，乃中國政治走上新方向之證明；所謂一舉而數得者也。適之先生之見解，容與政府未能盡同，然其愛國之勇氣，中和之性情，正直之觀感，並世希遇。近年養病留美，其政府社會，詢諮如昔，有助於國家者多矣。又如民國二十四年冬，土肥原來北平，勾結蕭振瀛等漢奸，製造其所謂華北特殊化，彼時中央軍與黨部撤去久矣，適之先生奮臂一呼，平津教育界立刻組織起來以抵抗之，卒使奸謀未遂，為國長城，直到七七。蓋適之先生之擁護統一，反對封建，縱與政府議論參差，然在緊要關頭，必有助於國家也。今後平津將仍為學校林立、文化中心之區，而情形比前更複雜。有適之先生在彼，其有裨於大局多矣。越分陳

辭，敬乞
鑒宥。肅叩
鈞安！

傅斯年謹呈 八月十七日[42]

與一般的推薦書大為不同的是，傅氏的這些話是頗費了一番心思的，可謂暗伏玄機。作為自由知識分子的胡適，在許多方面並不受蔣介石真心喜歡，但胡適對國民黨政府又多是以「客卿」的身分「小罵大幫忙」，大範圍與蔣政權尚屬於一股道上的人，處在內憂外困中的蔣也要拉攏利用，但與黃埔軍校嫡系又大不相同。如果傅氏上書沒有後面幾句話，或許蔣介石還要考慮、掂量一番，有了這幾句，情形就變得非同尋常。傅斯年在不動聲色的起承轉合中暗含了刀兵，並為胡適過去和未來的存在加重了砝碼，其筆鋒之犀利強勁，直讓人想起諸葛孔明的〈隆中對〉：「荊州北據漢、沔，利盡南海，東連吳會，西通巴蜀，此用武之國，而其主不能守，此殆天所以資將軍，將軍豈有意乎？……天下有變，則命一上將將荊州之軍以向宛、洛，將軍身率益州之眾出於秦川，百姓孰敢不簞食壺漿，以迎將軍者乎？誠如是，則霸業可成，漢室可興矣。」

傅斯年一番縱橫捭闔，把胡適的身分和地位上升到治國安邦不可或缺的高度，以及矗立在平津學界不可撼動的定海神針，有胡適即有平津。蔣介石信以為然，遂決定任命胡適為北大校長。九月四日，國民政府頒令：「國立北京大學校長蔣夢麟呈請辭職，准免本職，任命

在駐美大使任上的胡適

胡適為國立北京大學校長。胡適未到任前，由傅斯年代理。」[43]

像當年劉備與諸葛亮沒有想到作為持節駐守的關羽將軍竟大意失荊州，不但做了刀下之鬼，最終導致復興漢室的局面和希望全盤盡翻一樣，此時的蔣介石與傅斯年也沒有料到，三年之後的冬日，駐守平津的學界領袖胡適，於赤水洪流與炮火硝煙中棄北大倉皇南遁，再次上演了一齣歷史悲劇。

三、周作人罵傅斯年「驢鳴」

就在傅斯年、鄭天挺、周炳琳對蔣夢麟的離職滿含悲憤口誅筆伐之時，遠在美國的胡適，一直持冷靜、客觀的態度看待這一變故，並以和事老的口氣不慍不火地為蔣開脫，強調夢麟此舉實乃是「為政府徵調，只是暫局」云云，以此消融北大諸教授的怨聲與憤慨。

當國府發布胡適出任北大校長的消息後，胡沒有推辭，而當時他在美國的尷尬處境也不容許推辭。回國執掌北大，無論是對胡氏個人還是政府，都是一件保存體面、如釋重負的最好解脫機會。但在正式出山之前，像過去皇帝登基需要有一個「勸進」程序一樣，表面上的「遜讓」文章還是要做一做的。於是，胡適拍發了一封致朱家驊、蔣夢麟（南按：胡文稱孟鄰）、傅斯年三人的電報：

騮先、孟鄰、孟真三兄鑒：

江、微、魚電敬悉，緩覆乞恕。世界教育會議，當勉強遵命參加。民國二十年以後，北大復興，孟鄰兄領導之苦心偉績，弟所深知，北大復員，仍不可無孟鄰兄之領導。曾於上月託張仲述帶信與北大同人懇切工述此意。孟鄰兄為政府徵調，只是暫局，孟真兄肯扶病暫代，最可感幸。將來弟歸國，若不得已，亦願與孟真分勞，暫代一時，以待孟鄰兄之歸，此意至誠懇，乞亮察，並乞轉陳主席與詠霓兄，並懇轉致北大同人，至感。弟在外八年，結束稍需時日，擬明年二月海道歸國，並聞。

弟 胡適 蒸（十月十日）[44]

電文發出，禮數算是盡到，既是答應暫代一時，那「一時」的長短與何時權歸舊主，只有看天命人事了。正是這封電報，意味著蔣夢麟與北大徹底脫離關係，這時的蔣或許已經料到，此次一別竟成永訣，再也沒有機會回到他付出過心血與痛楚、充溢著光榮與夢想的北京大學了。

因胡適尚在美國，在歸國之前，國民政府任命傅為北大代理校長，並聘為西南聯大常務委員。在這種情形下，按朱家驊的說法，傅「不得不勉強答應」。

一九四五年九月二十日，傅斯年以西南聯大常委、北京大學代理校長的身分參加了在重慶召開的全國教育善後復員會議。會議就內遷教育機關復員以及教育秩序整頓等問題進行了討論和議決，參加者有朱家驊、翁文灝、李石曾、蔣廷黻等政學兩界大腕。傅氏在會上極其活躍與情緒化地指手畫腳，並公開為朱家驊出謀畫策，其形態立即引起了相當一部分與會者的反感。原清華大學歷史系主任、時為聯合國善後救濟總署中國代表及國民政府善後救濟總署署長的蔣廷黻，對傅氏張牙舞爪的做法更是深惡痛絕，當場不無諷刺地謂傅斯年是「太上教育部長、太上中央研究院總幹事，太上北大校長」。傅聽罷反唇相稽，說自己只做「太上善後救濟總署署長」。蔣廷黻見傅臉呈豬肝色真的動起怒來，怕節外生枝，引起對方的心臟病，遂不再攻擊。事後，傅斯年給夫人俞大綵的信中道出了自己的委屈：「事實是騮先好與我商量，而（他）十之七八不聽，然而外人不知也，以為他的一切由我負責。」[45]不管朱家驊聽不聽，傅斯年擺出一副「太上皇」的架式當是符合實際的。

通過這次會議，傅斯年更加認清了教育界局面複雜與派系爭鬥的險惡，他在給北大法學院院長周炳琳的信中不無憂慮地說道：「弟貿然代理，半年之後，必遭天殃，有不得不與兄相約者，弟固跳火坑矣！而公等亦不當立於高峰之上，搬請以為樂也，除非大家努力，齊一步驟，此局不易維持也。北大之敵人多矣，隨時可來算帳，且此時不攘外即無以自立，此尤使弟門志奮發，而又不得不戒懼者也。」[46]從此信可以見出，傅斯年已做好與一切北大之敵開打的準備了。

九月二十五日，蔣介石在軍委大禮堂為此次會議結束召開宴會並致辭，大旨為：一、各校遷移應在明年課業結束之後；二、西北西南各校除少數外，宜留設原處；三、戰後建設應農、工並重；四、未來學校發展應質、量並重云云。重慶會議是一個重大轉捩點，可謂中國教育、文化界的分水嶺，越過這道標誌著戰前與戰後的山嶺，那潛流洶湧的溪水很快與社會大潮融會一起，形成了一股翻江倒海的滔天巨浪，在中國大地上喧囂奔騰起來。

會議過後，傅斯年即委派北大教授陳雪屏與鄭天挺由昆明趕往北平，接收北京大學校產，為學校復員做準備。當陳鄭二人抵達北平，首先遇到的就是一件頗感頭痛的麻煩事。一九三七年盧溝橋事變之後，北京大學教職員工與學生倉皇南下，占領北平的日軍利用原北大的校舍和來不及遷運的圖書設備，又成立了一個偽「國立北京大學」，並招生開課，對中國青年進行奴化教育。當時未隨校南遷，仍留在北平並漸漸墮落為漢奸的湯爾和、錢稻孫、鮑鑑清等原清華、北大教授，先後出任偽北大「總監督」和「校長」等職，魯迅之弟周作人和著名古器物與古文字學家容庚等沒有南遷的原北大、燕京大學教授也相繼下水，周作人出任偽北大教授兼文學院院長，容氏出任文學院教授。此次陳雪屏北上途中，又接到國民政府教育部命令，令其接收北平日偽各校的學生，辦理北平臨時大學補習班等事宜。總體方針是不管是真北大還是偽北大，全部照單接收，然後把教職員弄到一起辦學習班，鑑別之後再做是否錄用的決定。但這一點與傅斯年的想法大相徑庭，因而導致抵達北平做接收的陳鄭二人不知如何是好。

傅斯年向來最痛恨不講民族氣節的儒生文士，對他的先祖傅以漸當年沒有率領梁山一帶的英雄好漢參加抗清復明運動，揮動花和尚魯智深遺贈的月牙鏟，或天殺星黑旋風李逵喝了宋江端來的毒酒砰然倒地後遺落在家鄉的黑鐵銅頭板斧，來個「驅逐韃虜，恢復中華」，且還參加了滿清入關後首次鄉試、殿試，得中順治朝狀元並做了滿清王朝的高官大員，一直耿耿於懷，深以為恥。對與自己同一時代的親朋故舊、同事友好，在民族危亡的緊要關頭，不顧名節和民族大義，甘願為日本小鬼子驅使的大小知識分子更是深惡痛絕，恨不得立即將其擒獲，按入老虎凳灌一頓辣椒湯，或乾脆推出轅門斬首而後快。據傅斯年研究專家王汎森對存在臺北史語所的「傅斯年檔案」整理研究，發現許多細節都與傅氏具有強烈的民族主義情緒有關，比如他特意收集一小袋有關鄭成功墳墓、祠廟的照片，並在其中一張照片背面題道：「民族主義者鄭成功起義的地點是南安縣東文廟。」又如他在抗戰勝利後馬上寫信到北平問文天祥祠是否無恙，後來當他為開除日據時代北大「偽教員」一事與北平教育界鬧得不可開交時，請視察北平的蔣介石與自己同遊文氏祠，並合照於「萬古綱常」的匾額之下。這種民族主義情緒還表現在更細微之處，如傅斯年在記筆記時，將有關中亞歷史者列為「虜史」；又如傅氏讀淩廷堪《校禮堂文集》，作者主張以歷史上幾個胡人政權為正統的文字時，便寫了不少眉批痛斥淩氏。此外，還將民族主義情緒發展為對教會學校的排斥與競爭。當年傅斯年與陳寅恪等竭盡全力耗鉅資購買從故宮流出的明清內閣檔案，其中一個很大的原因就是怕這批珍貴資料流落到燕京大學，尤其是日本人之手。更有甚者，傅斯年曾說過，寧願中國赤化，也不願做日本的殖民地。而在史語所大舉校《明實錄》時，歷史學者吳豐培來函建議參校日本的善本，傅氏回答說，「即使日本有善本也不用」。[47]

正是內心存有這樣一股強烈的民族主義情緒，一九四五年十月底，傅斯年由重慶飛往北平處理北大事宜，陳雪屏等人到機場迎接，傅走下飛機第一句話就問陳與偽北大教員有無交往，陳回答說僅限一些必要的場合。傅聞聽大怒道：「『漢賊不兩立』，連握手都不應該！」[48]當場表示偽校教職員堅決不予錄用，全部都要屎殼郎搬家——滾蛋。同時表示要請司法部門將罪大惡極的儒林敗類捉拿歸案，打入囚車木籠，來個「斬立決」等。

蝸居在北平的偽教員們聞聽傅斯年擺出一副秋風掃落葉式的無情模樣，既驚又怕，特別是按照陸軍總部「徵調」偽敵人員服務辦法，已經進入補習班任教的偽北

1946年春，蔣介石到北平，與傅斯年同遊文丞相（天祥）祠，並在祠中正殿「萬古綱常」匾額下合照，以示對傅辦理北大事務與對偽教職員處置的支持。

大教授，更是惱羞成怒，不僅四處鼓譟，還企圖渾水摸魚，負嵎頑抗。偽教授們經過一番密謀，暗中聯合起來以罷課相要脅，不承認自己屬於偽敵人員被「徵調」，而是國立北京大學永久的合法教授，並糾集起來共同向時任國民黨北平行營主任的李宗仁請願，強烈要求入主復員後的北大，繼續擔當傳道授業解惑、萬世不朽的人類靈魂工程師。為表示自己的正統與合法性，偽北大教授、古器物學家容庚於十一月七日北平《正報》發表了致傅斯年的「萬言書」，藉此抗議並為自己的行為辯護。書曰：

孟真足下：

盧溝橋事變正當庚南歸過漢之時。在粵逗留四月，北平已陷，南京岌岌。庚以燕大職責，乃復北歸，黽勉四年，成《重訂金文編》、《商周彝器通考》數書。教育部授以二等獎狀。中央研究院史語所繼續聘為通信研究員，不虞之譽誠非所堪，差幸不見棄於國。太平洋事變，燕大教務長司徒雷登先生握手告余曰：「吾輩希望之日至矣。」庚亦自念吾國百年積弱，庶幾奮發為雄乎！燕大復校於成都，同人多西去，八妹媛亦從之而西。而庚獨眷戀於北平者，亦自有故：日寇必敗，無勞跋涉，一也。喜整理而拙玄想，捨書本不能寫作，二也。二十年來搜集之書籍彝器，世所稀有，未忍捨棄，三也。「不曰堅乎，磨而不磷；不曰白乎，涅而不緇。」素性倔強，將以一試余之堅白，四也。淪陷區之人民，勢不能盡室以內遷；政府軍隊，倉黃（皇）撤退，亦未與人民以內遷之機會。荼毒蹂躪，被日寇之害為獨深；大旱雲霓，望政府之來為獨切。我有子女，待教於人；人有子女，亦待教於我。則出而任教，余之責也。策日寇之必敗，鼓勵學生以最後勝利終屬於我者，亦余之責也。以施教於燕大者施教於北大，於其暇日，復成《卜辭研究》、《倪瓚書之著錄及其偽作》數種……當北大等校之遷於西南，而偽政府之重立三校也，課程依舊，優先聘任留平之舊教職員。除增日籍教授每院數人，及增加日文每周數小時外，實無若何之變更。不知所謂奴化教育者，將何所指。日寇之所望於學校者，欲使學生時間一半讀書，一半為之工作。則教職員生活所需，皆可配給。遭同人一致之拒絕。吾輩多專心教書，而兼政府職務者甚少。〈劇秦美新〉之文，固憂為之！然而藉以媚日取榮者亦甚少。日寇之不得呈志於教育界，自淪陷以迄於今。教員之苦，至近兩年而極。教授最高之月俸，曾不足以購百斤之米，或一噸之煤。故破衣惡食，斥賣書籍家具以為生者比比皆是。兼任講師，受苦尤甚。至有步行往返四小時於道路而授課二小時者。其所得遠不如賣煙拉車之輩為優。堅（艱）苦卓絕，極人世悲慘之境，果為何乎？固知吾國之不亡，教育之不當停頓，故忍受而無悔也。漢奸乎？漢忠乎？事實俱在，非巧言所能蒙蔽者。固願受政府之檢舉裁判而無所逃避。在日寇則視吾輩為反動，在政府之視吾輩為漢奸，啼笑皆非，所謂真理，固如乎。天乎，尚何言哉！

……北平警官學校，未聞以偽逆見斥，而施之於三校者，無他，飯碗問題也，接收誠易事，政府當不吝此數月之經費。明年合流，在昆明之北大遷回北平，則教員之聘任，尚志尚功，有難言者。即以古文字古器物而言，在真校則有唐蘭，在偽校則有庚。以言尚志，庚自不比相從患難之唐蘭。以言尚功，則經驗之富，著述之勇，苟有量才之玉尺，正不知孰為短長。一校既不能兼容並包，何去可取，殊難斟酌。余謂此無慮之見也。

…………

容庚　白[49]

對容氏這種漢奸還是漢忠、之乎者也的巧言詭辯，傅斯年嗤之以鼻，毫不妥協，並在與北平駐重慶特派記者約談中，愛恨分明地表白了自己的觀點。一九四五年十二月二日，北平《世界日報》對談話內容做了披露：

北大代理校長傅斯年，已由昆明返渝，準備赴平，頃對記者談：「偽北大之教職員均係偽組織之公職人員，應在附逆之列，將來不可擔任教職。至於偽北大之學生，應以其學業為重，已開始補習，俟補習期滿，教育部發給證書後，可以轉入北京大學各系科相當年級，學校將予以收容。」傅行期未定，校長胡適，傅明春或返國。

就在傅的聲明刊出之時，偽北大文學院院長周作人正貓在北平八道灣居家的「苦茶庵」，一邊飲著苦茶，一邊悠閒地作著叫作〈石板路〉的散文小品。文中極具感情色彩地回憶了他的故鄉紹興石板路與石橋的優美，結尾處寫道：

「冥冥風雨宵，孤燈一紅揭。螢光散空虛，燦逾田燭設。夜間歸人稀，隔林自明滅。」

這所說是杭州的事，但大體也是一樣。在民國以前，屬於慈善性的社會事業，由民間有志者主辦，到後來恐怕已經消滅了吧。其實就是在那時候，天燈的用處大半也只是一種裝點，夜間走路的人除了夜行人外，總須得自攜燈籠，單靠天燈是絕不夠的。拿了「便行」燈籠走著，忽見前面低空有一點微光，預告這裡有一座石橋了，這當然也是有益的，同時也是有趣味的事。

三十四年十二月二日記，時正聞驢鳴[50]

文末所謂的「驢鳴」，是對傅斯年發表聲明的回應。周作人在當天的日記中寫道：「見報載傅斯年談話，又聞巷中驢鳴，正是恰好，因記入文末。」

一九三七年北平淪陷後，學術文化界人士紛紛南下，周作人卻堅持不肯離去。他當時幻想在北平隱居下來，脫於紅塵之外，以教書、寫作、翻譯為生，繼續過那恬淡平靜的「苦茶庵」生活。原北平的許多朋友或致信，或作詩，或親自登門勸其南下，不要窩在北平與日本人同流合汙，或一不小心掉到汙水裡去玷汙了身子。但周作人對朋友的相勸以種種理由開脫，就是不走，且自我感覺良好，其態度堅決而強硬。這年九月，他在致《宇宙風》編輯的公開信中，以漢代的蘇武自況，明確告知「關心我們的人」「請勿視留北諸人為李陵，卻當作蘇武看為宜」云云。時遠在英國倫敦正欲赴美的老友胡適，出於和朋友們同樣的考慮，特別寄了一首白話詩給周作人，隱晦地勸說周要「識得輕與重」，來個「飄飄一杖天南行」，並「知我此時一點相思情」。但周作人的態度仍是任憑風浪起，穩坐釣魚船，安居北平繼續

周作人著作書影

當他的「苦雨庵中吃茶的老僧」。[51]

一九三九年元旦，周作人在家中遇刺，因子彈打在鈕扣上幸免於難，他誤認為是日本人向其施加壓力，給以顏色，遂於槍殺事件發生未久，便懷著驚恐之色接受了偽北京大學圖書館館長一職。三月二十八日，又被委任為北大文學院籌備員。自此，頻繁出席日偽組織的各項活動，據周作人日記載「來者皆憲兵隊長」「來者皆脅方教育文化之官等。隨後又接受了偽北京大學教授兼文學院院長等職，一隻腳落入「水中」。一九四〇年十二月，他再次「榮升」為以王揖唐為首領的「偽華北政務委員會教育督辦」、「南京汪偽政府國府委員」、「日偽華北綜合調查所副理事」等職，整個身子已全部泡到汙泥濁水裡去了。他出席各種教育會議、講義班、訓練班，逢會必講「善鄰友好、共同防共、經濟提攜」，為日本侵略者的「大東亞共榮圈」造輿論。他甚至前往日本慰問負傷的侵華日軍傷病員，並稍有捐贈。一九四二年五月，周作人作為汪精衛的隨員，參加偽「滿洲帝國」十周年慶典，並「謁見」偽滿傀儡皇帝溥儀。這年十月，汪精衛由南京飛抵北平，出席一九四二年度新民全會聯誼會，周作人不僅親往機場迎送，還專程前往中南海勤政殿拜望汪精衛夫人陳璧君。十二月八日，汪偽政權在淪陷區推行「新國民運動」，以對青少年實行奴化教育，並且成立「中華民國新民青少年團中央統監部」，王揖唐任統監，周作人任副統監。周在統監部成立大會上，做「齊一意志，發揮力量」的訓詞。在檢閱青少年團訓練的分列式上，周作人竟頭戴日本軍帽，身著日本軍裝，不以為恥，反以為榮，志得意滿地在國人面前晃來晃去，活脫脫一副漢奸面目暴露於天下。

一九三二年，魯迅曾說過這樣一句話，自《新青年》團體散掉之後，「有的高升，有的退隱，有的前進」。[52]這說的是與他自己有關的小團體。而論到革命者與革命軍的時候，也說過類似的話：「因為終極目的的不同，在行進時，也時時有人退伍，有人落荒，有人頹唐，有人叛變。」[53]魯迅不厭其煩說這些話的時候可能還沒有料到，當抗戰軍興之時，他的弟弟竟位列所說的幾種人之內——很不幸，屬於最令人不齒的「叛變」一類。

周作人的下水固然有很多原因，但存留於他腦海中的亞洲主義思想、「亡國論」思想、歷史循環思想，以及他對日本民族的感情等，都起了舉足輕重的作用。而自一九二七年以來，他追求所謂的「得體地活著」，以及自譽為修鍊得大徹大悟，超越了人間是是非非，進入超凡脫俗的活佛與神仙境界，任何庸俗的舉動也就無傷大雅，甚至可以化俗為雅了等，都是促其「下水」的引子。而這個「引子」又有一定的時代背景與思想基礎，非一朝一夕所形成。抗戰前夕，周作人就寫過〈岳飛與秦檜〉、〈關於英雄崇拜〉之類的文章，公然為秦檜翻案，否定了主戰的岳飛為忠義之臣、秦檜主和為奸相的歷史論斷。他在《瓜豆集·再談油炸鬼》中說「秦檜主和還能保得半壁江山」，這樣做並「不是他的大罪」，「秦檜的案，我以為都該翻一下」。又說：「和比戰難，戰敗仍不失為民族英雄（古時自己要犧牲性命，現在還有地方可逃），和成則是萬世罪人，故主和實在更需要有政治的定見與道德的毅力也。」[54]在《苦茶隨筆》中，他居然嘲諷起文天祥的殉國乃「唯一好處是氣節，國亡了肯死。這是一件很可佩服的事，我們對於他不應不表欽敬，但是這個我們不必去學他，也不能算我們的模範。第一，要學他必須國先亡了，否則怎麼死得像呢？我們要有氣節，須得平時使用才好，若是必以亡國時為期，那犧牲太大了。第二，這種死，於國家社會倒無益處，我們的目的在於保存國家，不做這個工作而等候國亡了去死，就是死了文天祥也何補於事呢？我不希望中國再出文天祥第二……」[55]此等說辭，似是為他自己落水成為漢奸找到了理論根據。

當傅斯年在重慶初次發表對偽北大教職人員處理辦法的談話後，周作人自視為傅斯年師輩人物，又同屬「新文化運動」陣營中的盟友，在北大《新潮》時代還明確支持過傅並為之張目，遂以老前輩的姿態致信傅斯年。信中不但對自己下水做日本人走狗的歷史罪過無絲毫懺悔之情，反而口氣蠻橫強硬，理直氣壯地令傅把自己作為特殊人物予以照顧，且有威脅警告性的「你今日以我為偽，安知今後不有人以你為偽」等語，滿紙透著一股茅房的石頭——又臭又硬的惡劣氣味。傅斯年看罷，當場把信拍在桌子上，大罵一聲：「他媽的，青天白日旗還沒落下，難道反了這些縮頭烏龜王八蛋不成！」遂當即揮毫潑墨，痛斥道：「今後即使真有以我為『偽』的，那也是屬於國內黨派鬥爭的問題，卻絕不會說我做漢奸；而你周作人之為大漢奸，卻是已經刻在恥辱柱上，永世無法改變了。」[56]

眼看向傅斯年求救的法子落空，周作人又轉身投向其他學生、故友，但得到的多是冷眼與「恨其不爭」的指斥。周氏對此憤恨不已，並將這憤恨傾瀉於筆端以示發洩，一九四五年十一月十日，周在日記中寫道：「近時世人語云：越等中央越遭殃。又學生間傳語云：此處不留人，自有留人處。」十七日再記：「近年所見事、人中，敗類卑劣、無人理者，沈啟無之外，有趙萬里、王紡源、顧頡剛、沈兼士，此輩何多也？又皆是浙西與吳人，亦奇。」[57]

在一連串的困惑與稱奇之後，周作人便祭出最後撒手鐧，主動邀請記者前來談話，他一襲長衫、文質彬彬狀端坐「苦雨齋」，一邊喝著苦茶，一邊慢條斯理向外傾倒肚中的苦水並夾雜著申辯，稱自己附逆「是在淪陷區為國家教育青年，為國家保存元氣」云云。只是所有的申辯都歸於徒勞，此時的周作人已是叫天天不應，呼地地不靈，真正體會了一把「窮途末路」這個詞語的味道。面對日暮途窮的時勢，他不再繼續努力與前行，索性採取死豬不怕開水燙的辦法，「坐在家中等待國家的制裁」了。[58]就在周作人飲罷一杯苦茶，寫畢〈石板路〉小品文的第四天，即一九四五年十二月六日，即因漢奸罪被捕入獄，這篇短文與「閭巷中驢鳴」，也就成了他漢奸生涯的一曲輓歌。

許多年後的一九七一年五月九日，臺北《中國時報》副刊發表了南宮博〈於《知堂回想錄》而回想〉一文，其中一段說：「我曾寫過一篇題為〈先生，學生不偽！〉，不留餘地地指斥學界名人傅斯年。當時自重慶到淪陷區的接收大員，趾高氣揚的不乏其人，傅斯年即為其中之一。我們總以為學界的人應該和一般官吏有所不同，不料以清流自命的傅斯年在北平接收時，也有那一副可憎的面目，連『偽學生』也說得出口！他說『偽教授』其實也可恕了。要知政府兵敗，棄土地人民而退，要每一個人都亡命到後方去，那是不可能的。在敵偽統治下，為謀生而做一些事，豈能皆以漢奸目之。『餓死事小，失節事大』，說說容易，真正做起來，卻並不是叫口號之易也。何況，平常做做小事而謀生，遽加漢奸帽子，在情在理，都是不合的。」

此文刊出後，許多人不以為然，曾被魯迅指斥為「喪家的，資本家的乏走狗」的著名學者、時在臺灣師大任教的梁實秋就曾出面回應道：「南宮博先生的話自有他的一面的道理，不過周作人先生無論如何不是『做做小事而謀生』，所以我們對於他的晚節不終只有惋惜，無法辯解。」[59]

就在周作人與傅斯年叫板兒對陣之時，傅斯年於重慶再度對記者發表長篇談話，就偽北大教職人員去留問題發表了四點嚴正聲明。十二月八日，北平《世界日報》做了如下報導：

> 北大代理校長傅斯年先生，對偽北大教職員，好像抱有一種義憤填膺、不共戴天的憤怒。除在十月三十日，我已將他賭咒發誓不肯錄用偽北大教職員的談話，專電報告外，今天，我於前兩日參加教育部朱部長的記者招待會之後，一早冒著迷濛的細雨，再去訪

周作人被控漢奸賣國罪押入法庭受審

問他。對這位患著血壓過高而又愛國狂熱的傅先生，我想更詳盡地聽聽他的意見。在傅先生的寓所裡，開門見山。

傅斯年向記者提出了四點重要聲明：

一、專科以上學校，必須要在禮義廉恥四字上，做一個不折不扣的榜樣，給學生們、下一代的青年們看看！北大原先是請全體教員內遷的，事實上除開周作人等一二人之外，沒有內遷的少數教員也轉入輔仁、燕京任教。偽北大創辦人錢稻孫，則原來就不是北大的教授。所以現在偽北大的教授，與北大根本毫無關係。二、朱部長向我說過，偽北大教員絕無全體由補習班聘請任教之事，而係按照陸軍總部徵調偽敵人員服務辦法，徵調其中一部服務，不發聘書，與北大亦無關係。三、北大有絕對自由，不聘請任何偽校偽組織之人任教。四、在大的觀點上說，如本校前任校長蔣夢麟先生，如明春返國的胡適校長，北大教授團體及渝昆兩地同學會和我的意見是完全一致的。無論現在將來，北大都不容偽校偽組織的人插足其間。

當記者提到青年學生時，傅慨然說道：「青年何辜，現在二十歲的大學生，抗戰爆發時還不過是十二歲的孩子，我是主張善為待之，予以就學便利……據我所知，偽北大文理法三院教授的標準，就學問說，也不及現在北大教授的十分之一。很快地北大明夏就要復遷返北平了，以北大資格之老，加上胡適校長的名望，一定能夠聘到許多第一流的教授。所以偽校教員不用，對學生是絕對有利的。」

當記者談到北平的文化漢奸，傅幽默地說他們的「等類不同」，有一種是消極而不能自拔的，如周作人，原來享有聲望，如今甘心附逆，自不可恕；另一類是錢稻孫型，那才是積極性的漢奸，在北平淪陷之前，錢稻孫就做了許多令人懷疑的事，當時有人問他中國會不會亡國，他答以「亡國倒是萬幸」。問的人很驚詫，再問如何才是不幸，他竟說：「不幸的是還要滅種！」而且那時候北大教授準備內遷時，他曾多方企圖阻撓，也是盡人皆知的事。

最後記者問對周作人、錢稻孫之類的漢奸如何懲辦，傅斯年用爽朗的山東口音說：「我不管辦漢奸的事，我的職務是叫我想盡一切辦法讓北大保持一個乾乾淨淨的身子！正是非，辨忠奸。」最後，傅斯年特別強調：「這個話就是打死我也是要說的。」

這個聲明發表之時，周作人已入獄兩天，暫時無法繼續與之叫板對罵。[60]而一直貓在北平小胡同中的偽北大教授容庚見傅斯年一意孤行，毫無通融的餘地，便以中央研究院通信研究員的身分，尾隨傅從北平至重慶繼續糾纏。

容庚出生於清末廣東一個書宦之家，自小受到家風的薰陶，對古文字古物情有獨鍾。一九二四年於北大研究所國學門畢業，留校任教一年後轉於燕京大學任教。一九二八年八月，傅斯年在廣州籌備史語所時，打報告向蔡元培、楊杏佛請求禮聘的二十三名特約研究員中，排在李濟之後，名列第十一位的就是正在燕京大學任教的容庚。而盛極一時的徐炳昶、袁復禮、羅家倫、楊振聲、羅常培、丁山等均位列其後，由此可見傅對容的看重。郭沫若亡命日本時，所撰寫的幾部與考古學、古文字學有關的著作，包括著名的《卜辭通纂》、《兩周金文辭大系》，有相當一部分材料是容氏為之收集提供的。後來郭沫若曾說，「若是沒有容庚的幫助，我走上研究金文的道路，恐怕也是不可能的」。容氏曾一度立下宏心大願，以八年的時間，專門從事商周青銅器的綜合研究，終於在一九四一年完成了《商周彝器通考》這部開創性的巨著。此書的出版被譽為「標誌青銅器研究由舊式金石學進入近代考古學的里程碑，具有劃時代的意義」。不過，其時容氏本人已轉到偽北大任教去了。今非昔比，抗戰八年成為彰顯民族大義與個人名節的分水嶺與試金石，在這道分水嶺上，許多原本的朋友已變成了敵人，正如古人所言「漢賊不兩立」是也。

當容庚風塵僕僕地由北平來到重慶中央研究院總辦事處找到傅斯年欲當面理論時，傅拍案而起，搖晃著肥胖的身子指著容氏的鼻子破口大罵：「你這個民族敗類，無恥漢奸，快滾，快滾，不用見我！」[61]當場命人將容氏按倒在地架了出去，扔到了泥濘遍布的馬路上。第二天，《新民報》登載此事，標題是：「傅孟真拍案大罵文化漢奸，聲震屋瓦。」後來，容氏得到高人指點，重新換了衣服，洗掉滿身的汙泥，再度登門拜訪，表示要謝罪改過，重新做人云云。傅斯年思慮半天，才勉強接見，但仍不允其到北大任教。灰頭土臉的容庚只好託李宗仁的關係準備到廣西大學教書，後未成行，轉聘於嶺南大學，終其一生，再也沒能邁進北京大學的門檻。

對於這段經歷是非，傅斯年在給夫人俞大綵的信中說道：「大批偽教職員進來，這是暑假後北大開辦的大障礙，但我決心掃蕩之，決不為北大留此劣根。」又說：「實在這樣的局面下，胡先生辦遠不如我，我在這幾個月給他打平天下，他好辦下去。」[62]正是由於這種秋風掃落葉式的無情做法，才使「草拂之而色變，木遭之而葉脫。其所以摧敗零落者，乃其一氣之餘烈」。[63]有些偽北大教職員與傅的對立面，公開宣稱傅斯年是胡適的一名打手，但傅卻不承認，他在史語所復員南京時的酒會上，公開對眾人道：「人說我是胡先生的打手，不對，我是胡先生的鬥士。」[64]

就在傅斯年於重慶、北平之間馬不停蹄地來回穿梭，呈火燒眉毛狀蕩滌漢奸，辦理北大復員事務時，西南聯大的大本營、戰時文化中心——昆明，又亂將起來。

注釋

1 鄭天挺，〈南遷歲月——我在聯大的八年〉，收入南開大學校史研究室編，《聯大歲月與邊疆人文》（天津：南開大學出版社，二〇〇四）。

2 鄭克揚，〈北大復校時期的傅斯年與鄭天挺〉，《文史精華》一九九九年七期。

3 蔣夢麟，《蔣夢麟自傳：西潮與新潮》（北京：團結出版社，二〇〇四）。《西潮》與《新潮》是蔣夢麟在昆明和臺灣分別書寫的兩部自傳性作品，而著名的《西潮》（*Tides From The West*）則大都是在躲警報的防空洞中以英文寫成的「有點像自傳，有點像回憶錄，也有點像近代史」的奇書，當時的寫作背景艱苦異常，一如蔣夢麟自己所言：「炸彈像冰雹一樣從天空掉下，在我們周圍爆炸，處身在這樣一次世界大動亂中，我們不禁要問：這些可怕的事情究竟為什麼會發生呢？……我在這邊城裡冥想過去的一切，生平所經歷的事情像夢境一樣一幕一幕地展現在眼前；於是我撿出紙筆，記下了過去半世紀中我親眼目睹的祖國生活中的急遽變化。」、「當我開始寫《西潮》的故事時，載運軍火的卡車正從緬甸源源駛抵昆明，以『飛虎隊』聞名於世的美國志願航空隊戰鬥機在我們頭上軋軋掠過。發國難財的商人和以『帶黃魚』起家的卡車司機徜徉街頭，口袋裡裝滿了鈔票。物價則一日三跳，如脫韁的野馬……成千上萬的緬甸華僑沿著滇緬公路撤退回中國。敵機沿途轟炸他們，用機槍掃射他們，三千婦孺老幼就這樣慘死在途中。難民像潮水一樣沿滇緬公路湧入昆明。街頭擠滿了家破人亡的苦難人民，許多公共建築被指定為臨時收容所。經過二、三個月以後，他們才逐漸被疏散到鄰近省份，許多人則直接回到福建和廣東老家。」又說：以「八萬左右農民及男女老幼胼手胝足建築成功的滇緬公路現在已經因另一端被切斷而告癱瘓。一度曾為國際交通孔道的昆明現在也成為孤城，旅客只有坐飛機才能去印度。二十五萬人加工趕築的滇緬鐵路，原來預定十二個月內完成，但是部分築成以後也因戰局逆轉而中止了。中國已與世界各地隔絕，敵人從三方包圍著她（只有涓涓滴滴的外來補給靠越過世界駝峰的空運在維持）。中國就在這種孤立無援的窘境中堅持到底，寸土必爭，直到戰爭結束為止」。

蔣夢麟自謂，在光線不足的情況下，使用英文寫出的字較易辨識。寫作的文化目的在於「看看能否從歷史中找出一點教訓」。此書英文本於一九四五年在美國出版後，立即受到美國學術界高度重視，並被哈佛大學遠東研究所定為重要的參考書之一。十二年後的一九五七年，蔣把此書譯成中文，在臺灣由《中華日報》出版發行，立即風靡一時，佳評潮湧，尤其是臺灣青年，幾乎人手一冊。在臺灣二十世紀五〇年代的「文化沙漠」裡，這部書被當時的年輕人視為「人生教科書」。蔣夢麟決定繼續寫他下半生的自傳，並定名為《新潮》。他說：「這本書裡要講的是一個人，一個民族，一個時代的經驗。經驗是寶貴的；可是寶貴的經驗是付出重大的代價買來的。」遺憾的是，《新潮》並未寫完，原稿中尚有不完整的隨筆沒有得到整理，但這部未完之書在臺灣出版後，仍受到讀者歡迎與追捧。近五十年來，這兩本書在知識分子中產生了廣泛而深刻的影響。

關於兩書的異同，蔣夢麟說道：「以前我寫過《西潮》，那是講外來的文化所予我們中國的影響；現在我在這本《新潮》裡，要講的是中國文化因受外來文化的影響，自己所發生的種種變化。」「我們受了西方來的狂潮的激蕩以後，國內一切思想制度都起了莫大的變化，勢如洶湧澎湃，我們叫這變化為新潮。」

4 蔣廷黻，《蔣廷黻回憶錄》（長沙：岳麓書社，二〇〇三）。

5 蔣夢麟，〈憶孟真〉，《中央日報》，一九五〇年十二月三十日。

6〈致胡適〉，收入歐陽哲生主編，《傅斯年全集》卷七（長沙：湖南教育出版社，二〇〇三）。傅斯年所說的這位陶曾穀，原是蔣夢麟同事兼好友高仁山的夫人。高仁山乃江蘇江陰縣人，曾留學日本和美國，獲美國哥倫比亞大學碩士學位。一九二三年回國任北京大學教育系教授、系主任。一九二五年春，高仁山與好友陳翰笙（時任北大歷史系教授）、查良釗、胡適等人在北京創辦了私立藝文中學，高任中學校長。蔣夢麟和高仁山志同道合，成為莫逆之交。高仁山熱心政治活動，曾是國共合作時期的國民黨北京市黨部負責人之一，一九二七年武漢國民政府結束後，高任北方最高的統戰組織——「北方國民黨左派大聯盟」主席。一九二七年九月二十八日被奉系軍閥張作霖部下逮捕，一九二八年一月十五日被殺害於北京天橋。

高仁山死後，蔣夢麟對其妻陶曾穀照顧備至，隔三岔五地溜入其家噓寒問暖，後將陶氏調為自己的祕書，二人關係由「斷頭臺上淒涼夜，多少同儕喚我來」的舊情境，一下子進入了乾柴烈火交織而成的「紅泥小火爐」的新境界。接下來，就是「能飲一杯無？」了。

蔣夢麟打定離婚再娶的主意後，回到家中，一腳將他原來家庭包辦的那位糟糠黃臉婆踢出門外，伸出溫熱的雙手將風騷美麗的陶曾穀抱進門內。一九三六年某月某日，由胡適做證婚人，蔣夢麟與陶曾穀終於結為百年之好。婚禮上，蔣在答謝賓客中說：「我一生最敬愛高仁山兄，所以我願意繼續他的志願去從事教育。因為愛高兄，所以我更愛他愛過的人，且更加倍地愛她，這樣才對得起亡友」云云。

7〈致胡適〉，收入歐陽哲生主編，《傅斯年全集》卷七（長沙：湖南教育出版社，二〇〇三）。

8 一九四五年夏，任教於成都燕京大學的陳寅恪作〈詠成都華西壩〉詩一首：

淺草方場廣陌通，小渠高柳思無窮。
雷車乍過浮香霧，電笑微聞送遠風。
酒醉不妨胡舞亂，花羞翻訝漢妝紅。

誰知萬國騰歡地，卻在山河破碎中。

（陳美延、陳流求編，《陳寅恪詩集》〔北京：清華大學出版社，一九九三〕，頁三七）

這是一首明顯含有對美軍在成都胡作非為不滿的詩。首聯說華西壩之美景，頷聯則涉美軍之事。自一九四一年開始，隨著飛虎隊來華助戰，美軍越來越多，特別是太平洋戰爭爆發之後，美軍在中國後方成渝、昆明等地的人數成倍增加。據資料顯示，當時在昆明的美國人，除了著名的陳納德「飛虎隊」，另有美國領事館、駐華美軍總司令部（設在昆華農校內）、駐華美軍空軍（第十四航空隊）司令部（設巫家壩機場）、美軍補給司令部（設東郊黑土凹）、美國海軍駐昆明聯絡處（設席子營、眠山兩地）等許多機構，另有美軍招待所五十個，床位達到三萬六千六百七十三張之多（《聞黎明、侯菊坤編，聞立鵬審定，《聞一多年譜長編》〔武漢：湖北人民出版社，一九九四，頁六八五）。如此多的空床位為美軍官兵的「性」生活解決了可供撲騰的場地，還得需要活人來壓場子，於是這一問題便由越來越興旺發達的妓女隊伍承擔。後來，錢多氣盛的美軍軍官開始不滿足與嘰嘰咕咕說起話來雙方都聽不懂弄不明的妓女們打鬧玩耍，遂把貪婪的眼睛盯上了駐昆各大專院校，專門找通英文、善交際的俏麗女大學生喝酒玩樂，跳舞罵俏。在一頓昏天黑地的折騰之後，官兵們還要帶上女生乘坐吉普車在街區和郊外兜風顯擺，向中國男人示威。故此類女生被稱為「吉普女郎」，霸蠻的吉普車被稱為雷車。陳寅恪詩句意指載著「吉普女郎」的軍車駛過，香氣瀰漫。第三句，胡舞，當指西洋交際舞這類。漢妝，自是指中國陪舞女郎，此處當特指陪美軍跳舞的女大學生。當時成渝兩地同昆明一樣，有許多女大學生走出校園陪美軍跳舞尋樂。被沈尹默稱為「昔時趙李今程沈」的程千帆、沈祖棻夫婦時流亡四川，分別於武漢大學與華西大學任教，沈有詞〈減字木蘭花．成渝紀聞〉，其中之四即指美軍與女大學生跳舞事並涉及了蔣夢麟夫人陶曾穀：「秋燈罷讀，伴舞嘉賓人似玉。一曲霓裳，領隊誰家窈窕娘。」沈之丈夫程千帆教授注：「……蓋皆寫當時教會大學學風之流蕩也。時有北平南遷某校之校長夫人，尤工媚外，每率女生陪美軍軍官跳舞，雖為路人指目，不顧也」（沈祖棻，〈涉江詞丙稿〉，《沈祖棻詩詞集》〔江蘇：江蘇古籍出版社，一九九四〕）。據史家胡文輝考證，程注中的南遷某校之校長夫人，「當指原北大校長蔣夢麟夫人」陶曾穀（胡文輝，《陳寅恪詩箋釋》卷上（廣州：廣東人民出版社，二〇〇八）。

曾參加過遠征軍的戰地記者黃裳在一篇〈美國兵與女人〉裡，對此事說得更加明瞭詳細：「在印度時就有不少小兵向我問中國的女孩子是不是漂亮，好像久已神往了的樣子，無怪他們一來中國就有樂不思蜀之感。這一批女人分起來有幾類，最『上等』的是一批社會上的名媛，如在蔣夢麟夫人領導之下，昆明的西南聯大和雲南大學的女生們都起而慰勞盟軍參與伴舞，那初意倒是並不為錯的，不過後來竟弄得計時論錢，如每小時四美金，則大為失策，與普通的舞女沒有什麼分別了。其次的即是從香港、上海來的舞女之流，她們會說英文而且是『行家』，自然得心應手，不過這種人才也不多。降至末流即是一批專做洋人生意的女人，她們並不懂英文，也多少會說兩句洋涇浜，討價還價的本領是有的。頭髮燙得奇形怪狀，而且都穿了『洋服』，不過那『洋服』是用最蹩腳的印花布製成，剪裁得也十分奇異，穿在身上令人有一種特異的感覺。當她們被攬在洋人的手裡在街上走的時候，搔首弄姿大有不可一世之勢，在昆明的曉東街上的南屏戲院門口，咖啡室內，幾乎全是她們的世界，那樣子多半是像京戲中的《蝴蝶夢》裡的二百五，滿面塗得雪白，兩道紅唇，冷然可畏，眼睛是無神的，好像已經疲弱得不堪，狂吸著美國香菸大口地噴著。這種風景讓人看了總是慘然不歡」（黃裳，《黃裳自選集》（北京：人民文學出版社，二〇〇八））。

陳寅恪詩中的最後一句，自是面對山河破碎的悲涼哀歎。這首詩，吳宓曾有抄錄，中間二句為「雷奔乍過浮香霧，電笑微聞送晚風。酒困不妨胡舞亂，花嬌彌覺漢妝濃」。奇怪的是，吳對陳詩似頗欣賞，但對有些露骨的說法卻表示憤慨。一九四四年初，西南聯大某生在昆明《掃蕩報》副刊撰文，「謂聯大女生，多與美兵狎近，每次價美金二十元，名曰『國際路線』。因之，外語系中學生亦驟增多云云」。吳宓看罷，在日記中寫道：「何中國青年之粗獷卑劣一至於此」（吳宓著，吳學昭整理、注釋，《吳宓日記》第九冊（北京：生活・讀書・新知三聯書店，一九九八），頁一八六）。可能這個撰文的學生寫得太過分，又牽涉到聯大外文系，才引起了吳宓的憤憤然吧。

9 蔣夢麟，《蔣夢麟自傳：西潮與新潮》（北京：團結出版社，二〇〇四）。

10 同前注。

11 同前注。
12 同前注。
13 王治浩、邢潤川、胡民選，〈讀曾昭掄一九四〇年昆明日記（節選）〉，《中國科技史雜誌》一九八二年第二期。
14 王力，《龍蟲並雕齋瑣語》（北京：商務印書館，二〇〇二）。
15 陳存仁，《銀元時代生活史》（桂林：廣西師範大學出版社，二〇〇七）。
16 〈庚辰元夕作時旅居昆明〉，此詩寫於一九四〇年二月，陳美延、陳流求編，《陳寅恪詩集》（北京：清華大學出版社，一九九三）。
17 李約瑟，〈中國西南部的科學（一）物理—化學科學（一九四三）〉，原載《自然》雜誌一九四三年卷一五二，轉引自李約瑟、李大斐編著，余廷明等譯，《李約瑟遊記》（貴陽：貴州人民出版社，一九九一）。
18 同前注。
19 楊立德，《西南聯大的斯芬克司之謎》（昆明：雲南人民出版社，二〇〇五），頁二〇八。
20 李約瑟、李大斐編著，余廷明等譯，《李約瑟遊記》（貴陽：貴州人民出版社，一九九一）。
21 吳大猷，〈我想念的梅月涵先生〉，收入黃延復主編，陳岱孫、尚傳道審訂，《梅貽琦先生紀念集》（長春：吉林文史出版社，一九九五）。
22 梅貽寶，〈五月十九念「五哥」〉，收入黃延復主編，陳岱孫、尚傳道審訂，《梅貽琦先生紀念集》（長春：吉林文史出版社，一九九五）。
23 韓詠華，〈同甘共苦四十年——我所了解的梅貽琦〉，收入黃延復主編，陳岱孫、尚傳道審訂，《梅貽琦先生紀念集》（長春：吉林文史出版社，一九九五）。
24 潘乃穆，〈關於潘光旦吃鼠肉的故事〉，《中華讀書報》，二〇〇七年七月四日。
25 馮友蘭，《馮友蘭自述》（北京：中國人民大學出版社，二〇〇四）
26 蔣夢麟，《蔣夢麟自傳：西潮與新潮》（北京：團結出版社，二〇〇四）。
27 黃延復、王小寧整理，《梅貽琦日記》（一九四一——一九四六）（北京：清華大學出版社，二〇〇一）。

28 同前注。
29 同前注。
30 王力，〈路有凍死骨〉，《生活導報》五八期（一九四四年三月五日）。
31 蔣濟南，〈致蔣廷黻的一封公開信〉，《人民日報》，一九五〇年一月十六日。
32 蔣夢麟，《蔣夢麟自傳：西潮與新潮》（北京：團結出版社，二〇〇四）。
33 同前注。
34 同前注。
35 關於此事，魯迅於同年十一月十八日寫過一篇叫作〈即小見大〉的小文，說：「北京大學的反對講義收費風潮，芒硝火焰似的起來，又芒硝火焰似的消滅了，其間就是開除了一個學生馮省三。這事很奇特，一回風潮的起滅，竟只關於一個人。倘使誠然如此，則一個人的魄力何其太大，而許多人的魄力又何其太無呢。現在講義費已經取消，學生是得勝了，然而並沒有聽得有誰為那做了這次的犧牲者祝福。即小見大，我於是竟悟出一件長久不解的事來，就是：三貝子花園裡面，有謀刺良弼和袁世凱而死的四烈士墳，其中有三塊墓碑，何以直到民國十一年還沒有人去刻一個字。凡有犧牲在祭壇前瀝血之後，所留給大家的，實在只有『散胙』這一件事了。」此文最初發表於《晨報副刊》，後收入魯迅雜文集《熱風》。文中看出，魯迅在表面上同情被開除的馮省三的同時，實際卻是諷刺和痛恨那些既得利益的「健忘症患者」，這和蔣夢麟更加痛恨那個躲在人群背後暗中鼓動學生的「高個子青年」，以及同類的「鬼頭鬼腦的傢伙」之心情具有相通之處。
36 蔣夢麟，《蔣夢麟自傳：西潮與新潮》（北京：團結出版社，二〇〇四）。
37 同前注。
38 同前注。
39 曹伯言整理，《胡適日記全編》第三冊（合肥：安徽教育出版社，二〇〇一）。
40 蔣夢麟，《蔣夢麟自傳：西潮與新潮》（北京：團結出版社，二〇〇四）。
41 唐縱著，公安部檔案館編注，《在蔣介石身邊八年：侍從室高級幕僚唐縱日記》下冊（北京：群眾出版社，一九九一）。

42 傅樂成，《傅孟真先生年譜》（臺北：文星書店，一九六四）。

43 西南聯合大學北京校友會編，《國立西南聯合大學校史》（北京：北京大學出版社，二〇〇六）。

44 耿雲志主編，《胡適遺稿及秘藏書信》手稿本（合肥：黃山書社，一九九四）。

45 傅樂成編，《傅孟真先生年譜》，收入傅孟真先生遺著編輯委員會編，陳槃等校訂增補，《傅斯年全集》第七冊（臺北：聯經出版公司，一九八〇）。

46 〈致胡適〉，收入歐陽哲生主編，《傅斯年全集》卷七（長沙：湖南教育出版社，二〇〇三）。

47 王汎森，《中國近代思想與學術的系譜》（石家莊：河北教育出版社，二〇〇一）。

48 陳雪屏，〈北大與臺大的兩段往事〉，《傳記文學》二八卷一期（一九七六年一月）。

49 容庚，〈與北京大學代理校長傅斯年先生一封公開信〉，《正報》，一九四五年十一月七日。

50 周作人編，《周作人自編集：過去的工作》（北京：北京十月文藝出版社，二〇一三）。

51 關於胡適以詩營救周作人出汙泥之事，在胡去世後的一九六二年，周作人寫了一篇懷念文章，內中談到了此事的來龍去脈。周說：「一九三八年的下半年……適之遠在英國，遠遠地寄了一封信來，乃是一首白話詩，其詞云：

臧暉先生昨夜作一個夢，
夢見苦雨庵中吃茶的老僧，
忽然放下茶盅出門去，
飄然一杖天南行。
天南萬里豈不大辛苦？
只為智者識得重與輕。
夢醒我自披衣開窗坐，
誰知我此時一點相思情。

一九三八・八・四。倫敦。

「我接到了這封信後，也作了一首白話詩回答他，因為聽說就要往美國去，所以寄到華盛頓的中國使館轉交胡安定先生，這乃是他的臨時的別號。詩有十六行，其詞云：

老僧假裝好吃苦茶，
實在的情形還是苦雨，
近來屋漏地上又浸水，
結果只好改號苦住。
晚間拼好蒲團想睡覺，
忽然接到一封遠方的話，
海天萬里八行詩，
多謝藏暉居士的問訊。
我謝謝你很厚的情意，
可惜我行腳卻不能做到；
並不是出了家特地忙，
因為庵裡住的好些老小。
我還只能關門敲木魚念經，
出門托缽募化些米麵，
老僧始終是個老僧，
希望將來見得居士的面。

「廿七年九月廿一日，知堂作苦住庵吟，略仿藏暉體，卻寄居士美洲。十月八日舊中秋，陰雨如晦中錄存。

「僥倖這兩首詩的抄本都還存在，而且同時找到了另一首詩，乃是適之的手筆，署年月日廿八，十二，十三，臧暉。詩四句分四行寫，今改寫作兩行，其詞云：

兩張照片詩三首，今日開封一惘然。
無人認得胡安定，扔在空箱過一年。

「詩裡所說的事全然不清楚了，只是那寄給胡安定的信擱在那裡，經過很多的時候方才收到，這是我所接到的他的最後的一封信。及一九四八年冬，北京解放，適之倉皇飛往南京，未幾轉往上海，那時我也在上海，便託王古魯君代為致意，勸其留住國內，雖未能見聽，但在我卻是一片誠意，聊以報其昔日寄詩之情，今日王古魯也早已長逝，更無人知道此事了」（周作人，〈北大感舊錄——十一胡適之〉，《知堂回想錄》下〔合肥：安徽教育出版社，二〇〇八〕）。

52　魯迅，〈《南腔北調集》自序〉（北京：人民文學出版社，一九八〇）。

53　〈二心集．非革命的急進革命論者〉，《南腔北調集》（北京：人民文學出版社，一九八〇）。

54　止庵編，《周作人集》上冊（廣州：花城出版社，二〇〇四）。

55　周作人，《苦茶隨筆》（上海：上海北新書局，一九三五）。

56　鄧廣銘，〈懷念我的恩師傅斯年先生〉，原載《臺大歷史學報》二〇期，轉引自布占祥、馬亮寬主編，《傅斯年與中國文化》（天津：天津古籍出版社，二〇〇六）。

57　《周作人日記》（鄭州：大象出版社，一九九六）。

58　原載《申報》，一九四六年六月十一日。

59　梁實秋，〈憶周作人先生〉，《梁實秋散文》第三集（北京：中國廣播電視出版社，一九八九）。

60　周作人於一九四五年十二月六日被捕，關在北平炮局胡同監獄。一九四六年五月從北平解送南京老虎橋監獄，等待法院判決。就在周氏被捕不久，其弟子俞平伯即致書身在美國的胡適，稱周「在昔日為北平教育界擋箭之牌，而今日反成清議集矢之的」，籲請胡適或向國民政府建議，或致書友好的當道者，或訴諸輿論，使周「得一公直之待遇」（《胡適來往書信選》下冊，頁七一、一三三）。周的另一弟子廢名借小說〈莫須有先生坐飛機以後〉，質疑傳統士大夫的「氣節」觀，認為問題的本質在「生存「而不在「死節」，稱「知堂老簡直是第一個愛國的人」，他是「求有益於國家民族」而出任偽職（廢名著，王風編，《廢名集》〔北京：北京大學出版社，二〇〇九〕）。戰後作為國民政府文教部門派往平津的接受大員，對周作人的求助不予理睬，從而被周在日記中罵為「敗類卑劣」的沈兼士，在周氏入獄後，也開始與俞平伯、陳雪屏等十三人聯名呈文國民政府首都高等法院，謂周作人任偽職期間，「曾有維護文教消極抵抗之實績」，並列舉證據，以「減其罪戾」。時已入宋子文內閣的蔣夢麟，也以前北大校長的身分開出了戰時曾委任周作人在北大保管校產的證明。一九四六年夏歸國並出任北京大學校長的胡適，也給法院去公函證明戰時「北大圖書儀器及其他設備有增無減」，以為周作人開脫。類似種種甚囂塵上的說辭，經過媒體揭露後，社會人士多有不滿，傅斯年聞訊更是異常憤怒。一九四六年十月十二日，傅斯年致信胡適，說道：「有一件事，我想提醒一句：我一到南京，記者紛紛來，多數問我北大覆文首都高等法院為周作人事。我即照我意思答他們，一是法院來問，不是北大去信；二，北大只說事實；三，此事與周作人無利與不利之說，因北大並未拖他下水後再照料北大產業。中央社所登，大致不差，想見北平報矣。過數日方知，先生在北平第一次與記者談話，《大公報》與上海左派、此間小報均登載而twisted，謂『我與周仍舊是朋友』，上海《文匯報》與小報又嚷成一片，此所謂盛名之下故意找茬也。我想先生南來時，恐他們還有此一問。報載北大公事上說校產有增無減，此與事實上不盡合。若以戰前北大範圍論，雖建一灰樓，而放棄三院（三院是我們收復的），雖加入李木齋書，而理學院儀器百分之七十不可用（華熾兄言），藝風堂片又損失也。上海左派有心攻擊，遂以此節說之不已。我聽說，未見到，只見到《大公報》（最近）。寫供先生或稍注意，因南來時必有記者問也」（歐陽哲生主編，《傅斯年全集》卷七〔長沙：湖南教育出版社，二〇〇三〕）。傅在信中附《大公報》剪報一份，標題是〈胡適之和周作人的藤葛〉，作者迪吉。報導列舉了當年胡適為勸周作人南下而在倫敦作的「藏暉先生昨夜作一夢」八行詩，以證明胡與周的朋友關係。接著說：「現在周已鋃鐺入獄，經過二度審訊。胡也海外歸來，主持北大教務。胡到校之後，除掉發表過一次談話，提出保持蔡孑民先生精神外，如何實施校政，尚未見諸具體。然而，據最近南京航訊，刊出周案除上次受審時，曾有蔣夢麟拿前北大校長資格，證明委任周作人在北大保管校產之證明書一件，替王龍律師添加了不少的辯護力量之外，現在，在再審訊之後，高等法院又接到胡適的證明公文，這在胡真可說關心朋友到底，而王龍律師在辯護上，自然更加利上有利了。」又說：周作人「何知有這麼大的魅力，引動了我們的胡大校長到職之後，放下北大校務盡可不管，首先第一要務，急急忙忙地替他辦證明公文？『不尋常』真正『不尋常』啊！果然九月十三日審周逆時，『因為證人同濟大學校長周洗凡在滬未到，僅由周之交務律師王龍轉請向教〔界〕調查被告地下工作之功績』，這還能說不是胡的證明所收得的效果嗎？大約四次審訊，對於我們這位好偉大的『地下文化功臣』不但不會判什麼罪名，還該建紀功碑哩。到那時，我提議就把蔣、胡的證明公文，尤其是胡適之的力證，勒作碑銘，讓他以垂不朽吧！」（《胡適往來書信選》下冊，頁一三三——一三七）

或許周作人聽到什麼風聲，或許是出於對王龍律師的感念之情（王龍，字天瑞，是當時南京頗負盛名的律師。周作人與他在南京高等法院所在的朝天宮左廡偶然相遇，「立談數語」，王即表示願義務為周做辯護律師。對此，身處困境的周作人感激不已，稱王是一位「俠情高誼」的人），遂於一九四六年十月二十五日，在南京老虎橋監獄作七律〈偶作寄呈王龍律師〉及跋文。此詩、跋於十一月三日上海《文匯報》刊出，內容如下：

但憑一葦橫江至，
風雨如磐前路賒。
是處中山逢老牸中山狼傳，狼欲啖東郭先生，問老樹老牸，皆左袒狼，
不堪伊索話僵蛇伊索寓言，樵夫見蛇凍僵，納之懷中，乃為所齧。
左廡立語緣非偶，
東郭生還望轉奢。
我欲新編游俠傳，

文人今日有朱家。

鄙人於去冬被逮，於今已十閱月。寒門拙老，素鮮親族，三十年來不少舊學生，有三數人尚見存問，而下井投石，或跳踉叫號，如欲搏噬者，亦不無其人。昔讀中山狼傳，雖知人世常情，不足為怪，而近年中一再見之，亦不能無所感慨。今年夏來南京受訊，在法院邂逅王天瑞先生，立談數語，慨然允任義務辯護，俠情高誼，不知所報。近聞某生又復叫號，此聲余固已諗聞，未免毛戴，唯想起王君，有如中山道中之遇老叟，更深致感激之意。計在法院相見之日將三月，因作一詩以為紀念，並寄呈天瑞先生，以博一笑。

三十五年十月十五日，知堂

周詩無大深意，大體是說自己孤零零地「一葦渡江」南來，在獄中已「面壁」十個月，前途渺茫，甚至性命堪憂。此間一些以怨報德的「小人」，像中山狼一樣欲置自己於死地。幸虧遇到了此前並無交情的律師王龍，才使自己像即將被狼吃掉的東郭先生一樣，有新的希望。發表該詩的《文匯報》記者在「附記」中說：周詩怨恨的像中山狼一樣的某生，「據說即是新潮社時代與羅家倫同為一時健將」、「現在則是社會賢達了」。而且，「記者曾聽周作人說勝利後曾以一書致『某生』」，想不到此信曾被「某生」大加批注，宣示於眾，力斥其妄云云。周作人對傅斯年仇之深，恨之切，由此可見。直到傅斯年死後仍撰文叫罵不止。

一九四六年十一月六日，首都高等法院以漢奸罪判處周作人有期徒刑十四年，周氏不服，提出上訴。一九四七年十二月九日，最高法院認為：周作人因意志薄弱，變節附逆，但其所擔任之偽職，偏重於文化方面，究無重大惡行，亦曾經協助抗戰及為有利人民之行為。最後改判有期徒刑十年。一九四九年一月二十二日，李宗仁接任中華民國代總統，在國共和談的空氣中，下令釋放政治犯，周作人在一九四九年一月二十六日被放出監獄，坐火車到學生尤炳圻在上海的家暫住。

一九四九年八月十四日，從上海回到人民解放軍管治下的北平定居。據唐弢回憶說：「大概是一九五〇年吧，中央召開全國文物工作會議，我從華東來到北京。文物局長鄭振鐸，還有文化部長沈雁冰等，剛從政務院總理周恩來那裡拿到一封周作人給他的信。信很長，將近六千字，是周作人的親筆。總理交給文學研究會幾位同人擬具意見，我從西諦（鄭振鐸）那裡得見此信。信的開端沒有抬頭，只見「XX先生」，信末則說，「本來也想寫給毛先生，因為知道他事情太忙，不便去驚動，所以便請先生代表了」。寫信的日子是「民國三十八年七月四日」，署名「周作人」。唐弢又說：「我不知道文學研究會幾位老同人當年擬具了什麼意見，卻從周總理那裡，聽到毛澤東主席看完書信後說的幾句話，毛主席說：『文化漢奸嘛，又沒有殺人放火。現在懂古希臘文的人不多了，養起來，讓他做翻譯工作，以後出版。』大概這就是人民文學出版社每月支二百元（以後改為四百元）的依據，我以為這樣處置是合理的」（唐弢，〈關於周作人〉，《魯迅研究月刊》一九八七年五期）。

唐氏所言是否屬於歷史事實，學術界尚有爭論，多數人認為這一說法「事出有因，查無實據」，但毛澤東與周作人在北平曾經相識則是不爭的事實。一九二〇年四月七日《周作人日記》有「毛澤東君來訪」的記載，可以作為二人相識的憑證。或許毛出於當年的這份感情才給了周作人一個改過自新並能自食其力的機會吧。

另據人民文學出版社編輯文潔若回憶：一九六四年「四清」運動開始，從九月起，預付給周作人的稿費從四百元減為二百元。好在他那久病的老伴已去世，否則付醫藥費會給他帶來困難。周作人哪裡知道，這次的減半，其實就是風暴的預兆。一九六六年六月起，停付周作人的預支稿酬。這項經濟來源斷絕後，周家就靠周作人長子周豐一夫婦的工資來維持。八月二十二日，一群紅衛兵衝進八道灣周家，砸了周母的牌位。到了二十四日早晨，紅衛兵索性把房子統統查封，並將周作人拉到院中的大榆樹下，用皮帶、棍子抽打。周家的後罩房正對著「老虎尾巴」——正房後身加蓋的一大間屋子，當天晚上一批紅衛兵就占領了這間屋子，以便監視周氏一家老少。於是，周作人只好蜷縮在後罩房的屋簷下，就這樣過了三天三夜。幸而他們還有個老保姆，給他們做了點簡單的吃食，悄悄地送來。及至下起雨來，周作人的大兒媳張菼芳便硬著頭皮去找紅衛兵。她央求說：「我們也不能老待在露天底下呀，好歹給我們個安身的地方吧。」這樣，周作人才被允許睡在自家的澡堂裡。不久，周作人的長子周豐一作為「摘帽右派」，被揪回北圖關進「牛棚」。半個月後，張菼芳目睹老人的淒苦，於心實在不忍，就向紅衛兵求了情，算是在漏雨的小廚房的北角為老公公東拼西湊搭了個鋪板床，讓他臥在上面。

紅衛兵為周家規定了生活標準：老保母是十五元，周作人是十元。他們向糧店打了招呼：只允許周家人買粗糧。周作人因牙口不好，一日三餐只能就著臭豆腐喝點玉米麵餬餬。由於營養不良，又黑間白日囚禁在小屋裡，他的兩條腿很快就浮腫了。九、十月間，周作人曾兩次交給張菼芳寫好的「呈文」，叫她背著紅衛兵交給派出所。兩份「呈文」都很短，內容差不多，大意是：共產黨素來是最講究革命人道主義的。鄙人已年過八旬，再延長壽命，也只是徒然給家人添負擔而已。懇請公安機關，恩准鄙人服安眠藥，採取「安樂死」一途。也許他在萬念俱灰中，還存著僥幸心理：希望駐地派出所的民警將他的問題反映上去。但希望是落了空，「請准予賜死」的「呈文」交上去後，就石沉大海。

一九六七年五月六日早晨，張菼芳照例給公公倒了馬桶，為他準備了一瓶開水，就上班去了。這一天下午兩點多鐘，住在同院後罩房西端的鄰居，偶然隔著玻璃窗往裡看了看。只見老人趴在鋪板上一動不動，姿勢很不自然。他感到不妙，便趕緊打電話給張菼芳，把她從學校喊了回來。張菼芳奔回家後，發現八十二歲的公公渾身早已冰涼。看光景，周作人是正要下地解手時猝然發病的，連鞋都來不及穿就溘然長逝了。在當時的情形下，家屬不可能把遺體送到醫院去查明死因，只好匆匆銷了戶口，火化了事，連骨灰匣都沒敢拿回來（文潔若，〈苦雨齋主人的晚年〉，收入孫郁、黃喬生主編，《回望周作人：知堂先生》〔開封：河南大學出版社，二〇〇四〕）。

61 傅振倫，〈我所知道的傅斯年〉，收入聊城師範學院歷史系、聊城地區政協工委、山東省政協文史委合編，《傅斯年》（濟南：山東人民出版社，一九九一）。

62 傅樂成編，《傅孟真先生年譜》，收入傅孟真先生遺著編輯委員會編，陳槃等校訂增補，《傅斯年全集》第七冊（臺北：聯經出版公司，一九八〇）。

63 歐陽修，〈秋聲賦〉。

64 何茲全，〈憶傅孟真師〉，《傳記文學》六〇卷二期（一九九二年二月）。

第六章
血染紅土地

一、「獨眼龍」被困五華山

西南一隅之地的雲南，自抗戰軍興，大批軍政要員與學術文化界人士流亡至此，備受國人乃至世界矚目。因了這一歷史機緣與風雲際會，雲南省境特別是省會昆明，在血與火交織的抗戰史上，許多意想不到的事就此發生，而這一切又同雲南當政者有千絲萬縷的聯繫。

一九二七年五月二十三日，號稱「南天支柱」的老派軍閥唐繼堯嘔血而亡，繼之掌握雲南統治大權的是另一位實力派軍閥龍雲（字志舟）。至抗戰勝利將近二十年的歲月裡，處於西南邊陲的雲南省，一直掌控在號稱「雲南王」的龍雲手中。[1]因龍雲不是蔣介石拜把子的鐵哥們和嫡系，雲南省政府與蔣實際掌控的中央政府在許多方面矛盾不斷。七七事變後，鑑於全國抗戰熱潮興起和國難家仇，龍、蔣雙方暫時保持了克制與忍讓，龍雲總體上維護了國民政府的權威和體面，蔣介石也順水推舟，擺出一副友好的姿態對龍雲，二者暫時相安無事。

隨著抗日戰爭的進展，整個中國東部沿海土地盡失，處在西南邊陲的雲南，漸漸變為蔣介石接受美國軍事援助的重要基地和國際交通要道，戰略地位突顯，人的精神氣脈也隨之牛了起來。時任軍委會雲南行營主任兼雲南省主席的龍雲昂頭挺胸，不再聽從蔣介石的擺布，開始依託天時、地利之便，在軍事、政治等諸方面自作主張，經常與蔣作對，雙方裂隙再開，矛盾越來越深。最讓蔣介石不能容忍的是，一九四二年香港淪陷，龍雲接收了大量由港島撤出的「左傾」主義者，使雲南變成了具有另類思想作風的親共分子的庇護所和大本營，導致「昆明成為共產主義的溫床」。在這個歷史轉折時刻國民黨極為反感、經常煽動少數不明真相的群眾製造群體性事件的羅隆基等輩搖身一變，成了龍雲的座上客，開始在昆明指手畫腳，四處招搖，煽惑眾志，暗中鬧了起來。而抗戰時期遷往昆明的高校，自然成為另類主張者滲透的主要目標和聯絡據點。由於另類人士的鼓動串聯，大批青年師生也開始趨向「另類」，由擁蔣反共的政治立場，慢慢向聯共抗戰、支持民主運動的方向轉變，以致昆明出現了「民主堡壘」的時髦稱謂。

珍珠港事變後，西南聯大學生因陳寅恪下落不明，以及聞聽孔家老少運洋狗等惡行，爆發了「打倒飛狗院長孔祥熙」的學潮。一開始，梅貽琦面對憤怒的遊行隊伍既不能阻止，又不便支持，焦急中打電話給龍雲說明情況，希望得到對方諒解，不要派軍警與學生發生衝突。龍雲一聽是倒孔反孔運動，不但未加怪罪，反而幸災樂禍，頗有些鼓動意味地說：「學生遊行是愛國行動，不要擾亂社會秩序就行了，如果你們不放心，我可以派憲兵司令和警務處長跟在你們隊伍後面，以防萬一。」[2]這樣才有了聯大學生大著膽子在街頭遊行高呼，而未遭一兵一警阻攔的奇事。讓龍雲想不到的是，他與梅貽琦電話中說的這些密語，後來被蔣夢麟帶到了重慶並傳到蔣介石耳中。蔣大為光火，在罵了一通「娘希匹」後，心中對龍雲怨恨加重。

抗戰勝利後，蔣介石準備發動內戰，欲一舉剷除共產黨和延安邊區政府，如果對延安用兵，就要嚴防後院起火，更不能容忍占據西南地盤的龍雲繼續和自己作對，遂下決心要在消滅共產黨之前，先翦除這個阻礙黨國軍令、政令統一的已經發生癌病變、且向四周擴散的

位於昆明的唐繼堯公館（作者攝）

「毒瘤」。

早在一九四二年八月，杜聿明率中國遠征軍第五軍殘部歸國，蔣介石不但沒有對杜的慘敗問責，反而將其擢升為第五集團軍總司令兼昆明警備總司令，[3]擴編後的第五軍由杜的部下邱清泉指揮，協同防守昆明這一「堡壘」，同時暗中為翦除龍雲這個滋生在黨國身上的肉瘤做準備。

一九四五年八月十日，就在日本向中、美、英發出乞降照會的當天晚上，蔣介石於興奮中緊急召見杜聿明面授機宜：「你先回去做解決龍雲的準備工作，等日寇投降的事情處理後再待命實行。」[4]同時叮囑杜除軍事準備外，還要對雲南的通信、交通及各機場做周密的布置，防止龍雲逃跑。杜聿明按照蔣的指示積極準備起來。

抗戰末期，當日本決定投降的時候，遠東戰線中國軍隊的戰略反攻才初露端倪。廣西方面，僅克復了全縣至黃沙河一線；江西方面，國軍正調集兵力追擊贛江下游潰退之敵，日軍剛剛退至豐城一線。因而，勝利之際，處理敵軍受降及接收淪陷區的一切人員物資，就成為重慶國民政府迫在眉睫的第一要務。為防止中共軍隊趁機收編敵偽軍並收繳其武器裝備，十日晚，蔣介石通過中央廣播電臺發表講話，命令淪陷區地下軍與偽軍聽候命令，准許偽軍以贖罪機會，不得接受非經蔣介石本人核准的任何軍隊收編。

就在重慶軍民為日軍投降燃放鞭炮、飲酒作詩慶祝勝利之時，延安方面通過無線電波得知了消息。在這決定國共兩黨與中國命運的重大歷史轉折時刻，毛澤東、朱德等人以最快的速度確定了新的政治、軍事目標。當天夜裡，朱德以國軍第十八集團軍總司令的名義發布命令：

龍雲

日本已宣布無條件投降，同盟國在波茨坦宣言基礎上將會商受降辦法。因此，我特向各解放區所有武裝部隊發布下列命令：

一、各解放區任何抗日武裝部隊均得依據波茨坦宣言規定，向其附近各城鎮交通要道之敵人軍隊及其指揮機關送出通牒，限其於一定時間向我作戰部隊繳出全部武裝，在繳械後，我軍當依優待俘虜條例給以生命安全之保護。

二、各解放區任何抗日武裝部隊均得向其附近之一切偽軍偽政權送出通牒，限其於敵寇投降簽字前，率隊反正，聽候編遣，過期即須全部繳出武裝。

三、各解放區所有抗日武裝部隊，如遇敵偽武裝部隊拒絕投降繳械，即應予以堅決消滅。

四、我軍對任何敵偽所占城鎮交通要道，都有全權派兵接收，進入占領，實行軍事管制，維持秩序，並委任專員負責管理該地區之一切行政事宜，如有任何破壞或反抗事件發生，均須以漢奸論罪。[5]

八月十一日，第十八集團軍延安總部又接連發布了六道命令，命令晉綏解放區賀龍領導的武裝部隊、晉察冀解放區聶榮臻領導的武裝部隊、冀熱遼解放區武裝部隊向內蒙古和東北進軍；命令山西解放區的武裝部隊肅清同蒲路沿線和汾河流域的日偽軍；命令各解放區的武裝部隊，向一切敵占交通要道展開積極進攻，迫使日偽軍投降。各地武裝力量接到命令迅速行動起來。

蹲在重慶官邸的蔣介石見毛澤東、朱德等人已對敵偽軍全面展開了接收行動，震怒中於當日火速下達了三道命令：一、命令國民黨部隊「加緊作戰努力，一切依照既定軍事計畫與命令積極推進，勿稍鬆懈」；二、命令淪陷區偽軍「應就現住地點負責維持地方治安」，「趁機贖罪」，非經蔣介石許可「不得接受任何部隊改編」；三、命令解放區抗日軍隊「就原地駐防待命」，不得對日偽軍「擅自行動」。[6]

八月十三日，由毛澤東起草，以第十八集團軍總司令部名義致電蔣介石，謂：十一日的命令「你是下錯了，並且錯得很厲害，使我們不得不向你表示：堅決地拒絕這個命令。因為你給我們的這個命令，不但不公道，而且違背中華民族的民族利益，僅僅有利於日本侵略者和背叛祖國的漢奸們」。[7]

「共產黨發出命令招降偽軍，此為吾人意想之事也。」[8]這是蔣介石侍從室高級謀僚唐縱八月十二日在日記中發出的感慨。作為唐某人侍奉的主子蔣介石，更應料到中共反抗的態度，但想不到會如此激烈，且不顧自己一國領袖的體面，竟悍然叫起板來。盛怒之下，蔣介石與謀僚們迅速商定對策，決定電召延安毛澤東邀請赴渝商談國是，謂：「倭寇投降，世界永久和平局面，可期實現，舉凡國際國內各種重要問題，亟待解決，特請先生剋日惠臨陪都，共同商討，事關國家大計，幸勿吝駕，臨電不勝迫切懸盼之至。」[9]

與此同時，蔣介石指派國民黨軍政大員在一周之內拿出復員計畫，並以最快的速度派員馳往後方各大城市接收政權與財產。密令國民黨嫡系部隊向華中、華北地區集結，火速開往南京、上海、北平、天津等各大城市與戰略要地，接受日軍投降和解除日俘武裝，並設法阻止中共軍隊插手日軍投降事宜。

八月十五日，蔣介石在中央廣播電臺發表抗戰勝利演說之後，即致電南京日本侵華最高指揮官岡村寧次，指示六項投降原則，令其通令日軍停止抵抗並派人至玉山接受何應欽總司令的命令。

八月十六日，朱德致電蔣介石，提出中共制止內戰的六項主張，再次表示堅決地反對蔣介石的絕對錯誤的命令，繼續命令所屬軍隊向日偽軍進攻。

八月十七日，盟軍統帥部發布第一號命令，指出：「臺灣及北緯十六度以北法屬印度支那境內的日本高級指揮官以及所有陸海空軍和輔助部隊，應向蔣介石委員長投降。」[10]但中共軍隊向日偽軍進攻仍未停止。

對於中共表現的強硬態勢，蔣介石手下的軍政大員方寸盡失，竟不知如何應對。據唐縱八月十八日日記載：「岡村來電，派其副參謀長今井武夫為投降代表，並電稱我國軍在蚌埠、蕪湖等各地襲擊日軍，請求制止。所謂襲擊日軍，便是共產黨的部隊。」在當天的日記中，唐縱於「上星期反省錄」一節，列舉了國民黨最急迫的四條「要務」：

> 一、敵人最後的試煉。敵人唱中日一體，大東亞共榮者八年矣，而今落得投降，因出於迫不得已……
>
> 二、我國最後之試煉。大規模受敵人投降在我國歷史上尚為第一次，不但受降的經驗罕有，而遭遇的困難又重新揭起。這次受降的事，如果辦得不好，將影響今後國際地位與國家盛衰治亂之機運。中共抓著了這點反抗政府，他知道政府投鼠忌器，故敢無所顧惜，如果把問題處理得好，國共的問題從此可以解決了。
>
> 三、失卻宣傳政策的失敗。朱德在此次敵人投降事件上狂妄已極，亂發命令，抗拒統帥部，並且將荒謬電文擅發號外，宣傳部對此毫無辦法，既不敢檢扣，又不敢不檢扣，

要請示總裁。如此小事，要請示總裁，要設部為何事，余誠不解。

四、……[11]

就在國共兩黨劍拔弩張、相持不下的紛亂爭吵中，中國抗戰勝利受降事宜在全國軍民與全世界目光注視下拉開了帷幕。

八月二十日，中國陸軍總司令何應欽抵達湖南芷江受降——整個中國戰區受降工作由這裡發端，隨後始在全國範圍內展開。此次芷江受降，國軍高級將領本著蔣介石「以德報怨」、「與人為善」、「不要企圖報復」的精神，對已是膽戰心驚、垂頭喪氣的日本小鬼子還算客氣，且表現出一種雍容文雅的「仁義之師」風度。被派往芷江商談受降事宜的日本中國派遣軍總司令岡村寧次的總代表今井武夫副參謀長等一行八人，面對中國政府顯示的寬厚與得體的禮節，內心受到強烈震撼。後來今井武夫回憶道：「我深深感激中國軍人對戰敗軍使節那種令人懷念的態度，同時，並深深認識到這裡面隱隱蘊藏著日本戰敗的原因。」[12]

就在中國軍隊於盟軍指定地區全面展開受降之際，蔣介石於日理萬機的緊張忙碌中，仍沒有忘記躲在西南重鎮昆明的龍雲這個心腹之患，他不露聲色地下令把龍雲的滇系主力部隊六十軍和九十三軍編為第一方面軍，由雲南地方勢力的二號人物、滇軍將領盧漢（字永衡）率領開往越南受降。[13]同時以軍力不足為由，把駐防昆明的十九師龍繩武（南按：龍雲的大兒子）部和暫編二十三師潘朔端部一併調去越南隨盧漢受降。此次與盧漢一起赴越南受降的另有廣東的第六十二軍黃濤部，國民黨中央軍第五十二軍趙公武部、第五十三軍周福成部、

蔣介石與杜聿明合影

第九十三師呂國權部及榮譽第一師戴堅部，總兵力為五個軍、四個獨立師，計約二十萬人。各部分別由滇越，桂越邊境的萊州、河陽、涼山、龍憑四路入越，定於九月二十一日以前到達北緯十六度以北的順化、河內、海防地區集合。按國民政府軍委會命令，凡入越受降部隊名義上統歸盧漢指揮，實際上盧漢能夠指揮的只是滇軍各部，至於蔣介石的嫡系中央軍，則負責暗中監視盧漢不得因後方有變而私自將軍隊開回雲南的祕密使命，如發現盧部有可疑動作，立即以武力解決之。如此一來，龍雲在昆明的兵力只有他二兒子龍繩祖名義上的一個暫編師，因一個團的官兵放假休養，實際兵力只是一個憲兵團和警衛營。中央軍在昆明的部隊由雲南警備總司令杜聿明坐鎮指揮，可調動的兵力有邱清泉的第五軍全部、青年軍第二〇七師、機場守備司令部四個團以及憲兵第十三團等四、五萬人的兵力。

當盧漢毫無察覺地率領幾乎全部滇軍告別昆明入越後，蔣介石認為解決龍雲的時機業已成熟，只待某個月黑風高之夜一聲令下予以擒拿。

一九四五年八月二十八日，應蔣介石三次電邀，以毛澤東為首的中共代表團飛抵重慶，與國民黨進行「事關國家大計」的和平談判。蔣介石一邊敷衍著談判事宜，一邊著手謀畫徹底解決龍雲問題。為了保守機密和麻痺外界，九月二十七日，蔣介石偕夫人宋美齡等人由重慶悄然飛抵西昌做「短期休養」，住於邛海之岸西昌新村特宅。就在這處住宅裡，蔣介石在苦心孤詣地構想如何對付毛澤東的同時，也在悄悄策畫以武力改組雲南省政府事宜。密謀後，蔣介石親自派空軍副司令王叔銘攜致杜聿明密信飛抵昆明，謂：「日內就要頒布免除龍雲的雲南軍政本兼各職，調任軍事委員會參議院院長，最好一槍不發，保證他的安全，已令昆明空軍歸你指揮，如龍雲不接受命令，即以各種火器轟擊五華山。」[14]

十月一日深夜，蔣介石派人攜手諭通知住在重慶的雲南籍政客李宗黃，令其翌日飛抵西昌，面授雲南省政府改組機宜。[15]

十月二日，蔣介石在西昌召開緊急會議，宋子文、陳誠、何應欽、李宗黃、關麟徵等軍政大員前往參加。會議決定：立即改組雲南省政府，暫委盧漢為雲南省政府主席。在蔣的心目中，盧漢並不是既可靠又合適的人選，但考慮到雲南盤根錯節的複雜關係，加之盧漢又手握重兵，倘不以高官相安撫，很可能中途發生兵變。儘管有中央軍暗中監視並隨時以武力收拾，畢竟盧漢重兵在握，一旦動起手來，整個越南前線與西南半壁將陷入混亂，後果難以設想。為集中精力拔掉龍雲這根眼中釘、肉中刺，根據孫子兵法所云「上兵伐謀，不戰而屈人之兵」的戰略，只好暫時把一方捣住，許盧為省主席的寶座，以達到分化瓦解，各個擊破之目的。

當天下午，王叔銘駕機載李宗黃、關麟徵等人飛抵昆明，潛入崗頭村防守司令部，將手令三件送交警備總司令杜聿明。內容為：

（一）免去龍雲軍事委員會昆明行營主任、雲南省政府主席本兼各職。軍事委員會昆明行營撤銷，行營所屬人員由中央統一安排。雲南地方部隊交昆明警備司令官杜聿明接受改編。雲南省政府交盧漢接受，在盧漢未到任以前，由雲南省民政廳廳長李宗黃代理。

（二）任命龍雲為軍事委員會軍事參議院院長。

（三）任命盧漢為雲南省政府主席。[16]

杜聿明聞訊，連夜召開集團以上軍官會議，傳達了三項命令，並做了軍事部署。

在此前的一九四五年九月下旬，龍雲的謀士曾建議其提防蔣介石解決他的陰謀，中共地下黨南方局昆明方面的領導人華崗也暗中告訴龍「蔣介石對和談誠意不夠」，叫他提高警惕，以防萬一。所有這一切，均沒有引起龍雲重視，更未做提防和應變準備。後來有研究者認為龍雲過於天真，才導致兵變敗北的下場，但在連綿戰亂中成長起來的龍雲，又何以會天真愚笨至此？真正的原因是龍雲久在雲南，且軍政大權在握，在周圍一片阿諛奉承中染上了沉沉暮氣，才有了關鍵時刻不識時務地認為：抗戰勝利了，毛澤東也到重慶會談，全國已出現和平民主趨勢，在這樣的政治大氣候下，蔣介石不會對他下手的錯誤判斷。因了這一錯誤判斷，便放棄了「兩手抓，兩手都要硬」的政治指導方針，結果最後落了個「一手抓，一手

昆明翠湖岸邊高樓處即是五華山，現仍為雲南省黨政部門所在地。（作者攝）

都不硬」，倒地不起的悲涼結局。

龍雲的所謂「一手抓」，是：盧漢率部入越前，龍盧二人有一個城下之盟。龍告盧：「如果後方有事，聞訊即火速回軍。」盧曾信誓旦旦地答應入越滇軍無論處於怎樣不利的情況，遇到多麼大的阻力和犧牲，也要即刻反攻回昆救援，不辱主公使命云云。這個祕密協議不是憑空構築，而是有著堅實的基礎。龍盧關係密切，二人同是雲南昭通彝族，皆出身農家，自小生活的兩個村寨只隔一座小山包。龍、盧又是至親（南按：盧漢夫人龍澤清是龍雲的表妹），早年雙雙投軍。幾十年的戎馬生涯，二人同甘苦，共患難，情同手足，親如兄弟。既然有了如此親密關係，又有祕密協議，在這樣的前提下，龍氏才感到高枕無憂，對蔣的陰謀未加任何防備。想不到正當他迷迷糊糊沉浸在美夢中時，空軍副司令王叔銘突然攜密令駕機飛臨昆明上空。從這一刻起，對龍雲來說，可謂是人在家中坐，禍從天上來了。

作為此次行動的總指揮，杜聿明怕按蔣介石指令，採取先禮後兵的戰略，會引起一些糾纏不清的麻煩，很有可能貽誤軍機大事。於是他索性來個「將在外，軍令有所不受」，反其道而行之，先兵後禮，將這條「龍王」逼到乾枯的絕地再做計較。在這一戰略思想指導下，一九四五年十月三日凌晨二時，杜聿明步出大廳，望了一眼漆黑的夜幕，臉上露出一絲不易為人察覺的冷笑，轉身下令所部開始攻擊。一時間，槍炮齊發，昆明震動。正在家中熟睡的龍雲突被槍炮聲驚醒，猛地跳下床來，張皇失措，不知如何是好。此時龍公館的警衛發現公館已被包圍，還有大炮對準公館大門，值勤的侍從副官飛快奔報。回過神來的龍雲深知大事不好，匆忙穿上衣服，老鼠一樣「吱溜」從後門竄走，然後貓腰弓背，悄悄繞過勸學巷、柿花巷等大街小巷，藉著夜幕獨自一人步行上了雲南省政府所在地——五華山，在一片樹叢中貓了起來。

未久，龍雲之子、留昆滇軍首領、暫編二十四師師長龍繩祖，聞訊率部封鎖了五華山。另一滇軍首領張沖也率部向五華山殺奔而來，意與龍繩祖部合兵一處共守省府。杜聿明部一看這陣勢，遂以猛烈火力進攻昆明大東門，襲擊五華山，並向已搶占北校場的龍繩祖部包剿而來。未戰幾個回合，龍繩祖軍力不支，大部繳械投降。為速戰速決，杜聿明指揮所部使用了大批美援武器如機槍、火箭炮、坦克車等重型武器，全力進擊五華山。龍繩祖、張沖指揮駐防昆明各城門的憲兵一個團和五華山兩個連的警衛部隊拚死抵抗，因杜部火力猛烈，守軍死傷遍地，不到一個時辰，守衛大東門城樓的憲兵隊官兵全部戰死。

炮火硝煙中，龍雲如同一隻受驚的野狐，悄悄爬出樹叢，鑽入五華山省政府大廳電報室，急促地命電報員向外拍發「戡亂」電報，稱杜聿明叛變，圍攻昆明城，令盧漢率領入越軍隊火速回攻昆明，同時電令省屬各區專員、縣長率領地方保安團、隊，星夜兼程向昆明前進，實行內外夾攻，一舉消滅杜部。當時雲南各地的保安部隊號稱十萬之眾，龍雲自恃這支力量可以與杜聿明部較量一番，決心在五華山固守待援。但由於此前他的通信設施大部遭杜部破壞或監視，很快與各方失去聯繫，龍雲成為一隻孤獨的困獸，只能徒歎奈何！奈何！

三日清晨，龍繩祖殘部已無力與對方交戰，只好退入省府大廳四周固守。杜聿明怕繼續強攻傷及龍雲性命無法向蔣交差，下令停止攻擊，派人把蔣介石「免去龍雲本兼各職，調任軍事委員會軍事參議院院長」的命令送交龍雲。龍氏看罷，當場罵蔣介石「獨夫民賊」、「卑鄙無恥」等，爾後把手令撕得粉碎踩於腳下，不再理會。

龍雲被困五華山的電報發到西昌後，為穩住在越受降的盧漢，打消其回返救援的念頭，蔣介石派王叔銘火速駕機飛往河內，將早已寫好的親筆信送交盧漢，信曰：

永衡吾兄勳鑒：

抗戰勝利國家急需統一軍令政令，為加強中央，鞏固地方，特任志舟為軍事參議院院長，調中央供職，以全志舟兄晚節。並委兄為雲南省政府主席，委李宗黃為民政廳長，在兄未到任前，由李宗黃代理。盼曉諭所屬，以安眾心。並望在越受降事竣，來渝一敘。

順頌勳祺。

中正手書十月二日[17]

十月四日，何應欽奉蔣介石之命，以中國陸軍總司令身分，再度飛至河內，名為視察受降情況，實則探視盧漢動靜。此時的盧漢已得知昆明發生兵變，龍雲凶多吉少，由於昆明方面的通信系統中斷，無法繼續聯繫，遂未做出立即回兵救援的決定。當盧接到蔣的書信後，知道這是蔣氏集團施行的穩軍之策與緩兵之計，但面對省主席寶座的誘惑以及中央軍在旁側虎視眈眈的局面，盧漢左右為難，舉棋不定，只有以「沉著、冷靜，言談謹慎」的態度靜觀其變，暗中做著下一步的打算。

被圍困在五華山的龍雲仍在深宅大院中，心懷僥幸地等待援軍前來「勤王」，杜聿明派人進山勸龍雲放棄抵抗，立即下山乘機飛往重慶就職，蔣介石也拍發電報催龍速去重慶，但對方仍置之不理，雙方陷入僵局。蔣介石怕夜長夢多，急派何應欽飛昆勸龍雲從速赴渝，何氏抵達昆明後，龍雲拒絕其上五華山相見。無奈中，蔣介石只好改派龍雲的好友、時任中國銀行昆明分行行長王振芳，從重慶飛昆再次勸說對方認清形勢，速下山飛渝，以免節外生枝，喪命於亂槍之下。龍雲見大勢已去，只好表示必須由行政院院長宋子文親自來昆明，保證他的人身安全，才可去重慶受命。王振芳立即飛回重慶向蔣介石稟報。在這個短暫的空隙，龍雲曾準備暗中率殘部突出重圍，到滇南調回在越南的部隊進行反擊。一直擔任其守衛的張沖和兒子龍繩祖認為其計甚危，且成功的可能性很小，竭力勸阻，龍雲遂打消了此念。

十月五日，宋子文飛抵昆明，登上五華山和龍雲詳談並做了擔保，龍雲終於答應卸職，定於次日離昆飛渝。當夜，張沖建議龍雲與隨身衛士和宋子文等同機飛渝時，設法在空中劫機，強迫駕駛員飛往越南，藉機脫逃。龍繩祖認為此計畫仍過於冒險，一旦飛機失事，將同歸於盡，此計方罷。龍雲苦苦等候盧漢的反應已三天三夜毫無消息，在內外交困的絕境中只好仰天長歎一聲，神色黯然地走下五華山，於六日午後同宋子文、何應欽、衛立煌等黨國大員一道乘機飛往重慶。從草莽中崛起的一代名將，歷數十八年之久的「雲南王」生涯，至此宣告終結。

十月七日，宋子文陪同龍雲去見蔣介石，蔣先說了幾句略表歉意的話，龍雲強按怒火，悲憤交加地對蔣說：「我在你的領導下服務很久了，自問對你、對國家、對地方都沒有什麼對不起的。改組一個地方政府，調換職務，這原是很普通的事情，但是不採用正常方式，而用這種非常手段，未免過分，這樣做，恐對國人留下不良影響。」蔣頗為難堪地解釋說：「我的指示不是這樣的，這是杜聿明搞錯了，要處罰！」[18]龍雲以身體不好為由，表示不能就參議院院長職，蔣予以慰勸。

龍雲離開昆明後，杜聿明按蔣的指示著手改編滇軍殘部。十月十五日，杜奉命赴重慶述職，蔣介石與其見面後，頗有興味地詢問了解決龍雲的經過，對杜的果敢表示讚賞。之後又對杜說：「你解決龍雲對國家立了功，可是得罪了龍雲，你應該為國家背過，任勞任怨。我表面上先公布將你撤職查辦的命令，以後再任你別的職務。」杜聿明很快明白了蔣的用意，立做慷慨激昂狀，說道：「只要於國家有利，我個人不計較任何名譽地位。」蔣介石聽罷頗為高興，說：「你這樣識大體，明大義，很好。就照我的命令辦吧。不過因為照顧龍雲的關係，處分你的命令要先發表。你明天就到昆明辦理交代，十八日就來重慶。」[19]

十月十六日，蔣介石發布命令：「杜聿明在雲南處置失當，著即撤職查辦。調任關麟徵為雲南警備總司令。」[20]此命令特別在《中央日報》以頭條消息登載。兩天後的十月十八日，蔣介石再度簽發命令，委任杜聿明為東北保安司令長官。

僅僅三天的時間，杜聿明就從天上落到地下，又從地下升上天空。瞬間的升降沉浮，令杜總司令眼花撩亂，驚喜不已。想不到失去了一個小小的偏僻之地昆明城，卻換來了整個東北地區的龐大地盤，天耶！命耶！或天命俱在耶！只是在興奮激動之餘，也正應了老子那句「禍兮，福之所倚；福兮，禍之所伏」的古話，杜聿明沒有想到，不久的將來，整個東北就是七七盧溝橋事變時北平市市長秦德純對守橋官兵所說的「爾等之墳墓」。隨著杜氏與共軍交戰損兵折將退出東北，繼之統率幾十萬大軍在稍後的淮海（徐蚌）會戰中全面崩潰，一代梟雄終於落了個兵敗被俘的悲愴結局。此為後話。

雲南省主席龍雲被迫走下五華山，赴機場就重慶軍事參議院院長職時在機場合影。前排自左至右：陸軍總司令何應欽、行政院院長宋子文、龍雲、衛立煌將軍、雲南省政府代主席李宗黃、杜聿明將軍。

二、李宗黃入主雲南

就在蔣介石處心積慮剷除龍雲這塊心腹之患時，國共兩黨的談判在名義上已取得了重大進展。十月十日，《國共雙方代表會談紀要》（《雙十協定》）在重慶簽訂，並於十二日正式公布。國民黨同意和平建國基本方針，承認各黨派的平等合法地位，以及承諾召開政治協商會議，中共承認蔣介石的全國領導地位。

十月十一日，毛澤東在國民黨大員張治中陪同下離開重慶飛往延安，國共雙方為時四十三天的和平談判告一段落。

十月十三日，蔣介石向各戰區國民黨將領發布密令：「遵照中正所訂剿匪手本，督勵所屬，努力進剿，迅速完成任務」、「遲滯貽誤者當必執法以罪」。[21]蔣所謂的「剿匪」，自然是指圍剿共產黨部隊，《雙十協定》墨蹟未乾，內戰的導火索再次拉開。

就在中國大地硝煙驟起，國共兩黨操槍弄炮再度展開血戰之時，在新一輪隆隆炮聲與哀號哭喊聲中，迫不及待的西南聯大師生提出盡快結束當前之局，三校分家，各自復員北上，早日回歸魂牽夢繞，闊別八年之久的夢中之都——平津兩地。繼蔣夢麟之後出任西南聯大常委的傅斯年，於一九四五年十月二十一日抵達昆明與梅貽琦會晤，並對聯大做短暫視事，商討學校復員北歸事宜。按當時平津校園情形與國內險惡的局勢以及交通狀況，傅斯年與梅貽琦二人意識到此時北歸絕無可能，至少還需要半年方可復員，因而決定下學期繼續在昆明開課。

十一月五日，蔣介石在重慶接見剛由東北抵渝的杜聿明，聽取他派人偵察營口蘇軍司令已撤走，中共軍隊接收營口而不能在營口登陸的報告。對此，蔣介石明確指示：第一，先以兩個軍兵力從山海關打出去；第二，建立東北地方武力，按九省二市收編偽軍十一個保安支隊協助國軍防務；第三，委派九省二市十一個軍事特派員，深入各省市發動敵偽殘餘向中共控制區擾亂。《雙十協定》可當作手紙扔進小壕灣兒，指揮所部進攻共軍所控制轄區。隨著一連串密令發出，內戰規模進一步擴大。為此，在延安的毛澤東以中共發言人的名義發表談話：「中國人民被欺騙得已經夠了，現在再不能被欺騙」，號召「全國人民動員起來，用一切方法制止內戰」。[22]十一月十六日，蔣介石主持召開軍事委員會議，並做了題為〈剿匪戰術之研究與高級將領應有之認識〉報告，稱要「建立必勝信心」，並加緊調兵遣將的步伐。一時間，全國範圍內用於圍困、進攻共產黨部隊的國民黨正規軍已達八十多萬人。

就在蔣介石調兵遣將的同時，中共方面以林彪為總司令的東北民主聯軍組成，人數約十萬人，三個月後增至五十萬人。國共雙方各不相讓，交火不斷，大規模內戰一觸即發。

十一月十九日，重慶各界反對內戰聯合會成立，消息傳到昆明，各校學生反應強烈，蠢蠢欲動。中共地下雲南省工作委員會抓住時機，決定立即出馬，悄悄地潛入校園，暗中支持學生運動。此時的西南聯大三個常委均不在校，張伯苓一直是名義上的常委，常駐重慶，對聯大事務很少過問；梅貽琦正在北平接收清華校產，為學校復員做準備。傅斯年正滿頭大汗地穿行於北平與重慶之間，忙於北大復員事務。梅貽琦離昆之時，按照老規矩，把校務交予清華的二號人物葉企孫代理，而葉氏是位辦事低調，不喜聲張，更不樂意多管閒事的理科教授，在三校即將復員之際，名義上是代理常委，實際只是勉強維持大局而已。想不到就在這個空隙，蔣夢麟離職前所擔心的學潮爆發，震驚中外的血案發生了。

十一月二十四日，雲南省政府民政廳長李宗黃，警備總司令關麟徵根據諜報人員及軍警情報部門的報告，得知「聯大等四大學校之奸黨分子，擬於明（二十五）日召開時事討論會，並歡迎各界參加，許自由發言，其目的為舉行簽字反美遊行示威，要求組織聯合政府事情」等。[23]李、關等人聞訊，緊急召開黨政軍聯席會議，制定堵截方案，隨後在學校和新聞媒體張貼、登載布告：「凡各團體學校一切集會或遊行，若未經本省黨政軍機關核准，一律嚴予禁止。」[24]同時強迫雲南大學校長熊慶來以禮堂裝修為名不借給會場。組織演講的學生自治會見狀，只好改在聯大圖書館前的操場進行。雲南地方當局得到情報，見無法壓制，乃決定派人暗中操縱會場，防止學潮爆發。

十一月二十五日晚，在昆明的西南聯大、雲南大學、中法大學、英語專科學校等四校學生自治會發起的反內戰時事演講會，於西南聯大圖書館前草坪上如期舉行，會議特地邀請錢端升、伍啟元、費孝通、潘大逵、尚鉞、聞一多、楊西孟等教授發表演說，到會師生六千餘人。學者們相繼登臺慷慨激昂地發表意見，呼籲制止內戰，強調「內戰必然覆滅中國」，「中國需要建立聯合政府，要進行和平建國，督促美國迅速從中國撤兵」，「撤換赫爾利、魏德邁」[25]云云。

當幾位教授正講得面酣耳熱之際，國民黨中央軍駐昆明第五軍邱清泉部悄悄包圍了聯大校園，並發射機關槍與小鋼炮進行威脅恫嚇。一時間，圍牆外槍聲大作，子彈尖叫著劃破夜空，會場出現騷亂。正當師生茫然四顧、不知所措時，會場照明電源突然中斷，操場一片漆黑，人群開始散亂。在會場即將崩盤的時刻，早有防範的組織者把事先準備的汽燈點燃，總算穩住了陣腳，經此一折騰，師生們情緒激動，心懷怒氣繼續發表演講。未久，人群中突然躥出一個短衣打扮的人跳上主講臺，自稱「王老百姓」，呼曰「剛才主講人所言純是胡說八道，國內局勢當係內亂而非內戰，無須諸位在此煽風點火，擾亂民心，如此之內亂，黨國領袖自當設法予以平息」云云。[26]有人突然認出此人並非什麼「王老百姓」，實乃駐昆明的中統特務頭目查宗藩是也。想到牆外的槍聲和斷電等突發事件，一定是這幫軍警特務暗中搗亂所為。於是，群情激憤，一片喊打，查宗藩看事不好，老鼠一樣縮身弓背鑽入人群，趁著短暫的混亂溜之乎也。特務們施盡招數而不能奏效，黔驢技窮，只能眼看著師生們繼續演講下去。當學生們高唱著〈我們反對這個〉的反內戰歌聲於夜半散會時，突然發現校門口已被國民黨軍警封鎖，門外軍警如麻，槍炮林立，冰冷的刺刀在星光慘澹的暗夜裡發著瘆人的寒光，架在牆頭屋簷的機關槍正對準路口，不准外校師生通行。夜色沉沉中，軍警們傳出口令，如有膽敢外出者，格殺勿論。面對如此凶妄並帶有血腥味的氣焰，師生們不知如何是

軍警進入西南聯大校園對集會師生進行恐嚇。

好，現場一時出現混亂，漆黑的大地人影綽綽，前擁後擠，一位女生被擠倒在地踩成重傷哀哭不止。數千人在深夜的寒風中躑躅、顫抖，激憤中有人高呼以罷課相抵抗，於是群起回應，僅聯大學生當晚簽名罷課者就達七百餘眾。直到凌晨兩點多鐘，外校學生才陸續自農場小路經雲大後門入城。

第二天，昆明《中央日報》刊出了中央社題為〈西郊匪警黑夜槍聲〉的消息：

> 本市西門外白泥坡附近，昨晚七時許，發生匪警，當地駐軍據報後，即趕往捉捕，匪徒竟一面鳴槍，一面向黑暗中逃竄而散。

據當時的新聞從業人員沈沉回憶，經他事後調查了解，先是由雲南警備總司令部宣傳人員炮製了這則消息，經總司令關麟徵過目並同意後，指派少將處長宋文彬親自送到中央社和雲南通訊社，飭令立即轉發各報社刊登。這則消息一經刊出，再度激怒了昆明各校師生，認為這是地方當局為掩蓋昨晚的罪行而編造的謊言，以莫須有的「匪人匪事」影射中傷當夜在聯大操場集會的師生。盛怒中的學生決心以罷課表示對當局製造這一系列行徑的抗議。於是，在整個昆明處於老大地位的西南聯大學生率先行動，紛紛簽名罷課。繼而老二雲南大學、老三中法大學，外加英語專科、昆華工校、昆華農校等十八所大中學校相繼罷課。到二十八日，罷課學校達到三十一所。昆明學生自治聯合會眼看學生們大規模鬧將起來，且來勢洶洶，氣焰高漲，潛伏於校園的中共地下黨人暗中鼓動指導，火上澆油，趁機組成了昆明市大中學校罷課聯合委員會（簡稱罷聯），選舉聯大、雲大、中法大學、昆華女中、雲大附中等五校為罷聯常委，並發出了措辭強硬堅挺的「罷課宣言」。一場規模浩大的學潮如同荒原上的熊熊烈火，在冬日的西南邊陲燃燒起來。

一個月前，當氣數已盡的龍雲走下五華山，被迫飛往重慶後，處於大軍圍困中的昆明城始解除戒嚴。連日來驚恐慌亂的市民於迷茫中買來報紙一看，只見頭版大字標題為：「龍院長今日飛往重慶就任軍事委員會軍事參議院院長職，雲南省政府主席將由盧漢就任，在盧漢未到昆明之前由新任命的民政廳長李宗黃代理。」

面對突如其來的事變，許多人以複雜傷感的心情在慶幸「老主席沒有被亂槍亂炮打死」的同時，對李宗黃捲土重來且代理省主席一職表示極大的憤慨。李是雲南鶴慶人，屬於蔣介石的鐵桿追隨者，江湖上人送外號「黃狗」或「黃鼠狼」。一九二七年國共決裂，蔣介石揮刀「清黨」時，剛剛成為新生代「雲南王」的龍雲，感到椅子尚未坐牢，不情願開罪共產黨人為自己的統治添亂。對蔣的命令，常常故意拖延或拒不執行，一切全看對自己在雲南的統治是否有利而決斷。正是處於這樣一種天時、地利、人不和的特殊條件，在蔣介石下令「清黨」最初的幾個月裡，雲南的中共組織沒有受到重大打擊。而這年的八月，中共率領軍隊公開在南昌發起暴動，對國民黨打響了第一槍。蔣介石於震怒中，下決心集中精力剿滅中共組織和軍隊。為了挾制龍雲勢力，經過反覆權衡，特別委派自己的鐵桿弟兄、國民革命軍總司令部參事、陸軍中將、雲南籍的李宗黃赴昆「協助」龍雲「清黨」。李氏到昆明後，以朝廷監軍的身分手搖尚方寶劍，挾「龍王爺」以令諸侯，依靠雲南國民黨右派勢力，私自成立了一個人數龐大的手槍隊，專門用來緝拿追捕槍殺共產黨員和追隨者，四處進行白色恐怖活動。懾於李宗黃咄咄逼人的氣焰和心狠手辣的剿共手段，大多數共產黨人都離開昆明跑到鄉間蟄伏下來不敢露頭。時有昆明成德中學一共青團員學生名叫梁元斌者，在崇高的無產階級思想光芒和革命熱情激盪下，以初生牛犢不怕虎的革命加拚命精神，並不把李的手槍隊放在眼裡，堅持向當地群眾宣傳馬克思主義真理千條萬緒，歸根一條就是「造反有理」，等等。當一次在昆明武成路再度向過往群眾宣傳演講時，被李宗黃部下特務跟蹤監視。梁氏發現張著機頭的槍口瞄上了自己的腦袋，才驀然意識到對方的「花生米」大大地有，而自己肩膀上的肉球只有一個，一旦弄掉，再難生矣。驚恐慌亂中，梁元斌轉身撒腿逃奔，當跑到一個小巷時，李的手槍隊扣動了扳機，梁中彈身亡。

血案發生後，中共雲南地下黨人暗中指揮追隨者與當地群眾抬著梁氏的棺材和血衣在昆明街頭遊行示威，高呼「打倒李宗黃！」「懲辦殺死梁元斌的凶手！」等口號，同時派代表到五華山向龍雲請願。龍雲本來就對蔣介石心懷不滿，更對李宗黃驕橫跋扈的做派和不把自己這位「雲南王」放在眼裡而恨之入骨。如今見血案突發，民眾抬棺而來，不勝狂喜。他意識到扳倒李宗黃，將其掃地出門的有利時機業已來臨，遂強按心中的興奮，在接見代表時先是以貓哭耗子狀對青年學生梁氏的遇難表示悲痛，爾後又擺出大義凜然狀，表示支持群眾的倒李行動，優撫梁氏家屬等。此舉給鋒頭正健、耀武揚威的李宗黃當頭一棒，而這一棒竟致李氏倒地不起。只有到了此時，李宗黃才深深體會到：在雲南這塊地盤上有龍閻王坐鎮，就沒有自己這個小鬼掌控政局，隨意把共黨分子往鬼錄上登載的權力。眼看自己翻身對抗無望，李氏思前想後，只好懷揣大丈夫不爭一日之短長的遠大志向，俯首認輸，於悲憤交加中放棄雲南，捲起鋪蓋灰頭土臉地回到南京中央黨部蟄伏下來潛心修鍊，等待日月變換、天地改色的時機再殺一個回馬槍，以扳倒龍雲，做一個實實在在的諸侯王。想不到在他苦苦等待了十八年之後，機會終於眷顧了他。

性格狷介但頗愛好舞文弄墨、揚風扎猛的李宗黃晚年有幾部著作問世，其中在撰寫的回憶錄中，不厭其煩地敘述蔣介石決心除掉龍雲而讓自己取而代之的細節。按李氏的說法，一九四五年七月十六日，他在重慶被召到蔣介石官邸聽命，蔣說：「志舟行為特殊，連年阻撓抗戰，我都念在他的前功，曲予優容。可是長此以往，對他過於縱容，恐怕他自己也難以善始善終。所以現在決定請伯英（南按：李宗黃字）兄回滇，接任他的雲南省政府主席和省黨部主任委員兩職，假如志舟能夠聽命，那就調他到中央來另畀職位，否則就應給予他相應的制裁。關於這一件事，伯英兄有什麼意見？」[27]

李氏見蔣突然說出這番話，熱血「嗡」地一下湧向頭頂，頓時驚喜莫名，百感交集。但他畢竟是混跡官場多年的老手，很快又冷靜下來，不露聲色地答道：「宗黃恭謝總裁栽培，可宗黃才薄力微，難以擔當如此大任，一旦貽誤軍國大事，悔之晚矣。就宗黃本人看來，省府主席一職，宜考試院副院長周惺甫先生出任，宗黃可任雲南省黨部主任委員之職。」

蔣介石聽罷，稍愣了一下，隨後模稜兩可地說：「也好，伯英兄不妨問一下周惺甫，聽聽他的意見。如果他能讓志舟引退，就讓他來維持現狀，稍過時日之後，再由伯英兄接任也可。」[28]

李宗黃所說的這位周惺甫即周鍾嶽，號惺庵，雲南劍川縣人，白族，一八七六年生，自

李宗黃

小有神童之譽，屢次參加考試均拔頭籌。據說他在家鄉讀書時，當地一個土匪在劍川西南石寶山被亂槍打死，土匪的同夥估計與周鍾嶽家族有關，但又找不到確切證據，土匪們嚥不下這口氣，便想出一個辦法，專程派人請周鍾嶽的父親周之炳為亡者寫一副輓聯。周之炳乃清末秀才，喜詩文、善書法，在劍川一帶頗有名氣，對土匪的弦外之音心知肚明，於是感到左右為難。這輓聯是寫還是不寫？如果不寫，後果明擺著，土匪們將以此事尋釁滋事，藉機報復。而寫，又寫什麼呢？阿諛奉承不是自己的性格，且周氏家族與當地百姓也不會答應。反其道而行之，內含諷刺甚至斥罵之語，正中土匪設的圈套，後果不堪設想。

正當老秀才左右為難，與幾個文朋詩友在家中廳堂嘰嘰咕咕反覆議論籌畫而不得要領時，周鍾嶽放學回家旁聽此事，瞪著小眼，脫口道：「這有啥難的，寫就是了。」周之炳剛要為兒子的冒失而呵斥，身旁一老秀才和顏悅色地道：「說得輕鬆，你寫一副我看看？」周鍾嶽並不顧父親的臉色，走進書房潑墨揮毫，很快寫就拿了出來。只見上面寫著：「生死由天定，功過後人評。」橫批是「嗚呼哀哉」。眾人一看，既驚且喜，老秀才周之炳也認為此聯真是絕妙，透出兒子的非凡智慧，神情大振，拿起筆來揮灑而就，打發人送到土匪擺設的靈堂處。匪眾們集中起來琢磨了半天，說不出是什麼滋味，藉機報復的事也只好作罷。因了這副對聯，周鍾嶽的神童之名遠播四方，並在當地民間長久地流傳下去。

一九〇四年，周鍾嶽赴日本早稻田大學學習，一九〇七年回國，執掌雲南省教育廳大印。辛亥革命後出任雲南都督府祕書長、滇中觀察使。一九一五年隨蔡鍔組織「討袁護國軍」。一九一九年任雲南省代省長。一九二一年，任雲南省省長。一九二七年因局勢動盪而辭職，返回劍川靜觀待變。抗日戰爭爆發後，出任國民政府內政部長、國府委員、考試院副院長。李宗黃如是說，一是在蔣面前略示自謙，表明自己的風度和政治雅量。同時也吸取了以往在昆明的教訓，看中了周的資歷和在雲南官場的老底火，想暫時找個依靠扶持一時，當各派勢力安靜後自己再設法登臺亮相。蔣介石心知肚明，順水推舟，李宗黃得令後很快找到周，傳達了蔣的意見。久經官場的周鍾嶽聽罷，立即意識到這是一個替別人墊背的圈套，加之對李的為人處世尚無好感，乃斷然拒絕。

七月二十一日，蔣介石再次召見李宗黃，李把與周鍾嶽的談話結果和盤托出。蔣見周如此狗坐轎子——不識抬舉，遂冷冷地說：「既然如此，那就仍然由伯英兄回滇主政，等到我一切部署就緒，即日成行。請伯英兄嚴守祕密，積極準備。」[29]

眼看大事將成，只邁一步即可登上省主席的寶座，李宗黃驚喜交加之情可想而知。想不到世間風雲變幻難測，此事中途橫生枝節，令李的大夢成了亦真亦幻的浮萍。抗戰勝利後，盧漢帶大軍赴越南受降，因怕引起兵變，也為了暫時穩住龍雲在滇的舊勢力，蔣介石在幕僚策士們的建議下，突然改為盧漢接替龍雲做省主席，李為代主席。對此變故，蔣對李的解釋的是：「因為國軍全面反攻即將全面展開，盧漢將隨何總司令率部反攻，雲南方面，在此過渡期間，我想暫以盧漢負雲南省政府主席的名義，而以伯英兄任民政廳廳長兼代主席，到了相當的時間，再為伯英兄真除。這樣的做法，對於政略的運用上不無裨益。」[30]

蔣的意圖很明確，龍雲手下的頭號幹將盧漢做省主席只是一個「過渡」，並非長久之計，李需要暫時隱忍，到適當的時間再予以「真除」。也就是說等到國軍受降結束，局勢穩定，盧漢大軍開赴東北，雲南潛在的危險度過之後，再設法免去盧漢之職把李扶正。因了蔣介石的這個許諾，李宗黃才全力以赴助蔣趕走了龍雲，自己輕裝便捷，迫不及待地來到昆明出任了省民政廳廳長、省黨部主任兼代省政府主席之職，以待蔣介石不久為之「真除」。從李宗黃回憶錄中可以看出，當時他完全相信蔣的話是真實可靠的，後來也沒產生過懷疑，因為盧漢不是蔣的嫡系，而自己卻是其鐵桿的心腹。

早在國民黨「一大」時，李宗黃就是中央執行委員，但幾十年打拚苦鬥，卻一直沒有做過封疆大吏和取得過一方諸侯的實權，眼看快奔六十歲的時候，終於有了出頭之日，其興奮激動之情自非一般政客和普通人所能領會。由於李心中懷揣著「雲南王」的夢想，且頭一次暫時充任掌控實權的封疆大吏，自然非常看重在這兩個月代理的「政績」。而最能體現政績的，就是臨行前蔣介石授意他的「回雲南以後的主要任務就是除『三害』」。[31]蔣所指的「三害」，即民主堡壘、學生運動與龍雲舊勢力。由於李宗黃在昆明各派勢力中名聲不佳，自然引起許多人的厭惡，而雲南各高校一些中間派師生對李的所作所為與傲慢狂妄之態也表示了同樣的反感。在這種境況下，李宗黃與當地各方勢力的衝突也就成為一種必然。

三、「一二‧一」慘案

登上臨時「封疆大吏」寶座的李宗黃，本來就極端厭惡龍雲舊勢力及其縱容民盟等親共分子的做法，再加上其本身性格桀驁不馴，用他的說法就是「為人剛直耿介，作風大刀闊斧」、「有永遠不為惡勢力低頭的革命精神」。[32]這就導致李氏在學潮事件中始終保持著一種激烈的心態，即「奸黨」陰謀分子越是鼓動學生鬧事，我李宗黃就越是要同他們對著幹！即使到血案發生之後，李氏也依舊剛愎自用地認定：學潮的發生根本就是衝著自己這位臨時省主席來的，是龍雲的舊勢力勾結共產黨意欲阻止其掌控雲南軍政大權，是一種故意搗亂滋事的流氓行徑。因此，上臺伊始，為了表現忠黨忠蔣之心，把可能發生的反政府學潮扼殺於萌芽之中，李宗黃一開始就決定採取嚴厲的處置措施，並聯合昆明警備總司令關麟徵、第五軍軍長邱清泉，動用軍隊、警察、特務和國民黨黨團骨幹，採用破壞加恐嚇的雙重伎倆，使大多數師生心生畏懼，知難而退。二十五日晚，當學生們把會場改在聯大圖書館前草坪上繼續進行演講之時，李宗黃即下令手下黨徒特工人員按預定計畫輪番上陣進行反制，並說服邱清泉出動第五軍官兵，以槍炮齊鳴的激烈措施擾亂示威，達到恐嚇學生，使對方不敢外出遊行的目的。

後來有研究者分析，當晚李宗黃與關麟徵等人的確最怕學生們衝出校園遊行，而一位西南聯大的教授事先曾告訴過李，這種校園集會屬於正常活動，一般要到深夜才會結束，根本不可能發生深更半夜高舉燈籠火把在大街小巷遊行示威的事情。但神經高度敏感與警覺的李、關等人則堅決認為，此說只是不諳世事與政治鬥爭之常規的書呆子或愚夫之見，不足為憑，他們更願意相信自己的諜報人員截獲的關於延安與昆明遙相呼應的祕密情報。[33]正是這種自以為是並有些神經質的固執己見，與以武力為後盾、天馬行空的所謂「反制措施」，激起了各校學生強烈反應。本來已取消遊行計畫，更不曾想過罷課的學生們，反而在經歷羞辱和極度義憤中，於第二天開始掀起了要求「取消禁止集會遊行非法禁令」和「保護言論及身體自由」的罷課風潮。

就在罷課風潮形成狂濤巨浪，大有決堤之勢的關鍵點上，中共中央機關報《解放日報》、重慶《新華日報》聞風而動，先後發表了昆明「罷聯」草就的〈告全國同胞書〉等言辭激烈的檄文。《新華日報》更是慷慨陳詞，發表社論，指出「這幾項要求實在非常溫和而合理」，當局的做法實在過於霸道與蠻橫云云。此後，罷課風潮瞬間呈滔天之勢決堤而出，開始向昆明之外的廣大地區奔騰蔓延開來。

學潮驟然升起，如平地突起驚雷，令雲南當局措手不及。此時的李宗黃等人不僅不為自己不當的處置檢討並採取補救措施，相反，他們堅信自己的行為乃切實的「反奸黨」鬥爭，是忠於黨國和領袖的大無畏革命精神的光輝寫照，是領袖意志與思想決策的忠誠執行者。早在抗戰勝利前夕，當得知昆明部分學生受中共地下黨的暗中操縱，公開跳將出來呼籲組織聯合政府時，蔣介石就向教育部發出密令，毫不含糊地指出：「我國八年苦戰，軍民犧牲，歷盡險阻艱難，始獲奠定抗戰最後勝利之初基。今反攻即將開始，而存心破壞抗戰之陰謀分子，見勝利在望，乘機思逞，散播謠言，假借名義，肆其煽惑，尤其對於學校青年鼓動利用，無所不至，冀欲釀成學潮，擾亂戰時秩序，以削弱抗戰力量。政府維持法紀，捍衛治安，責無旁貸。如各地學校學生有甘心受人利用破壞秩序發動學潮者，政府即視為妨害對敵作戰、阻撓抗戰勝利之禍國行為，必當予以斷然嚴厲之處置，絕不稍有姑息。」[34]這裡所說的「斷然嚴厲之處置」，自然就如同捕捉造反鬧革命的阿Q一樣，「咔嚓」一聲砍頭的意思。在蔣介石看來，非動用如此激烈之手段，不足以阻撓「禍國」之行為，平息各地洶湧而起的學潮。

崇尚武力並以武力解決學潮，對蔣介石而言，業已成為一種慣例。無論是一九三一年「九一八」事變後全國各地興起的學運，還是西安事變前的學潮，最後關頭蔣氏都主張不惜以武力處置，誠如蔣在西安事變之前對張學良所說：「對於那些青年，除了用槍打，是沒有辦法的。」[35]作為黨國領袖所採取的嚴厲「反制」手段，無形中為國民黨高層一些要員做出了「榜樣」，而「榜樣」的力量是無窮的。在這種思維慣性作用下，身在昆明的李宗黃認為，正是二十五日晚當局所採取的一系列措施，才有效地阻止了「奸黨分子」的計畫，「使其不能達到開會遊行的目的」。對於後來罷課風潮的發生，他認為這是「奸黨分子」在搗亂失敗之後又一次有組織的反撲。地方當局對待這次反撲，必須採取「嚴厲措施」來加以反制，達到令其搗亂，失敗，再搗亂，再失敗，直至滅亡的目的。

十一月二十七日下午，李宗黃再度找到關麟徵、邱清泉等軍事將領和特務頭目在省黨部召集會議，決定針鋒相對，組織一個反罷課委員會，由第五軍軍長邱清泉任總指揮，第五軍政治部主任張濯域為總幹事，反罷課委員會下設情報、行動、破壞、對抗等各組，各組組長皆由國民黨、三青團、軍隊政工人員、憲兵頭領與特務骨幹分子構成。另外由雲南大學學生、三青團雲大支部書記紀廷琛；聯大學生、三青團聯大分團書記蔡麟筆等人為聯絡員，負責收集校內情報，隨時向當局彙報並做內應。此次李、關等提出了明確的行動綱領，要「以組織對組織，以宣傳對宣傳，以行動對行動」，不惜一切力量壓制「奸黨」宣傳，組織大量黨團同志展開反制行動，使「奸黨分子」不能順利集會和遊行。如果學生們堅持罷課、遊行，破壞秩序，將會在「必要時使用武力」，直至「開槍」、「不惜流血也要壓制這次學潮」。二十五日晚，那個曾自稱「王老百姓」的特務頭領查宗藩，在會上更是神經兮兮地煽動說：「現在黨國處於危機之中，黨員要忠於黨國。聯大學生都是共產黨，我們要去打死他們。」[36]一時間，整個省黨部會議大廳人聲鼎沸，情緒激昂，瀰漫飛濺著一股嗆人的血腥氣味。

會後，關麟徵向蔣介石拍發了密電，報告二十五日晚昆明四所大學舉行時事討論會，已派黨團工作人員參加操縱會場。二十六日聯大學生開始煽動罷課，主張「組織聯合政府，停止內戰，在華美軍撤退，言論及集會自由等項」，「並勾引裕滇紗廠工人，有掀動罷工擴大全昆明罷課並大舉聯合遊行示威舉動」等情況。請示：「除竭盡各種方法嚴密防範外，如反動情勢擴大，實行遊行示威，加倍詆毀政府與鈞座應取何種態度對付？」[37]

行動計畫很快密報重慶，蔣介石侍從室得到關麟徵的電文後，即交由次日官邸黨政軍彙報會處理。會議做出決定，「教育部派人前往勸導復課，如開導無效，即不惜解散；並決定改組黨政軍會報機構，以為應付時局指揮機構」。[38]但公文尚未按程序走完，就爆發了「一二・一」慘案。

在李宗黃的指使下，從十一月三十日起，被組織起來的雲南省黨部和省各支團部職員、軍官總隊與駐昆第五軍所屬分校學員，以及部分特工人員，開始在昆明市區各街道通衢，與出校宣傳的學生發生肢體衝突，並有部分黨團人員進入校園強行搗毀義賣桌凳、撕毀標語，高呼「打倒共產黨」之類的口號，對敢於與之爭論的學生則用拳頭加耳光伺候。此時學生們尚不知國民黨高層已有了「不惜流血也要壓制學潮」的密令，當有人問特務為什麼行凶打人時，特務們竟瞪著眼反問道：「我為什麼不打？打一個大學生有八萬元，打中學生有四萬元的獎賞。」[39]言辭中透著蠻橫凶妄、無理可論的氣焰，當日有十餘名學生被打傷或被刺刀穿傷，其中包括聯大教授聞一多的兒子聞立鶴。被打得暈頭轉向，天旋地轉，感到氣氛不對的學生在中共地下黨的指示下，回到學校，緊閉校門，不再外出，在校園內罷課以示抵抗。面對此情，生性剛愎自用的李宗黃表現出比職業軍人關、邱等還要強硬的姿態，竟赤膊上陣，操縱便衣軍警和特務衝入學校，展開了更大規模的暴力行動。

十二月一日上午九時左右，根據預先布置，由李宗黃及助手李耀廷把省黨部各科室與市縣黨部的助理幹事，以及調統室的便衣特務集合到大禮堂前面的空地上，準備向學校全面進攻。行前，李宗黃親自訓話，並為黨徒們打氣說：「過去我在昆明辦黨，學生們也鬧事，打到門口來。當時，我手下的幹事寧伯晉他們就不怕，他們也打了出去。現在，他們又向我們進攻了，這是大家效忠黨國的大好時機，我們要以宣傳對宣傳，以流血對流血，進行還擊。」[40]

「一二・一」慘案四烈士。左起：于再，潘琰，李魯連，張華昌。（引自郭建榮主編，《國立西南聯合大學圖史》〔昆明：雲南教育出版社，2006〕）

當受到蠱惑的大批黨團人員準備出發時，李宗黃仍不放心，吩咐省黨部守衛大門的衛兵長，將所有衛隊槍枝上的通針和刺刀收集起來，交給黨徒，藏匿身邊以做凶器。見通針刺刀不夠分配，李便命令黨徒各自收集攻擊與防身器具。於是，省黨部內，廚房裡挑水的扁擔、盛水的木桶、炒菜的勺子、燒火的木棍、炸油條烤羊肉串的鐵釬、打掃廁所的拖把等都被收集而來用於行動。待黨徒們各自手中均有攻擊的傢伙，李宗黃巡視一過，方命令親信楊燦率隊跑步至如安街三青團團部的行動指揮所，與等候在那裡的軍官總隊學員等軍人、特務聯合一處，殺氣騰騰地向雲南大學、中法大學、聯大新校舍、聯大師範學院、聯大附中、昆華女中、南菁中學學校殺奔而來。

因有李宗黃在背後撐腰，幾百名黨徒、軍人、特務精神亢奮，呼呼隆隆地衝入學校後，見人就打，見物就砸，有自視勇猛者竟公然投擲手榴彈進行轟炸，僅片刻工夫，聯大地質系教授袁復禮及二十餘名學生被打翻在地，嗷叫不止。其時正從聯大門口路過的南菁中學教員、退伍軍官于再，不幸被一暴徒拉響的手榴彈當場炸倒，後送醫院不治而亡。[41]當日十二時左右，在三青團雲南支團部祕書兼宣傳股長周紳率領下，四、五十個特務強行攻入聯大師範學院，在院中投擲手榴彈。師院學生人少勢寡，猝不及防，見對方來勢凶惡異常，於混亂中只好從食堂窗戶爬到窗外的昆華工校求援，待與昆華工校同學聯合後，即從窗戶復入師院以石塊木棒進行絕地反擊，這一行動竟將大批特務擊退於校門之外。只是大門剛剛關閉，又被後續的大批黨徒攻破，並從門外投入手榴彈兩枚。煙霧騰起，響聲過去，聯大師範學院學生李魯連當場被炸翻在地，有學生冒著生命危險將李救起急送雲大醫院搶救，途中復遭暴徒攔截毒打，李魯連登時氣絕。另一位女學生潘琰胸部被手榴彈炸傷，手指被彈片削掉，渾身是血倒在地上痛苦呻吟。一暴徒見狀，獸性大發，舉起手中帶尖的鐵棍，照其腹部猛刺三棍，潘昏死過去，送醫院後氣絕身亡。昆華工校學生張華昌被手榴彈炸傷頭部，倒在師院大門的石檻上不能動彈，一特務上前舉起木棍照頭部猛力打砸，黑紅的血液頓時從張的右耳流出，紅色之上漂浮著白色腦漿，而「腦漿和血液已混在一起，業已無救」，[42]當場喪生。被手榴彈炸成重傷的還有聯大學生繆祥烈、昆華工校學生李雲等十餘人，繆被炸斷一條腿，雖僥幸保住性命，但不得不將斷腿鋸掉，落了個終身殘疾。

這便是震驚中外的昆明「一二・一」慘案的大體經過。有些巧合的是，慘案發生的當天，盧漢已經回到昆明並正式接替李宗黃出任雲南省主席一職。於是，昆明與重慶之間再度風起浪湧，陷入了一場派系複雜，身分隱祕，各為其主，合縱連橫，剪不斷理還亂的大爭鬥。

注釋

1 龍雲（一八八四—一九六二），原名登雲，字志舟，雲南昭通炎山鄉人，彝族。一九一四年畢業於雲南講武堂，後為滇軍統帥唐繼堯部將，參加討袁（世凱）護法鬥爭。一九二二年任靖國軍前敵司令、軍長，滇中、昆明等鎮守使。一九二七年與胡若愚等發動「二．六政變」，推翻唐繼堯，改組省政府成功。後又擊敗胡若愚等部，成為獨霸一方的實力派人物。相繼任雲南省常務委員會主席、三十八軍軍長、雲南省政府主席、十三路軍總指揮、國民黨雲南省黨部主任委員、滇黔綏靖公署主任。抗日戰爭時期，組織滇軍第五十八軍、第六十軍參加中原抗日，後任第一集團軍總司令、陸軍副總司令、昆明行營主任等職。在任省主席期間，祕密參加民盟，支持民主運動。一九四五年十月，蔣介石以武力改組雲南省政府，龍調任軍事參議院院長。一九四八年底擺脫蔣介石的軟禁與監視祕密至香港，一九四九年八月十三日在香港發表〈我們對現階段中國的認識與主張〉聲明，宣布與蔣決裂，表示擁護中國共產黨。渡江戰役後，與擔任國民黨雲南省主席的盧漢聯繫，推動雲南起義。一九五〇年到北京，曾任中央人民政府委員，國際委員會副主席，西南軍政委員會，西南行政委員會副主席，全國人大常委，政協全國委員會常委，民革中央委員會副主席等職。一九五七年被劃為「右派」，一九六二年在北京去世，享年七十八歲。

2 李洪濤，《精神的雕像：西南聯大紀實》（昆明：雲南人民出版社，二〇〇一）。

3 杜聿明（一九〇四—一九八一），字光亭，陝西米脂人。一九二四年黃埔軍校第一期畢業。參加過北伐戰爭。一九三二年任國民黨軍第二十五師副師長。一九三三年三月，率第二十五師參加長城抗戰，給日寇以沉重打擊。一九三七年負責創辦裝甲兵團，為國民黨軍第一任裝甲兵團團長。一九三八年後，裝甲兵團先後擴編為第二〇〇師，第十一軍，改番號為第五軍，杜升任軍長。一九四一年率部參加遠征軍赴緬甸作戰。一九四二年八月回國，升任第五集團軍總司令。抗日戰爭勝利後，被派往東北任國民黨東北保安司令長官部中將司令。曾統率國民黨軍隊在遼瀋戰役、淮海戰役中與中共軍隊對壘。後任徐州「剿總」副總司令，一九四九年一月在淮海戰役（國民黨稱徐蚌會戰）中被解放軍俘獲，後被定為戰犯，送進北京功德林戰犯管理所，與其他陸續被俘的國民黨軍高級將領共同進行改造。一九五九年十二月被特赦釋放。一九六一年三月任全國政協文史資料研究委員會文史專員，一九六四年被特邀為全國政協第四屆委員會委員。一九七八年當選為第五屆全國人大代表和全國政協第五屆常委。一九八一年五月病逝於北京。

另，據已披露的材料顯示，杜聿明第一批國民黨要犯特赦，與他的女婿楊振寧（夫人杜致禮）於一九五七年獲得諾貝爾物理學獎有很大關係。楊振寧與李政道作為華人首次獲諾貝爾獎，在國共兩黨之間震動很大，雙方皆派人通過不同管道赴美，爭取二人為臺灣或為大陸效力。正是楊的獲獎，使杜在被俘改造的國民黨將領中第一批率先走出監獄。與此形成鮮明對比的是，文天祥第二十三代孫、毛澤東的表弟（文的姑姑文七妹是毛澤東的母親）、黃埔四期生（與林彪同班，文擔任班長）、徐蚌會戰時國民黨軍中將代參謀長文強，被俘後與杜一起作為戰犯在監獄關押長達二十六年半之久，直到一九七五年三月才作為最後一批國民黨戰犯獲特赦出獄。

4 李勇、張仲田編，《蔣介石年譜》（北京：中共黨史出版社，一九九五）。

5 〈蔣介石在挑動內戰〉（注釋），收入中共中央毛澤東選集出版委員會編，《毛澤東選集》卷四（北京：人民出版社，一九九一）。

6 李勇、張仲田編，《蔣介石年譜》（北京：中共黨史出版社，一九九五）。

7 同前注。

8 唐縱著，公安部檔案館編注，《在蔣介石身邊八年：侍從室高級幕僚唐縱日記》下冊（北京：群眾出版社，一九九一）。

9 李勇、張仲田編，《蔣介石年譜》（北京：中共黨史出版社，一九九五）。

10 同前注。

11 唐縱著，公安部檔案館編注，《在蔣介石身邊八年：侍從室高級幕僚唐縱日記》下冊（北京：群眾出版社，一九九一）。

12 李繼鋒，《影像與斷想：抗戰回望》（濟南：山東畫報出版社，二〇〇二）。

13 盧漢（一八九六—一九七四），原名盧邦漢，字永衡，雲南昭通炎山鄉人，彝族，二級陸軍上將。盧是彝族奴隸主等級吉迪家族的後裔，其父盧元達，曾捐過一個游擊。盧漢在家中排行居長，幼年曾在村裡上私塾，後到昭通縣立學堂讀書。一九一一年辛亥革命後，隨只有一山之隔的表哥龍雲一起走出家鄉，投入滇軍當兵。一九一二年，盧漢以准尉級軍銜被保送入雲南講武堂第四期步兵科學習，一九一四年畢業後回家探親，與龍雲的表妹龍澤清結婚。回部隊後，曾歷任國民黨軍排長、連長、營長、團長、旅長、師長。抗日戰爭時期任第六十軍軍長，參加臺兒莊戰役，後任第十三軍團軍團長、第一集團軍副總司令、總司令、第一方面軍總司令。抗戰勝利後，率滇軍主力赴越南接受日本投降。一九四五年十月龍雲被迫下臺後，調任雲南省政府主席兼保安司令、雲南綏靖公署主任。繼龍雲之後，在民國時期執掌雲南軍政大權四年多，為新舊政權交替之際的重要人物。一九四八年七月，昆明學生回應全國民主運動，掀起了「反饑餓、反內戰、反迫害」以及「反美扶日」運動。盧漢竟然與國民黨中央串通一氣，進行鎮壓，逮捕了數百人，製造了「七一五」慘案。一九四九年二月十二日，昆明市民傳聞部分金圓券是偽票，紛紛前往中央銀行昆明分行擠兌，該行竟關門拒兌，引起了一陣騷亂。軍統特務，原警備處長李毓禎下令，逮捕群眾兩百餘人。盧漢被煽動性的彙報激怒，立即驅車前往現場，親自審案，不問青紅皂白當場槍斃無辜群眾二十一人，造成轟動一時的「南屏街大血案」。新華社於二月二十二日在陝北發出評論：警告盧漢「放下屠刀，懸崖勒馬」。

後來，盧漢與逃往香港的龍雲等人又聯合起來，在中共中央和中共地下雲南省工委的指導下，在滇黔桂邊區縱隊和人民解放軍的支持下，通過曲折艱險的鬥爭，於一九四九年十二月九日成功地舉行了昆明起義，雲南宣告和平解放。

14 李勇、張仲田編，《蔣介石年譜》（北京：中共黨史出版社，一九九五）。

15 李宗黃（一八八七－一九七八），字伯英，雲南鶴慶人。保定軍官學校畢業，一九一一年在天津加入同盟會。參加昆明重九起義。歷任護國軍都督府駐滬代表、雲南都督府參謀長、廣州軍政府交通部次長、第二軍參謀長、廣東江防司令等職。一九二三年，隨孫中山討伐陳炯明，授陸軍中將軍銜。一九二七年國共決裂後，投靠蔣政權，並加入國民黨中央俱樂部（ＣＣ），同年秋天作為蔣介石特使赴雲南主持「清黨反共」工作，製造了青年學生梁元斌被殺血案。在各方壓力下，未久即離昆返渝。後歷任國民革命軍總司令部參事、監察院委員、行政院計畫委員會副主任委員等職。一九四五年，任雲南省民政廳廳長、代省長、國民黨雲南省黨部主任委員，製造了「一二・一」慘案。一九四九年到臺灣，任國民黨總統府國策顧問。著有《雲南護國紀實》、《中國地方自治總論》、《領導學》、《李宗黃回憶錄》等。

16 李勇、張仲田編，《蔣介石年譜》（北京：中共黨史出版社，一九九五）。

17 同前注。

18 龍雲，〈抗戰前後我的幾點回憶〉，收入政協全國委員會文史資料委員會《文史資料選輯》編輯部編，《文史資料選輯》第一七輯（總一一七輯）（北京：中國文史出版社，一九八九）。

19 李勇、張仲田編，《蔣介石年譜》（北京：中共黨史出版社，一九九五）。

20 關麟徵（一九〇六—一九八〇），字雨東，陝西戶縣人，省立中學畢業後一九二四年離家赴上海，經鄉黨于右任介紹到廣州投考黃埔軍校並成為第一期學員，畢業後隨孫中山參加了討伐陳炯明第一次東征戰役。一九二六年國共合作，進行北伐，任憲兵團二營少校營長，後升任中校團副及代理團長，一九二八年升任國民革命軍三十二旅旅長。一九三二年任二十五師師長。一九三三年春，率部達古北口與日軍激戰，親臨一線指揮，與敵血戰三晝夜，終挫敵凶鋒。一九三七年七月盧溝橋事變爆發後，升任五十二軍軍長，率部轉戰於河北、河南、山東等地。一九三八年率部參加臺兒莊大戰，未久，升任三十二軍軍團長。一九三九年任第十五集團軍代總司令，取得「湘北大捷」。一九四〇年改任第九集團軍總司令。一九四五年抗戰勝利後，先任東北九省保安司令部司令長官，後改任雲南省警備總司令。昆明「一二・一」慘案後被革職，一九四六年七月，調任黃埔陸軍軍官學校教育長，次年十月接替蔣介石任校長，為黃埔軍校學生中任母校校長第一人。一九四八年八月任陸軍副司令兼黃埔軍校校長，後晉升為陸軍總司令。一九四九年秋，辭去陸軍總司令職，與家人寓居香港。一九八〇年八月一日在香港病逝，終年七十四歲。

21 李勇、張仲田編，《蔣介石年譜》（北京：中共黨史出版社，一九九五）。

22 中共中央毛澤東選集出版委員會編，《毛澤東選集》卷四（北京：人民出版社，一九九一）。

23 〈昆明聯大、雲大、中法、英專四大學奸黨分子鼓動學潮及我方防制經過概要〉（一九四六年），收入中共雲南省黨史資料徵集委員會、中共雲南師範大學委員會編，《一二·一運動》（北京：中共黨史資料出版社，一九八八）。

24 同前注。

25 同前注。

26 同前注。

27 李宗黃，《李宗黃回憶錄：八十三年奮鬥》（臺北：中國地方自治學會，一九七二）。

28 同前注。

29 同前注。

30 同前注。

31 同前注。

32 同前注。

33 〈美國駐昆明總領事館第七六號快報：昆明大中學生的罷課事件〉（一九四五年十二月八日）。慘案發生後，關麟徵曾對兩位在聯大任教的英籍教授透露了他得到的情報和對學生採取嚴厲措施的理由，其要點如下：（一）「二十三日下午六點半延安就廣播了一項聲明，說這所大學將舉行罷課。誰都知道這所大學是共產主義的溫床。」它裡面的許多學生都是共產黨，就是那些講演的教授，也是「穿著國民黨外衣的共產黨」。因此，二十五日晚上的集會肯定是共產黨人早就預謀好了的。（二）共產黨人不僅僅是搞集會，「省政府獲悉這次集會結束時將要舉行遊行，橫穿城區並攻打公共建築」。省黨部情報系統還獲知「學生們擁有武器」，包括炸藥。「他們要把遊行安排在黑夜以便使用槍枝和手榴彈」。（三）學生們不僅僅反內戰，他們的目的是反政府，因為「他們在號召工廠罷工，號召農民不要交稅和不為政府服役」，意圖破壞法紀和秩序等。

關麟徵的這些說法，在熟悉聯大學生狀況和這次學潮經過的這兩位外籍教授看來，無疑帶有某種妄想的性質。但經過長達四小時的談話，兩位教授深信關是那種「講話太多也太坦率但基本上誠實的人」（昆明《中央日報》，一九四五年十二月五日；〈李宗黃對昆明學潮之聲明〉，一九四六年五月三日）。

34〈教育部部長朱家驊為蔣主席面諭事致各教廳廳長、各大學校長、各專科學校校長、各學院院長、各中等學校長電〉（一九四五年五月四日），臺北國史館藏蔣中正檔案。

35張學良，〈我們要立於抗日的第一線〉，轉引自尹洪濱主編，《著名軍事家演講鑑賞》（濟南：山東人民出版社，一九九五）。

36中共雲南省黨史資料徵集委員會、中共雲南師範大學委員會編，《一二・一運動》（北京：中共黨史資料出版社，一九八八）。

37〈關麟徵致重慶蔣委員長電〉（一九四五年十一月二十七日），臺北國史館藏蔣中正檔案，特交文電三四〇三〇八五八號。

38唐縱著，公安部檔案館編注，《在蔣介石身邊八年：侍從室高級幕僚唐縱日記》下冊（北京：群眾出版社，一九九一）。

39中共雲南省黨史資料徵集委員會、中共雲南師範大學委員會編，《一二・一運動》（北京：中共黨史資料出版社，一九八八）。

40同前注。

41關於南菁中學教員于再之死因，當時現場目擊者、于的同事提供了一份證明，該證明如是說：

十二月一日上午十一時二十分左右，本人與南菁中學同事于再君，走到聯大新舍大門口時，適遇著灰色棉軍服軍人約二百名沿公路自東邊來，俄爾，打聲大作，即見一軍人用板凳擊打于再君，本人即上前勸解。不料又有一軍人用板凳向本人頭部打來，幸本人用手擋住，結果僅手部受傷，並見十數軍人持木棒、瓷碗、石塊、板凳向本人打來，並有一部分軍人包圍，後本人終能跑脫。脫圍後，即繞道新舍後門入聯大，當見軍人極力企圖衝入大門，並有同學多人受傷。十二時許，軍人已退，本人到雲大醫院見于再君頭部受傷、流血不止，當時于再穿灰色西服（美軍軍毯改造），打紅色領帶，穿紅線條西裝褲（重慶呢），美軍皮鞋。經南菁中學兩學生之助，本人當將于君抬到二十二號病室。後忽有一護士來云『軍隊將衝進醫院來』，並促余等速走，本人當自雲大醫院後門逃往雲大。

下午二時左右再折回醫院時，于再君已昏迷不能言，後經醫生輸注血清二百五十CC，鹽水五百CC，及注射強心劑，到下午十時二十分于君卒以流血過多身故。以上所述均係本人眼睹事實。

南菁中學教員張人鶴　十二月七日

（〈南菁中學教員張人鶴談于再遇難經過〉，收入中共雲南省黨史資料徵集委員會、中共雲南師範大學委員會編，《一二·一運動》〔北京：中共黨史資料出版社，一九八八〕）。

另，據〈國立西南聯大教授會呈重慶實驗地方法院告訴狀〉稱：軍官隊學員於十二月一日進攻本校新校舍北區之際，有一隊員取出手榴彈一枚，扯動火線，準備投入北區大門內，被本校教授高崇熙所見，立勸該軍官總隊長戚某加以阻止。該隊長奪得手榴彈後，倉皇擲向南區校舍外，時南菁中學教員于再適在門外，先已被暴徒毆傷，復被彈片炸傷頭部，耳內出血，遂臥倒北區牆外。旋經抬入雲南大學附屬醫院就醫，于當晚十時不治身亡（《一二·一運動》，以下引文同）。

關於「一二·一」運動的經過與評價，臺灣方面當然是見解不同者甚多，即是新中國成立後控制下的大陸知識界，也有不同的聲音傳出，如雲南大學藝術學院院長李森教授在〈傅斯年與一二·一〉一文中，說：「與激進主義者或暴力革命者不同的是，傅斯年等人想通過合法的社會改良來實現社會的進步。」傅斯年「與聞一多、吳晗等教授發生了分歧，他在西南聯大的教授會上與聞一多的爭論，反映了當時兩種主要不同觀點之爭」。「傅斯年認為，學生的行動並非表面上的標語口號那麼簡單，學校不應該參加政治紛爭。」最後，李森感慨性地評論道：「我們今天來看，傅斯年的話也是陳述了客觀事實的。無數歷史資料證明，當時昆明大中學校的學生運動，都是在中共地下黨的領導下進行的……死難四人之中，于再（南菁中學教師，二十四歲）和潘琰（聯大學生，三十一歲）都是地下黨員。而另外兩個看熱鬧送了命的人，李魯連是聯大學生，只有十八歲；張華昌這個昆華工校的學生更小，只有十六歲……」（《雲南政協報》，二〇〇四年十二月十五日）。

此文刊出後，張華昌的一位叫張德昌的哥哥站出來，他對記者發表聲明，稱自己的弟弟早被中共政府定為烈士，但李森在文章中卻稱我弟弟是「看熱鬧送了命的人」，所以要把李森送上法庭，並讓其賠償精神損失費五萬元云云。後幾經交涉，報社方面已發表〈公開檢查〉，李森除發表公開檢查，還向張氏家屬遞交了〈悔過書〉，內有：「我的文章的觀點和歷史事實的把握上有著嚴重的錯誤，特別是文章中寫的『另外兩個看熱鬧送了命的人……』一處，更是對歷史事實的嚴重歪曲，對死難烈士的大不敬……在此，我本著尊重歷史，尊重革命前輩的嚴肅態度，謹向烈士家屬和參加過『一二・一』等愛國前輩們公開承認錯誤，公開檢討和道歉」云云。

42 關於潘琰被害經過，據凶手龔正德於一九五五年十月在庭審時交代說：當時「在省黨部未出發前我就拿了鐵條。鐵條有二尺多長，是窗子上的鐵框，一邊是圓的，一邊是平的，頭頭像鴨子嘴一樣。因排隊時就叫我們準備武器，各人找各人的，有的拿扁擔，有的拿板凳腳，我就拿了這根鐵條。當時想著一方面是保護自己，一方面是如果動起手來要打時，我還不是能打兩下。」又說：有人扔手榴彈後，「我當時聽見轟轟兩聲就闖進聯大師範學院第一個天井，一進門我就朝右手邊搜索找對象，走到裡邊兩三步，我看到有一塊板靠在門背後，我就把板子掀起來一看，發現有一個女學生，頭髮短短的，臉團團的，身穿陰丹士林布的旗袍，頭面上有血跡，中等身材，斜靠在門角落牆上。我就喊：『這裡有一個！』『這裡有一個！』隨著我們這一夥反動傢伙都圍攏來了。其中還有一個喊：『幹嗎！』我就拿著鐵條戳去，第一下戳在她左腹，戳穿進去不深，因為有衣服擋著。同時第一下還手軟，第二下、第三下就戳得深了，戳進有一寸多深，都是戳在肚子上，我戳第一下時，她還慘叫了一聲：『哎呀！』當時就梭到地上蹲著了。第二下第三下時，聲氣就不大了。我是掄著去殺的，別人也蜂擁用石頭打，我刺了三下後，就又朝前進攻去了。被我行凶的這個人就是潘琰。」

當審訊人員出示潘的照片後，龔確認並接著說：「我行凶後就繼續向裡面進攻，想著再殺幾個學生，直衝到大天井的石坎邊上，衝到那裡的共有二十多個人。後我怕被石頭打著，還怕被學生抓住，就退了出來。出來時我看到我殺的那個女的已躺在白蠟樹底下死了。躺的地方不是原來我殺她的那個地方，已經移動在白蠟條樹下。當我從學校退出來後，到了大西門城門洞首，我們還喊口號，『打倒共產黨！』當日下午四點多鐘回到省黨部，我就向行政上報功……到一九四六年三四月間才搞一九四五年度的年終考績，結果我是升了一級，由二級助理幹事升為人事室一級助理幹事……」（雲南省昆明市中級人民法院檔案室提供）

第七章

大角逐

一、關司令痛毆李宗黃

一九四五年十一月九日至十六日，蔣介石召開復員整軍會議，盧漢被召，從越南飛到重慶參加會議。蔣招盧參加此次會議的意圖，是要把滇軍調往東北戰場，參加即將與共軍進行的決戰。

盧漢抵渝後，以主動請求「辭去本兼各職」的方式，試探蔣介石的態度。蔣原打算免去盧漢的省主席職務，以實現對李宗黃的許諾，但鑑於昆明方面複雜的局勢，感到時機仍未成熟，只好挽留盧說：「李宗黃在雲南搞得不洽人意，需要你去就主席職，安定地方。」[1]此時盧漢已受控制，儘管對蔣介石的做法和意圖心生不滿，但無法立即實施反制，同時又得到了「雲南王」這把令人眼熱心動的虎皮交椅，一時覺得進退皆不合心願，在蔣的威逼利誘下，最終以複雜的心情同意出任雲南省主席。作為交換條件，盧答應蔣把自己指揮的滇軍全部交出，以開往東北參加反共內戰。

當盧漢藉機去看望在重慶已被監視的龍雲時，龍極其憤怒地責備盧漢在昆明事變時違約，沒有「聞訊火速回軍」，以致雲南被蔣介石奪去。痛責之後，龍又密告盧：明年一月就要召開全國政協會議，在「政治協商會議期間，我們的軍隊仍留在越南，暫勿回滇，看看會議的發展情況，如果國內實現和平，即可回滇進行退役復員工作，恢復地方秩序。萬一破裂，你們就在越南通電反對內戰，與各民主黨派一致行動。你們可以即刻通電反蔣，打回雲南，肅清蔣介石在雲南的一切勢力」。[2]

此時，龍雲的境遇讓人很容易聯想起一九二四年直奉第二次大戰時，作為空頭民國大總統的曹錕給他的愛將、直系第二號人物，時駐守洛陽、兵權在握的吳佩孚將軍發出的那封請求其率兵討奉的電報：「你就是我，我就是你，你讓我怎麼辦，我就怎麼辦。親戚雖親，不如自己親。」這個時候，與籠中之囚幾近相同的龍雲，看來真的是到了「尚能飯否」的烈士暮年，糊塗得可以了。所謂時勢互動，此一時彼一時。儘管龍雲自以為與盧漢親如兄弟，但兄弟再親也比不上自己親，盧迫於形勢和為自己的前途考慮，早已暗中和蔣介石達成了協議，哪裡還管什麼率部回昆回滇，拉桿子率兵造反起事？因而，盧對龍雲提出的策略支支吾吾不置可否。此舉令龍大感失望，但仍幻想其他入越的滇軍將領能起來反蔣，使自己東山再起，重新登上「雲南王」的寶座。

未久，赴越受降的滇軍第六十軍軍長曾澤生，第九十三軍軍長盧浚泉，連同五個師長潘朔端、隴耀、白肇學、許儀浚、李韻濤和參謀長佴曉清等均被電召到重慶開會。龍雲請諸位將領吃飯，談話中除了指責十月三日昆明事變時入越滇軍沒有回救外，又對他們說：「政協將開會，時局很快有變化，滇軍不能盲從，千萬不能開到東北，應該回到雲南，不能聽任李宗黃、關麟徵等摧殘地方。」飯後又特別約請曾澤生、盧浚泉兩人密談，指示三點：（一）回越後召集全體將領開會，宣布蔣介石獨裁罪狀，公開反蔣；（二）把越南受降的事交給胡志明，你們帶領滇軍打回昆明，拯救故鄉；（三）蔣介石正在布置反共內戰，十月三日就是內戰的第一槍。他搞掉雲南後就要打共產黨了，雲南子弟兵不能去當反共內戰的炮灰。[3]

所謂落地的鳳凰不如雞，虎落平川遭狗欺。同盧漢的表現一樣，幾位滇軍將領對這位早已剁鱗斷尾、奄奄一息，只有幾根黑黃鬍鬚於怒氣中微微顫動的乾癟「土龍王」，表面上哼哼哈哈虛與委蛇，內心卻想著各自的心事，打著有利於自己的算盤，哪裡還顧及這位落魄的昔日上司一廂情願和不識時務的瞎嘮叨？未久，世人看到的事實是，入越受降的滇軍全部調去東北參加內戰，龍雲得知後痛心不已。一九四六年五月，第六十軍第一八四師師長潘朔端率部在海城起義；一九四八年十月，第六十軍軍長曾澤生率部在長春起義，投向共軍，算是為滇軍保存了一點家底，但這一切與龍雲沒什麼關係了。一九四九年十二月九日，在中共大軍壓境下，盧漢以識時務者為俊傑的方式，率部舉行了昆明起義，雲南宣告和平解放。當然，這是後話。

4

且說盧漢接受了蔣介石的命令，沒帶一兵一卒，如同被拔掉毛的鳳凰，剝了皮的老虎，光桿一人回到雲南任職。十二月一日上午八時許，李宗黃在省政府大廳與盧漢草草交接，即匆匆返回省黨部，指使手下黨徒衝殺而出。尚不知內情的盧漢專門命人在昆明最著名的酒店茶樓訂了豐盛的午宴，準備為自己坐上「雲南王」這把虎皮交椅好好慶賀一番。就在諸客到齊，盧漢舉杯欲說未說之時，手下的小二慌慌張張地飛奔來報，說大事不好，李宗黃等指揮的一干人馬與學生們鬧將起來，刺刀、捅條、手榴彈、燒火棍，外加烤牛肉串的鐵釺全用上了，且鬧出了人命……盧漢於震驚中細聽原委，才得知迎接他的不是鮮花美酒，而是四具屍體和一條鮮血淋漓的大腿。面對慘案，盧漢大為震怒，咬牙切齒地大罵著「好一個黃鼠狼，把你娘的」，當場摔掉手中的酒杯，踹翻了兩把椅子三個花盆外加兩個酒瓶子。盧氏認為，此舉顯然是李宗黃為給自己難堪而採取的借刀殺人之計。但鑑於已經形成的局面，自己立足未穩，只好強壓火氣，集中精力小心謹慎地周旋於上下左右，靜觀待變。

血案發生後，雲南省警備總司令關麟徵以軍事大員的身分煞有介事地到校園視察，以遮人耳目。據當時學生自治聯合會編印的一份報告載：「關麟徵於十二月一日來聯大新校舍詢問『一二・一』慘案真相，當經本人向他說明真相後，關麟徵說：『這一切由我負責，我負責治安的，一定代你們把這件事查明，凶犯抓到手後，我當你們面把他殺了。我一到這裡來，就倒楣，首先是匪警，現在又是學生們發生事情。學生的事情最不好辦了，我對付你們這件事，比對付十萬大敵還要困難，真傷腦筋透了，學生發生事情，沒有理也是有理的。』（同學大哄：『我們絕

中共將領劉伯承（背對鏡頭者）與盧漢握手。1949年12月9日，國民黨政府雲南省主席盧漢，西康省主席劉文輝，西南軍政長官公署副長官鄧錫侯、潘文華等率部倒向中共一邊，雲南、西康一帶落入中共政權之手。

對講理。』）接著同學要求他負責醫藥棺材費用，關滿口承認，拍著胸脯說：『不成問題，一切由我負責。』隨後又有同學提議說：『沒有汽車把受傷同學運到醫院去。』關說：『沒有問題，到警備司令部去，我們派一輛車送他們走。』後來，關就走了。」[5]從這段記載中可以看出，此時的關氏還沉浸在一派趾高氣揚的亢奮加糊塗中，尚沒有意識到這一慘案的嚴重後果。

十二月二日，葉企孫以西南聯大代常委的名義給教育部部長朱家驊發電，報告了慘案發生經過和死傷人員數量，並云「已將事實經過就近通知鈞部周司長及雲南警備司令部，請求察看，及採取處置外，理合據實陳報鈞部，仰祈鑒核，除分呈蔣主席宋院長外，並請鈞座來昆，親加處理，不勝迫切待命之至」！[6]

未久，國民黨中央宣傳小組彙報會也得知昆明慘案情形，並有所討論。蔣介石侍從室專門負責情報工作的唐縱會後立即與關麟徵通了電話，並於當晚趕寫報告呈送蔣介石。這個時候，昆明方面的軍政大員已嗅出校園血案對自己前途命運凶多吉少的氣味，於是關麟徵與李宗黃之間，國民黨特務派系的「中統」與「軍統」之間，三青團與便衣隊之間開始亂將起來。為保護自身，推卸責任，攻打聯大師範學院的李宗黃系統的黨團分子、特工人員與關麟徵、邱清泉系統的第五軍便衣隊、軍官總隊學員吵作一團，由互相推諉到互相指責，直至發生互毆和惡鬥。結果是近百人又以槍刺、板凳、鐵鏟、燒火棍等器械鬥在了一起，打成了一團。

與這一打鬥場景相映成趣的是，原本團結一致積極對外的李、關之間也爆發了激烈爭吵。李宗黃仍是剛愎自用，驕狂狷介外加幾分奸猾狡詐。關麟徵具有武人的特殊氣質，凶猛激烈，一副炮筒子脾氣，頭腦相對簡單。在十一月二十五日那天布置破壞學生夜間集會遊行的聯席會議上，關麟徵就擺出一副好勇鬥狠的架式，聲色俱厲地對入會者發號施令道：你們「如果今晚不能完成使命，應當自殺」，[7]從這句話的基調看，關氏不愧是黃埔一期生，蔣介石稟性的忠實承繼者。蔣以革命軍人自居，經常聲色俱厲地斥罵他的部下，並伴有「你們趕快去死」[8]等責難之語，關的「自殺」說，實乃蔣氏「去死」之延續，其霸道蠻橫之態盡在此言中。

二十六日晚，在雲南省政府召集的中等以上學校校長會議上，關麟徵更是坦承二十五日晚士兵開槍是他下的命令，並極富霸氣又很傻、很天真地說道：「他們有開會自由，我就有放槍自由。」[9]因入會者大都知道關的炮筒子性格和說話無遮攔的脾氣，當時一聽而過，沒有太做計較。然而，當事情發展到軍隊向學校投擲手榴彈並釀成血案時，關的這句話就被大家再度憶起，並很快在大眾中傳開，最終演繹成「軍隊有殺人的自由」。此語一出，眾口紛傳，關麟徵則有口難辯，莫可奈何。到了這個時候，關氏在身邊謀士的點撥下，靜下心來一想，才覺得過去的所作所為，完全上了李宗黃這位老政客的當，後悔自己作為一個軍隊高級將領，不該莽撞地捲入這種地方性的事件，特別是學潮中來。而事實上，作為軍隊一方被推出來主持二十五日以後成立的聯合行動委員會（反罷課委員會）之人，乃是中央軍第五軍軍長邱清泉，並不是他警備總司令關麟徵，直接調派軍官總隊學員參與「一二．一」暴力行動的同樣也不是他關某人。當血案發生，事情鬧大之後，關麟徵最記恨的不是邱清泉而是

關麟徵（右）與黃埔一期的同學黃杰將軍合影

李宗黃。邱清泉外號「邱瘋子」，其性格比關麟徵還暴戾不馴，且為人處世總是瘋瘋癲癲令人感覺不踏實。關認為邱作為一位比自己還要直來直去的武人，同樣是上了李宗黃這位老黨棍的大當，懵懵懂懂鑽進了李的褲襠，不知不覺成了他支使的「老二」。於是，在即將需要有人出面承擔指使殺人責任時，關麟徵自然地站在了邱清泉一邊，並竭力設法替邱與所有參與此事件的軍人辯白與解脫，因為只有軍人得以解脫，他才有解脫的可能，可謂一損俱損，一榮俱榮。此後他在向重慶拍發的密電和對外公開談話中，一再強調李宗黃與其手下的三青團、特工分子才是導致這次血案真正的罪魁禍首，並明言所有情報都來自於李手下的特工部門，而這些人又不在他的管轄之下，因此對於這類事情他「控制不了局勢」，只能坐觀其越演越烈而無力加以阻止。端坐省黨部椅子上惶惶不安的李宗黃，忽見昔日的盟友關麟徵欲金蟬脫殼，反戈一擊，把所有罪過一股腦地安到他的頭上，想置自己於死地，立時大怒，驅車奔向警備司令部要與關氏理論個明白。

在警備司令部會客廳，李宗黃倚老賣老，以保定軍校的老資格，欲教訓這位後進的黃埔一期生（南按：黃埔的許多首長和教官都來自於保定軍校。從廣義上講，保定與黃埔兩校有著師承關係）。想不到此時的關麟徵已顧不得輩分落差，家長裡短了。且目前是文武兩官，各管一邊，大家都是爺，誰也別把誰當孫子看待。見李宗黃主動找上門來又吵又鬧，關麟徵怒髮衝冠，驀地從腰間拔出手槍，「哐噹」一聲拍在桌子上，蹦著高兒對李宗黃咆哮道：「我不想當屠夫，這屠夫就留給你去當吧！」

李宗黃一看小關在自己這位革命老前輩面前耍起了威風，遂以「永遠不為惡勢力低頭的革命精神」衝上前來，喊了一聲：「媽拉個巴子的小關，你想造反不成?!」照準對方那圓滾肥胖得如同西瓜一樣的腦袋（南按：關氏身高體壯，江湖上人送外號關胖子，或關老爺）就是一記響亮的耳光。戎裝在身，氣勢如虹，在年齡上正如狼似虎的關麟徵，一看這個老渾蛋竟敢跑到自己的一畝三分地裡撒野耍潑，簡直是太歲頭上動土，佛頭抹糞，灶王廟裡撒尿，頭上的火苗「哧」地躥將上來。憤怒至極的關總司令顧不得多想，猛地後撤一步，做虎步塌腰狀，用盡力氣照準李宗黃的小腹部就是一個下勾拳。隨著「噗」的一聲悶響，本來就瘦弱不堪、年近六十的李氏應聲倒地，四爪朝天，蹬歪不止。關胖子見狀餘恨未消，趁勢上前又照李的臀部猛踹兩腳，直踹得李宗黃嗷嗷叫著大呼「救命」。眾位軍官衛士圍將上來，連拉帶扯，總算把盛怒中的關麟徵拉到了一邊停止攻擊。

李、關雙方互毆後，為了替自己辯白，關麟徵派人把聯大兩位英籍教授找來，專門向其解釋事件經過，希望兩位教授能站在局外人立場上，理性公正地分析、看待這次事件的是非曲直，並把真實情況轉告國際社會。關一再聲明：二十五日夜晚放槍不是他的指使，自己更不是十二月一日慘案的策畫人。最後大罵李宗黃不懷好意地設計圈套害了自己，並怒氣沖沖地說：「無論出了什麼事他們都會把罪名加給我。」[11]

就在雲南軍政當局內部陷入混亂時，十二月三日上午，蔣介石向侍從室的唐縱詢問昆明學潮情況，聞後大怒，當即表示「對投彈凶手，飭即電令槍斃」。[12]唐馬上用電話向關麟徵與省主席盧漢傳達了蔣的意旨。下午四時，蔣再次詢問昆明局勢，表示自己的焦慮與關切，謂：「此次學潮與過去不同，有血案，必須追查殺人凶手以平息民憤和國內外輿論，否則學生的罷課不會停止。」

迫於重慶最高當局的壓力，四日上午，雲南省地方當局於警備司令部軍事審判庭正式開庭「公審」投彈罪犯。審判長由新上任的省主席盧漢擔任，邱清泉第五軍的軍法處長擔任主審法官，李宗黃、關麟徵為陪審官。昆明各校均沒有派代表參加，聯大個別教授僅以私人身分旁聽。庭審之後，當場宣布陳奇達、劉友治兩退伍軍官為凶犯，判處死刑，立即槍決；判處從犯陳雲樓解渝法辦。為把事情與其一貫宣傳的共黨煽動破壞聯繫起來，李宗黃又指使黨徒畫蛇添足地編造了一個離奇故事，大致內容是：據陳、劉二犯交代，他們之行凶，純為事前在街上偶然遇到一自稱姜凱的共產黨員所唆使，手榴彈亦為該人所提供，姜凱還給了每人三萬法幣的報酬云云。這一拙劣的虛構故事用密電傳到重慶後，連深居大內的蔣介石都不相信。五日上午，蔣召見侍從室唐縱等人聽取昆明慘案的彙報，明確指出：「昆明學生慘案之公開審訊消息，公開指明共產黨所為一點，頗不妥。該姜凱如何與陳奇達相遇，其詳情應予公布。」[13]其意在於暗示李宗黃等不要繼續丟人現眼，捏造的故事太小兒科了，等把故事編造得圓一點再對外公布，否則將為世人所不齒，弄不好還要惹火燒身，牽扯出說不清、道不明、越抹越黑的大亂子。[14]

這個時候蔣介石尚不知道，所謂公開會審與宣判死刑和槍決罪犯，整個過程都是關麟徵、邱清泉等玩弄的騙局。所謂凶手陳奇達，係搶劫黃金的第五軍炮兵營營長；另一個係倒賣軍服的第五軍上尉軍需。當時二人均關押在第五軍軍法處。經關、邱等高級將領授意，軍法處威逼利誘，二犯同意公開露面並當眾承認為慘案的「凶手」。庭審之中，二犯稀里糊塗地被押入囚車在郊外槍決。[15]

二、神祕人物暗中操縱學潮

就在雲南軍政大員表演性地「公審」投彈罪犯時，四日上午九時，代梅貽琦主持校務的葉企孫在清華辦事處召集聯大教授會，就學潮問題進行討論。會議主席由葉企孫擔任，中文系教授聞一多以書記員身分負責記錄。教授們圍繞學潮是息事寧人地盡快結束，還是添油加醋地繼續擴大等問題激烈辯論。以聞一多、潘光旦、吳晗等為代表的一派教授力主擴大學潮，與當局爭勝，鬧他個人仰馬翻，天地變色。而以三青團負責人姚從吾為代表的另一派教授，表示強烈反對，力主盡快結束學潮，恢復校園秩序。兩派的主張分別都有共產黨與國民黨的政治背景支撐，因而整個教授會議實際演變成了國共兩黨安插在聯大的代表在較勁、面。

談判。雙方你來我往，唇槍舌劍，互不相讓，最後出現了「空氣緊張，且幾瀕分裂」[16]的局

關於三青團與中共力量對西南聯大的滲透並形成氣候的具體時間，據可考的資料顯示，源於一九三八年。這年的七月九日，三民主義青年團在重慶成立，蔣介石任團長，陳誠為書記長。九月底，國民黨西南聯大直屬區黨部及三民主義青年團西南聯大分團部籌備處成立，由歷史系教授姚從吾任籌備處主任。未久，姚從吾任直屬區黨部書記長，教育系主任陳雪屏任青年團分團部主任。為了加強隊伍建設和發揮作用，姚陳二人領導的黨、團部門，分別在聯大師範學院設有專門辦公室，三青團還在新校舍布置一間「中正室」，陳列《中央週刊》、《文藝先鋒》等雜誌，每天午後開放，同時出版《青年》壁報，發表與學生社團群社主辦的《群聲》、《臘月》等壁報，以及其他壁報針鋒相對的言論。也就在這年的十月，中共西南聯大地下臨時支部成立。一九三九年春，中共雲南省工委批准中共西南聯大地下黨支部委員會正式成立並開始活動。[17]

隨著兩派性質不同、主義不同的黨團隊伍在聯大崛起，往日純粹的學術氛圍被打破，越來越濃厚的政治空氣籠罩了整個校園。兩股勢力明爭暗鬥，長此消彼，直至鬧到難解難分的膠著狀態。而這兩股政治力量的叫板爭雄，不但對西南聯大的學潮再度興起與寂滅起著至關重要的影響，也為震驚中外的「一二・一」血案埋下了伏筆。

據聞一多長孫聞黎明編撰的《聞一多年譜長編》記述，當昆明學生聯合會決定於十一月二十五日晚舉辦演講會時，曾事先邀請過聞一多、吳晗等當時被看作激進派或稱為「左派」

的教授出席。中共雲南地下黨組織聞訊，派人指示聞吳二人：「為了擴大影響和個人安全，要適當減少公開出面，而在下面多做工作，要注意團結爭取大多數，盡可能推動更多的人站出來說話，這樣對鬥爭有利」[18]云云。聞、吳聽從了這個指示，當晚沒有參加演講（南按：唐縱日記列舉名單中有聞一多）。但當雲南大學迫於壓力不借給會堂，演講會即將無果而終時，聞一多力主改在聯大操場進行，並最終促成了此事。

時與聞一多、潘光旦、吳晗等一派教授聯繫的神祕人物，是一位叫洪德銘的西南聯合大學二年級學生。此人乃湖南臨澧縣人，早年加入共產黨並出任過新四軍某團政治處副主任，蔣介石下令摧毀新四軍大本營的皖南事變發生時，洪氏因重傷被俘，後成功脫險。一九四四年，洪考入西南聯大，創建民主青年同盟，為西南聯大地下黨的主要負責人，受中共南方局昆明方面的負責人華崗和地下雲南省工委直接領導。後來中共在聯大成立了黨總支和下屬兩個支部，由袁永熙出任總支書記（南按：一九四七年，袁與陳布雷之女陳璉結婚），洪德銘、馬識途分別出任支部書記，暗中發展學生，反對國民黨在校內的統治。聞一多、吳晗等一派教授在政治方面主動向中共靠攏，並無條件地聽從袁、洪等幾位中共地下黨員學生的直接指揮調遣。據洪德銘回憶：「慘案當天晚上深夜，我把工作安排好後，到吳晗、聞一多處碰頭，三人一見面就情不自禁地淚流滿面地哽咽起來。接著在一起交換情況，商量工作。聞、吳先生說教授會的工作、民盟的配合、文化教育界的發動，由他二人負責，每天他二人向我介紹情況。民青、罷聯有什麼意見要求，可以委託他二人辦理（南按：按中共指示，洪還負責分管罷聯工作）。我按照黨的指示，把我們如何擴大、堅持鬥爭的部署向他二人做了彙報，他二人表示完全同意，全力支持。聞先生還說：『大事不先和民青商量，絕不隨便向外表態。』」[19]

與聞一多等人針鋒相對的派系，是以聯大歷史系主任姚從吾為首的國民黨右翼集團骨幹分子。儘管姚氏面貌長相似一河南農民老粗，卻如傅斯年所說「外似忠厚，實多忌猜」，同時更有陳寅恪指斥「愚而詐」的特性。就是這樣一位貌不驚人、土了吧唧的人物，可能受幼年所在地理環境影響薰陶，像他的很多同鄉一樣對政治和政客生活頗感興趣，並竭盡投機鑽營之能事。一九四〇年，傅斯年在給胡適的信中提到的「只有從吾胡鬧。此人近辦青年團，自以為得意……我真不能忍耐，即與之絕交」等，[20]指的就是此人。儘管傅對姚的所作所為很感冒，但姚還是得意洋洋地幹了下去，將青年團辦得有聲有色，很受國民黨省黨部及上層的重視。初涉政治的姚從吾見辦團已有所斬獲，又開始熱火朝天地負責組建西南聯大國民黨黨部，在政治上大有衝出聯大扶搖直上之勢。

當十一月二十七日學潮爆發後，姚就開始以西南聯大國民黨與三青團組織總負責人的名義，致快件向教育部長朱家驊彙報昆明學潮發生情況和他所採取的對策。內中說，「據團中同志言：中立派簽名者至二十七日已有八九百人」。[21]按姚當時的觀察分析，只要不再發生過分刺激學生的情況，事情仍有可為。因此頗有點遠見地認為：「應與辭修（南按：即陳誠）部長即電關、邱諸同志與王政（南按：即雲南省教育廳廳長）同志及大學團部負責人切實聯繫，將『結束罷課』與『防遏反動』分開，以政治為主，軍隊彈壓為副，萬勿隨意行動。隨意刺激群眾，無益實際，徒增困難。簡言之，不妨及治安者，軍人切勿干涉。」又說：「聯大事除與學校負責人接觸指示之外，應再專函周枚蓀（南按：周炳琳）、張奚若，請二先生貢獻意見，協同處理。因枚蓀實具有若干鎮壓能力，張先生尚得學生信仰。至於端升，壞事有餘，易受利用。又CP（南按：共產黨英文縮寫）為孤注一擲計，自必竭力搗亂，此次壓下去或即可永久相安也。」[22]

令姚從吾大失所望的是，地方軍政大員並沒有按他這位自號南陽諸葛孔明的「深謀遠慮」行事，他提出的警告可能還沒有到達朱家驊手中，慘案不期而至，這一切不能不使姚等聯大黨團人員倍感沮喪與不滿。儘管如此，姚從吾還是從維護當局利益出發，竭力阻止學潮蔓延擴大。從事件發生前後他給朱家驊等人的一系列信函中，可以清楚看出姚的政治傾向和當時大學內部國民黨組織應對態度的脈絡。

與姚氏的舉措相反的是，根據中共地下黨組織指示，聞一多等人卻要使罷課鬥爭擴大和持續下去。於是，在十二月二日由葉企孫主持的教授會上，聞一多不但贊成學生罷課，還力主全體教授罷教，以聲援學生的示威遊行。這一提議受到了姚從吾等人的強烈抵制，最後以「罷教問題延緩討論」進行了否決。此舉令聞一多大為不快，雙方都窩著一股心火，並在背後積蓄力量，準備再戰。

在四日召開的教授會上，聞一多、潘光旦、吳晗等人舊事重提，力主全體聯大教授以罷課聲援學潮，給當局施加壓力。此舉同樣遭到了以姚從吾為首的國民黨籍部分教授的強力阻擊。就當時的情況而言，由於教授們所處環境關係，絕大多數人明顯地既不贊成蔣介石不問青紅皂白的嚴厲處置措施，更不贊同李宗黃、關麟徵等人所採取的暴力行動。他們認為學校

聞一多（左三）等人舉行悼念亡者活動

可以暫時停課，但不能按聞一多等人的意見宣布罷教，理由是大學畢竟是大學，是做學問和傳播、發展學問的地方，不是古羅馬鬥獸場，也不是黨派政治爭鬥的風水寶地與戰略據點或什麼所謂「堡壘」。經過長達六小時的唇槍舌劍，雙方不分勝負，討論仍無結果。

聯大國民黨籍教授為數眾多，但在對待學潮處置上又有明顯分歧。一派是強烈反共分子，故認定學潮的發生是中共暗中挑撥或煽動的結果，主張分化學生，孤立「另類」分子，使其無機可乘。另一派總體上站在國民政府一邊，因對國民黨恨鐵不成鋼，故對學生報以一定的同情，相信學潮發生根源在於地方當局專橫與野蠻，中共攙雜其間搗亂鼓動，亦不過乘機利用而已，因而不主張用激烈的方式與當局對抗。鑑於各大小派系互不相讓和自以為是的強硬態度，最後由會議主席葉企孫提議，以投票方式決定勝負。結果是當日入會者共八十二人，贊成停課者六十一票，主張罷教者僅十九票。最後會議形成的決議是：自即日起本校停課七天，對死難學生表示哀悼，對受傷師生表示慰問，並對地方當局不法之橫暴措施表示抗議。這一決議，意味著聞一多等人在罷教問題上連戰連敗，而姚從吾等人總算有驚無險，最後取得了勝利。對此，姚氏沾沾自喜，其興奮之情從他於當月十一日給正在北平辦理北大復員事務的聯大教育系主任、國民黨三青團中央直屬西南聯大分團部主任陳雪屏，以及聯大總務長、歷史系教授鄭天挺的信中可以得見。信曰：

雪屏
毅生　兄：

多方面希望的「聯大亂子」，十一月二十五日，突然實現了，痛心之至！詳情非十紙不能詳。茲先述個輪廓，以慰盼望。二十五日學生召開時事座談會，請的人有端升、啟元、西孟、一多、費孝通等。並推西孟為指導，啟元為主講，用意有二，其一在表現力量，冀在後方搗亂，牽制駐軍北調，完成C. P.割據東北的陰謀。其二在改變同學的觀點，企圖繼續把持學生會（自大公報質中共一文發表，整個形勢實有轉變之可能）。二十五日下午，華熾曾參加警備司令部召開的聯席會。他回來說，他們主張嚴厲干涉。我即去找西孟，西孟當晚即未出席，晚九時突聞槍聲，華熾說：「糟了！希望不在聯大！」哪知道真的就是在聯大，次日即罷課了。當時同學與教授都很激憤，我們對罷課，不但不能挽救，且只有隨聲擁護。二十六日，程陶、高乃欣、張錫芝等來了。決定採用分化方略，只將第二項要求，美國撤兵下加上「蘇聯不干涉中國內政」九字，以瞻全校的反應。分頭活動，冀有收穫。至二十七日上午，簽名贊同者已有九百六十餘人。下午開大會討論，因為組織不嚴密，被搗亂者破壞了。但中立分子的勢力仍在增加。學校也決議用全體大會的名義，勸告大家上課。更不幸在這個當兒，李宗黃、關麟徵（熱心有餘，見識太差！）、邱清泉諸公又組織了一個反罷課委員會（由支團與黨部等主持，以第五軍為後盾），與學生廝打。到了十二月一日，竟打入學校（新校舍、師院、工學院、雲大），投擲手榴彈，搗亂者希望的慘案，他們竟代人家造成了！從一日起，不管事的學生也起來了，助教、教員，聯合附中的教員，組織了一個講師、助教聯合會，也參加活動。六個棺材停放在圖書館內，一方面進行募捐（刻已達七百餘萬元，龍夫人捐五十萬），一方面鋪張祭弔，一方面四出講演，鬧得人心惶惶，秩序紊亂。幸而教授會於四日全體決議，否決罷教，改為停課七日，算是教授站在政府的方面，學生的氣焰才算稍稍好轉了（四日自九時開會，到下午三時始散，出席八十二人，贊成停課者六十一票，贊成罷教者十九票。決議案原文：一、停課七日，對死亡同學表示哀悼，對受傷教授同學表示慰問，對地方當局橫暴措置表示抗議。二、繼續勸導學生上課。三、組織法律委員會，進行懲凶等控告）。教授會精采緊張，可謂空前。一多自稱反對政府。枚蓀發言也力量大增，幾乎受全場支持。端升表現的最糟。奚若仍是罵人老套。他們竟真的把枚蓀烘托成正義派了。

……

罷課風潮起後，我代華熾草一代電，報告中央團部，同時指揮程陶諸人，進行分化工作。慘案發生後，即與華熾命令同志停止活動，程、孫、張十餘人主張取消分團，改為祕密活動，以圖有所挽救。蔡麟筆行為相當荒謬，已與華熾特加告誡。高雲裳與周紳率領參加，被指為禍首。事後，黨推團，團推黨，醜態百出，可笑極了！邱清泉異常自是。我同老鄭倆留德關係，再三勸阻他，全然無效。他的義憤是可佩服的（他們說，學生貼標語，讓兵士回家，讓老百姓不納糧，共黨扒鐵路，阻止杜司令接收東北，不是造反而何？我們有阻止或制裁的義務！我們不能聽他們這樣胡鬧！）。但是打死了中立的學生，不是正中敵人的奸計麼？這一點他們不知道。風潮的擴大，全是由於軍人的盲目洩憤，風潮若能解決，則全賴總裁的英斷。所謂黨與團也者，就雲南而言，指揮既不統一，見識又甚卑陋，實在沒有政黨的組織，也沒有政治鬥爭的能力。就這次學潮而說，C. P.可能完全勝利了！弟身經目睹，不勝氣憤！華熾與我打算特別與倪文亞一談，做一詳盡的檢討，從此真的要任何事都不過問了！

這次風潮太離奇了。若能就此而止，保持了三校，則教授會的態度，實是一個重要的關鍵。教授會無形中分成兩個系統。一是國民黨左翼，以枚蓀、西孟、自昭為代表。一是C. P.，以一多為代表（一多不是C. P.，但他站在最左的一邊，公然反對政府，又說是可以指揮學生會）。吳辰伯只能引起大家的反感，而實毫無能力（比方，他說：「人被打死了，我們再不行動就不是人！」但是同時就有人說，自己不犧牲，專讓青年去犧牲，那才真的不是人呢！）。同事中百分之八十，雖不言，辨別是非則至精。一多在開會前到處遊說罷教，結果六十一對十九票，他應該恍然大悟了（他的奔走自然也不是毫無結果的。劉晉年舉手贊成罷教，即說，他們太慘了，太難看了！我只得幫他們一票！又大公報說停課為罷教，或許有人搗鬼，已去函更正）。[23]

就在姚從吾寫這封信的時候，國內外政治形勢又發生新的轉折，西南聯大學潮由國內事務漸漸演化成世界矚目的熱點並危及美國對華政策。

十一月二十七日，美國白宮宣布前陸軍參謀總長馬歇爾繼赫爾利為駐華大使，並將以杜魯門總統特使地位赴華，領大使銜，藉此執行特別任務。這個任命意味著此前調處國共衝突不利的赫爾利將要灰頭土臉地屎殼郎搬家——滾蛋，由素以強勢手腕著稱的老將馬歇爾親自出馬赴中國斡旋，以此完成白宮寄望的「國共團結」大任。赫爾利與馬歇爾的顛倒沉浮，使中國的政治情勢變得更加嚴重和撲朔迷離。自感在國共調處中沒有功勞也有苦勞，沒有苦勞也有疲勞的赫爾利，認為在美國駐華使館的五位外交人員——艾其森、謝偉恩、戴維斯、傅瑞門、林華德，或明或暗地支持中共反抗中央政府蔣主席，從而壞了他的對華施政方針——羅斯福政策（南按：赫爾利曾於十二月七日在美參議會報告中公開責備此五人）。但這五人的辯解和輿論的報導是，他們同情共產黨而厭惡國民政府，但所厭惡的是內政和人事腐敗，並不是蔣介石本人。

面對美國政壇吵吵鬧鬧與中外媒體對國民黨內政與腐敗的指責，國民黨高層一邊忙於應付掩飾，一面準備各種指責中共的說辭，力謀改善外界對政府和官吏的看法。想不到在這個關鍵時刻，平地響手雷，昆明慘案爆發，進一步惡化了國民黨在國際上已極其糟糕的形象。蔣介石聞訊自是大為懊惱，急圖迅速滅火，以平息國內外輿論和批評指責之聲。但是，昆明各校學生和教師並不接受雲南當局的解釋和處置，成立了「昆明各校聯合罷課委員會」，發表了〈罷課宣言〉以「嚴懲凶手，撤辦慘案主使人」與當局抗爭。面對血淋淋的四具屍體、一條腿和洶洶輿論，李宗黃、關麟徵、邱清泉等被迫收手，不敢進一步採取暴力行動。學生們不僅繼續罷課，而且擁上街頭進行抗議宣傳活動，並與全國各地高校遙相呼應，聲勢越來越大。在重慶的蔣介石把教育部長朱家驊找來，狠狠地罵了一頓「娘希匹」之類的咒語，令其立即設法平息事端，否則嚴懲不貸。朱家驊多年從事教育，他本人就是由教授起家的政客，且在從政後一直與教授們保持了良好關係，對學校內情自是比蔣介石了解得清楚。因此，慘案一發生，他就相信，共產黨的作用尚在其次，地方當局過激反應是關鍵，此事就壞在地方軍政大員手中。因了這樣的事實，朱家驊深知此事處理絕非易事，但又不能迴避，頗有兩姑之間難做婦的意味。受命後，朱急忙找到在重慶正準備赴北平處理北大事務的傅斯年，令其速乘機趕赴昆明進行調處，以平息洶湧狂漲的學潮。同時拍發電報至北平，催促正在接收清華校產的梅貽琦速返重慶面授機宜。傅斯年得令亦覺事關重大，不敢怠慢，於十二月四日下午乘機抵達昆明。

三、學潮洶湧中的傅斯年

傅斯年搖晃著肥胖的身軀，喘著粗氣踏進西南聯大大門後的情形，學校「罷聯」內部簡報以答問的形式在題為〈關於「一二・一」慘案的談話〉中說道：

傅常委歸來後，罷委會交際股即派代表二人前往晉謁。傅常委說：「我是二日下午在重慶聽到同學被屠殺的事情時，曉得非回來不可了。四日在機場等了一上午，到昆明已是下午四點，沒有趕到教授會議。今日上午拜訪了盧主席，下午去看關麟徵，我對他說：『我代表學校當局，對於這次屠殺事件不勝其憤慨，我以前跟你是朋友，現在是站在對立的地位了。』關麟徵說：『那何必，我們還是朋友。』我說：『你殺了同學，比殺了我的兒女還要使我傷心。』關麟徵說：『你怎麼說是我殺了同學呢？』我跟他爭辯了一大頓。」當代表問到傅常委怎樣處理這件事時，傅常委說：「我盡我所有力量，依照教授會議所決定的去做，請你們轉告同學們，請他們信任我和先生們，假如我有一點不站在同學的立場上做，我就對不起自己的良心。」代表出來的時候問：「傅常委是不是要等這事情完全解決了才走呢？」傅常委說：「當然。」[24]

很明顯，傅斯年是挾政府之命，以學校負責人的身分帶著平息事態的重任飛抵昆明的。

行前，朱家驊專門請示過蔣介石，蔣認為傅斯年是合適的人選，也會在政府與聯大師生之間周旋，並不至於和其他政客一樣引起知識分子的反感。傅斯年對事件經過稍做了解，便以他的精明和以往處理學潮的經驗，認為必須堅持將學生復課與懲凶事項分別辦理，只有如此，方有處置的可能，這個想法與朱家驊不謀而合。第二天，朱家驊自重慶拍發密電告訴傅斯年並轉馮友蘭、周炳琳和姚從吾，說「學潮若不早息，影響所及實匪淺解」，同時認為「一俟事實明瞭，凶必嚴懲，弟可保證」。但又站在政府立場上，竭力主張「復課與懲凶似應分別辦理，至復課至關重要」，要求傅斯年等「全力協助，約同其他至友，勸導學生早日上課，最好能俟復課後再來較妥，否則罷課久延或將波及他處，致難收拾」。[25]

十二月五日，重慶《新華日報》以〈昆明學生流血慘案〉為題發表社論，指出：雲南當局「一面在昆明動手，一面在重慶的官辦報紙上已登著皇皇大文，硬指反對內戰的教授和學生都是共產黨所煽動，來作為把他們當作『匪徒』，用美國機關槍來對付的理由。像這樣的周密布置和輿論配合，那是段祺瑞和宋哲元萬萬及不上的」。與此同時，全國其他報刊相繼刊發文章，矛頭直指國民黨當局，昆明慘案成為重慶大街小巷議論的熱門話題。

當各種說辭傳到蔣介石耳中時，蔣明顯有些不耐煩起來。據唐縱日記十二月六日載：「美國務卿貝爾納斯致函安德遜闡明美國在華政策，主張建立一『強大團結民主之中國』，設法協助中國完成國內之團結與穩定，基於機會均等及尊重國家主權原則循正當合法之途徑努力。由此可知馬歇爾上將使華，其任務在調查蘇聯在遠東之勢力與動態，並將相當修改赫爾利對華之態度，而用各種方法與力量以促成中國之團結與民主運動。」又記：「主座兩次電話詢問昆明學潮情形。主座致盧主席電，謂如不能解決，即應解散其學校，另將學生集訓。」[26]

這則日記透出的信息是，蔣介石的焦急與焦慮不安，與國際大環境有著密切關聯，他極不願因為昆明的血案而在國際政治漩渦中陷於被動。但事實上，眼見昆明學潮有蔓延全國之勢，蔣所謂解散學校、集訓學生，也只是一時氣極的瘋話罷了，誠如歷史學家黃仁宇所分析蔣介石的性格和處世手段：「當歷史已在他蔣介石眼前和手下高速地展開，他無從採取通常合乎情理的方法對付。於是他以直覺做判斷，先以道義為手段，不及則雜之以權宜，多時仁厚，偶爾心狠。被逼不得已則以宗教哲學思想和御己的紀律堅持下去。」[27]

蔣在處理此次學潮的一系列做法，正應了黃仁宇對其性格的判斷和歸納。蔣採取的措施仍是加緊安撫學生，如下令批准立即槍決陳奇達、劉友治以表當局態度。這一做法在得不到學生和輿論認可的情形下，蔣介石開始「雜之以權宜」，下令關麟徵停職，著其立即赴渝報告。

關麟徵預感大事不妙，為顧全臉面，於十二月七日向重慶拍發電報自請處分。電云：

蔣委員長：

自昆明學潮發生以來，職深知其中有人操縱，含有政治陰謀，故無時不在戒慎恐懼，本鈞座之意旨，小心防範，以免事態擴大，殃及無辜。而東日（一日）午聯大文法學院與軍官第二總隊之鬥毆及聯大師範學院之慘案，陡然而起，職已竭盡諸種方法，以求補救，緝凶慰撫，凡於職分應盡之事，無不廢寢忘食，竭盡綿薄。今投彈凶手陳奇達、劉友治均已就捕，並於盧主席主持之下，約請各界首長約百餘人公開會審，據供確係受共黨分子姜凱嗾使，凶器亦姜所與，事態已明，學潮理應告一段落。然恐奸人絕不以此為足，仍將利用學生併其生命，以為遂行其陰謀之工具，而職身負治安之責，事前防範未周，以致可愛青年死者四人，傷者十餘，擬請先於撤職，並以法議處，以平奸人之憤，兼慰罹難學生之心，且為失職者戒。謹請鑒核。

職　關麟徵叩[28]

殘酷的現實與社會各界強烈反響以及傅斯年等人的態度，促使蔣介石不得不做出讓步。決定將關麟徵「明令停職，聽候處分」，由青年軍編練總監霍揆彰中將接替其職。[29]同時撇開李宗黃，正式授權由盧漢出面主持慘案的調查和善後事宜。

十二月八日，昆明《中央日報》刊登了關麟徵的自請處分電文，同時發表了蔣介石於七日草就的〈告昆明教育界書〉。書云：「昆市發生學潮，學生課業中輟，已逾旬日，妨害青年學業，貽誤建國前途，興念及此，痛心無已！我國抗戰八年，犧牲慘重。今勝利甫告實現，復興時機不可復得，正宜同德同心，積極黽勉，進行建國之工作，乃訛言流傳，波及學府，演成如此不幸之事件，此真所謂仇者所快而親者所痛也……中正愛護青年，不啻自身之子弟，更不忍我純潔之青年學生，有自誤誤國之舉動……」

在說了一通冠冕堂皇的話之後，蔣氏筆鋒一轉，態度頗為強硬且暗含殺機地繼續說道：

「中正維護教育，保持紀綱，皆屬責無旁貸。對於此次事件，必當根據是非與法紀，做公平負責之處理，絕不有所偏袒，亦不有所姑息。唯我各校教職員對於學校對於國家亦均負有神聖之責任，應導學生於正軌，為社會做表率，切不可任令罷課風潮再有遷延，造成學校與社會無政府無秩序之狀態，以貽國家之羞。目前一切問題必以恢復課業為前提，以正常手續為解決，否則政府縱如何愛護青年，亦不能放棄其維護教育安定秩序之職責。切望我各校當局與教職員諸君，深體此意，對全體學生剴切勸導，務令即日上課，恢復常態，勿負余諄切之期望，至深企盼！」最後署名是：蔣中正手啟。[30]

深知蔣介石脾氣的朱家驊，已從這封公開書中嗅出了軟中帶硬，且真有解散學校的意味。朱氏深恐學潮擴大會迫使蔣出此下策，故一面請示蔣介石，允派教育部次長朱經農急飛昆明，會同各方處理死傷學生的善後問題，一面向傅斯年等拍發急電，強調：「主席七日文告，對昆市不幸事件指示公平處理，政府已負責處理，我昆市各校即應恢復常態剋日復課。務請諸兄會同各校教授同人對吾青年學子剴切勸勉，應以學業學校為重，而更應以教育前途及國家榮譽為重。吾人職責貴在善後，一切有利善後之意見及辦法，政府無不採納，然一切有違善後及有礙教育事業之舉動，自應擯除。」[31]

朱經農飛抵昆明後，轉交了一封蔣介石致傅斯年親筆信，曰：

孟真先生：

回昆以後，體力如何？賢勞為念。關於處理學潮事，已另致各校教職員一書，想可同時閱，尚望吾兄為一般友好詳述之。務希共同為國家為青年與為校譽負其職責也。余託經農次之面達，不贅。[32]

信中所說的「另寄各校教員一書」，即指報紙公開發表的蔣介石〈告昆明教育界書〉。想來蔣介石怕傅斯年感到突然，以及產生當局對自己處理此次事件不信任的誤會，特寫此函以示慰撫。而信的內容顯然比報上的言辭要溫和得多，這應是蔣在盛怒平息後「以宗教哲學思想和御己」的策略糾結而成。

傅斯年詳細研究揣摩了蔣介石的心理，覺得事尚可為，而通過在昆明城幾天的內查外調，與師生數度座談，對慘案經過與師生的憤怒心情也了然於心。根據昆明各方面的形勢，傅氏深感懲凶一事必須抓緊，否則夜長夢多，更難收拾。而所謂懲凶並非弄一兩個兵差小卒就可以蒙混過關了事，必須懲治真正的主凶、大凶如李、關、邱等軍政大員，否則事情不會輕易了結。關麟徵辭職後，昆明學界的矛頭又轉向了李宗黃，並響起了去李倒李的呼聲。鑑於此情，十二月八日，傅斯年給朱家驊、陳布雷拍發密電，態度鮮明地表達了自己的立場：「此事既由李宗黃、邱清泉等弄糟到此地步，又將關總司令拖入。手榴彈案之內幕，此間各地人士所詳知，包括美國外交記者在內，到處喧騰，只有政府先占著地步，然後大多數之教授觀念可改。今關總司令既赴渝，李邱二人可否暫時調開？果能如此，教授可發揮甚大之力量，復課有十九把握。縱不能立即復課，教授必對堅持罷課之員生予以道義制裁，下一步無論如何易於辦理。再李宗黃至今仍堅持此次學潮由政府派盧漢來而起，對盧漢及雲南多數人

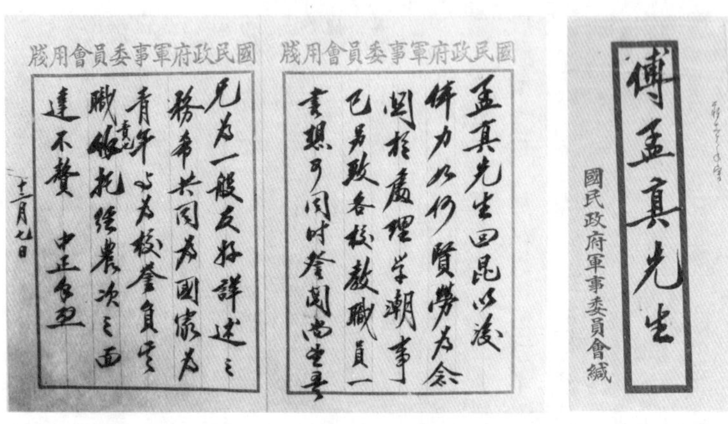
國民政府軍事委員會用箋

孟真先生：回昆以後併力以何賢勞為念閱於處理學潮事已易致各校教職員一書想可同時參閱尚望兄為一般反將詳述之務希共同為國家為青年以為校方負責職援托維農次之面達不贅 中正手啟

十二月九日

傅孟真先生

國民政府軍事委員會緘

蔣介石給傅斯年的親筆信（臺灣中央研究院歷史語言研究所傅斯年圖書館「傅檔」）

士猛烈攻擊，此公如不暫離昆明，不特學潮無法結束，即大局亦不了。」[33]

朱家驊把傅斯年密電呈報蔣介石，蔣接連要求朱轉告傅斯年速勸學生復課，恢復秩序，壓根不提去李、邱之事。而這個時候的李宗黃又不識或不願顧及主子的苦衷，在昆明依然指手畫腳，態度倨傲，堅不請辭。同時四處放風，把學潮的責任說成是盧漢就任省主席之職和共產黨暗中煽動的結果。礙於自己此前曾向李許下宏願，蔣介石只好對李的所作所為聽而不聞，咬緊牙關，艱難地支撐著地陷一樣從四周集來的巨大壓力，堅持不為此事給李任何處罰。蔣一面繼續暗中請傅斯年等人向昆明學界疏通解釋，要學生們先行復課，再容逐步解決李宗黃問題；一面發狠威脅，宣稱學生若再不復課，將採取最後嚴厲之處置，一律開除學籍。

此時，處於第一線前沿陣地，夾在政府與學生之間的傅斯年，由一隻「稀有的蟋蟀」（羅家倫語）變成了風箱中的老鼠，兩頭受氣，血壓呼呼上躥。

但身在其位，又不能抗命不遵，必須隨著風箱中那個雞毛活塞來回抽動而急速地兩頭躥奔，否則就有被擠壓而死的可能。當他搖晃著肥胖的身軀，氣喘如牛地在各校教授和學生會代表間反覆奔忙周旋一陣子後，得到的結論仍是李若不去，自己所做的一切努力皆為徒勞。為在夾縫中求生存、圖希望，傅氏經過一番思考，只好暫取「緩兵之計」，以時間換空間，等待柳暗花明的時機。

十二月八日，盧漢約集各校教授談話。九日再約集各校學生代表談話，表示懲凶，撫恤傷亡學生，賠償損失，條件是學生們須先行復課，學生一方略表滿意。但當學生代表們回校敘及談話情形後，卻遭到另一派學生的強烈反對，對方認為學生代表軟弱無能，不應該接受復課，主張改組罷課委員會，並提出了罷免李宗黃，組織聯合政府的要求。

十二月九日晚，傅斯年向蔣介石再次拍發密電，頗有和稀泥意味地稱道：「今日勸導四校學生會代表，彼等已允接受鈞座勸諭，早日復課。但時期及喪葬事，明晨由斯年再與彼等細談。」[34]同日，美國、英國等一些國家的媒體報導了昆明慘案情形，並尖銳抨擊美國政府干涉中國內政，引起了較大的國際反響。

為給傅斯年以援手，同時達到向「罷聯」施壓，逼其就範的目的，十二月十日，昆明《中央日報》發表雲南省主席盧漢〈告各校同學書〉。第一句話就是：「漢不幸，就職之日，即昆明學潮釀成慘案之時。」接著，看似自責，實則在抽李宗黃耳光地說道：「消弭無由，防護無方，雖為時甚暫，諸君諒我，然職責所在，我豈能無愧於心？誰無父母？誰無子女？使我之子女為慘案中之犧牲者，痛心何如？今日之官吏，即昔日之學生。易地而居，憤慨何如？」

坐落在昆明翠湖不遠處的盧漢公館（作者攝）

當抽完了李宗黃耳光，又巧妙地撇清了自己的責任，落得個一身乾淨後，盧氏立即板起黨國大員的面孔，軟硬兼施，勸學生復課，並暗含譏諷地說道：「我蔣主席愛護諸君，有如子弟，昨命漢轉致各大學校長一書，披諸報端，諒在見聞，諄諄以上課恢復常態相期望，並謂學生一言一動，應為社會之模範，亦係國家之命脈，必須明辨是非，認清職責，重視課業，遵守紀綱，勿自誤誤國，為親者所痛，仇者所快。又昭示對於此次事件，必當根據是非與法紀，做公平負責之處置。三讀主席手書，仁愛之懷，溢於言表，此真慈母嚴父，備於一身。蔣主席為中華民國之元首，漢認為每一中華民國之官吏及國民，均有接受服從其命令之義務。」

盧漢暗示自己作為地方長官對罷課不能「袖手不問」，在一定時候可能採取斷然措施。最後又說：「憶自抗戰，於茲八年，諸君或轉徙入滇，或負笈晉省，共甘苦者有日矣。漢今日為地方之長官，昔日固諸君之朋友，今各校行將復員，惜別伊爾，為己為國，願諸君採納此一忠告！」

最後幾句，看似纏綿動情，實則暗含更大的玄機祕訣，即有意透露如不復課，當局將解散聯大的口風，以警告學生，挾制在學潮處理問題上趨於中間派的大多數教授，促使其為了自身利益轉向政府一邊。

出乎意料的是，盧漢文告的發表，不但沒有達到平息學潮的目的，相反卻激起了昆明教育界對李宗黃新一輪的仇恨，「誰無父母？誰無子女？使我之子女為慘案中之犧牲者，痛心何如？今日之官吏，即昔日之學生」。這字字血、聲聲淚的述說，無不痛扎著師生的心，激發著對李的憎恨之情。按照盧漢的話推演，那便是：你李宗黃也有父母，也有子女，也是從學生時代度過的。如今做了黨國大員，不為國家人民福祉謀利，竟喪心病狂地拿起屠刀砍向無辜的學生。天理何在？道義何在？國法何在？李若不被嚴懲，何以對天下父母兒女？面對當局對李的庇護，深受刺激的學生們更趨激烈地以去李相要脅，並立下宏心大願，如果李宗黃不去，絕不復課。同時一併提出了另外幾條要求，令當局回覆。

有研究者認為，盧漢發表此文，真正的目的就在於刺激學生，煽動仇恨，借學生之力向重慶最高當局施壓，以扳倒李宗黃，拔去這枚眼中釘。此說當然有其道理，但如果既掃蕩了李宗黃，又平息了學潮，則是盧漢最願看到的結果。只是學潮未能平息，去李之聲卻高漲起來。面對此局，十二月十一日，昆明《中央日報》轉發一條中央社訊：

警備總部息：關總司令麟徵以聯大手榴彈案曾向委員長自請懲辦，此次赴渝又堅請予以嚴厲處分，並以此次慘案發生，皆因身負治安之責，事前疏於防範所致，請勿追究其他，所有懲罰，皆願以一身當之云。

顯然，這是重慶方面最高當局欲保李、邱而採取的政治策略，既然身負治安之責的關總司令都認為慘案與他人無關，並願「以一身當之」，要殺要砍要腰斬，或抽筋剝皮曝屍都願一人承擔，對於李、邱等人又何必非抓住小辮不放，欲扳倒在地或剷除掃蕩之而後快？

在昆明的傅斯年看到這條消息，比一般的師生更能領會重慶方面的意圖。不過，他的領會並不透徹，僅限於表面以平息學潮為大局的現象，至於更深層的內因則沒有去想，或根本無法想到。既然有了關麟徵「一身當之」的公告，傅斯年也只好按這個意圖再度向學生施壓，力圖勸說學生代表降低要求，早日復課。但雙方在討價還價時均火氣甚大，傅斯年以「五四」學生運動領袖、老前輩的派頭自居，感情用事多於理性。但此時「罷聯」的代表也正處於情緒激動中，不把這個陌生的、臉上沁著汗水、喘著粗氣的大塊頭常委放在眼裡，更不買其當年任五四運動北京學生總指揮的舊帳。在聯大學生代表看來，傅斯年當年那一頁輝煌的歷史已經翻過去了，今非昔比，新的歷史使命與輝煌需要新一代年輕人來承擔和創造。於是，雙方在爭執中發生了意見衝突，傅斯年暴跳如雷，差點躥上去以自己的「體積乘速度」和學生代表來一番對打，幸虧被人拉住方罷，最後的結局當然是不歡而散。事後，傅斯年認為這一切都是因為老妖怪李宗黃所致，盛怒難消中，於十一日給朱家驊拍發一封急電，再次強調「李宗黃如能即去，教授心意可以平」，因為「彼實為主謀主使，去彼則政府占著地步，罔僅受李之愚而已」。[35]

但是，傅斯年顯然低估了李宗黃多年的政客生涯在國民黨內部形成的影響力，更不清楚此前蔣介石與李氏在雲南人事上的密謀以及蔣對李的許願。一九四五年十月五日，唐縱在日記中記載：「現雲南省政府改組業已完畢，均係主席個人獨運匠心，外人鮮有知者。」[36]所謂「鮮有知者」，並不是沒有一個外人知曉，但傅斯年肯定是不知其堂奧之妙的。而已躋身於國民黨中樞，身為黨國大員的朱家驊，在政治舞臺的搏殺中，顯然比傅看得更遠更透，並深知各種政治勢力合縱連橫、鉤心鬥角的祕訣要領。此時他雖未必了解蔣與李之間的幕後交易，但顯然從蔣寧肯撤換黃埔一期的嫡系愛將關麟徵，也不肯動李宗黃一根毫毛，且還要關總司令公開聲明「一身當之」的強硬態度這一點，已領悟到其中必有私密和隱情。因而朱以多年官場歷練出的政治敏感和判斷力，於當日回電，明確告知傅斯年說：「李事一時尚難辦到，因此延長必生枝節，務請先行上課，恢復常態，一切俟兄返渝面報主座後似無甚問題。」但「務盼勸導學生即日復課，否則後果莫測，弟亦難負責矣」。[37]

傅斯年接電後陷入了極大痛苦與鬱悶，他不能理解蔣的嫡系、堂堂警備總司令、軍權在握的關麟徵可輕易解決，而一個黨棍惡徒李宗黃為何就不能調離昆明？其中到底有何隱情？李宗黃不走，不僅自己說不服學生，就連教授方面也難有說辭。這一點，朱經農抵昆明的次日就曾明顯地注意到了。他在給朱家驊的電報中說：此次學潮「不僅為教育界問題，亦不僅為共產黨（問題），更有其他方面夾雜在內」，解決起來相當困難。而「目前最大問題即為學生『抬棺遊行』。原擬明日舉行，經孟真設法，已允改至十四日遊行。有無變化，尚不敢說。倘得五天猶豫時間，或可設法將其打消，否則亦當極力避免衝突。此點黨政軍方面已均同意」。[38]因了這樣的情形，傅斯年越發感到事態嚴重，心中焦慮不安，血壓自然也隨之狂漲猛躥。

十二日，激憤之情有些平息的學生會代表出於對師長的尊重，主動向傅斯年就昨日雙方的不愉快道歉，但又明言幾項要求不能改變。既然學生有此強硬姿態，而李宗黃又不能去，傅斯年再度陷入兩塊巨大夾板之中而無一絲出路的焦慮、失落與惶恐中。在反覆權衡後，傅認為集中精力推倒李宗黃這塊風颳不進、雨潑不透的鐵板，是最為急需和關鍵的一招，否則皆無出路。主意打定，傅斯年狠下心來，於十二日乾脆發出一封經朱家驊轉呈蔣介石的特急密電，電中先是對自己未能盡到復課之責表示「負罪極深」，接著明確、強硬地指出：「教授對李宗黃極度憤恨」，[39]希望蔣速下去李之決心。據朱家驊檔案顯示，傅斯年的這封電報，當天便由朱轉給了蔣介石，但蔣仍猶豫不決。

注釋

1 張增智，〈龍雲在解放戰爭時期〉，《中華文史資料庫》（一九九六）。

2 同前注。

3　同前注。

4　一九四九年十二月九日，盧漢率部起義的這一天，還有一個令世人倍感興趣的插曲，即盧漢捉放「張相國」事件。一九四九年十一月，就在川南失守，國民黨軍隊即將土崩瓦解之際，鎮守雲南的盧漢認清了形勢，與時俱進，祕密與中共方面聯繫，準備易幟。盧的「投降主義」和暗中活動，國民黨保密局已有察覺，曾在雲南親自監視盧漢一個多月的保密局長毛人鳳，感到形勢險惡，盧時刻有倒戈投誠的可能，因而向蔣介石建議及早撤換盧漢以絕後患。但素與盧漢友善、時任西南軍政長官的張群，出於哥們義氣與婦人之仁，出面在蔣面前力保盧，認為盧對黨國和領袖無比忠誠，不會扯旗造反，投向共產黨。這有「華陽相國」之譽的張群，既是當時最受蔣介石信任之人，又是對西南地區軍政方面較有影響的人物，蔣介石聽從了張的意見，同時採取兩手抓，兩手都要硬的策略。既然「張相國」曾大言不慚地誇下海口，說盧不會造反，便派張群組織了幾位政府大員赴昆極力勸慰，對盧漢予以籠絡。同時命中央軍李彌的第八軍和余程萬的第二十六軍駐守滇邊，箝制雲南，一旦盧漢有變，立即發兵圍剿、殲滅之。

想不到「張相國」此次卻失算了。一九四九年十二月九日晚十時，盧漢通電全國，舉行起義。此前，盧以巧妙藉口把李彌等國民黨將領引入了預設的埋伏圈，通電的同時下令扣押了包括當天剛到昆明的張群在內的八名國民黨軍政要員，分別是：張群、第八軍軍長李彌、第二十六軍軍長余程萬、二十六軍第七師師長石補天、憲兵司令部副司令兼憲兵西南區指揮李楚藩、憲兵西南區指揮部參謀長童鶴蓮、空軍第五軍區副司令沈延世、國防部保密局雲南站站長兼雲南省綏靖公署保衛處處長沈醉。

張群被扣押後，單獨住在盧漢新公館內。當夜，他採用古人常用的脫身之計，寫信給盧，文情並茂地講述了近幾年來他頂住各種壓力，在蔣和其他政府要員面前維護雲南和盧漢本人聲譽的深厚交情，表示自己今後不再過問政治，希望盧讓他去香港僑居。盧漢見信後，派省政府委員楊文清去做張的工作，希望張群打消去香港的念頭，乾脆與自己一起行動，像當年水泊梁山好漢李逵所夢想宣稱的一樣，反出雲南，殺向四川，奪了蔣的鳥位。張群道：「你們的造反行動我是很同情的。我也知道這是大勢所趨，國民黨的確是無法挽回了。蔣先生過去的所作所為，連我也有不滿意的地方。但是我一生都是一個國民黨員，我和蔣先生的私人關係你們也是知道的，我不能和你們一起拉桿子造反，更不能落井下石奪他的位子。如果你們要把我當作俘虜看待，交給共產黨，我料想他們也不會對我怎麼樣。要是你們能讓我走，我很感激，我今後也不再做什麼事，到海外做個寓公算了。」經過反覆權衡，盧最後決定釋放張群去香港。十二月十一日上午，盧漢把這位老朋友送上一架英國飛機直飛香港。張群抵港後，沒過幾日即轉船去了臺灣與蔣介石會合。

據千家駒說，一九五〇年，周總理在北京對他談及盧漢義釋張群一事時，很有些不高興地說：「盧漢未與我們商量，便把張群放了。如果不放的話，我們可以當作籌碼與張學良交換。」想不到盧漢的哥們義氣，讓張群得以虎口逃脫，張學良卻又被帶往臺灣監禁了幾十年。真所謂人生不可知，天命不可測，張學良天命該當如此耶？

5 一九四九年後，盧漢歷任雲南省臨時軍政委員會主任、西南行政委員會副主席、全國人大常委、全國政協常委、國防委員會委員、國家體委副主任、民革中央常委等職。一九七四年五月病逝於北京。

6 王瑞元報告，〈關麟徵十二月一日來聯大新校舍情況〉，收入中共雲南省黨史資料徵集委員會、中共雲南師範大學委員會編，《一二・一運動》（北京：中共黨史資料出版社，一九八八）。

7 中共雲南省黨史資料徵集委員會、中共雲南師範大學委員會編，《一二・一運動》（北京：中共黨史資料出版社，一九八八）。

8 同前注。

9 黃仁宇，《從大歷史的角度讀蔣介石日記》（北京：九州出版社，二〇〇八）。

10 中共雲南省黨史資料徵集委員會、中共雲南師範大學委員會編，《一二・一運動》（北京：中共黨史資料出版社，一九八八）。

邱清泉（一九〇二－一九四九），字雨庵。浙江永嘉人，一九〇二年一月二十七日出生於浙江省永嘉縣蒲洲鄉中埠（現為龍灣區蒲州），原名青錢。一九二四年七月至廣州投考黃埔軍校第二期工科。一九二五年參與東征，九月六日第二期畢業，二十八日參與第二次東征，任第一縱隊第一師工兵隊少尉排長兼任連黨代表。一九二七年一月，任中央軍事政治學校工兵大隊第一隊上尉連長。一九二八年四月，任第九軍第三師補充團第三營少校營長，駐南京棲霞山。一九三一年四月，升任第十師第五十九團上校團長，駐江西南昌。一九三三年十一月，升任中央陸軍軍官學校政治訓練處少將處長。一九三四年五月參加留德考試，名列九人中的第一名。七月前往德國柏林陸軍大學攻讀，先至工兵專門學校接受半年入伍訓練。一九三五年十月完成工兵學校專業訓練，進入德國陸軍大學。一九三七年五月畢業回國，並撰寫留德報告，建議現代化國防軍的建設。後出任教導總隊參謀長，參與淞滬會戰及南京保衛戰。南京城陷後被困，至次年二月化裝逃出。一九三八年三月，任陸軍第二〇〇師少將副師長。五月，兼任突擊軍第一縱隊司令；十月，任新編第二十二師師長。一九四〇年五月任第五軍副軍長，九月，任軍委會委員長侍從室參議。一九四三年一月任第五軍軍長。一九四八年九月二十二日，晉升陸軍中將。十月，任第二兵團司令官。一九四九年一月十日，在淮海戰役中與杜聿明一同在陳官莊突圍，後被解放軍衝散，在走投無路之際，決定自殺。邱面南背北，舉手致禮，喊了一聲「校長，來生再見！」爾後舉槍自戕，時年四十七歲。一月十九日，國民政府追贈邱為陸軍上將。

11 中共雲南省黨史資料徵集委員會、中共雲南師範大學委員會編，《一二・一運動》（北京：中共黨史資料出版社，一九八八）。

12 唐縱著，公安部檔案館編注，《在蔣介石身邊八年：侍從室高級幕僚唐縱日記》（北京：群眾出版社，一九九一）。

13 同前注。

14 關於雲南當局派軍警特務以如此拙劣手法闖進校園任意打砸與傷人的做法，後人多不可解，以為是中共的片面宣傳。只要深入了解當時的政治形勢，即可知發生這樣的惡性事件自有它內在的邏輯，並不是中共宣傳的結果。按中國近代史研究所研究員楊奎松的說法，抗日戰爭結束後，隨著國共兩黨爭奪華北和東北的鬥爭演化成為公開的軍事衝突，國民黨內部敵視共產黨的情緒日漸強烈。這種情緒日漸瀰漫的結果，就形成了「前方打仗，後方打人」的奇特政治景象。在後方，即在國統區內共產黨沒有合法的身分，基本上處於地下狀態，因而也使得眾多國民黨人的敵情觀念和政治嗅覺格外敏感。再加上蔣介石本人在這方面同樣相當情緒化，其部屬自然備受感染。凡是與中央唱反調而與共產黨同音調者，難免都會被看成是共產黨或是共產黨的同情者。因為這些人沒有打出共產黨的旗號，且每一發動即人多勢眾，不便由政府出面輕易捕殺，就出現了由基層黨團員出面，以群毆或打砸的方式來嚇阻和懲治對手的所謂「忠黨行動」。也因為大凡唱反調者多是些手無寸鐵的青年學生和知識分子，而負責嚇阻懲治的一方對群毆和打砸則做了充分準備，人人要表現對黨的忠誠，且不達目的不甘休，這就不可避免地造成了一次又一次流血事件甚至慘案發生。

> 對於「一二・一」慘案，楊奎松的解釋是：按說軍人的狂熱理應更容易受到紀律的約束，但實際上，由於軍人執行命令更為機械，領隊的軍官不像地方黨團人員的領導者會有所顧忌，因此軍人所造成的傷害絲毫不比黨團人員差。從目擊者和受害學生的證言中，可以看出軍人打起人來更加凶狠卻很少受到領隊者的制止。不過，相較而言，軍人執行命令的心理似乎要更明顯一些。一位軍官三十日就曾明確告訴上街的學生說：「我們是奉了命令的，命令我們怎樣，我們就怎樣。」也正因為如此，當他們攻打校園時，有人被學生捉住時，也就很容易把責任推到長官的身上去。當時一位叫崔俊傑的軍人在被學生捉到後，很快供認了自己的軍人身分和受大隊長之命行事的情況。以此來看幾天後被捕的投彈疑犯以殺人罪被起訴，卻在法庭上不僅毫無愧疚和自責，反而慷慨激昂，指責學生挑釁，且大包大攬，自稱失業軍人，行動與部隊無關，揚言自己是國民黨黨員，「平時恨共產黨，故出面報復」等，就明顯的不合常理。注意到此後不久的南京下關慘案和李公樸、聞一多被殺案，國民黨當局的處理手法幾乎如出一轍，都是在肯定其「忠黨行動」的同時，要求「將行動有關人員拘捕，挺胸做烈士」，不能不使人懷疑，「一二・一」慘案就是開其端者。鑑於後來李聞案中兩殺人主犯，即同為軍人的特務營連長湯時亮和排長李文山被審時也是慷慨陳詞，故做忠烈狀。隨後即被祕密轉移隱藏起來，而有由當局另外從監獄中提了兩個死刑犯冒名頂死的事實。「一二・一」慘案投擲手榴彈殺人犯陳奇達、劉友治二人是否真的被處死，做了「烈士」，也還是讓人生疑的（楊奎松，〈戰後初期國民黨人反共心態素描〉）。

據已公開的資料顯示，陳奇達與劉友治是兩個代人受過的替死鬼，二鬼於一九四五年十二月十一日被押赴刑場執行槍決。楊奎松沒有懷疑陳、劉二人是與本案無任何關聯的替死鬼，卻懷疑二鬼之死的真偽，似有點捨本逐末的意味了。既然是替死鬼，就說明此前軍方高層是花了大價錢買通了的，二鬼明知必死，因而在庭上呈慷慨激昂狀，按事前約定表演一番自屬正常。表演結束後，二鬼被砍頭也屬正常的，誰還樂意留兩個活口等著他們向世人說出真相？至於那位最值得懷疑的當時被指為「共黨分子」姜凱的處理結果，則沒有什麼可「存疑」之處，此事顯屬編造。陳劉二犯被槍殺後，盧漢曾以省主席的名義函請雲南警備司令部發出通緝令，緝拿「共黨要犯姜凱歸案」。深知內情的警備司令部怕再落入圈套，惹火燒身，索性以「由陳奇達只供出有姜凱者，與其約會數次，均在公共處所，並未告其籍貫、年齡、住址，當時口供內亦未回明姜凱之相貌身長，無法抄送，仍請查照」為名，將原件退還（〈雲南省警備司令部軍法處致省政府函〉〔一九四五年十二月十二日〕，原載中共雲南省黨史資料徵集委員會、中共雲南師範大學委員會編，《一二·一運動》〔北京：中共黨史資料出版社，一九八八〕）。

對警備司令部這一做法，同樣深知內中奧祕的雲南省政府當然不便繼續質詢，矇騙世人的過場走過了，此事也就不了了之。

15 唐縱著，公安部檔案館編注，《在蔣介石身邊八年：侍從室高級幕僚唐縱日記》（北京：群眾出版社，一九九一），頁五六一，注1。

16 〈朱自清日記〉，轉引自聞黎明、侯菊坤編，聞立鵰審定，《聞一多年譜長編》（武漢：湖北人民出版社，一九九四）。

17 西南聯合大學北京校友會編，《國立西南聯合大學校史》（北京：北京大學出版社，二〇〇六）。

18 聞黎明、侯菊坤編，聞立鵰審定，《聞一多年譜長編》（武漢：湖北人民出版社，一九九四）。

19 同前注。

20 〈致胡適〉，收入歐陽哲生主編，《傅斯年全集》卷七（長沙：湖南教育出版社，二〇〇三）。

21 臺灣中央研究院近代史研究所檔案館所存朱家驊檔案。

22 同前注。

23 《一二·一運動》。姚從吾信中所涉人物與職務：

1. 華熾，即鄭華熾，聯大物理系教授，聯大國民黨三青團負責人之一。
2. 程陶，聯大學生，三青團員。

3. 一多，即聞一多；枚蓀，即周炳琳；端升，即錢端升；奚若，即張奚若；芝生，即馮友蘭；錫予，即湯用彤。
4. 倪文亞，三青團中央團部組織處長，慘案發生後，與教育部次長朱經農一起來昆調處。
5. 蔡麟筆，聯大學生，三青團員。
6. 高雲裳，三青團昆明市書記長；周紳，三青團雲南支部祕書兼宣傳股長。
7. 總裁，指國民黨總裁蔣介石。
8. 西孟，即楊西孟；自昭，即賀麟；吳辰伯，即吳晗；裴笑衡，聯大學生，三青團員；清常，即張清常。
9. 分化方略。姚從吾指揮程、陶諸人，冒充中立同學，挑起修改宣言糾紛，妄圖分裂聯大學生，陰謀被揭穿而失敗（見《一二・一運動》，頁四一四，注釋）。
10. 錢端升，因在公開講演中對蔣介石不稱「領袖」，而直呼「先生」，且敢直言批評，幾乎已經被關麟徵等視同為共產黨（張奚若，〈廢止一黨專政，取消個人獨裁！〉，《學生報》創刊號（一九四六年一月十九日））。在黨內同人及校內同事姚從吾等人的眼裡，他雖仍被看作國民黨員，卻是那種「壞事有餘，易受利用」，「表現得最糟」的「國民黨左翼」。而像錢氏這樣的國民黨人在慘案後一面同情學生，一面還在盡力為當局與政府分憂，且明確表示與聞一多等左派教授持不同意見，其他國民黨籍教授此時內心的焦慮與從思想深處傾向於政府與當局一邊，亦可想而知。

另，慘案發生時，聯大教授華羅庚正在重慶，返回昆明前，朱家驊特地關照要其代為了解實際情況，並積極協助校方和地方當局平息學潮。華回到昆明後因感冒臥床數日，自十二月八日起在校內奔走兩天，基本上弄清了事情原委。他在給朱家驊的報告中，除詳細說明了學潮發生的整個過程，顯然對地方當局這種做法不滿。華明確表示無論如何也不理解，二十五日晚一場時事討論會何以竟會被當局認定是「赤匪」搗亂，竟至動用軍隊並開槍震懾？信中說：當晚五位上臺講演者，除潘大逵教授他不認得，裝成老百姓的那個昆明市黨部調查統計室主任查宗藩沒見過以外，「我敢保證錢、伍、費三位都絕不是『赤匪』」。不僅如此，尤其讓他感到難以理解的是，當局在調動如此之多的打手衝進校園毆打赤手空拳的學生和教師時，其中並沒有確定哪一些是「赤匪」，只是稀里糊塗地一場盲打混戰。相反，被殺被毆者多人還是國民黨員，有的還是他親自推薦並請朱家驊介紹入黨的。對此，華激憤地表示：「此次事變當局處置似甚失當，死者四人，而吾黨黨員占其半數，馬大猷（南按：被打傷之教授）兄，即二年前請書我公介紹入黨者。此『一擊』之效或優於晚二年來為吾黨之宣傳也，甚使志士心灰意懶也」（〈華羅庚致朱家驊先生函〉〔一九四五年十二月十一日〕，臺灣中央研究院近代史研究所檔案館藏朱家驊檔案）。

華羅庚在報告中同時提到了于再與潘琰兩位死者的身分，與後來所說二人均為中共黨員的情況不盡相同：「于再，浙江杭州人，二十四歲，鄉村建設學院畢業，國民黨黨員，南菁中學音樂教員，獨子，未婚。」「潘琰（女），江蘇徐州人，二十八歲，曾隨第十一集團軍參加軍隊，徐州突圍（亦國民黨黨員）。」

一九八一年與一九八四年，中共中央組織部就于潘二人黨籍問題曾形成過相關文件，如一九八一年二月九日，〈中央組織部關於潘琰同志黨籍問題的意見〉中稱：

> 潘琰，女，一九一四年生，江蘇徐州人。一九三九年在湖北省立建始女師入黨（入黨介紹人已無法找到）。一九四〇年夏，中共建始縣委鑑於形勢惡劣，把黨員全部疏散隱蔽，潘琰離開建始，經恩施到重慶，考入農本局紡織人員訓練班，畢業後先到四川樂至縣，後到重慶福生渝莊工作。一九四四年秋考入西南聯大學習，由於形勢惡劣，當時組織決定，轉移地區不轉關係。潘琰在西南聯大上學時，黨的關係沒有轉到雲南省工委。直到她犧牲三十餘年來，很多同志不知道她曾經是共產黨員。最近，中央團校青運史研究室在收集「一二．一」運動史料的過程中，對四烈士之一潘琰同志的黨籍問題，進行了調查……根據以上幾位同志的證明，確認潘琰同志是中共黨員，其黨齡從一九三九年上半年算起。

一九八四年七月十二日，〈中央組織部關於確認于再同志為中共黨員的決定〉中稱：

> 于再，原名于鎮華，男，一九二一年生，浙江省餘杭縣人。一九三八年十二月二十四日在四川奉節縣經蔡去非同志介紹入黨，預備期一個月，一九三九年一月二十日按時轉為中共正式黨員。……于再同志自一

九三八年十二月參加中國共產黨到一九四四年冬，都在我黨領導下工作，表現一直很好，是一名優秀共產黨員。唯一九四四年冬，離重慶參加抗日遠征軍赴印度，至一九四五年十二月在昆明犧牲，這期間雖無黨的組織關係，但烈士在「一二・一」運動中為革命英勇獻身的行為，已反映出一個共產黨員的高貴品質，因此，于再同志的這段黨籍應予承認。根據上述同志的證明和「一二・一」運動中的表現，確認于再同志是中國共產黨黨員，其黨齡從一九三九年一月算起。（《一二・一運動》）

在中共中央組織部形成以上兩份文件時，朱家驊檔案仍封存於臺灣中央研究院史語所未解密，大陸方面的有關人士不可能看到此文件和華羅庚的這份報告。朱文件於二十世紀九〇年代解密後，華的報告才浮出水面，于潘二人為國民黨員的記載才為大陸人士所知。但真理只有一個，關於這一牴牾問題，至少存在以下幾種情況：第一，華羅庚的報告是錯誤的；第二，中共組織部門所採取的其他部門的調查有疏漏；第三，兩人皆有雙重黨籍，即既是共產黨又是國民黨，而國共雙方皆不知其雙重身分，故各自確認一方。但無論屬哪種情形，凡關心這方面的研究者與黨務工作者都無法繞開這一相互牴牾的情結，並有進一步研究之必要，特別是對西南聯大發生的「一二・一」運動真相的研究將大有裨益。

24 原載一九四五年十二月七日罷委會通訊，轉引自歐陽哲生主編，《傅斯年全集》卷四（長沙：湖南教育出版社，二〇〇三）。

傅斯年所說自己與關麟徵是朋友的事實，後來披露的有關他此前的通信、言論中沒有發現直接證據，倒是從梅貽琦日記中可找到一些線索。因為這一線索，亦可見出在「一二・一」慘案發生之前各自的心理狀態。

傅斯年在接替蔣夢麟出任西南聯大常委和北京大學代校長後，曾於一九四五年十月二十一日抵達昆明與梅貽琦相見，並對聯大做短暫視事。此時關麟徵亦到昆明不久，尚未正式就職。據梅貽琦日記說，十月二十六日晚，駐昆第五軍軍長邱清泉約梅貽琦等人吃飯，「席三桌，多為第五軍將校。席間為懲治盜匪問題，關雨東有梟首及曝屍之主張，余等力勸之」。

關雨東即關麟徵，看來此人一到昆明就擺出一副赳赳武夫大殺大砍的架勢，其間是否有項莊舞劍，故意導演給梅氏等學人觀看，以達恫嚇之目的，不得而知。但這番氣勢洶洶的言論，確也表明後來慘案的發生不是偶然的。

十月二十七日，梅日記載：「下午四時約聯大教授會各位茶敘，藉以歡迎傅孟真到校。傅有演詞，述及遷移困難及可能之時間為春夏間。晚六時，李主席為歡宴SOS將校（Col. Creasy, Col. Eisenshaft, Col. Harris, F. A. T. C.）之約，與孟真同往。孟真席次為執事者列在下級，余以為不當，即向李指出，後孟真又以字條向李抗議，李則一再道歉。客散時堅留談話，乃與傅、熊又留半時。」這段記載說明，至少在此時傅斯年與李宗黃已在昆明見面並對學校的相關事宜有所涉及。

十月二十八日，梅記道：「晚赴章矛塵之約，同座為傅、楊、樊、錢、周、湯，皆北大同人。食螃蟹，為漢口帶來者，餘菜亦頗精美。食後談及時局及學校將來問題，頗興奮。蓋倘國共問題不得解決，則校內師生意見更將分歧，而負責者欲於此情況中維持局面，實大難事。民主自由果將如何解釋？學術自由又將如何保持？使人憂惶！深盼短期內得有解決，否則匪但數月之內，數年之內將無真正教育可言也！」此時學校紛亂已生，梅對學校前途的憂慮溢於言表。

十一月一日，梅記述：「八點余以車往才盛巷接孟真往拓東體育場賀關雨東就警備總司令職……三點三刻與郁文往圖書館招待賓及校友茶會，共到約三四百人，茶點後余致歡迎詞，然後請李代主席（伯英）講話，五點半散。」從記載看，如此頻繁的來往，傅所言與關、李等人是朋友，也算是一個依據吧。至於這個「朋友」在各自的心中是何等形象，也只有天知地知你知我知還有鬼知了。

十一月五日，梅日記載：「晚六點餘，應一多、家騮昆仲及叔偉、辰伯飯約於昆南宿舍潘家，他客只孟真、今甫，飲酒據報有九斤之多。飯後談政局及校局問題頗久，至十二點始散。余對政治無深研究，於共產主義亦無大認識，但頗懷疑。對於校局則以為應追隨蔡孑民先生兼容並包之態度，以克盡學術自由之使命。昔日之所謂新舊，今日之所謂左右，其在學校應均予以自由探討之機會，情況正同。此昔日北大之所以為北大，而將來清華之為清華，正應於此注意也」（黃延復、王小寧整理，《梅貽琦日記》〔一九四一—一九四六〕〔北京：清華大學出版社，二〇〇一〕）。

以上所說的「家騮」即聞家騮，亦即聞一多的胞弟，時在西南聯大任教。叔偉即曾昭掄，辰伯即吳晗。潘似指潘光旦。當時聞家兄弟與曾、吳、潘等人皆被視為另類的左派人士，民盟的大小頭目。這是「一二・一」慘案發生前，梅貽琦、傅斯年與聯大左派人士集中交往並論及政治前途的最後一次。傅的態度未予記述，其實亦可想像。而梅明確表示對共產主義「頗懷疑」，也就是說對聞一多、吳晗輩的思想觀念與政治態度持反對意見。此時聯大教授之間已形成了正統（亦稱右派）與「另類」（亦稱左派）兩大陣容，只是梅處於特殊位置，不願把自己擺在明顯的一方，更不願把聞一多等另類人士視為勢不兩立的敵人，仍決定採取「兼容並包之態度」來處理同事關係與日常事務，「一二・一」慘案發生後，梅的處理方式正是這一態度的反映和延續。

兩天後的十一月七日，梅貽琦離開昆明抵重慶轉赴北平，處理清華校產接收事宜。而傅斯年也離昆返渝，準備赴北平辦理北大復員事務，就在這個空隙，「一二・一」慘案爆發，二人不得不中斷原計畫，奉命先後回到昆明進行「調處」。

25〈朱家驊致傅斯年並轉馮友蘭、周炳琳、姚從吾電〉（一九四五年十二月五日），臺灣中央研究院近史所檔案館藏朱家驊檔案。

26 唐縱著，公安部檔案館編注，《在蔣介石身邊八年：侍從室高級幕僚唐縱日記》（北京：群眾出版社，一九九一）。

27 黃仁宇，《從大歷史的角度讀蔣介石日記》（北京：九州出版社，二〇〇八）。

28〈關麟徵致重慶蔣委員長電〉（一九四五年十一月二十七日），臺北國史館藏蔣中正檔案，特交文電三四〇三〇八五八號。

29 霍揆彰（一九〇一－一九五三），字嵩山，湖南酃縣人。早年畢業於衡陽省立第三中學。一九二四年考入黃埔軍校第一期，畢業後歷任國民革命軍陸軍排長、連長、營長、團副。一九二八年任南京警衛司令部經理處處長，同年九月任第十一師第三十二旅第六十四團團長，參加過中原大戰。一九三〇年底任第十一師獨立旅旅長。一九三三年九月任第十四師師長。一九三四年秋，任第五十四軍軍長。一九三八年兼任田南要塞指揮官，參加武漢會戰。一九三九年六月任第二十集團軍中將副總司令。一九四〇年十月任第二十集團軍總司令。一九四三年兼駐滇幹訓團教育長。一九四五年兼任青年軍副總監、第三方面軍副司令官，後入陸軍大學學習，畢業後任青年軍第六軍軍長、雲南警備總司令。一九四六年因指使特務暗殺聞一多、李公樸而去職。一九四八年十一月任第十六綏靖區司令官。一九四九年五月，任第十一兵團司令官、湘贛鄂邊區綏靖總司令。同年秋赴臺。一九五三年三月因腦出血病逝於臺北，享年五十二歲。

30《一二．一運動史》（昆明：雲南大學出版社，一九八九）。

31 重慶《中央日報》，一九四五年十二月九日，第二版。

32〈蔣介石致傅斯年〉，收入王汎森、杜正勝編，《傅斯年文物資料選輯》（臺北：傅斯年先生百齡紀念籌備會，一九九五）。

33〈朱家驊致傅斯年並轉馮友蘭、周炳琳、姚從吾電〉（一九四五年十二月五日），臺灣中央研究院近史所檔案館藏朱家驊檔案。

34 同前注。

35 同前注。

36 唐縱著，公安部檔案館編注，《在蔣介石身邊八年：侍從室高級幕僚唐縱日記》（北京：群眾出版社，一九九一）。

37〈朱家驊致傅斯年並轉馮友蘭、周炳琳、姚從吾電〉（一九四五年十二月五日），臺灣中央研究院近史所檔案館藏朱家驊檔案。

38 同前注。

39 同前注。

第八章

大幕在黃昏中落下

一、梅貽琦夾縫中突圍

就在傅斯年電報發出的當晚，梅貽琦抵達昆明，這讓在夾縫中掙扎突圍的傅氏大為驚喜，由此長吁了一口氣。

十二月二日，正在北平辦理清華復員事務的梅貽琦接到了促返的電報，因事務纏身，遲至十一日才得以飛返重慶，住進上清寺中央研究院招待所。時李濟、梁思成、林徽因等幾人皆由四川李莊來到重慶。李濟是辦理公務，梁陪林於重慶中央醫院治病，在這多事之秋，幾位師友相見自是一番感慨。梅發現「徽因甚瘦弱，但精神猶甚足」。[1]（南按：此時亦有人傳說林因肺病不治，在重慶一家小旅館裡死去，作家李健吾還專門寫了悼文。）安頓之後，梅貽琦趕到教育部向朱家驊彙報北平事宜並聽命，朱對此講述了昆明方面的情況，要其盡快赴昆處理。晚上，朱家驊設便宴為梅貽琦接風洗塵，陪坐的有中央研究院同人薩本棟、李濟與營造學社的梁思成、林徽因等，席間再次談及昆明學潮，朱得知蔣介石當天下午又萌發了解散西南聯大和雲南大學各校的念頭，因而「似甚緊張」。[2]見此情形，梅貽琦藉著酒勁當面向朱保證，明日即赴昆明，到周末一定爭取復課，倘「本周末不能安定復課，則與其經政府解散，毋寧自請停辦耳」。[3]聯大本來就準備解散復員，只是按原定計畫要在明年春夏之間，現在既然政府為平息學潮強行解散，那就乾脆由校方提出，這是梅貽琦為顧全上下左右各方的面子而出的下策。

十二日上午，梅再度與朱家驊晤談後告別，由於當日沒有去昆明的客機，只好搭乘一架貨機於當天晚上八點抵達昆明。梅下機顧不得回家，匆忙「搭公司車至才盛巷，晤孟真、今甫、枚蓀、廉澄，以湯麵一碗做晚餐，且食且談，乃詳知半月以來之經過。十二點後始返寓，家人驚起開門，略話北平情形，一點半睡」。[4] 梅在日記中的寥寥幾語，形象生動地勾勒出當天緊張忙碌的情形。

十二月十三日，盧漢在不知梅貽琦已到校的情況下，致函傅斯年和雲南大學校長熊慶來，措辭強硬地指出：「務請約束貴校學生，自明日起，停止一切校外活動。否則此一責任應由校方負之。」[5]

同日上午，梅貽琦先後約見葉企孫、錢端升、馮友蘭、傅斯年、朱經農等人會談，朱進門後說自己剛從盧漢處歸來，重慶密電告盧，有「十五日以後如不復課（蔣）即準備舉動」[6] 之語。梅聽後未做表示。談話會結束後，至雲大醫院慰問受傷未癒的學生，隨後又拜訪了盧漢與新上任的昆明警備總司令霍揆彰等軍政大員，對各種情形有了較為詳細的了解。

與梅貽琦的冷靜沉著大為不同的是，傅斯年在接到盧漢措辭強硬的函件與朱經農的報告後，心情又見焦慮，脾氣顯得異常暴躁。由對學生的哀其不幸，演化成了怒其不爭，並懷著對「罷聯」的憤怒與怨恨在致朱家驊電文中稱：「彼等只是以四個棺材拖延日期，似有所待。兩大學當局已明白表示，十七日非一律上課不可，月涵到與談，認為以後我輩當積極行使職權。如近日（仍做）不到，（即）自請解散。」[7]

主意打定，傅與梅聯合起來開始對主張繼續罷課的師生進行夾擊行動。因得到重慶密電，十五日是最後期限，故二人在十四日緊急召集聯大常委會，確定把復課期限拖到十七日。選定這一日期，是因為十五日恰逢周末，只有周一的十七日才能看出是否復課。此舉既與蔣介石要求不相衝突，又為校方從中周旋延長了時間，同時這個時間正好也是美國總統特使馬歇爾抵達中國的日子。倘學潮即此結束，不啻對馬特使獻上了一個不是禮物的禮物，對國民政府的形象亦分外增添光彩。

有了這一計畫，傅斯年又鼓起信心，經過反覆思考琢磨，與梅進行沙盤推演，共同制訂了一套攻防戰術。第一步，先由聯大、雲大兩校當局出面發布必須復課之最後期限；第二步，如學生違命不遵，則傅與梅宣布辭職，逼教授會走上前臺；第三步，教授會全體出面做學生工作，不成，亦全體辭職，以向學生施壓；第四步，學生若再不聽，則可斷然採取「自我解散」之措施，來個樹倒猢猻散，各奔東西，乾脆又利索地徹底解決問題。

就在傅、梅等人急如星火召開常委會之時，盧漢、霍揆彰聯名於十四日上午向蔣介石拍發密電，謂：「處理昆明學潮，職等與朱次長、傅校長等已盡最大努力，期早平息，照常上課，經過情形，曾由職漢以亥元（十二月十三日）密報電詳呈。昨又由漢函雲大、聯大兩校負責，使學生停止一切校外活動，並限校長於十七日復課，如果無效，絕遵鈞示為最後之處置，刻已準備待命。」

十四日下午五點，梅貽琦特約聞一多談話，想從側面摸清「罷聯」與中共地下組織方面的反應。二人交談後，梅對聞的言行頗為失望，當晚在日記中寫道：「一多實一理想革命家，其見解、言論可以煽動，未必切實際，難免為陰謀者利用耳。」[8]

十五日晨，蔣介石侍從室幕僚唐縱奉命電話昆明梅貽琦問學潮情形，「如果不能如期復課，其不上課之學生一律開除，政府無解散學校之名，而貫徹處理學潮之決心」。[9]梅得電後不敢怠慢，迅速與常委會全體召集學生代表在清華辦事處談話，先由梅說明學校規定十七日上課之緣由，及屆時不上課後果之嚴重。繼由傅斯年、馮友蘭、潘光旦、陳序經、周炳琳等名重一時的大牌教授發言，強調學生不僅應顧及為死難學生申冤，而且亦應為學校前途著想的道理。會後，耐不住來回拉鋸之痛苦的教育部次長朱經農離昆返渝彙報。

朱家驊為打消傅斯年的焦慮，防其一怒之下做出立即宣布「解散聯大」的下策，在聽完朱經農彙報後，於當日（十五日）向傅斯年拍發電報，云「李事照弟看法，早已不成問題，主席似亦深知其人此次事件，亦知其處理失當，言行不妥，唯因當時不能全昭真相」。但處理李宗黃之事「似不能於復課以前再有舉動」。同時強調，此「亦屬情理之常故」，只要「能按期復課，此後問題均能順利解決，因其他重要各方亦如此看法，並都主張將來李應必去」。又，「此事已與月涵兄言之，日來觀察，更證明李去稍緩，無甚難處，兄可將此意暗示教授以解其憤」。[10]

然而，朱家驊的看法只能是他自己隔衣撓癢、瞎子摸象般琢磨猜測得出的判斷，與蔣介石內心所想，還隔著一個雖有些乾癟但尚鮮活的肚皮，所謂人心隔肚皮是也。在政治鬥爭中，蔣畢竟比朱與傅等輩站得更高，看得更遠，視野更加博大宏闊。他清晰而明瞭地意識到，無論現在還是將來，在何時何地，共產黨才是他真正的心腹大患。遙想當年，在「九一八」瀋陽事變爆發前的一九三一年八月二十二日，蔣介石在南昌發表講話，謂：「倘中國亡於帝國主義，我們還能當亡國奴，尚可苟延殘喘；若亡於共產黨，則縱肯為奴隸亦不可得。」[11]蔣處理國內一切紛爭的基本立場，從來都是以是否有礙於其統治權威作為衡量的標準。昆明學潮爆發，他斷言肯定是共產黨陰謀所致，因而在處理李宗黃問題上，除了私人交情與當初的許諾，還有一個不便向外人道的隱祕情結，那就是絕不能讓共產黨撈到便宜。

於是，十二月十五日下午，蔣介石電諭朱家驊，聲稱「此次昆明學潮情形複雜」，責令西南聯大和雲南大學將「其中主謀及領導分子希速查明具報為要」。[12]在國民黨中樞混跡多年的朱家驊自然掂得出這個電諭的分量，遂立即將此電轉發西南聯大和雲南大學，待弄清基本情況後，於當夜電覆蔣介石，報告說：「學潮主謀及領導分子，聞各校教授中態度激烈者為聯大教授聞一多、潘光旦、吳晗及雲大教授潘大逵、尚健庵、楚圖南等，整個首要分子名單，已電令各校當局密查具報，除俟查明立即呈報外，謹先電陳。」[13]

就在聯大主持者與教授們慌亂之時，突然又接雲南省政府主席盧漢派人轉來的蔣介石給傅斯年的電報，電文稱：「亥文電誦悉，昆明學潮賴協力疏導漸趨好轉，良以為慰。中在平無時不以學生為念，至盼本既定方針加倍努力，務求如期復課，中正亥。」這封電報表明，對於此次學潮，蔣介石也是顧慮重重，搖擺不定，目前採取軟硬兼施的策略，並不想把事情做絕。傅斯年與梅貽琦等稍感寬慰的同時心中也更有了一點底，對學潮處理亦提高了信心。

就在重慶與昆明之間密電頻傳過程中，遠在延安窯洞的毛澤東，於十二月十五日為中共中央起草的黨內指示〈一九四六年解放區工作的方針〉明確指出：「目前我黨一方面堅持解放區自治自衛立場，堅決反對國民黨的進攻，鞏固解放區人民已得的果實；一方面，援助國民黨區域正在發展的民主運動（以昆明罷課為標誌），使反動派陷於孤立，使我黨獲得廣大的同盟者，擴大在我黨影響下的民族民主統一戰線。」[14]自此，中共中央南方局對昆明學潮地下組織者和領導者加強了聯繫與指導。

就在毛澤東文章刊發的同一日，美國總統杜魯門發表對華政策聲明，表示贊成「召開全國主要政黨代表的國民會議，以謀早日解決目前的內爭——以促成中國之統一」。但聲明中說：「自治性的軍隊例如共產黨軍隊那樣的存在，乃與中國政治團結不相符合，且實際上使政治團結不能實現。」[15]這表明美國對華政策的目的，是幫助蔣介石國民黨解除中共的武裝。

十二月十六日，美國總統特使馬歇爾銜命到達中國「調處」內戰。同日，周恩來率中共代表團吳玉章、葉劍英等人抵達重慶，出席即將召

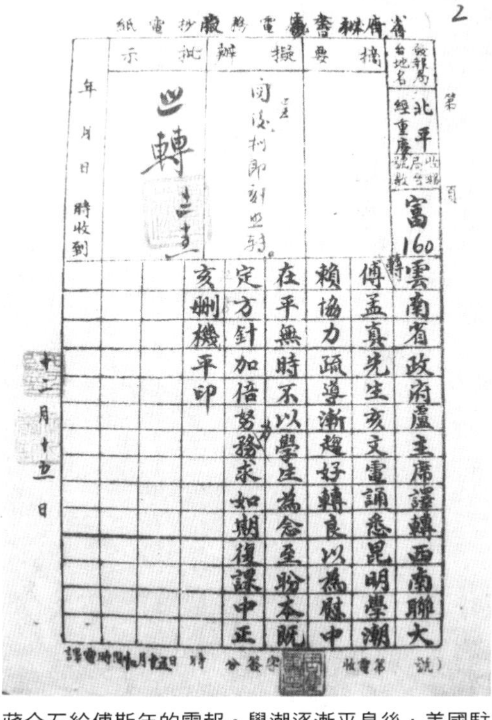
省府秘書處電務股抄電紙
雲南省政府盧主席譯轉西南聯大傅孟真先生亥文電誦悉昆明學潮賴協力疏導漸趨好轉良以為慰中在平無時不以學生為念至盼本院定方針加倍努務求如期復課中正亥刪機平印

蔣介石給傅斯年的電報。學潮逐漸平息後，美國駐昆明總領事在給國務院的報告中說：「幸好有這樣一個人出面，他不是當官的，但有直接的權力處理局勢。」（臺灣中央研究院歷史語言研究所傅斯年圖書館「傅檔」）

開的全國政治協商會議。仍然是這一天，西南聯大學生自治會召開代表大會討論後，表示拒絕復課要求，並送給梅貽琦一份書面答覆：「經代表大會決議，在條件未圓滿解決前不能復課。」[16]──繞了一個大圈，事情還是落到了最初的起點上。

梅、傅等人見此情形，決定實施反制，命人在西南聯大張貼布告，以強硬的姿態表示，全體師生一律於十七日復課。雲南大學八十名教授聯名發出〈告全體同學書〉，勸告學生復課。聞一多等另類派教授感到無限期罷課，可能逼迫蔣介石採取「最後措施」，而教授們對當局解散聯大也憂心忡忡，頗為悽惶，遂有了讓步的念頭。此時中共雲南省地下工委經過醞釀研究，認為「罷課必須適可而止。應修改復課條件，除懲凶一條由聯大教授會提出公訴外，如其他條件得到解決，即可採用停靈復課的辦法，以便鞏固勝利，積蓄力量，爭取全勝」。[17]據中共聯大地下總支書記袁永熙回憶：「會後我見到聞先生，他見面就問：『你們下一步打算怎麼辦？』還說：『罷課不要拖得太久，過去我們在教授會上說話，多數人都支持，現在會上我們成少數派了。』又說：『教授們從學校利益考慮，都希望早些復課。』我見聞先生這種態度，便將我們開會的情況告訴他。聞先生聽了很高興，說：『這樣好，這樣好！我馬上去告訴梅先生，他是我的老師。』」[18]

當晚，聞一多與梅貽琦進行了晤談，梅在當天的日記中記載道：「飯後九點，光旦偕一多來，一多告學生方面可有轉機。甚喜，即走告孟真。」[19]

二、聞一多與傅斯年叫板爭勝

令梅貽琦大失所望的是，事情並不如聞一多、潘光旦所說的那樣有所「轉機」。當他於十七日上午十點冒著寒風冷雨，哆嗦著身子與傅斯年同往聯大新校舍查看，竟沒有一個上課的人影。於是，二人在失落中張皇，於心虛中調整。下午三點，梅以懊喪沉鬱的心情約教授會同人茶話，「報告最近數日經過及本人（與傅）感覺無望，不能不退避賢路之意」。[20]繼梅貽琦之後，傅斯年起身以哀惋的聲調說道：「為學校前途和為學生命運計，在萬般無奈無所希望中，作為校務負責人，我們只能引咎辭職，別無他法可求之。」說到這裡，淚水不知不覺地順著面頰流了下來。他摘下眼鏡，用手絹不住地擦拭著，欲述而不能語。受梅傅二人情緒影響，許多教授對學校前途悲觀失望起來，於是紛紛提出辭職。面對此情，向來與聞一多、潘光旦等站在一條線上的張奚若適時地站起來對眾教授道：「何必呢，我們應該盡力挽留梅、傅二常委，凡是慰留常委的都請站起來。」[21]如此一說，茫然四顧的教授們不得不站起來表示慰留，梅傅二人也只好半推半就地表示打消辭職之意。

帶有表演性質的茶話會尚未結束，有人提議轉開本年度第六次教授會議，梅傅二人表示同意，教務長潘光旦等簽名，入會者達八十八人，由周炳琳任會議主席，聞一多仍以書記員身分負責記錄。會上，圍繞復課與懲凶問題再度展開辯論，以傅斯年為首的大多數教授都主張復課日期再延長三天，諸位應勸導學生於二十日一定復課，如屆時仍不能復課，則「教授同人只好辭職」。

針對這項提議，聞一多、潘光旦、錢端升等人則反其道而行之，弄出一個反提議，即「要求政府將李宗黃立即撤職，如不能辦到，則全體辭職」。[22]這個反提議再度將事情繞回過去一直爭論不休的「先復課再懲凶，還是先懲凶再復課」的老路上來。於是兩派之間就這一提議和反提議，你來我往拉鋸式地進行了長達五個多小時的爭吵，未分勝負。傅斯年氣喘吁吁，用他那龐大的煙斗不耐煩地敲得桌子「啪啪」亂響，而聞一多則不時地放下記錄的筆杆，手攥比傅氏小一號的煙斗，邊抽邊與傅展開激烈論爭。相互之間越爭越惱火，越論越偏離主題，聞一多在猛吸了一口煙後，對傅斯年大聲道：「這樣，何不到老蔣面前去三呼萬歲！」[23]據當時出席會議的張奚若說，聞一多這是揭傅斯年的舊疤，很少有人知道的。於是，張與其他教授開始勸解，謂「大家爭執，何必重提以前的舊事」云云，意在指責聞一多有些過分。而此時的傅斯年臉脹得比豬肝還要黑，沉默了足有兩分鐘，突然立起小山一樣的軀體振臂高呼：「先生們——」略做停頓後，又用一種顫抖的聲音急促地喊道：「有特殊黨派的給我滾出去！」[24]接著又高呼：「布爾什維克給我滾出去！」面對傅斯年的叫罵與呼喊，聞一多忽地站起，怒氣沖沖地對傅道：「我就是布爾什維克！」[25]意思是你想怎麼著？這一極具挑戰意味的口氣，令傅斯年更加暴躁狂怒，他把大字號煙斗往桌上「砰」地一摔，劇烈的碰撞使煙斗蹦跳著帶動風聲從馮友蘭耳邊擦過，馮氏為之失色。傅斯年復大聲喊道：「你這個布爾什維克給我滾出去！」

這一聲明顯帶有顫音的叫喊，令在場者大為震驚，眾人用一種近乎陌生的眼光打量著這位當年五四運動學生領袖、北京遊行隊伍總指揮，目前的聯大常委兼北京大學代理校長兼北大文科研究所所長兼中央研究院歷史語言研究所所長兼國民參政員傅斯年，心中百感交集，大有不知今夕何夕之慨。當眾人把傅斯年強行按回椅子上，坐在身邊的馮友蘭伸過腦袋，悄悄對傅斯年半開玩笑地說：「你原來也是個學生頭頭，專門跟學校當局鬧彆扭。現在彆扭鬧到你頭上來了，真是『請看剃頭者，人亦剃其頭』。」[26]傅瞥了一眼馮友蘭，鐵青著臉，只顧猛喘粗氣，已說不出話來。

此次會議在無休止的吵鬧中總算熬到結束，最後形成三項決議，大意是：本會代表於明日起召集學生自治會全體代表，勸導學生復課，並聽取其意見。擔任書記員的聞一多在關鍵的第三項中記錄為：「本會認為本星期四應行復課。」會議主席周炳琳在審查中認為該記錄不夠明確，乃改為：「勸導學生時與說明本星期四務必復課，如不肯復課，教授同人只好辭職。」但又加了一個附加條件：「只要星期四（二十日）整天中有一個學生上課，教授就不集體辭職。」[27]

聞一多等人一直吵鬧堅持的那個反提議方案，在本次會議中遭到斷然否決，未能寫入會議記錄。對此，中央社昆明分社於當日發往重慶的電訊稿明確說道，「今下午全體教授會議中，兩常委報告此次經過後，各教授一致堅勸勿辭職，並決議於十八日全體教授再勸導學生一次，如在二十日不復課，即總辭職。同時亦希望政府早日罷免李宗黃」[28]云云。

教授會在紛亂爭吵中形成的這個決議，依然沒有得到學生自治會代表認可。梅、傅等派出各系主任與大批教授加緊做學生的勸導工作，姚從吾等國民黨聯大支部負責人全力以赴，

傅斯年與他的特大號煙斗

與傅斯年針鋒相對的聞一多

集結校內黨團力量，或明或暗地對學生進行內部拉攏、分化、瓦解，各派力量皆憋著一股氣進行最後一搏。此時，眼看杜魯門總統已公開宣示對華政策，要求國民黨必須擴大政府基礎，容納國內其他政治勢力，實行民主改革，而馬歇爾的專機已在中國落地。對國民黨政府而言，昆明學潮問題已到了必須攤牌的最後關頭。

十二月十八日上午，盧漢給蔣介石發出特急密電，稱「對於學潮最後之處置工作，業已就緒」，目前「做最後努力」。並暗喻，如果勸解失敗，即以武力解決之。

刀已出鞘，箭在弦上。

十二月十八日下午三時，蔣介石給朱家驊發出一封蓋有「中華民國國民政府」紅印的「國民政府代電」。文稱：

教育部朱部長勳鑒：

昆明學潮受少數反動學生操縱，遷延反覆，妨害全體學生學業甚大，如延至二十日尚有未復課學生，應即一律開除學籍。除電昆明盧主席查照辦理並一面仍準備軍訓辦法候令實施外，希知照並速密知各校當局為要。

中正　（三十四）亥巧　府軍信[29]

朱家驊接電後，見蔣介石明令學生復課的最後期限可緩至二十日，意識到蔣在極度的忍耐中做出讓步，懸著的一顆心遂稍稍緩解。他把蔣令轉發昆明，特地告誡傅斯年以及盧漢與霍揆彰諸軍政大員，特別強調在「如何與何時執行」蔣令的問題上，務必「妥慎辦理」。言外之意，即使限期已到，也要三思，不可貿然動武，以免重蹈李、聞之覆轍。同時，他明確要求聯大和雲大兩校當局「再盡最大之努力，懇切勸導學生即日復課，以重學業，以副期望」。[30]

朱家驊在重慶與昆明間全力調和，傅梅二人與聯大、雲大的多數教授亦積極運作勸導，學生自治會開始鬆動。中共聯大支部負責人洪德銘找到聞一多，正式委託聞單獨會晤梅貽琦，表示學生會方面的復課條件還可修改，爭取梅打消顧慮站在學生會一邊。聞一多當天晚上單獨面見梅貽琦，並把學生會的條件向梅交了底。心中有數的梅貽琦與傅斯年商定，於十九日再度召集教授會，通過了以書面形式勸告學生的決議，同時推馮友蘭、周炳琳等為代表，面見盧漢，請其取消「禁止自由集會」之前令，如果取消此令，學生會減少敵意，事情可得緩解。盧漢聽罷，極其痛快地允諾。政府當局做出了讓步，布告貼出，學生方面也明顯開始發生分化。到了最後期限的二十日，聯大各系均有學生陸續到教室上課了。

面對這一動態，傅斯年仍心存疑慮，而暗中操縱聯大內部國民黨與三青團的姚從吾卻欣喜異常，興奮起來，他當即發密信以郵代電致重慶的朱家驊，通報這一「振奮人心」的消息。信中寫道：「聯大教授堅持二十日不復課，全體辭職。此點極重要。一、教授辭職，則一切抬棺遊行煽動全國學潮，向美特使馬歇爾示威等，均無意義。上兵伐謀，此最扼要。二、聯大解散，中立學生極恐慌，可使就範。三、二十日為最後關頭，教授會把握堅定，可以消釋少數奸人陰謀，可以鼓勵黨團員，可以扶持中立派。此事孟真持之堅，枚蓀主之力，若能從此復課，此策實為重要關鍵。頃聞已有十分之五學生復課，特先奉聞。」[31]

既然部分學生已開始上課，就意味著事情有了轉機，這一情形，無論是重慶的蔣介石，還是昆明的盧漢與校方，不便再採取其他措施強令全體學生上課，只能靜觀其變，向各自期

西南聯大教室復原情形（作者攝）

待的目標進展。其間姚從吾等指揮黨團員加緊活動，對學生實施分化。中共地下黨支持的學生自治會一方也針鋒相對地採取了「反分化」措施。如此一來一往，使得占大多數的中立派學生進退兩難，事情陷入膠著狀態。如此連拖兩日，局面並沒有大的改觀，上課人數依然不到五分之一，脾氣暴躁的傅斯年又沉不住氣了。

二十二日下午三時，傅、梅二人再次組織教授會，由梅貽琦主持，朱自清等八十六人參加，商量如何進一步推動復課的問題。各路派系的教授積極獻計獻策，最後以折中的方式形成決議。在十七日會議中，曾有人提出政府將李宗黃先給予撤職處分，學生再復課，如不能辦到，則教授全體辭職。這項當時未獲通過的決議，茲補為「從今日起，以兩個月為求此事實現之最大限度」。此決議實際上既照顧了聞一多等人的強硬態度，又默許了傅斯年等人提出的「先復課，再撤職」的主張。對於這項決議，學生自治聯合會方面表示基本滿意，中共地下黨聯大支部與民青組織負責人洪德銘認為，聞一多「確在這裡立了大功」。[32]為表明校方態度，由教授會決議，授權梅貽琦向學生自治會發表書面談話，梅在談話中稱：「本月二十日，本人曾對學生自治會理事會代表面加告誡，對於上課同學不得加以阻攔或採取其他行動。乃近兩日學生會對於上課同學竟採取行動，剝奪同學應得權利，殊屬違背學校紀律，應迅即自行糾正，以後如再有此種行動，本人絕將執行學校紀律，嚴予懲處，以維持秩序。」[33]

二十二日晚，梅貽琦在日記中寫道：「下午三點教授會，學生會又有函，報告『罷聯會』對於復課條件再加修改，其意似欲得早日結束者。聞未到會，派壽民暫代。孟真頗示焦

馬歇爾與蔣介石夫婦在南京

躁，蓋已決於明日返渝，校事不過問矣。會散後留周、馮、趙晚飯，草『談話』之二。飯後又隨周、趙訪傅，勸其稍緩返渝，未得諒允。以後只好仍自支撐耳。」[34]此時的傅斯年認為大局已定，自己無須久留，但梅貽琦等人卻頗不情願傅在事情未明確之前過早離開。從梅的日記可以見出，內中透出一股獨木難撐、孤苦無助的蒼涼。

令梅貽琦出乎意料的是，事情正朝著他期望的目標急速進展，並且急轉直下。

二十一日，馬歇爾由上海飛至南京，與蔣介石舉行了首次會談。出於對國內外輿論壓力和盡快平息學潮的考慮，同時為達到斬草除根的目的，蔣忍痛割愛，電令李宗黃速赴重慶述職，並於二十三日電告盧漢，對昆明學潮問題應「忍讓為懷，謹慎處理」。[35]

同樣是對馬歇爾已經來到中國「調處」的事實，原來暗中推動學潮的中共一方也迅速改換了原有的方式。中共地下雲南省工委書記鄭伯克接到中共中央南方局從重慶發來的緊急密電，指出：「運動已在政治上獲得重大戰果，應改變鬥爭方式，及時復課，以便鞏固勝利，積蓄力量，把民主運動引向深入。」[36]也就是說，此事鬧騰得差不多了，該收攤打烊了。

十二月二十四日，李宗黃捲起鋪蓋，在萬眾聲討中黯然離開昆明飛赴重慶。同日，聯大常委梅貽琦與雲大校長熊慶來聯合舉行記者招待會，報告「一二．一」慘案真相，明確指出地方黨、政、軍當局「處置大錯」，「應負激成罷課風潮之責任」，並保證學校將根據法律控告殺人凶犯等。國內外報刊紛紛轉載了這一消息。

二十五日，昆明學生「罷聯」經過討論，一致通過〈復課宣言〉，聲明為顧全大局，「忍痛抑悲，停靈復課」，昆明各校學生即日復課。[37]至此，持續了一個月的罷課風潮算是暫告一個段落。關於這一事件得以平息的頭功屬誰，當時美國駐昆明領事館有一份祕密報告：「傅斯年博士至少把局勢控制住了。無論是雲大的熊校長還是聯大的葉企孫代常委都沒有表現出多少主動性。」[38]這個結論不能說全面，但還是較為恰當的。

學潮暫時得以平息，但整個「一二．一」慘案還沒了結，尚有四具冰冷的屍體躺在聯大圖書館漆黑的棺材中。而四具黑棺外加一條吊在梁欞上鮮血淋漓的大腿標本，皆由學生自治會掌控。昆明學潮能否再度爆發，四具屍體一條腿到底何去何從？就看兩個月內重慶國民政府對李宗黃的處理結果了。

三、聯大悲情錄

與關麟徵大不相同的是，挾著鋪蓋捲回到重慶的李宗黃，狷狂的性格依然沒有改變，無論是面見黨國大員還是一國之主蔣介石，他都仍昂頭挺胸，做大義凜然狀，為自己的行為辯解，堅持認為昆明慘案自己不但無過，反而有功於黨國，是政府「戡亂」的功臣，所有的罪過全是昆明共產黨暗中搗亂的結果。直到翌年五月，李宗黃還四處喊冤，並向行政院院長宋子文鳴冤叫屈，堅稱：「昆明學潮，純為反動派有計畫有步驟之政治陰謀，一切罪惡，假此而行，其所資為口實者，不外禁止集會與發生慘案兩事。」而當十二月一日極不幸的慘案發生之時，「宗黃已交代省主席之職，然仍與軍政當局上緊緝凶，翌日即行破案。旋承中央命，指派新主席盧漢、警備總司令關麟徵與宗黃三人，共同審判，嚴厲懲凶，並決定從優撫恤死者，從國法人情立論，此案本可了結。不意陰謀之輩，不逞之徒，以慘案為奇貨可居，以學子為政爭工具，竟四處活動，百計中傷，不惜淆亂是非，顛倒黑白，甚至血口噴人，借刀殺人，極盡窮凶極惡、喪心病狂之能事。須知吾人革命，以仁愛為目的，以青年為骨幹，對於一般學生，向來愛護周至，即個人立身處己，尤與天下人以共見……」[39]

李氏離開昆明到重慶後上躥下跳，喊冤叫屈，弄得蔣介石左右為難，遲遲不能對這位「有功於黨國」的「忠臣謀士」做出革職還是升遷的抉擇。而對於李氏的四處張揚與撇清，外界紛傳，但大都不以為然，個中態度，梅貽琦直接表示「便可不理」。而傅斯年在寫給夫人俞大綵的信中，更具有水泊梁山好漢風格地直呼「李宗黃該殺」！他明確表示「昆明學潮之起源，校內情形複雜，固為一因，但當局措施荒謬，極為重要」。為此，傅斯年詳細地述說了當局的荒謬經過：

十一月二十五日晚，學生有會，地方當局（關麟徵、李宗黃、邱清泉）禁止，學生仍開，遂在校外大放槍炮，幸未傷人，次日罷課。學校當局一面向地方當局抗議，一面勸令學生復課。乃李宗黃（代主席）所組成之「聯合行動委員會」竟於十二月一日派大隊人分五次打入聯大，兩次雲大。其中一次有人在師範學院放炸彈，死者四人，鋸去大腿者一人，還有一人可成殘廢，此外重輕傷十餘人，此等慘案有政治作用者豈有不充分利用之理？四個棺材一條腿，真奇貨可居，全昆明鬧得不亦樂乎。我就是在此情況下到昆明的（四日），我對於李宗黃等之憤慨不減他人。同時也希望學校能復常軌。我的辦法，真正敢作敢為，彼時大家洶洶，居然能做到不出新事件。到了十一、十二日，我本有可以結束之事，忽知其不易（以有黨派鼓動），隨又轉變一種辦法，即加壓力於學生也。此時梅亦返校，我們二人請辭職，教授決議，如學生不復課，即總辭職。有此壓力，有的上課。而學生會亦漸漸下臺。我走時，此局已定，有尾巴，我不贊成再讓步，由梅料理，故我先走。大致說二十日上課者約十分之一，二十四日上課者約十分之二，二十六日全上課。我於二十四日返渝。

總括說：

(1)地方當局荒謬絕倫，李宗黃該殺，邱清泉該殺（第五軍長），關麟徵代人受過。

(2)學校內部有好些不成話之事，非當年之北大、清華可比矣。

(3)此次慘案，居然告一段落，太不容易。我所辦的，除若干共黨及CC外，尚未有責備我者，而稱頌我者甚多。

(4)學校以後之善後，我實在辦不了啦。

我之辭職未准，但聯大一職必辭，絕不再去昆明。梅月涵心中如何打算，我不能了了，他專聽潘光旦等人之話尤不可解，我豈能再代他受過。北大一職，可以不辭，靜待適之回國。本當早赴北平，偏偏這些事打岔，現在北平太冷了，等過了三九陽曆二月中旬再去，方妥。此時要開政治會議，回李莊也回不來，我本辭政治協商會議，而辭不掉。當然，此時回家休息，豈不太好！一切至今困頓，皆因兩念所誤，赴延安（有此協商會議）；為北大，公私交弊，言之可歎，寂寞由你想，你如去修道院，念念默然。我一輩子忙人的事，忙到如此地步也。

政治協商會議，國外的壓力甚大，或者可有若干結果，否則必然一事無成，我在其中，其苦萬狀，參政會同人頗有罵參加此會者，我這幾年無一時……[40]

此時的傅斯年也只是空發議論而已，滿腔憤慨很快成為泡沫隨風飄散，「該殺」的李宗黃不但沒有人頭落地，反而毫髮未損且得以另謀高就。

一九四六年二月十三日，《中央日報》發布消息，稱：「雲南省政府委員兼民政廳廳長李宗黃，另有任務，應免本兼各職，任命該省政府委員張邦翰兼民政廳長。」十四日，再發消息，稱：「黨政考核委員祕書長沈鴻烈，前奉派赴北方視察，茲聞中央對沈氏將另畀任務，該會祕書長一職，已改派李宗黃接充，業於十一日國防最高委員會通過。」

報導既出，傅斯年或許已經明白，或許仍蒙在鼓裡，蔣介石迫於社會各界壓力，固然通過行政院免除了李氏在雲南的本兼各職，表面上給予處罰，但實際上並不想太過於打擊像李宗黃這樣一批鐵桿忠黨分子的情緒。在前期許諾的雲南省主席已無法辦到，李氏本人也不可能再有所指望的情況下，蔣只好退而求其次，通過國防最高委員會任命李為黨政工作考核委員會祕書長，以這種方式算是為李氏挽回了一點面子。

原本「該殺」的李宗黃搖身一變，突然成了面貌一新的黨國大員，這一戲法的演變，勢必導致昆明學界新一輪反彈。聯大學生會得此消息，立即派代表向校方質問，但正如馮友蘭後來在《自述》中所言：「教授會說，我們保證的是使關（南按：實乃李）去職，只要他去職就可以了，至於是升是降，我們並沒有保證。有人提議開教授會，但沒有成為事實。」[41]據馮氏說，讓學生先復課，然後再懲凶的點子是他與聯大訓導長查良釗出的，後來教授會的答覆也有自己一分子。通觀馮友蘭為人處世的一生，像這樣的圓熟中夾雜著狡猾的辯解是極有可能的，若出自別人的計謀反而有些不可思議了。只是馮友蘭等人這一圓滑的說辭，令聯大學生會大小頭目甚感惱怒，遂下決心以牙還牙，以眼還眼，再度發動學生示威遊行，進行反擊和報復。

二月十五日，梅貽琦乘機飛渝辦理清華復員事務，西南聯大一時群龍無首。趁這一空隙，昆明學生聯合會主席、中共地下黨員吳顯鉞，祕密聯合由中共地下組織操控的文協昆明分會、中蘇文協昆明分會，連同民主同盟主辦的民主周刊社等十團體，糾集一萬五千餘人於二月十七日在聯大新校舍廣場召開討伐大會。會議由聞一多任主席，褚輔成、錢端升、費孝通、吳晗等人出席大會並慷慨發言，強烈要求政府立刻嚴懲昆明「一二・一」慘案主使者關麟徵、李宗黃、邱清泉等軍政大員。為了加重會議的分量和砝碼，會議組織者專門把炸斷一條腿的繆祥烈用棍子抬上主席臺，以現身說法激起眾人的反政府鬥志。經過聞、吳等幾位另類派教授一招一式鼓動煽情與繆祥烈聲淚俱下的現場控訴，入會者情緒很快被激發調動起來，演講尚未結束，就有人急不可耐地蹦到主席臺振臂呼喊「打倒李宗黃」、「殺關麟徵、李宗黃以謝天下」、「立即改組政府」等口號，同時提出遊行示威以壯聲色。中共地下黨員吳顯鉞等學聯領袖見火候已到，順勢鼓動，表示回應。於是，整個會場如同決堤的潮水，人群「轟隆」一聲擁出聯大校園，於昆明大街小巷呼嘯開來。

由於盧漢對李宗黃這個冤家對頭出任新職同樣大為不滿，沒有派軍警阻止，昆明街頭洶湧翻滾的人潮急浪洶湧向前。大潮滾過處，留下了一堆堆用各色紙張書寫的宣傳口號與標

吳晗在西南聯大演講

語。當眾人空著肚子雙腿發軟全身打晃兩眼發花回到校園時，夾雜在隊伍中滿面塵土的聞一多於興奮之中，不無得意地用沙啞的聲音對身旁的人說道：「軍警特務哪裡去了？他們是學乖了，還是洩氣了？」其實他哪裡知道，大權在握、重兵雲集的地方當局，怎有突然吃素、洩氣的道理？倘無隱情，何以至此？聞一多此言，實在是不諳官場之道的書生意氣。

就在聞、吳等人支持鼓勵昆明學生紛紛擁向街頭之時，遠在重慶的梅貽琦先後會晤了傅斯年與朱家驊。當時正患胃病躺在自家寓所床上的朱家驊，儘管不知聞一多等此刻正在千里之外的昆明遊行隊伍中狂呼尖叫，鋒頭正健，但當談到聯大近日形勢時，朱家驊甚表憂慮，認為「張、聞、潘等之舉動謂殊於清華不利」，[42]並特地專門向梅貽琦提出警示。

二月二十六日下午晚些時候，馮友蘭以西南聯大文學院院長的身分向重慶教育部拍發密電，謂學生將於二十七日舉行罷課，催梅貽琦速返昆明籌畫應對之策。當教育部譯電員將電文翻譯完畢已是晚上七點，時梅貽琦正同翁文灝、傅斯年等人參加外交協會舉辦的一個宴會，在教育部當值的杭立武立即持電文駕車跑到宴會場所，匆忙把梅拉出告之昆明情形，並促梅速返。梅聽罷大驚，「雖覺或非嚴重，而又感在渝任務未完，但只好決計歸去，（因為）此責他人亦難負也」。乃「急至朱寓稍留」，爾後即返中央研究院招待所收拾行李，次日一早乘機返回昆明。[43]

梅貽琦風風火火地趕回昆明聯大，得知學生會已決定將罷課時間推遲兩天，儘管梅對找上門來的學生會代表「嚴予告誡，倘如此行動，尤屬不合，學校更難予同情」等，但僵持到三月四日，罷課風潮還是發生了。無可奈何的梅貽琦在當天日記中寫道：「今日聯大及昆市其他校學生罷課一日，以表示對於李案處置之不滿，此舉誠非全無理由，然亦只能聽之，更望勿生其他事端耳。」[44]畢竟國民黨最高當局在此事處置上太不明智且有些過分，作為聯大最後一根支柱的梅貽琦自然不能跟著他們糊塗下去，在沒有更好的應對措施的情況下，對罷課風潮採取聽之任之的態度則不失為明智之舉。

三月五日，雲南警備總司令霍揆彰密電重慶國民政府軍政部長陳誠，報告昆明方面的動態：

（一）昆明共產黨控制之學聯，支日聯合各大中學生共千餘人，開會罷課反對李宗黃就任新職，並企圖要求省政府方面，撥款七千五百萬元作為「一二・一」事件死者贍養撫恤費。各校大部分學生均照常上課，罷課學生微日有復課模樣。（二）共黨近由延安、貴陽派來李曉（東北人）、陳定侯（江蘇）、張學易（東北）三人，均係西南聯大畢業生，來昆以圖加強滇省共產黨組織，已飭詳查其行動。（三）共黨分子預定於灰日公祭死者並向省政府請願。（四）本黨學生蔡麟筆等仍積極策動籌辦愛國運動，不斷宣傳，收效甚大，並擬於佳日在昆明分四區擴大宣傳，謹聞。〔南按：電文中的支日、微日、灰日等，屬專用語，指四日、五日、十日等。〕[45]

因慘案中死去的四名學生棺木仍停在聯大圖書館尚未出殯，李宗黃出任新職事件自然被學聯的組織者與出殯等事聯繫在一起，成為與地方當局談判的重要籌碼。事實上，就在學生罷課的同時，根據中共雲南省地下工委指示，西南聯大學生、地下共產黨員吳顯鉞、蕭荻等，分別代表昆明學聯和遇難學生治喪委員會，已開始與雲南當局交涉死者出殯事宜，並表示在出殯日要舉行大規模出殯遊行，以宣泄胸中憤慨。為遏制這一不利於和諧穩定的勢頭，雲南當局除答應可為死者撫養費墊款五千萬元，以爭取早日結束此局外，專門找來當地所謂的士紳名流、社會賢達，與吳、蕭等人進行談判。聽命於雲南當局的士紳、賢達們，以四項不宜條件加以阻止，即：

（一）凶死者照地方舊日習慣不應出殯。
（二）宣傳意義多於哀戚，不似出殯方式。
（三）多數學生填塞擾攘於通衢中以影響治安，不宜出殯。
（四）棺木與葬地同在聯大校內，無出殯必要，應讓死者早日入土為安。

經過一番面紅耳赤的爭吵論戰，最後雙方皆做出讓步並達成協議，即出殯之日，殯葬隊伍可以進城，但不貼標語，不喊口號，遊行之後立即回校就地安葬。

三月十七日，為四位遇難者出殯儀式開始。只見死者靈柩上覆蓋著青天白日的中華民國國旗，並有「黨國所賜」大字條幅（南按：此條幅不知是諷刺國民黨當局，還是一種特別榮耀予以標榜）。據當時治喪委員會負責人蕭荻回憶：「在出殯前夕，又生波折。我們原已預定好的抬靈柩的槓房，卻突然奉令不准來抬了。於是我們改租馬車來載運靈柩。但到我們租

四位亡者出殯場面

妥馬車後，馬車夫來說，馬被軍警拉走了，無法駕車。我們便決定買幾匹白布，繫住車轅，用人來牽引，成隊的送殯者，拉著靈車行進，也是『執紼』的一種形式。」[46]經如此一番折騰，載有棺木的人拉馬車總算駛出校園，向昆明城內進發。送葬者與圍觀者組成了一支龐大而雜亂的隊伍，在吹拉彈唱的伴奏與陣陣哀樂聲中，浩浩蕩蕩地在昆明城中通衢大道轉了一圈，爾後返回聯大校園安葬。

對學聯組織的這次行動，盧漢、霍揆彰曾聯名致電國民黨中央執行委員會密報：「三月十七日昆市大中三十餘校男女學生萬餘人，為『一二・一』事件死亡學生發喪，十一時由聯大新校舍出發，沿各大街衢做出殯遊行，遊行期間，僅做簡短之宣傳及散發傳單，遊行行列所至，市面鋪戶自行關閉，以示抗議，觀眾態度冷淡，予以嚴重之精神打擊。午後五時，遊行完畢，翌日即行埋葬。」又說：「關於奸偽分子之活動，以事先已經飭屬注意監視外，並針對其弱點，發動各校黨團學生及地方黨政人員，實行防制，致未發生任何意外事件。現雖有少數學生仍做各項宣傳活動，但均在我嚴密監視，並策動黨團學生發動相對言論，以遏制之。」[47]

盧、霍電文所言大體不差，但顯然也有違背常理之處，按魯迅的說法，中國人最喜歡看的一景就是殺頭，殺過頭之後的埋葬儀式也是在「喜歡」之列的。如今為被當局槍殺的學生舉行出殯且還要沿街遊行，這在昆明應該算是百年不遇的奇事，城中百姓焉有不傾巢出動一觀其景的道理？根據《聞一多年譜長編》的說法，出殯時僅在聯大新校舍草坪就雲集了三萬多人，這個數字當是可信的，而在昆明市內觀看出殯遊行者當不會少於十萬之眾，或許還不止。只是當遊行隊伍回到聯大校園準備在早已修好的墓穴前安葬時，像烏雲突遭狂風襲擊，紛亂的人群眨眼四散，只有縷縷薄幕繚繞其間。而葬禮的主祭、陪祭人員更是少得可憐，除了聯大訓導長查良釗代表校方主祭，陪祭者僅聞一多、錢端升、尚鉞、王贛愚、吳晗等幾位志願者，別無其他教授參加或在墓前駐足。對這一淒涼尷尬的場景，聞一多大感不解與悲愴，登臺後竟「半天說不出話，好久才悲憤地致辭」，說：「今天這四位青年朋友就在這裡安息了，但是我們的路還遙遠得很，一個民主的新中國離我們還遠得很。我往下看看，今天我們參加陪祭的人，為什麼這樣少（只有兩三位），是害怕嗎？還是關著門裝不曉得？難道連師生朋友們之情，連一點惻隱之心都沒有，這些人上哪兒去了？是害怕嗎？今天我參加了，不見誰把我怎麼樣。今天我們在死者的面前許下諾言，我們今後的方向是民主，我們要懲凶，關麟徵、李宗黃，他們跑到天涯，我們追到天涯，這一代追不了，下一代繼續追，血的債是要血來償還的。」[48]

此時的聞一多也許已經意識到，面前之所以出現這種冷清、淒涼的場面，除了大多數教授對連綿不絕的學潮感到疲憊甚至有些厭倦外，另一個原因就是國民黨當局通過姚從吾、蔡麟筆等聯大黨團員採取的一系列「反制」措施發揮了重要作用。

因其他教授不肯露面，顯然已鬧不出群體性事件了，但作為西南聯大「定海神針」的梅貽琦，因經歷了太多的政治風雲與學潮狂波，對此卻放心不下，他在當天的日記中記載：「午前十一點出門往武成路福照街口佇立三刻許，學生殯隊久不至，後始知已改道由大西門經青雲路進城矣。街上觀眾甚多，似無成群可有衝突者……夕聞殯隊已返校，安葬幸無他故。」[49]

只有到了四具棺材完全落入墓穴並被紅土掩埋之後，梅貽琦望望有些人影稀疏的校園和零星飄過的冷雨，一顆懸著的心才悄然落下。

四、南雁北歸春迎客

中外矚目的昆明學潮得以暫時平息，學生們又回歸教室上起課來。但每一位師生都感覺到，此時整個西南聯大的情形已與往昔大不相同了，冥冥中似有一種勾心引魂的神祕東西在校園遊蕩飄浮，令師生心神不寧且有相互疏遠防範的感覺，原來那種溫馨浪漫、團結和睦的氣氛已隨霧飄散，無處尋覓。這個感覺刻骨銘心，令大多數師生難以忘卻。許多年後，馮友蘭在回憶這段生活時說：「一二．一運動結束以後，聯大在表面上平靜無事了，其實它所受的內傷是很嚴重的，最嚴重的就是教授會從內部分裂了，它以後再不能在重大問題上有一致的態度和行動了。從五四運動以來多年養成的教授會的權威喪失殆盡了。原來三校所共有的『教授治校』的原則，至此已成為空洞的形式，沒有生命力了。」[50]一個生命體自有其誕生、成長、衰老、死亡的過程，一旦消失不會再有。此時的聯大已走到了生命階段的盡頭，任何努力已無法挽回曾經有過的繁盛與強勁的局面。而擺在聯大教授會面前的當務之急，不是癒合內傷，重整旗鼓，再建「教授治校」的威信和威力，而是解散聯大，三校各自設法返回平津，再造未來之新局。

四月十二日，西南聯大在清華辦事處召開教授會議，由梅貽琦報告籌備復員事宜。按此前傅斯年與梅貽琦通信中的設想，鑑於陸海空交通工具難以尋租，聯大繼續一學期，至九月後再始移動。這一計畫遭到了許多教授反對，教授們強烈要求按原計畫於五月十日開始遷移。

四月十四日下午一時，西南聯大昆明校友會為

畢業證書
學生李士諤係四川省華陽縣人現年貳拾壹歲在本校理學院化學系修業期滿成績及格准予畢業依照學位授予法第三條之規定授予理學士學位此證
國立西南聯合大學常務委員 梅貽琦 蔣夢麟 張伯苓
理學院院長
中華民國叁拾叁年柒月　日

國立西南聯合大學頒發的畢業證書

歡送母校師長，在昆明大東門外臨江里一七二號龍雲公館舉行校友話別會。據說選此地址乃聞一多的主意，為的是讓入會者睹物思人，喚起心中的悲憤之情，共有六十餘位聯大教授和兩百多名學生參加了會議。會上，聞一多按慣例發表了演說，只是此次比往昔更趨激烈。據當時的記錄顯示，聞一多在說過幾句客套話後，接著話鋒一轉，這樣說道：

聯大就要分開了，北大、清華和南開，不久就要回到老家去啦！這當然是值得高興的，我也和大家一樣，懷念故鄉，懷念清華園。可惜，如今除了那半個中國之外，哪兒也不會有安樂土！比如說，這座美麗的花園多麼幽靜！這個會場多麼歡暢！你們可也知道：醜惡的東西就躲在旁邊，要威脅、要破壞這個會議，要帶軍警前來檢查，要把他們的反動貨色硬塞進會場，連這樣一點高興，也不甘心讓人享受，連這樣一個惜別聯歡的會，也違反了什麼集會法。現在總算開起來了。但是，這使我不能不想到北平，在那裡等待著我們的恐怕不是什麼幸福，也許是更醜惡的災難！

……今天我想說的是，這三個大學都和美國關係很密切，我們都是在美國式的教育裡培養出來的，固然也可以學得一些知識和技術，但是經過這八年的檢驗，可以說，過去受的美國教育實在太壞了。它教我們只顧自己，脫離人民，不顧國家民族，這就是所謂的個人主義吧，幾乎害了我一輩子！有些人畢業了，留了洋，乾脆不回來了；有的人爬上去了，做了教授，或者當了校長，或者當了大官，有了地位，就顯得不同，想的和說的也和別人不一樣啦！其實，這些有什麼值得誇耀的呢？……

別人又以為我在罵人了。是的，對於反動的不公道的不對的事情，為什麼不該罵？前幾天有個刊物隱約地罵了蔣介石，於是他的黨徒們嚷起來了，說侮辱了什麼似的，還有些好心腸的知識分子跟著說這太過分了，難道說，他這些年造了那麼多的孽，害了那麼多的人民，罵一下都不行嗎？咱們應該講真理，明是非。我有名有姓，我就要罵！[51]

據參加會議的馮友蘭回憶，聞一多越說越慷慨激昂，有一段說：

大家都說清華有優良的傳統，這不對，清華沒有優良傳統，有的是半封建半殖民地的教育傳統。我受了這種傳統的毒害，現在才剛有點覺醒。我向青年學習，學會了一件事，那就是心裡想說什麼，就說什麼。比如我現在想說蔣介石是個混帳王八蛋，我就說蔣介石是個混帳王八蛋，他就是個混帳王八蛋！[52]

聞一多的演說，令在場者大為驚悚，許多人認為有些過分，也有人認為這是聞氏故意聳人聽聞，博取聲名，當然也有一部分人為之拍手叫好。作為聯大駐校負責人的梅貽琦聽了別人的轉述，自是別有一番滋味在心頭。他在當天的日記中寫道：

下午昆明聯大校友會有「話別」會，余因惡其十二月強梁改組之舉動，故未往。晚，

> 勉仲（南按：查良釗）來告開會情形，更為失望。會中由聞一多開謾罵之端，起而繼之者亦即把持該會者。對於學校大肆批評，對於教授橫加侮辱，果何居心必欲如此乎？民主自由之意義被此輩玷汙矣。然學校之將來更可慮也。[53]

第二天，即四月十五日，梅貽琦又記道：「午前馬約翰來，談及昨日校友會情形，極為氣憤。」對此，梅貽琦曾產生了清華大學復員後，將解聘聞一多的念頭，而「在這個時候，梅貽琦接到美國加州大學的一封信，說是他們想請一位能講中國文學的人到他們那裡去開課，請梅貽琦推薦一個人。梅貽琦想推薦聞一多去，向聞一多一說，他就拒絕了。他要留身於『是非之地』，繼續鬥爭下去」。[54]

梅貽琦本想來個順水推舟，把聞一多這個棘手的「鬥士」弄到美國，讓其在美利堅合眾國的東西兩海岸之間，與美帝國主義及其「走狗」們面對面地「鬥」下去，直至「鬥」出個名堂來。但聞一多深知自己一旦到了美國佬的一畝三分地，不但「鬥」不出什麼名堂，弄不好連自己也「鬥」進去，在漆黑的監獄裡蹲著了，因而並未聽從梅貽琦的指令，堅決要留在聯大與中國人「鬥」。因了聞的強硬態度，尚有謙謙君子之風的梅貽琦亦不強人所難，只好聽之任之。只是梅氏沒想到，只隔了兩個多月，聞一多就鞠躬盡瘁，死而後已了。其「鬥」至死的重大意義正如馮友蘭所說：「他以他的一死把聯大的『民主堡壘』的地位推到當時的最高峰，把當時的民主運動推到最高潮。就在這個最高潮中，聯大結束了它的八年的歷程。」[55]

一九四六年五月四日，也就是著名的五四運動爆發二十七周年紀念日，眾人翹首以待的三校復員之日終於到來了。西南聯大師生與特邀來賓在校圖書館前廣場上，舉辦了校史上最後一次結業典禮。唯一在昆明統攬全局的聯大常委梅貽琦做了具有歷史紀念意義的報告，北大、清華、南開三校代表湯用彤、葉企孫、蔡維藩相繼致辭。會後，全體師生來到校舍後面的小山，樹起了代表聯大師生情感與精神寄託的紀念碑。按照傳統款式，紀念碑署名分別是：「文學院院長馮友蘭撰文；中國文學系教授聞一多篆額；中國文學系主任羅庸書丹。」碑之背面刻著西南聯大自抗戰以來共八百三十四名參軍入伍的學生名單。碑文曰：

西南聯大紀念碑（作者攝）

中華民國三十四年九月九日，我國家受日本之降於南京。上距二十六年七月七日盧溝橋之變，為時八年；再上距二十年九月十八日瀋陽之變，為時十四年；再上距清甲午之役，為時五十一年。舉凡五十年間，日本所鯨吞蠶食於我國家者，至是悉備圖籍獻還。全勝之局，秦漢以來，所未有也。國立北京大學、國立清華大學，原設北平；私立南開大學，原設天津。自瀋陽之變，我國家之威權逐漸南移，惟以文化力量，與日本爭持於平津，此三校實為其中堅。二十六年，平津失守，三校奉命遷於湖南，合組為國立長沙臨時大學，以三校校長蔣夢麟、梅貽琦、張伯苓為常務委員，主持校務，設法、理、工學院於長沙，文學院於南嶽，於十一月一日開始上課。迨京滬失守，武漢震動，臨時大學又奉命遷雲南。師生徒步經貴州，於二十七年四月二十六日抵昆明。旋奉命改名為國立西南聯合大學，設理、工學院於昆明，文、法學院於蒙自，於五月四日開始上課。一學期後，文、法學院亦遷昆明。二十七年，增設師範學院。二十九年，設分校於四川敘永，一學年後，併於本校。昆明本為後方名城，自日軍入安南、陷緬甸，又成前方重鎮。聯合大學支持其間，先後畢業學生二千餘人，從軍旅者八百餘人。

河山既復，日月重光，聯合大學之戰時使命既成，奉命於三十五年五月四日結束。原有三校，即將返故居，復舊業。緬維八年支持之苦辛，與夫三校合作之協和，可紀念者，蓋有四焉。我國家以世界之古國，居東亞之天府，本應紹漢唐之遺烈，做並世之先進。將來建國完成，必於世界歷史居獨特之地位。蓋並世列強，雖新而不古；希臘、羅馬，有古而無今。唯我國家，亙古亙今，亦新亦舊，斯所謂「周雖舊邦，其命維新」者也。曠代之偉業，八年之抗戰已開其規模，立其基礎。今日之勝利，於我國家有旋乾轉坤之功，而聯合大學之使命，與抗戰相始終。此其可紀念者一也。文人相輕，自古而然，昔人所言，今有同慨。三校有不同之歷史，各異之學風，八年之久，合作無間。同無妨異，異不害同；五色交輝，相得益彰；八音合奏，終和且平。此其可紀念者二也。

萬物並育而不相害，道並行而不相悖，小德川流，大德教化，此天地之所以為大。斯雖先民之恆言，實為民主之真諦。聯合大學以其兼容並包之精神，轉移社會一時之風氣，內樹學本自由之規模，外來「民主堡壘」之稱號，違千夫之諾諾，做一士之諤諤。此其可紀念者三也。稽之往史，我民族若不能立足於中原，偏安江表，稱曰南渡。南渡之人，未有能北返者：晉人南渡，其例一也；宋人南渡，其例二也；明人南渡，其例三也。「風景不殊」，晉人之深悲；「還我河山」，宋人之虛願。吾人為第四次之南渡，乃能於不十年間，收恢復之全功。庾信不哀江南，杜甫喜收薊北。此其可紀念者四也。聯合大學初定校歌，其詞始歎南遷流離之苦辛，中頌師生不屈之壯志，終寄最後勝利之期望。校以今日之成功，歷歷不爽，若合符契。聯合大學之終始，豈非一代之盛事，曠百世而難遇者哉！爰就歌詞，勒為碑銘。銘曰：

痛南渡，辭宮闕。駐衡湘，又離別。
更長征，經嶢嵲。望中原，遍灑血。
抵絕徼，繼講說。詩書喪，猶有舌。
盡笳吹，情彌切。千秋恥，終已雪。
見仇寇，如煙滅。起朔北，迄南越。
視金甌，已無缺。大一統，無傾折。
中興業，繼往烈。維三校，兄弟列。

為一體，如膠結。同艱難，共歡悅。
聯合竟，使命徹。神京復，還燕碣。
以此石，象堅節。紀嘉慶，告來哲。[56]

馮友蘭朗誦完紀念碑碑文，揭幕儀式開始。歷經八年的聯大生活就此宣告結束。[57]除師範學院留駐昆明改稱國立昆明師範學院（南按：即後來的雲南師範大學），聯大師生分批北返平津，當天即有九十多名師生乘卡車北上。

「千秋恥，終當雪。中興業，須人傑。便一成三戶，壯懷難折……」校歌響起，汽笛聲聲。師生們整日在校園相聚時，尚不覺得有什麼不同，而一旦分別，才驀然感到各自的靈魂被緊緊地連在了一起。剪不斷，理還亂，是離愁，別有一番滋味在心頭。許多師生對望無語，相擁而泣，戀戀不捨地離開傾注自己青春熱血的春城與腳下那塊水乳交融的紅土地。

國立西南聯合大學紀念碑

注釋

1 黃延復、王小寧整理，《梅貽琦日記》（一九四一—一九四六）（北京：清華大學出版社，二〇〇一）。
2 同前注。
3 同前注。
4 同前注。
5 聞一多，〈一二・一運動始末記〉，轉引自中共雲南省黨史資料徵集委員會、中共雲南師範大學委員會編，《一二・一運動》（北京：中共黨史資料出版社，一九八八）。
6 黃延復、王小寧整理，《梅貽琦日記》（一九四一—一九四六）（北京：清華大學出版社，二〇〇一）。
7 臺灣中央研究院近代史研究所存朱家驊檔案。
8 黃延復、王小寧整理，《梅貽琦日記》（一九四一—一九四六）（北京：清華大學出版社，二〇〇一）。
9 唐縱著，公安部檔案館編注，《在蔣介石身邊八年：侍從室高級幕僚唐縱日記》（北京：群眾出版社，一九九一）。
10 臺灣中央研究院近代史研究所存朱家驊檔案。
11 李勇、張仲田編，《蔣介石年譜》（北京：中共黨史出版社，一九九五）。
12 臺灣中央研究院近代史研究所存朱家驊檔案。
13 同前注。
14 中共中央毛澤東選集出版委員會編，《毛澤東選集》卷四（北京：人民出版社，一九九一）。
15 中共中央黨史研究室編，《中國共產黨歷史大事記》（北京：中共黨史出版社，一九九一）。
16 黃延復、王小寧整理，《梅貽琦日記》（一九四一—一九四六）（北京：清華大學出版社，二〇〇一）。
17 中共雲南省黨史資料徵集委員會、中共雲南師範大學委員會編，《一二・一運動》（北京：中共黨史資料出版社，一九八八）。

18 聞黎明、侯菊坤編，聞立鵰審定，《聞一多年譜長編》（武漢：湖北人民出版社，一九九四）。
19 黃延復、王小寧整理，《梅貽琦日記》（一九四一—一九四六）（北京：清華大學出版社，二〇〇一）。
20 同前注。
21 聞黎明、侯菊坤編，聞立鵰審定，《聞一多年譜長編》（武漢：湖北人民出版社，一九九四）。
22 同前注。
23 同前注。
24 同前注。
25 王力，〈我所知道聞一多先生的幾件事〉，《龍蟲並雕齋瑣語》（北京：商務印書館，二〇〇二）。
26 馮友蘭，《馮友蘭自述》（北京：中國人民大學出版社，二〇〇四）。
27 聞黎明、侯菊坤編，聞立鵰審定，《聞一多年譜長編》（武漢：湖北人民出版社，一九九四）。
28 臺灣中央研究院近代史研究所存朱家驊檔案。
29 同前注。
30 同前注。
31 同前注。
32 聞黎明、侯菊坤編，聞立鵰審定，《聞一多年譜長編》（武漢：湖北人民出版社，一九九四）。
33 中共雲南省黨史資料徵集委員會、中共雲南師範大學委員會編，《一二·一運動》（北京：中共黨史資料出版社，一九八八）。
34 黃延復、王小寧整理，《梅貽琦日記》（一九四一—一九四六）（北京：清華大學出版社，二〇〇一）。
35 中共雲南省黨史資料徵集委員會、中共雲南師範大學委員會編，《一二·一運動》（北京：中共黨史資料出版社，一九八八）。
36 同前注。
37 同前注。

38 中共雲南師大黨委史料徵集組編，《一二·一運動史料彙編》第五輯（一九八五）。

39 一直堅持在昆明慘案中自己是黨國有功之臣的李宗黃，出於強大的社會壓力和複雜的政治目的，於一九四六年四月三十日藉赴昆明出席雲南省參議會閉幕典禮之機，向與會者散發了一份〈李宗黃對昆明學潮之聲明〉，聲明說：

昆明學潮，純為反動派有計畫有步驟之政治陰謀，一切罪惡，假此而行。其所資為口實者，不外禁止集會與發生慘案兩事。

去年十一月中旬，雲南黨政軍當局，迭據密報，反動派決在昆明從事暴動——罷課—罷工—罷市。二十一日雲南省政府改組，二十三日下午六時三十分，延安無線電廣播，即有此種預示，二十四日聯大雲大〔中法〕英專四校學生自治會，為反動派所操縱，竟以反對內戰與美軍為名，事前未經許可，突召開時事討論會，遍請各界參加，意在遊行肇事，以達其政治陰謀。政府為防患未然，及保持盟軍友好起見，當根據是時尚未廢止之「非常時期取締集會演說辦法」予以勸阻。此種措施，極為合法，乃該校等，不唯不加理會，反於翌日首先罷課，並四出壓迫各中等學校，一律回應，以張聲勢。沿途擊傷學生，毆辱軍警（存有道歉憑證），橫衝直撞，無法無天。政府曲於優容，未予法辦，而群情憤激，不可遏抑，反動派復從中指使，遂有十二月一日極不幸之慘案發生。

其時宗黃已交代省主席之職，然仍與軍政當局上緊緝凶，翌日即行破案。

……須知吾人革命，以仁愛為目的，以青年為骨幹，對於一般學生，向來愛護周至，即個人立身處己，尤與天下人以共見。彼烏煙瘴氣，無損於日月之光輝，魑魅魍魎，斷難在白晝而橫行，卒之公道克伸，社會齒冷，凡被利用做傀儡者，亦自覺啞然若有所失。

現國土未全復，民困未昭蘇，凡有良心、有血性、有祖國愛者，救死扶傷之不暇，焉有閒情逸致與反動派計一日之是非，較一事之短長。語云：「前事不忘，後事之師。」彼輩陰謀鬼怪，層出不窮，必不吝以禍滇者禍國。茲特聲明，以免再中奸計，幫人君子，幸共鑑之。

三十五年五月三十日於昆明

（原件存南京中國第二歷史檔案館）

李宗黃將此聲明在昆明散發後，引起一陣騷動，梅貽琦在當天的日記中寫道：「夕赴省參議會休會餐敘，至則賓主已有散去者，勉強終席。出至繆雲臺家，遇李一平，再與繆家吃飯半頓，飯後在廊前閒話，李出示李宗黃『對昆明學潮之聲明』。十點歸。」五月一日又記道：「早報上未見李之聲明註銷，便可不理矣」（《梅貽琦日記》〔一九四一—一九四六〕）。李宗黃的「聲明」在昆明騷動了一陣後，未見更大的響聲，心有不甘，遂在重慶廣為散發，並於同年七月三十日，乾脆轉致行政院院長宋子文，以擴大在國民黨高層之影響。宋對此如何處理宣示不得而知，但世人所看到的是「一二・一」慘案的餘波尚未平息，槍聲又起。此時，聞一多慘遭特務暗殺已半月矣。

40　此信為一九八〇年十二月，美國學者易杜強向雲南師範大學提供的複製件，缺首末頁。轉引自歐陽哲生主編，《傅斯年全集》卷七（長沙：湖南教育出版社，二〇〇三）。

41　馮友蘭，《馮友蘭自述》（北京：中國人民大學出版社，二〇〇四）。

42　黃延復、王小寧整理，《梅貽琦日記》（一九四一—一九四六）（北京：清華大學出版社，二〇〇一）。

43　同前注。

44　同前注。

45　中共雲南省黨史資料徵集委員會、中共雲南師範大學委員會編，《一二・一運動》（北京：中共黨史資料出版社，一九八八）。

46　蕭荻，〈吳顯鉞同志逝世十周年祭〉，《雲南文史資料選輯》第三四輯（昆明：雲南人民出版社，一九八八）。

47　中共雲南省黨史資料徵集委員會、中共雲南師範大學委員會編，《一二・一運動》（北京：中共黨史資料出版社，一九八八）。

48　聞黎明、侯菊坤編，聞立鵰審定，《聞一多年譜長編》（武漢：湖北人民出版社，一九九四）。

49 黃延復、王小寧整理，《梅貽琦日記》（一九四一－一九四六）（北京：清華大學出版社，二〇〇一）。

50 馮友蘭，《馮友蘭自述》（北京：中國人民大學出版社，二〇〇四）。

51 王康，〈聞一多傳〉，轉引自聞黎明、侯菊坤編，聞立鵰審定，《聞一多年譜長編》（武漢：湖北人民出版社，一九九四）。

52 馮友蘭，《馮友蘭自述》（北京：中國人民大學出版社，二〇〇四）。

53 黃延復、王小寧整理，《梅貽琦日記》（一九四一－一九四六）（北京：清華大學出版社，二〇〇一）。

54 馮友蘭，《馮友蘭自述》（北京：中國人民大學出版社，二〇〇四）。

55 同前注。

56 聯大八年，影響最大、流傳最廣、具有久遠的標誌性意義的校歌與紀念碑文一直流傳下來。出於對歷史文化遺產的保護，前些年，北京大學對此碑曾照原格式進行複製，立於西校門內校史館附近，以供後人瞻仰。由於歷史的種種原因，西南聯大校歌詞曲者的姓名，均未被校方公布，而世傳的校歌歌詞作者，即有羅庸、馮友蘭、朱自清、聞一多、羅常培、蔣夢麟等人的不同說法；曲作者亦有馬約翰、沈有鼎、張清常等不同傳聞。一九八〇年四月二十七日，星期日，清華大學迎來了六十九年校慶，當年就讀於西南聯大的老校友們對詞曲作者提出了疑問，在爭論不休中，有人建議去請教一下原西南聯大文學院院長、時年八十五歲的馮友蘭。藉著回母校的激情與一股酒勁兒，有幾人一搖三晃地來到了北京大學校內燕南園號稱「三松堂」的馮友蘭寓所請教，其中一校友因領杯喝得太多，一頭撞到樹上昏倒而未至。據馮友蘭回憶，當幾人噴著酒氣慷慨激昂地說明來意，馮認為他們算是找對了人，並說：「現在我是最有資格回答這個問題的人，因為一九三八年聯大制定校歌校訓的時候，設了一個委員會主持其事。我是五個會員之一，並且是主席。現在其他四人——聞一多、朱自清、羅庸、羅常培都不在了，只有我一個人還在，並且還沒有失去記憶力。有人來問，我就憑我的記憶說是我作的。」想不到，隨著馮友蘭這句話的傳出，事情就變得複雜詭譎起來了。

馮友蘭當時可能覺得以自己身為西南聯大八年文學院院長兼校歌委員會主席的身分，此言一出，完全可以一錘定音，不會有任何異聲怪調產生了。出乎意料的是，這一錘子下去不但未能定音，反而如同搗了一個蟄伏多年的馬蜂窩，直弄得群蜂四起，亂音飛騰，怪調頻生，在西南聯大校友甚至整個學術界產生了一場意想不到的風波。

首先向馮友蘭發難者乃張清常。

一九八〇年十一月一日，張清常在《北京晚報》發表了〈西南聯大校歌的作者〉一文，聲稱自己是聯大校歌譜曲者，並進一步指出，〈滿江紅〉歌詞真正作者是聯大中文系教授羅庸而非聯大文學院院長、哲學系教授馮友蘭，馮所作的只是一首「現代詩體的歌詞」，與羅同時應徵，但沒有入選，羅詞張譜被定為校歌，並「曾鉛印分發給歷年入學學生」。

張清常的否定與毫不客氣地對馮友蘭直接呼名道姓，極易令人產生當了三十年「反面教員」的馮友蘭「偽造歷史」甚至「剽竊別人成果」的聯想。馮友蘭見文後憤然而起，立即著文予以反駁，在經過一番周折後，馮文於同年十一月二十三日於《北京晚報》「作者讀者編者」欄目刊出。馮友蘭信誓旦旦地表示：「我親筆書寫的歌詞原件，現存西南聯大檔案，由此亦可證明西南聯大校歌〈滿江紅〉詞係我所作。」同時認為張清常所說「現代詩體的歌詞」，是後來應張的請求，特別為張個人創作的〈西南聯大進行曲〉所寫的幾句白話詩，「實在與制定校歌並無關係」。馮還說：「西南聯大結業北返時，曾在昆明立紀念碑一座。碑文是我寫的，碑文最後的銘詞大部分用校歌的詞句，可謂一稿兩用。」碑文有「聯合大學之終始，豈非一代之盛事，曠百世而難遇者哉！爰就歌詞，勒為碑銘」句，由「馮友蘭撰文，聞一多篆額，羅庸書丹」，這個碑文是「羅庸親自寫在石頭上」的，這便足以證明校歌歌詞是自己所作，「不然，何能如此？」

馮友蘭列舉的證據顯然比張清常要多得多，有些證據還保存完好，如西南聯大檔案與紀念碑等，就完好如初地保存在清華檔案室內與昆明聯大舊址，且各種文字俱在。按照馮友蘭的設想，如果校歌不是自己所作，在撰寫紀念碑銘文的時候，自己能去抄羅庸的歌詞嗎？有這個必要嗎？假如自己剽竊了羅庸的歌詞，還敢明目張膽地讓羅庸把這篇東西刻在石頭上嗎？作為同事的羅庸難道沒有一點反應嗎？假如羅庸屈服於自己的權力，或者有其他想法不敢吭聲，那麼最知內情的朱自清也一點反應沒有嗎？即使朱採取息事寧人的態度，那麼另一位曾在碑上篆額，疾惡如仇，平時以火爆脾氣著稱的聞一多又如何袖手旁觀，沒有半點聲響？對照碑文與歌詞，聯想羅、朱、聞等諸位教授當時的態度，難道還不足以從另一個側面說明歌詞就是我馮友蘭所作嗎？

馮氏的想法當然有合理的一面，但也有一廂情願成分，因為此時的中國大陸學術界剛剛從「文革」浩劫中蘇醒過來，懷揣各種怨恨情緒的知識分子，已沒有幾人把他這個在「文革」中與江青等人糾纏在一起的「梁效顧問」當回事了。在這樣一個大背景下，馮友蘭的辯駁文章與列舉的證據，不但未能起到五音聚合的作用，反而引來一片新的質疑之聲，一個署名「聯大一校友」的作者於同年十二月二十九日再於《北京晚報》發表〈西南聯大校歌作者究竟是誰？〉的文章，認為馮友蘭根本就不是校歌的作者，所謂自稱作者，實乃一假冒偽劣產品而已。文中對馮極盡挖苦、嘲弄之能事，並有「死無對證」、「剽竊別人成果」等激烈言辭擲出，雖未坐實「剽竊別人成果」者就是馮友蘭，但劍鋒所指，刀鋒所向，明眼人一看即明。

面對這種持續惡化的局面，馮友蘭感到了自己的被動與力不從心，同時也意識到了今非昔比，自己的社會地位和聲譽，再也不是西南聯大與清華復校時一言九鼎的模樣了，目前的處境是一個被現政權和新興的學術界拋棄的邊緣人物。但既然自己認為並公開宣布過聯大校歌歌詞是馮友蘭所作，即所謂大丈夫一言既出，駟馬難追，就不能被擾亂視聽，或迫於壓力而屈從他說，必須堅持己說並揭開事情的真相。但要揭示事實真相，不能總在家中坐而論道，或在報紙上開罵打仗，最要緊的是找到並拿出提示真相的證據，否則無從談起。一如馮友蘭後來所說：「校歌既然是我作的，那我就是當事人。既然是當事人，就失去了做證人的資格。所以這個問題還沒有得到決定性

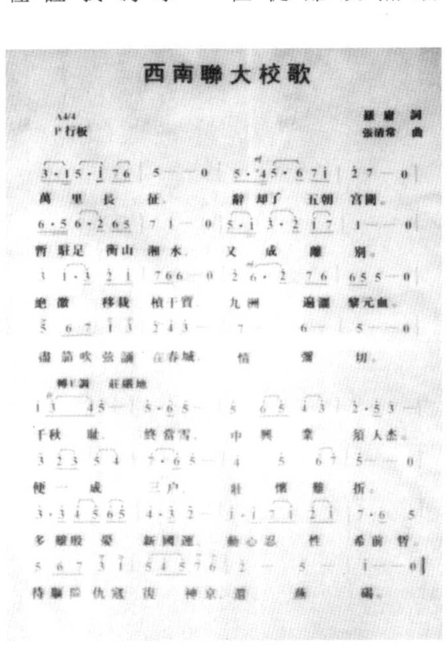

掛在西南聯大蒙自分校紀念館（歌臚士洋行）內的校歌（作者攝）

的解決。大家都希望得到一種當時的記載作為決定性的證據」（馮友蘭，《馮友蘭自述》（北京：中國人民大學出版社，二〇〇四，頁二七七）。

為了尋覓證據支撐原有的說辭，使自己盡快乾淨俐落地從泥淖中脫身，馮友蘭開始了行動。功夫不負苦心人，證據很快找到了，那就是朱自清兒子朱喬森所藏的他父親的日記，日記中有聯大校歌委員會決定校歌歌曲是非的會議記載。馮氏見罷大喜，後來回憶說：「朱自清是當時委員會的五人之一，不能說他不知情。日記又是當時的記載，不能說有記憶上的錯誤。真是最靠得住的材料了」（《馮友蘭自述》）。

日記中關於聯大校歌的記載有三條：

一九三八年十月三十日

下午大學校歌委員會開會，我們接受羅庸先生的詞，但不是曲（南按：後來出版的朱自清日記原文為「但未通過曲」）。

一九三九年六月十四日

下午開校歌委員會，聽校歌演唱會，接受馮的歌和馬的譜，但譜嫌單調，因此決定馬（約翰）、楊（業治）、沈（有鼎）負責修正。

一九三九年六月三十日

大學校歌委員會下午開會，接受張清常先生的樂譜，三人喜歡張的歌詞，大多數人接受其樂譜勝過其歌詞，他們同意接受馮的歌詞（南按：後來出版的朱自清日記原文為「開會討論張清常曲，三個委員同意張的曲子。他們認為曲調比歌詞更重要，馮的歌詞早為大家所接受」）。（朱喬森編，《朱自清全集・日記編》卷九、一〇〔南京：江蘇教育出版社，一九九八〕）

馮友蘭說：「根據這三條記載，羅庸是有一首校歌的稿子，並且帶有譜子，這首稿子曾一度為校歌委員會所接受。所以有人說聯大校歌是羅庸作的，也是事出有因。此外還有馮（友蘭）、馬（約翰）詞及張（清常）詞，但是校歌委員會最後決定用馮詞。聯大常務委員會根據校歌委員會的建議決定用馮詞作為校歌。」又說：「校歌的譜子原來有三種，有沈（有鼎）譜、馬（約翰）譜和張（清常）譜，校歌委員會先建議用沈譜，常委會據以公布。常委會先公布的是馮詞沈譜，後來又改用馮詞張譜。這就是後來在校內校外演唱的西南聯大校歌。有人說：日記中只說馮詞，何以知那個馮詞就是〈滿江紅〉詞呢？可能日記中所說的馮詞不是〈滿江紅〉詞，羅庸所作的是〈滿江紅〉詞。這個可能是不可能的。因為如果校歌委員會所決定最後上報常委會、常委會所據以公布的不是〈滿江紅〉詞，〈滿江紅〉詞怎麼會成為聯大校歌呢？根據朱自清的這三條日記，我認為關於聯大校歌作者的問題已經解決，話也就不必再多說了」（馮友蘭，《馮友蘭自述》〔北京：中國人民大學出版社，二〇〇四〕，頁二七八）。

馮友蘭的證據一出，把關注此事的圍觀者實實在在地震了一下，許多人懷揣疑慮從側面打聽，馮氏所言是否屬實。在清華大學校史辦公室工作的黃延復致函原西南聯大中文系教授王力，就校歌歌詞一事進行詢問。王力在覆函中認為作者應是馮友蘭。一九八一年五月十五日，原聯大哲學系教授沈有鼎公開具函清華大學校史辦公室，證明馮友蘭是校歌歌詞的真正作者。朱自清的日記加上王力與歌詞譜曲當年的見證人沈有鼎的證詞，馮友蘭為歌詞作者似乎是鐵板釘釘，無可爭議了。作為馮友蘭自己，認為有了如此「鐵證」，足以堵住眾人之嘴，真的是「不必再多說了」。於是，在出版的《三松堂自序》一書中（鄭州：河南人民出版社，一九八五），馮頗有些得意地把自己關於西南聯大校歌歌詞的一段回憶，作為一個附記放於書中一同公示於眾。意想不到的是，此事並沒有就此了結，蟄伏在社會各個角落的有生力量再度起而反撲，從而展開了一場持久的更大規模的論戰，其影響與範圍波及海外華人華僑與兩岸同胞，眾人為之注目。

一九八七年，《雲南師範大學學報》三期刊發了號稱清華校史研究專家黃延復、張源潛的署名文章〈西南聯大校歌製作經過〉，該文以張清常的說法為主要依據，並輔以清華大學的檔案材料，洋洋灑灑，頗具規模地建構了聯大校歌製作經過的歷史現場，得出了羅庸才是聯大校歌〈滿江紅〉真正作者的結論，最後二人斬釘截鐵地宣布：「羅庸先生作詞，應是無可懷疑的。」

一九八八年十月，由雲南省政協文史資料委員會，西南聯大北京、昆明校友會，以及雲南師範大學合編的《西南聯合大學建校五十周年紀念專輯》，全文轉載了黃張二人合撰的〈製作經過〉。這一轉載，表面上看起來只是一篇文章，實則意味著以上幾方對黃張二人觀點和說法的肯定。

此文一出，在相當長的時間內，馮友蘭本人，連同一直密切注視此事，並為尋找證據而四處奔波的馮的女兒馮鍾璞（宗璞）、女婿蔡仲德，對此未做回應，這個間隙無疑給外界造成了一種馮家老小已經默認的印象。於是，關於西南聯大校歌歌詞的作者認定問題，便鹹魚翻身，出現了根本性的逆轉。一時間，中國大陸幾乎所有出版發行的報刊中，在提到聯大校歌問題時，都眾口一詞地說是羅庸。如聞一多的孫子聞黎明與侯菊坤合編的《聞一多年譜長編》，姜建、吳為公合編的《朱自清年譜》，西南聯大北京校友會編的《國立西南聯合大學校史》，北大黨委書記王學珍等主編的《北京大學紀事》、《西南聯合大學史料》，劉家瑩編的《清華人文學科年譜》等重量級大部頭，這些在學術界頗具影響的書籍，皆把聯大校歌歌詞作者的帽子戴到了早已去世的羅庸頭上，馮友蘭被無情地踢出圈外。而這些著作的編輯者們又在黃延復、張源潛一文影響和引導下，在確信此文為不容置疑的圭臬的基礎上，採取生拉硬套的方法來處理相關事例，以與黃張二人之文的說法切合。假如發現有不合之處和漏洞，為了拉住羅庸，踢出馮友蘭，便不惜為此割裂、增刪或竄改史料，以達表面上的自圓其說。於是，馮友蘭在《三松堂自序》中提供給世人的自認為「最靠得住」的證據，連同他在《北京晚報》中的喃喃自辯，都似乎成了「不齒於人類的狗屎堆」被眾人拋到臭水陰溝中任其發臭長毛生蛆去了。流風所及，無堅不摧。在這股強勁合流推擁下，作為馮友蘭的女婿，且對馮氏的相關資料掌握最為充分、對其生平研究最為深入的蔡仲德教授，在所編的《馮友蘭先生年譜初編》中，對待聯大歌詞作者問題，也有些難以決斷，直至噤若寒蟬，不敢明示而刻意迴避了。

二〇〇一年一月十一日，《光明日報》刊載了前國立西南聯合大學學生、華裔諾貝爾獎獲得者楊振寧的〈中興業需人傑〉一文。此文是楊於二〇〇〇年十月在臺灣《中國時報》董事長余紀忠夫婦，捐贈鉅款給南京、東南兩大學成立華英基金會宴會上的演講。楊說：「一九三七年盧溝橋事變以後，清華、北大、南開三大學搬到長沙成立了『臨時大學』。一九三七年底南京失守，三大學又西遷到昆明，成立了『西南聯合大學』。成立之初，馮友蘭教授寫了一首校歌。他一生很得意此校歌歌詞，晚年時候寫《三松堂自序》時還將歌詞錄了進去。」又說：「校歌是一首詞，詞牌是〈滿江紅〉。馮先生顯然覺得宋朝的南渡和當時的西遷有相似的地方，所以不但用了岳飛的〈滿江紅〉詞牌，還做了許多對比。校歌第一闋開頭幾句是：『萬里長征，辭卻了，五朝宮闕。暫駐足，衡山湘水，又成離別。』我於一九三八年秋考入西南聯大，今天還記得當時唱此校歌時悲憤而又堅決的心情。」

這個時候的楊振寧可能沒有看到黃、張的文章，因而以馮友蘭的說法為準，但看過黃、張文章者立即做出反應。時有中國藝術研究院中國文化研究所研究人員名叫桂苓者，於二〇〇一年七月四日在《中華讀書報》撰文指出：「此為楊振寧教授記憶有誤。國立西南聯合大學校歌是一九三七年盧溝橋事變後在民族危亡關頭，為樹立民族心，振奮全體師生的精神，在幾經討論、遴選的基礎上確定的。當時馮友蘭先生也寫了一闋較有影響的佳作，最終入選的卻是中文系教授羅庸中（羅庸）用〈滿江紅〉詞牌所填寫的歌詞，由聯大教師張清常譜曲。」又說：「馮友蘭教授在抗戰勝利聯大即將北歸之時，受全校師生委託撰寫了〈國立西南聯合大學紀念碑文〉，比較詳盡地敘述了聯大坎坷而輝煌的歷程和非凡的歷史意義，表達了聯大人的民族自豪感和為民族復興繼續奮進的決心。碑文尾碼以歌詞，時人往往將此詞與聯大校歌混淆。」

顯然，這位叫桂苓的女士或男士自己對聯大校歌的是非並無研究，只是道聽塗說，人云亦云，偏聽了黃、張一面之詞便以此作為棍子給楊振寧迎頭痛擊罷了。而楊振寧儘管在物理學上有曠世天才，但他對聯大校歌的恩怨是非同樣沒有研究，面對桂苓的迎頭痛擊，他有些不知所措，或許認為自己真的錯了，只好低下頭顱，裝聾作啞，沉默不語了。

面對如此局面，有個人一直隔岸觀火，密切注視著各色人等隨風飄搖、時撲時起的表演。終於有一天，他決心把此事搞清楚，還歷史以本來面目，並以確鑿的史實昭告天下。此人便是臺灣近代史研究所的青年學者翟志成博士。

翟志成放下了正在撰寫的《馮友蘭傳》工作，開始涉足聯大校歌懸案。他通過對馮友蘭生平與學術經歷的整體把握，經過反覆推敲馮友蘭與黃延復、張清常正反雙方的說辭以及提供的證據，反覆求證於清華、聯大的檔案材料，以及聯繫到馮氏生活的具體歷史情境一併加以考察，最終證實了馮友蘭才是真正的聯大校歌的作者，從而還原了歷史真相，廓清了世人對馮友蘭為人為學的某些誤解與曲解。在長達四萬餘言的〈西南聯大校歌歌詞作者考辨〉中，翟志成採取最先進的正向和逆向的雙向思維考證法，對搜集到的證據進行考證與辯難，其中最能體現翟文意旨，以及點到黃張二人文章死穴，並迫其倒地不起的「撒手鐧」，定格在如下幾處要害關口：

一、馮友蘭一輩子寫過的文章，加起來總數要超過六百萬字，絕對是貨真價實的「著作等身」。而聯大校歌歌詞總共只有九十三個字，和六百萬字比起來，幾乎等於一比六萬，實在微不足道。且馮氏以善談義理而高居於當代中國哲學第一人的王座，辭章之事對馮氏而言只是雕蟲小技一樁，正如他在《北京晚報》投稿中所言：「寫過這首歌詞與否，於我無所得失。」語氣雖極自負，卻仍不失為一句實事求是的大實話。而冒認一首曾經萬口傳唱的校歌歌詞的作者，其冒險犯難，又有甚於白晝入市搶金。如果說，馮友蘭為了冒認一首於自己「無所得失」的〈滿江紅〉詞，而不惜犯身敗名裂的風險，他的行為，又和一個以六萬博一的賭徒有何分別？馮友蘭不瘋狂也不愚蠢，他為什麼要參加這一場連「愚蠢」和「瘋狂」都不足以形容的以萬博一的絕世豪賭？

二、在一九六八年的一整年裡，馮友蘭已被「文革」造反派打翻在地，同時奉了北大井岡山兵團和新北大公社兩大派紅衛兵，以及後來的工宣隊的命令，幾乎每天都在撰寫回憶自己的「反動歷史」，以及各種「反黨、反社會主義、反毛澤東思想」的「罪行」的「交代材料」。其中有一份材料涉及校歌問題。材料原文如下：

關於聯大校歌的問題

一九三九年聯大要定校歌，常委會叫我起草。我用〈滿江紅〉調寫了首詞。其中說：「萬里長征，辭卻了五朝宮闕，暫駐足，衡山湘水，又成離別……待恢復舊神京，還燕碣。」稿子提到常委會，有人覺得形式太舊，不像個校歌的樣子，但終於通過了。通過後，我找哲學系教授沈有鼎作譜。譜成以後，就正式公布，成為聯大校歌。國文系有個教員張清常（現在內蒙古大學），作了一個西南聯大進行曲樂譜，把校歌譜子也收進去。他把樂譜稿子交給我，我沒往外拿，因為聯大沒有樂隊。

我只記得校歌的一部分的詞句。但就這一部分詞句看起來，它表現了國民黨反動派的政治願望，我企圖用校歌的形式，把這個願望灌輸給青年學生，使它們成為反動派的接班人。「中興業，需人傑。」這個「中興」是大地主、大資產階級的「中興」，這個「人傑」就是為這個「中興」服務的「人才」。這六個字明確地說明了國民黨反動派給西南聯大的任務。「待恢復舊神京，還燕碣。」就是預先就有的「下山摘桃」思想。碑文吹捧這個校歌，並將其改寫為碑的銘文，現在看起來，校歌和碑文，標誌著西南聯大的始終。校歌是站在國民黨反動派的立場為聯大所做的工作總結。

當時的馮友蘭被定為「反動權威」與「反共老手」，其處境正如他女兒宗璞所言，正被捆綁在鐵板上，忍受著來自煉獄的熊熊劫火「燒烤，而任何人都可以隨著性子往這劫火上添柴加草」。由此，翟志成認為，在這樣一種生命不保的艱難處境下，馮友蘭的交代材料，就對黃張二人之說構成了極其堅實的反證。首先，趨利避禍，喜利畏罪，是人類自我保存的本能。如果馮友蘭如黃延復、張源潛所言，是在假冒聯大校歌歌詞的作者，那麼，造成他冒充的根本原因，分析到最後，無非是為了名和利，馮友蘭也只會在對自己有實質好處或利益的情勢下，才有可能冒險一搏，自稱是校歌作者。但在寫交代材料時，正是人人自危、命懸一線之際，若他從未寫過這首校歌，他會「自己跳出來」把屎盆往自己頭上硬扣嗎？如果當時馮友蘭的神經還正常的話，他為何去冒這個作者，平白增加自己的「罪孽」？難道是活得不耐煩了？從馮友蘭在「文革」中一連串的表現看，還遠沒有達到曾國藩當年所言「心力交瘁，但求速死」的程度和境界。

三、馮友蘭聲稱自己為聯大校歌作者，並有朱自清日記為證，而張清常宣稱他是從朱自清來信中，獲知羅庸為聯大校歌歌詞作者，卻始終拿不出朱自清的信件原件證明確有其事，這不能不令人懷疑其說之真。

四、對朱自清日記的解讀應用上，黃張二人進行了歪曲、割裂和刪改。聯大校歌問題的討論，在朱氏日記中可以找到四條，除馮友蘭在《三松堂自序》中列的三條外，於一九三八年十一月二十四日還有一條：「下午在馮家開校歌委員會。校歌詞如下：『萬里長征……待驅除倭虜、復神京，還燕碣。』（南按：除倭虜二字外，其他皆與傳唱的校歌歌詞相同）」這一條，可視作朱氏日記四條中的第二條。

黃張二人的文章在引用上述四條朱自清日記時，第一條照單全收，作者當然是羅庸。第二條僅從文字上看，既沒說歌詞作者是羅，也沒說是馮，但黃張卻說：「按時間及其他資料推斷，這份歌詞當是羅庸先生所作。」第三條，即一九三九年六月十四日條，有「接受馮的歌和馬的譜」一句，黃張二人一看於自己的立論不利，索性刪掉不用，只把頭尾對接起來寫於文中。而最關鍵的第四條，即一九三九年六月三十日條，又把「馮的歌詞早為大家所接受」一句刪掉。如此這般連續砍掉兩條帶有馮友蘭的鐵證，既保住了張清常作為校歌歌譜製作者的地位，又把羅庸拉進了歌詞作者的圈內，可謂一舉兩得。如果把被刪掉的兩段全部復原，則黃張二人的結論則支柱崩潰，全盤皆翻，那麼校歌歌詞的真正作者就是馮友蘭。

有了這樣的論證、論據和結論，翟志成在文章的最後說：「我從正反兩個方面層層加以考述和論證，從而推翻了黃延復、張源潛的結論，否定了大陸學界的定論，證明了馮友蘭是西南聯大校歌歌詞的真正作者。相信日後即令有新材料面世，也只會加強本文的證明。或者，應當更保守或更保險地說，在沒有更新的核心材料出現並足以否定本文立論之前，本文的結論，已經是整個西南聯大校歌歌詞作者爭論的定案了。」儘管此言頗有點自負色彩，但也不能不令人佩服作者深厚的考證功夫和文章中施放出的足以摧毀反對者的巨大威力。

翟氏的文章於二〇〇一年十二月在臺灣《中央研究院近代史研究所集刊》發表後，又陸續在香港等地發表，並被多家報刊轉載。此結論一時成為定案，學術界莫之駁也。但被他掀翻在地的黃張二人，並不甘心就此失敗，於是再度打起精神，拚上老命予以反擊，但不知是何原因，或是內部產生了分裂，或是由於身體不適等緣故，在反擊的文章中，已不見黃延復的大名，而只有張源潛橫刀立馬於陣前艱難地出手，從所抛出的〈西南聯合大學校歌歌詞的作者究竟是誰？〉一文看，再也不見先前那風采英姿與咄咄逼人的氣勢，顯然是寶刀已老，力不從心，頗有些英雄末路了。為了讓讀者看得明白，不妨將這篇漏洞迭出的文章摘要如下：

> 從朱自清十一月二十四日的日記看，歌詞作者是誰，日記未提，聯繫上次開會「接受了羅的詞」，可以斷定是羅庸無疑。附帶說一句，《三松堂自序》未提這篇日記，是忽略還是掩蓋，不得而知。
>
> 常委會對這首歌詞沒有表態，「有人覺得形式太舊，不像個校歌樣子」。為什麼不寫一首新詩作為校歌，

像當時的抗戰救亡歌曲那樣！作為校歌委員會主席的馮友蘭自告奮勇寫出如下的一首富於時代精神的白話詩：

西山蒼蒼，滇水茫茫。這已不是渤海太行，這已不是衡岳瀟湘。同學們，莫忘記失掉的家鄉，莫辜負偉大的時代，莫耽誤寶貴的辰光。趕緊學習，趕緊準備，抗戰建國都要我們擔當。同學們，要利用寶貴的辰光，要創造偉大的時代，要收復失掉的家鄉。

校歌委員會有了可供選擇的兩首歌詞，可惜都沒有曲譜。委員之一的朱自清想起清華研究院畢業生、正在廣西宜山浙江大學任教的張清常。他能譜曲，曾與朱先生愉快地合作過，於是就把這兩首歌詞一起寄去浙大。

張清常接詞後，認為羅庸的詞適合校歌，於是就為這首詞譜了曲並及時寄回昆明，封面上寫明「國立西南聯合大學校歌〈滿江紅〉，羅庸詞，張清常曲」。

張清常只給羅庸譜了曲，馮詞的曲譜還得另外找人來完成，這大概花去不少時間。最後總算由馬約翰和沈有鼎兩位教授分別為馮詞譜了曲。

一九三九年六月十四日，校歌委員會開會，也就是朱自清日記所記載的第三條。值得注意的是，日記中第一次提到「馮的歌詞」是與馬譜聯繫著的。在這次會上，楊業治看了三份校歌（讀譜）後，「立即主張採用羅庸詞、張清常曲的〈滿江紅〉為校歌」。他記不起校歌演唱的情景，只是讀了三首歌詞和曲譜後作出的結論，這次校歌委員會沒有討論，只對馬譜提出了須修正的意見，還請三人負責進行。實際上，一支樂曲是一件完整的藝術品，讓三個人來修正不過是句空話，是「否定」的婉轉說法。兩個星期後的六月二十三日下午，校歌委員會開會專門討論張清常譜的曲子，最後通過了羅詞張曲的〈滿江紅〉作為西南聯大校歌。朱自清日記記著：「三個委員同意張的曲子，他們認為曲調比歌詞更重要。馮的歌詞早為大家所接受。」最後一句再次提到「馮的歌詞」，也與實際情況不合（半個月前才接受，說不上「早已」）。這次討論並通過的張清常的曲譜，他譜的是羅庸所作的〈滿江紅〉，而這一歌詞是半年前（一九三八年十月三十日）就已接受，並上報給常委會的。因此，這裡的「馮」字當是「羅」字之誤。日記原是寫給本人看的，個別筆誤實屬難免，只需參考相關資料，很易訂正。馮先生抓住這句話來證明他是〈滿江紅〉的作者，是經不起推敲的。綜觀前引的四則朱自清日記，誰是聯大校歌的作者，讀者自可做出回答。

馮友蘭的歌詞既然在六月三十日的會上落選了，他就以〈擬國立西南聯合大學校歌——錄作七七抗戰二周年紀念〉為題，在七月七日的《雲南日報》上發表了。文字略有改動。

西南聯大校歌誕生的不尋常經歷告訴我們：羅庸作的〈滿江紅〉（張清常曲）是西南聯大校歌。馮友蘭也寫了一首白話詩，沒有選上，就以〈擬……校歌〉為題發表的，張清常也為它譜過曲，稱「勉詞」，收入「組曲」和「進行曲」裡。幾十年以後，馮先生忘記了自己寫過並發表的那首〈擬……校歌〉，錯把〈滿江紅〉當作自己的作品，又因他堅信自己的記憶力沒有失去，一再宣稱自己是聯大校歌〈滿江紅〉的作者，他不僅在《自傳》、〈三松堂自序〉中談到，還寫成「條幅」、「冊頁」傳出，很多人相信他說的都是真話。為他作傳的也好，為他撰年譜的也好，都輕易地採用了他的說法，實際上都受了蒙蔽。如果查一查有關檔案，一切都會明白。歷史是客觀存在，無法被某一個人所改變的，大師也不例外。

（《書屋》二〇〇六年八期）

之所以說張源潛寶刀已老，文章漏洞迭出，不堪一擊，僅舉三例即可明瞭。

一、張清常接詞後，認為羅庸的詞適合校歌，於是就為這首詞譜了曲並及時寄回昆明。請問張清常是誰，他何德何能，在接到兩首詞後，自作聰明地「認為」羅庸的詞適合，而馮友蘭的不適合，於是只給羅詞譜曲，而把馮詞置之不顧？是誰給他這個權力？如果一個小小的張清常就能決定哪一首詞合適或不合適，還要一個五人組成的委員會幹什麼，還要反覆討論比較幹什麼？

二、關於楊業治的說法，馮友蘭女兒馮鍾璞於一九八一年曾專門訪問過楊，楊業治的回憶是：「我曾參加西南聯大校歌歌曲譜的審定工作，記得很清楚，有一曲的作者是馬約翰，後來未採用。詞便是〈滿江紅〉詞，詞作者不詳」（翟志成，〈西南聯大校歌歌詞作者考辨〉，《中央研究院近代史研究所集刊》〔二〇〇一年十二月〕）。這表明，馬約翰所譜寫的校歌歌曲，其歌詞正是日後傳唱的〈滿江紅〉。張源潛文中所說「馮的歌詞」是與馬譜聯繫著，恰可以證明〈滿江紅〉詞作者就是馮友蘭。

三、由於此前臺灣學者翟志成一針見血地點中了黃延復、張源潛在文章中故意刪除朱自清日記有關馮友蘭記載的暗穴，在這次絕地反擊中，張源潛感到既無臉面又不好繼續對此視而不見，只好硬著頭皮，咬緊牙關把兩條帶有「馮」字的記載羞羞答答、欲蓋不能地公示出來。非常不幸的是，他這一公布，卻無法來解釋第四條鐵證如山的「馮的歌詞早為大家所接受」一句。張源潛在萬般無奈中，只好一閉眼，索性來個「馮」字當是「羅」字之誤。也就是說，本來應是羅庸，但當年記載此事的朱自清糊塗了，當成是馮友蘭。按一般的規律，一個三歲小孩尿了床，在受到責難時，他要撒謊的話，也要有一個看起來多少說得過去的理由，如自己睡覺後沒有人間感覺，或夢中一個白鬍子老頭讓我尿到一個坑裡，醒來才發現是尿了炕，等等。很少有小孩會說是你找錯人了，這尿炕的應該是王二狗，絕不是我——儘管我的人現在還躺在這個被尿濕的被窩裡。因為這尿炕的事都是私事，尿者並不準備向外界張揚的，更不準備請記者前來拍照在報紙上發表，所以你把王二狗的事弄到我身上是正常的。張源潛推論至此，也真可稱得上連三歲小孩都不為的天大笑話。若這樣推論下去，是否叫了一輩子的張源潛原本並不叫張源潛，而是牛源潛、馬源潛、熊源潛之誤呢？因為打字員打錯字是很正常的。

鑑於以上若多的漏洞與破綻，張源潛任其一擊即可倒地，也就無須再與其費力勞神地辯論下去了。否則就是得理不讓人，有欺人太甚之嫌也。

一九八〇年，馮鍾璞重返昆明，在西南聯大舊址，看到其父撰文的聯大紀念碑，觸景生情，寫下了一首小詩：

那陽光下極清晰的文字，
留住提煉了的過去，
雖然你能夠證明歷史，
誰又來證明你自己？

一九八一年十月二十日，已是八十六歲高齡的馮友蘭過杭州謁鄂王墳，於風燭殘年中想起岳飛那首傳唱千古的〈滿江紅〉，居然也曾被人說成不是岳飛的作品，感同身受，不禁悲從中來，遂賦詩一首以志其事：

荷去猶聞荷葉香，
湖山終古獲鄂王。
「衝冠」、「怒髮」傳歌久，
何事閒人說短長。

這顯然是借別人的酒杯，澆自己的塊壘。但是，在經歷了世間的風風雨雨之後，馮友蘭不僅不能阻止「閒人」前來說長道短，最後連「證明自己」所寫的一首歌詞都變得如此艱難，甚至到了有口難辯之淒涼倉皇境地。這固然有「閒人」作祟，障蔽了歷史的真相，但正如臺灣學者翟志成所言：馮友蘭在二十世紀八〇年代初期，可謂集天下之攻謗汙辱於一身，真正是積毀銷骨。如果宣稱自己為聯大歌詞作者的人是梁漱溟，自然會片言折獄一錘定音。若是換成大陸學界普遍尊崇的陳寅恪、湯用彤，或者是金岳霖，他們的遭遇也將會和馮友蘭完全相反，這是毋庸置疑的。對馮友蘭在學術界與國共兩黨間縱橫捭闔，飛鉗轉丸，大紅大紫與敗走麥城等一連串錯綜複雜的歷史事件，要「證明」起來並不是一件容易之事，但圍繞歌詞事件卻從另一個側面證明了人心所向。西南聯大校歌懸案，當然與人的行為、人格、道德文章等有重大關係，這一事件不僅對馮友蘭是個教訓，對日後的所有學人同樣是個值得深思和聞者足戒的人生命題。

57 西南聯大於一九三八年五月四日分別在昆明、蒙自上課，一九四六年五月四日宣告結束，除師範學院學生外，其餘師生於同年六、七月間分別北返平津復校。整個聯大在雲南上課時間實為八年餘。如以學期計，則為八年又一學期，故有泛稱九年者。

第九章
獨宿春城燭炬殘

一、「國寶」劉文典

在北返大潮中，有兩位聯大教授未能隨師生同行，留在了昆明雲南大學和國立昆明師範學院任教。一位是聯大中文系主任羅庸，另一位則是大名鼎鼎的劉文典。羅是大半屬於自願留在昆明師大，少半是與傅斯年關係不睦，或者說傅斯年不希望其北歸。而劉文典進入雲大卻另有一番隱情，且這隱情與聞一多有著公私兼及的藤葛。

據錢穆在一篇回憶文章中說：聯大解散後，「舊同事留昆明者僅二人，一為劉文典叔雅，余在北平時為清華同事。住北平城中，乘清華校車赴校上課。有一年，余適與同車。其人有版本癖，在車中常手挾一書閱覽，其書必屬好版本。而又一手持煙捲，煙屑隨吸隨長，車行搖動，手中煙屑不能墜。萬一墜落書上，煙燼未熄，豈不可戒。然叔雅似漫不在意。後因晚年喪子，神志消沉，不能自解放，家人遂勸以吸鴉片。其後體力稍佳，情意漸平，方力戒不再吸。及南下，又與晤於蒙自。叔雅鴉片舊癮復發，卒破戒。及至昆明，鴉片癮日增，又曾去某地土司家處蒙館，得吸鴉片之最佳品種。又為各地軍人舊官僚皆爭聘為諛墓文，皆饋鴉片，叔雅遂不能返北平，留教雲南大學」。[1]

周作人晚年在《北大感舊錄》中，專設一篇「劉叔雅」回憶文章，說：「劉叔雅名文典，友人常稱之為劉格闌瑪，叔雅則自稱狸豆烏，蓋狸劉讀或可通，叔與菽通，尗字又為豆之象形古文，雅則即是烏鴉的本字。叔雅人其有趣，面目黧黑，蓋昔日曾嗜鴉片，又性喜肉食，及後北大遷移昆明，人稱之謂『二雲居士』，蓋言雲腿與雲土皆名物，適投其所好也。好吸紙煙，常口銜一支，雖在說話亦黏著唇邊，不識其何以能如此，唯進教堂以前始棄之。性滑稽，善談笑，唯語不能擇言，自以籍合肥，對於段祺瑞尤致攻擊，往往醜詆及之父母，令人不能記述。」又說：「他的說話刻薄由此可見一斑，可是叔雅的長處並不在此，他實是一個國學大家，他的《淮南鴻烈集解》的著書出版已經好久，不知道隨後有什麼新著，但就是那一部書也足夠顯示他的學力而有餘了。」[2]

錢周二人皆為劉文典在北平時的同事，其回憶有一定的可信度，只是過於簡潔，尚有更多信息沒有道及，外人也就無法有一個明晰的了解。尤其是周作人出於自身利害考慮，在民族存亡的關鍵時刻，對七七事變之後，二人於劉文典北平的居處那段「較勁」式交往則揣著明白裝糊塗，沒有半字提及，致使這段歷史湮沒半個世紀不為外界所知。自二十世紀九〇年代開始，隨著「陳寅恪熱」的出現，劉文典這個陳寅恪昔日的上司兼同事，也在九泉之下跟著升起溫來，大有起死回生、重返人間之盛景。

根據好事者發掘的散落材料，對劉文典的稟性品行，道德文章，奇人奇事，可以描繪出一個大致的輪廓。

劉文典，字叔雅，祖籍安徽懷寧，一八八九年生於合肥，既是一位才高學廣的「博雅之士」，又是一位恃才自傲的「狷介」之人。一九〇七年，劉氏在蕪湖安徽公學讀書時，就加入同盟會。一九〇九年，劉文典走出國門，留學日本早稻田大學，學習日、英、德等國文字，同時受業於在東京主辦《民報》的國學大師、反清鬥士章太炎，並成為章氏的得意門生，積極籌畫反清謀殺活動。辛亥革命爆發後的翌年，即一九一二年，劉文典回到上海，擔任于右任、邵力子等人創辦的《民立報》編輯兼英文翻譯，宣傳民主革命，對袁世凱集團進行口誅筆伐。一九一三年三月，惱羞成怒的老袁終於忍耐不住心中的悶氣，暗中派出刺客，瞅準機會於上海車站一下結果

劉文典與夫人張秋華合影（劉平章提供。下同）

了宋教仁（時任國民黨代理理事長）的性命。當時跟在宋氏屁股後頭提包的劉文典同時遇刺，手臂中彈受傷，幸虧躲閃及時，才撿得一條性命。同年，孫中山發動二次革命失敗，再次流亡日本，組成中華革命黨。劉文典復去日本，結識孫中山，並在孫的親自主持下宣誓加入中華革命黨，一度擔任孫中山的祕書，積極主張以刺殺、車撞或引爆自製炸彈等恐怖活動，來打擊、推翻袁世凱集團的統治。

老袁一命嗚呼後，國內革命形勢發生了變化。一九一六年劉文典回國，對軍閥混戰、商業凋零的殘酷現實大為失望，在徬徨中決意以學問報國，不再過問政事。一九一七年受陳獨秀之聘出任北京大學文科教授，並擔任《新青年》英文編輯和翻譯，積極鼓吹另類文化在中國的傳播，同時選定古籍校勘學為終身所繫，主攻秦漢諸子，並以《淮南子》為突破口加以

研究。經過數載苦鑽精研，終以皇皇大著《淮南鴻烈集解》與《莊子補正》十卷本震動文壇，為天下儒林所重。劉氏因此兩部巨著一躍成為中國近現代最傑出的文史大家之一，為學術界廣為推崇，一度被蔣介石抬舉為「國寶」。[3]

少年得志、中年成名的劉文典，逐漸形成了狂狷孤傲的性格，不但不把一般學者文人放在眼裡，一旦火起，還要給對方以拳腳交加的教訓。據周作人回憶，一九一九年五四運動之後，北大校長蔡元培辭職悄然南下，六月三日，北大學生近千人被當局逮捕。五日左右，北大教授在紅樓第二層臨街的一間教室裡開臨時會議，除應付「六三事件」，還商討如何讓蔡元培重返北大掌舵的問題。腦後拖一條黃毛小辮，滿口「仁義道德」和「春秋大義」，號稱北大最古怪人物的辜鴻銘教授登臺發言，贊成挽留校長，其理由是：「校長是我們學校的皇帝，所以非得挽留不可。」[4]臺下就座的《新青年》編輯們熟知辜是一位十足的「保皇派」怪物，又是出於挽留蔡校長的好意，沒有站起來與他抬槓較勁兒。想不到接著上臺的一位姓丁的理科教授，卻讓眾人鬱悶至極。此人是江蘇人，本來能說普通話，可是這回不知吃錯了什麼藥或發了什麼神經，在臺上卻說了一大串叫人聽了難懂，而且又非常難過的單句。只見他嘴巴一張一合地說：「我們，今天，今天，我們，北大，今天，今天，北大，我們……」如是者反覆嘟囔。時在下午，又在高樓上一間房裡，聚集了許多人，在熱悶的空氣中，聽了這單調的神經病發作一樣的語句，有如屋頂上滴著漏水，實在令人難以忍受。大家正在焦躁不安，忽然有人開門把在座的劉半農叫了出去，不久就聽到劉氏在門外頓足大聲罵道「混帳」，裡邊的人都愕然出驚，在臺上正囉唆不止的丁教授同樣吃了一驚，並神經質地以為是在罵他，便匆忙下臺退回了原位。

會議中途停頓，劉半農進來報告，才知剛才所罵的是法科學長王某，原因是為了給被當局捕捉的學生贈送食物而引起糾紛，事情鬧到身為教授會幹事負責人的劉半農這裡，劉聽罷不禁火起，遂破口大喝一聲，算是給眾教授解了圍。對這個意外的巧合，周作人頗為感慨地說：「假如沒有他這一喝，會場裡說不定會要發生很嚴重的結果。看那時的形勢，在丁先生一邊暫時並無自動停止的意思，而這樣地講下去，聽的人又忍受不了，立刻就得有鋌而走險。當日劉文典也在場，據他日後對人說，其時若不因了劉半農的一聲喝而停止講話，他就要奔上講臺去，先打一個耳光，隨後再叩頭謝罪，因為他實在忍受不下去了。」[5]當時看劉文典義憤填膺的樣子，真有可能蹦上臺去給那位丁姓教授一記耳光，或一頓亂拳將其打趴在地。只是令大家想不到的是，此次劉文典該出手時沒出手，九年之後，反而有別的強人出手，給了他兩記響亮的耳光。

一九二八年八月，劉文典由北大回老家創辦安徽大學，出任文學院院長，行校長職。十一月，安大學生先是與省立第一女中校長程勉發生衝突，繼而由於軍警彈壓引發聲勢浩大的「皖省學潮」，一時四方震動，輿論譁然。安徽省代理主席孫孟戟不能解決，恰遇蔣介石巡視到安慶，蔣氏聞知此事，性起之下，當即決定要扮成戲臺上的「八府巡按」，召見劉文典予以「訓示」。

北伐成功之後，蔣介石的名望大增，號稱中國獨一無二的鐵腕強人，世人多有敬仰者。在這位「虎而冠者」的強人面前，學界大腕兒如胡適、丁文江、翁文灝、朱家驊等溫和派人物皆畢恭畢敬，即便驕狂霸道如傅斯年者，對蔣介石其人亦敬佩有加，深為尊重，每論及蔣氏言必稱蔣公或介公云云。有人云，傅斯年是學者中唯一一位敢在蔣介石面前蹺起二郎腿誇誇其談的，此話未必是真。倘真有其事，也是蔣氏逃臺之後的事情，那個時候的蔣家王朝早已失了往日的威風，是謂虎落平川被犬欺也——天下萬事萬物的道理盡在如此。[6]而一九二八年秋後的蔣介石正是年輕氣盛、春風得意之時，劉文典卻不把這位事實上的一國之主當作一盤菜看待。在劉氏眼裡，蔣氏只不過是只知操槍弄炮打混戰的一介匹夫罷了。

當劉文典被一幫軍警帶入省府堂廳，見蔣介石端坐大堂正中欲做審訊狀望著自己，略吃一驚，又很快鎮定下來。劉既不脫去帽子，亦不向對方行禮，找了把椅子昂然而坐，做不屑一顧狀。蔣氏一看對方的派頭與架式，頭上的火星「哧哧」向外躥起。剛要發話，又見劉文典自身上掏出煙盒打開，抽出一支香煙，逕自擦著火柴點燃，旁若無人地猛抽開來，煙霧直沖蔣氏的鼻孔。對抽煙喝酒之徒向來極度厭惡的蔣介石見劉氏做出如此癲狂之態，認為是對自己這位事實上的國家最高統帥的大不敬，是佛頭抹糞，太歲頭上動土，灶王爺跟前撒尿，心頭之火再度躥起，當場嚴厲喝道：「你就是劉文典?!」

劉氏抬了下頭，吧嗒一下眼皮，口氣生硬地回擲道：「字叔雅。」

蔣介石強按怒氣，斥責劉氏身為國立大學校長，識文解字，為人師表，竟如此混帳，對本公無禮云云。面對大動肝火的蔣介石，劉文典仍坐在原處仰頭噴著煙圈，鼻孔朝天，極其鄙夷地哼哼著。蔣介石越看越惱火，再也按捺不住胸中的憤怒，猛地蹦離座椅，衝上前來指著劉文典的鼻子，讓其交出鬧事的反革命分子與煽動學潮、帶頭打砸搶燒的共黨分子，嚴懲罷課學生，等等。

見對方如此輕佻，劉文典也頓時火起，照樣蹦將起來，用「初如饑鼠兮終類寒猿」[7]的奇聲怪調，反指著蔣氏的鼻子厲聲道：「我不知道誰是共產黨，你是總司令，帶好你的兵就是了；我是大學校長，學校的事自會料理，由不得你這個不成器的狗東西新軍閥來多管閒事！」

蔣介石聞聽此言怒火沖天，嘴裡喊著：「大學學生黑夜搗毀女校，毆傷學生，爾事前不能制止，事後縱任學生胡作非為，是為安徽教育界之大恥，我此來為安徽洗恥，不得不從嚴法辦，先自爾始。」[8]話畢，顧不得自己的身分，照準劉文典的面部「劈啪」摑了兩記耳光，爾後又抬腿用笨重的馬靴在劉的屁股上猛踹兩腳。劉文典一個趔趄，身子搖晃著躥出五六步遠，頭「哐」的一聲撞在一個木頭櫃子上，巨大的衝擊力將木櫃拔起，「轟隆」一聲摺倒在地上四散開來，劉文典也在慣性的牽引下撲倒在地。但僅一眨眼的工夫，劉文典就於滿地亂書與碎瓷破鐵中一個鯉魚打挺站將起來，身體後轉，倏地躥到蔣介石面前，像武俠小說中飄然而至的英雄人物一樣，飛起一腳，「噗」一聲悶響，踢於蔣介石的襠部。蔣「啊」了一聲，躬身貓腰，雙手摀住下半身在屋內轉起圈來，額頭的汗水像秋後清晨菜葉上滾動的露珠閃著慘白的光芒，一滴滴飄落下來。眾人見狀，大駭，知劉文典的一腳正好踢中了蔣的小蛋蛋，急紅了眼的衛士們一擁而上，將仍在抖動拳腳做繼續攻擊狀的劉文典一舉拿下，速將呈霜打茄子狀的蔣總司令抬上汽車，送醫院施救。

蔣介石在醫院病床上大汗淋漓地嗷叫著翻滾了半天，總算化險為夷，只是兩個肉球已呈番茄狀急速膨脹起來，走起路來很不方便。為解所遭之羞辱與心中的憤恨，蔣氏下令以「治學不嚴」的罪名把劉文典扭送局子下了大牢，並宣布解散安徽大學，把為首搗亂滋事的共黨分子捉拿歸案，嚴刑正法。

消息傳出，安徽學界和民眾群情激憤，輿論譁然。安大師生立即組成「護校代表團」到省政府請願，要求立即釋放劉校長，收回成命。同時，安大師生致電時為教育部部長的蔣夢麟，學界領袖蔡元培、胡適等人請求援助。劉文典夫人張秋華於次日乘輪船至南京晉見蔡元培、陳立夫等黨國要員。蔡元培得此消息，迅速聯絡蔣夢麟、胡適等同事好友，共同致電蔣介石，歷述劉文典為人治學及任《民立報》主筆時宣傳革命，以及追隨孫中山先生鞍前馬後奔波勞苦的功績，恕其語言唐突，「力保無其他」（南按：意為劉不是共產黨），並說劉有「精神不正常的老病」，[9]強烈要求開釋。面對全國掀起的強大輿論，加上蔡元培等教育界名流大腕兒，連同國民黨要員陳立夫等一併出面斡旋，權力與事業正在上升但根基並未牢固的蔣介石，為個人威信與政治大局考慮，答應放劉，但以必須「立即滾出安徽地盤」為條件。如此這般，被關押了七天的劉文典，於十二月五日獲釋走出了牢房。

遭受一頓皮肉之苦的劉文典並未服氣，蹦著高兒大罵了一通蔣氏是一個軍閥狂徒之後，捲起鋪蓋離皖赴京返北大繼續任教。欲乘輪東下之際，安大師生、當地群眾與省政府官員近千人到長江碼頭送行，省府代理主席孫孟戟拉著劉氏的手滿含歉意地說：「雖在縲絏之中，而非其罪也。」[10]這是孔子當年談到被官府捉拿到牢獄的弟子公冶長時說過的話，意思是其人雖然被關在牢獄裡，但這並不是他的罪過，後來孔子把自己的女兒嫁給了公冶長。孫氏此言當然沒有把女兒嫁給對方之意，但對劉文典不計名利得失，敢於和蔣介石拚上一傢伙的

章太炎書贈劉文典的對聯

膽魄與精神深感敬佩，遂以孔子之言示之。令劉文典沒有想到的是，正因了這一段傳奇經歷，他的聲名一夜間傳遍國內，為天下儒林士子所重。

就在抵達上海等待赴京的短暫間隙，劉文典專程拜謁了他的老師章太炎。一九二七年五月，章氏被上海市黨部臨時執委會指名為國內第一號學閥，呈請國民黨中央加以通緝。此時的章太炎因對國民黨與蔣介石不滿，在同孚路賃寓閉門杜客，對國事、學術俱保持緘默，只是偶爾憋不住罵幾句蔣介石「罪魁」以泄胸中憤懣。當他聽畢劉文典當面怒斥蔣介石「新軍閥」等事件始末，神情大振，當即抱病揮毫，書寫了「養生未羨嵇中散，疾惡真推禰正平」對聯相贈。贈聯借用漢末狂士禰衡擊鼓罵曹的典故，對蔣介石的專橫獨裁進行了抨擊，內中透出對弟子所表現出的嫉惡如仇精神的讚許。

到達北平後，劉文典於一九二九年五月二十一日會見了「少年同門，中年同事」，即同為章太炎門下弟子，並在北大任教的魯迅，就有關軍閥的所作所為「談了一通」（《魯迅日記》）。據劉文典回憶說：「老友重逢，欣然道故，真有說不出的高興。我拉一把椅子，坐在他的藤椅邊，說了半天的話。他平日很健談，但是很少發笑，這一次談到廣東軍閥考察他的思想時那種愚笨的很滑稽的情形，也撐不住發笑了。」[11]就是這次會見，劉文典詳細談了自己在安徽大學與蔣介石衝突的細節和內幕，對其表現出的精神風骨與氣節，魯迅深表欽佩，事隔兩年都念念不忘。一九三一年十二月十一日，魯迅在左聯主辦的刊物《十字街頭》，以佩韋的筆名發表了〈知難行難〉一文，內中說道：「安徽大學校長劉文典教授，因為不稱『主席』而關了好多天，好容易才交保出外，老同鄉，舊同事，博士當然是知道的，所以，『我稱他主席！』」以此諷刺赴南京謁蔣介石的胡適等人的軟骨症。一時間，此文風傳學界，搞得「我稱他主席」的胡適大栽臉面。[12]

劉文典所著《莊子補正》書影

劉文典在北大任教兩個月後，又接受清華校長羅家倫聘請，出任清華大學國文系教授，與陳寅恪成為同事，同時在北大繼續兼課。一九三一年八月，因朱自清休假出國，劉文典代理中文系主任，成了陳寅恪的直接上司。此後八年間，劉文典繼續進行古籍校勘工作，發憤著述，成果頗豐，先後完成《三餘札記》、《莊子補正》等著作，在學術界又引起一陣不小的震動，堪稱國學領域唯一可與陳寅恪過招並有一拚的重量級大師。

二、鐵蹄下的書生骨氣

關於劉文典在北大和清華任教時的性格、神態，錢穆與周作人已有勾畫，大體是不差的。錢氏文中所說的劉文典「晚年喪子」一事，發生於一九三一年著名的「九一八」事變之後。

面對日軍大舉侵占中國東北領土，進逼華北，張學良軍隊不戰而退，東北淪陷，舉國悲憤，學界更是群情激昂。北平青年學生為敦促國民黨政府出兵抗日，除罷課結隊南下向政府請願，還發起臥軌請願行動。時劉文典的長子劉成章正在北平輔仁大學讀書，欲參加臥軌行動，回家請示後，得到了劉文典支持。作為教授的劉氏認為在中華民族生死存亡的非常時期，若非採取一些極端辦法，不足以令高高在上的黨國領袖和軍政大員醒悟並認識到下層民眾的力量。當時北平已進入了滴水成冰的嚴冬季節，身體羸弱的劉成章因在雪雨交加的曠野裡連夜行動，飢寒交迫，不幸身染風寒，不治而亡。

劉文典失子之時為四十二歲，正是人生的鼎盛時期，算不上錢穆所說的「晚年」。中年喪子，給予劉氏精神上的打擊可想而知，在極大的悲憤憂傷中，原本就較單薄的身體漸漸垮了下來。後來，隨著馮玉祥發起的「長城抗戰」事起，劉文典似乎又看到了一線救亡圖存的希望。國難家仇使他強打精神，每次上課都要給學生講一段「國勢的阽危」，並以自己兩度留日的親身感受和對這一民族歷史的觀察研究，告訴弟子們日本對中國的險惡用心及歷史背景，號召學生們趕快起來研究日本，以便找到這一民族瘋狂無忌的根源、癥結與「死穴」，在未來抗戰中給予致命的打擊。與此同時，極具血性的劉文典懷著國破子亡的悲憤心境，夜以繼日地翻譯與日本有關的資料，有時竟通宵達旦工作。據一位學生回憶：「有一天上國文課時精神委靡得連說話都幾乎沒有聲音，說是因為昨晚譯書到夜裡三時才休息。我當時聽了劉先生的話，眼淚真要奪眶而出了。」[13]

就在這一時期，號稱「南天王」的陳濟棠，聯絡孫科、李宗仁等輩在廣州密謀造反起事，與南京中央政府對抗叫板兒，並效法孫中山當年在廣州召開非常國會的方法，成立了「中國國民黨中央執監委員非常會議」，以「打倒獨裁」、「護黨救國」「中正當死，兆銘當立」為旗號，提出凡國民黨第一、第二、第三屆中央執監委員贊成反蔣者（共產黨員除外），均自然成為非常會議的委員。陳濟棠、李宗仁等人邀請躲在香港的汪精衛出任領袖，並在汪精衛的主持下，成立了廣州國民政府，否認南京國民政府的合法性，與蔣介石集團公開唱起了對臺戲。在新內閣急需用人之際，陳濟棠想到劉文典曾是老同盟會會員，曾做過孫中山祕書，在安徽大學校長任上又被蔣介石當眾侮辱性地扇了兩個耳光，從此與蔣結下梁子，便多次函請並出重金禮聘劉文典，讓其離平赴粵，共商「抗日興國大局」。劉文典深知這幫烏合之眾只圖私利，不計國家

劉文典（右）在北平家中與友人合影

民族危難，成不了什麼大器，乃仰天長歎曰：「正當日寇侵華，山河破碎，國難深重之時，理應團結抗日，怎能置大敵當前而不顧，搞什麼軍閥混戰？皮之不存，毛將焉附？」[14]遂婉言謝絕，並將重金退回，以明心志。

就在內外交困與感傷中，劉文典心力交瘁，直至一病不起。有好事者為其出主意，謂吸食少許鴉片可以療治心靈之痛。劉依計而行，神情雖有好轉，但漸染鴉片癮而不能自拔，後雖屢有戒意而不能根絕。

一九三七年七七盧溝橋事變爆發後，北平陷入日軍的鐵蹄之下，劉文典因家庭拖累而未能及時離平轉移長沙，暫時蟄伏下來，在北平北池子騎馬河樓蒙福祿館三號宅院內埋頭研究學問，等待逃脫的時機。隨著華北淪陷區日偽政權的建立，附逆者一時如過江之鯽，並為爭權奪位八仙過海，各顯神通。整個北平氣焰喧騰，濁浪滾滾。時劉文典的四弟劉蘊六（字管廷）也不甘心落後，很快附逆並在冀東日偽政府謀到了一個肥缺。當不知輕重的蘊六滿懷喜悅，興匆匆地回到家中在餐桌上言及此事並露出得意之色時，劉文典大怒，當即摔掉筷子道：「我有病，不與管廷同餐。」霍然起身後又說：「新貴往來雜遝不利於著書，管廷自今日始另擇新居。」[15]毫不客氣地將這位同胞兄弟逐出了家門。

劉蘊六捲起鋪蓋率妻子兒女頗有些怨恨與不服氣地走了，另一位附逆者、原北大同事周作人又找上門來，遊說劉文典到偽教育機構任職。周說：「文典兄以一部《淮南鴻烈集解》而譽滿學界，如今政府雖偽但教育不可使偽，以你的學問才識，應到『維持會』做事，以維持教育，抵抗奴化。」劉文典強按怒氣，平和婉轉地說：「你有你的道理，但國家民族是大義，氣節不可汙，唐代附逆於安祿山的詩人是可悲的，讀書人要愛惜自己的羽毛！」周作人面帶羞愧地低聲道：「請勿視留北諸同人為李陵，卻當作蘇武看為宜。」[16]言畢，嘴裡嘟嘟囔囔地說著什麼退了出去。之後，又有幾批身分不同的說客分別登門遊說，皆被劉文典嚴詞拒絕。

由於劉文典留學日本多年的經歷以及在學界、政壇的聲望，日偽組織始終不願放棄拖其下水的計畫，為逼其就範，索性派日本憲兵持槍闖入劉宅強行搜查，施以顏色。凡劉文典與海外朋友往來的信函一律被查抄，國內友人吳忠信、于右任、邵力子、陳獨秀、胡適等人的來信亦無一幸免。面對翻箱倒櫃、氣焰洶洶的日本憲兵，劉文典以他的倔強、狷介性格，不知從哪裡翻出一套袈裟穿在身上，做空門高僧狀，端坐椅上昂首抽煙，冷眼斜視，任憑日軍「豬頭小隊長」搖晃著信函嗚里哇啦地質問，劉氏始終以鄙夷譏誚的神態，口吐煙圈，一言不發。一油頭粉面的年輕翻譯官見狀，用標準的北京油子腔兒喝道：「你是留日學生，精通日語，毛驢太君問話，為何不答？」劉文典白了對方一眼，冷冷地道：「我以發夷聲為恥，只有你們這些皇城根柢下太監們生就的孫子，才甘當日本人的奴才與胯下走狗！」翻譯官聞聽惱羞成怒，猛地蹦將起來，拉開架式揮手欲摑劉氏的耳光，卻意外地被日軍「豬頭小隊長」一腳踹了個趔趄，頭撞到牆上差點暈倒，待轉過身來，面露懼色，手摀頭顱齜牙咧嘴地嗚哩哇啦一陣，躲在一邊不再吭聲。

面對越來越險惡的環境，劉文典深知北平不能再留，乃決計盡快設法脫逃，到西南邊陲與清華同事會合。行前，他莊重地寫下了「臣心一片磁針石，不指南方不肯休」[17]的詩句以自勵。

一九三八年初，劉文典託英國大使館的一位朋友買到了一張船票，獨自一人化裝打扮，悄悄離開北平，轉道天津乘船抵香港、越南海防，輾轉兩個多月進入雲南境內。一路顛沛流離，受盡苦楚。當他沿途看到因戰火而造成「公私塗炭」，百感交集，內心發出了「堯都舜壤，興復何期？以此思哀，哀可知矣」[18]的悲鳴。

當年五月二十二日，劉文典乘滇越火車終於抵達西南聯大文學院所在地——蒙自。此時的劉文典衣衫破爛不整，原本黧黑的臉龐滿面風塵，身體瘦削不堪，手中除了一根棍子和一個破包袱，別無他物，形同一個流浪的乞丐。當他搖晃著茅草一樣輕飄飄單薄的身子自碧色寨下車，拄著棍子一瘸一拐地步行十公里，一路打聽來到聯大分校駐地，抬眼看到院內旗竿上迎風飄揚的國旗，激情難抑，立即扔掉手中之物，搓拍雙手整理衣衫，莊嚴地向國旗三鞠躬。禮畢抬頭，已是淚流滿面。

數日後，劉文典夫人張秋華攜次子劉平章逃出北平，自天津乘郵輪經香港、河內踏入滇境，一家人總算得以團聚。劉文典精心收藏的四大箱文化資料、圖書和手稿，在妻子歷盡艱難險阻攜出後，於香港停留時託劉文典一位學生暫為保管，等待一家在內地落腳後再由香港託運至蒙自或昆明。劉文典一聽，甚感不妙，對夫人大聲斥責道：「這些書稿傾注了我一生的心血，寧肯損失綾羅綢緞，也不該把書留在香港！」[19]在苦苦等待中，劉文典的不祥預感終於成為不幸的事實。一九四一年底珍珠港事件發生，香港淪陷，四箱書稿全部被日寇擄去，下落不明，成為終生遺憾。後來劉氏在給學生上課時說道：「我的書籍資料都在逃難中丟失了，就把腦子裡的東西給你們吧！」[20]據劉文典的一位學生鄭千山說：抗戰結束後，國民政府行政賠償委員會於一九四七年十一月致函雲大，告知劉文典當年在香港遺失的四箱書籍於東京上野圖書館發現，要求劉填報財產損失報告單及申請歸還表格，然後寄回賠償委員會，由賠委會與相關方面交涉辦理。劉文典聞訊大喜，立即辦理了手續。想不到此後國共內戰越打越烈，國民政府搖搖欲墜，劉氏書籍與手稿交涉事無人予以理會，其他黨派自封的政府與機構又得不到國聯和盟軍司令部承認，此事便告夭折。一九六一年，劉文典次子劉平章曾寫信向周恩來總理反映此事，總理辦公室回信稱：「鑑於中日關係未恢復正常，目前暫時不宜提這件事。」此事無果而終。據悉，雲南省檔案館存有一份日寇侵華時劫走劉文典四箱書籍的檔案材料，劉平章得悉，表示要向日本政府交涉，使這批書籍和手稿重新返回中國云云——當然這都是後來的事了。[21]

卻說抵達蒙自的劉文典經過數日休整，身體、精神明顯好轉，上課之餘，經常與陳寅恪、吳宓等人結伴到郊外散步。一日幾人散步至南湖岸邊，偶遇一滿身泥巴的當地農民在暴打老婆。劉文典平時最恨信奉男尊女卑、不把女人當人看待的男人。見那漢子打得凶狠，激憤不已，走上前去質問為何如此凶悍地毆打一個弱女子。想不到那農民漢子並不解釋，氣勢洶洶地回道：「你管不著！」言畢繼續揮拳飛腳地毆打已倒在地上殺豬般嗷叫、口吐白沫的妻子。劉文典見對方如此刁蠻，大怒，挺身上前指著那漢子的鼻尖大聲罵道：「操你媽，蒙自這塊地盤上還有我管不著的事！」說罷拉開架式，掄圓了胳膊，狠狠地抽了對方一個響亮的耳光。那漢子遭此重擊，捣臉抬頭望著劉文典那剛正威嚴的神態，很像個有來頭的紳士，聽對方說著北平官話，又自稱在蒙自地盤上沒有他管不著的事，心生怯意，遂低頭弓背溜之乎也。

吳宓與陳寅恪望著這一戲劇性場面，心中竊笑，本想一走了事。想不到現實生活有時比戲劇更加戲劇化，只見那個倒在地上披頭散髮、口吐白沫、鼻青眼腫的女人如得神助，忽地立起，由一隻受傷的兔子變成了一隻野性十足的老虎，張牙舞爪地躥將上來，一把拽住劉文典的衣袖，質問為什麼平白無故打她男人，並騰出一隻手向劉氏的脖子和臉抓撓起來。劉文典頓時被弄得目瞪口呆，不知做何解釋。幸得吳宓和幾個遊湖的男生一起圍上前來，連拉帶拖將那女人擒住，狼狽不堪的劉文典才趁機灰溜溜地逃脫。

南湖岸邊法國人居住的小洋樓與當地民居。據知情者說，此為劉文典當年的勸架之處。（作者攝）

此事很快作為笑料在蒙自分校傳開，諸位師生在議論紛紛中表示了不同的看法，有人認為那個男人固然該打，女的更加操蛋，她可能想表白一種說不清的心理，才恩將仇報不惜向劉文典宣戰。對於劉氏的舉動和諸種議論，中文系教授王力卻不以為然，他在一篇叫作〈夫婦之間〉的隨筆中公然宣稱：「夫婦反目，也是難免的事情。但是，老爺噘嘴三秒鐘，太太揉一會兒眼睛，實在值不得記入起居注。甚至老爺把太太打得遍體鱗傷，太太把老爺擰得周身青紫，有時候卻是增進感情的要素，而勸解的人未必不是傻瓜。莫里哀在〈無可奈何的醫生〉裡，敘述斯加拿爾打了他的妻子，有一個街坊來勸解，那妻子就對那勸解者說：『我高興給他打，你管不著！』真的，打老婆，逼投河，催上吊的男子未必為妻所棄，也未必棄妻；揪丈夫的頭髮，咬丈夫的手腕的女人也未必預備琵琶別抱。」[22]有人謂這篇文章是針對劉文典蒙自南湖勸架受辱而發的感慨，意味劉氏不諳世故，竟至惹火燒身。看來劉大師確是做了一件老鼠進風箱——兩頭受氣的傻事。

聯大蒙自分校遷往昆明後，劉文典開出了《莊子》與《文選》等課。生活相對安靜，以及工作上的順利，又讓他找回了在清華園時代的感覺，恃才傲物、狷介不羈與國學大師的名士派頭漸漸流露出來，且一發而不可收拾。此前，劉文典曾公開宣稱整個中國真懂《莊子》者共兩個半人，一個是莊子本人，一個是自己，另半個是指馬敘倫或馮友蘭，因當時馬馮二人皆從哲學的角度講《莊子》，另有一說是指日本某學者，意思是在中國真正懂《莊子》者乃他自己一人而已。[23]劉文典如此自誇，並不是信口開河或真的「精神不正常」，的的確確有個三踢兩腳的本事。每當他開講《莊子》，吳宓等幾位重量級國學教授經常前去聽講，劉文典見了並不打招呼，仍旁若無人地閉目演講，當講到自己認為出彩的節骨眼上，戛然而止，抬頭張目望著教室最後排的吳宓，慢條斯理地問道：「雨僧兄以為如何啊？」吳宓聞聽立即起立，恭恭敬敬地一面點頭一面回答：「高見甚是，高見甚是！」[24]見此情景，劉文典與學生們都忍不住大笑起來。

如此情形，令劉文典越來越不把一般教授放在眼裡，且極端鄙視現代文學，對搞新文學創作的學者更是輕視，放言「文學創作的能力不能代替真正的學問」。當有學生問劉氏對現代作家巴金作品的看法時，劉文典頗為傲慢地道：「只知把她娘，不知有把妗。」為顯示自己的氣勢，劉還不顧情面地公然大罵在聯大任教的同事沈從文。沈是林徽因「太太客廳」時代的新生代人物，原來只有小學文化水準，曾當過兵、做過苦力，屬於和錢穆一樣靠自學成才的「土包子」學者、作家，後入校教書，但一直沒有西洋與東洋「海龜」的神氣，而現代文學在中國傳統的學術體系中被視為末流，經史子集才是學問的大道，故沈從文在校中頗為東西洋大小「海龜」輕視，沈氏在文章中也不斷稱自己為「鄉下人」。有一次警報響起，日軍飛機前來轟炸，眾師生匆忙向野外山中或防空洞奔跑躲避，劉文典夾著一個破包袱，於狂奔中突然發現一青年人衝到了自己前面，定睛一看乃是他平時最瞧不上眼的沈從文，立時火起，一把抓住沈的衣領，喝道：「我跑是為了給學生講《莊子》，你一個搞新文學的跑什麼跑呵，要跑也應該是『莊子』先跑！」沈從文在聯大由於輩分較低，加之生性靦腆，不太輕易與人較勁兒。此時見瘟神一樣的東洋「海龜」兼「國寶」劉文典氣勢洶洶地逼來，未敢計較，索性一縮脖子掙脫劉的束縛，來了個逃之夭夭。劉氏仍不識趣，在後面繼續嘟囔叫罵，忽見敵機飛臨頭頂，炸彈落下，乃立即閉了嘴巴，放開腳步狂奔起來。——畢竟炸彈是不管莊子本人還是什麼「海龜」或「國寶」的。

正是由於劉文典對新文學與現代作家的輕視，幾年後當他得知學校當局提拔沈從文由副教授晉升為教授時，勃然大怒，對眾人大叫道：「在西南聯大，陳寅恪才是真正的教授，他該拿四百塊錢，我該拿四十塊錢，沈從文該拿四塊錢。可我不會給他四毛錢！如果沈從文都是教授，那我是什麼？我不成了太上教授？」[25]

劉文典對沈從文的輕視是否有失公允，仁者見仁，智者見智，但對陳寅恪的評價大概是不差的。許多年後，漸入老境的劉文典在雲南大學對自己弟子張文勳等人經常說起：「我最大的缺點就是驕傲自大，但是並不是在任何人面前都驕傲自大。」[26]劉氏列舉了蔡元培、陳獨秀、胡適、陳寅恪都是自己一生敬重服膺的重量級人物，尤其對陳寅恪極為尊崇，不敢有半點造次。劉文典公然坦承自己的學問不及陳氏之萬一，並多次向他的學生們說自己對陳氏的人格學問「十二萬分地敬佩」。除了像陳寅恪、胡適之類的大師級人物，一些學識淵博的老教授也同樣得到劉文典發自內心的尊重，如一九三四年十月二十四日，在北平的劉文典進城遇到清華中文系同事、時年五十歲的語言文字學家楊樹達，便主動上前打招呼，並告之曰：「近讀《學報》大著，實屬欽佩之至。不佩服者，王八蛋也！」[27]

國學大師劉文典

任教西南聯大的沈從文

三、劉文典廣場講〈月賦〉

除了在校園內外留下一連串頗有點「水滸」氣味的傳奇故事，劉文典在講課時也別出心裁，自成一格，成為學生甚至教授們都難得一見的「另類」。每逢上課，先由校役提一大茶壺，外攜一根兩尺來長的竹質旱煙袋，端放講堂的桌上。劉大師講到得意處，一邊喝茶吸煙，一邊解說文章的精義。據後來到了臺灣的學生宋廷琛回憶說：劉叔雅師講授「文選」一科，在初到雲南的第一學期三個月內只能挑選十幾篇較短的辭賦來講解，上課時間是每星期六下午二時，連講兩個小時中間不休息。「印象最深者有〈蕪城賦〉、〈海賦〉和〈月賦〉三篇，他老先生講到興會得意時，才不理會什麼四點鐘的下課鈴，有時一高興就講到五點多鐘才勉強結束。當他解說〈海賦〉時，不但形容大海驚濤駭浪，洶湧如山，而且叫我們特別注意到講義上的文字，留神一看，果然滿篇文字多半都是水旁的字，叔雅師說姑不論文章好壞，光是看這一篇許多水旁的字，就可令人感到波濤澎湃瀚海無涯，宛如置身海上一般。有一天他老先生才上了半小時的課，講完了上一課未完的一篇文章，他突然宣布道：今天提早下課改在下星期三（農曆五月十五日正值月滿之期）晚飯後七時半繼續上課。屆時在校園內擺下一圈座位，聽他老人家坐在中間講解〈月賦〉，那是距離人類登陸月球四十多年前的事情，大家想像中的月宮是何等的美麗，所以老先生當著一輪皓月大講其〈月賦〉……」[28] 許多教授聞訊紛紛前來瞧個稀奇，劉氏一看眾人圍將上來，且越圍越多，甚是得意，乃像集市上說書藝人一樣，神情激昂，時起時坐，引經據典，侃侃而談。那瘦削的身子前仰後合，長衫下角左右擺動，頗有一副仙風道骨的模樣，直把眾人引得如痴如醉，大呼「過癮過癮」！

有了這一先例，西南聯大其他一些文科教授，有時也模仿劉文典在校園廣場上擺桌安椅，於皓月下開設講座。這一別出心裁的形式，頗受學生歡迎。以此為引子，在一九四〇年至一九四二年期間，西南聯大校內竟掀起了一股《紅樓夢》熱潮，此熱潮最早由吳宓的學生、聯大外文系教授、留德博士陳銓發起，吳宓幫著張羅。陳銓本人是位作家，曾以劇本《野玫瑰》聞名於當世，且在重慶等地掀起批判討伐他的波瀾。據吳宓一九四〇年四月十一日日記載，陳銓於當晚在大西門內文林堂講演「叔本華與紅樓夢」，反應強烈，「聽者極眾，充塞門戶。其盛夙所未有也」。[29]

劉文典講完〈月賦〉後，夾著包袱藉著月色回家途中。

陳銓的演講一炮打響，令吳宓等人極其興奮，很快在聯大成立了一個「以研究《石頭記》為職志」的「石社」，以吳宓、陳銓、黃維等歐美派教授為核心人物，開始於不同時間、場合演講《紅樓夢》，熱潮隨之掀起，漸漸從聯大校園內蔓延至整個昆明城，演講受到各階層人物的追捧。當地新聞媒體以新聞從業者的敏感，抓住這一話題趁機炒作，使「石社」與《紅樓夢》熱潮持續升溫。作為這股熱潮核心人物之一的吳宓，還受昆明電臺之邀，專門演講了二十分鐘的「紅樓夢之文學價值」，得酬金八十元。[30]當時昆明一碗麵的價格是兩元，吳一次演講所得相當於四十碗麵條，其數量不算太多，但對窮困的教授來說，也算是一筆相當可觀的「灰色收入」了。

在紅風夢浪吹拂下，對紅學素有研究的劉文典內心也騷動撓癢起來，經不住師生們再三鼓動，毅然走出幾間租住的小土屋，親自披掛上陣，登臺亮相了。以吳宓為首的留學西洋的「海龜」，對紅學的研究主要從西方文藝理論著手，用「比較文學」的方法加以闡釋。演講者差不多個個西裝革履，油頭粉面，氣度軒昂，一副紳士風範。而留學東洋的劉文典則白髮飄飄，一身粗布長衫，圓口平底藍幫布鞋，手裡端著一竿比胳膊還要長的竹質旱煙袋，搖搖晃晃，一副「之乎者也」的鄉村私塾先生模樣。與西洋派研究路數不同，劉氏往往採取自清代興起的慣用手法，以傳統的「索引派」為正宗，對紅樓中的語言故事，進行「寓言式」破譯，甚至穿鑿附會地「頓悟」。據當年聽過吳宓與劉文典演講的學生回憶，吳、劉二人對《紅樓夢》的另一個不同講法是，吳在用「比較文學」的方法講解時，往往把自己擺進敘述主體之中，時常來一點「現身說法」。由於他內心對夢中情人毛彥文始終有揮之不去的情結，因而在演講中經常失控，把自己追求毛彥文的情事抖摟出來，成為學生們記憶中的一個亮點。如有一個晚上，吳宓本來是主講《文學與人生》課，講著講著頭腦一熱，嘴巴失控，扯到了《紅樓夢》並將自己擺了進去，大談自己「訂婚、結婚及早年識彥」之往事。聽者壅塞。[31]於是，在西南聯大的紅學講演熱潮中，驟然興起了兩個不同派別和不同陣營。大名鼎鼎的劉文典以其孤傲張狂的性格，一開始就擺出與吳宓等人「唱對臺戲」的姿態，在兩軍對壘中欲利用「索引派」的祕傳絕招後發制人。最初的一次講演，組織者考慮到劉氏可能不是吳宓等人的對手，為避免在華山論劍中敗下陣來當眾出醜，專門安排在一個小教室開講。想不到來者甚眾，只好改在大教室，還是坐不下，最後只好改在聯大圖書館前的廣場方得以如願。

劉文典在月色朦朧的廣場上縱橫捭闔，大顯神通，直令眾生聽得目瞪口呆，嘖嘖稱奇。劉氏隨之聲威大震，名冠一時，大有將以吳宓為首的幾隻西洋「海龜」斬頭揭蓋下鍋烹煮之勢。之後的日子，每逢劉文典講演，聽者雲集，呈翻江倒海之態勢。據親自聆聽的一位聯大經濟系學生馬逢華回憶說，劉文典一出場就擺出非同凡響的名士派頭，事先由組織者在校園裡廣貼海報，時間定在某日晚飯之後，地點在圖書館前的廣場。屆時早有一大批學生席地而坐，等待開講。其時天尚未黑，由於經常停電之故，講臺上已燃起燭光，擺著臨時搬去的一副桌椅。燭光搖曳中，但見劉文典身著長衫飄然而來，如仙人降世般在桌後落座。這時，有一身穿長裙、容貌靚麗的女生扭動細腰，滿面桃花狀為其斟茶。劉文典從容端杯飲罷一盞茶水，象徵性地清清嗓子，爾後霍然起立，像戲臺上說「道情」一樣，有板有眼地道出他的開

吳宓的夢中情人毛彥文

場白：「只、吃、仙、桃、一口，不、吃、爛、杏、一筐！仙桃只吃一口——就行了啊！」

停頓片刻，未等臺下聽眾回過神兒來，劉氏又頗為自負地接著大聲道：「凡是我講的，別人都沒有說過；凡是別人說過的，我都不講，今天給你們講四個字就夠了！」說罷拿起筆，轉身在旁邊架起的小黑板上，寫下「蓼汀花漵」四個大字。扭頭環視四周，慢條斯理地問道：「為何我要專寫這四字，其中必有隱情奧祕所在，有奧妙啊！」見眾人皆為這一噱頭提起了精神，後面圍得成行成片的觀者蹺腳仰身伸著乾樹枝一樣細黑的脖子等著聽「下回分解」。劉大師擺開架式，以「索引派」手法破譯這一「寓言式」的四字密碼。

按劉文典的解釋，作為皇妃的賈元春還在寶黛二人情竇初開時，就不贊成二人相愛。《紅樓夢》第十八回寫賈元春回家省親，看到大觀園中各處山水樓臺題的匾額都點頭稱許，唯獨看到「蓼汀花漵」四字，便笑道：「『花漵』二字便妥，何必『蓼汀』？」賈政聽罷，即刻令人改換。元春為什麼要留「花漵」，而獨去「蓼汀」？這是因為「花漵」的「漵」字，其形似「釵」，其音似「薛」；而「蓼汀」二字反切就是「林」字。由此可知，貴為皇妃的賈元春在省親時，就暗示她屬意的是薛寶釵而非林黛玉。——這位貴妃的一句話，寶黛二人的情愛悲劇也就算坐實了。[32]

劉文典此說一出，眾人無不稱佩，皆曰這次遇到了「真寶玉」，劉教授不愧為國寶級的大師也！

與其唱對臺戲的吳宓平時對劉文典的學問極其服膺，除經常混跡於學生中間聽劉氏講《莊子》，並呼曰「高見甚是」外，還經常把自己所作的詩文交對方修改、潤色，每與同事交談，對劉文典亦頗多讚譽。此次見文典以擺擂臺的方式，用另類方法開講《紅樓夢》並在聯大師生間引起轟動，禁不住好奇之心，也藉著朦朧的夜色夾雜在學生之間前來探望，以窺對方虛實。吳在一九四二年的日記中這樣記載：「聽典講《紅樓夢》並答學生問。時大雨如注，擊屋頂錫鐵如雷聲。」[33]從簡短的記載看，這次劉是在屋內演講，因下雨打雷之故，劉文典的派頭和所講內容沒能盡情展示，所以吳在日記中沒有記述其聲色情狀。可能還有另外一個原因，即吳宓前來的目的除了探個究竟，或湊個熱鬧，更多的心思還是放在追尋「花姑娘」方面，其他的一切也就顧不得了。在另一次日記中，吳宓明確記道：「聽典露天演講《紅樓夢》。見瓊在眾中。宓偕雪梅歸途。」[34]這一簡短的記述顯然用的是春秋筆法，其暗含的故事可謂多矣。據西南聯大史家、雲南昆明人余斌教授考證，日記中的「瓊」，即聯大生物系女助教張爾瓊（南按：後有一段時間在昆華中學教書），與吳宓若即若離，不願發展戀愛關係。而「雪梅」則是貴州女詩人盧雪梅，多次婚戀失敗後轉向吳宓。這個晚上吳本來是偕戀愛中的盧雪梅去聽劉文典講演的，想不到吳端著飯碗裡的肥肉還想著鍋裡的骨頭，到了會場又開始搜索其他目標，並有幸發現了昨日情場追逐過的獵物張爾瓊，於是又想入非非，心猿意馬地來回打起轉來。——可以想像的是，這個時候，被時人稱為「國寶」的劉文典，即使是把天上的星星講得掉下來，且變成一堆隕石落到吳宓的頭上，恐怕吳氏也無心思去關照了。

當然，劉文典的「對臺戲」也不是經常出演，只是偶爾展露崢嶸而已。因為此時整個聯大教授的生活已陷入極端貧困，他必須像其他教授一樣拿出相當大的精力尋找額外創收的路子，以維持全家的生計。與其他教授有一個很大不同是，劉文典的鴉片癮自離平抵達蒙自後再度發作，於痛苦難忍中，「卒破戒。及至昆明，鴉片癮日增」（錢穆語）。惡習復發後，劉也就不管不顧地由著性子大吸特吸起來，遂在江湖上有了「二雲居士」的雅號。所謂「二雲居士」，如周作人在回憶劉叔雅一文中所言：「蓋言雲腿與雲土皆名物，適投其所好也。」

在物價飛騰，師生啼饑號寒的昆明，劉文典以一個窮教授微薄的收入，除了養家餬口，還要購買聞名於世的雲南煙土與宣威火腿享用，大筆的資金如何解決？這就成為到昆明後面臨的一個重要問題。所幸的是，劉氏在天下儒林中名聲響亮，當年被蔣介石所打的兩個耳光，經過坊間不斷加工傳播渲染，又在他的赫赫聲名中增加了不少含金量與籌碼，彷彿介公所賜的不是兩個響亮耳光，而是兩塊響噹噹的金字招牌，招牌上刻著「剛正不阿」「英雄豪傑」「國之瑰寶」之類從字縫裡難以找到的若隱若現的模糊圖影。故若談起聯大劉教授文典，昆明地界有頭有臉的人物皆以知曉其人或與其人相識為榮。出於對其聲名的仰慕，加之劉文典本人又善於書寫表、志之類的舊體駢文，正合了一些舊官僚的心意，這才有了錢穆所言「各地軍人舊官僚皆爭聘為諛墓文，皆饋鴉片」以酬謝的局面。錢氏所說的「皆爭聘」或許有些過譽，像此類事在當時的聯大校園中比較敏感，獲利者不便公開宣揚，別人亦不便做深入調查研究，只憑同事間口傳耳聞，有些不見得與事實相符。不過劉文典以這項手藝掙得所需的鴉片與火腿錢，當是不爭且公開的事實。據吳宓日記載，有一次他參加一個朋友的宴會，幾杯濁酒下肚之後，就聽一位曾在北大任教，後出任教育部高教司司長的吳博士慷慨激昂地演講起來。其間提到聯大中文系主任羅常培曾主持雲南《大理縣志》的編輯事宜，得款近十萬元。稍後「又傳典撰、煒寫繆雲臺母墓銘，典得三十萬元，煒得十萬元，未知確否」。[35]

吳氏日記中所說的「典」，即劉文典，「煒」即原中央大學教授，時任教於雲南大學的著名書法大家胡小石。繆雲臺乃當地著名財閥，曾做過雲南省農礦廳廳長、勸業銀行經理等職，時為雲南省經濟委員會主任委員。吳宓所記的「未知確否」，當是拿捏不準，不敢妄下論斷，因為三十萬元酬金畢竟不是一個小數目。許多年後，西南聯大研究專家余斌教授認為：「假定確有其事，數額怕沒那麼大。羅常培主編《大理縣志》（確有其事）得款才『近十萬元』，劉文典名氣再大也不致三倍於此，工作量的大小明擺在那兒。再說胡小石的書法雖然十分了得，『寫』一下總不能和編一部縣志等『量』齊觀吧。」[36]余氏之所以持懷疑態度，緣於雙方作品的「量」不能「齊觀」之故。但酬金的多少有時並不以量的多少來論，文學藝術畢竟屬於上層建築領域的產品，注重的應是質而非量，書法藝術、繪畫藝術、雕塑藝術等概莫能外。若以世俗的金錢價格論，與劉文典、胡小石同輩的張大千、徐悲鴻、齊白石等書畫大家，所畫之鷹、馬，要比活蹦亂跳之鷹、馬，無論是現大洋還是

西南聯大時代，劉文典在鄉下居所書房留影。

人民幣或曰國際通用之美元，都要值錢得多。而荷蘭畫家梵谷的一幅《向日葵》在一次拍賣會上，則拍出了相當於兩億人民幣的價格。假如有一地主僱一群打工仔在田園裡真的播種幾十畝甚至上千畝的向日葵，不知需要流多少汗水，經歷多少個日夜，收穫多少火車輪船，才能賣得出梵谷這一幅畫的價格。由此推知，憑胡小石在書畫界的名氣和地位，「寫」一下就等於羅常培編一部志書的稿酬，未見得就絕不可能。既然胡小石可為，而比胡氏世俗名氣大得多的「國寶」級的國學大師、具有「活著的莊子」之稱的劉文典，所得幾十萬元豐厚酬金也就成為可能。否則以吳宓之性情，不會不在日記裡直接加以否認，而只做「存疑」處理。據時人回憶，抗戰期間劉文典在昆明名氣之大，可與「雲南王」龍雲相提並論。當時國民政府明令禁煙，但雲南的兩個人卻不禁止，一是龍雲，再一位就是劉文典。[37]如果此說屬實，可見劉文典確是十分了得。

除為舊官僚寫諛墓文換取酬金以應付生活所需，劉文典還以真摯的情感，為國軍陣亡將士撰寫了大量詩文。一九四一年三月，國民黨陸軍第五集團軍第三軍在山西境內與日軍作戰，被集結的二十五萬日軍合圍於中條山。中國軍隊與日軍戰至五月十日，日軍攻勢凌厲，國軍傷亡慘重，第三軍軍長唐淮源收到撤退電令時，已陷入重圍，只得繼續與敵展開激戰。延至五月十一日，第三軍傷亡過半，四面受敵，糧盡援絕，後路已斷。在這危急關頭，唐召集所部三位師長訓話：「現情況險惡，吾輩對職責及個人之出路，均應下最大決心，應為國家民族保全人格，以存天地之正氣。」言罷令各師分路突圍。唐淮源則被困懸山，三次突圍受挫，彈盡糧絕，即於大雨滂沱之中，遣去左右，飲彈自盡於懸山之嶺，成為抗日戰爭中犧牲於戰場上的國軍八位上將之一（另有兩位遇敵機轟炸陣亡）。唐淮源陣亡後，一九四二年二月二日，國民政府發出〈追贈陸軍上將第三軍軍長唐淮源褒揚令〉，他的家鄉雲南省江川縣政府奉令於縣城東門營建唐公祠，供奉唐將軍牌位及肖像。除國民政府主席與龍雲等黨國大員贈送匾額外，江川縣政府還專門邀請西南聯大教授劉文典為這位被譽為「名將風範」的「滇軍完人」書寫「唐淮源將軍廟碑」碑文。劉文典欣然應允，且表示義務撰寫，以示對這位民族英雄的尊崇。

「公資天地之正氣，體皇靈之純精，慕先民之高節，蹈前修之盛軌。」「非忠貞秉之自然，壯烈出乎天性，孰能臨難引義以死殉國若斯者哉?!」[38]「唐淮源將軍廟碑」碑文文辭肅穆，情真意切，道出了書寫者對抗日英烈的景仰緬懷之情。

一九四四年五月，駐印度的國軍和滇西遠征軍經過整訓後，同時向緬北和怒江以西的日軍發起攻擊。陸軍第八軍奉命從保山開赴龍陵，增援滇西遠征軍左翼，擔負攻打松山的任務。從當年七月到十月，經過艱苦激烈的戰鬥，該軍最終克復松山，全殲日守軍。消息傳出，舉國振奮，在昆明的劉文典面對敵人日落西山的結局，夜不能寐，遙望西天，念將士之奮勇，思國勢之轉機，揮毫寫就了頗有高適、岑參邊塞詩風格、回響著錚錚鐵骨之音的〈天兵西〉：

雪山百尺點蒼低，七萃軍聲散馬蹄。
海戰才聞收澳北，天兵已報過瀘西。

春風絕塞吹芳草，落日荒城照大旗。
庾信平生蕭瑟甚，窮邊垂老聽征鼙。[39]

抗戰勝利後，昆明圓通山建成「陸軍第八軍抗戰陣亡將士紀念碑」，碑上刻有陣亡的三千七百七十五名士兵和一百二十五名軍官名錄。劉文典這首飽蘸熱血與淚水，激情飛揚、氣壯山河的〈天兵西〉，一同被鐫刻在紀念碑上，作為永久的紀念。

就是這樣一位性情狷介、狂放不羈、赫赫有名的劉文典，沒想到一不小心栽到了聞一多手中，且終生被困縛於西南之地未得北歸，令人至堪扼腕。

四、神祕的磨黑之行

正如馮友蘭為西南聯大撰寫的紀念碑碑文：「文人相輕，自古而然，昔人所言，今有同慨。」劉文典被聞一多直接或間接地一槍挑於馬下，「二雲居士」是「因」，世間的人際糾紛與矛盾是「果」。瓜藤糾葛，因果相應，便有了劉文典悲劇的誕生。

事情的緣起，來自劉文典的磨黑之行。

磨黑，又稱磨黑井，位於昆明西南千里之遙的哀牢大山和無量大山接合部，與老撾國界比鄰，屬雲南普洱縣治。磨黑井是滇南一帶最龐大、重要的產鹽區，所產井鹽廣銷中國西南諸省與老撾、緬甸、越南等多個國家。除鹽業外，磨黑也是茶葉，以及鴉片等商品的主要集散地。因兩座大山夾隔，這一地區無公路可通，自磨黑井運鹽、茶及鴉片外出，需靠馬幫跋山涉水穿行十幾天，方能走出森林密布、野草叢生、蟒蛇橫行的深山老林，逐漸步入文明城市。此地雖富甲一方，因交通閉塞，文化落後，不僅國民政府的政令不能通行，即使「雲南王」龍雲也鞭長莫及，真正屬於「天高皇帝遠」的荒僻之地。

當此之時，普洱縣磨黑鎮有一位叫張孟希的大地主、大鹽商、大土豪，此人先後擔任過普洱道尹的警衛隊長、團防大隊長、邊防營長、鹽運使等職。憑藉龐大的財力與黑白兩道人脈關係，張孟希漸漸蠶食和控制了磨黑鹽井，成為思（茅）普（洱）地區獨霸一方、赫赫有名的「地頭蛇」。據可考的資料顯示，張孟希為人暴戾凶殘，又具有咬鋼嚼鐵的江湖哥們義氣，被派往思普一帶的政府官員、駐軍，以及直屬國民黨中央的鹽場公署官員，都對其人的霸道無禮懼讓三分，因而張某人越發得意揚揚，不可一世。像自古至今一切時代黑社會老大、老二及其走卒們一樣，一旦有錢有勢，便野心膨脹，反意萌生，企圖竊權弄柄，奪取地方或中央政權。張孟希儘管肚子裡沒有幾點墨水，卻同樣充滿了野心，手下豢養著一支擁有幾百條槍的私人武裝隊伍，在當地以「土皇帝」自居，心底裡還時常興起問鼎之念。除了心狠手辣的霸道做派，張氏又有附庸風雅、裝腔作勢的一套，經常以知書達理的進步士紳面目出現於衙門與各交際場所，並出資在家鄉辦了一所小學校，請當地一些讀過私塾的先生任教，以解決磨黑子弟上學難的問題，只是教學品質效果不佳，無法滿足學生求知的需要。為了改善學生的學習狀況，也為了在鹽商灶戶間提高自己的威望，為其暗藏的政治野心培養人才，在身邊策士謀僚的指點下，張孟希於一九四一年底派手下到昆明公開招聘教師到磨黑開辦中學。當一張張「招賢榜」在昆明街頭貼出後，被一個叫吳子良的人偶然看到了。

吳子良又名吳顯鉞，乃西南聯大商學系一名學生，同時也是中共聯大地下黨文理法學院分支部的組織委員，其相貌特點是，個矮、嘴大、眼小、身瘦，善於交際。其嘴巴功夫十分了得，號稱能移動蒼山，搬動洱海，不但能把地下的死人說得再生，還能讓這位活過來的死人幫自己戰鬥。一九四一年春，隨著皖南事變發生，國民黨又一次掀起了反共浪潮，聯大中共地下黨組織根據中央「長期埋伏，蔭蔽精幹，積蓄力量，以待時機」[40]的十六字方針，把潛伏在聯大內部一批暴露或即將暴露的中共地下黨員疏散離校，到各州縣或鄉鎮隱蔽起來祕密活動。此次吳在聯大附近看到張孟希派人張貼的招聘啟事，心中大喜，此正是一個隱蔽的上佳場所，遂決定揭榜應聘，藉到磨黑任教之機，開闢中共地下工作的祕密據點，這一決定很快得到中共雲南地下黨工委批准。出於各方面考慮，中共聯大地下黨組織還委派另一位聯大學生、中共黨員董大成與吳氏一起應聘。經過一番聯繫、取保（南按：保留學籍，並由聯大助教馮寶麟擔當保人），二人於同年十月離開聯大赴哀牢大山深處的磨黑鎮就職。

吳、董到達磨黑後，先辦了一個初中補習班，效果良好，受到了張孟希與學生家長的信賴和尊敬。有一天，張孟希提著水煙袋在與吳子良聊天時突然問道：「蔣介石是怎麼發起來的？」吳子良答：「還不是靠的黃埔軍校。」[41]張孟希哼哼著，抽幾口煙，低聲道：「我們也可以辦個好學校嘛！」吳子良立即意識到對方的野心，也想仿效蔣介石辦學，以培養日後為他所用的基礎人才。吳順水推舟，立即說出一套辦學計畫，並保證可從昆明聘到一批優秀教師辦好學校。此舉令張孟希大喜過望，翻身從煙榻上下來，握著吳的手讓其迅速籌畫辦學事宜，隨後下令由鹽商灶戶們集資，於翌年底成立了磨黑中學並開始招生。據後來到磨黑中學任教的蕭荻回憶：「從黨的需要來考慮，只要做好對張孟希和當地士紳的統戰工作，把學校辦好，取信於民，不僅可以站穩腳跟，安全地隱蔽中共地下黨骨幹，還可以向樸實的山鄉青年傳播革命理想，逐步發展成為黨的活動據點。經過吳子良、董大成二人一年的艱辛努力，在學生家長中樹立了威信，也取得了張孟希的信賴，辦學條件更加成熟。一九四二年底，吳子良回到昆明物色志同道合的同志去磨黑辦學。由於自己是應聘而去，且正式辦過『取保』手續，無須隱諱自己是西南聯大同學，張孟希本人則對西南聯大遷到昆明，著名教授雲集，也早有所聞。因此在吳子良返昆延聘教授的同時，便提出想禮聘一位大牌教授到磨黑小住，為他的亡母撰寫墓誌銘『以光門楣』，進一步提高他在滇南的社會地位。」[42]

劉文典所在的磨黑中學校園（施袁喜攝並提供）

為達到「站穩腳跟」的政治目的，吳子良答應張孟希盡量為其聘請一位聲名顯赫的教授至磨黑效力。時雲南境內的官僚政客甚至普通百姓，對父母的墓誌、碑刻之類身後事特別感興趣，許多人不吝錢財請社會名流書寫鐫刻，並升起相互攀比之風，撰寫者的社會地位越高，文名越大，越受追捧，出錢邀請者也算是瞎子跟著禿子走——借光登高了。

很顯然，張孟希所渴望聘請的這位人物，必定是懂得古典文學，善於辭令並能撰寫碑文墓誌的教授。經過反覆掂量權衡，吳認為在聯大中文系幾位名教授中，劉文典最為合適。從名聲上論，劉有跟隨孫中山鬧革命的光輝歷史，並一度擔任過孫中山的祕書；有蔣介石奉送的「國寶」之雅號和在安徽大學校長任上，被蔣搧過兩個耳光後踢中蔣介石蛋蛋的「俠骨」；有「活著的莊子」與「國學大師」的頭銜；又有「各地軍人舊官僚皆爭聘為諛墓文」的專業特長。更為重要的一點是，劉還有一個眾人皆知的「二雲居士」雅號，在通貨膨脹的昆明，吃飯喝水尚且不易，何況鴉片、火腿一樣都不能少地整日享用，這需何等巨大的資金支持？儘管劉文典為人撰寫墓誌碑文得到了不少外快，但並不是每日皆有所得，也是經常餓肚子的。劉氏與北洋政府執政段祺瑞屬於同鄉，早些年卻經常罵段是「烏龜王八蛋」，並與段氏家族勢同寇仇。劉與李鴻章也是同鄉，李氏的為人處世受國人詬病的地方多多，但劉文典卻與李家後代非常要好。盧溝橋事變之後，與劉文典有點瓜穰子親戚的李鴻章之孫李廣平，曾在昆明省政府任祕書，有點經濟實力。李與劉頗為投機，關係親密，每次劉文典斷炊，便書紙條一張，上寫四個字「刷鍋以等」，使人送交李，李廣平得字條，便差人送一點錢為其救急。[43]由此可見，能掙外快但又經常「刷鍋以等」的劉文典，要整日吸食鴉片、大嚼火腿確是一件不容易的事。邀請劉文典赴磨黑，便成為第一選擇。

張孟希聽了吳的介紹，自是歡喜，謂非蹋中蔣公介石蛋蛋的這位劉氏「國寶」不請，並許下諾言，假如劉「國寶」到磨黑，保證他一家三口的生活費用，至於鴉片火腿之類更是不在話下，大大地有，儘管享用。不但如此，待劉氏回昆時除贈送厚禮，另奉上頭等「雲土」五十兩作為酬謝，等等。

懷揣這一計畫和優待條件，吳子良回到昆明，很快在聯大聘請了蕭荻、鄭道津兩位男同學和另一位女同學許冀閩等三人為磨黑中學教師（南按：三人均為中共聯大地下組織領導的「群社」成員），接下來悄悄地做劉文典的說服工作。劉氏聽罷對方開出的條件，經過一番考慮，表示樂意前往。據蕭荻回憶說：「對於是否請劉叔雅先生同去磨黑，我們和吳子良同志等曾有過不同意見，但最後吳子良同志分析，劉叔雅先生在聯大屬於『灰色教授』，在學術界則有較高名望，他到磨黑後，會整天躺在煙榻上吞雲吐霧，對我們的辦學工作不會多所干預。而我們初到磨黑的主要目的是『站穩腳跟，籠絡士紳，深入工作（辦好學校），培養學生』。請他同行，並不違反黨的十六字方針的要求，而且對我們的工作也能起到一定的掩護作用。還可以為我們樹立威望，取得張孟希更大的信賴。最後，我們才同意了這個意見。」[44]

一九四三年初，劉文典與當時西南聯大常委蔣夢麟、中文系主任羅常培打過招呼之後，挈婦將雛，隨吳子良等人開始向磨黑進發。自昆明至磨黑的千里小道上，山高谷深，林密草長，野獸成群，加上沿途土匪猖獗，時有劫案發生，行旅者只能跟隨配有槍枝火炮的大隊馬幫前行。劉文典一行自不例外，張孟希專門提前派出幾十人的馬幫攜帶槍枝彈藥前往昆明迎接。劉氏一家三口與聯大女同學許冀閩乘坐滑竿，其餘幾人則各有一匹馬馱行李兼做乘騎。一路上又有許多小馬幫「跟幫」同行，聲勢浩大。為防不測，行伍出身的張孟希又以自己的聲勢和人脈觸角，事先派人在沿途山寨打過招呼，並安排了接待事宜，於較大的站口還專門派人負責設宴接風洗塵。如此走走停停，經過二十多天才到達磨黑地盤。處於西南邊疆的山鄉僻壤，突然來了一批國立大學的學生，且還有國父孫中山的原祕書，號稱「國寶」的國學大師劉文典同來，自然是空前的盛事，整個磨黑為之轟動，不等人群到達，有好事的當地官僚百姓紛紛跑出村寨迎候，欲一睹這位「天外來客」的神采。為顯擺自己作為地頭蛇的勢力與威風，也為了給劉文典這位「國寶」臉上增彩，張孟希親率當地士紳騎馬坐轎出磨黑十里迎接，而不甘落後的學生們則組織起來，早早跑到三十里外的孔雀屏等候迎接他們的老師和「國寶」了。

一行人到達磨黑，歡迎場面盛況空前，當地人算是實實在在地開了一次眼界。幾天後，磨黑中學舉行開學典禮。整個儀式由校長吳子良主持，劉文典與出任學校董事長的張孟希分別上臺講話。張在講話中對幾位新來的青年教師大加稱讚，對劉文典更是奉若神明，口口聲聲呼曰教授、大師、「國寶」。最後，張向全體學生和入會家長宣布他的校規，謂：「學生入學後，一切都交給老師負責，家長不得過問。學生學習不好，可以留級，犯了錯誤，老師有權處罰，可以責打，關禁閉，但不得開除。實在有不可教誨者，交給他，槍斃。」[45]這番「高論」，讓新來的幾位聯大學生與劉文典都驚詫不已。張氏此舉，顯然有故意在幾位新來者面前顯擺自己作為「土皇帝」威風的一面，也是後來槍殺在磨黑任教的聯大學生的一個隱語。

開學典禮就這樣在彩旗招展，表面昇平祥和，實際暗伏殺機的形式下結束。作為校長的吳子良顧不得許多，率領教師風風火火地辦起學來。未久，吳子良見有機可乘，便開始為自己的目標打算，即在學生中選拔一批人參加祕密讀書小組，學習馬列主義和共產黨的書刊，使磨黑漸漸發展成為中共地下黨在思普地區活動的中心據點，並為後來一系列血與火的慘烈鬥爭打下了基礎。「土皇帝」張孟希一看幾位秀才所辦學校真的是有板有眼，蒸蒸日上，大為高興。尤其想到蔣介石辦黃埔軍校發跡與磨黑中學的前景，野心狂漲，豪氣倍增，當即命人把自家大門口張貼的「仁義處世，不憂不惑不懼；興邦為本，立德立言立功」的對聯扯下，重新書寫一副曰：「駕歐美之上，為天民，胸懷宇宙；在思普之間，做地主，藐視京都。」[46]其張狂虛妄之態真正是躍然紙上了。

至於「國寶」劉文典在磨黑的生活情形，據蕭荻說：「他雖然住在磨黑中學，但對我們辦學的工作並不干預，平時也很少出門，多半在自己宿

劉文典磨黑月夜為當地士紳講書回歸途中。（羅江、申江峽繪，引自劉平章主編，《劉文典傳聞軼事》〔昆明：雲南美術出版社，2003〕）

舍內吞雲吐霧，在煙榻上和張孟希及當地士紳談古論今。這些場合，多數由吳子良校友抽空作陪。每周他也抽點時間，找我們幾個老師和當地有文墨的士紳講《莊子》、《昭明文選》和溫、李詩，偶爾也給學生做個報告，但初中學生聽不大懂，所以並不經常。」又說：「劉叔雅先生對我們這些聯大學生不遠千里到磨黑辦學的目的，當然並非全無所知。但他並未做過什麼干擾，有時也還在一些士紳中間對我們做些褒詞。說他給我們做了『擋風牆』，除了他的到來給我們壯了『聲威』之外，又給張孟希的母親撰寫了墓誌銘，也使張孟希分外感到榮耀，有利於我們對他進行統戰工作。」[47]

有文章認為劉文典的磨黑之行，對當地複雜的政治背景與吳子良等人的真正目的一無所知，是被聯大的幾個學生、中共地下黨員與左派分子給「涮」了一把，是被精心策畫的陰謀裝入套裡弄到磨黑去的，自己成了被別人利用的「擋風牆」和政治鬥爭的工具，實在是天底下第一號冤大頭。但從事件的親歷者蕭荻回憶與當時的具體情形看，作為在青年時期即追隨孫中山興風作浪，大鬧革命，高喊「滿賊

劉文典在磨黑中學時留影，後排右一為吳子良，前排右二為張希孟，右四為劉文典，前排左一為磨黑中學特聘的英語教師巴斯姆。（施袁喜攝並提供）

該亡，孫文當立」的劉文典，對吳子良等輩來磨黑的政治目的不但是「並非全無所知」，應是心知肚明，否則將不再是劉文典，而是李文典或黃文典，甚或是名聲顯赫一時的「土包子」大地主劉文彩了。只是此時五十五歲的劉文典已非血氣方剛的革命青年，也不是執掌安徽大學與蔣介石有一拚的「聖鬥士」了，生活的磨難與歲月的淘洗，已使他血氣消退，漸趨頹廢。正如魯迅一九三二年所說：自《新青年》的團體散掉之後，「有的高升，有的退隱，有的前進」。[48]此時的劉文典當屬於「退隱」一類，儘管他憑著早年的革命經歷與經驗，洞若觀火，覺察到吳子良等人的政治目的，但作為「二雲居士」的他，在這千里之外的山野僻壤，也只好揣著明白裝糊塗，在煙榻上騰雲駕霧，偶爾到當地士紳家中講講古書，享受暫時的神仙之樂，難以顧及其他的芸芸眾生是要拉桿子造反鬧革命，還是進行反革命打砸搶燒活動了。

五、聞一多對劉文典一劍封喉

劉文典沒有想到的是，他的磨黑之行，在西南聯大校園引起了波瀾。當時清華聘任委員會已召開會議，議決續聘劉為聯大文學院中國文學系教授。但清華中文系代主任聞一多對劉氏的磨黑之行大為不滿，認為此人的所作所為有失一位學者的操守，不足以為人師表，不但不寄發聘書，並以手中掌控的權力將劉氏解聘，欲革出清華。眾教員聞訊，覺得事關重大，儘管劉文典磨黑之行，無視頂頭上司、清華中文系代主任聞一多的存在，居然不打招呼，獨自出走，屬於典型的「犯上」，但並沒有「作亂」，因而罪不當革職並被掃地出門。眾人紛紛為劉氏講情，企圖挽救「國寶」於危難。據同為中文系教授的王力在〈我所知道聞一多先生的幾件事〉一文中回憶：「系裡一位老教授應滇南某土司的邀請為他做壽文，一去半年不返校。聞先生就把他解聘了。我們幾個同事去見聞先生，替那位老教授講情。我們說這位老教授於北京淪陷後隨校南遷，還是愛國的。聞先生發怒說：『難道不當漢奸就可以擅離職守，不負教學責任嗎？』他終於把那位教授解聘了。」[49]

劉文典被革職的消息傳到磨黑，劉氏在震驚之餘惶恐不安，顧不得吞雲吐霧，縹緲於蓬萊仙境駕鶴逍遙了，匆忙於七月二十五日寫長信向梅貽琦申辯，試圖挽回頹局。信函如下：

月涵先生校長道鑒：

敬啟者，典往歲浮海南奔，實抱有犧牲性命之決心，辛苦危險皆非所計。六七年來亦可謂備嘗艱苦矣！自前年寓所被炸，避居鄉村，每次入城徒行數里，苦況尤非楮墨之所能詳。兩兄既先後病歿湘西，先母又棄養於故里，典近年日在貧病交迫之中，無力以營喪葬。適滇南鹽商有慕典文名者，願以巨資請典為撰先人墓誌；又因普洱區素號瘴鄉，無人肯往任事，請典躬往考察，做一遊記，說明所謂瘴氣者，絕非水土空氣中有何毒質，不過瘧蚊為祟，現代醫學盡可預防。「瘴氣」之名倘能打破，則專門學者敢來，地方富源可以開發矣！典平日持論，亦謂唐宋文人對瘴氣誇張過甚（王陽明大賢，其〈瘞旅文〉一篇，對歐陽修文瘴氣形容太過），實開發西南之大阻力，深願辭而闢之。故亦遂允其請。初擬在暑假中南遊，繼因雨季道途難行，加之深山中伏莽甚多，必結伴請兵護送，故遂以四月一日首途。動身之先，適在宋將軍席上遇校長與蔣夢麟先生、羅莘田先生，當即面請賜假，承囑以功課上事與羅先生商量，並承借薪一月治裝。典以諸事既稟命而行，絕不慮有他故。到磨黑後，尚在預備《玄奘法師傳》，妄想回校開班，與東西洋學者一較高下，意為祖國學術界爭光吐氣……不料五月遽受停薪之處分，以後得昆明友朋信，知校中對典竟有更進一步之事。典初尚不信，因自問並無大過，徒因道途險遠，登涉艱難未能早日返校耳。不意近得某君來「半官式」信，云學校已解聘；又云，縱有聘書，亦必須退還；又云昆明物價漲十數倍（真有此事耶，米果實貴至萬元耶），切不可再回學校，長為磨黑鹽井人可也。其他離奇之語，令人百思不解。典此行縱罪在不可赦，學校盡可正式解聘，既發聘書，何以又諷令退還。典常有信致校中同人，均言雨季一過，必然趕回授課，且有下學年願多教兩小時，以為報塞之言。良以財力稍舒，可以專心全力教課也（此意似尚未向羅先生提及也）……典現正整理著作，預備在桂林付印，每日忙極（此間諸鹽商籌款巨萬，為典刊印著作，拙作前蒙校中特許列為清華大學整理國學叢書，不知現尚可用此名稱否，乞並示知）。今得此書，特抽暇寫此信，託莘田先生轉呈。先生有何訓示亦可告之莘田先生也。雨季一過，典即返昆明，良晤匪遙，不復多贅。總之典個人去留絕對不成問題，然典之心跡不可不自剖白，再者得地質系助教馬君杏垣函，知地質系諸先生有意來此研究，此間地主託典致意，願以全力相

助，道中警衛，沿途各處食宿，到普洱後工作，均可效力，並願捐資補助費用，特以奉聞。忙極不另寫信矣。專此寸簡，敬請

道安不一

弟　劉文典再拜　七月二十五日[50]

兩天後的七月二十七日，劉文典再寫信給羅常培，與致梅函一併發出，文曰：

莘田學長左右：

頃上梅校長一書，乞為轉呈。弟絕對不戀此棧，但表心跡而已。個人去留小事，是非則不可不明耳。順請

道安不一

弟　文典再拜　七月二十七日[51]

劉文典在致梅貽琦信中所說的「某君」即聞一多。此時聞氏以居高臨下的姿態和強硬口氣，對這位老同事極盡諷刺挖苦之能事，已看不出有半點情意存在。而劉氏的申述信一併寄給羅常培轉交梅貽琦，顯然劉想讓羅在梅跟前替其說情，拉兄弟一把。當時聯大雖屬三校合在一起上課，但又各自保持獨立的建制。聘任制度是：先由三校聘委會分別聘請，再由聯大出面聘任，也就是說，劉文典必須在清華中文系聘請之後，才能由聯大中文系聘用。若清華

不聘，聯大亦不能聘，所謂不能隔著鍋臺上炕是也。羅常培當時是聯大中文系主任，雖比聞一多高一個級別，但在清華方面決定不聘的情況下，他不能以聯大的名義蹲在炕上指揮鍋臺下的灶吏聘請劉文典為上賓。如此一來，羅若想拉劉一把，所做的只能是再把信轉給梅貽琦，爾後趁機為其進言，開脫過失，藉梅的力量扭轉乾坤。羅與梅相見後如何表現，又如何說辭不得而知，但後來的結果卻大為不妙。梅貽琦接信後，一改往常平和的態度，於九月十日手書一封，口氣頗為生硬地對劉文典道：

> 日前得羅莘田先生轉來尊函，敬悉種切。關於下年聘約一節，蓋自琦三月下旬赴渝，六月中方得返昆，始知尊駕亦已於春間離校，則上學期聯大課業不無困難。且聞磨黑往來亦殊非易，故為調整下年計畫以便系中處理計，尊處暫未致聘。事非得已，想承鑒原。[52]

梅氏的一封信，算是徹底定了劉文典不能回返聯大的命運。清華大學校史研究者黃延復認為，素以「愛才如命」見聞於全校上下的梅貽琦，如無特殊困難和考慮，是絕不肯輕易從自己手裡放走像劉文典這樣蜚聲中外的大師的。梅所說的「事非得已」，除了劉氏在操守方面有失檢點的原因，更主要的是他嚴重地違反了清華和聯大的規章制度，加之聞一多堅持的態度，梅貽琦只能「揮淚斬馬謖」了。[53]

另有人謂，當時劉文典還有一個可能翻盤的機會，這就是請自己尊敬且關係密切的聯大文學院院長馮友蘭，向梅聞二人施加影響與居中調和。遺憾的是，馮此時正在美國講學未在聯大，終致劉文典回天乏術，徒歎奈何。一九三八年畢業於清華社會學系的鯤西，在後來談到劉文典被解聘一事時說：「據我所聽到的緣由是劉先生長期曠課。劉先生確也曾在雲南土司家為上客。但解聘的事也正是發生在文學院院長馮芝生先生去美國講學期間。馮先生若在，以馮先生的地位和持重，不會同意發生這樣的事。所以積怨正是乘這樣一個空檔發難的。」[54]據鯤西所了解的內情，聞劉二人之積怨，發生於一次課間休息之時，在教授休息室內，劉文典直指聞一多讀錯了古音，當時在學界引起了較大反應。而「從某種意義上說，這是一種令人難堪的羞辱。由羞辱而積怨，終於導致報復，賢者在所不免」。[55]

鯤西所言並非空穴來風。劉文典之張狂和目中無人在聯大眾人皆知，他不僅大罵沈從文「該死的」與「四塊錢也不值」，還曾不止一次地公開宣稱聯大文學院只有三個教授，即「陳寅恪先生是一個，馮友蘭是一個，唐蘭先生算半個，我算半個」。[56]什麼聞一多、朱自清、羅常培、羅庸、金岳霖、鄭天挺、姚從吾、吳宓，連同小一號的吳晗等輩，在他眼裡皆不值一提，與沈從文一樣連「四塊錢」也不值。既然在他心目中學美術出身的聞一多連個教授都不配，自然看輕，對其偶爾念錯古字古音不分場合地指責批評也就成為一種可能。而聞一多藉此機會反戈一擊，也是男子漢尤其是詩人型的熱血男人所為，即毛澤東所謂「人若犯我，我必犯人」，或魯迅所堅持的「一個都不寬恕」是也。馮友蘭在撰寫西南聯合大學紀念碑碑文時，如果不是親身體驗，難有「文人相輕，自古而然，昔人所言，今有同慨」之慨歎。當然，如此感慨者並非僅馮氏一人，西南聯大組建時，中文系主任由清華教授朱自清擔任。一九三九年底，朱由於身體健康原因辭職，中文系主任改由北大的羅常培繼任。一九四三年十二月二十二日，朱在給老友俞平伯的信中，曾這樣披露自己的心境：「在此只教書不管行政。然邇來風氣，不在位即同下僚，時有憂讒畏譏之感，幸弟尚能看開。在此大時代中，更不應論此等小事，只埋首研讀盡其在我而已。」[57]教授之間確也不能免俗，而在西南聯大時期尤甚，處於激烈競爭的學界，相互攻訐排擠亦不是什麼新鮮之事。

當劉文典被聞一多強行解聘，欲逐出清華之際，與其友善的外文系教授吳宓挺身而出，為其大鳴不平，並以悲天憫人的情懷四處奔走呼號，同時致函陳寅恪，請其設法予以挽救。當時陳氏逃出香港尚在桂林，正準備轉赴成都燕大任教。得到吳宓的求救信後，權衡再三，感到大局已不可挽回，乃快函雲大校長熊慶來，力薦劉文典轉雲大任教，以挽狂瀾於既倒。

在磨黑的劉文典經此事變，心靈備受打擊，當然不願按聞一多說的「長為磨黑鹽井人」，而是迅速抽身攜家眷離開磨黑中學趕回昆明。[58]當他在昆明郊外那幾間租住的土屋寒舍剛一落腳，顧不得鞍馬勞頓，立即來到司家營聞一多的住處找聞氏理論。此時聞一多正在家中吃飯，劉一步闖進來，暴跳如雷，對聞大加斥責。聞一多見狀，自以為真理在握，不甘屈居下風，於是起身在飯桌旁與其吵鬧起來。雙方你來我往各不相讓，眼看將要揮動老拳，或動板凳腿，來個我以我血濺飯桌。多虧朱自清恰巧因事到場，乃奮力勸解，才避免了一場流血的惡戰。

後來劉文典是否找過梅貽琦當面申述，外界知之寥寥，但他在聞一多的強勢阻撓擠壓下，最終還是未能跨進清華的大門，被迫轉於雲南大學任教。自此，一代國學大師的星光漸次暗淡。聞、劉之糾葛以及劉文典的不幸際遇，或許可視為馮友蘭在紀念碑碑文中所說「同無妨異，異不害同；五色交輝，相得益彰」之下的一個陰影吧。

注釋

1 錢穆，《八十憶雙親・師友雜憶》（北京：生活・讀書・新知三聯書店，一九九八）。

2 周作人，〈北大感舊錄（六）〉，《知堂回想錄》下冊（合肥：安徽教育出版社，二〇〇八）。

3 劉平章主編，《劉文典傳聞軼事》（昆明：雲南美術出版社，二〇〇三）。

4 周作人，〈北大感舊錄（一）〉，《知堂回想錄》下冊（合肥：安徽教育出版社，二〇〇八）。

5 同前注。

6 當年與傅斯年有過一段交往的大陸學者唐振常，在幾年前〈關於傅斯年〉一文中曾提及此事。唐說：前幾年，與臺灣朋友說及傅斯年，我講了我在一九四七年夏天在上海拜訪傅，並對其頗不喜歡的印象。來人深不以為然，說是「在臺灣只有傅斯年一個人，在蔣介石面前敢於蹺著二郎腿大言炎炎」。從唐氏與朋友的對話可知，傅斯年蹺二郎腿事，確乎是發生在臺灣孤島。可能受這個話的感染，唐氏在大佩服中又「想起了傅斯年在參政會上大聲疾呼痛罵孔祥熙、宋子文誤國的事，再想到他於一九五〇年十二月二十日受臺灣臨時參議會質詢，當場猝然腦溢血死去，則此人是一有性格的血氣之人」（唐振常，《識史集》〔上海：上海古籍出版社，一九九七〕）。

7 其為一典故，來源如下：劉文典在清華任教時，屬最有學術威望和受學生歡迎的名教授之一，時有學生主辦的刊物每年出一期《嚮導》之類的專號，以向入學新生介紹校中情形，包括介紹各系的教授，等等。專號執筆人大都是高年級學生。由於劉氏性格耿率，形象生動，主張民主，學生們有時不免同他開點善意的玩笑。據清華校史研究專家黃延復查尋，一九三五年的一期《嚮導》中，有一篇詼諧、生動、有趣的文字，對劉文典做了如下描述：

> 常言說：「以貌取人，失之子羽。」這句話好像特別是為我們劉叔雅先生而設的。幼時讀《新青年》，看見劉先生清新美麗的文筆，縝密新穎的思想，輒幻想作者必定是一位風流倜儻、才氣縱橫的「摩登」少年。後來又從書鋪裡看到劉先生的大作《淮南鴻烈集解》，讀一讀卷首古氣磅礡的自序，再翻一翻書中考據精嚴的釋文，才又悟到作者必定是一位架高鼻梁眼鏡、御闊袖長袍而狀貌奇偉的古老先生。因為有這一種觀念在腦子裡，所以考入清華那年，大一國文不選楊遇夫先生，不選俞平伯先生，也不選朱自清先生，而單選這位善解文字給人種種不同印象的劉叔雅先生。但當第一次看見劉先生時，這種矛盾無稽幻想，一下子就逃走得一往無蹤了。記得那日國文班快要上課的時候，喜洋洋地坐在三院七號教室裡，滿心想親近這位渴慕多年的學術界名流的風采。可是鈴聲響後，走進來的卻是一位憔悴得可怕的人物。看啊！四角式的平頭罩上寸把長的黑髮，消瘦的臉孔安著一對沒有精神的眼睛，兩顴高聳，雙頰深入；長頭高兮如望平空之孤鶴，肌膚瘦黃兮似辟谷之老衲，中等的身材羸瘠得雖尚不至於骨子在裡邊打架，但背上兩塊高聳的肩骨卻大有接觸的可能。狀貌如此，聲音呢？天哪！不聽時尤可，一聽時真叫我連打了幾個冷噤。既尖銳兮又無力，初如饑鼠兮終類寒猿……且說劉先生外觀雖不怎麼動人，然而學問的廣博精深，性情的熱烈誠摯，卻是小子到如今仍覺得「十二萬分」（劉先生常用語）地佩服的……劉先生是國內有名的訓詁學家，這是誰都知道的。但當他教我們〈圓圓曲〉、〈萬古愁〉兩篇文字時，把明末清初的事蹟如數家珍般地一一說給我們聽，並且在黑板上列舉了許多典故。像這種博涉群書而又能駕馭的力量，豈是時下讀兩卷小書便以學者自命的小鬼們所可與同日而語的？（黃延復摘編，《校友文稿資料選編》，「清華校友通訊叢書」第三輯）

8 劉平章主編，《劉文典傳聞軼事》（昆明：雲南美術出版社，二〇〇三）。

9 同前注。

10 張正元、楊忠廣，〈疾惡真推爾正平——我校創始人劉元典〉，《安徽師大學報》（哲學社會科學版）一九八八年二期。

11 同前注。

12 一九二二年五月，前清遜帝溥儀曾召見胡適。胡氏在不久所作的〈宣統與胡適〉一文中，記載了這次被召見的經過，其中有「在養心殿見著清帝，我對他進行了鞠躬禮，他請我坐，我就坐了……他稱我『先生』，我稱他『皇上』」之語。

13 一九二九年十月，胡適發表了〈知難，行亦不易〉一文，對孫中山提倡的「知難行易」學說加以批評，同時提出了一個新的「專家政治」的主張，要求蔣介石政府「充分請教專家」，明確提出「知難行易」的學說「不修正，專家政治絕不會實現」云云。一九三一年十月，蔣介石在南京會見丁文江與胡適，「對大局有所垂詢」，各報轉載了消息。一九三一年十二月十一日，《十字街頭》第一期刊發了魯迅（署名佩韋）的〈知難行難〉一文。魯迅在文中對胡適等人進行了嘲諷：「現在沒有人問他怎樣的稱呼。為什麼呢？因為是知道的，這回是『我稱他主席……』！安徽大學校長劉文典教授，因為不稱『主席』而關了好多天，好容易才交保出外，老同鄉，舊同事，博士當然是知道的，所以，『我稱他主席！』也沒有人問他『垂詢』些什麼。為什麼呢？因為這也是知道的，是『大局』。而且這『大局』也並無『國民黨專政』和『英國式自由』的爭論的麻煩，也沒有『知難行易』和『知易行難』的爭論的麻煩，所以，博士就出來了。」

13〈教授印象——記劉文典〉，清華大學《暑期週刊》（一九三五）。

14 張正元、楊忠廣，〈疾惡真推爾正平——我校創始人劉元典〉，《安徽師大學報》（哲學社會科學版）一九八八年二期。

15 鄭千山，〈獨立蒼茫看落暉——抗戰中的劉文典〉，《春城晚報》，二〇〇二年七月二十五日。

16 同前注。

17 同前注。

18 同前注。

19 劉興育，〈劉文典的藏書手稿如何流失日本？〉，《春城晚報》，二〇〇〇年十一月二十四日。
20 鄭千山，〈獨立蒼茫看落暉——抗戰中的劉文典〉，《春城晚報》，二〇〇二年七月二十五日。
21 同前注。
22 《生活導報》三六期（一九四三年八月一日）。
23 黃延復，〈劉文典軼事〉，《劉文典傳聞軼事》，收入劉平章主編，《劉文典傳聞軼事》（昆明：雲南美術出版社，二〇〇三）。
24 張中行，《負暄瑣話》（哈爾濱：黑龍江人民出版社，一九八六）。
25 劉平章主編，《劉文典傳聞軼事》（昆明：雲南美術出版社，二〇〇三）。
26 張文勳，〈前言〉，收入劉平章主編，《劉文典傳聞軼事》（昆明：雲南美術出版社，二〇〇三）。
27 章玉政，《狂人劉文典：遠去的國學大師及其時代》（年表）（桂林：廣西師範大學出版社，二〇〇八）。
28 宋廷琛，〈憶劉文典師二三事〉，《傳記文學》四四卷四期。
29 吳宓著，吳學昭整理、注釋，《吳宓日記》第七冊（北京：生活・讀書・新知三聯書店，一九九八）。
30 同前注，第八冊。
31 同前注。

吳宓一生追逐的女人多多，年齡相貌也各有不同，但毛彥文卻是吳宓一生中最重要、也是最令他牽腸掛肚的女人，直到死，吳宓還在念念不忘這位令他魂牽夢繞的風流浪漫的女性。只是毛彥文不顧吳宓一片相思之情，竟出乎吳氏本人和世人意料地投到了當時已垂垂老矣的熊希齡（熊曾擔任過北洋政府國務院總理兼財政總長）懷抱。一九三五年二月九日，三十八歲的毛彥文與六十六歲的熊希齡在南京舉行了場面盛大的婚禮。關於熊希齡情場戰勝吳宓的傳奇過程如下：

一九一六年秋，在杭州女師畢業的毛彥文考入浙江吳興湖郡女校學習英語。此為一教會學堂，毛彥文的才學深得同學朱曦的欽佩。朱曦乃前國務院總理熊希齡（字秉三）夫人朱其慧的內侄女，自小在熊家長大。有一天，熊夫人到女校探望朱曦，偶爾查看成績，發現毛彥文屬於品學兼優的學生，遂相約見面交談。朱對毛的相貌和學識深有好感，便再三囑咐朱曦要和毛彥文這樣的同學交朋友並向其學習。毛見堂堂的熊夫人平易近人，一派大家閨秀風範，亦產生敬愛之情，自此與熊府有了交往。一九二〇年，毛彥文自湖郡女校畢業，考入北京女子高等師範學校外語科，兩年後轉學於南京金陵女子大學，適與熊希齡的女兒熊芷同學。未久，二人成為密友，毛彥文與熊家的接觸也更加頻繁起來。一九三一年八月，自美國留學歸來，時任復旦大學教授的毛彥文在同學熊芷的陪同下，到北平參觀了熊希齡於一九一八年創辦的規模宏大的香山慈幼院。立志獻身教育事業的毛彥文，對慈幼院的教育模式產生了濃厚興趣，而「老貓知道肉香」的熊氏，也對風韻飄逸的毛彥文產生了「老貓吃小魚」的大膽構想。

一九三四年，已喪偶鰥居的熊希齡在經歷了一陣激烈的心理鬥爭之後，在內侄女朱曦的精心安排下正式向毛彥文求婚。此時經歷了兩次婚姻打擊並與吳宓糾纏不清的毛彥文，已感身心俱疲，很想找個愛情港灣停歇逗留。經過朱曦等人和一群幫閒者架弄與撮合，毛禁不住十面埋伏、八面夾擊的人情世故，終於答應了熊的求婚。於是，三十八歲的毛彥文於一九三五年二月九日嫁給了六十六歲的前北洋政府國務院總理。在一片大呼小叫與媒體的冷嘲熱諷中，熊老漢與毛小姐在南京舉行了一場豪華的婚禮。此後，毛彥文來到北平，出任北平香山慈幼院院長之職。

當熊希齡追求毛彥文時，毛提出的條件之一是，二人結婚後熊要剃掉鬍鬚，對方不但愉快地答應，並立即找來剃頭匠，把留了二十多年的長鬚剃去。此時有位老友前來拜訪，不明就裡，以為是熊氏欲趕時髦，不禁搖頭說：「秉三哪，你已是六十六歲的人，年紀不小了，何必多此一舉呢？」熊聽罷，深情地望了一眼身邊的毛彥文，笑著對老友道：「人家就是要求有此一舉，否則不幹啊！」遺憾的是，熊希齡剛「舉」起來，沒幹多長時間，就砰然倒地，一命嗚呼了。

一九三七年十二月，南京淪陷後，毛彥文隨熊希齡赴香港，擬轉道去長沙辦理香山慈幼院分院事。不料熊氏突患中風，於同年十二月二十五日病逝客寓。

當熊希齡撒手歸天的時候，日夜思念毛彥文的吳宓正在長沙南嶽衡山臨時大學文學院任教。據吳宓日記載：十二月三十一日晚，在圖書館開分校師生新年同樂會。散會後，上樓。「賀麟招宓至閱報室中，指示宓看日前

（二十六日）。漢口《大公報》電訊，載稱熊希齡君，於二十五日在香港病逝云云。宓震驚，深為彥悲痛。萬感紛集，終宵不能成寐。於枕上得詩一首，『懺情已醒浮生夢』云云。另錄。於是起，燃燈小煤油燈，旋改用菜油。寫之。再寢。思感纏綿，而東方破曉。此空前大劫之國難第一年一九三七遂於此終，覺地老天荒，一切都盡。彥嫁未滿三載，得此結局！人生如小說戲劇，真到結尾收場時矣。」

經過一夜的精神煎熬，第二日，也就是一九三八年元旦，吳宓又記：與同事賀麟聯名電唁彥，文曰：「香港電局探交熊希齡夫人禮鑒。驚悉秉老仙逝，無任悲悼。至祈節哀順變，謹此唁慰。賀麟、吳宓。」因元旦電報局放假之故，唁電未能發出。「宓昨夜就寢之前，燃燈做長函致湖南教育廳長朱經農君，述愛彥之深情，及今茲悲悼之意。請其以彥現在情形及住址相告。此函竟未得覆。今日又函毛子水君（長沙）旬日後得覆，謂僅知香港熊寓為『跑馬地，鳳輝臺，十六號』云云。宓按　鳳去臺空，此地名亦不祥之徵。此後兩月中，宓幾於無日無夕不思及彥。自覺我一生惟愛彥最為深至久長，熊公既歿，宓或可有機緣與彥重復舊好，終成眷屬乎」（《吳宓日記》第六冊）。

因心中復燃的欲望加希望之火，吳宓開始給毛彥文寫信，以傾訴離別之苦，相思之情。同時向周圍的人訴說緣由，並尋求理解與同情。除同事賀麟等人外，吳還向因抗戰而遷往南嶽衡山的一位在軍事委員會祕書廳當祕書，稱為覓公的人訴苦。據吳宓一九三八年一月五日日記載：「除夕悲彥詩，宓曾以寫示覓公。今日，覓公偕其同僚來，未及敘談，乃約往訪。」一月七日，吳宓往訪覓公，「覓公贈宓詩二首（另錄宓《詩稿》中）。最能道出宓對彥之情事。宓甚愛之，尤喜其『可堪生死搖魂夢（死指熊公之歿），只與悲歌歷夏秋。言宓之壯年、中年時期，如此過了，為伊葬送』此二句至深刻也。覓公在鄰近之村店中，款宓以酒飯。又久談。覓公以為宓可存愛彥之心，但不必再去接近，與賀麟所見同」。從記述的口氣看，吳宓認為對方之言合理，自己也有下決心從此與毛一刀兩斷的意思。想不到事隔六天之後，吳就拿捏不住，開始連續往香港發信，向毛彥文發起狂攻。據吳宓日記載：「十三日，致彥一函，慰藉，並述宓三年來生活實況。十九日，又致彥一函，均寄港，約到港訪晤。蓋處今亂世，會晤極難。而宓今決由港、越航海入滇，乃為過港晤彥故耳」（《吳宓日記》第六冊）。

面對吳宓的舊情復發與雪片狀的信函，毛彥文均未理睬。待為熊老頭子辦完喪事，便回到國內工作。大部分精力投入慈善教育事業，並設紅十字總會於重慶，收容戰區流浪兒童及學生，在四川籌設了萬縣慈幼院，先後收容了大約五千名兒童及學生等，其間一度出任浙江省參議員。

面對毛彥文緊捣不露的冷屁股，千古多情的吳宓卻要一根筋走到底，仍是情書不斷。在愛之越切，越求之不得的痛苦焦慮中，便有了吳宓的嘴巴在公共場合經常失控，在課堂上不自覺地扯到與毛彥文的陳年舊事上來，由此成為聯大師生飯後談資甚或取笑的故事。當然，除了課堂上，吳宓如同魯迅筆下的祥林嫂一樣，幾乎到了逢人便說毛彥文的病態境地。在南嶽、長沙、蒙自時代，一長串的人物聽取了他的「彙報」，到了昆明，更是日勝一日，且「彙報」的圈子已由文教界擴大到軍政界，與關麟徵的交談就是一個顯例。

一九四〇年，關麟徵出任第九集團軍總司令，所部由湖北轉入雲南，駐守滇邊，司令部設在文山，在昆明有一個辦事處。關是陝西戶縣人，吳宓乃陝西涇陽人，兩縣相隔不遠，關吳二人算是陝西小同鄉。關經常在昆明辦事處所在地——崇仁街痶園小住，閒來無事便在友人的介紹下，與當時住在昆明玉龍堆聯大宿舍的同鄉吳宓相識，隨後幾年間二人關係融洽，互有往還。此時吳宓仍緊追毛彥文不放，毛仍置之不理，每次寄去情書，均被原封不動退回，吳對此「百感交集，不勝悔痛」。正在這時，偏巧遇著一位談得來的關將軍，自然地要向這位同鄉一訴衷腸。據吳宓一九四一年一月二十二日的日記載：吳去痶園回訪關麟徵，其間「談甚歡，留晚飯。關君甚關心宓愛彥事，欲出力助成，俾宓與彥結合」。吳宓一聽這位總司令要親自出馬助自己好夢成真，大為感動，盡情暢述「對彥之往事」。這位關司令聽畢，以黃埔軍校出身的戰略家眼光「評判曰，統論全局，宓秉真情，彥用手段，宓之行動錯誤，彥之心術不端。宓是過，而彥是惡。彥只欲指揮操縱宓，以表示其權力。宓倘一九三〇年赴美，甚至一九三五年一月赴滬，均可婚彥。但婚後結果恐不佳，終致決裂」。最後，關麟徵總結三年來毛彥文對吳宓的做法和態度，認為「其三年來對宓之行事一貫，始終只是極自私而冷淡地將宓推開，只恐沾染受損，絕無絲毫為宓設想之意。故宓如再對彥進行，必無結果，故宜毅然將彥事宣告終結，另尋佳偶」（《吳宓日記》第八冊），以為上策。

就在對毛彥文窮追不捨的空隙，吳宓又在昆明追求女詩人盧雪梅與聯大助教張爾瓊，同時還與昆明某外資公司一位叫「琰」的女職員打得火熱，且在盧、張、琰三者之間搖擺不定，懸空不決，無法擰緊套牢。面對兩手抓，兩手都不硬的現實，關麟徵在按軍事家排兵布陣的戰略戰術運籌帷幄之後，得出的結論是：「與雪梅結婚不宜，即琰亦恐難成。皆當放棄。彼多才而個性強之女子，實乏情感，尚力用術，只欲操縱愛人丈夫，使之聽命。不可為室家。娶妻以河北女子為最好（關公前年所擇娶之夫人，即是），蓋北方女子柔而多情。」最後「盼宓速就此途自為計也」（《吳宓日記》第八冊）。

論證了大半天，關將軍算是亂拳打了一圈，吳宓落了個竹籃打水——一場空，不但日夜思念的夢中情人毛彥文求之不得，就連近在眼前的三個女子也成了「鏡裡拈花，水中捉月」的泡影。關氏所言，讓吳宓在大為感動之後又大為掃興。此後圍繞毛彥文究竟是否可以拿下，用什麼戰略戰術可以一舉拿下的問題，關吳二人又進行了多次討論。吳的情緒也一直隨著關麟徵的縱橫捭闔，在希望與失望之間起伏波動，動盪不息，直到關麟徵晉升為雲南警備總司令，又為「一二・一」慘案被迫去職，吳宓依然是孤身一人，兩手空空，只在夢中才得以與心愛的女人牽手擁抱，盡情享受撲騰狂歡的美妙。

綜觀吳宓「傳道授業解惑」之生涯，給人留下了一個坦誠、率真、嚴謹、老實的學者印象，具有儒家溫柔敦厚的美德，但也兼有書生和詩人優柔寡斷、患得患失、鑽牛角尖、瑣碎的弱點，而此點在愛情上的一系列表現更趨明顯。吳氏一生比較喜歡女人，更喜歡與故舊友朋談論女人，而最喜歡談的就是和毛彥文的情事，這在已出版的《吳宓日記》中已記得分明。在吳宓大半生歲月中，他成了大觀園裡的賈寶玉一樣的角色，除了毛彥文，他所愛的女人名單還有一長串，其中有結過婚的，有離了婚的，有處女，有寡婦，有美國人，有法國人，有白人，有黑人，差不多是見一個愛一個，年齡差距也越拉越大，從幾歲到十幾歲，到二十幾歲甚至幾十歲，各個框架中皆不可缺。像顧毓琇說他是「千古多情吳雨僧」還算客氣，稱之為「好色之徒」者亦大有人在。錢鍾書年少輕狂，為毛彥文的事一不小心踩到了吳氏的尾巴，使其傷心悲痛亦在此列（具體情形後述）。尤使吳宓大感羞辱，不勝悲憤者，乃吳氏在聯大拚命追逐的女人張爾瓊小姐，此小姐借《紅樓夢》之意境，「再三以宓比擬賈赦，宓頗不懌」（《吳宓日記》第八冊）。張爾瓊出手之狠之辣，致吳的悲憤羞愧之內傷，想來不會比錢鍾書給予的一掌為輕吧。對於吳宓在女人方面的左右搖擺與不安分，陳寅恪看得最為透徹，說他本性浪漫，不過為舊禮教舊道德所「拘繫」而已，真正的原因是感情不得發舒，積久而瀕於破裂，因此「猶壺水受熱而沸騰，揭蓋以出汽，比之任壺炸裂，殊為勝過」（《雨僧日記》，一九三〇年四月二十日）。

後世不少史家認為，以吳宓的才情與學識，本可以在創作和學術上取得更多更大的成就，正是由於他在文化上的保守固執和對女人的用情氾濫，過多地將時間和精力放在了對根本不可能到達的婚戀境界的追求上，致使其事業上的不少設想未能實現。如一部醞釀了二十多年的長篇小說《新舊因緣》，曾數度表示決心，做出計畫，最終還是未能寫出。他視作一生兩大著作之一的《文學與人生》（另一部即為《新舊因緣》），也遲遲沒有動筆，及至晚年完稿，稿子又被他人藏而不還，於是只給後世留下了一個普通人難以讀懂的天書似的講授題綱（收在《中國現代學術經典・魯迅吳宓吳梅陳師曾卷》〔石家莊：河北教育出版社〕一書中），著實令人扼腕。

所謂仁者見仁，智者見智。對於吳氏的為人處世與治學情形，其在聯大的同事錢穆卻有不同的看法。錢在《八十憶雙親・師友雜憶》這部回憶錄中，對吳宓給予了較高的評價。在回憶與吳宓同在南嶽衡山與蒙自文學院同居一室的那段時光時，錢說：「余與雨生相交有年，亦時聞他人道其平日之言行，然至是乃始深識其人，誠有卓絕處。非日常相處，則亦不易知也。」

錢穆完成這本回憶錄的具體時間是一九八二年雙十節，時年八十八歲，也是由香港轉赴臺北定居的第十六個年頭。《吳宓日記》在大陸首次出版則為一九九八年，此時距錢穆去世已逾八年。可以設想，吳宓日記中的內容特別是為數不少的男女情場之間的記載，錢氏是無緣相見的。但吳宓當年的情場逐波，特別是與毛彥文的風流韻事，要說「三洲人士共驚聞」顯然有些自吹自擂，而當時中國學術界的人士大多數知曉應是事實。如此無節制地顯擺，勢必引起部分知識分子的反感。金岳霖奉好友之命「前去勸勸」並以上廁所比喻私事不能亮於光天化日之下云云，畢竟屬於善意的舉動，而胡適派對此就沒有這般客氣了。一九三三年十二月三十日，胡適在日記中這樣記載：「今天聽說，《大公報》已把『文學副刊』停辦了。此是吳宓所主持，辦了三百一十二期。此是『學衡』一班人的餘孽，其實不成個東西。甚至於登載吳宓自己的爛詩，叫人作嘔心！」（《胡適來往書信選》）

胡適最後一句，自是與吳宓在報上大肆炫耀「吳宓苦愛毛彥文」等自戀詩有關，引起了胡適等派系的憤慨與非議。對於類似的種種惡語、譏諷與非議，錢穆自然有所耳聞。正是「時聞他人道其平日之言行」，出於對老友的懷念與呵護，進入遲暮之年的錢氏在「回首前塵豈勝悵惘」（錢穆語）的同時，特記如此一段往事，以令後人對吳宓其人其文有個公道的評價——「深識其人，誠有卓絕處」。特別值得注意的是，此書在臺灣出版時，與吳宓一生的風流韻事緊緊捆在一起的毛彥文還活在世上，且就居住在臺北，與錢氏居所——著名的「素書樓」相隔不遠。錢氏所寫的這段話是否考慮到毛彥文的因素不得而知，但確是把另一個在學術上勤勞刻苦嚴謹的吳宓形象呈現於世人面前。是耶，非耶，如何評判就看世道人心了。

最後需要做一點補充的是，一九四九年四月，在國民黨政權於大陸全面崩潰之時，毛彥文突患肩胛瘤，醫生囑咐必須立即赴美國治療，毛遵囑瞬即赴美。病癒後，曾到美國加州大學、華盛頓大學等學府謀職。一九六二年回臺灣定居，並執教於「私立實踐家政專科學校」，一九七六年退休。曾著有《往事》回憶錄一部，在其中〈有關吳宓先生的一件往事〉一文中，只大概交代了二人相識的過程，至於吳如何與自己「苦愛」，歐亞美三洲人士如何「驚聞」等逸聞祕事則沒有言及。但在論及吳宓婚姻之不幸根源時，卻毫不含糊地說道：「吳腦中似乎有一幻想的女子，這個女子要像他一樣中英文俱佳；又要有很深的文學造詣；能與他唱和詩詞，還要善於詞令；能在他的朋友、同事間周旋；能在他們當中談古說今。這些都不是陳女士（南按：陳心一）所專長，所以他們的婚姻終於破裂。這是雙方的不幸，可是吳應負全責，如果說他們是錯誤的結合，這個錯誤是吳一手造成的。」毛彥文在文中的最後一段話說：「吳君是一位文人學者，心地善良，為人拘謹，有正義感，有濃厚的書生氣質而兼有幾分浪漫氣息，他離婚後對於前妻仍倍加關切，不僅負擔她及他們女兒的生活費及教育費，傳聞有時還去探望陳女士。他絕不是一個薄情者……十餘年前海倫（南按：毛彥文）在西雅圖華盛頓大學從事中國大陸問題研究時，曾看到一本由香港美國領事館翻譯成英文的大陸雜誌（忘其名），登載許多大陸學者的坦白書。內有吳的一篇，大意說：他教莎士比亞戲劇，一向用純文學的觀點教，現在知道是錯了，應該用馬克思觀點教才正確。當時海倫氣得為之髮指！人間何世，文人竟被侮辱以至如此！吳君的痛苦，可想而知。傳聞吳君已於數年前逝世，一代學者，默默以沒，悲夫！」（毛彥文，《往事》〔天津：百花文藝出版社，二〇〇七〕）

前些年，中國大陸有毛彥文已於一九九八年去世的傳聞，但據《吳宓傳》的作者、南京大學教授沈衛威說，他於一九九九年六月訪臺時，毛彥文尚健在，沈還親自前往毛寓做了訪談。毛彥文自熊氏故去後，終身未嫁，亦未有子女。據說毛的晚年生活大都靠熊的子女或其子女的下一輩人照顧。當沈衛威提到吳宓並想從中打撈點歷史遺蹟時，毛故做對此人不熟悉狀，只是哼哼哈哈地一帶而過，閉口不談與吳的舊情逸事，看來她是從內心裡不願再提及那段頗具風韻的歷史了。此時，毛氏即將跨越三個世紀，可謂罕見之高壽矣。

據最新從臺北傳來的可靠消息，毛彥文於一九九九年十月二日在臺北仙逝，時年一百零二歲。

——願青山常綠，大地有情，一代美人安然長眠。

32 馬逢華，〈西南聯大的幾位教授〉，《傳記文學》五二卷六期（一九八八）。
33 吳宓著，吳學昭整理、注釋，《吳宓日記》第八冊（北京：生活・讀書・新知三聯書店，一九九八）。
34 同前注。
35 吳宓著，吳學昭整理、注釋，《吳宓日記》第九冊（北京：生活・讀書・新知三聯書店，一九九八），頁二八九。
36 余斌，〈聯大師生兼差創收種種〉，《西南聯大・昆明記憶三：文化與生活》（昆明：雲南民族出版社，二〇〇三）。
37 李瑞、傅來蘇，〈劉文典先生逸聞〉，《雲南政協報》，一九九五年二月二十五日。
38 鄭千山，〈獨立蒼茫看落暉——抗戰中的劉文典〉，《春城晚報》，二〇〇二年七月二十五日。
39 同前注。
40 蕭荻，〈關於劉叔雅先生磨黑之行〉，《春城晚報》，一九八九年八月三十一日。
41 蕭荻，〈吳顯鉞同志逝世十周年祭〉，《雲南文史資料選輯》第三四輯（昆明：雲南人民出版社，一九八八）。
42 蕭荻，〈關於劉叔雅先生磨黑之行〉，《春城晚報》，一九八九年八月三十一日。
43 李瑞、傅來蘇，〈劉文典先生逸聞〉，《雲南政協報》，一九九五年二月二十五日。
44 蕭荻，〈關於劉叔雅先生磨黑之行〉，《春城晚報》，一九八九年八月三十一日。
45 蕭荻，〈吳顯鉞同志逝世十周年祭〉，《雲南文史資料選輯》第三四輯（昆明：雲南人民出版社，一九八八）。
46 同前注。
47 蕭荻，〈關於劉叔雅先生磨黑之行〉，《春城晚報》，一九八九年八月三十一日。
48 魯迅，〈《南腔北調集》自序〉（北京：人民文學出版社，一九八〇）。

49 聞黎明、侯菊坤編，聞立鵰審定，《聞一多年譜長編》（武漢：湖北人民出版社，一九九四）。

50 清華大學檔案室存檔。

51 同前注。

52 同前注。

53 西南聯大時代，清華《教師服務及待遇規程》第一四條規定：「本大學教師在聘約期內，若遇下列事故之一者，本大學得解除其聘約……（丙）曠職或不稱職者；（丁）不遵守校章者。」第三十一條規定：「本大學教授、副教授在本校任課之鐘點不超過最低限度者，不得在外兼事。」第三十二條規定：「本大學教授、副教授在外兼課或兼事，須先得本校許可，其所兼課或兼事機關，應先函商本校。」第三十四條規定：「本大學教授、副教授在外兼課或兼事，其所兼之事，必須與所授之課性質相同。」另外，《規程》對教師在外兼課兼事所得報酬方面也有嚴格的規定。（黃延復，《劉文典逸事》）

劉文典的磨黑之行所得報酬，顯然大大超過了規定——儘管校方無法證實所得多寡，但按一般邏輯，傳言總是要大於事實本身的。劉氏之行為與所賄數字，在聯大校園之傳播，其勢之喧騰，當較事實本身尤甚。此聲勢自為梅貽琦所知所慮，加之劉氏當年走時只與北大出身的蔣羅二人打過招呼，並未向清華的聞一多請假，當然事後也沒有信函往重慶，主動向正在那裡公幹的一校之長梅貽琦稟報，此舉自然令梅感到不舒服或有些惱怒，倘不殺一儆百，若教授們都仿效劉文典之法，瞞著系主任與校長搞一個世界大串聯，五洲四海地胡跑亂竄，清華勢必陷入混亂與無序狀態，將如何收拾？鑑於這樣一種複雜的心態與考慮，梅氏方狠下心來給劉文典致命一擊。

54 鯤西，《清華園感舊錄》（上海：上海古籍出版社，二〇〇二）

55 同前注。

56 盛巽昌、朱守芬編撰，《學林散葉》（上海：上海人民出版社，一九九七）。

57 季鎮淮編著，《聞朱年譜》（北京：清華大學出版社，一九八六）。

58 關於劉文典到磨黑事為一九四三年。但聞一多之孫聞黎明與侯菊坤編撰的《聞一多年譜長編》中，卻誤為一九四二年春夏。因此事一誤，後面相關的一系列事件自然大誤，世之觀該譜者當特別注意。

又，劉文典回昆時，當年同去的聯大女學生許冀閩因水土不服而多病，加之一個單身女教師留在磨黑極不方便，亦不安全，乃與劉氏一家共同返昆。一九四四年初，根據中共雲南省地下工委的指示，吳子良與另外三位聯大學生分批離開磨黑中學，由另一批聯大學生陳盛年、黃知廉（黃平）、錢念屺（錢宏）、劉希光（劉波）、秦光榮（秦泥）、于立生（于產）等分批前往接辦。同年七月，聯大學生曾慶銓與雲大學生蔣仲明等又來到磨黑中學任教，利用課堂和各種場合，宣傳共產黨的政治主張。在磨黑中學和思普地區發展了黨員和「民青」成員八十餘人，使思普地區成為中共在滇南的重要基地之一。內戰爆發後，中共力量在這一地區迅速發展壯大，建立了自己的武裝組織。當時磨黑「土皇帝」張孟希是中共統戰的重點對象，有一個時期也曾出人、出槍參加過中共組織的武裝，與國民黨地方軍隊作戰。到了一九四八年九月，張孟希出於各種政治利益考慮，又率領地主武裝倒向國民黨。此時已成為思普地區中共特支委員的磨黑中學教師曾慶銓、蔣仲明，正組織率領當地民兵準備伏擊奪取國民黨軍隊的一批軍火，不慎消息走漏，被地方武裝頭子張孟希誘捕。曾蔣二人拒絕了中共特支準備劫獄營救的計畫，表示寧願犧牲自己，以保存有生力量。十月十二日，曾蔣二人被張孟希祕密殺害於磨黑鎮班底河邊。曾慶銓二十四歲，蔣仲明二十三歲。

一九五〇年普洱解放後，張孟希被新中國地方政府以反革命分子等罪名槍決。

第十章

血性男兒

一、站在革命對立面的聞一多

西南聯大畢業典禮，劉文典沒有應邀參加，他只在自己租賃的那間寒舍前，孤獨而淒然地眺望著昔日的同事與學生悄然遠去。而把劉氏一腳踢走的聞一多同樣沒有出席典禮，對他來說，聯大的畢業典禮已不重要，重要的是如何對青年學生發表自己的政治高見。當此之時，他正在由中共地下黨領導的昆明學聯於雲南大學至公堂「青年運動檢討會」上，鬍鬚抖動，慷慨激昂地發表演講。

在演講中，面對一個學生「今後中國青年應該做些什麼」的提問，聞一多先是習慣性地「呵呵」幾聲，然後回答道：「在去年五四紀念晚會中，我曾提出五四給我們的歷史教訓，五四運動的初期，教師與同學是一致的。後來，教授的態度漸漸轉變，不同情學生，甚至壓迫學生，他們的理想是：運動漸漸被政黨操縱了。當時那政黨不用說就是國民黨……今天我們讀歷史時所慶幸的，正是當時教授們所詛罵而惋惜的，其實凡是以運動始，必以政爭終，否則這運動便是失敗，是白費。正為五四運動後來有國民黨領導，才收到國民革命軍北伐成功的果實，一二・九運動也因有共產黨領導，才收到造成七七抗戰局面的成果。同時一二・九運動之被人指摘為受黨派利用，也正為五四之受人指摘一樣。今天歷史已經證明兩度的指摘同樣的是愚蠢無知，然而今天的歷史偏偏又在重演，愚蠢無知也依然在叫囂。」又說：「我們應認清歷史的規律，接受歷史的教訓，大膽投向政治。凡是拿『政治』來誣衊或恫嚇青年的，不是無知便是無恥。這些傢伙必將成為未來歷史上的笑柄，正為五四與一二．九時代他們的同類，在過去的歷史上一樣。」[1]

說到此處，聞一多兩手按著桌面伸頭環視一周，又「呵呵」兩聲，接著說：「其實人就是政治動物，用不著怕。中學同學年齡太小，我不贊成你們參加什麼政黨；但大學同學，尤其是三四年級的同學，快離開學校到社會上去，應該趕快決定你究竟參加哪個政黨，或是參加國民黨，或是參加共產黨，中國就這兩個大堡壘。我是民盟的，我不賣膏藥，不勸你們參加民盟。」[2]

聞氏的演講令全場為之大譁，有人拍手稱快，高呼過癮；有人不屑一顧，嗤之以鼻；更有反對者當場予以指責，隨後在《光明週刊》、《民主與時代》等刊物上撰文對其進行猛烈抨擊，勸聞一多照著屈原的法子，趕快跳昆明湖自盡，甚至把聞的暴躁性格與激烈言論，歸結為他家庭生活的不幸福所致。同時，在昆明的近日樓、青雲街、文林街等處先後貼出署名「自由民主大同盟」的大幅標語和壁報，謂聞一多等人乃拿盧布的俄國特務，雲南民盟支部組織了暗殺公司，董事長就是聞一多，而有個叫李公樸的傢伙，已「奉中共之命攜鉅款來昆密謀暴動」，其主要幹將為「聞一多夫」、「羅隆斯基」、「吳晗諾夫」，並張榜懸賞四十萬元收買聞一多人頭一顆云云。

一九四六年五月五日，聞一多在巡津街四十二號參加了清華學校辛酉級畢業二十五周年聯歡會，在昆的孟憲民、黃子卿、李繼侗、羅隆基、潘光旦等人出席了會議，梅貽琦受邀出席。席間，聞一多發表了措辭激烈的演講，「大聲疾呼地要求大家和清華、留美教育決裂，重新再做學生」。[3]眾人愕然。

五月七日，吳晗與夫人袁震離昆飛渝，聞一多全家為之送行，雙方頗為傷感。一年後，吳晗在〈一多先生周年祭〉中回憶說：「我向你告別那一天，是五月七日清晨，你和一家人送我們到院門口，你看著我居然先走，有點感傷。嘴裡說兩個月後北平見。看神色，我明白你的難過，你的笑容是勉強的，最末一句話是要我回清華時，先看你舊居的竹子。」[4]

就在吳晗離昆前後，聞一多接任了民盟雲南支部主辦的民主周刊社社長一職。

七月十五日下午，聞一多與其子聞立鶴自民主周刊社出來，在離家門口十餘步處，突然槍聲響起，聞一多遭擊，倒地斃命。

聞氏死時尚不足四十八歲，用梁實秋的話說：「聞一多短短的一生，除了一死轟動中外，大抵是平靜安定的，他過的是詩人與學者的生活，但是對日抗戰的爆發對於他是一個轉捩點，他到了昆明之後似乎是變了一個人，於詩人學者之外，又成了當時一般時髦人所謂的『鬥士』。」又說，抗戰軍興之後，一多在昆明，自己在重慶，未能晤面，通信也只有一次，所以，「聞一多如何成為『鬥士』，如何鬥，和誰鬥，鬥到何種程度，鬥出什麼名堂，我一概不知。我所知道的聞一多是抗戰前的聞一多，亦即詩人學者之聞一多」。[5]

梁實秋是聞一多在清華與美國時的同學好友，抗戰前又為青島大學的同事。對聞的回憶，許多與其同時代的人，往往夾雜黨派色彩與即興發揮的渲染成分，甚至如吳晗在狂呼一些空洞的口號之中夾雜著過多的個人成見與政治成分。而梁實秋的回憶無疑是所有公開發表的文章中，最具理性與符合常情的珍貴歷史文獻，其價值不可低估。

一八九九年出生的聞一多，於一九一二年自湖北浠水考入清華學堂讀書，這年他十三歲。聞的同班同學羅隆基後來曾開玩笑自詡說：「九年清華，三趕校長。」聞一多聽後說：「那算什麼？我在清華前後各留一年，一共十年。」[6]聞入學前沒讀過英文，在清華頭一年功課不及格被留級一次。留級後的聞一多被編入了一九二一級，又稱辛酉級，與原本低一級的羅隆基成了同級同學。五四運動爆發之際，雖然位居城內的北大是策源地，但坐落在郊外的清華緊跟而上，成為積極參與的中堅力量。清華的學生領袖最初為陳長桐，此人有清楚的頭腦和天生的領袖魅力，後來被聞一多同班的羅隆基取而代之，羅成了清華的新一代學生領袖。羅氏思維敏捷，辯才無礙，而且善於縱橫捭闔，鋒頭極健，是個天生搞政治當政客的人物。聞一多雖熱心運動，卻不是公開的領袖，所做的大都是撰寫通電、宣言、製作標語等文書類的工作。那時的聞一多身上還多帶有湖北鄉巴佬的氣息，不善演說，易於激動，在情緒緊張時滿臉脹得通紅，如同茶壺倒餃子——肚裡有貨，就是倒不出來。學校當局出於政府及各方面的壓力，對學生在運動中的所作所為越來越感到不滿，時任清華校長的張煜全在一次學生集會中，下令關閉電燈，欲派人強行驅散學生，眾人並不理會，點燃早已準備的蠟燭繼續開會。有幾個望風放哨的學生突然發現會場外有幾個形跡可疑的人，遂一擁而上當場捉捕，經盤問方知是校方特意請來準備彈壓學生的特務人員。此事儘管有些蹊蹺，但還是引起了學生眾怒並引發了驅趕校長的風潮。張煜全走後，又來了一個金邦正，學生不滿，再趕，再走。外交部派來的第三位校長羅忠詒，尚未到任，就有消息傳入清華園，說此人吸食鴉片，不務正業，屬政客與街頭小混混兒之類。於是輿論譁然，清華學生公開表示反對，羅忠詒未能走馬上任即已去職。在短短的幾年內，清華三易校長，其情形在教育界實不多見。本來清華學生在校學習八年就可畢業「放洋」，但是一九二一年六月三日，北洋政府派兵鎮壓以馬敘倫為首的北京八校教授索薪鬥爭，並毆打索薪代表，遂演成「六三」慘案。面對被胡適稱為「馬夷初帶著大家亂跑，跑向地獄裡去」的悲劇，北京市學聯決議全市罷課，以示反抗。羅隆基、聞一多等二十九名辛酉級畢業班學生堅持罷課而拒絕參加出洋前的大考，結果被校方分別給予自請退學的處分，一年後根據悔過表現方得以赴美。故羅隆基有了「九年清華，三趕校長」的自詡，同時也有了聞一多清華十年的特例。

一九二二年二月，聞一多屈服於家庭壓力，極不情願又無可奈何地回到湖北浠水巴河鎮望天湖畔的聞家鋪子村，與鄰村一位姨妹高孝貞小姐結婚。高氏出身鄉村小官僚之家，自小在家鄉小環境裡長大，所受教育不多，粗通文字，但陳腐朽舊的封建禮教卻被強灌了不少，從既要「孝」又要「貞」的名字上，即看出為其取名者的苦心與所受的是一種什麼樣的思想文化錘鍊。一個月後，聞一多獨身一人返回清華，在自己與梁實秋等人創辦的「清華文學社」裡繼續過他的單身詩人生活。時已與聞成為詩友的梁實秋回憶說：「一多對他的婚姻不願多談，但是朋友們都知道那是怎樣的一般經驗。」[7]半年後的七月十六日，聞一多與羅隆基等辛酉級被迫留級的二十九名清華學生，登上了駛往美國的輪船，開始了「放洋」生涯。

抵美後，聞進入芝加哥美術學院開始接受傳統的西洋美術教育。一年後，又到珂泉大學、紐約藝術學院等院校轉了一圈，所學專業仍是美術，但更多精力卻放在詩歌的學習與創作之中，其間有〈憶菊〉、〈洗衣曲〉、〈七子之歌〉等詩歌與詩集《紅燭》在國內問世，引起青年人的追捧，從而奠定了其在現代詩壇的地位。

一九二五年六月，聞一多結束了學業，但沒有得到任何學位，遂懷著一絲惆悵與對故土的眷戀之情，與余上沅、趙太侔等同學離美返國。未久，在好友兼詩友，當時正在編輯《晨報》副刊的徐志摩引薦下，入北京國立藝術專門學校任教務長。時任藝專校長的是章士釗的親信劉百昭，也就是後來在女師大風潮與「三一八」慘案中，被魯迅稱作「率領男女武將」把劉和珍等學生強拖出校的那個「活寶」。儘管聞一多看不上劉百昭輩張牙舞爪的模樣，但未敢造次，正如梁實秋所說，「初回國門，難為擇木之鳥」，只好暫時隱忍，以做權宜之計。一九二六年四月，奉系大軍殺出山海關攻入北京，其間槍殺了著名報人邵飄萍、林白水等，[8]大肆迫害文化名人，整個京城陷入人人自危的境況。加之北京八校欠薪與藝專內部風潮迭起，派系傾軋紛爭越演越烈，聞一多徬徨無主，乃辭職返回湖北家鄉暫住。之後又流亡到上海，在好友潘光旦等人的幫助下，到張君勱創辦的吳淞國立政治大學任訓導長，半年後離去，在全國各地輾轉奔波，求職謀食，先後做過國民革命軍政治部藝

聞一多在美國芝加哥美術學院門前

術股長、中央大學外文系主任、武漢大學文學院院長。一九三〇年夏受楊振聲（字金甫）之邀，與留美歸來的好友梁實秋同去青島大學任教。聞氏任青島大學文學院院長兼中國文學系主任，梁任圖書館長兼外國文學系主任。

早在清華讀書時，聞一多受漸進改良主義影響，對無政府主義和共產主義思想十分反感，認為這樣的主義只教導國人如何去破壞砸碎這個世界而沒有建設，是十足的敗家子與胡鬧臺。待「放洋」美利堅，很快與一幫志趣相投的清華同學創立了具有「國家主義」色彩的「大江會」，編輯出版《大江季刊》，宣示自己的政治、文藝主張，聞一多在這個季刊上發表了〈七子之歌〉、〈洗衣曲〉等著名詩篇。一九二五年回國後，聞仍對政治保持極大的熱情，一度與著名的國家主義者、中國青年黨黨魁之一、反共反蘇急先鋒李璜聯手，強烈反對共產主義。據後來遷往臺灣的李璜回憶：「我於民十四之秋到北平後，一多時在國立藝專任教職，他是看見《醒獅週報》註銷國家主義各團體聯合會的發起廣告，而同著余上沅找上我的門來的。他一見我，說明代表美國同學主張國家主義者所成立的大江會，特來參加聯合會，後而慷慨激昂地說：『內除國賊，外抗強權的宗旨不錯，但得要真正的幹一番，你怎樣幹法？』我答：『先行團結愛國分子，大家商量著幹吧。』他說：『好！』停一下，他又說：『現在北京的共產黨就鬧得不成話，非與他們先幹一下，唱唱花臉不可！我看老兄是個白面書生，恐不是唱花臉的吧！』我笑道：『花臉就讓你來唱吧！如何？』」[9]

此時的聞一多雖然表面上謂李璜是一介書生，實則對其頗為敬重，並一度稱其為「光風霽月國士無雙」的中華民族最傑出的英雄，他決心追隨這位「英雄」在反革命的道路上與共產黨分子較量一番。聞在致梁實秋的信中說道：「國內赤禍猖獗，我輩國家主義者際此責任尤其重大，進行益加困難。國家主義與共產主義勢將在最近時期內有劇烈的戰鬥。我不但希望你趕快回來，並且希望多數同志趕快回來。我輩已與醒獅社諸團體攜手組織了一個北京國家主義團體聯合會，聲勢一天浩大一天。若沒有大批生力軍回來做實際的活動，恐怕要使民眾失望。」[10]

在大批生力軍到來之前，聞一多單槍匹馬於月黑風高之際，以狂熱的激情幾次參與國家主義派系分子在北大召開的反蘇反共大會，而幾乎每次都與共產黨人發生激烈衝突直至大打出手。聞在給梁實秋的信中曾繪聲繪色地描述過此事：「前者國家主義團體聯合會發起反蘇俄進兵東省大會……（有人）大肆其搗亂之伎倆，提議案竟一無成立者。結果國家主義者與共產主義者隔案相罵，如兩軍之對壘然。罵至深夜，遂椅凳交加，短兵相接。有女同志者排眾高呼，出言不遜，有如大漢之叱咤一聲而萬眾皆喑。於是兵荒馬亂之際，一椅飛來，運斤成風，僅折鼻端而已……」[11]

如此這般鬧騰了幾年，轉了一個圈子來到青島大學，聞的政治思想與態勢仍未改變。一九三一年九月十八日，日本軍隊攻占瀋陽，爆發了震驚中外的「九一八」事變。奉系軍閥張學良密令所部不戰而退，東北全境淪陷於日寇的鐵蹄之下。[12]面對東北父老的聲聲呻吟與飛濺的血淚，全國人民群情激憤，學界師生慷慨悲鳴，要求抗日的呼聲在中華大地上翻滾沸騰，呈風雷激盪之勢。平津學生紛紛罷課結隊南下，向南京國民政府請願，要求當局放棄不抵抗政策，立即發兵北上，打出關外，收復東北全境。青島大學的左翼學生在中共地下黨

張學良

的領導下，也加入到這股洪流之中，以各種形式宣傳抗日，號召廣大的愛國青年團結起來，積極加入抗日救國的統一戰線。同年十二月，中共地下黨領導的青島大學「反日救國會」，組織由二百七十九名學生組成的「赴京請願團」到南京向國民政府請願。這是在中華民族遭到外敵入侵之時，青島民眾與正義師生發出的第一聲抗日的吶喊。

意想不到的是，此舉竟遭到學校當局大肆阻撓，校長楊振聲與聞一多、梁實秋等當權派公開表示反對學生此次愛國行動。據梁實秋回憶：「在校務會議中，聞一多有『揮淚斬馬謖』的表示，決議開除肇事首要分子。」這種置民族大義於不顧，不識大體的妄舉狂言，立即激怒了學生，引爆了大規模學潮，雙方矛盾更趨尖銳。梁氏又說，「開除學生的布告剛貼出去，就被學生撕毀了，緊接著是包圍校長公館，貼標語，呼口號，全套的示威把戲。學生由一些左派分子把持，他們的集合地點便是校內的所謂『區黨部』，在學生宿舍樓下一間房裡。學校裡面附設黨的組織，在國內是很平常的事，有時也會因此而和學校當局齟齬。胡適之先生在上海中國公學時，就曾和校內黨部發生衝突。區黨部和學校當局分庭抗禮，公然行文。青島大學的區黨部情形就更進一步了，『左傾』分子以黨部為庇護所，製造風潮，反抗學校當局。後來召請保安警察驅逐搗亂分子，警察不敢進入黨部捉人。這時節激怒了道藩先生，他面色蒼白，兩手抖顫，率領警察走到操場中心，面對著學生宿舍，厲聲宣告：『我是國民黨中央委員，我要你們走出來，一切責任我負擔。』由於他的挺身而出，學生氣餒了，警察膽壯了，問題解決了。事後他告訴我：『我從來不怕事，我兩隻手可以同時放槍。』我們都知道，如果沒有他明辨是非堅韌不撓的精神，那場風波不容易那樣平復下去。」[13]

在梁實秋的筆下，張道藩的出場如同武俠小說或電影中的英雄人物一樣剛健豪邁，氣勢恢宏。但在許多人的筆下，張道藩是一位政客、小丑加色鬼一流的角色，除了以權力和金錢勾引徐悲鴻夫人蔣碧微和投機鑽營當上中央宣傳部長，其他的一切更是齷齪下流，不足道也。[14]而在這次青島大學的風潮中，張道藩所起的壓制作用並不像梁實秋吹噓的那樣大，最後的結果是以楊振聲宣布辭校長職並出走北平而使風潮暫時平息。只是好景不長，隨著陳夢家進入青島大學，整個形勢又發生了逆轉。

二、青島大學的〈驅聞宣言〉

在全國教育界愛國師生與廣大民眾一浪高過一浪的呼籲下，面對東北大片土地淪陷與日軍咄咄逼人的瘋狂氣焰，愛國之士與軍隊的正義將領無不同仇敵愾，憋足了勁要與日軍來一番生死之搏。機會終於來了。一九三二年一月二十三日，日本派大批軍艦集結上海黃浦

陳夢家於中央大學法律系畢業照

江口，操槍弄炮向中國軍隊示威，日軍第一遣外艦隊司令官兼駐滬特別陸戰隊司令官鹽澤幸一滿臉殺氣地揚言「四小時可占領上海」。二十八日夜，日軍對中國閘北駐軍發動突然襲擊。駐滬十九路軍在總指揮蔣光鼐、軍長蔡廷鍇、淞滬警備司令戴戟等指揮下，奮起反擊，第一次淞滬抗戰爆發。至二月底，日軍向淞滬地區增兵十萬人，而國軍抵抗部隊不足五萬，雙方為爭奪吳淞、江灣展開劇戰直至肉搏，最後國軍寡不敵眾，被迫退至南翔、崑山一線，中日雙方遂在第一道防線展開拉鋸戰。就在這一間隙，中央大學法律系剛畢業不久的一位叫陳夢家的青年，聽到國軍退守的消息，滿懷愛國熱情與三位同學一道，由南京星夜兼程，奔赴上海近郊的南翔前線投軍，加入十九路軍抗擊日寇的行列。三月底，隨著戰事趨於緩解，陳夢家回到南京，旋受聞一多邀請赴青島大學任助教。想不到陳氏到來不久，風潮又起，波瀾再生。

陳夢家，原籍浙江上虞縣，一九一一年生於南京一個客居的牧師家庭。少年時代，陳氏已顯示出駕馭文字的過人才華。一九二七年夏，剛滿十六歲的陳夢家以同等學力考取中央大學法律系，同時開始創作新詩，引起詩壇注意。一九三一年年初出版了成名作《夢家詩集》，此時陳夢家尚不滿二十歲。

陳氏之所以年紀輕輕就在詩歌創作上贏得了聲名，除了他天生是個才子，還與得到兩個人後天的悉心指導幫助密不可分，這便是聞一多與徐志摩。當聞一多於一九二七年到中央大學任外文系主任時，陳夢家也正好進入這座學府的大門，風雲際會，使他接近了已是著名詩人的聞一多，並很快成為聞最得意的門生。在聞一多悉心指點下，具有「少年天才」之稱的陳夢家步上了詩歌與戲劇創作之路。一九二八年，聞一多向剛剛創辦的《新月》月刊推薦了陳夢家創作的劇本《金絲籠》和《藥》，隨後又推薦了幾篇詩作。自此，陳夢家成為新月派的一員，並逐漸成長為新月派後期群體中的一員健將。在社會上一度引起廣泛矚目的《新月詩選》，即為陳夢家選編。

淞滬抗戰之後受邀來到青島的陳夢家，頗為聞一多所器重。據梁實秋說：「陳夢家是很有才氣而不修邊幅的青年詩人，一多約他到國文系做助教，兩個人頗為相得。有一天他們踱到第一公園去看櫻花，走累了到一個偏僻的地方去休息，陳夢家無意中正好坐在路旁一個『招募新兵』的旗子底下，他蓬首垢面，敞著胸懷，這時節就有一個不相識的老者走了過來緩緩地說：『年輕人，你什麼事不可幹，要來幹這個！』一多講起這個故事的時候，他認為陳夢家是過於名士派了。有一次一多寫一短箋給他，稱之為『夢家吾弟』，夢家回稱他為『一多吾兄』，一多大怒，把他大訓了一頓，在這種禮節方面，一多是不肯稍予假借的。」[15]

除了陳夢家，當時聞一多在學校中還喜愛一位叫臧克家的學生詩人，並不遺餘力地加以提攜。臧克家於一九三〇年由山東諸城考入青島大學外文系，後因酷愛寫詩作文，經聞一多同意轉入中文系，自此「成為聞一多先生門下的一名詩的學徒」。[16]每當寫了自己認為值得

青年臧克家

《臧克家詩選》書影

一看的詩，臧克家便請聞一多批閱，聞總是拾起紅錫包香煙，自己先吸上一支，爾後客氣地讓臧吸一支，兩人一邊吸著煙，喝著茶，一邊談論詩稿。只要聞一多看上眼的詩稿，大都推薦給《新月》發表，臧的成名作〈難民〉和〈老馬〉，就是最先由《新月》推出而一路走紅的。據臧克家回憶，當時《新月》給的稿費極高，有一次發表了八行詩就給了他四塊大洋，這幾乎是他一個月的生活費了。臧氏在青島大學的幾年，憑著自己的才華與聞一多等人的指點，進步迅速，很快成為一顆耀眼的詩壇新星橫亙在東海之濱的上空。聞在自己的書齋桌上放了兩張相片，並時常對來訪的客人指點著說：「我左有夢家，右有克家。」言語間不無得意之色。「聞氏門下有二家」之說，在校園裡漸漸傳開。

早在武漢大學時，聞一多的興趣已轉向中國文學特別是杜詩的研究，由詩人一變為學者，這是他一生中的一個重大轉變。用梁實秋的話說：「這一改變，關係頗大。一多是在開始甩去文學家的那種自由欣賞自由創作的態度，而改取從事考證校訂的那種謹嚴深入的學究精神。作為一個大學的中文教授，也是非如此轉變不可的，何況他本來就有在故紙堆裡鑽研的癖好。」[17]到了青島大學，聞一多把主要精力投入到用現代科學方法研究《詩經》與《楚辭》上，在青島的幾年裡，除了寫過一首著名的〈奇蹟〉，很少再寫新詩。儘管如此，由於他的詩名已是窗戶檽子吹喇叭——名聲在外，芸芸眾生對其屬望仍很殷切，於詩壇嶄露頭角的臧克家在一次隨聞一多散步時曾直言相勸：「先生您應該寫詩啊，為什麼不寫了？」聞聽罷，略帶感慨地答道：「有你和夢家在寫，我就很高興了。」[18]

想不到聞一多未高興多久，青島大學的情形就發生了急遽變化。

校長楊振聲辭職後，一直滯留北平未歸，受同事們委託，聞一多專程赴平勸駕，當二人返校後，風潮再起。這次不但使楊振聲下定決心辭職離校，聞一多與梁實秋等人也在風潮的衝擊中站立不穩，不得不考慮別覓他途。一九三二年六月十六日，聞一多在致好友饒孟侃的信中說道：「前次來信，正值我上北平挽留校長去了，等我回來，校中反對我的空氣緊張起來，他們造謠言說我上北平是逃走的。現在辦學校的事，提起來真令人寒心。我現在只能求能在這裡教書混碗飯吃，院長無論如何不幹了。金甫現在已回來，我已向他表示，並得同意，候太侔回來再商量。我與實秋都是遭反對的，我們的罪名是『新月派包辦青大』。我把陳夢家找來當個小助教，他們便說我濫用私人，鬧得夢家幾乎不能安身。情形如是，一言難盡。你在他處若有辦法最好。青島千萬來不得，正因你是不折不扣的新月派……我何嘗不想老友聚在一起？在北平時與公超、上沅屢次談及，大家都是一籌莫展，垂頭喪氣。實秋尤其關心你，但是在這裡我兩人幾乎是自顧不暇了。實秋的系主任與圖書館長也非辭不可，沒想到新月派之害人一至如此！」又說：「大風潮又來了，正寫信時，學生提出五項要求給校長限三日答覆。其中一項是圖書館買書應不限任何派別，各種書都買。這又是為新月派而發的，因為從前已有過新月派包辦圖書館的煩言。」[19]

饒孟侃不僅是新月派的重要詩人，而且是新月派的重要理論家，更是新月派的活動家。他幾乎參與了新月派從形成到消失的全過程。聞一多早期的格律論及一些詩篇，差不多都是與饒孟侃相互啟發、共同探討形成的。只是這樣一位詩人卻在為生計奔波，託聞氏這位朋友欲進青大謀一教職以養家餬口，想不到又遭逢此等際遇，可謂屋漏更逢連夜雨，倒楣透頂，徒歎奈何！

事實上，聞一多自來到青島大學出任文學院院長後，羅致了不少人才，如方令孺、游國恩、丁山、姜叔明、張煦、譚戒甫等，當然還有後來的沈從文。這些人雖不是新月派成員，彼此卻有著非同尋常的關係。青島風景秀美，可惜地方過於狹小，缺少文人們最看重的文化氛圍，即二十一世紀之後政客們經常在主席臺上妄言幾句的「人文環境」。因缺少厚重的文化積澱，整座城市總是感覺空盪和缺少一種很難用言辭概括的韻味，教授們在遊逛過幾次山水之後，再無處可去，教課之餘便開始飲食徵逐，把酒臨風，以消除寂寞。據梁實秋說，當時的楊振聲、趙太侔、陳季超、劉康甫、鄧仲存、方令孺，加上聞一多與梁實秋本人，號稱「酒中八仙」。這八位大仙經常聚集喝酒，可謂三日一小飲，五日一大飲，三十斤一壇的花雕酒搬到席前，罄之而後已。每日薄暮入席，深夜始散，自譽：「酒壓膠濟一帶，拳打南北二京。」有一次胡適路過青島，被邀入席，看到「八仙」們划拳豪飲，嚇得面如土灰，急忙把夫人江冬秀專門為其打造刻有「戒酒」二字的戒指戴上，要求免戰。

如此整日喝酒撈肉地折騰，自然令學生有所耳聞並為之不滿，有些青年教師甚或同一戰壕裡的戰友亦有看法，與徐志摩關係最為密切的沈從文，作為新月派的一員，創作了短篇小說〈八駿圖〉。作品以青島大學若干同事為生活原型，塑造了八位教授不同的生活態度與生活方式。「八駿」中有物理學家、生物學家、哲學家、史學家、六朝文學專家等。這些「駿」們外表上「老誠」、「莊嚴」，滿口的「道德名分」，卻與他們不能忘懷的世俗情欲相衝突。作品通過不同情節，揭示了「八駿」的道德觀的虛偽性，頗具諷刺意味。小說甫一發表，就引起圈內幾位人士的不快，聞一多看罷更是勃然大怒，對沈頗為光火。小說中有這樣的一段描寫：「教授甲把達士先生請到他房裡去喝茶談天，房中布置在達士先生腦中留下那麼一些印象：房中小桌上放了張全家福的照片，六個胖孩子圍繞著夫婦兩人。太太似乎很肥胖。白麻布蚊帳裡有個白布枕頭，上面繡著一點藍花。枕旁放了一個舊式扣花抱兜。一部《疑雨集》，一部《五百家香豔詩》。大白麻布蚊帳裡掛一幅半裸體的香煙廣告美女畫。窗臺

年輕時的沈從文

上放了個紅色保腎丸小瓶子，一個魚肝油瓶子，一帖頭痛膏。」[20]

有好事者認為此段描寫與刻畫的人物就是聞一多，窗臺上的保腎丸則喻示主人在性功能方面有些問題。後來更有精於此道者考證出沈從文「把聞一多寫成物理學家教授甲，說他是性生活並不如意的人，因為他娶的是鄉下妻子」[21]云云。聞一多大怒之後與沈從文絕交，形同陌路。後來二人共同到了昆明西南聯大，儘管朝夕相處，但關係仍不融洽。小說發表十年後，沈從文在〈水雲——我怎麼創造故事，故事怎麼創造我〉一文中說：「兩年後，〈八駿圖〉和〈月下小景〉結束了我的教書生活，也結束了我海邊孤寂中的那種情緒生活。而年前偶然寫成的小說，損害了他人的尊嚴，使我無從和甲乙丙丁專家同在一處共事下去。」[22]抗戰後期，早年曾「站在革命對立面的聞一多」[23]之所以在思想言論上來了個一百八十度的大轉彎，由最初的反共急先鋒轉變為反對當朝政府，據羅家倫說，是與他的家庭生活不幸福有很大關係。

羅家倫是同國民黨一個道上的人，他的言論不必當真，但透過梁實秋的回憶和沈從文的小說，可推知當時青島大學之所以發起驅逐新月派人物的運動，恐怕是有相當一部分教職員工已與「八仙」們積怨，而在學生背後參與鼓動，借勢為風潮推波助瀾。

風潮既已掀起，不能摧枯拉朽，也要折斷幾根桅杆。六月二十二日，青島大學學生為反對學分淘汰制，宣布罷課。理由是新月派把持校務，學校規則過於苛刻無情。按聞一多等當權者制定的規章制度，學生考試若有一門不及格降班；兩門不及格開除。對此，學生自治會議決全校學生拒絕暑期考試，以示抵抗。聞一多等人見狀，在惱怒氣憤中採取了針鋒相對的措施，於二十三日校務會議上議決開除鍾朗華、曹高齡等九名學生頭目，並宣布提前放假，以絕後患。布告貼出，全校大譁，學生自治會召開記者招待會，強烈要求「驅逐不學無術的學痞聞一多」，並以非常學生自治會的名義致函聞一多，請其「急速離校，以免陷誤青大前途於不可收拾」。二十五日，學生自治會又公開發表了〈驅聞宣言〉。其文曰：

我們這次由一簡單的改革要求運動，演成擴大的罷課與驅逐惡劣分子的運動。這個運動的對象和事實，已經養電公告社會，現在為驅逐惡劣首要聞一多這件事，再得向社會宣言。

我們此回運動的意義，具體化的說是反抗教育的惡化，這個惡化大部分是屬於法西斯蒂化的。聞一多是準法西斯蒂主義者，他以一個不學無術的學痞，很僥幸與很湊合地在中國學術界與教育界竊取了一隅地位，不幸他狼心還不自已，必欲奪取教育的崇高地位，以為擴展實力的根據。他上年在新興武漢大學潛竊了文學院院長的地位，武漢大學的同學比我們聰明，等他居職不久，就把他趕走了。前年又來夤緣占據了我們學校文學院院長的地盤，狼子用心，欲繼續在青大發揮其勢力，援引了好多私人（如果私人是有學識的，我們絕不反對）及其徒子徒孫，並連某某左右其手包圍楊振聲校長；為欲完成其野心，他很機智地採取了法西斯蒂的道路，不信我們舉出一些事實來佐證：

一、前年敝校曾經演過一幕悲劇，就是斷送三十餘青年學業前途的一回事。這悲劇的背景，那時候一般以為張道藩為中堅，據某君（悲劇中的人物）於上年在上海晤張氏談起往事，才知道完全是聞一多的主張。他是暴力的準法西斯蒂主義者，他對於青年毫無同情，用軍警數百人把三十幾個青年學生趕走了！天乎！痛乎！

二、昨年敝校為抗日救國事赴京請願，他操縱校務會議，百般阻撓我們。我們為愛國熱（情）的驅使，硬著勁兒到了南京，他在學校肆力的大倡其暴力主張，在校務會議席上提請開除抗會執委十餘人，很大膽地提倡這樣壓制愛國運動的主張，幸經某某拚命反對，變為記過了事，第二場悲劇沒有展開。啊，天乎！

三、他為了要建樹法西斯蒂的理想於學校制度，他首先從事變更學則，重要者如新學則第四十三條之殘酷規定「學生全年學程有三種不及格或必修學程二種不及格者勒令其退學」。他的理由是提高學生程度，其實完全是藉該項學則作為壓制異己學生之工具的，文學院好些同學試卷記分不公允就是例證。

四、此回事件，他又提議開除非常會工作人員九人，校務會議操縱不了（因為有好些教授漸知他的萬惡），公然強迫校長於未經校會通過就宣布施行，經昨天全體同學赴校長家大請願，該布告又馬上收回。第三場悲劇還沒有展開。

凡此種種都充分能證明他是個準法西斯蒂主義者，其他如他的不通與不學無術的事實，因篇幅關係，不便詳提。現在為了學校前途打算，為整個的教育打算，我們已決心驅逐他走，並渴望我們的神聖教育界，不要再上當！[24]

罷課風潮在校方與學生互不讓步中滾滾向前，且越滾越烈。二十六日，聞一多等當權派態度強硬，想出了一個破解學潮的「奇招」，即布告青大全體學生休學一年（僅留二十人），即刻離校。按聞一多等人的想法，眾生一旦離校，如同水泊梁山那些大塊吃肉、大碗喝酒的眾好漢們下山散夥，再難聚攏，帶頭鬧事者也會自生自滅，失去組織反抗能力。學校當局則坐觀其成，萬事大吉。想不到這一「奇招妙算」不但未能奏效，反而觸犯了眾怒，全體學生召開緊急會議，謂學校當局「遽令全體同學一致休學，開全國大學之創例，陷青大前途於絕境，置數百青年於死地」。會議決定立即採取「反制」，否認學校一切之處置，同時否認楊振聲為青島大學合法校長。為使青大成為學生理想中真正具有「獨立之精神，自由之思想」的高等學府，學生會決定斬草除根，不留後患，除宣布驅逐「學痞」聞一多外，一併驅逐教務長趙太侔、圖書館館長梁實秋等把持青大的當權者。到了此時，楊振聲、聞一多等人才感覺到自己弄出的那一套「奇招妙算」，實乃蛇鼠之計，不成器的書生之見，成事不足敗事有餘。但事已至此，形勢已無法控制，只好聽憑事態發展。一時間，整個校園秩序大亂，四處皆是臉上淌著汗水、來回竄動、且以沙啞的嗓音大呼小叫著各種口號的學生。各色大字標語、黑墨文章，如野墳亂崗中一道道招魂幡，在校園內外上搭下掛，迎風飄揚。已呈過街老鼠狀的聞一多、梁實秋無計可施，只能相對苦笑。對此，梁實秋回憶說：「我和一多從冷靜的教室前面走過，無意中看見黑板上有新詩一首：『聞一多，聞一多／你一個月拿四百多／一堂課五十分鐘／禁得住你呵幾呵？』」這首詩的前三句一看便明，只是後一句暗含了典故，不易為外人所懂。梁氏對此詮釋道：「這是譏一多平素上課說話時之喜歡夾雜『呵呵……』的聲音，一多看了也只好苦笑。」[25]

顯然，類似的譏諷挖苦並沒有多少打擊力量，產生的效果也不明顯，有驅聞激進者，乾脆在黑板上畫一隻烏龜一隻兔子，旁邊注明「聞一多與梁實秋」。聞一多見了，很嚴肅地問在旁的梁實秋道：「哪一個是我？」梁苦笑著告訴說：「任你選擇。」[26]

在大失控與大混亂中，學校當局失去了最後的招架之功，血脈枯竭，氣數已盡。

梁實秋

二十九日，楊振聲赴南京向教育部請辭校長之職，聞一多、趙太侔、梁實秋及新月派的重要成員陳夢家等相繼離校躲避。青島大學遂成崩盤狀態，一切事宜全部停頓。

七月三日，南京國民政府教育部電令解散青島大學，成立國立山東大學。趙太侔、梁實秋等暫留山大，楊振聲正式去職赴平，聞一多偕陳夢家也告別青島來到了北平。未久，聞一多受聘清華大學中文系教授，陳夢家則進入燕京大學宗教學院繼續學業，自此各自開始了新的生命歷程。

三、聞一多與「二家」

聞一多進入清華，一直住在新南院，與他的同窗好友、稍後來到清華任職的潘光旦比鄰。清華園環境甚為幽靜，極適宜家居讀書，這是聞一多自美國歸來後最為安定舒暢的一段時光。當時清華中文系主任是朱自清，教授有俞平伯、陳寅恪（與歷史系合聘）、楊樹達、劉文典；講師黃節；專任講師有王力、浦江清、劉盼遂；教員有許維遹；助教安文倬、余冠英。這個教員隊伍格局，基本上一直保持到抗戰之後。聞一多作為新聘教授，首次與陳寅恪、劉文典等兩位國學大師同臺共事，但與他們似乎是若即若離，關係並不密切，直至在西南聯大上演了聞一多狠下心來掃蕩劉文典的悲壯劇目。

聞一多在清華園正式登臺亮相後，主要講授大一國文與《詩經》、《楚辭》以及唐詩等課程，這對非文科出身的他有不小的壓力，且在此前學術界就有「新月派教不了古代文學」的流言浮動。正是這種壓力，促使聞一多在青島大學時代就決定棄詩歌創作而下苦功埋頭做學術研究。歷經數載辛勞，終於苦盡甘來，獲取的成果使聞氏自我感覺「很有發展的希望」。由於內心充滿了希望與每月三百四十塊大洋優厚的薪水，聞一多漸漸從最初的壓力與苦悶中解脫出來，開始了一生最為灑脫豪邁的黃金時期。聽過課的清華學生馮夷有一段文字極其入神地描述了聞氏講授《楚辭》的情形：

記得是初夏的黃昏……七點鐘，電燈已經亮了，聞先生高梳著他那濃厚的黑髮，架著銀邊的眼鏡，穿著黑色的長衫，抱著他那數年來鑽研所得的大疊的手抄稿本，像一位道士樣地昂然走進教室裡來。當學生們亂七八糟地起立致敬又復坐下之後，他也坐下了；但並不即刻開講，卻慢條斯理地掏出他的紙煙盒，打開來，對著學生們露出他那潔白的牙齒做藹然的一笑，問道：「哪位吸？」學生們笑了，自然並沒有誰接受這gentleman風味的禮讓。於是聞先生自己擦火柴吸了一支，使一陣煙霧在電燈下更澆重了他道士般神祕的面容。於是，像念「坐場詩」一樣，他搭著極其迂緩的腔調，念道：「痛──飲──酒──熟──讀──離──騷──方得為真──名──士！」這樣地，他便開講起來。

顯然，他像中國的許多舊名士一樣，在夜間比在上午講得精采，這也就是他為什麼不憚煩向註冊處交涉把上午的課移到黃昏以後的理由。有時，講到興致盎然時，他會把時間延長下去，直到「月出皎兮」的時候，這才在「涼露霏霏沾衣」中回到他的新南院住宅。[27]

對於聞一多的精神狀態與拿捏的名士派頭，梁實秋曾感歎道：「黃昏上課，上課吸煙，這是一多的名士習氣。我只是不知道他這時候是不是還吸的是紅錫包，大概是改了大前門了。」[28]此時的聞一多已完全擺脫了青島大學的陰影與不快，真真實實地過起了無憂無慮、舒適寧靜的大牌教授的名士生活了。

在「熟讀離騷」與做「真名士」的同時，受當時學術空氣與清華同事的影響，聞一多對烏龜殼上的文字漸漸發生了興趣，並開始涉獵這方面的研究，寫出了幾篇契文疏證的文章。此時安陽殷墟的考古發掘在傅斯年、李濟、梁思永等人指揮下，正如火如荼地進行，隨著地下甲骨文成批成坑大規模出現，中外學界為之震動，殷墟成為學界人士最為矚目的焦點和探討的熱門話題。在這股學術風潮湧動鼓盪中，聞一多禁不住誘惑，於一九三七年春偕陳夢家來到安陽，親赴殷墟發掘現場探訪考察。此時正是抗戰前殷墟遺址的最後一次發掘，聞一多與陳夢家師徒二人面對出土的大批器物，如入寶庫金山，在發掘工地流連忘返，不忍離去。殘垣依依，洹水泱泱，此時的聞一多沒有意識到，這是他首次踏入安陽殷墟中國考古學的聖地，也是最後一次與四千年前的王城訣別。此次離去，再也沒有機會與這座歷史煙塵籠罩下的故國都城相會了。

盧溝橋一聲炮響，華北變色，處在清華園中的聞一多無法再「痛飲酒，熟讀離騷」，他不得不以複雜的心境作別居住了五年之久的清華園新南院，隨師生踏上流亡之路。

當時正逢暑假，妻子於此前已帶著兩個大兒子回湖北老家省親，聞一多與三個不懂事的小孩外加女傭趙媽繼續在清華園居住。就在戰爭爆發的前夜，意外地與臧克家相遇了。

臧克家於一九三四年國立青島大學畢業，很快受聘為山東臨清中學國文教員，其間因《烙印》、《罪惡的黑手》詩集問世，成為當時全國聞名的青年詩人。一九三七年夏，臧克家藉暑假之機來到北平走親訪友，其間自然要到清華園拜訪他的恩師聞一多。據臧氏回憶說：「聞先生見到我，有點意外，驚喜之情可以想見。他放下手頭的工作，和我親切地談起來了。談到夢家的近況，談他的研究工作，談他為什麼不寫詩了，有幾句話使我印象特別深。他說：『一個寫詩寫得好的人，做研究工作也一定會做得好！』他的意思我明白，寫詩會磨練人的心呵。」[29]

久別重逢的師徒二人相會不久，盧溝橋事變爆發，聞一多決定先把孩子送回老家再做其他打算。此時的臧克家也不敢久留，於七月十九日悄悄回返山東臨清。想不到在前門火車站，又與聞一多不期而遇了。按臧氏的說法，匆忙混亂中，只見聞一多「帶兩個大孩子，擠不上車去。一個搬運夫（紅帽子）用全力，極為緊張地幫聞先生一家擠進了車廂，聞先生把五塊一張的鈔票交到這個苦力的手裡，我看見這情況，十分感動。這隻手，代表一顆心呵」。在車裡稍做安頓之後，臧克家問道：「聞先生，您帶的東西很少，那些書呢？」聞一多聽罷，「哦」了一聲，爾後歎口氣面色沉重地說：「國家的土地，一大片一大片地丟，幾本書算得了什麼?!我只隨身帶了點重要的稿件。」[30]

聞、臧師徒與幾個小孩一同到天津，爾後沿津浦路南下。車到德州站，臧克家起身告別，師徒二人相互道著「珍重」與「再見」，誰知這一別竟成永訣。

汽笛響起，火車喘著粗氣緩緩開動，聞一多繼續南下，臧克家回到了臨清中學。兩個月後，宋哲元的二十九軍石友三部退到臨清，位於魯西北的這座古城四處遊蕩著潰退的殘兵敗將，凶悍的日軍即將兵臨城下，一時人心惶惶，爭相收拾行李家器奪城而出，向南逃命。臨清中學不得不宣布停課放假，師生四散逃亡。臧克家把不能帶走的書籍什物，分別包裝，存放在一個學生家中，而特別寶貴的兩件東西則隨身攜帶。一件是在北平清華園拜訪時，聞一多親自簽名贈送的一本《死水》詩集；另一件是祖傳的「六臣本」《文選》。倉皇之際，學生們一批又一批前來辭別，師生相見，面色沉鬱，相對無言。許多年後，臧克家記下了這個令人痛心悲傷的離別場面：「有一個詩人氣質濃重的女孩子，我給她起名『逸君』的，低著頭，在一張紙上寫著：『克師，永別了！』忽然又抬起頭來，眼中射出一道希望的光芒，又寫下了『真的永別了嗎』這六個大字……我們從聊城，步行到濟南，過黃河的時候，正值夕陽西下，坐在渡船上心緒萬端，感慨不已。黃河呵，幾時再渡船過你北上呵？」[31]

隨著抗日戰爭全面爆發，臧克家自濟南一路輾轉來到重慶，繼續從事文藝創作，並參加「中華全國文藝界抗敵協會」活動，創作出版了《我的詩生活》等詩作。而聞一多則由湖北老家別婦離雛隻身一人奔赴長沙臨時大學任教，未久又與三百餘名師生一道徒步經湘黔之境來到雲南蒙自與昆明西南聯大。與他一同前往蒙自與昆明的，還有另一位弟子——陳夢家。

陳夢家隨聞一多辭別青島大學來到北平，未做聞的助手，而是進入燕京大學宗教學院當學生的一個重要原因，是他在青島大學時就對古文字學發生了興趣。為了這一興趣，他決定繼續求學，力爭在這門專業上有所造詣。一年之後，陳因生活所迫，赴安徽蕪湖任中學國文教員。這段時間，熱河省淪入日寇鐵蹄之下，華北形勢危急，中華民族到了最危險的關頭，出於對家國存亡的關注，陳夢家先後完成並出版了《陳夢家作詩在前線》與《鐵馬集》，其中有兩首氣勢磅礴、充滿血性與愛國激情的長詩引起社會各界的矚目並傳頌一時，在〈泰山與塞外的浩歌〉這首長達八百餘行的長詩中，陳夢家吟道：

萬里長城！告訴我你龍鍾的腰身裡
收藏多少鋒鏑；告訴我那些射箭的
英雄他們英雄的故事；告訴我巍然
無恙的碉樓如今更望得見多遠
——有我漢家的大旗在蒼茫間飛揚

字裡行間頗有岑參邊塞詩的恢宏氣魄，內中的情緒充溢著激越昂揚的民族精神。其時，無論是詩的風格、深度與壯闊氣象，都與新月派那輕歌曼語、風花雪月大相徑庭了。後世研究者普遍認為，這正是陳夢家由一個純粹的新月派詩人向一個文學家、古文字學家與古史研究專家、學者過渡的象徵。

一九三四年，陳夢家重新回到燕京大學，攻讀著名古文字學家容庚教授為導師的古文字學研究生，正式開始由一個詩人向學者的蛻變。一九三六年畢業並獲得碩士學位後，留校擔任助教。也就在這一時期，陳夢家從歷年所創作的詩中精選出二十三首，集結為《夢家詩存》，算是對此前寫詩成就的一個了結，也是對讀者的一個交代。自此之後告別詩壇，把全部精力投入到古文字與古史研究之中，向著學術的高峰奮力攀進。正如他一九五六年在《尚書通論・序》中所說：「我於二十五年因研究古代的宗教、神話、禮俗而治古文字，由於古文字學的研究而轉入古史研究。」對於這一轉變，作為老師的聞一多不但沒有失望，反而認為這才是一個有才華和志向的青年追求的正途而大加鼓勵。陳夢家由詩人一變而為甲骨文研究者，而且頗有發現，聞一多在激賞之餘，曾對好友梁實秋不止一次地說過：「一個有天分的人而肯用功者陳夢家算是一個成功的例子。」而梁氏則認為：「他們師生二人彼此之間相互影響必定甚大。」[32]

梁實秋所言聞陳二人彼此影響是有道理的。聞一多由詩人而學者，且研究範圍不斷向歷史縱深拓展，他於一九四三年給臧克家的信中說過：「我的歷史研究課題甚至伸到歷史以前，所以我研究了神話，我的文化課題超出了文化圈外，所以我又在研究以原始社會為對象的文化人類學。」[33]從陳夢家由詩人而學者，以及作為學者三十年的治學路數看，基本上與他的業師聞一多一脈相承，所研究的領域有相當一部分也頗為相同，如二人同時對甲骨、金文的興趣，對神話研究的興趣等，可謂神交日甚，氣味相投。也只有這種共同的情趣與志向，才能彼此影響並開拓出一片新的學術天地。自青島大學轉入清華後，聞一多的政治熱情漸漸消失，專心痴迷於學術研究，取得的成就漸漸為儒林所重，在文人相輕的學術界能躋身赫赫有名的清華中文系，並占據僅有的五個教授席位之一，且能得到學校當局與學生雙方的認可本身就是明證。而陳夢家在燕京大學研究院畢業前後短短兩年的時間裡，就寫出了十幾篇學術論文，除〈令彝

《夢家詩集》書影

新釋〉、〈禺邗王壺考釋〉和幾篇說解單字者外，大多數是根據甲骨、金文探討商周時代的宗教、神話和禮俗，其中〈古文字中之商周祭祀〉、〈商代的神話與巫術〉、〈祖廟與神主的起源〉等頗受學界好評。與此同時，陳夢家還進行古代地理的研究，並有〈商代地理小記〉與〈佳夷考〉等名篇問世。像當年的詩作甫一問世就照亮了整個詩壇一樣，這一連串浸潤著陳夢家非凡才華與深厚功力、面貌一新的研究成果，令整個學術界為之一震，陳夢家由此聲名鵲起。

盧溝橋事變之後，陳夢家經聞一多推薦，由朱自清報梅貽琦同意，作為清華聘請人員離開北平來到長沙臨時大學任國文教員。關於這段經歷，當時的中文系主任朱自清在致梅貽琦的一封信中說得明白：「臨時大學尚缺文字學教員一人，擬由清華聘陳夢家先生為教員，薪額一百二十元，擔任此類功課。陳君係東南大學卒業，在燕大國學研究院研究二年，並曾在該校任教一年。其所發表關於古文字學及古史之論文，分見於本校及燕大學報，甚為前輩所重。聘請陳君，不獨可應臨時大學文字學教員之需要，並可為本校培植一研究人才。倘承同意，至為感謝！」[34]信中可以看出，朱自清對陳夢家已有所了解並有器重之意，再加上「為本校培植一研究人才」的光輝前景，梅貽琦較為痛快地批覆自在意料之中。可以說，這封信，是陳夢家人生和學術生涯的一個重大轉捩點。

陳夢家偕夫人趙蘿蕤到長沙臨時大學後不久又隨校遷雲南，在西南聯大文學院中文系任教，與聞一多成為朝夕相處的師生加同事。至此，聞氏在授學生涯中遭遇並喜愛的左右兩「家」，各自的發展方向與日後可能取得的成就已經注定。半年前，臧克家的北平之行，不僅意味著與恩師在人世間的永訣，同時也意味著二人在事業的追求與前行的道路上漸行漸遠。清華園相會，聞對臧說的那句寓意深刻的「一個寫詩寫得好的人，做研究工作也一定會做得好」，臧氏自詡明白其中的意思，但卻極富悲劇意味地領會成「寫詩會磨練人的心呵」。臧克家說這句話的時候是一九八〇年，其時已七十五歲，這就是說不僅他當時沒有頓悟老師的真正意旨，而且一輩子都稀里糊塗地未能明瞭暗含於老師心靈深處的真正「意思」。而真正明白者，乃是聞氏喜愛的另一「家」陳氏。這就是為什麼陳夢家在詩人身分之後短短的十幾年中，就迅速成為世所公認的著名古文字學家、青銅器研究專家、歷史學家、考古學家，並在業內獨樹一幟，取得了舉世學者難以企及的輝煌成就的原因。同時也是臧克家終生在詩歌創作的小圈子轉來繞去，在越來越政治化的詩壇上，像小爐匠一樣敲敲打打，熱炒熱賣，除了早年為他贏得聲名的如〈老馬〉等幾篇詩作，再也難得有可人業績出現的悲劇所在。當然，人的天才、靈性與識見是有差別且差別至深、巨大

陳夢家與夫人趙蘿蕤。趙蘿蕤注：這張照片大約攝於1935年春我初識夢家時。背後那棵大樹，就在當時燕京大學西校門（即今天的北京大學西校門）一進門靠右邊還未過橋的地方。攝影者是我曾經的同窗的老友蕭乾。照相機肯定是他的，他是記者，我們沒有這種機器。我那時骨瘦如柴，人稱「稻草人」，而夢家則體格魁梧，他那時已是著名詩人了。

的，無論這其中的哪一個方面，臧克家都無法與陳夢家匹敵。這就是為何陳夢家可為西南聯合大學教授，流落到重慶的臧克家曾給聞一多幾次寫信，欲往昆明求得一個小小教職而不得的又一緣由。[35]

陳夢家在西南聯大主要講授「中國文字學」與「《尚書》通論」等課程。據同在聯大文學院任教的錢穆回憶：「有同事陳夢家，先以新文學名。余在北平燕大兼課，夢家亦來選課，遂好上古先秦史，又治龜甲文。其夫人乃燕大有名校花，追逐有人，而獨賞夢家長衫落拓有中國文學家氣味，遂賦歸與。及是夫婦同來聯大。其夫人長英國文學，勤讀而多病。聯大圖書館所藏英文文學各書，幾乎無不披覽。師生群推之。夢家在流亡中第一任務，所至必先覓屋安家。諸教授群慕與其夫婦遊，而彼夫婦亦特喜與余遊。」[36]錢穆這段回憶，接下來主要敘述陳夢家在蒙自熱情促成其撰寫後來影響巨大的《國史大綱》一事，並對書成後沒有提及陳夢家之貢獻表示歉意。「余之有意撰寫《國史大綱》一書，實自夢家此兩夕話促成之。而在余之《國史大綱》引論中，乃竟未提及。及今聞夢家已作古人，握筆追思，豈勝悵惘。」[37]

陳夢家除了以詩成名，鑽研烏龜殼上古文字被時人所重，娶了貌若天仙的燕大校花趙蘿蕤弄得教授們坐立不安，爭相與之遊外，其「覓屋安家」的能耐，也頗受同行特別是一些歲數較大的儒生們所推崇。其中，聞一多一家的安置就得益於陳夢家這一特殊的本領。

一九三八年六月二十二日，聞一多給他在家鄉的夫人高孝貞寫信說：「上星期未得你的信，等到今天已經星期三了，還不見信來，不知是什麼道理。究竟如何決定，來或不來，我好準備房子。陳夢家住的房很寬綽，他願分一半給我，但有一條件，他的嫂嫂現住香港，也有來意，如果來，就得讓給他嫂嫂住了。所以萬一他嫂嫂要來，我就得另找房子，這不是一件容易事，我須在來接你以前，把房子定好，一切都安排好，事情很多，我如何忙得過來，所以你非早點讓我知道不可。」[38]

當時高孝貞帶著孩子與女傭趙媽，正住在武昌磨石街新二十五號一幢二層小樓裡，這是聞一多與兄弟們合資買下的房子。想不到信發五天之後，聞一多就得到了確切消息，因柳州航空學校要遷往蒙自，且要占用聯大文法學院校舍，軍事當局令師生們回遷昆明。聞一多匆忙再給妻子寫信解釋：「現在非住昆明不可了。但昆明找房甚難，並且非我自己去不可。現在學校已決定七月二十三日結束功課。我候功課結束，即刻到昆明，至少一星期才能把房子找定。所以你非等七月底來不可。」又說：「前後共寄六百元，除前函囑你給一百元與駟弟或父親之外，其餘五百元想在動身前還要用去一些。但事先總有一預算，請把這預算告訴我。能節省的就節省。昆明房租甚貴，置家具又要一筆大款。我手上現無存款，故頗著急。自然我日夜在盼望你來，我也願你們來，與你一同吃苦，但手中若略有積蓄，能不吃苦豈不更好？快一個月了，沒有吃茶，只吃白開水，今天到夢家那裡去，承他把吃得不要的茶葉送給我，回來在飯後泡了一碗，總算開了葷。本來應該戒煙，但因煙不如茶好戒，所以先從茶戒起，你將來來了，如果要我戒煙，我想，為你的緣故，煙也未嘗不能戒。」信中閃爍著真情的家常話，除透出雲南覓房租屋的困難和聞、陳師生的情誼，也預示著聞一多窮苦愁困生活自此開始了。

當西南聯大文法學院的師生來到昆明時，日軍對武漢、長沙等城市已展開大規模轟炸，聞夫人攜五個子女連同女傭趙媽，與聞一多之弟聞家駟一家，在炮火硝煙中離開武昌，經長沙至香港，轉越南海防，一路艱難向昆明奔來。聞一多來昆明後的情況比預料的要好些，因得陳夢家相助，總算找到了房子，他在致妻子的信中說：「昆明的房子又貴又難找，我來了不滿一星期，幸虧陳夢家幫忙，把房子找好了，現在只要慢慢布置，包你來了滿意，房東答應借家具，所以錢也不會花得很多……房子七間，在樓上，連電燈，月租六十元，押租二百元，房東借家具。這條件在昆明不算貴，押租已交，房租候搬入時再交，廚房在樓下。地點買菜最方便，但離學校稍遠，好在我是能走路的，附近有小學。」又說：「房東是中醫，開著很大的藥鋪，其親戚徐君當教員，我認識，是游先生的好友。」[39]

聞一多說的這座房子就是昆明著名的福壽巷三號姚宅，姚家世代行醫，且醫術醫德皆為人稱道，故掙下了一份大家業。聞氏租住的只是姚宅的前院，後院仍為姚家人居住（南按：後被田漢一家租住）。聞一多在信中還專門畫了一幅平面示意圖，為兩層木構樓房，正房三間，東西廂房各二，皆寬敞豁亮。院內有一大天井，約三十平方米，四季如春，花木蔥蘢，蝶飛蟲鳴，令人神怡，這在昆明完全算得上是上等的好宅院了。聞一多妻子兒女到來後，一家八口住樓上三間正房及一間廂房，其弟聞家駟被聘為聯大外文系副教授，一家五口住樓上另一廂房，整個大家庭倒也其樂融融。房東姚家乃知書達理的大家主，對讀書人格外尊敬，並與聯大、雲大許多教授如唐蘭、羅庸、劉文典、沈從文、胡小石等過從甚密，教授們患病，也多找姚家醫治。聞一多不時與主人做些交談，兩家相處和睦，子女又同在昆華附小讀書，因而關係甚好。只是主人家那位白髮蒼蒼的老太太，可能年輕的時候受婆婆虐待過甚，吃過不少苦頭，或者年輕時性生活不如意，到了自己終於由多年的媳婦熬成婆之時，開始有些變態地把當年的仇恨一股腦地轉嫁到一位叫荷花的丫鬟身上，三天兩頭便來上一頓花樣翻新的毒打。那丫鬟面對橫空飛來的棍棒皮鞭，或跑或跳，或在地上亂滾，發出聲聲鬼哭狼嚎般淒厲的慘叫。每當此時，在樓上俯首做研究的聞一多不得不停止工作，走下樓來加以勸阻，回到樓上時，一邊搖頭，一邊喃喃自語：「太不像話，太不像話！」時間一長，下樓阻止老太太的撒潑耍橫，就成了聞一多像給學生講課一樣習以為常的事務。

據說陳夢家來昆明後，託當時在雲南大學任講師的好友徐嘉瑞（南按：後任雲大教授兼文史系主任，新中國成立後任雲南省教育廳長、省文聯主席等職）為其找房，徐與姚家是親戚，知道姚氏家大業大，便向其求援。國難當頭，頗識大體的姚家主人便騰出這所上等的好房子待客。後來隨著昆明遭到轟炸，聞家離開了姚宅，在城裡城外幾經搬遷折騰，但再也沒有這樣好的房子可供安身立命了。

學校南遷之後，聞一多仍然延續了清華園五年的一貫作風，除上講堂便回到舍內閉門讀書研究，常足不出戶，對政治沒有多大興趣。在蒙自如此，到了昆明依然故我，直到一九四二年，對於當時國民黨及最高統帥蔣介石領導的全國抗戰仍充滿信心。有一次他和兒子聞立鶴交談國際國內局勢，在談到蔣介石時，說：「此人一生經歷了多次艱難曲折，西安事變時冷靜沉著，化險為夷，人格偉大感人，抗戰得有此人領導，前途光明，勝利有望。」[40]就在這年六月，清華大學召開遷昆後第十五次教授會，議決聘請聞一多、朱自清、陳寅恪、劉文典、王力、浦江清為聯大文學院中文系教授。同時，在當時的中文系代主任聞一多的力薦下，陳夢家與許維遹兩位教員擠入副教授席位。這是聞氏對弟子的關照，也是陳夢家本身所具有的才華和不斷努力的一個皆大歡喜的結果。想不到四年之後，聞陳二人便陰陽相隔，再也不能相見敘談了。

注釋

1 聞黎明、侯菊坤編，聞立鵬審定，《聞一多年譜長編》（武漢：湖北人民出版社，一九九四）。

2 同前注。

3 同前注。

4 同前注。

5 梁實秋，〈談聞一多〉，《梁實秋散文》第一集（北京：中國廣播電視出版社，一九八九）。

6 同前注。

7 同前注。

8 邵飄萍（一八八六—一九二六），原名鏡清，後改為振青，筆名飄萍。一八八六年十月十一日出生於浙江東陽，十四歲考中秀才，十九歲入浙江高等學堂（浙江大學前身）就讀，同學中後來成為著名人物的有陳布雷、邵元沖、張任天等人。

一九一二年，邵到杭州創辦《漢民日報》，因撰文譏諷袁世凱，三年內三次被捕。一九一四年流亡日本，組織「東京通訊社」，揭露日本向袁世凱提出的「二十一條」本質，從此名揚國內外。一九一六年，上海《申報》社長史量才聘邵為駐京特派記者，邵遂成為中國新聞史上第一位有「特派」稱號的記者。兩年後，他自創《京報》，為激勵報社同人秉筆直書、宣達民意，邵飄萍揮筆大書「鐵肩辣手」四字，懸於報社辦公室內。

一九一八年，邵飄萍在北京接連創辦了北京新聞編譯社和《京報》。同年十月，邵促成北大成立了新聞研究會，蔡元培聘其為導師，開中國新聞教育之先河。邵每周堅持去上兩個鐘點的課，深得學生敬重。一九一九年十月，得到一年結業證書的有二十三人，得到半年證書的有三十二人，共五十五人，其中不少人是中共最早的領袖人物，如毛澤東、高君宇、譚平山、陳公博、羅章龍、楊晦、譚植棠等，當然還有其他黨派的著名人物，如著名的無政府主義者區聲白即在其內。

五四運動爆發時，因邵揭露曹汝霖等人的賣國罪行，《京報》被段祺瑞政府查封，邵再次流亡日本。一九一九年十二月，毛澤東第二次來到北京，邵此時已被迫亡命日本，但多次受邵資助和教誨的毛還在已被封閉的京報館內住了一個多月。二十世紀三〇年代，在延安的窯洞裡，毛澤東談到當年在北京大學時的情形，曾對美國記者斯諾說：「特別是邵飄萍，對我幫助很大。他是新聞學會的講師，是一個自由主義者，一個具有熱烈理想和優秀品質的人。一九二六年他被張作霖殺害了」（〔美〕埃德加・斯諾〔Edgar Snow〕著，董樂山譯，《西行漫記》〔*Red Star Over China*〕〔北京：生活・讀書・新知三聯書店，一九七九〕）。一九四九年後，毛澤東在公開場合不承認自己是胡適的學生，說胡吹牛云云。又說自己其實是邵飄萍的學生，足見其對邵的敬重。在去世前二年的一九七四年，毛澤東還提到了邵飄萍，足見毛終生不忘邵施予自己的恩澤。

一九二〇年，段祺瑞下野後，邵飄萍由日本歸國繼續從事報業。一九二一年元旦，《京報》刊出軍閥頭目的照片特刊，每張照片附以邵親自撰寫的簡短介紹，如「奉民公敵張作霖」、「直民公敵李景林」、「魯民公敵張宗昌」等，讀者見之，踴躍搶購，為之稱快。此後，邵明確支持馮玉祥發動北京政變，又力助郭松齡倒戈反奉，同時反對復出的段祺瑞，拒絕接受「善後會議顧問」的聘請。

一九二五年十二月七日，《京報》又出一期「最近時局人物寫真」的特刊，照片下的說明文字為「馮玉祥將軍」「一世之梟親離眾叛之張作霖」、「忠孝兩難之張學良」等等。一九二六年「三一八」慘案發生後，邵飄萍強烈譴責段祺瑞執政府屠殺學生，發表了一系列詳細報導和《首都大流血寫真》特刊等極富正義感的文章。當時軍閥們懼怕邵氏的聲名，又想利用《京報》充當自己的宣傳工具，於是奉系軍閥張作霖曾匯款三十萬元於邵，希圖通好，遭到拒絕。邵氏曾公開說：「張作霖出三十萬元買我，這種錢我不要，槍斃我也不要！」鬍子出身的張作霖見對方敬酒不吃要吃罰酒，於是傳出話來，一旦奉軍打到北京，立即處斬邵飄萍。

一九二六年四月十五日，奉系軍閥張宗昌率大軍入京，段祺瑞政府咔嚓一下垮臺斷氣，北京政權落入了奉張武裝集團之手。張作霖立即下令封閉報館，箝制輿論，捕殺報人，一時間北京城風聲鶴唳，人人自危。邵飄萍被迫避居東交民巷蘇聯使館，張作霖下令想盡一切辦法逮捕。四月二十四日，被奉軍高層以造幣廠廠長之職和兩萬元大洋的誘餌收買的邵氏舊交、《大陸報》社長張翰舉，設計將邵飄萍從使館騙出。張謊稱張作霖懼怕國際干涉，不敢殺邵，並說自己已向少帥張學良疏通，其允諾《京報》可以照辦等。邵相信了這位好友的話，出使館乘車回報館的途中，被預伏軍警截捕。同時，《京報》被封，終期二二七五號。

四月二十五日，《北京晚報》發布〈京報館被封〉的消息後，北京各界，特別是新聞界人士立即組織營救。張學良出面接見十三名各界代表時，竟毫不隱諱地說：「逮捕飄萍一事，老帥和子玉（吳佩孚）及各將領早已有此種決定，並定一經捕到，即時就地槍決。」因奉張方面態度決絕，各方奔走均告無效。

四月二十六日凌晨一時許，邵飄萍被「提至督戰執法處，嚴刑訊問，脛骨為斷」，後判處死刑。其「罪行」為：「京報社長邵振青，勾結赤俄，宣傳赤化，罪大惡極，實無可恕，著即執行槍決，以照炯戒，此令。」四時三十分，邵飄萍被押赴天橋東刑場。臨刑前，邵氏向監刑官拱手說：「諸位免送！」居然幽了對方一默。未久，槍聲響過，邵氏倒地立斃，時年四十歲。

後來民國資深老記者陶菊隱在《北洋軍閥統治時期史話》一書中稱：「自從民國成立以來，北京新聞界雖備受反動軍閥的殘酷壓迫，但新聞記者公開被處死刑，這還是第一次。」

邵飄萍死後一百天，即當年八月六日，北京《社會日報》社長林白水被奉系軍閥張宗昌逮捕，槍殺於北京天橋，時年五十二歲。

9 聞黎明、侯菊坤編，聞立鵰審定，《聞一多年譜長編》（武漢：湖北人民出版社，一九九四）。

10 同前注。

11 梁實秋，〈談聞一多〉，《梁實秋散文》第一集（北京：中國廣播電視出版社，一九八九）。

12 關於「九一八」事變的大體經過是：一九三一年九月十八日夜，盤踞在中國東北境內的日本關東軍，炸毀了南滿鐵路柳條溝一段路軌，誣稱此舉乃中國軍隊所為，以此為藉口，炮轟瀋陽北大營中國駐軍，自此揭開了「九一八」事變的序幕。此後，日軍在一周之內占領遼寧、吉林的大部分地區，兵鋒所向，直指黑龍江遼闊領域。在整個事變過程中，屯紮在該地區的十九萬東北軍精銳根據指揮者的命令，一槍未放退入山海關以內。至一九三二年一月二日，日軍用百日時間占領東北三省全境，此為事變之尾聲。這個尾聲只是一個階段或過程的界標，它引發的重大惡果不但未得結束，反而才剛剛開始。用傅斯年的話說，「九一八」事變，是「我們有生以來最嚴重的國難，也正是近百年中東亞史上最大的一個轉關，也正是二十世紀世界史上三件最大事件之一，其他兩件自然一個是世界大戰，一個是俄國革命」。而「瀋陽事變就是第二次世界大戰邏輯的開始」（〈「九一八」一年了！〉、〈中國要和東北共存亡〉，收入歐陽哲生主編，《傅斯年全集》卷四〔長沙：湖南教育出版社，二〇〇三〕）。

「九一八」事變爆發之時，節制東北的封疆大吏是號稱「少帥」的小六子張學良，他身兼全國陸海空軍副司令、北平行營主任、東北政務委員會主席、東北邊防軍司令長官、國民黨東北黨務指導委員會主任委員等職。此時張不但有掌控生殺大權的「東北王」之譽，而且所有東北、華北各省（遼、吉、黑、熱、冀、察、晉、綏）的軍事，均受張學良節制，設在北平的「陸海空軍副司令部為最高機關之一」，這是張學良一生權勢的頂峰。不過，這位「少帥」當時在國人心目中的形象卻是一位風流倜儻外加吸大麻玩女人、生活淫蕩糜爛的紈袴子弟，此人倘生在一般人家，依然子承父業，早已加入了黑幫暗道，或越過夾皮溝爬上威虎山與座山雕輩在林海雪原中占山為王了。所幸憑藉鬍子出身的老子張作霖留下的宏大基業，陰差陽錯地使其登上了全國一人之下萬人之上的高位而顯赫一時。此次日軍進攻，東北幾十萬大軍一槍未放就丟了東北三省一百三十多萬平方公里的大好河山，導致三千萬東北同胞在日軍的鐵蹄下過起了亡國奴生活，作為封疆大吏與最為直接的軍事最高指揮者自然難逃干係。一時間，張學良成為眾矢之的，國人皆恨之，斥罵曰「不抵抗將軍」。凡具有道德和正義感的國際社會輿論也無不對張氏的所作所為大加鞭撻，德國報界甚至曾提議乾脆將本年度的諾貝爾和平獎授予張學良這位「不抵抗將軍」，因張學良這一做法「有裨於東亞和平乃至全世界和平不淺」云云（上海《民國日報》，一九三一年十一月十五日）。

這股憤懣之情及反張怒潮，直到抗戰全面爆發前一直沒有停止，時率領紅軍進入陝甘地區的中共領袖毛澤東，於一九三六年十一月二十六日給由東北失地撤往陝甘地區「剿匪」的原東北軍第五十七軍代軍長董英斌信中，對「九一八」事變和張學良之不抵抗主義給予了嚴厲指責與痛斥，信中說：「……豈知瀋陽變作，竟無衛國之人，一槍不放空國而逃，千里關山慘然變色。人民欲戰，軍隊不欲戰；士兵欲戰，官長不欲戰；下級官中級官欲戰，上級官不欲戰。亡國罪魁，敗兵禍首張學良等之肉，其足食乎！夫張學良為保存自己及其奸黨數十條性命，竟不惜令十餘萬英勇士兵與中下級幹部盡變為無家可歸之亡國奴，竟不惜令東三省三千萬同胞盡變為日本帝國主義之俎上肉，自古亡國之君，敗軍之將，有更可恥如此者乎？從此賣國賊之徽號，有口皆碑，逃將軍之頭銜，無人不知。醜聲洋溢，穢德彰聞。張學良不足惜，足下輩青年將校，乃亦隨風而靡，良可歎也！」（中共中央文獻研究室中央檔案館編，《建黨以來重要文獻選編（一九二一—一九四九）》第一二冊〔北京：中央文獻出版社，二〇一一〕）這裡著重提到的是，就在輿論喧騰，世人對張學良皆曰殺的歷史性時刻，上海《時事新報》十一月二十日以〈馬君武感時近作〉為題，發表了〈哀瀋陽〉七絕二首。詩曰：

> 趙四風流朱五狂，翩翩蝴蝶最當行。
> 溫柔鄉是英雄塚，那管東師入瀋陽。
>
> 告急軍書夜半來，開場絃管又相催。
> 瀋陽已陷休回顧，更抱阿嬌舞幾回。

詩中所說的趙四，按時髦的說法乃張的小蜜或曰二奶趙一荻；朱五乃梁思成、林徽因服務的中國營造學社社長朱啟鈐膝下排行第五的女公子朱湄筠；蝴蝶即胡蝶，乃中國第一部有聲電影《歌女紅牡丹》的女主角，是回眸一笑百媚生，傾國傾城的當紅電影「皇后」，也是中國第一位應邀參加國際電影節，將中國電影帶入世界的文化「大使」。

詩的作者馬君武同樣不是等閒之輩，此人乃廣西桂林人士，清光緒七年，也就是一八八一年出生。早年曾就讀於桂林、廣州、上海等地高校，一九〇一年冬赴日本京都帝國大學專攻化學，圖謀製造炸彈搞恐怖活動，對紫禁城實行「庖丁解牛」式的打擊，把那些古色古香的桌椅板凳連同上面坐著的皇帝、皇妃、皇族中的各色人等炸個粉碎，以此瓦解大清帝國。一九〇五年八月，馬氏在日本首批加入同盟會，與黃興、陳天華等人共同起草同盟會章程，並成為《民報》的主要撰稿人。同年底回國，任上海公學總教習。一九〇七年赴德國入柏林工業大學攻讀冶金學，武昌起義爆發後回國，作為廣西代表參與起草《臨時政府組織大綱》和《中華民國臨時約法》，並任南京臨時政府實業部次長。一九一三年二次革命失敗，再度赴德入柏林大學學習，獲工學博士學位。一九一六年回國，次年參加孫中山發起的護法運動，任廣州軍政府交通部長。一九二一年，孫中山就任非常大總統，馬任總統府祕書長兼廣西省省長。一九二四年國民黨實行改組，馬君武聯合馮自由、章炳麟等儒林名士發表宣言，反對國民黨改組和「聯俄、聯共、扶助農工」三大政策，與國民黨公開決裂。一九二五年出任北洋政府司法總長，旋被國民黨第二次全國代表大會開除黨籍。此後，馬棄仕途而致力於教育事業，先後任上海大夏大學、北京工業大學、上海中國公學等校校長。據馬君武當年的學生胡適（一九〇六年胡氏考中國公學時乃馬親手拔取，後胡也做過該校校長）對他的弟子羅爾綱說：「馬先生是

馬君武感時近作

趙四風流朱五狂、翩翩蝴蝶最當行、溫柔鄉是英雄塚、那管東師入瀋陽、

告急軍書夜半來、開場絃管又相催、瀋陽已陷休回顧、更抱阿嬌舞幾回

伊索新寓言 白羽

一隻山羊和一隻綿羊、因爲佔奪草原、而起之激烈的爭鬥、山羊固然勝不了綿羊、綿羊也勝不了山羊、但是彼此都不肯示弱、所以角也打斷了、腿也打折了

《時事新報》登載的馬君武詩。此詩在第四版一個極不顯眼的位置刊出，版面只有火柴盒般大小，想不到如此兩首小詩，竟轟動了國內外。其中內情固然很多，但從另一個側面也可見出當時國人的心情

孫中山同盟會的祕書長，地位很高。只是脾氣不好，一言不合，就用鞋底打宋教仁的巴掌」（羅爾綱，〈胡適瑣記〉，《胡適印象》〔上海：學林出版社，一九九七〕）。只此一語，馬君武的張狂狷介性格便活靈活現地呈現出來。

一九二七年，馬氏應廣西省政府之邀赴梧州創辦廣西大學，並出任校長，幾年後「九一八」事變爆發。時社會各界議論紛紛，全國哄傳「不抵抗將軍」張學良於事變之夜，正在北平六國飯店抱著趙四，摟著朱五，挎著胡蝶等一堆「名女人」在燈光閃耀的舞池中上下轉著圈撲騰不休。於政學兩界聲名赫赫，又天性耿直狷狂且頗負詩名的馬君武聞訊，激於愛國義憤，以革命老前輩的資格加一代名詩人的道行，仿李義山即晚唐詩人李商隱的〈北齊〉二首，寫出了轟動一時的〈哀瀋陽〉。李義山之〈北齊〉乃詠史之作，詩曰：

> 一笑相傾國便亡，何勞荊棘始堪傷。
> 小憐玉體橫陳夜，已報周師入晉陽。
>
> 巧笑知堪敵萬機，傾城最在著戎衣。
> 晉陽已陷休回顧，更請君王獵一圍。

此詩諷刺北齊後主高緯因寵幸馮淑妃而導致亡國之禍，以借古鑑今。馬君武抓住「九一八」事變與張學良醉生夢死的生活以成其詩，極其明白地向世人道出這樣一個事實，即事變發生當夜，張學良正在北平情意綿綿地糾纏於三個妖媚女人之間跳舞行樂，哪管他三省淪陷，神州陸沉，以及父老鄉親焚骨埋屍之慘狀。詩中指名道姓，言之鑿鑿，一經刊發，頓成洛陽紙貴，國人聞之無不同仇敵愾。因了這首詩的廣為流傳，也更坐實了張學良「不抵抗將軍」之惡名。為此，馬君武頗為得意，直到六年後抗戰爆發之初，馬氏還在漢口自詡此詩敢和明末清初著名詩人、祭酒吳梅村痛斥漢奸吳三桂的那首著名〈圓圓曲〉相媲美，且大有勝吳氏一籌，永垂史冊之慨。後來的歷史確也部分地證明了馬君武本人的預見，事隔七十餘年，能諳熟並順利背誦此詩者大有人在。

奇怪的是，自一九四九年之後，當時「國人皆曰殺」的張學良搖身一變，竟在大陸成了一身浩然正氣、令人頂禮膜拜的箭垛式英雄人物，他的「不抵抗將軍」之惡名，被莫名其妙地轉嫁到了「人民公敵」蔣介石的頭上。倏忽間，地覆天翻，日月倒轉，整個大陸流行的說法是，當年張學良奉行蔣介石的「不抵抗主義」，才導致了東北淪陷、大地陸沉的悲劇。此種觀點與說法像細菌一樣在極短的時間內，於各種教科書、政治類讀物與普通的紀實類書籍中繁殖滋生，很快傳往社會並深入普通民眾之膏肓。受其傳染，連一些與此事件相關的人物在回憶錄或署名文章中也持此說，並列舉了一連串雲山霧罩的所謂「事實」和「鐵證」，為「不抵抗將軍」張學良「洗冤辯誣」。流風所及，遍布海內外，大有三洲人士共驚聞之勢。

在諸多的論著中，或曰國民黨政府最高當局在事變前「嚴令張學良所部東北軍不做任何抵抗」，事變發生時，蔣介石又令「東北軍絕對不抵抗」（李新、袁明、孫思白、蔡尚思、陳旭麓編著，《中國新民主主義革命時期通史》卷二〔北京：人民出版社，一九六二〕）。或曰在日軍進攻面前，蔣介石竟嚴令東北軍抱「絕對不抵抗主義」，使幾十萬東北軍一槍不放退入關內（中國人民解放軍海軍政治部宣傳部編，《中國革命史常識》〔北京：戰士出版社，一九八三〕）。或曰「九一八」事變後，蔣介石向張學良下「不抵抗」命令，張學良「忍痛執行蔣的『不抵抗主義』方針（高存信，〈張學良、蔣介石在『攘外』與『安內』問題上的分歧〉，《抗日戰爭研究》一九八二年一期）。或曰「張學良只不過是不抵抗政策的執行者，蔣介石才是不抵抗主義的發明人」（易顯石、張德良、陳崇橋、李鴻鈞著，《九一八事變史》〔瀋陽：遼寧人民出版社，一九八一〕）。或曰，日本人占領了張學良奉天的軍事大本營，張學良遵循蔣介石的不抵抗命令，而對日本人的進攻，他一退再退，把整個東北讓給了日本人，在全國民眾的一片唾罵聲中，他又做了蔣介石的替罪羔羊，「不抵抗將軍」的臭名落在他的頭上（漠笛編，《張學良生涯論集：海內外專家論文精選》〔北京：光明日報出版社，一九九一〕）。或曰，當日蔣介石在南昌行營電張學良：「切請採取不抵抗主義，勿使事態擴大，影響外交解決」（惠德安，〈張學良將軍逸事〉）。還有的論著引用曾任張學良機要祕書的郭維城發表在一九四六年八月二十四日《東北日報》上的回憶文章〈郭維城將軍揭露十四年前反動派出賣東北罪行〉，證明「九一八」事變導致東北淪陷與張學良無涉，全是蔣介石一人的罪過。文中說：「九一八事變當時，張學良將軍在北平，一夜之間十幾次電南京蔣介石請示，南京方面卻若無其事地十幾次覆電不准抵抗，把槍架起來，把倉庫鎖起來，一律點交日軍」（《九一八事變史》）。

更為廣泛的傳說是，西安事變後，張學良在軍事法庭上辯護說：過去國人都責怪我出賣東北，現在我要讀一封蔣委員長給我的電報，說著從衣服口袋中掏出一個小錢包，從中拿出電報宣讀，大意是「九一八」事變時蔣介石命令張學良不要抵抗云云。類似說法可謂洋洋大觀，不一而足。

那麼事實真相到底如何呢？「九一八」事變發生之夜，張學良在哪裡？蔣介石又在哪裡呢？蔣介石下達過「不抵抗命令」嗎，他是向誰下達的？

許多材料說事變發生當晚張學良在北平看戲。二〇〇五年，香港鳳凰衛視《李敖有話說》欄目再次提到了這一問題，李氏一度引用當年任張學良副官的何世禮之說法，謂那天張陪著何世禮的老爸何東爵士看戲，看到一半，突然來了電報，張少帥看罷與何東告別，匆匆而去，再沒有回到包廂裡。當時何東覺得張學良失禮，還有些不高興，第二天在報上看到日本侵略軍發動事變的消息，才明白張不辭而別的緣由，等等。這一說法與另一位留法名人盛成的回憶錄《舊世新書》所言大體相同，只是盛氏的回憶更為詳細，說張當晚所在處所是華樂戲院，當時盛正陪同國府委員、華北政務委員會委員張繼在院內看戲，其座恰與張學良包廂相鄰。戲的主角是當時南京政府行政院祕書長褚民誼，褚到新疆出差剛到平不久，他唱戲其實是票友性質，與真正的名角登臺演出不同。這晚褚唱的是《空城計》，演諸葛亮者乃褚之祕書。盛氏「正看戲時，東北來了急電。因為張學良下令任何人不准進他的包廂，結果送電報的找到了我們這兒。張繼讓我問一問情形，來人告訴我是東北來的緊急電報。我慢慢敲了敲張的門，門沒有開。戲散後，我對張學良說：『漢卿，有一個緊急電報給你。』張一看很著急，拿著電報就走了」（盛成，《舊世新書》〔北京：北京語言學院出版社，一九九三〕）。

另有一說，謂「九一八」事變當晚，原住在協和醫院治病的張學良因招待宋哲元等將領，偕夫人于鳳至及趙四小姐去前門外中和戲院觀看梅蘭芳演唱的《宇宙鋒》。觀劇中途，張聞侍衛副官長譚海來報事變，即起身返回醫院。張學良接通東北邊防軍司令長官公署參謀長榮臻電話，了解詳情，並著左右終宵與南京當局電話聯繫，請示如何應變。當時財政部冀察晉綏特派員荊有容目睹，張還曾親自與南京通話。張學良迅即召來顧問特納，令其立即通知歐美各國駐平新聞記者，夤夜舉行記者招待會。同時，張學良召集戢翼翹、于學忠、萬福麟、鮑文樾等重要將領舉行緊急會議，磋商對策，直至次日凌晨。是夜，張學良幾乎沒有休息。待記者招待會畢，他才回到病房稍睡些許時間（湯紀濤、湯紀森，〈張學良二三事〉，收入政協全國委員會文史資料委員會《文史資料選輯》編輯部編，《文史資料選輯》第三九輯〔總一一三—一一五輯〕〔北京：中國文史出版社，一九八九〕）。稍後，南京軍事委員會覆電稱：「日軍此舉，不過是尋常挑釁性質，為免除事件擴大，絕對不准抵抗」等（張高峰，《少帥與趙四小姐》）。以上事例說明，事變發生時張學良正在北平某戲院看戲應是事實——儘管細節各有不同。

然而，蔣介石卻遠沒有張學良如此悠閒自在，九月十八日這天，蔣偕周佛海等乘「永綏」號軍艦離開南京赴江西「督剿」紅軍（李勇、張仲田編，《蔣介石年譜》〔北京：中共黨史出版社，一九九五〕）；秦孝儀主編，《總統蔣公大事長編初稿》〔臺北：中國國民黨中央委員會黨史委員會編，一九七八〕）。有人說這一晚蔣在南昌行營，有人猜測很可能正在軍艦上過夜，但無論做如何說，蔣介石這一夜不在南京當是不爭的事實。結合顧維鈞與張學良副司令行營祕書處機要室主任洪鈁等人的回憶來看，張學良是十九日才致電南京報告瀋陽事變情況的。也就是說南京國民政府中央得知瀋陽事變的消息，不是事變當晚的十八日，而是第二天的十九日，這一事實亦可從國民黨中央臨時會議的記錄和邵元沖日記等得到證明。十九日晚，在南京的國民黨中央黨部召開臨時會議，決定「電請蔣主席回京」（中國國民黨中央委員會黨史會編，《中華民國重要史料初編．對日抗戰時期：緒編（一）》〔臺北：中國國民黨中央委員會黨史會，一九八一〕）。既然蔣當晚不在南京，作為一人之下萬人之上的張學良，不可能一晚上與南京的軍事幕僚們來往十幾封電報，因為這樣做不但沒有必要，且十幾封電報傳來傳去需要大量時間，根本不可能在幾小時內完成。因而郭維城的回憶漏洞頗多，難以憑信，更不知所謂事變發生後蔣介石下令張學良不准抵抗的電文保存在哪裡。幾十年來大陸沒有發現，而臺灣已經解密的「總統檔案室」密檔存放處亦無痕跡。只是郭維城等人之謬說，日後又以訛傳訛，滋生了張學良夫人于鳳至藏匿蔣介石電報於倫敦之說，遂成又一懸案。

其實，對於「九一八」事變時「不抵抗主義」之真相，一生號稱敢作敢為的張學良晚年曾多次談及。他直言不諱地反覆說明，事變時下令不抵抗者，是他自己，而不是南京中央政府和蔣介石本人。

一九九〇年，日本廣播協會記者採訪張學良並提及「九一八」事變情形時，張氏說：「到現在有很多學者認為是中央政府下達過不抵抗指示。」「中央不負責任……我不能把九一八事變中不抵抗的責任推卸給中央政府。」又說，「九一八」事變時，「我認為日本利用軍事行動向我們挑釁，所以我下了不抵抗命令。我希望這個事件能和平解決……我對九一八事變判斷錯了。」「是我自己不想擴大事件，採取了不抵抗政策。」「當時沒想到日本人會大規模地進攻。」張學良說這話時身在臺灣，鑑於其幾十年遭監禁的經歷，採訪者懷疑：「關於不抵抗政策，張學良極力證明並非蔣介石的責任，考慮到他現在所處的立場，不得不作如是說」（周毅、張友坤、張忠發編，《張學良文集》下卷〔香港：同澤出版社，一九九六〕）。也就是說，當時採訪者認為張學良之語不能代表他的真心話，而是迫於國民黨臺灣當局的壓力不得不做言不由衷的表態。對於採訪者的論斷，許多研究者不以為然，以曾景忠為首的大陸學者認為：張學良從來是好漢做事好漢當的性格。一般來說，他不大會屈從於形勢，言不由衷。特別是到了一九九〇年，不僅蔣介石早已去世，蔣經國亦已辭世，他已逐步解除幽禁，基本上獲得自由。是年六月一日，臺灣政要張群等人和張學良的親友公開為張九十歲生日慶壽，可視作張學良獲得自由的標誌。日本廣播協會採訪他是在這之後。過沒多久，他即赴美訪遊。假如說，蔣氏父子，尤其是蔣介石在世時，他談歷史問題還有所顧忌的話，這時應是可以直言了。也正因為如此，他這時才主動邀請華人歷史學者唐德剛教授「為他的回憶錄捉刀」。在紐約期間，他又主動要求與哥倫比亞大學年輕留學生座談抗日戰爭歷史，由此引發了哥大口述歷史處與張學良合作，記錄他口述歷史的工作。

另，一九九一年五月二十八日，張學良在紐約接受東北同鄉會會長徐松林偕老報人李勇等人訪談時，談到「九一八」事變，有人問：「大陸拍攝的電影《西安事變》說：蔣介石下手諭，令你對日本侵略採取不抵抗政策。究竟有沒有這道手諭呢？」張學良立即回答：「是我們東北軍自己選擇不抵抗的。我當時判斷日本人不會占領全中國，我沒認清他們的侵略意圖，所以盡量避免刺激日本人，不給他們擴大戰事的藉口。『打不還手，罵不還口。』是我下的指令，與蔣介石無關」（段干木，〈評《張學良傳奇》〉，《傳記文學》八一卷一期〔一九八四〕）。

由於張學良的機要祕書郭維城謂蔣介石一夜「十幾次覆電」說，後來就有文章加以引申為：「九一八」事變發生後，蔣介石曾給張學良十餘件電報函件，令其不抵抗。後來張夫人于鳳至到歐洲，特地把這些電報保存在倫敦滙豐銀行保險櫃中。因為有這些函電，西安事變後，于鳳至即以此威脅，使國民政府中央和蔣介石不敢加害張學良云云。而據曾替張學良記錄口述歷史的哥倫比亞大學圖書館工作人員張之宇記載：「張氏曾自疚，告訴筆者：我是封疆大吏，中東路，九一八事件，對蘇、日關係，平時我有自主權，不能說有了事，推卸責任。外間傳說我有蔣（介石）先生不抵抗手諭存在于鳳至手中，是扯淡。于鳳至不是那種人」（畢萬聞，《英雄本色：張學良口述歷史解密》〔北京：中國文史出版社，二〇〇二〕）。

張學良在與為他記錄自述歷史的哥倫比亞大學教授、著名歷史學家唐德剛談話時說：「我要鄭重地聲明，就是關於不抵抗的事情，九一八事變不抵抗，不但書裡這樣說，現在很多人都在說，這是中央的命令，來替我洗刷。不是這樣的。那個不抵抗的命令是我下的。說不抵抗是中央的命令，不是的，絕對不是的。」「那個不抵抗命令是我下的。」張學良解釋當時為什麼下令不抵抗：「沒想到日本敢那麼樣來……事前未料到，情報也不夠，我作為一個封疆大吏，我要負這個責任。」又說：「不抵抗，不能把這個諉過於中央。」當唐氏述及五十多年都說蔣介石電令不抵抗，張學良還把電報稿隨時放在身上時，張學良回答說：「瞎說，瞎說，沒有這事情……這種事情，我不能諉過於他人。這是事實，我要聲明的。最要緊的就是這一點。這個事不是人家的事情，是我自個兒的事情，是我的責任」（唐德剛訪錄，王書君著述，《張學良世紀傳奇》〔口述實錄〕〔濟南：山東友誼出版社，二〇〇二〕）。

儘管最有發言權的張學良就此事再三清楚地加以表明，但仍有一部分頑劣不化者不願意相信這一事實，仍一口咬定是蔣介石所為。但一個簡單的道理是，要想咬定蔣介石，就必須否定張學良之說，如何否定？於是有好事者，如在鳳凰衛視演講的李敖等人，就編造出一個心理學上的神話——斯德哥爾摩症候群。李敖公開放言道，張學良晚年之所以這樣說，是因為他得了一種叫作「斯德哥爾摩症候群」的病。李解釋說：「什麼叫作斯德哥爾摩症候群？就是當年在斯德哥爾摩地方一個銀行，一個強盜進去搶了這個銀行，然後裹挾了一個銀行女職員，帶著她作為人質，然後跑掉了，就使你警察開槍不好開，抓我也不方便。結果這個女孩子在被迫跟這個強盜浪跡天涯海角這樣跑的時候，居然愛上了這個強盜，然後就跟著這強盜等於幹同樣的事情了，就是認同了這個強盜。這個在心理學上叫作斯德哥爾摩症候群。就是當你被一個力量長時期壓迫的時候，久而久之你會不小心地，或者不自覺地對壓迫你的勢力認同，你對這個力量認同」（鳳凰衛視《李敖有話說》，第二七八集〈「不抵抗將軍」真相〉，二〇〇五年三月三十日）。

關於張學良是否得了這種「症候群」，此事過於複雜，很難用一、兩句話解釋清楚。僅從他以上幾段話來看，頭腦似乎正常，看不出有什麼所謂壓力下的認同。李敖卻「咬定青山不放鬆」，大瞪著眼睛堅持「九一八」東北淪陷完全是蔣介石的責任，證據是事變的第二天，張學良給蔣介石發的那封電報，電文除簡單報告事變經過外，還說「我們奉行不抵抗主義」云云。因而李敖就說：「從這句話裡我們才看出來，原來是中央的決策，我遵照你中央的決策不抵抗主義，所以我不能夠跟日本人打，所以我丟掉了東北。所以叫張學良來背這個黑鍋是非常非常不公道的。可是蔣介石就這樣幹啊，張學良就背了黑鍋。」

為了進一步坐實是蔣介石下的不抵抗命令，李敖還舉出蔣於八月十六日明令訓誡張學良的所謂「銑電」，電文曰：「無論日本軍隊此後如何在東北尋釁，我方應予不抵抗，力避衝突，吾兄萬勿逞一時之憤，置國家民族不顧」（洪鈁在〈「九一八」事變當時的張學良〉一文中有回憶）。按李敖之思維邏輯，「九一八」事變張學良不抵抗，執行的就是這份「銑電」命令。

且不說這份所謂「銑電」是「九一八」事變前一個多月發出，即使在事變前一兩天發出，蔣介石所說的也只是日本人「尋釁」，我方不抵抗。按《現代漢語詞典》的解釋，「尋釁」乃「故意找事挑釁」之意，如尋釁逞凶等。而「九一八」事變的當晚，日軍炮火之猛烈，進攻、占領意圖之明顯，顯然非「尋釁」二字之意可涵蓋，而是「大規模地進攻」了，二者是有天地之別的。因而還是張學良後來說的有道理，作為封疆大吏，這一晚上他有權下達一切命令，只是他把敵人的占領意圖誤認為是一般的尋釁滋事，由於判斷失誤，故採取了「不抵抗主義」，眼睜睜地看著瀋陽被占領的戰爭悲劇發生。到了事變的第二天或第三天，蔣介石返回南京後，召集黨國大員如何商討，採取如何策略對敵，那是另外一回事了。單就「九一八」事變之始這一階段論，責在學良，而社會輿論稱張學良是「不抵抗將軍」是恰當的，也是合乎歷史事實的。換句話說，把不抵抗的帽子像李敖一樣無端地扣到當夜對事變一無所知的黨國最高領袖蔣介石的頭上，是違背歷史真實和極不公道的。有了張學良的解釋與聲明，所謂的「九一八」事變「不抵抗主義」之責任，從此可以明晰矣！若無新的過硬證據，張學良所說可視為終極結論。反過來也可以說，得了「斯德哥爾摩症候群」病症者，不是張學良，而是被蔣介石下令披枷貫鎖拿入大牢，在暗無天日的鐵窗內苟延殘喘了幾年的小李子——李敖。正是他坐牢坐得太久的緣故，心理上才產生了這種障礙性疾病，什麼壞事都幻想著是蔣氏父子幹的。

最後附帶說一下當年「趙四風流朱五狂，翩翩蝴蝶最當行」之詩中的朱五與胡蝶兩位名女人。

一九九一年，張學良對哥倫比亞大學口述部工作人員口述其歷史的時候，曾提到了「九一八」事變與馬君武的詩，他說：「我最恨馬君武的那句詩了，就是『趙四風流朱五狂』，這個朱五是誰呢？朱五就是朱啟鈐的五小姐，她是我祕書朱光沐的太太。他倆結婚的時候，是我給他們主婚。她小的時候，我就認得她，我同她的姐姐是朋友，僅僅是一般的朋友關係。她的四姐還嫁給了我的一位副官。這首詩我最恨了，我跟朱五不僅沒有任何關係，我都沒有跟她開過一句玩笑。」張學良的辯解，意在為他和朱湄筠之間沒有馬君武在詩中所指的那種曖昧關係做公開澄清。張學良又說：「朱五跟我現在的太太（南按：指趙一荻）是很要好的朋友。她們都是天津女子中學的學生。朱五調皮得很，有一回在香港的宴會上，馬君武也坐在那裡，朱五就拿著個酒杯走了過去，說：『馬先生，你知道我是誰嗎？我就是你詩中所寫的那個朱五啊！來，我敬你一杯，我謝謝你了，你把我變成名人了！』」張的這段話，想來不是像李敖所言是由於患了「斯德哥爾摩症候群」之病症的胡言亂語吧？

李敖在鳳凰衛視中談到馬君武那首詩時，曾唾液四濺地宣稱，胡蝶晚年寫的回憶錄中說自己根本不認識張學良。接下來便信口開河道：「這位大名鼎鼎的電影明星，當時她不澄清，她不說她不認識張學良，並且當時她還很得意。為什麼呢？我跟少帥一起跳舞啊。他有名我也有名啊，我們兩個加在一起，不是相加的效果，而是相乘的效果。她不否認的結果就是張學良背了黑鍋。大家想到沒有，她老了以後才否認……在臺灣寫回憶錄的時候，才肯講出來真話，當年她不肯講，她覺得我是胡蝶，我是有名的電影明星，我跟張少帥在一起跳舞，讓你們傳說好了，她覺得她是一種享受，這涉及了名女人的心理，可是把張學良就害慘了。」

有人對李敖的為人為文曾下過這樣一句評語，此君乃「文人中的政客，政客中的文人，兩頭都沾邊，兩頭都無道兒。作為政客，他的出謀畫策，皆小夫蛇鼠之計智，用之於家，則亡家；用之於國，則僨國；用之於天下，則失天下。作為文人，觀其譎吊辭談，實乃一無行、無恥、無德之三無之妄人也！」或曰：「李氏之所作所為所言，皆擺脫不了孤島一隅之地的狹隘偏僻特色也。」此評價若不能切中要害，亦與李氏之真實面目不遠也。至於本文說李氏信口開河，乃有足夠的證據證明這位「三無」人士，大睜著眼說瞎話，不但誣了他的仇人主子蔣介石，同樣枉誣了與他無冤無仇且不相識的一代藝術家——胡蝶。

歷史呈現在世人面前的一個不可隨意更改塗抹的鐵證是，就在上海《時事新報》發表馬詩的當日，胡蝶所服務的明星影片公司就做出了快速反應，並於十一月二十一日、二十二日連續兩天在上海最具影響的報紙傳媒《申報》上以胡蝶的名義發表聲明闢謠，意味馬君武之作乃一派胡言亂語，根本沒有此事。明星影片公司的著名導演、編劇、演員，如張石川、洪深、夏佩珍、龔稼農、鄭小秋等人也紛紛出面助陣，刊登聲明，為胡蝶洗刷不白之冤。其中刊載的〈胡蝶闢謠〉曰：

《申報》登載的啟事

> 蝶於上月為攝演影劇曾赴北平，抵平之日，適逢國難，明星同人乃開會集議，公決抵制日貨，並規定罰則。禁止男女之演員私自出外遊戲及酬酢，所有私人宴會一概予以謝絕。留平五十餘日，未嘗一涉舞場。不料公事畢回申，忽聞有數報登載蝶與張副司令由相與跳舞而過從甚密，且獲巨值之饋贈云云。蝶初以為此種捕風捉影之談，不久必然水落石出，無須亟亟分辯乃日。昨有日本新聞將蝶之小影與張副司令之名字並列報端，更造作饋贈十萬元等等之蜚語。其用意無非欲藉男女曖昧之事，不惜犧牲蝶個人之名譽，以遂其誣衊陷害之毒計。查此次日人利用宣傳陰謀，凡有可以侮辱我中華官吏與國民者，無所不用其極，亦不

僅只此一事。唯事實不容顛倒，良心尚未盡喪。

最後，胡蝶頗動感情，以頗慷慨的浩然之氣表示道：「蝶亦國民之一分也，雖尚未能以頸血濺仇人，豈能於國難當前之時，與負守土之責者相與跳舞耶？『商女不知亡國恨』，是真狗彘不食者矣！嗚呼！暴日欲遂其併吞中國之野心，造謠生事，設想之奇，造事之巧，目的蓋欲毀張副司令之名譽，冀阻止其回遼反攻。願我國人悉燭其奸，而毋遂其借刀殺人之計也。」

緊接其後的就是〈明星影片公司張石川等啟事〉，曰：

胡女士闢謠之言盡屬實情實事。同人此次赴平攝取《啼笑姻緣》、《舊時京華》、《自由花》等外景部分，為時幾近兩月，每日工作甚忙。不獨胡女士未嘗違反公司罰則而外出，更未嘗得見張副司令之一面。今番赴平之男女職演員同住東四牌樓三條胡同十四號後大院內，每值攝片同出同歸，演員中更未嘗有一人獨自出遊者。初到及歸前數日或出購買物件，亦必三五成群，往返與偕，故各人行動無不盡知。同人非全無心肝者，豈能容女演員做此不名譽之行動？尚祈各界勿信謠傳，同人願以人格為之保證焉！歸自北平之張石川、洪深、董天涯等全體職員及鄭小秋、龔稼農、夏佩珍等全體演員同啟。

這樣的白紙黑字堂堂正正地印在報上，還不足以說明當時的胡蝶既為自己又為張學良辯誣洗冤嗎？當「闢謠啟事」刊出後，社會上有許多人對胡蝶蒙受「不白之冤」表示同情與義憤，曾力主胡蝶訴諸法律，與馬君武對簿公堂。胡終能以民族大義為念，洞察敵寇之奸惡，企圖「侮辱我中華官吏與國民」，「欲毀張副司令之名譽，冀阻止其回遼反攻」之伎倆，「而毋遂其借刀殺人之計」也。也就是說，國難當頭，胡蝶以民族大義為念，沒有採取自家內亂，節外生枝，火上澆油，令仇者快、親者痛的行動。儘管這些明智的抉擇不見得全是胡蝶一人所能想得出，並有明星公司諸同事的功勞，但這一切，至少是胡蝶同意和接受並受國人稱道的。就她的姿態而言，哪裡如李敖所言有半點得意狀，且有「我跟少帥一起跳舞啊，他有名我也有名啊」等卑鄙齷齪的想法？哪裡來的「把張學良害慘了」之惡意？如果說在「九一八」事變中本應承擔責任的張學良因馬詩而感到冤枉，那麼最大的受害者乃是無故與其綁在一起的胡蝶。或曰張學良這個「不抵抗將軍」害慘了胡蝶，使其遭受不明真相者「紅顏禍水」的指責與詛罵。故謂李敖所言，真乃以小人之心度君子之腹也。

一九八六年，為了回報觀眾多年來對自己事業的熱情關懷，胡蝶請她的英語老師劉慧琴幫忙，撰寫了《胡蝶回憶錄》。同年臺灣金馬獎評獎委員會鑑於她一生對中國電影事業的傑出貢獻，授予她金馬獎，隱遁幾十年的胡蝶再度引起世人的關注。在回憶錄中，胡蝶提到了往日馬詩引起的，令她一生都為之耿耿於懷的跳舞公案。文中說：「馬君武這兩首詩是根據傳聞而寫。據後來了解，是日本通訊社從中造謠中傷張學良，以引起國人對他的憤慨，轉移目標。馬君武激於義憤，一時也未能考證事情的可靠與否，只是將我也牽連進去了。」又說：「我是在事變之後方始到達北平的。」抵達天津時，「見到大批撤下來的軍隊，知是瀋陽失守了。」這段記述，再次向世人清楚地表白，「九一八」事變之晚，她根本未在北平。而據北平報界報導，胡蝶一行抵平已是九月下旬，出車站時，受到熱情觀眾包圍，盛況空前云云。那麼她與張學良在事變之夜相擁跳舞，當然是子虛烏有之事。最後，胡蝶頗為感慨地說：「現在我已年近八十，心如止水，以我的年齡也算高壽了，但仍感到人的一生其實是很短暫的。對於個人生活瑣事，雖有訛傳，也不必過於計較，緊要的是在民族大義的問題上不要含糊就可以了。」儘管這段話字裡行間耐人尋味（意在表述外間盛傳的她在重慶與戴笠的一段私情），但明晰的一點卻是在民族大義上的「不含糊」，這一點，胡蝶自信是做到了的。所以，她頗為自慰說：對於有些謠言，「我並不大在乎，如果我對每個傳言都那麼認真，我也就無法生存下去了。我和張學良跳舞的事情，鬧了近半個世紀。現在不都澄清了嗎？」

不但當年張、胡跳舞公案得以澄清，張學良與胡蝶確實終生都未謀面。「九一八」事變後，張學良因公務到滬，有人欲從中促成其與胡蝶謀面，以不枉「翩翩蝴蝶最當行」之詩意。張即正色謝絕：「如果這樣，謠言豈不得到證實？」頗有意味的是，一九六四年六月，胡蝶應邀赴臺灣出席第十一屆亞洲電影展，也曾有好事的記者問胡蝶是否要見一見張學良，他們可以代為安排。胡蝶頗為輕鬆地笑答：「專程拜訪就不必了，既未相識就不必相識了」（《胡蝶回憶錄》）。張、胡這對民國時期最為耀眼的酷男靚女，失去了最後一次翩翩起舞的機緣。晚年的胡蝶隨學有所成的兒子定居加拿大，她生性開朗，閒時常找人聊天或外出散步，一九八九年三月二十三日，胡蝶在散步時跌倒引發了中風，四月二十三日去世。一代影后隨風飄逝，唯那燦爛美麗的翩翩蝶影永駐人間大地。

13 梁實秋，〈悼念道藩先生〉，《梁實秋散文》第三集（北京：中國廣播電視出版社，一九八九）。

14 張道藩（一八九七—一九六八），貴州盤縣人，幼年即愛作畫，後入南開中學求學，與周恩來、吳國楨、段茂瀾等同窗。五四運動爆發之後，吳稚暉到南開講演，由愛國運動講到「勤工儉學」，啟發了張道藩赴法國留學的念頭。

一九一九年冬，張道藩轉道上海乘輪赴英，先補習英文，準備投考專科學校。次年九月考入倫敦大學美術部，攻讀西方美術專業。一九二三年在倫敦加入中國國民黨，任駐倫敦支部評議部長。倫敦大學畢業後，旋赴法國入巴黎最高美術學校繼續習畫。期間結識同為學習美術的中國留學生徐悲鴻、蔣碧微夫婦。張初見蔣碧微即驚為天人，為蔣美豔的外表所吸引，不久即寫密信向這位有夫之婦求愛，未允。張道藩乃在極度失望中與一位名叫蘇珊的法國女人結婚。

一九二六年張學成歸國，歷任廣東省農工廳祕書、南京市政府祕書長、青島大學教務長、浙江省府委員兼教育廳長、國民黨中央組織部副部長、交通部常務次長、內政部和教育部常務次長、中央政校教育長、中央宣傳部長、海外部長、電影企業公司董事長等職，成為國民黨官僚階層炙手可熱的政治人物。

一九四五年蔣碧微與徐悲鴻離婚，張道藩乘虛而入，開始與蔣過起了同居生活。一九四六年，蔣介石召開「國民大會」，蔣碧微以社會賢達身分當選「國大」代表，當時有人推測與張道藩的舉薦有關，此舉遂成為轟動一時的花邊新聞。隨後「國民大會」每次開會，蔣碧微都要換不同的新裝出場，而且色彩豔麗，令人矚目。雖然這時的蔣碧微已是半老徐娘，但與張道藩的關係越來越親密。梁實秋就曾說過抗戰期間因敵機轟炸，許多機構都疏散到北碚，他所服務的編譯館亦不例外，而時任教育部次長的道藩先生常來北碚，在北碚對岸黃桷樹的復旦大學有他不少朋友，蔣碧微雖然也服務於國立編譯館，卻也居住在黃桷樹。要從北碚至黃桷樹，要搭小木船渡過水流湍急的嘉陵江。而「道藩先生便這樣風塵僕僕地無間寒暑的度他的周末，想嘉陵江邊的鵝卵石和岸上青青的野草都應該熟習了他的腳步聲」。

因張道藩屬黨國大員，蔣碧微則是萬人矚目的一代名媛，又是名畫家徐悲鴻的前妻，她的一舉一動都成為小報的花絮新聞。有家報紙在花絮裡還寫到蔣碧微在休息室裡和別人唱和，其中有這樣兩聯：一是「秋水長天同碧色，落霞孤鶩逐微風」；一是「天黏芳草碧，山抹暮雲微」。這兩聯都嵌入了「碧微」二字，前者化王勃〈滕王閣序〉裡的名句，後者化秦觀詞〈滿庭芳〉，引得許多人為之喝采。

一九四八年年底，張道藩偕蔣碧微去了臺灣，而徐悲鴻和孩子們都留在了大陸。在臺灣的張道藩先後出任國民黨「中央」改造委員、《中華日報》董事長、臺灣立法院院長等職。由於張有一位名義上的法國妻子，在臺生活的二十年裡，張與蔣始終未能正式結婚，只保持了尷尬的小蜜或曰二奶或曰情人的關係。蔣碧微因妾身未明，不能與張一同公開出入社交場所，只能置身籠中像小鳥一樣生活，身心備受煎熬。後來蘇珊母女去了澳大利亞養病，張乃得以和碧微同居一室。一九五八年暫時分手，但再也沒有重回一起，一對痴男情女在二十世紀的中國風雨激驟的舞臺，上演了一曲頗具另類特色卻又動人衷腸的生死戀歌。

張道藩的一生，除作為國民黨高級政客之外，另有《近代歐洲繪畫》、《自救》、《自誤》、《殺敵報國》、《我們所需要的文藝政策》、《酸甜苦辣的回憶》等作品行世。一九六八年，蔣碧微在臺北三軍總醫院送走了張道藩。之後她把自己一生所愛、所為、所思，寫成了近五十萬字的回憶錄，上篇取名為《我與悲鴻》，下篇取名《我與道藩》，曾在港島、臺灣及海外華人圈轟動一時，成為暢銷書。一九七八年，蔣碧微在臺北去世。也許是為了回應海峽對岸的蔣碧微的回憶文字，一九八二年，徐悲鴻在大陸的寡妻廖靜文完成並出版了《我的回憶：徐悲鴻的一生》。廖文行文流暢，有些史實首次披露，全書頗為感人，但對徐蔣婚變中的碧微成見太深，而對徐不置微詞，此舉儘管「情有可原」，但畢竟是一大缺憾。

當年張道藩到青島大學任職，是受楊振聲校長聘請，此時張在國民黨ＣＣ系中已嶄露頭角，大有青雲直上之勢，他的一舉一動在教育界顯得格外敏感。據梁實秋說，楊振聲為此曾私下向他解釋過：「道藩先生一向從事黨務工作，由他來主持教務，也可以加強學校與中央的聯繫。」只是「這話說得很含蓄」（〈悼念道藩先生〉）。

可見在當時的環境裡，有些隱情是不可以公開向世人道的。

15 梁實秋，〈談聞一多〉，《梁實秋散文》第一集（北京：中國廣播電視出版社，一九八九）。

16 臧克家，〈悲憤滿懷苦吟詩〉，《新文學史料》一九八〇年三期。

17 梁實秋，〈談聞一多〉，《梁實秋散文》第一集（北京：中國廣播電視出版社，一九八九）。

18 臧克家，〈悲憤滿懷苦吟詩〉，《新文學史料》一九八〇年三期。

19 聞黎明、侯菊坤編，聞立鵰審定，《聞一多年譜長編》（武漢：湖北人民出版社，一九九四）。

20 張兆和主編，《沈從文全集》（太原：北岳文藝出版社，二〇〇二）。

21〔美〕金介甫（Jeffrey C. Kinkley）著，符家欽譯，《沈從文傳》（*The Odyssey of Shen Congwen*）（長沙：湖南文藝出版社，一九九二）。

22 同前注。

23 雷頤，〈站在革命對立面的聞一多是如何轉變的〉，《北京日報》，二〇〇三年五月十九日。

24 聞黎明、侯菊坤編，聞立鵰審定，《聞一多年譜長編》（武漢：湖北人民出版社，一九九四）。

25 梁實秋，〈談聞一多〉，《梁實秋散文》第一集（北京：中國廣播電視出版社，一九八九）。

26 同前注。

27 同前注。

28 同前注。

29 臧克家，〈悲憤滿懷苦吟詩〉，《新文學史料》一九八〇年三期。

30 同前注。

31 同前注。

32 梁實秋，〈談聞一多〉，《梁實秋散文》第一集（北京：中國廣播電視出版社，一九八九）。

33〈致臧克家〉，《新文學史料》一九八五年一期。

34 黃延復整理，〈朱自清來函關於系內人事安排事〉（一九三七年十月十六日，南嶽—長沙），收入中國近代史研究所編，《近代史資料》（二〇〇二），頁四（南按：陳夢家入校後，原東南大學已改為中央大學）。

35 聞一多不再寫作新詩而鑽入「故紙堆」從事學術研究之後，許多文人騷客對這一頗有識見的選擇不以為然。抗戰期間，其早年的詩作一度受到雲集重慶的新一代左派詩人與所謂詩歌理論家的非議。對此，聞大為激憤與惱怒，他在一九四三年十一月二十五日給當時正在重慶「中華全國文藝界抗敵協會」任職的學生臧克家的信中，淋漓盡致地表達了自己的人生觀與學術觀，並不無嘲諷地說：「你們作詩的人老是這樣窄狹，一口咬定世上除了詩什麼也不存在。有比歷史更偉大的詩篇嗎？我不能想像一個人不能在歷史（現代也在內，因為它是歷史的延長）裡看出詩來，而還能懂詩。在你所常詛咒的那故紙堆內討生活的人原不只一種，正如故紙堆中可討的生活也不限於一種。你不知道我在故紙堆中所做的工作是什麼，它的目的何在，因為你跟我的時候，我的工作才剛開始。（這可說是你的不幸吧！）」

又說：「我相信我的步驟沒有錯。你想不到我比任何人還恨那故紙堆，但正因恨它，更不能不弄個明白。你誣枉了我，當我是一個蠹魚，不曉得我是殺蠹魚的芸香。雖然二者都藏在書裡，它們的作用並不一樣。這是我要抗辯的第一點。你還口口聲聲隨著別人人云亦云地說〈死水〉的作者只長於技巧。天哪，這冤從何處訴起！我真看不出我的技巧在哪裡。假如我真有，我一定和你們一樣，今天還在寫詩。我只覺得自己是座沒有爆發的火山，火燒得我痛，卻始終沒有能力（就是技巧）炸開那禁錮我的地殼，放射出光和熱來。只有少數跟我很久的朋友（如夢家）才知道我有火，並且就在〈死水〉裡感覺出我的火來。說郭沫若有火，而不說我有火，不說戴望舒、卞之琳是技巧專家而說我是，這樣的顛倒黑白，人們說，你也說，那就讓你們說去，我插什麼嘴呢？我是不亟亟求知於人的，你也知道。你原來也只是那些『人』中之一，所以我也不要求知於你……克家，不要浮囂，細細地想去吧！」（〈致臧克家〉，《新文學史料》一九八五年一期）

與臧克家的幼稚相比，陳夢家超人的靈性與識見再次凸顯。早在一九三一年九月，陳夢家主編的《新月詩選》由新月書店出版，該書共選新月派十八位成員八十首詩，聞一多的〈死水〉等六首當選，其數量僅次於徐志摩而排在第二位。陳夢家在序言中極富史才與史識地說：「苦煉是聞一多寫詩的精神，他的詩是經過不斷雕琢後成就的水晶。〈死水〉一首代表他的作風。〈也許〉、〈夜歌〉同是技巧內容融成一體的完美。〈你指著太陽起誓〉是他最好一首詩，有如一團熔金的烈火。」想不到這團「熔金的烈火」在燃燒了十幾個春秋後，就被重慶的一批左派文人包括臧克家給粗暴地掐滅了，這不能不令聞一多感到憤怒與神傷。從這點上也可見出，聞一多在幾年前說「陳夢家算是一個成功的例子」，而不說臧克家也是例子之一，並不是偶然的。

一九四四年秋，在重慶的臧克家寫信給聞一多，希望請託門路，為自己在西南聯大謀一教職。聞在十月十二日的回信中道：「本年聯大未添一人，因米貼名額，教育部有限制。此間人人吃不飽，你一死要來，何苦來。樂土是有的，但不在其間，你可曾想過？大學教授車載斗量，何足重你？你看遠大點，勿再叨叨」（〈致臧克家〉）。聞的這封信確是師生間真誠的對話，沒有半點客套，其說法自有其理。大學選聘教員看重的是這個人學問的廣博與學術造詣的深厚，是「傳道授業解惑」之人，而不是寫幾句新詩或無聊小說就可以登臺教授的，年輕的新月派小說家沈從文在聯大教授圈子中遭到的白眼、譏諷甚至咒罵，就是一個很好的例證。何況就臧克家當時在文壇的影響尚無法與沈從文相提並論，而在學術界的影響則幾乎為零。如此一個一瓶子不滿、半瓶子晃盪的妙人，聯大的輕視是可想而知的。既然臧氏一生都未明白聞一多那「一個寫詩寫得好的人，做研究工作也一定會做得好！」的寓意，那麼終其一生沒有在學術上有所成就和造詣也就成為必然。聞一多積極推薦陳夢家到聯大任教而拒絕為臧克家說情，並請其「勿再叨叨」，自是他心中有一文化良知的天平在。此時三十三歲的陳夢家已由最初的教員晉升為聯大教授，並受邀赴美國芝加哥大學講學，遊歷歐美，開始了對流入異域的各家所藏中國青銅器的全面研究，即將在新的學術領域迎來一個巔峰時代。

36 錢穆，《八十憶雙親．師友雜憶》（北京：生活．讀書．新知三聯書店，一九九八）。

37 同前注。

38 《新文學史料》一九八五年一期。

39 同前注。

40 聞黎明、侯菊坤編，聞立鵰審定，《聞一多年譜長編》（武漢：湖北人民出版社，一九九四）。

第十一章

從學者到「鬥士」

一、陳夢家與吳晗

清華大學本是從留美預備學校演化而來，對留學背景極其看重，若無「放洋」的經歷或特殊才華，要想坐上副教授這把交椅難乎其難。清華歷史系出身的吳晗曾有一段回憶，說：「我那時候的同學，頭腦裡都有一個公式，清華—美國—清華。不這樣想，簡直是奇怪的事。」[1]但據蘇雙碧、王宏志撰寫的吳晗傳記文章稱：「吳晗沒有這樣想，因為他知道自己是個窮人，畢業後要擔負家庭的生計；同時，他認為自己是研究中國史的，到美國去能幹什麼呢？所以，吳晗畢業前考慮的並不是去留洋，而是現實的工作問題。」[2]顯然，蘇、王所言不盡合理，企圖在掩飾什麼，假如吳晗不想留美，那真成了「奇怪的事」了。即使是「放洋」回來，要想在清華當個教授，也需按既定的規矩——三年助教、三年教員、六年講師，然後才是副教授、教授一路螺旋式往上攀升。吳晗不能出洋的原因，是他家境不夠寬裕，孔方兄的稀少只允許他做留洋之夢而不能真的登上留洋的輪船罷了。因了這一緣由，一九三四年夏，吳晗於清華歷史系畢業後留校當了一名助教。吳在清華做學生時已在明史研究方面嶄露頭角，另有〈胡應麟年譜〉、〈《金瓶梅》的著作時代及其社會背景〉等幾篇頗有分量的論文問世，被當時史學界名宿胡適、蔣廷黻等人視為「史學界升起的一顆明星」[3]寵愛有加。因而吳畢業時，胡適很想將其轉到北京大學任教，但清華歷史系主任蔣廷黻抓住不放，非留清華不可。胡、蔣兩位學界大腕這一爭奪，使年輕的吳晗身價暴漲，顯然不能按清華的老規矩提升，在蔣廷黻的提攜下，吳於三年助教之後越過教員的臺階直接被升為講師。一九三七年盧溝橋事變前，清華算學系主任熊慶來回滇創辦雲南大學，一度在清華園組織一批骨幹力量充實雲大，吳晗受聘於雲大並出任歷史系教授，九月離平，十月取道越南到職，時年二十九歲。

對於吳晗的人格、學術水準以及為人處世的德行，曾在西南聯大任教的施蟄存有過一個簡短的評價：「吳晗這個人，性直氣爽，很急躁，對一切事情太主觀。他似乎沒有客觀世界。他在清華大學讀歷史系，專攻明史，為蔣廷黻的得意門生，一九三四年清華畢業，留校當助教。一九三七年，清華大學算學系主任熊慶來被任命為新由省立改為國立的雲南大學校長。熊慶來是雲南人，此次是奉命去為桑梓服務。他先在清華組織他的師資班子，文理科各系都羅致了一些人，大都是助教、講師一級的人。只有吳晗，在清華還剛升上講師。他由於蔣廷黻的推薦，要求熊校長以教授名義聘任他，熊校長同意了。因此，在我們這一輩人中間，吳晗可以說是飛黃騰達得最快的一個。但也因此而助長了他的自信和驕氣。」[4]

在清華大學讀書時的吳晗

吳晗的「自信與驕氣」，實在是環境與機遇使然，也就是說他當初由一個窮學生和一個小助教而大出鋒頭，實在是與胡適、蔣廷黻兩位學界大腕的提攜與抬愛有很大關係，一旦失去了這兩座靠山，其情況就大為不同。

當吳晗在雲南大學留住兩年後，「覺得此校此系無希望，不願自誤誤人」，便想回到已遷往昆明的西南聯大，歸建於清華。而此時的蔣廷黻與胡適均離開教育界轉向政界和外交活動，擔任西南聯大歷史系主任的是劉崇鋐（字壽民），這位劉主任出身福州世家，夫人是兩江總督沈葆楨之孫女，頗具大家風韻。劉氏於一九一八年由清華赴美留學，獲得哈佛大學碩士學位後歸國在清華任教，一直教西洋通史。據當年的清華高材生，後跑到美國大學任教並成為世界級歷史學家的何炳棣說：這位劉崇鋐教學篤實，所用美國人撰寫的上下兩冊通史，細讀消化之後便可掌握基本史實，另又精選較高層次的參考書由學生自由選讀。正是這門課程，激發了何炳棣對於歷史的極大興趣，並由化學而改修歷史，並在學習上養成了「紮硬寨、打死仗」的自我磨練原則云云。但是，在與何炳棣同級的清華外文系學生，後為山東大學、蘭州大學教授的著名歷史學家趙儷生看來，這門必修課簡直味同嚼蠟，劉崇鋐不過一能行走的兩腳書櫥，還是書籍堆放凌亂的書櫥。對此，晚年趙儷生不禁哀歎世道不公，並發出「嗚呼，劉後來在臺灣被吹捧成史學的泰斗了」的不屑與感歎。[5]劉氏於一九四八年隨傅斯年去了臺灣大學並一度出任歷史系主任，後來有位臺大歷史系出身、名叫李敖的人，在回憶錄中也曾提到過劉崇鋐，並說劉「為人甚笨，上課時講得頭緒混亂，但這種混亂，還是頭天晚上開夜車準備的」。[6]這個說法似乎證實了趙儷生的看法。然而，就是這樣一位被弟子們稱為「教學篤實」，又被稱為「頭緒混亂」的「能行兩腳書櫥」的爭議人物，在昆明時代竟一不小心，與「自信與驕氣」的吳晗遭遇了。

劉崇鋐接到吳晗轉入聯大清華的請求，當場回道：「清華方面以規程關係，只能聘為副教授，月薪二百八十元。」[7]吳晗聽罷，如同挨了一記悶棍，自己原已是教授的身價，想不到一入清華就貶值為副教授了，而「舊時學侶多已在清華任教授，今如以副教授回去，相形未免耿耿，雖所差不過二十元（清華教授三百元起薪），然自高就卑，亦難釋然也」。[8]

面對這種「降格減薪回清華」的結果，吳晗自是心中不服，他以特有的「自信與驕氣」再度找到劉崇鋐理論，毫不隱諱地指出劉氏居然不把自己這位清華才子放在眼裡，且把自己降為副教授，不但於情理不合，實乃大逆不道。劉崇鋐聽罷，態度強硬地回擊說，此為清華規矩，不管誰來都要遵守這一規矩，若清華的條件不合心願，可另選高枝，劉某絕不阻攔云云。吳晗見對方並不把自己當一盤大菜看待，只看作小菜一碟，頓時火起，遂「將回清

風景優美的雲南大學（作者攝）

華事作罷論」。[9]但此前的吳晗因過於自信，已魯莽地拒絕了雲南大學「年底加薪及另行調整相挽」[10]的好意。在進退兩難中，吳晗思慮再三，決定來個此處不養爺，自有養爺處的突圍方法，拋棄雲大與清華，設法鑽入北大，以教授的身價在西南聯大群英會上亮相，讓有眼不識泰山的劉崇鋐看上一看。主意打定，吳晗吸取了上次找劉崇鋐碰壁的教訓，不敢貿然向北大歷史系主任姚從吾求請，乃轉向胡適的愛徒傅斯年寫信求助，企圖借傅的力量迫使姚從吾等北大歷史系掌權者就範，信中說道：「聞北大史系方面，缺人尚多，先生能再為吹噓否？」[11]傅斯年接信後如何看待和處理此事，史料無證，不得而知。世人看到的結果是，吳晗最終還是以副教授的身價於一九三九年年底由雲大轉入清華建制，並在西南聯大歷史系任教。因了這一機緣，吳晗與陳夢家的接觸逐漸多了起來。

吳晗是浙江義烏人，陳夢家是浙江上虞人，吳比陳大兩歲，吳畢業時，陳開始在燕大讀碩士研究生，兩年後畢業。儘管史學與文學屬兩個不同的科系，但畢竟皆屬人文科學範疇，且陳夢家的古文字等研究與吳晗的史學走得更近。陳氏當時的學位和在文壇、學術界的聲名，與「新星」吳晗不分伯仲，且陳夢家在社會上的名聲，憑藉他新詩的感召力與新月派詩人的名頭在青年人心目中的地位，則比吳晗要響亮得多。[12]如此的聲名加碩士學位，一進清華就爭取戴頂副教授的帽子也在常理之中。遺憾的是陳夢家沒有「放洋」的背景與洋人聘發的學歷——哪怕是如錢鍾書《圍城》中描述方鴻漸教授那個假冒的「克萊登」大學的學歷，或若干年後號稱「將所有人欺騙了，就是成功」的西太平洋大學畢業的唐駿的博士學位。儘管燕京大學本身屬美國教會出資創辦且相當美帝國主義化，但畢竟校園在中國本土，培養出的學生仍擺脫不了被時人所輕的「土鼈」命運——土和洋是地理的分別，不是知識的武裝。按照外來的和尚才會念經的思維定勢，燕園的學生即如孫悟空者流，具有一蹦十萬八千里的能耐，仍無法與從太平洋西海岸或西太平洋大學爬過來的或大或小、或真或假的「海龜」抗衡。據一位研究者統計，先後在西南聯大任教的一百七十九名教授（含副教授）當中，有九十七人留美，三十八留歐陸，十八人留英，三人留日，總計一百五十六人，占總數的百分之八十七。在二十六名系主任中，除中國文學系外，皆為留學歸來的教授，五位院長皆為留美博士。[13]或許，這樣的陣營，就是梅貽琦所倡導的「所謂大學者，非謂有大樓之謂也，有大師之謂也」的具體體現吧。從另一個側面也可看出，短短八年的西南聯大，居然產生了如此眾多的世界級科技英豪與文史大家，與其具有雄厚強勁的師資力量和謹嚴剛毅的校風是分不開的。

作為未曾沾過歐風美雨的本土學者，吳晗由雲大轉入清華後當副教授，實屬常理，並非是吳晗心中忌恨的劉崇鋐故意刁難的結果。而陳夢家當年跨入清華校門時的身分，是一個比助教稍高一點的教員，這在清華方面也是照顧了他在天下儒林，特別是青年學生心目中的名望，後仍按規矩於一九四〇年升為專任講師（南按：介於講師與副教授之間），一九四二年在聞一多的提攜下升為副教授。又熬了兩年，到了一九四四年才總算媳婦變成婆，戴上了教授的帽子。這一年，陳夢家三十三歲。而吳晗已於一九四二年晉升為教授，當時也是三十三歲。就吳晗和陳夢家的晉升速度而言，在清華甚至整個西南聯大屬於最快的極少數幸運者，只是吳晗因經受了由雲大教授轉為清華副教授這一身價跌落的打擊，原有的「自信與驕氣」逐漸消失，代之而來的是一股眉頭緊鎖的鬱悶之氣，而比吳小兩歲的陳夢家卻一直處在亢奮之中。對於陳夢家的升遷，聯大眾儒生們皆心知肚明，假如沒有聞一多或明或暗的提攜相助，就憑陳夢家的驕狂性格和目中無人的處事方式，其命運和下場恐怕比錢鍾書還要狼狽（南按：任教於聯大外文系的錢鍾書，因性格驕狂被陳福田等一幫實力派教授擠出校門而遠走他鄉，詳情後述）。由詩人而學者的陳夢家才氣逼人、風流灑脫是一個不爭的事實，但此等人物在生活中又往往欠缺自律，且好驕傲自負，平時走路仰頭挺胸，而且步子邁得很大，不把一般人甚至同事放在眼裡，這就不免使身邊的人感到不快甚至產生怨恨，與陳氏同鄉的吳晗就是其中之一。

一九四七年，吳晗在一篇叫作〈聞一多的「手工業」〉的文章中曾這樣說過：「一多在美國原來是學美術的，會描字，也學著刻圖章……他會寫篆字，寫甲骨文，寫金文，書桌上經常放著一堆古文字學的書，也寫過不少篇關於古文字訓釋的專門文章。有一次談起他的一個詩人學生，很多人說此公閒話。一多慨然長歎一聲，說他也上過當。這人起先跟他談新詩，後來談的更多的是古文字學，一多每有新見，一談得透徹，不久，此公便著為文章發表了。從來不提誰曾說過這個話。也有幾次，還沒有十分肯定的見解，隨便說了；不久，此公又有文章了。說聞一多曾有此說，其實是錯的。應作如何讀，如何解云云。如今，此公已經自成一家了，來往也就不十分勤了！當時，有人插嘴，為什麼不把這些怪事揭穿呢？他笑了，不往下說了。」[14]

此說儘管沒有直接指名道姓，但這個無德之人指陳夢家無疑，而文中「有人插嘴」的這個「有人」，似乎與吳晗無關。其實明眼人一看即明，要不是吳晗借聞一多與「有人」之口道出此事，世人又何以知道聞、陳師生之間還有這樣一段「過節」？對吳晗揭露的這段隱私，持懷疑態度者當不會很多，陳夢家確實有他的人格缺陷，二十年後之所以被他所在學術機關——中國科學院考古研究所的同事們整死，大而言之是政治的黑暗殘酷，小而言之與其性格和為人處世的方式方法有一定關聯。當時與聞一多打這類交道的陳夢家，或許尚未認識到，或許心裡揣著明白裝糊塗，不能自覺克服，作為老師的聞一多自然不好與弟子計較，且依然對這位人中之傑顯示出了少有的仁愛與呵護之情。就這一點言之，儘管對陳夢家的成長和發展不見得是個好事，但可見出聞一多有他恩怨分明的一面，聯想起劉文典的悲劇，就不能不令後人為之慨歎了。

據聞一多的長孫聞黎明說，清華大學檔案室存著聞一多寄梅貽琦的兩封信函，湮沒日久不為人知。許多年之後，已成為中國近代史研究所研究人員的聞黎明打算為其爺爺撰寫一部年譜，在四處搜求材料中，偶爾發現了此函並在年譜中公之於眾，於是世人從另一個方位和角度，更清晰地看到聞一多當年對陳夢家的關照與提攜之恩。函中說：

本系副教授許維遹、陳夢家二先生升任現職已居三年，並於教課之餘肆力著述，初不以物質生活之清苦、圖書設備之簡陋稍改其志。許先生除完成其巨著《管子集釋》二十四卷，《韓詩外傳集釋》十卷外，又嘗致力於《尚書義證》一種，會通古訓，發明辭旨，諟正文字，創獲之多，蓋自晚清瑞安孫氏以來，罕有其匹……陳先生於研究金文之餘，亦嘗兼及《尚書》，而於兩周年代及史實之考證，貢獻尤大。「年曆學」為治理古

> 文之基礎，挽（晚？）近學者漸加注意，實邇來史學界之一新進步。陳先生本其研究金文之心得，致力斯學，不啻異軍突起，凡時賢所不能解決之問題，往往一經陳氏之處理，輒能怡然理順，豁然貫通。要之，二先生數年來，不但於先秦典籍沉潛日深，且能處處利用新材料與新方法，故其成就乃得如此，一多於二先生之工作，深所欽佩，特徵得本系教授同人之同意，擬請師座轉呈聘任委員會，自下學年起升任二先生為正教授，用勵賢勞，而崇碩學，如何之處，敬竢（俟）卓裁。[15]

聞一多的意見，於一九四四年六月八日在聯大第二十一次聘任委員會上獲得通過，梅貽琦於七月二十八日核准。從此，陳夢家正式以教授的身分登堂入室，授業解惑。僅隔一個多月，在金岳霖與美國學者費正清的引薦下，陳夢家應邀取道印度前往美國芝加哥大學講授中國古文字學。據《聞一多年譜長編》講，聞「明確表示不贊成陳此時出國，認為國內的事更緊要。但陳覺得機會難得，執意赴美，先生便不再說什麼」。[16]

聞一多為何不贊成陳氏赴美，國內又有什麼事更要緊呢？《年譜》的作者沒有說明，但從羅常培的自傳中不難看出。一九四四年底，聯大中文系主任羅常培應邀赴美任樸茂納大學人文科學訪問教授，羅說：「當時反蔣的鬥爭已然尖銳化。一多、光旦等也力勸我不要遠離祖國。可是，我從中學時代就夢想出洋，因為經濟壓迫和家庭牽纏，直到四十七歲才得到這個機會，如何肯失掉呢！」[17]這個時候聞一多、潘光旦、吳晗等人都已加入了民盟組織，走上了反對國民黨政府的道路，他們自然希望陳夢家、羅常培等人也與自己一起行動，把昆明或整個中國弄一個天翻地覆的局面出來。但人各有志，陳羅二人對此等政治蠱惑、宣傳之事，從心底裡不感興趣，聞一多也就不能勉為其難。況且對於沒有留過洋的學者來說，在一個「海龜」滿池走的小環境裡，壓抑憋屈了如此之久，搗得人臉色發青，兩腿打晃，若能到太平洋東西海岸呼吸一下新鮮空氣，遠比在國內烏煙瘴氣的氛圍中撲騰，更令人神清氣爽和心嚮往之。更何況，陳夢家此次美國之行，其夫人——前燕大校花趙蘿蕤還可一道前往（南按：因清華有夫婦不能在一校任教的規定，趙蘿蕤隨陳夢家至昆明後一直在家中待業與自修），並入該校攻讀碩士、博士學位，如此美事豈有放棄的道理？陳夢家此次是走定了。

陳夢家、趙蘿蕤夫婦（前）與家人合影

一九四四年九月十五日晚，梅貽琦在他的西倉坡寓所設宴歡送陳夢家、趙蘿蕤夫婦，受邀陪坐者有莫泮芹夫婦、馮友蘭夫婦、王力夫婦、吳宓、聞一多、吳晗等人。作為背景與陳夢家基本相同的吳晗，在宴席間做何感慨不得而知，僅就聞、陳這對師生而言，此時都沒有想到，在明月高懸的夜色之中，酒乾話盡便是永訣。

二、專業不同心同仇

陳夢家偕嬌妻趙蘿蕤飄然而去，聞一多留了下來，開始由一個純粹的自由主義知識分子向「鬥士」的轉變。

聞家兄弟在姚家大院住了大約半年時間，因昆明小西門、潘家灣等地遭到日機轟炸，聞家駟在轟炸中被磚塊擊中面部受傷，認為姚宅大院很不安全，開始向郊區鄉下搬遷。未久，聞家駟遷到小東門節孝巷十三號，即昆明風雲人物周鍾嶽公館的偏院租住。聞一多攜家疏散到晉寧，一年後又搬回昆明，住在聞家駟家中。一九四〇年十月，日機轟炸規模加大，聞氏兄弟再度搬遷，聞一多遷入郊區大普吉陳家營村，租住楊家宅院的一處偏房。昆明郊區眾多的所謂「營」，皆為明末清初守衛昆明的兵營構成，隨著歷史的變遷，兵營撤去，漸漸演化為一個個村落，陳家營即其一例。

聞一多租住的這處偏房以土坯構成，原是房東用來堆苞穀和柴草之處，房間異常簡陋，沒有真正意義上的窗戶，只是靠院子的一邊，半截土牆上挖了一個小洞，一些參差不齊的柴火棍支撐其間，說不清是窗戶還是柵欄。院子空間狹小，只有一個陰濕的天井，太陽尚未落山，矮小的土屋就被黑色籠罩，人在屋內感到極為壓抑憋屈。即使是這樣一個陰暗的空間，聞家也難得獨享。翌年初，聯大數學系教授華羅庚在昆華農校的住所突遭敵機炸毀，華氏險些送命，驚恐中一家六口在城裡轉了一天也沒找到安身之所，正走投無路之際，聞一多聞訊專程邀請華氏攜家眷暫到自己住處棲身。於是，兩家共十四口人，在一個約十六平方米的小黑屋裡隔簾而居，其擁擠之狀不忍睹。遙想當年，聞一多在清華園住的獨院大小共十四間房子，各種設施一應俱全，院中綠樹成蔭，花木蔥蘢，空氣流暢，居者神清氣爽。此一時彼一時，兩相比對，已是天壤之別。令世人感佩的是，在如此簡陋逼仄的環境中，聞華二人仍筆耕不輟，並以驚人的毅力，在各自領域裡結出了豐碩成果。聞一多完成了轟動一時的著名神話專論《伏羲考》，華羅庚則完成了飲譽世界數學界的不朽之作《堆壘素數論》。

與聞一多等大多數清華教授所走過的清華—美國—清華三位一體的經歷大為不同的是，華氏屬於少年失學、青年自學成材的典型人物。一九一〇年出生於江蘇金壇縣的華羅庚，父親以開雜貨鋪養活一大家人，生活困窘。同大多數具有特別天賦的少年一樣，華羅庚幼時愛動腦筋，因思考問題過於專心常被同伴戲稱為「羅呆子」。進入金壇縣立初中後，羅的數學天賦被同樣具有數學才能的老師王維克發現，遂傾盡心力予以培養。初中畢業後，華羅庚曾入上海中華職業學校就讀，因拿不出學費而中途退學，故一生只有初中畢業文憑。退學後因對數學的迷戀、痴情不改，華羅庚開始在家中自學，每天十小時以上，並用五年時間學完了高中和大學低年級的全部

華羅庚

數學課程。一九二八年，華氏不幸染上傷寒病，靠新婚妻子的照料得以挽回性命，卻落下左腿殘疾。為了一家人的生活，經人介紹，華羅庚到金壇中學當會計，業餘時間仍不忘鑽研數學。當時有兩份在國際上具有很大影響的期刊，一是一九一六年由留日學生陳啟修、王兆榮、吳永權、周昌壽、傅式說、鄭貞文等人發起，成立於日本東京的中華學藝社所辦文理綜合性中文學術期刊《學藝》（一九二〇年遷滬）；一是由留美學生任鴻雋、趙元任、秉志、胡明復、周仁等於康乃爾大學所在地——美國綺色佳小鎮成立的中國科學社所辦的《科學》雜誌（一九一五年創刊號在上海發行）。華羅庚在金壇中學當會計期間，用平時節省下來的錢訂閱這兩份刊物，以便及時了解數學研究領域的最新發展。一九二六年，《學藝》七卷一〇期發表了數學家蘇家駒的論文〈代數的五次方程式之解法〉。這道數學題早在一八一六年已被挪威年輕的數學家阿貝爾證明是不可解的，蘇式解法與阿貝爾的理論相矛盾，必有癥結存在。當時清華算學系主任熊慶來已看出了破綻，但因事務纏身未能及時撰文批駁，一直覺得「骨鯁在喉，不吐不快」。年僅十九歲的華羅庚在閱讀雜誌時意識到蘇家駒的解法不可信，經過驗算，確信了自己的判斷，於是致信《學藝》雜誌指出蘇文錯誤。《學藝》於一九二九年五月出版的九卷七期登出簡短聲明：

> ……前半均合理論，但自第三頁第十五行「若將P_3寫為二項式……」，以下語意曖昧，顯與次頁下段矛盾，查此問題，早經阿柏（N. H. Abel）氏證明不能以代數的方法解之。倉卒付印，未及詳細審查。近承華羅庚君來函質疑，殊深感謝，特此聲明。

一九三〇年十二月，華羅庚的〈蘇家駒之代數的五次方程式解法不能成立之理由〉一文在《科學》一五卷二期發表，此文很快落入熊慶來的法眼，熊在震驚之餘，向同事們打聽華羅庚是哪個大學的教授，沒人知道。碰巧清華算學系有位教員唐培經是金壇人，知道華羅庚的一點情況，二人通過信但並未謀面，於是按熊慶來的吩咐，唐給金壇的一位同學寫信詢問，才知華是一位僅有初中學歷的輟學青年。熊慶來得知此情，對華羅庚的遭際與出眾的才華產生了愛憐之心，遂與同事楊武之等教授商量把華羅庚調至清華栽培。經得當時清華理學院院長葉企孫同意，愛才心切的熊慶來嫌寫信太慢，便讓唐培經拍發一封電報給華羅庚，簡單說明事由並讓其快寄一張照片與唐，同時約定北上的時間和車次，以便接站。一九三一年八月，唐培經按照約定的時間拿著照片趕到前門火車站接華羅庚，等了好長時間不見華的蹤影，當下車的人快走盡時，突然看到一個跛足青年背著一個包袱一搖一晃地走了出來，唐培經一對照片，發現這位左腿不斷在地上畫圈的小伙子，正是自己要接的人，不免吃了一驚。

熊慶來

華羅庚到清華後，得到熊慶來的熱情接待，雖然華氏腿有殘疾，但頭腦清醒，才思敏捷，對答若素，甚得熊慶來喜愛，熊以一個傑出的數學家和教育家的直覺，預感到華氏「他日將成為異軍突起之科學明星」。在熊氏與葉企孫等教授的關照下，華羅庚被准許留在清華園算學系當助理員，經管分發信函兼打字、保管圖書資料等事宜，月薪四十元。面對諸位前輩的好意，華氏自是感激涕零，知道自己該如何把路走下去並盡可能地開創出一個新局面。自此之後，華羅庚邊工作邊學習，只用一年時間讀完了大學算學系的全部課程，同時自學英、法、德文，為拓展更大的學術區域做準備。

當華在國外一流學術刊物上發表了三篇論文後，熊慶來、楊武之等教授提請理學院院長葉企孫聘華為算學系助教，第四年升為講師，開始給一年級學生上微積分課。一九三六年，華羅庚得到中華文學教育基金會乙種資助金一千兩百美元，赴英國劍橋留學深造，兩年中發表了十多篇論文，引起國際數學界的注意和讚賞，一顆科學新星就此升起。一九三八年，二十八歲的華羅庚離英回國直奔昆明，出任西南聯合大學數學系教授。因華羅庚的人生之路頗具傳奇色彩，在學術界名聲不小，聯大學生有只聞其名不見其人者便相互打聽：「華羅庚是誰？」意思是長什麼樣。有一天，華氏從聯大操場走來上課，於是有同學便指著華說：「就是那個瘸子。」[18]因了這一獨特的形象，華氏很快就被全校師生認得了，只是大家認為那位直喊「瘸子」的學生，很有點不夠尊師重道的魯莽與張狂，於是大家群起而攻之，狠狠地教訓了那個不知人理待道的狂生一頓。不過，據聯大學生何兆武後來說：「華羅庚那時候瘸得很厲害，抗戰後他到Illinois（伊利諾）大學教書，在美國治了一次才好一些，可是以前他瘸得非常厲害，有一條腿總在那兒畫圓圈。」

儘管身患殘疾，生活困苦，且經常遭受敵機炸彈的襲擊，如一九四〇年夏秋的空襲，華氏在逃往「一線天」峽谷時被炸彈掀起的泥土埋入土中差點喪命即其一例，但華羅庚在昆明的日子總是面帶微笑，精神煥發，整個人的性格與生活態度，頗具有二十世紀上半葉革命小說中描寫的英雄主義與浪漫主義相結合的典型革命人物的味道，此點從聯大外文系學生趙瑞蕻的回憶中可窺一斑，趙說：「一九三九年秋，有一天上午，我在聯大租借的農校二樓一間教室裡靜靜地看書，忽然有七八個人推門進來，我一看就是算學系教授華羅庚先生和幾位年輕助教與學生，我認得是徐賢修和鍾開萊。這兩位學長後來都在美國大學當教授，成了著名的學者專家（南按：徐後來曾任臺灣清華大學校長）。他們就在黑板前幾把椅子上坐下來，一個人拿起粉筆就在黑板上演算起來，寫了許多我根本看不懂的方程式。他邊寫邊喊，說：『你們看，是不是這樣？……』我看見徐賢修（清華大學算學系畢業留校任助教的溫州老鄉，當時教微分方程等課）站起來大叫：『你錯了！聽我的！……』他就上去邊講邊在黑板上飛快地寫算式。跟著，華先生拄著拐杖一瘸一瘸地走過去說：『諸位，這不行，不是這樣的！……』後來他們越吵越有勁，我看著挺有趣，當然我不懂他們吵什麼，最後，大約又吵了半個鐘頭，我聽見華先生說：『快十二點了，走，餓了，先去吃點東西吧，一塊兒，我請客！……』」[19]正是有了這般樂觀曠達的精神和積極進取、堅毅剛卓的校風，才鑄就了如此眾多「雖九死其猶未悔，吾將上下而求索」的英雄好漢，才會以輝煌的業績昭告一個偉大時代的到來。而華羅庚在陳家營半間黑屋子裡完成的《堆壘素數論》這部在數學領域豐碑式的巨著，正是這一偉大時代的優美學風，以及知識分子「獨立之精神，自由之思想」共同孕育的豐碩果實。

1938年，華羅庚一家在昆明租賃的住宅前合影。（北京大學校史館提供）

在這部大著的論證中，華羅庚對世界級的數學大師、蘇聯的維諾格拉多夫的方法做了改進和簡化，向世人展示了華氏在關於「素數變數的三角和估計問題」及其在「華林－哥德巴赫問題」上的超人才華。書稿完成後，華羅庚寄交重慶，由教育部組織一流的數學家進行審閱。當老一輩傑出的數學家何魯冒著灼人的暑熱，在一幢小樓上揮汗審閱時，幾度擊案叫絕。稍後，中國數學界對華氏的專著給予崇高評價，這部著作也因此榮獲國民政府教育部一九四一年（第一屆）自然科學類一等獎（僅一名），華羅庚由此成為中國的「數論之父」。同年，華氏把手稿寄給蘇聯的維諾格拉多夫親自審閱，對方以高度的驚喜之情電覆：「我們收到了你的優秀專著，待戰爭結束後，立即付印。」一九四七年，蘇聯科學院以斯捷克洛夫數學研究所第二十二號專著的序列，出版了華氏的著作，整個世界數學界為之震動，美國芝加哥科學技術博物館特地為華羅庚塑像，並列為世界八十八位數學偉人之一。當年熊慶來的預言終於成為現實，華羅庚異軍突起，一躍成為世界數學領域一顆光彩奪目的明星。

成為明星的華氏沒有就此止步，又開始了矩陣幾何等方面的研究，向更宏闊邈遠的領域邁進。許多年後，當華羅庚回憶在昆明陳家營與聞家同室居住並雙雙取得輝煌成果的往事時，不禁欷歔感歎，曾賦詩一首，藉此表達了兩位教授在艱難困苦中的不屈精神與深厚情誼：

掛布分屋共容膝，
豈止兩家共坎坷。
布東考古布西算，
專業不同心同仇。[20]

一九四一年夏，聞一多攜家離開了陳家營，搬到茅地村一個破廟裡暫住。秋，又搬到昆明北郊一個不大的叫司家營的村子居住，這是聞家在昆明住得最久的一個地方，差不多有三年時間，也是聞一多由一個學者變為「鬥士」極其關鍵的轉捩點。梁實秋在他的回憶文章中所說的自己並不知曉的聞一多如何成為「鬥士」，如何鬥，和誰鬥，鬥到何種程度，鬥出什麼名堂等一切「鬥」緣，都在這裡肇始並留下了清晰的歷史印痕。

一九四四年西南聯大舉行五四文藝晚會，聞一多發表了題為「新文藝與文學遺產」的講演，這是聞一多正式走到前臺亮相，由學者轉變為一位政治「鬥士」的重要標誌。後來，聞一多離開了司家營，攜家來到了他兼課的昆華中學居住。自此，政治風潮越演越烈，聞氏以他的詩人性格，於風急浪高中踏著浪尖前行，終於被滾滾洪流掀翻身亡，沉入九泉之下。

事實上，作為國民政府參政員的梁實秋通過楊振聲等人的口，對聞一多的情形還是略知一二的。按梁實秋和梅貽琦等人的看法，聞一多之所以成為「鬥士」，主要與他生活窮苦有關，當然還有中共地下組織的暗中拉攏與助力，儘管二者不能形成決定性的因果關係，至少二者是相互依存，缺一不可的。

聯大教授的窮苦，無論在當時還是之後的若干歲月，都不是一個新鮮話題。正如梁實秋所言：「抗戰期間除了那些有辦法的人之外誰又不窮苦？一般的公教人員誰不是按月領取那兩斗平價米？不過一多好像是比別人更窮苦些，因他家裡人口多。他共有八個孩子。」[21]（南按：陸續有二女一子夭亡，存活三子二女，所說的在昆明時一家八口是指聞氏一家七人另加一女傭。）那個時候的中國人還沒有像許多年之後的中國大陸實行計畫生育，受遠古時期流傳「多子多福」、「不孝有三，無後為大」等聖人之言浸淫，大家閒來無事，便鉚足了勁搞生孩子比賽，多者自然成為贏家，少者自是輸家，若生不出一個男孩，則被時人稱為「老絕戶頭兒」，等於是失敗的人生。多災多難的中國大地上，一個又一個大家庭隨之產生。而在地雖大但物不博，積貧積弱，正處於物價飛漲的戰時中國，作為家庭的支撐者，在經濟方面所承載的壓力之巨與心理之苦痛自是可想而知。

從可考的資料觀察，聞一多在戰前的清華園時代，雖生活條件優越，鑑於人口眾多這一特殊歷史原因，似無多少積蓄。一個明證就是戰爭爆發後，學校決定師生由長沙撤往昆明，聞一多主動選擇和學生一起步行這一事實。此前外界的宣傳大都是說聞氏當年之所以如此，是內心裝著如何偉大崇高的理想與道德，才決意隨團步行赴昆，事實並不盡如此。行前，聞一多在給其兄聞家驥的信中說得清楚：「此間學生擬徒步入滇，教員方面有楊金甫、黃子堅、曾昭掄等五六人加入，因一則可得經驗，二則可以省錢……校中本擬發給教員路費六十五元，由香港取道安南入滇，步行者則一切費用皆由校備，不知路費是否照發，若仍照發，則此款可以乾落矣。」[22]同年二月十六日，聞一多寫給父親的信中，再次說道：「前函云乘汽車經桂林赴滇，今因費用過巨之故，仍改偕學生步行。」[23]信中可以看出，得經驗與得金錢皆是促其步行的因由，而經濟方面的考慮更大。此時離盧溝橋事變才半年，物價並沒有像後來那樣如脫韁野馬一路飛騰，陳寅恪詩中所說「淮南米價驚心問，中統銀鈔入手空」的局面，則是一九四〇年之後的事情。假若戰前聞氏手頭有些積蓄，何以會為六十五元路費而做出千里步行的決定，並視為一件要事專門向家人作書稟報？

在聞一多到達昆明轉蒙自文學院任教後，他給妻子的信中再次提到經濟問題：「據梅校長報告，清華經費本能十足領到，只因北大、南開只能領到六成，所以我們也不能不按六成開支（薪金按七成發給）。我們在路上兩個多月，到這

聞一多在司家營村居住時的老房東司蘭英丈夫（左）在院內向作者講述聞一多舊事（顏竹攝）

裡本應領到二、三、四（共）三個月薪金，共八百餘元。但目下全校都只領到二月一個月的薪金。聽說三、四兩月不成問題，遲早是要補足的。」[24]當時清華仍握有美國賠款的部分基金，在三校中最為富有，但怕刺激北大、南開兩校，求得師生間的平衡，清華不得不在這些方面小心謹慎。此時聞一多雖手頭不算寬裕，對生活仍充滿信心，只是後來隨著積蓄用盡，物價飛漲，情形就大不相同了。

一九四〇年，戰火進一步蔓延，沿海與東部陸地人口大批南遷，昆明人口猛增，物價飛騰暴漲起來，聞家的生活陷入了最艱難的時期。為了養家餬口，同大多數教授一樣，聞家除了借貸就是變賣衣物，生活幾近陷入絕境。就在這年冬天，為了買米下鍋，聞一多把自己身上穿的一件皮大衣送進了當鋪。寒風凜冽，他只得以長衫和一件破舊的羊毛衫禦寒，不到一個星期就得了感冒病倒在床，妻子高孝貞只好含淚向其他教授借了一點錢，把那件大衣贖了回來。有聯大同事看見，為了節省開支，寒冬臘月，在微明的晨曦中，聞一多率子女們到陳家營村南邊的一條小河用冰冷的河水洗臉，處境十分淒涼。到了第二年春天，聞家生活實在難以為繼，在所有衣物全部當盡賣空的困境中，聞一多一咬牙，決定把自己從北平帶來的幾本線裝書賣給聯大圖書館，以換錢買米。

聞一多與朱自清一家同住龍泉鎮司家營村的舊宅，現為61號。（作者攝）

對於一個整日與書打交道的學者來說，變賣自己心愛的書籍，不啻挖割心頭之肉，其切膚之痛非親臨其境者不能領會。當他把幾本書捧送到聯大圖書館時，滿面悽楚地叮囑管理人員：「一定要把書看好管好，等將來回北平，我一定要把它們贖回來。」[25]話畢，眼裡閃著淚光。令他沒有料到的是，未能回到北平，就身死異鄉成異客了。

三、十字街頭異鄉客

聞一多死後，吳晗一連寫過幾篇紀念文章，儘管政治口號多於內容，但感情還是頗為濃厚真摯的，吳說：「在前年五四的前幾個月，為了一樁事，我去看他。那時，他在昆華中學兼任國文教員，每月有一擔米，一點錢和兩間房子，雖然忙得多，比前些年有一頓沒一頓的情況已經好多了。從此以後，我們成了朋友……去年暑假，昆中換校長，新校長奉命解一多的聘，不好意思說，只說要加鐘點，一多明白了，不說什麼，捲起鋪蓋搬家，恰好聯大新蓋了幾所教職員宿舍，抽籤抽中了，搬到了我家的對面。從此成天在一起，無事不談，也無話不談，彼此的情形都十分明白……有時早晨菜錢無辦法，彼此通融，一千兩千來回轉。五個孩子帶一個老女傭，八口之家，每月薪水只夠用十天。」[26]吳晗所說是真實的，聞吳二人聯手合作亦始於此。

聞家輾轉搬到聯大宿舍後仍是一貧如洗，家中僅有的一只破爛藤椅是孫毓棠教授去英

聞一多在刻印（北京大學校史館提供）

國時所送，一個整齊一點的方桌，是吳晗向學校借來又轉借的。聞一多的書桌是用三塊長木板拼湊而成，像裁縫桌子，還有兩把從鄉下撿來的描金黑漆的方椅子，每一坐上便搖晃怪叫。此外，還有兩張小板凳，兩口破箱子，吃飯時一家人剛好一桌，孩子們站著吃。後來，多虧聞一多拿出了刻圖章的看家本領，生活才稍有好轉。吳晗曾在回憶中這樣說：「兩年前他學會了刻圖章。這故事包含了血和淚。他研究古文字學，從龜甲文到金石文，都下過功夫。有一天朋友談起為什麼不學這一行手藝。他立刻買一把刻刀下鄉，先拿石頭試刻，居然行，再刻象牙，雲南是流行象牙章的，刻第一個牙章的時候，費了一整天，右手食指被磨爛，幾次灰心，絕望，還是咬著牙幹下去。居然刻成了。他說這話時，隔了兩年了，還含著淚。以後他就靠這手藝吃飯，今天有圖章保證明天有飯吃。圖章來得少的時候，他著急，為了要挨餓。圖章來得多的時候，更著急，為的是耽誤他的工作。」[27]又說：「米沒有了，得買，菜錢，靠刻圖章，石章一字一千，牙章兩千，刻一天吃一天。一天沒有生意，就得借貸。到了真沒有辦法的日子，太太和老女傭去擺地攤，賣舊衣舊鞋。有一天，我問聞太太，賣了多少，她苦笑一聲說：『三十多件破襯衫，賣了三千多元，反正夠明天一天了。』」[28]

對於吳晗的回憶，梁實秋讀到後表示相信這是真的，沒有一點誇張。只是吳晗說聞一多「在昆明正式刻圖章，靠這行手藝吃飯，時間大約是一九四二年的夏天」，[29]此記憶有誤，實乃一九四四年五月間事。當時為聞一多能順利掛牌開張，梅貽琦、蔣夢麟、熊慶來、馮友蘭、楊振聲、姜寅清、朱自清、羅常培、唐蘭、潘光旦、陳雪屏、沈從文等共十二位聯大與雲大名流出面推介，清華中文系教授浦江清還擬稿做一短啟，也就是招攬顧客的廣告語：

秦璽漢印，雕金刻玉之流長；殷契周銘，古文奇字之源遠……浠水聞一多先生，文壇先進，經學名家，辨文字於毫芒，幾人知己；談風雅之原始，海內推崇……

短啟寫就，聞一多親自攜至昆明城北門街聯大教員宿舍附近，於一間上書「三友金石書畫社」匾牌的屋子貼了上去。廣告一側，有一大張白紙，上有各式字體的圖章樣子和印就的潤例，外加一玻璃框裝飾。屋內更多擺掛的是著名書法家、雲大教授胡小石的字，以及李公樸夫人張曼筠和岳父張筱樓的書畫，由北門書屋老闆李公樸負責照理。梁實秋在重慶時曾看到聞一多的潤例，後來他在〈談聞一多〉一文中說：「事實上一多治印不自此時始，一九二七年的時候便已為光旦、劉英士和我開始刻印了。刻印是他的老手藝。不過到了昆明正式掛牌，技藝大進罷了。聽說盟軍人士出於好奇，也往往訂刻圖章，比較可得美價，故亦來者不拒。文人不得已鬻印，亦可慨已！然而一多的脊背彎了，手指破了，內心悶積一股怨氣，再加上各種各樣的環境因素，以至於成了『千古文章未盡才』，這怪誰？」[30]

梁實秋對聞一多這位清華老同學與曾經的同事，由一個兩耳不聞窗外事的學究而成「鬥士」，以及鬥出了什麼名堂，可能真的知之寥寥，或者知道也不便多言。只是對「千古文章未盡才」的學者聞一多以身殞命，抱有極大的遺憾與惋惜。聞氏中途突然撂下書本，一腳踏上「鬥士」的不歸路，直至命赴黃泉，這個急轉直下，爆發力異常得頗像核裂變式的過程，自然很難說要「怪誰」。按照冤有頭、債有主的古訓，若非要尋出個端緒，除了梁實秋所說的經濟等大環境的因素，當然還與聞氏在人生道路上結交的幾位朋友有關，比如吳晗、羅隆基，還有中共地下工作者華崗等。所謂近墨者黑，近朱者赤，聞一多由灰而赤，亦然也。

吳晗剛到雲大做教授的時候，戰爭火焰尚未蔓延到這個西南邊疆古城，政治也暫時未來敲門。這段時間，年輕的吳晗意氣風發，無論是工作還是生活都還算愉快。兩年後情況就大不相同了，如吳晗在一份《自傳》中所說：「從一九三七年到一九四〇年，我還是和在清華時一樣，埋頭做學問，不過問政治。一九四〇年以後，政治來過問我了。」又說：「我的老家母親弟妹侄兒六七口人都到了昆明，春曦上大學，浦月上高中，小妹浦星上小學。一九三九年春，袁震姐妹三人也到了昆明。人口多了，薪資一天天減少了，法幣日益貶值，生活日漸困難。加上日機常轟炸，成天逃警報。前方盡是『轉進』，越打越『轉進』到腹地來了，四大家族發財成為風氣，老百姓活不下去，通貨無限制地膨脹。昆明這個小城市充斥了美貨，蔣介石特務統治，民主自由的影子一點也沒有。對外屈辱，對內屠殺。對蔣介石政權的不滿日益加強，在文章裡，在講壇上，寫的說的都是這些。因為沒有政治鬥爭經驗，但比較敏銳，和青年合得來，常在一起，我的生活思想有了轉變。」[31]

上述所言，是說一九四〇年吳氏才感到日子不好過，開始過問政治。其實，早在一九三八年日子就不好過了，因為這個時候吳晗老家浙江義烏已被戰火籠罩，在鄉村的母親不得不統率全家老小來昆投奔這個當了大學教授的兒子，而袁震等三姐妹於一九三九年春來到了昆明，一個教授的薪水要養活十幾口之家，甭說在戰時物價飛漲的昆明，即是在號稱「盛世出猛虎」（南按：近年名噪一時的「周正龍華南虎事件」中，挺虎派主要幹將之一、陝西林業廳宣傳中心主任關克對媒體發布的通稿所言）的二十一世紀，也不是件容易之事，何況袁震還是一位經常臥病在床的病人。

吳晗與袁震相識於一九三四年的北平。袁是湖北老河口市人，據說十二歲那年就在家鄉參加了五四運動，一九二一年考入武昌女子師範學校，在董必武、陳潭秋、劉子通等人的影響下，接受了與傳統觀念不同的另類思想，自此熱心於政治，成為一名時髦的政治運動分子，一九二二年為湖北女子參政協會起草了〈成立宣言〉，自此算是一隻腳踏進了政治的旋渦。女師畢業後，袁於一九二五年考入武漢大學中文系，因交不起學費，只好到女子師範充當職員，但學校當局又以她是一個熱中於政治角逐，無心教課的另類「危險人物」而解聘。如此這般在社會政治的邊緣晃蕩了五年之後，又於一九三〇年考入清華大學，在校期間仍熱中於校內外的政治活動。因其才高貌美，又經常拋頭露面，在清華園名冠一時，成為許多年輕教員與學子們獵取的目標。天不作合的是，當她讀到四年級時得了肺病，被迫停學住院治療。

1939年10月，吳晗與從內地趕來的袁震，在昆明城內一家小旅館舉行了只有幾個朋友參加的簡單婚禮，此為結婚照。

就在這個時候，因一個偶然的機會，病中的袁震與吳晗相識繼而相愛，時年吳二十五歲，袁二十七歲。禍不單行，吳、袁相戀不久，袁震又患了骨結核。當時的醫學水平對這一病症尚無能為力，更無有效藥物治療，只能做些簡單的調理，因而袁出院後一直躺在床上不能起立，更不能行走，生活全靠別人照料。當時吳晗的母親與家人皆反對這門婚事，令吳懸崖勒馬，不要執迷不悟，並採取了一系列措施加以阻撓。但兒大不由娘，且此時的吳晗已受過清華的高等教育，滿肚子學問與自由思想，又豈肯聽從一個鄉下老太太和家人們囉唆？面對各種阻撓與勸告，吳斬釘截鐵地對家人宣告，世之本無鬼，何以被迷住心竅？此生非袁震不娶，而袁也非吳不嫁。生同衾，死同穴，無論是陽間還是陰間都在一起過了。據吳晗的朋友羅爾綱說，一九三六年春天，他曾奉吳家人之命親自做過吳晗的「政治思想工作」，也是最後一次奉告。當時吳晗正患肺病住院治療：「他睡在病床上，閉著眼睛聽我的話，一句都不回答。後來我把我和他類似的婚姻問題跟他相提並論，有責備他不顧母親傷心的意思，他張開了眼睛，眼邊有些濕了，低聲說：『我和你的情況兩樣，追你那個女子沒有病，袁震有重病，你可以從母命，我不能從母命。』」[32]吳的一句話說得羅爾綱「慚愧無地」，當場打了退堂鼓。至此，吳晗母親與家人心中縱有一百個不樂意與想不開也無力回天了。

儘管袁震整天躺在病床上，大門不出，二門不邁，卻如《沙家浜》中的刁德一評價阿慶嫂的那句臺詞「這個女人不尋常」。袁震與姐姐袁溥之早年都是中共元老董必武的學生，兩姐妹天生好「鬥」，也具有「鬥」的天賦和膽魄，袁震在武昌女子師範專科學校讀書時就參加學生運動，走上了「鬥」的道路。自此一「鬥」不可收拾，且越「鬥」越勇，越「鬥」越彪悍，於大革命時期袁震與她的阿姐雙雙加入中共地下黨，並於戰前一起潛往北平祕密從事地下活動。袁震與吳晗相戀後，一來二往，袁家姐妹的「鬥」志與政治態度，對一介書生的吳晗產生了重大影響。後來吳在《自傳》中曾坦白交代：「在日常生活中不知不覺地使我受了一些黨的教育。」這裡所謂黨的教育自是指共產黨而非國民黨。吳在求學時代作為胡適的愛徒已廣為人知，胡在許多方面獎掖提攜過吳，可以說沒有胡適就沒有吳晗學術上的成就，因而吳在人前人後皆表現出對胡無比的崇敬之情。當時號稱已用馬克思主義唯物史觀來分析研究歷史的袁震，對胡適的那一套政治主張頗不以為然，言談中不時流露出對胡氏的輕蔑意味。每當吳晗談到他所仰慕的適之先生如何如何時，躺在病床上的袁震則以嘲諷的口氣謂吳「在胡適面前要矮三尺」。而吳的回答卻是：「我在你面前要矮一丈。」[33]按吳晗研究專家蘇雙碧的說法，吳氏自稱在老婆面前矮一丈，「這說明吳晗的思想認識有了進步。後來，袁震追隨吳晗來到昆明，對國民黨的不抵抗政策，對大後方物價的飛漲，都非常不滿。她經常罵國民黨反動派，為國家的前途擔憂。這些對吳晗的影響教育都很大。儘管這時的吳晗，還談不上能自覺地抗日反蔣，但他已無法安下心來閉門做學問了」。[34]

蘇雙碧這段話，儘管讓人讀來有一種生硬和異味的感覺，但往深裡一想，可能還真是如此。不知《水滸傳》中那個賣燒餅的武大郎身高是多少，所受夫人教誨如何，但一個自稱在老婆面前矮一丈的男人，所受對方的影響之深之大是可想而知的，以後的路數和出息也基本可以定調。後世有研究者如鍾亦非認為，假如沒有袁震，很難說吳晗會走到「鬥士」這條路上去，也很難說後來竟「鬥」出了一個北京市副市長的名堂。依他與胡適的關係，極有可能在大地「陸沉」之時，作為被「搶救」學者之一，追隨胡去了臺灣或美國。若真如此，吳晗後來就不會有副市長的高官可當，當然也就不會成為「文革」開刀祭旗的犧牲品了。不過，像這樣「大膽的假設」，縱如考據大師胡適面對這個繁難的題目，也很難考出個是與非。歷史一去不返，世人看到的是，青年吳晗在經濟壓迫與愛妻袁震的政治影響下，逐漸向「鬥士」的道路上走去。

吳晗偕在政治上高大得需仰視才能窺其一個小小鼻尖的愛妻袁震來到昆明後，袁震之妹赴延安中共大本營受訓，姐妹間的通信大都由住在重慶八路軍辦事處的董必武轉遞，吳晗仍繼續接受著兩姐妹的諄諄教誨。一九四〇年，西南聯大為避免敵機轟炸，在四川敘永成立了分校，吳晗受命赴分校執教中國通史。當時吳頗不情願棄昆明遠赴四川小城敘永，無奈此時他剛從雲大轉入聯大任副教授不久，尚無資格與資深教授特別是劉文典一類人中豪傑相抗衡，只好硬著頭皮偕病妻袁震前往。因袁震的身體狀況不能乘汽車翻越山高路險的烏蒙山區，只能乘坐飛機，而來回的機票卻不能在聯大報銷，只能自己掏腰包。如此一折騰，便弄了個傾家蕩產，生活陷入困頓。到了敘永之後，情況更加不妙，吳晗在《自傳》中說：「薪資收入偽法幣數字逐漸增加，幣值卻逐天減少，生活越發過不去了。袁震又經常生病，躺著不能起床，住在鄉下，上課來回走四十里。有一次袁震必須入醫院治療，可是（家中）什麼也沒有賣的，湊不出錢，感慨得很。」[35]因為這種感慨，他開始心情煩躁，飯食難進，對國民黨政權由不滿發展到痛恨。學生們明顯地看到，他講課時很容易激動，抓住某一題目就指桑罵槐，將一腔怨恨發洩到蔣介石及其統治集團身上，並「開始參加一些政治性的社會活動，走出書屋，進入社會了」。[36]

隨著敘永分校撤銷，一九四一年九月，吳晗偕妻回到了昆明聯大本部。在回昆明時，吳氏夫婦專門繞道重慶，看望了董必武。吳過去雖未見過董氏，但早已通過袁震與董有過多次書信往來，並建立了感情。見面後，吳向董透露了昆明和西南聯大本部以及敘永分校師生的思想動向和政治傾向，董向吳氏夫婦講了一些抗戰形勢與延安的祕聞。董、吳這次會見，為吳晗在思想和心理上成為一名「鬥士」注入了催化劑，而這個催化劑一旦遇到相生的另一種原料，就會像核裂變一樣發生快速反應，並將巨大的能量釋放於指定的地點和場所。

當然，吳晗肚中的核反應爐真正發生裂變還要等上一段時間，正如奧地利作家史蒂芬・褚威格所說：「所有那些最重要的歷史性時刻，都需要有醞釀的時間，每一樁真正的事件都需要有一個發展過程。」因從敘永繞重慶再到昆明，回到聯大校本部的吳晗一家算是徹底墜入了赤貧階層，此段生活令吳氏一直耿耿於懷，自己「一面教書，一面寫書，一面還幹家務，照料病人——我的妻，在鬧柴米、油鹽、掃地、炒菜、洗碗的時候，還得和學生和朋友談話，討論問題」。[37]同聞一多一樣，為了湊錢給袁震治病，吳晗忍痛把僅存的幾本線裝書全部賣給了聯大圖書館，身上長年穿的是長衫一襲，破皮鞋一雙，吸著從昆明地攤上買來的手工土製香煙，此種尷尬情狀，吳晗不止一次地說過：「身分早已沒有了，穿得破破爛爛，除了自己的學生，誰都以為你是個難民。」[38]

正當吳晗作為一個「難民」躑躅昆明的十字街頭，「停杯投箸不能食，拔劍四顧心茫然」的關鍵時刻，中共派出的地下代表化裝打扮悄悄地進村了，這便是吳晗後來所說的「政治來過問我了」。[39]

一九四三年，中共高層領導人周恩來、董必武派南方局負責人華崗、周新民等人到昆明做龍雲的統戰工作。華崗化名林光侯，由雲南籍的民盟負責人楚圖南出面向雲南大學推薦，擔任雲大社會學教授。[40]

周新民的公開身分是民盟成員，在昆明市民盟負責組織方面的事務。此前，民盟雲南方面的負責人羅隆基到重慶，向中共提出兩黨派之間相互聯繫的願望，中共重慶辦事處乃讓羅回昆與華崗接頭具體協商。於是，羅隆基與華崗商量後，除了做龍雲的統戰工作，又把觸角伸到了西南聯大、雲大等高校，開始有意識地與高級知識分子接觸。華崗一到昆明，就籌畫成立了一個「西南文化研究會」的組織，開始招募與傳統派有別的另類知識分子參加，當時在西南聯大任教的潘光旦、曾昭掄、聞一多、吳晗等都參加了這一組織並以研究文化為引子開始祕密活動。但活動僅限內部整合與統一目標性質，或曰預熱性質，離真正擺開場子，挽起袖子赤膊上陣大「鬥」、特「鬥」、豁出性命地「鬥」，還有一段距離。

當時與周新民一起被派往昆明的，還有一位女性中共地下黨員、精明老辣的李文宜。李是袁震的同鄉，早年和袁溥之同學。因了這層關係，華崗便派李對準吳晗的軟肋發力，爭取裡應外合將其一舉拿下。於是，李文宜與周新民在悄悄地進村之後，很快成了吳晗家的座上客。吳的好友羅爾綱回憶說：「一九三九年春，社會研究所遷到昆明，設了個工作站在城外十多里的落索坡村，我在那裡工作。不久，吳晗因昆明頻遭轟炸，也搬家到落索坡村來住。那時吳晗變了另一個人，以前是生龍活虎，此時卻消沉抑鬱。他除了進城上課外，整天在村邊橋頭釣魚，有時放下釣竿，在大路上低頭躑躅。我看他心頭懷有極大的苦悶，對他生命一個大轉變的時期就要來臨。果然，沒有多久，他就成為一個民主戰士向反動統治戰鬥了。」[41]

羅爾綱說吳晗釣魚是真實的，但說不久就成為一名「戰士」並開始投入戰鬥，則是他的猜測，或者故意粉飾，而這個猜測或粉飾與真實情況不符。對於吳在昆明的生活情形，或許他的學生輩人物更有發言權和說服力。曾先後就讀於西南聯大土木、歷史、中文、外文等四個系的何兆武，在後來口述的《上學記》一書中提及了吳晗，並明確表示不喜歡吳晗的講課，原因是吳不是對歷史做綜合的觀察，而是分成許多條條框框，如中國的官制、中國的經濟等，把歷史分割成許多專史，缺乏綜合的整體觀點。在生活中，吳晗有幾件事給何兆武留下了很不快的印象。何氏說：「我的姐姐是三八級經濟系的，畢業以後不能住在學校，得找個房子住，吳晗那時候是二房東，租了一所很大的房子，然後分租給各家，我姐姐就租了他一間小房。『二房東』在舊社會是一個很不好聽的名詞，被認為是從中剝削，吃差價。吳晗經常趕人搬家，說是有親戚要來住，要把房子收回去。不知道他是不是真有親戚要來，不過在舊時代，二房東要漲房租的時候總是這樣趕你走。吳晗轟過我們幾次，給我留下了深刻的印象。」[42]

何兆武說的這件事應是吳晗自敘永分校歸來之後，不過據吳氏說他那時「住在昆明府甬道小菜市場旁邊的一座破樓裡。說破樓，其實還是冠冕話，四面都是紙窗，上面瓦縫可見天，在樓下吃飯時，灰塵經常從樓上掉到飯碗裡。下課自己買菜、煮飯，還得到門外古井裡打水。記得開頭幾次不會打，水桶放下去無論如何舀不進水，實在急了，死勁拉水繩把水桶向下沖。結果，把水桶底震掉了，拉上來的是一個無底桶，弄得哭笑不得」。[43]

吳何二人到底誰說的更符合歷史真實，或者二人說的不是一時一地，關公大戰了秦瓊？這個懸案只有期待未來的研究者予以弄清。但無論如何，吳晗在西南聯大時代給何兆武留下了極其惡劣的印象，這一點是毋庸置疑的。在談到昆明遭日機轟炸的情形時，何兆武有自己獨特的觀察並對吳晗有所評價。每當警報來臨，大家往郊外奔跑，二十來歲的青年學生十分鐘就能翻過兩個山頭，但老師們因年紀較大，又在書齋裡靜坐慣了，翻山越嶺就費勁多了，而正是這樣的反差，給事件的親身經歷者提供了觀察各色人物的機會。何氏說：「大凡在危急的情況下，很能看出一個人的修養。比如梅校長，那時候五十好幾了，可是極有紳士風度，平時總穿得很整齊，永遠拿一把張伯倫式的彎把雨傘，走起路來非常穩重，甚至於跑警報的時候，周圍人群亂烘烘，他還是不失儀容，安步當車慢慢地走，同時疏導學生。可是吳晗不這樣，有一次拉緊急警報，我看見他連滾帶爬地在山坡上跑，一副驚惶失措的樣子，面色都變了，讓我覺得太有失一個學者的氣度。」[44]

與昆明各校師生、社會民眾甚至於梅貽琦、吳晗等人跑警報的際遇相同的是，此時在湖北黃梅縣的一個山溝裡，有一位叫廢名（馮文炳）的學者也在跑警報，只是此處不叫跑警報而叫「跑反」。廢名是北京大學中文系講師，抗戰爆發後回到老家湖北黃梅，[45]經歷了多次挈婦將雛棄家「跑反」的流徙生活。一九三九年，憑藉從親屬那裡借到的三元錢旅資，廢名輾轉到了一個叫金家寨的鄉村小學教國語，半年後又赴臨時設在五祖寺的黃梅縣中學教英語，抗戰勝利後才得以重返北大任教。一九四七年，應《文學雜誌》編輯朱光潛之邀，創作了以自己在故鄉避難生活為背景的長篇小說《莫須有先生坐飛機以後》，從一九四七年六月到一九四八年十一月在《文學雜誌》連載，轟動一時。小說借廢名的影子——莫須有先生對戰爭生活的觀察，道出了自己的感受：「在民國二十六年以前，完全不了解中國的民眾，簡直有點痛恨中國民眾沒出息。」但經歷了抗戰，莫須有先生始感到沒出息的不是中國民眾，而是「中國的讀書人」。作者高度讚賞了鄉間民眾在戰火紛飛中鎮定自如地耕地、拾炮彈殼、帶著牛羊豬狗「跑反」，且在空隙中打牌的「精神」，認為這一切隱含著平民百姓堅韌的求生意志和求存能力，而普通民眾的生活與經受的苦難，要遠比知識分子悲慘得多。在廢名的描述中，「跑反」是一個在民間有長久積澱的語彙，天下亂了謂之「反」了，而且這個亂一定是天下大亂，並不是局部的亂，局部的亂謂之「鬧事」。「鬧事」二字是一個價值判斷，意若曰你可以不必鬧事了。若「跑反」則等於暴風雨來了，人力是無可奈何的，無論是內亂是外患，一樣說「反了，要跑反了」，僅莫須有先生聽到的就有「跑滿清的反」、「跑長毛的反」等。「跑反」已經成為民間的持久記憶以及戰亂年代的恆常的生存方式，這種方式蘊含著對命運的無奈與鄉民的生存哲學和智慧。

莫須有先生說，抗戰時期「跑鬼子的反」，不僅僅是人，相反，「人尚在其次，畜居第一位，即是一頭牛，其次是一頭豬，老頭兒則留在家裡看守房子，要殺死便殺死」，有一種豁出去了的鎮定。跑的次數多了，農人們在間歇的空隙依舊聚眾打牌，或者在竹林間談笑自若地納涼。對此，作者廢名站在底層的鄉土上，以農民的視角對知識分子進行拷問：「同莫須有先生一樣在大都市大學校裡頭當教員的人，可以說是沒有做過『國民』。做國民的痛苦，做國民的責任，做國民的義務，他們一概沒有經驗。這次抗戰他們算是逃了難，算是與一般國民有共同的命運，算是做了國民了。」但是這些大學裡的教授並沒有做多久「國民」，經歷了最初的顛沛流離之後，與中國底層的老百姓相比，他們的身分依然特殊，「逃難逃到一定的地方以後，他們又同從前在大都市裡一樣，仍是特殊階級，非國民階級」，且對這種特別身分和特殊階級的自我認同與標榜，比其他時候更為強烈。

對於廢名的認識和觀點，遠在昆明的何兆武亦深有感觸，在心有戚戚焉的同時，將所熟悉的知識分子從「人性」的角度進行了審視。何氏在《上學記》中所述的吳晗跑警報的形象，以及特別觸及的吳晗罷教的一個插曲，便可見出埋藏於不同知識分子心靈深處的底色。

吳晗由雲大轉入聯大後，教的是《中國通史》公共必修課，因為是要計學分的必修，平時上課的人很多，結果第一個學年下來，全班考試沒有一人合格，眾生大感驚訝。據說當時聯大也有類似情況，如周培源教的物理系二年級必修課力學，第一次月考也是全班不及格。這個路數有點像《水滸傳》裡描述的孟州牢城，犯人來了先打一百殺威棒，要你嘗點苦頭，知道對方的厲害。但這種做法用到教學上，必須是權威教授、學術大腕才可偶爾露一手，不是什麼人都能仿效的。吳晗一九三四年夏天才從清華歷史系畢業並留校任教，一九三九年底從雲南大學轉入聯大時才三十歲，職稱為副教授，屬於典型的「土包子」學者，無論是年齡、學歷、資歷、學術水準和聲望等，都難以和留學東西洋的大字號「海龜」相比，也很難讓比自己小不了幾歲、同樣心高氣傲的學生們折服。在這種情況下，吳晗竟不問青紅皂白地對全班學生掄起殺威棒一頓亂打，此舉不但不能制服對方，反而讓全校師生有一種吳某人妄自尊大、不知深淺輕重的感覺。於是，滿肚子怨氣與怒氣的學生推選代表與吳晗交涉，先檢討學生們沒有好好學習，然後毫不客氣地表示老師在教學方法上也有可以改進的地方。吳晗聽罷，勃然大怒，當場把學生代表趕了出去。這個過程在學生這邊，就像當年阿Q進了錢府被假洋鬼子揚起哭喪棒怒吼「滾出去」一樣受了侮辱。而在吳晗這邊，認為學生們實在是孺子不可教也，於是宣布罷教，以示對學生言行的反擊。此事在校園內引起了一場不大不小的風波，後經校方出面說和才算擺平。

為何年紀輕輕，並沒有什麼威望的吳晗，要演如此一場拙劣甚至是可笑的戲劇呢？據何兆武在中共建政後看到吳晗所寫並公開發表的檢討，認為吳氏「在心理上總有一個情結（Complex），或者說，心裡老有個疙瘩，希望自己躋身於名教授之列。比如他說自己拿桶到井裡打水，老打不上來，便感歎教授生活的悲慘，總是念念不忘自己是個名教授。教授為什麼就不可以去打一桶水呢？」[46]何氏所言，正應了廢名在小說《莫須有先生坐飛機以後》所批判的，很有一些大學教授，對於做國民的痛苦，做國民的責任，做國民的義務，一概沒有經驗。即是在抗戰逃難中做了一陣子「國民」，在環境穩定之後，仍然感到自己是「特殊階級，非國民階級」，所以才有了吳晗感覺自己親自到井裡打一桶水，便是知識分子的羞辱這樣一種心理情結，或稱之為疙瘩的滋生。正是這種情結，加速了吳晗向「鬥士」道路邁進的步伐。

注釋

1 蘇雙碧、王宏志，〈吳晗小傳〉，收入李華、楊釗、張習孔主編，《吳晗文集》卷四（北京：北京出版社，一九八八）。

2 同前注。

3 王煊城，〈吳晗在昆明〉，收入浙江省政協文史資料委員會編，《浙江文史集粹・社會民情卷》（杭州：浙江人民出版社，一九九六）。

4 施蟄存，〈雜覽漫記〉，《施蟄存七十年文選》（上海：上海文藝出版社，一九九六）。

5 趙儷生，《籬槿堂自敘》（上海：上海古籍出版社，一九九九）。

6 李敖，《李敖回憶錄》（北京：中國友誼出版社，二〇〇四）。

7〈吳晗致傅斯年〉（暫係年一九四〇年），臺灣中央研究院史語所存傅斯年檔案。

8 同前注。

9 同前注。

10 同前注。

11 同前注。

12 關於新月社與新月派，世人有各種不同的評價和詮釋。一說新月社成立於一九二三年的北京，也就是在徐志摩的住所松樹胡同七號，到一九二七年才移到上海。早期的新月社只是一些志趣相投的朋友們湊在一起聊聊天，演演戲，是一個類似票友會那樣的組織，沒有一點政治色彩。聞一多最初參加新月社的活動，還只是出於他對戲劇的愛好和他對徐志摩本人的好感，與政治沒有關係。其特點是以留學歐美，或者說以清華學生為主要班底。到了一九二七年五月，胡適來到上海，當時徐志摩正在籌備新月書店，創辦《新月》雜誌。徐請胡適參加，並讓他做董事長。最初的十一位董事為胡適、余上沅、聞一多、梁實秋、徐志摩、張嘉鑄、潘光旦、饒孟侃、丁西林、葉公超、劉英士，後來加入了羅隆基與邵洵美等人。當時書店是朋友們集股成立的，最早出版的一批書就是朋友們的譯著。後來逐漸演變成了一個帶有政治理想的文人團體，新月社成了一個自由主義知識分子的大本營，胡適和新月社同人以《新月》為陣地，開始對國民黨猛烈批評，促成了中國自由主義知識分子議政的一個高潮，但當時聞一多卻保持了沉默。事實上，《新月》雜誌自一九二八年三月十日首刊之後，編輯人員名義上為徐志摩、饒孟侃、聞一多三人。當時饒任職上海市政府祕書，整天有忙不完的公務，很少顧及刊物事。聞一多在南京中央大學任教，有點鞭長莫及，實際負責主編的只是徐志摩一人而已。在南京的聞一多除自己為《新月》寫稿外，還拉了一些年輕人的稿子入選《新月》，除陳夢家外，另有費鑑照、陳楚淮等幾個年輕人也頗受聞的青睞，並為之薦稿。一九二九年四月，聞一多自動解除編輯職務。

另一種說法似乎與此不同，如艾青在《中國新文學大系》第一四集《詩集》（上海：上海文藝出版社，一九八五）的序言中說：「一九二六年四月一日，北京晨報《詩鐫》出世。這是聞一多、徐志摩、朱湘、饒孟侃、劉夢葦、于賡虞等人主辦的；然而作為《新月》月刊卻在一九二八年三月才創辦。」新月派的主將聞一多，開始寫詩採用自由體，但「不久卻成了格律詩的狂熱的提倡者，藝術上的唯美主義者，寫了〈也許〉、〈死水〉、〈靜夜〉、〈一句話〉、〈飛毛腿〉等詩，正如他自嘲的，是『帶著腳鐐跳舞』了……第二年，因與徐志摩、梁實秋觀點不同，辭去編輯職務。」又說：「另一個主將徐志摩，他具有紈袴公子的氣質。他從教會學校出來到外國學銀行學。寫了不少愛情詩……他喜歡在女人面前獻殷勤。他的詩，常以圓熟的技巧表現空虛的內容，如他寫的〈沙揚娜拉〉……陳夢家也寫了一首〈葬歌〉，說希望到一個『永久的國度』。他卻寫完了還活了二三十年。屬於新月派的詩人很多，活動的時間也最長，這是大革命失敗後，中國詩壇上出現的一股消極的潮流。」按艾青的詮釋，到了陳夢家的〈雁子〉，新月派已經奄奄一息了。一九三一年聞一多寫了一首〈奇蹟〉之後，新月派已不可能出現什麼奇蹟了。

與艾青觀點不同者如曹未風在〈辜勒律己與聞一多〉中說道：「聞氏後來回到清華任教時，他還是不懈地注意提拔新詩裡的後輩人才。曹葆華同孫毓棠都是他經常的座上客。卞之琳、李廣田諸人也跟著他時常在一起。所以徐志摩死後……《新月》、《詩刊》所主張的那一種新詩運動，卻實在仍然由聞氏繼續下去」（《聞一多年譜長編》）。真可謂仁者見仁，智者見智。不過要說徐死後，聞把新詩運動繼續下去這種觀點，似乎明顯有硬傷。徐作為新月的詩魂，自一九三一年墜機遇難後，「新月」開始西沉。聞一多算是新月派最有影響的詩學理論家，但他在青島大學時就開始轉向了，不僅轉入學術研究，而且與新月派成員在思想、藝術旨趣、政治觀念等方面，漸漸拉開了距離，終於走上了「鬥士」之路，直至被國民黨特務暗殺。聞在青島大學的門生臧克家就曾說過：「他（聞）曾對我表示，對《新月》月刊是不滿意的，違反了當年創刊時候的初衷，顯然是對胡適有意見。另外徐志摩墜機消息傳來，聞先生並沒寫文章悼念他，大家都知道他們二位關係是很好的。我問他，他回答說：『志摩一生糾纏在愛情的故事裡。』」（〈悲憤滿懷苦吟詩〉）便再也沒了下文。相對於徐志摩遇難後胡適等人的忙亂與紀念，聞一多與新月派的分道

左起：朱自清、羅庸、羅常培、聞一多、王力。

揚鑣不言自明，因而睜著眼睛說聞在徐之後繼續這一派新詩運動，不是無知就是妄語了。

13 劉克選、方明東主編，《北大與清華：中國兩所著名高等學府的歷史與風格》（北京：國家行政學院出版社，一九九八）。

14 吳晗，〈聞一多的「手工業」〉。此文是吳晗於一九四七年四月二十五日夜在清華園寫成，收入一九四七年七月二十日出版的《聞一多先生死難周年紀念特刊》，但非全文，時陳夢家尚在美國講學未歸。後編入李華、楊釗、張習孔主編，《吳晗文集》卷三（北京：北京出版社，一九八八）。

15 聞黎明、侯菊坤編，聞立鵰審定，《聞一多年譜長編》（武漢：湖北人民出版社，一九九四）。

16 同前注。

17 〈羅常培先生傳記．自傳〉，收入北京市語言學會編，傅懋勣等主編，《羅常培紀念論文集》（北京：商務印書館，一九八四）。

18 何兆武口述，文靖撰寫，《上學記》（北京：生活．讀書．新知三聯書店，二〇〇六）。

19 趙瑞蕻，〈離亂弦歌憶西南聯大〉，《新文學史料》二〇〇〇年二期。

20 余斌，〈掛布分屋兩大家〉，《西南聯大．昆明記憶三：文化與生活》（昆明：雲南民族出版社，二〇〇三）。

21 梁實秋，〈談聞一多〉，《梁實秋散文》第一集（北京：中國廣播電視出版社，一九八九）。

22 聞一多著，孫黨伯、袁謇正主編，《聞一多全集》（武漢：湖北人民出版社，一九九三）。

23 同前注。

24 同前注。

25 李洪濤，《精神的雕像：西南聯大紀實》（昆明：雲南人民出版社，二〇〇一）。

26 李華、楊釗、張習孔主編，《吳晗文集》卷三（北京：北京出版社，一九八八）。

27 同前注。

28 同前注。

29 同前注。

30 梁實秋，〈談聞一多〉，《梁實秋散文》第一集（北京：中國廣播電視出版社，一九八九）。

31 蘇雙碧、王宏志，〈吳晗小傳〉，收入李華、楊釗、張習孔主編，《吳晗文集》卷四（北京：北京出版社，一九八八）。

32 羅爾綱，〈懷吳晗〉，《困學覓知》（杭州：浙江人民出版社，二〇〇〇）。

33 蘇雙碧、王宏志，〈吳晗小傳〉，收入李華、楊釗、張習孔主編，《吳晗文集》卷四（北京：北京出版社，一九八八）。

34 同前注。

35 吳晗著，蘇雙碧主編，《吳晗自傳書信文集》（北京：中國人事出版社，一九九三）。

36 同前注。

37 蘇雙碧，〈吳晗〉，收入陳清泉等編，《中國史學家評傳》（河南：中州古籍出版社，一九八五）。

38 蘇雙碧、王宏志，〈吳晗小傳〉，收入李華、楊釗、張習孔主編，《吳晗文集》卷四（北京：北京出版社，一九八八）。

39 同前注。

40 華崗，浙江龍游縣人，一九〇三年六月九日出生於廟下村一個農民家庭。一九二五年加入中國共產黨。先後擔任過青年團地委書記、團省委宣傳部長、團省委書記、團中央宣傳部長，中共湖北省委宣傳部長，中共中央組織局宣傳部長，華北巡視員，《新華日報》總編輯，中共南方局宣傳部長，中共上海工作委員會書記和山東大學校長等職。一九五五年因「胡風反革命集團」案被捕，長期關押，一九七二年含冤病逝。

許多年後，華崗在山東大學的一位下屬、歷史系教授趙儷生寫過一篇短文，歷述了華的經歷。趙說：「現在距離華崗死在濟南雁翅山下的監獄中轉眼三十多年了，平反昭雪的會也早開過，他是一個老資格的革命家，一九三七年清華地下黨祕密傳播的一本小冊子《一九二五—一九二七中國大革命史（簡本）》，著者就是華崗。他是一個學者型的人，長期在白區工作，當年從國民黨反省院一出來，就被任命為《新華日報》總編輯，但圍繞他的一生，一直還是眾說紛紜。一個活了六十九歲的人，平生坐了二十三年的牢，而其中十五年竟是坐的共產黨的牢，並且最後慘死於牢底。他是一個書生氣很重的人，不善於料理生活，所以一生也充滿了不幸。他的第一個夫人與他是同志，還同在一個黨小組，小組三個人，另一個是邵荃麟，後來成為著名作家，又因為提倡寫中間人物而被批判。大革命時期，華崗被逮捕，他的夫人正在護理患病的邵荃麟，結果同志的愛轉變成夫妻的愛，這件事令華崗終生遺憾。後來他到北京開會遇見邵，兩個人擦肩而過，不打招呼。『文革』期間，華崗在監獄裡與殺人犯、盜竊犯睡在一起，而且還要受這些人鬥爭毆打，最後死在一條空盪盪的土炕上，身無完衣，體無完膚，大小便淋漓在屍體四周，房內洋溢著一股惡臭……一代革命家，一代理論家，下場如此」（趙儷生，《籬槿堂自敘》〔上海：上海古籍出版社，一九九九〕）。另，新中國成立後，邵荃麟歷任過《人民文學》主編、中國文學工作者協會（後改為中國作家協會）黨組書記。「文革」中遭殘酷迫害，於一九七一年六月十日含冤死在獄中。

41 羅爾綱，〈懷吳晗〉，《困學覓知》（杭州：浙江人民出版社，二〇〇〇）。

42 何兆武口述，文靖撰寫，《上學記》（北京：生活·讀書·新知三聯書店，二〇〇六）。

43 吳晗，〈我克服了「超階級」觀點〉，《中國青年》三二期（一九五〇年二月）。

44 何兆武口述，文靖撰寫，《上學記》（北京：生活·讀書·新知三聯書店，二〇〇六）。

45 據說廢名未隨北大教職員遷長沙和昆明的原因，是由於按北京大學的規定，只有副教授以上職稱的教師才有資格去西南聯合大學，因而廢名只好轉赴老家。此說恐怕不盡合理。若如此，像陳夢家之類的教員卻能在聯大任教就不好解釋了。想來當另有隱情。

46 何兆武口述，文靖撰寫，《上學記》（北京：生活·讀書·新知三聯書店，二〇〇六）。

第十二章

聞一多之死

一、「鬥士」是如何煉成的

就在吳晗邁向「鬥士」道路之前的一九四〇年年初，傅斯年在西南聯大做過一次學術講演，題目是「汪賊與倭寇——一個心理的分解」。傅氏用佛洛依德的心理分析方法，解析汪精衛如何一步步走上了叛逆之路。按傅斯年的解析，汪氏不是嫡出，嚴父之後，又有嚴兄，自小便受了一個女兒式的教育，在這樣情形下所成長的兒童，自然有正常心理者少，有變態心理者多，或可有聰慧的頭腦，不容易有安定的神志，欲做「人上人」，而又不知度量自己的本領，便是這種環境造成的一個原因。對此，傅斯年舉例說：淞滬抗戰爆發後，國民政府成立了一個國防參議會，汪做主席，會中常看到汪不時發脾氣，卻不明其氣之對象。作為參議員列席會議的傅斯年認為，這是由於汪精衛「心中的『疙瘩』（Mental Complexes）在那裡時時發動」的緣故。同時，傅認為，汪之叛國與他的婆娘陳璧君亦有很大關係，因為陳氏亦是一心想做「人上人」的人，做不到便氣得了不得。「漢光武的時代，彭寵造反，史家說是『其妻剛戾』，不堪其夫之為人下』，陳璧君何其酷似！」傅氏同時認為，陳璧君之剛戾凶妄，只是助因，促使汪賊叛國者仍是汪自小在心靈中蘊蓄的妾婦怨妒心理，與發而欲做「人上人」的要求。這種「不度德量力」的要求，形成了他極度扭曲的心理狀態，以及他一生人格上和心理上的變態，從而表現為他從事各種極端的政治上反覆無常的投機和賭博。可謂：「在家家亂，在國國亂，《春秋》中所記弒父弒君有幾個不是受這個心理所支配？」[1]

這篇以心理學為根基分析汪氏走上叛逆之路的演講，給聯大學生時代的何兆武留下了深刻印象，事隔六十餘年還記憶猶新並專門著文做過介紹。在何氏看來，像汪賊這樣叛國投敵，組織偽政府，甘當兒皇帝的大事，恐怕是不能夠單純用被壓抑的原始本能來解釋的，而應該有其更深層次的政治的、社會經濟的和歷史文化的原因。但這個講演卻有另一方面的意義，那便是傅斯年是第一個，至少是在中國史學家中第一個，認真地把心理分析引入史學研究領域的學者。所謂歷史，自然是指人的社會活動史，而人的活動歸根結柢乃是通過心理層次的這一環節。司馬光在《資治通鑑》中寫到反叛的案例時，往往會注意到這一點，並提到反叛者最後乃是由於「內不自安」而終於謀反。反叛者的野心與內心扭曲的性格交織，形成了最終叛逆的事實。[2]

何氏在《上學記》中論述吳晗的性格與生活情形時，顯然想到了傅斯年在西南聯大的這次獨具一格的演講，以及傅氏用佛洛依德精神分析法解剖人物的精到之處，因而當他在近距離和遠距離打量吳晗的時候，就下意識地想到了佛氏所創造發明的一個情結（Complex），或一個「疙瘩」之觀點。當然，不能說凡是心理上有情結或疙瘩（Inferiority Complex），就是汪精衛與陳璧君式的人物，更不能把反革命的汪、陳二賊與愛國愛民的革命者吳晗相提並論。但是，一個人在成長與生活中，蟄伏於心中或明或暗的大大小小的情結或者疙瘩，對思想觀念產生一定影響，當是合乎情理和科學論斷的。吳晗在西南聯大作為一個未放過洋的年輕學者所顯示的性格、生活作風與政治思想的起伏與嬗變，與他心理層面中的「疙瘩」，連同具有強烈革命精神的妻子袁震施加的壓力和影響是脫不了干係的。有人說，如果沒有袁震革命欲望和思想的滋潤，絕不會產生「鬥士」的吳晗，是耶？非耶？尚有待來者更深入研究並做出科學的論斷。

據可考的文獻資料證實，吳晗成為「鬥士」並披掛上陣開始戰鬥的具體時間，當在一九四三年李文宜成為吳家座上客之後。吳晗研究者蘇雙碧、王宏志撰寫的《吳晗小傳》中，有一個與羅爾綱記述基本相同的細節：「一次，李文宜去看吳晗，袁震說吳晗釣魚去了。待吳晗回來，李文宜責怪他釣魚耽誤時間，吳晗苦笑了一下，無可奈何地搖了搖頭說：『袁震有病，需要加點營養，又買不起，只好擠點時間釣點魚，來增加一點營養。』吳晗歎了一口氣，接著又說：『國難臨頭，已逼到我們鼻子尖了。』」[3] 面對這一情形，聰明過人的李文宜以靈敏的政治嗅覺，突然感到了什麼，她悄然退出吳家，直奔昆明城北門外，找到在那裡以開辦書店為掩護，實則搞地下活動，與中共過從甚密的民盟成員李公樸，請他把一位昆明名醫朋友介紹給吳晗為袁震治病，李領命而去。有一天，李文宜突然帶著在昆明地盤上聲名顯赫的一代名醫來到吳家，吳袁夫婦既驚訝又感動，而當李與那位名醫皆曰救死扶傷實行革命的人道主義，乃民盟與一切進步組織所追求的理想與目標，且此次治病不要一分錢，完全屬於義務性與公益性活動時，吳氏夫婦更是感激涕零，不知說什麼好。

訓練有素的革命老手李文宜，此時儘管因故尚未恢復黨籍，但仍為中共地下組織鞍前馬後忙個不停。面對吳晗極其外露的性格和善於激動的心理特點，李氏果敢、嚴肅、斷然地對吳晗談了當前的政治形勢，同時以馬列主義老大姐的口吻正告吳晗道：「整天發牢騷怎麼行？」接著單刀直入，來了個見血封喉：「民主政治同盟這個組織是反對蔣介石獨裁，主張抗戰到底的。」[4]又說，潘光旦已經參加了，你也不能光說不練，光看不幹呀，也應加入到這個偉大而光榮的組織之中，與蔣介石政權做英勇無畏的鬥爭云云。吳晗聽罷，當場表示自己願意加入民主同盟，與蔣政權來個老鷹逐狡兔，翻上覆下地鬥上幾個回合。至此，雙方皆大歡喜，隨著一聲深沉厚重的「同志！」從李文宜口中傳出，一隻溫暖圓滑綿軟的纖纖小手，與一雙因整天釣魚而黑瘦枯黃的粗糙手掌緊緊握在了一起。許多年後，已是中共高官的李文宜，在北京那間寬敞明亮的大廳裡，於香味瀰漫的咖啡中回憶當時的情形時，過去的一切仍歷歷在目，李說：「吳晗送我出門時，高興地說：『你給我帶來了兩個光明，一是介紹我參加民盟，二是給袁震介紹了醫生。』過去他送我都只送到房門前，這一天一直把我送到大門口，說明他的思想是很想進步的。」[5]

由房門前到大門口，十幾步之遙的短短距離，卻顯示了人情冷暖與人心向背。吳晗的思想已由漸進轉為突變，最終在一夜之間完成了轉型。據吳晗在《自傳》中說：「袁震的同鄉同學李文宜（中共黨員）來看我們，她的愛人周新民（中共黨員，做民盟工作，表面上是國民黨員，雲南省輔成的祕書）常和我們來往。他講了許多過去不知道的東西，並介紹我見華崗同志，我第一次知道統一戰線這件事。結果，我在一九四三年參加民主同盟，不久就被選為民盟中委，直接在黨的領導下工作了。」[6]

一九四三年七月，經周新民、潘光旦介紹，吳晗正式加入民盟組織。未久，民盟雲南省委員會成立，由雲南籍的老民盟成員楚圖南出任主席，年輕的吳晗出任青年部長。中共地下黨組織趁機而動，通過吳氏加強與駐昆的知識分子聯繫，吳晗本人受中共組織委託，開始有意識地在西南聯大與雲大物色一批高級知識分子加入民盟，作為一股周邊政治勢力為中共效力。懷揣神聖政治使命的吳晗環視一圈，很快把目標瞄上了自己的鄰居聞一多。如前文所述，當聞家搬到西倉坡聯大教職員宿舍後，與吳晗一家對門，兩個窗子也正對著，聞家進進出出的賓客與聞氏本人夜間躬身埸背刻圖章的淒涼情形，都盡在吳的眼中。而對聞家的生活狀況，吳更是瞭若指掌，聞一多夫人高孝貞曾對吳晗直言不諱地說過，在聯大宿舍三十三家中，我們兩家最窮。吳在《聞一多先生傳》中也說：「八年抗戰，薪水的百分之九十六被徵發去了，一家八口，無法過日子。兩夫婦捉襟露肘，兒女啼饑號寒。住的從有衛生設備的洋房獨院到荒村茅舍，吃的從八肴六肴降為一碗豆腐渣，生活的窮困到了極度，從象牙之塔一撵撵到十字街頭。」[7]

這個時候，披著一件破爛長衫，乞丐一樣在「十字街頭」胡亂轉悠的聞一多，突然與懷揣政治目的、晃晃悠悠走來的另一「難民」吳晗於寒風冷霜中遭遇，以後二人的結合或無論發生什麼事都不難理解了。

聞一多在清華當教授的時候，吳晗尚是一名學生，二人幾無接觸。後來，吳留校當了助教、講師，直到西南聯大教授，二人成為文學院同事，才有機會經常見面，但仍算不上相知。而當兩位落魄書生於「十字街頭」遭遇時，才一拍即合，成為親密的難兄難弟加一個壕溝裡的戰友了。對此，吳晗曾在〈哭聞一多父子〉中說得分明：「當你做新詩人的時候，我知道你，並不尊敬你。當你埋頭研究《詩經》《楚辭》的時代，我明白你，並不接近你。可是，當這一晚上談了三四個鐘頭以後，我們的思想和工作都結合在一起了，我不但了解你，接近你，而且尊敬你。此後三年中，我和你分享著憂患、貧困、緊張、忙亂、痛苦的日子。」[8]

聞一多與家人在住宅前合影

儘管聞一多算得上是吳的師輩人物，且比吳晗大十歲，但他在政治上受到吳晗有意識的影響是一個不爭的事實。據說當時吳晗的祕密任務就是把沒有任何黨派色彩的自由主義知識分子聞一多，從「十字街頭」扯到對政黨活動，特別是他向來不感冒的共產黨的施政綱領這條道上來。從吳晗的敘述中可以看出，他在近似「斷頭臺上淒涼夜」的環境氛圍中，與聞一多初一過招就大有斬獲，聞跟隨自己而來，自此不再於「十字街頭」徘徊躑躅，而是抬頭挺胸向著同儕們奮臂呼喚的紅色光明之路大踏步奔去。

有了這樣一個好的兆頭，中共地下組織不能只貓在草叢中悄悄觀望或喝采，必須適時出面助一臂之力，方能真正達到目的。否則，這位一度站在革命的對立面，公然叫囂「現在北京的共產黨就鬧得不成話，非與他們先幹一下」，並與「共黨分子」一頓板凳棍棒廝打混戰過的詩人聞一多，不會從骨子裡徹底放棄舊構，棄暗投明，由革命的對立面轉向革命的一面，旗幟鮮明地反對孫中山先生創立的國民黨與合法的國民政府。要使其在最短的時間內轉型變色，必須採取鐵桶合圍的戰略戰術，來個十面埋伏，兩面夾擊，才能迫其義無反顧地奔向中共指引的無名高地與寬闊的金光大道。於是，中共西南局先是派出一名叫王浩的代表與張光年一起，一路化裝打扮，悄悄來到昆明，在一個月黑風高之夜潛往西倉坡聞一多住宅，與聞密談了約兩小時。據王浩回憶說：聞一多聽後甚以為然，並當場表示自己在外稀里糊塗地過了半輩子，「現在才看到中國的光明之路就是共產黨指明的道路，他願為此奮鬥不息。聞先生還說有人邀他參加民盟，他正在考慮他參加民盟好不好，他想參加民盟不如參加共產黨。我對聞先生說，參加民盟更方便活動，有利於推進民主運動」。[9]聞遂不再吭聲。

未久，中共昆明地下黨負責人華崗親自登門拜訪，多次做聞一多的「政治思想工作」，使聞「找到了光明，看到了希望」。接著聞一多在清華大學時的同班同學，一直熱中於政治並喜歡在政治圈子裡打滾翻跟頭，名義上在聯大任教職（南按：只是掛名不任課），實際一直在昆明從事民主同盟組織活動的羅隆基也主動找上門來，與聞一多大談政治與民主。聞最初對羅隆基留學歸國後不務正業與熱中政治活動頗為鄙視，而羅本身在為人處世上亦有很大的弱點，除了男女關係上太亂太濫，整日搞得雞飛狗跳之外，反感他的人都認為其不夠厚道，是典型的投機分子。魯迅在〈知難行難〉中，對羅氏的投機行為曾諷刺說：「『新月派』的羅隆基博士曰：『根本改組政府……容納全國各項人才代表各種政見的政府……政治的意見，是可以犧牲的，是應該犧牲的。』（〈瀋陽事件〉）代表各種政見的人才，組成政府，又犧牲掉政治的意見，這種『政府』實在是神妙極了。」[10]羅隆基一生為人處世的基調大體如此，確實頗為「神妙」。

也正因為羅氏整日混跡於各黨派與政治團體中左右搖擺，遇事採取和稀泥做法和「神妙」表現，不但左派人士不滿意，即是國民黨右派人士也對其深表鄙視，於是有的國民黨報紙給羅隆基起了個「玻璃褲子」的綽號，又謂他是共產黨的「尾巴」等。據說有一次蔣夢麟質問他為什麼願意做共產黨的尾巴，羅隆基乾脆地說「做共產黨的尾巴比做國民黨的尾巴好」，[11]意思是只要能得到好處，管他尾巴還是頭，有奶便是娘，儘管做下去便是了。於是當國共談判決裂之後，中共代表周恩來返回延安，南京的報紙就發表〈驅逐羅隆基〉的文章，認為羅在南京已無所附驥，應趕快追隨周氏至延安做共產黨的尾巴。有為羅打抱不平者，認為周恩來不是被驅逐出境的，為何單獨要把羅隆基驅逐出境？媒體遂對之曰：「街上的狗只有切斷尾巴的，沒有切斷頭的。」梁實秋對此曾有過議論，認為「這話說得太可怕了」。[12]

聞一多在清華任教的時候，好友梁實秋去探訪，恰逢羅隆基在座，言談中聞一多對這位老同學正顏厲色地說：「歷來干祿之階不外二途，一曰正取，一曰逆取。脅肩諂笑，阿世取容，賣身投靠，扶搖直上者謂之正取；危言聳聽，譁眾取寵，比周謾侮，希圖幸進者謂之逆取。足下蓋逆取者也。」此語令羅隆基大為尷尬。對此，梁實秋說，自己之所以提起這件事，是說明聞一多於抗戰前夕是如何自命清流，如何的與世無爭。然而此一時，彼一時，來到昆明之後，羅、聞還是陰差陽錯，盤根錯節地糾纏在了一起。

在潛伏於昆明的中共強勢力量的四面夾擊下，聞一多的政治思想發生了丕變，燒火的各方見時機成熟，趁熱打鐵，於一九四四年由吳晗介紹聞一多加入了民盟。「從此，聞一多和吳晗成為並肩戰鬥的戰友了。」[13]這便是聞一多由「站在革命對立面」的學者，一躍成為「革命鬥士」的人生歷程。

既然成為「鬥士」，以後生活的主題就要突出一個「鬥」字。當時加入民盟的已有雲大的楚圖南、潘大逵，以及聯大的羅隆基、潘光旦、曾昭掄、吳晗，外加北門以開書店為掩護的小老闆李公樸等知識分子。於是，一干人馬扛著民盟的大旗在昆明這塊地盤上呼風喚雨地「鬥」將起來。聞一多以「九頭鳥」特有的性格後來居上，一出場就顯得勇猛異常，全身心地投入進來，達到了「成天的奔走，成天的工作，看書的時間沒有，連看報都得在深夜上床的時候看」的境界。[14]因了這種表現，很快被晉升為民盟昆明支部的主要負責人之一。成為負責人的聞一多「如何鬥，和誰鬥，鬥到何種程度」，這一切在民盟和西南聯大史冊上都留下了車載斗量的資料，很難一一詳述。總而言之，言而總之，一言以蔽之，所謂「鬥」，其主要方式就是在各種不同的場合發表演講、宣言、通電，出壁報，演話劇等，以此作為投槍、匕首外加手榴彈，和國民黨集團與國民政府鬥，直至鬥出了一個學潮洶洶、遊行隊伍接連不斷、反政府口號響徹雲天的局面。

既然民盟諸將皆喊著口號公開「鬥」將起來，那麼被「鬥」的一方也不能閒著，開始進行反「鬥」。雙方皆立下宏願，決心「鬥」出一個名堂，若無名堂皆不甘休。對方先是在怒恨交加中謂聞一多、羅隆基為「聞一多夫」、「羅隆斯基」，此後特別送給聞氏一個新的綽號「聞瘋子」，並表示要想盡一切辦法對以這個「瘋子」為首的「鬥士」們予以「膺懲」。這個此時，聞、吳等人已「鬥」出了經驗與膽識，並有了一套「自己的判斷是非的標準」。這個標準就是「凡是共產黨做的一定是好事，國民黨幹的一定是壞事」。[15]

據聯大中文系教授王力回憶說：「某年，楊振聲從美國講學回國，西南聯大中文系師生開歡迎會，楊振聲吹噓美國是『年輕的國家』。聞先生當場反駁說：『我認為美國不是年輕的國家，蘇聯才是年輕的國家。』」[16]於是二人當場爭吵起來，歡迎會變成了吵鬧會與叫罵會，聯歡變成了聯鬥。北大復員後的一九五二年院系調整時，楊氏被學校的一批新貴與中共上層貶於長春東北人民大學中文系任教，其中一個暗結就是與他的政治態度、思想觀念與新貴們發生衝突有關。當然，這是後話，而對於聞一多越來越露骨的政治態度，吳晗曾不無得意地舉例說：「就在研究生考試的前些日子，國民黨反動派陰謀搞了個大規模的反蘇運動，發表了宣言，西南聯合大學有一百多個人簽了名。有人也來找一多簽名，一多打聽了一下，住在他家斜對面的一位簽了名的教授，也是當時民主同盟的負責人，從此人的口中，知道主持簽名的是幾個臭名昭著的國民黨員。一多就來和我商量，我們就認為這一定是壞事，不但不簽名，還想了個法子，通過當時被愚弄的簽了名的中間分子，發表公開聲明，揭穿國民黨反動派的陰謀。」[17]

二、誰締宣和海上盟

吳晗所說的這次簽名活動，是一九四六年二月間事，導火索是臭名昭著的《雅爾達協定》。這是一九四五年二月四日至二月十一日，即世界反法西斯戰爭即將取得勝利的前夜，在黑海北部的克里木（舊譯克里米亞）半島的雅爾達皇宮內，羅斯福、邱吉爾、史達林等三國巨頭，背著主要當事者——中華民國政府，重新劃分戰後世界格局的一個祕密協議，全稱為《蘇美英三國關於日本的協定》。這次會議對第二次世界大戰以及戰後世界歷史的走向產生了極其深遠的影響，並決定了許多國家未來的命運與政治進程。會中美國總統羅斯福以及英國首相邱吉爾都沒有依照當時被占領國家的期望，要求戰後被蘇聯「解放」的國家交由聯合國代管。此外為爭取蘇聯對日宣戰，協定中部分內容明顯侵犯中國權益。因其他國家在很長時間內對其祕密協定並不知情，故又有「雅爾達密約」之稱。此時，中國雖然號稱四強之一，卻完全被置之於外，蔣介石作為中國的國家元首、盟軍中國戰區司令，不僅事前被蒙在鼓裡，就是在協定簽訂後相當長的一段時間裡，對於條約的內容也毫不知情，直到四月二十九日，才從駐華大使赫爾利口中得知。

此前，赫爾利從重慶返華盛頓述職，得知《雅爾達協定》內容，認為這一做法極不道德，並對中國極不公平，遂致書羅斯福令其設法改正。羅斯福說明因急於結束二次大戰而受另外二巨頭特別是史達林脅迫才做的決定，頗有悔意，授權赫爾利赴莫斯科和倫敦與史達林、邱吉爾再做協商和挽救，盡量維護中國主權和蔣介石的領袖面子。想不到四月十二日，羅斯福於下午三時（北京時間十三日晨六時）因突發腦出血去世，副總統杜魯門於羅斯福去世兩小時後，在白宮宣誓就總統職，一個新的政治時代就此開始，向來自以為是且牛氣哄哄、聰明中伴著糊塗的赫爾利，對這一密約的斡旋亦不了了之。

赫爾利斡旋未果，心中頗有點窩火，返回重慶後以私人身分向蔣介石做了通報，但不允許蔣質詢英、蘇二國。蔣介石聞聽自是萬分震怒，但迫於當時世界局勢與三巨頭的政治壓力，只好啞巴吃黃連，有苦不能言，或不敢言，獨自悶在家中嗚嗚呀呀，除了摔幾個杯子，踹翻幾張桌子，繼而對圍上來勸阻的唐縱、張道藩等臣僚，罵幾句「娘希匹！」之類的惡語以表憤慨，別無一點辦法。

五月三十一日，隨著日本敗局已定，美國方面才正式通知中國《雅爾達協定》內容。蔣介石雖氣惱至極，但又只能採取打掉牙和血呑的方式暫時容忍。六月二日，蔣介石接見蘇聯駐華大使彼得羅夫，對方轉告史達林要求宋子文於七月一日以前到莫斯科談判締結《中蘇友好同盟條約》，但應以《雅爾達協定》為先決條件。六月二十七日，蔣介石派新任不久的行政院院長宋子文與蔣經國等一干人馬赴莫斯科進行談判。宋子文與隨後赴蘇談判的王世杰等人，經過一番痛苦的掙扎，最終以承認《雅爾達協定》的既定事實，同意讓外蒙古獨立及讓蘇聯在旅順建立海軍基地的讓步，換取蘇聯政府對國民政府的支持。七月十一日，史達林向宋子文表示：「蘇軍當於日本投降後三個星期內開始自中國東北三省撤退，並於三個月內完成撤退工作。」[18]八月九日，蘇聯軍隊進入中國東北對日軍展開攻擊。蘇軍的參戰在加快了日軍迅速、全面崩潰的同時，也給苦難的中華民族埋下了錐心泣血的痛苦與禍患。

就在宋子文赴蘇談判之前，關於雅爾達祕密協定的內容已走漏風聲並引起中國社會各階層的街談巷議。據時在昆明的左派文人宋雲彬日記載：「早些時此間流傳一種謠言，謂在克里米亞會議中，蘇聯與美國訂有祕密協定，將朝鮮劃入蘇聯勢力範圍，並謂蘇聯要求滿洲及臺灣之統治權。此消息據云由某地盟軍總部傳出。此間各大學牆壁上皆貼有此項新聞（係用打字機打出者），一部分頭腦不清醒之學生，頗為所惑。四日前有兩聯大學生來，以此事相詢，余告以此乃法西斯餘孽所造之謠言，其目的在挑撥離間。」[19]類似傳聞不但已到宋雲彬耳中，在重慶和成都等幾個戰時政治文化中心區同樣風傳一時，對此深表義憤與抵制的潛流已經在知識階層和高校學生中間湧動。當宋子文赴蘇談判並與蘇方達成協議之後，傳聞更烈，即是在成都燕京大學任教、雙目已經失明的陳寅恪亦聞此訊，並於病榻上賦詩兩首，以抒胸中鬱悶、悲憤之情。詩云：

乙酉七七日聽人說水滸新傳適有客述近事感賦

誰締宣和海上盟，燕雲得失涕縱橫。
花門久已留胡馬，柳塞翻教拔漢旌。
妖亂豫么同有罪，戰和飛檜兩無成。
夢華一錄難重讀，莫遣遺民說汴京。[20]

玄菟

前朝玄菟陣雲深，興廢循環夢可尋。
秦月至今長夜照，漢關從此又秋陰。
當年覆轍當年恨，一寸殘山一寸金。
留得宣和頭白老，錦江哀病獨哀吟。[21]

時在成都休假並與陳寅恪相處的西南聯大外文系教授吳宓有抄存稿，文字略有不同。吳宓所抄〈玄菟〉詩附注：「時宋子文與蘇俄訂約，從羅斯福總統雅爾達祕議，以中國東北實際割讓與蘇俄。日去俄來，往復循環，東北終非我有。此詩及前後相關數詩，皆詠其事而深傷也。」[22]從吳宓附注可知，陳寅恪前後二詩，皆圍繞同一主題感懷傷國，抒發自己對時局的憂思焦慮之情。

陳寅恪第一首〈感賦〉詩，首聯中的「宣和」，指宋徽宗年號（一一一九—一一二五）。「燕雲」，指燕雲十六州，又稱幽薊十六州，五代時石敬瑭割讓給契丹。此處的「燕」指契丹所建的燕京，「雲」指雲州，北宋初年泛稱有待收復的北方失地。「宣和海上盟」乃一典故，當年北宋與北方的遼、金成三足鼎立之勢，而遼占據燕雲之地。宋徽宗在臣僚的串通下，欲藉崛起於東北地區的金國的武力，合力攻擊宿敵遼國，以收復北方燕雲失地。至宋徽宗宣和二年（一一二〇）結盟成功。因宋金密謀是通過渤海灣來往，史稱「海上結盟」。想不到宋金聯盟與遼國開戰後，宋兵屢敗於遼軍，最後金兵孤軍挺進攻下燕京。金國得手，深感宋朝軟弱無能，遂找各種藉口不交割燕雲諸州給宋室。後幾經交涉，金太祖始決定還燕京所轄六州二十四縣，但宋朝必須將原來向遼國交納的歲幣如數交納給金國，並另做經濟補償。陳寅恪藉此典故，喻中蘇締結的盟約，具體指中國需要借助蘇聯的軍事力量打擊日本，而蘇聯卻乘機控制東北，東北之地雖得猶失。

在陳寅恪看來，歷史確有昭示未來的範例，在史中求史識，古今之事何其相似？〈玄菟〉詩中的「留得宣和頭白老」亦指同一史事、時事。「花門久已留胡馬」句中的「花門」，山名，在居延海北，唐代曾在此設立堡壘，後為回紇占領，後人多代指回紇，此處當喻指蘇聯的政治軍事勢力已滲透到新疆。此前新疆伊犁、塔城、阿山三區先後發生暴亂，暴亂者得到了蘇聯方面的支持，甚至有蘇兵參戰。

儘管暴亂以談判和讓步的方式暫時得以平息，但蘇聯的力量仍潛伏於該地區伺機而動，對中國政府形成威脅。「柳塞翻教拔漢旌」之「柳塞」，當指柳營。西漢周亞夫治軍嚴明，其軍駐細柳，號細柳營，故後世多稱西部軍營為柳營。「拔漢旌」，典出《史記・淮陰侯列傳》，傳曰：「趙見我走，必空壁逐我，若疾入趙壁，拔趙幟，立漢赤幟。」此處當喻指東北地區蘇聯勢力將取代中國政府。

頸聯中的「豫」，指歷史上偽齊劉豫，劉氏曾勾結金國進攻南宋，此處喻汪精衛和華北、華中等地的偽政權。「么」，指宋代在洞庭湖一帶作亂的楊么，楊么亦曾暗中勾結偽齊劉豫政權圖謀南宋，後被岳飛率岳家軍剿滅。無論是妖邪的劉豫還是作亂的楊么，皆有投敵賣國行為，因而皆是民族的罪人。「飛」，當指南宋抗金名將岳飛，此處指蔣介石及其抗戰政權。「檜」，自然是指臭名昭著的秦檜，喻指汪精衛及其所謂的「和平」政權。

時日本敗局已定，但蘇聯又虎視眈眈，窺覬中國領土。面對這一嚴峻局勢，陳寅恪以此兩句詩來反省抗戰功過，並認為分裂國家者皆有責任，而蔣、汪代表的群體和實行的路線相反，汪精衛高唱的「和平運動」終將失敗，但蔣介石政權亂象已顯，亦不足言勝，故謂兩皆無成。[23]就當時的局勢，不只是作為自由知識分子的陳寅恪如此認為，國民黨內部高級官員甚至汪偽政府中人亦有不少人與此觀點相近。抗戰期間投靠汪偽政權的周佛海在一九四一年二月十七日日記中說：「……渝當局對美、對蘇，均不樂觀，蘇聯且警告渝府接收共黨要求，邵力子（南按：時任駐蘇大使）亦請求返國，是國共關係將影響中、蘇關係；元老派主黨政軍分權，蔣對此亦必憤而煩悶。總之，余深覺余輩無前途，今閱情報，則重慶亦一塌糊塗，絕無前途之可言。寧渝均無前途，是中國無前途矣，哀哉！蘇聯警告渝府接收共黨要求，是已開內政干涉之端矣。苟抗戰勝利，共黨得勢，則蘇聯之對中國，恐與日本無異也。日本已漸次覺悟，蘇聯則方興未艾，蘇聯較日更難應付。」[24]此段記載在陳詩創作之前四年，可見周佛海在其他方面堪稱狡詐殘忍的糊塗蟲一根，而在這一點上還算清醒。另據唐縱一九四五年日記載：六月二十七日，宋子文與蔣經國啟程訪問莫斯科。六月三十日，「上月反省錄」：本黨政治的腐化不但引起黨外的反感，亦且失了黨內的同情，如果沒有顯著的改革，全國人心將不可收拾……[25]這段記述，正暗合了陳寅恪詩中所指的社會情形和中國面臨的又一次危機。

陳詩尾聯「夢華一錄」，指宋孟元老撰的《東京夢華錄》，此著為宋室南渡後追憶北宋京城汴梁昔日繁華景象而作。此兩句明白地表示作者不願重溫《東京夢華錄》的舊夢，意喻當局莫使北宋滅亡之局，在剛剛取得抗日戰爭勝利的苦難中國重演。令人扼腕的是，這一悲戚的家國情懷，只是陳寅恪與其同道者一廂情願罷了。

事實是，直到一九四六年二月十一日，中國民眾才對《雅爾達密約》內容有所耳聞。這一天，華盛頓、倫敦、莫斯科三地同時公布了上年同日在雅爾達擬定的祕密協定，當時剛剛由蔣介石侍從室謀僚升為內政部次長（行政院十三日通過）的唐縱意識到這份密約對中國乃至世界政治格局演進的重要影響，特地在二月十四日的日記中規規矩矩地抄下了這份電稿：

【中央社華盛頓十一日專電】史達林委員長、英前首相邱吉爾及故羅斯福總統，一九四五年二月十一日，關於蘇聯於德國投降後，對日宣戰之條件，所訂定之雅爾達祕密協定，本日由華盛頓，倫敦及莫斯科同時公布。該協定之條款內，規定保留外蒙古人民共和國，恢復蘇聯於日俄戰爭所喪失之權利，日本失敗後，以千島割讓等等，其原文如下：

蘇美英三國領袖業已議定，蘇聯於德國投降後之二、三個月及歐洲戰爭結束時，將協助盟國對日宣戰，其條件為：

（一）外蒙古（即蒙古人民共和國）之現狀，應加以保存。

（二）蘇聯應恢復以前俄羅斯帝國之權利，此權利因一九〇四年日本之詭譎攻擊而受破壞。甲、南庫頁島及其毗連之各島，應歸返蘇聯。乙、大連商港，應闢為國際港，蘇聯在該港之優越權利，應獲保障，旅順仍復為蘇聯所租用之海軍基地。丙、中東鐵路以及通往大連之南滿鐵路，應由中蘇雙方共組之公司，聯合經營，蘇聯之優越權利，應獲保障，中國對滿洲應保持全部主權。

（三）千頁群島應割於蘇聯。

惟上述關於外蒙古、旅順、大連以及中東、南滿兩鐵路諸點，必須徵得中國蔣主席之同意，羅斯福總統將依據史達林元帥之意見，採取措施，以獲得蔣主席之同意。三強領袖業已議定，蘇聯所提要求，於日本被擊敗後必予實現，蘇聯則準備與中國國民政府締結中蘇友好同盟條約，俾以其武裝部隊協助中國，解放中國所受日本之束縛。

一九四五年二月十一日，史達林、羅斯福、邱吉爾（簽名）26

也只有到了這個時候，中國的官僚與普通民眾才明白，一九四五年八月八日，蘇聯出兵中國東北與日軍作戰，原是有這麼一個祕密協定在暗中支撐，而這個嚴重侵犯中國主權的協定，中國的國家元首與民眾竟被蒙在鼓裡。更令國人憤怒的是，蘇聯趕跑了盤踞在東北的日軍，竟以主人翁的姿態對東北各地特別是城市和港口實行嚴格管制，且肆意橫行，不准接收的國民黨軍隊在旅順登陸，竭力阻止黨國大員前往接收財產，直至驕狂到隨意射殺、暗害接收人員，並有張莘夫等類似事件發生。

張莘夫，原名張春恩，一八九八年出生於吉林省九臺縣六臺村，曾就讀於北京大學國文系，與當時的學生領袖傅斯年、北京大學圖書館登記員毛澤東等均有交往，參加了著名的五四運動，後留學美國獲地質學博士學位。歸國後，歷任唐山工程學院教授、天水煤礦礦

蘇軍官兵押解被俘的日軍到集中營

長兼總工程師等職。抗戰期間，受國民政府軍事委員會委派，任國家汞、錫、鎢金屬管理處處長等職。日寇投降後，張莘夫被國民政府委任為接收要員，派往東北，任經濟部東北行營工礦處副處長。一九四六年一月十六日，張莘夫奉命帶領七名「滿炭」工程師赴中共占領的撫順交涉接收撫順煤礦事宜，在回瀋陽途中，一行八人於撫順以西的李二石寨車站，被搶劫搬運東北工業設施的蘇聯紅軍劫往南山槍殺，隨行七人同時遇難。[27]當時，蘇聯紅軍正準備從東北撤退，為了撈足本錢並使之翻倍增長，蘇軍開始大量拆運占領區的工礦、交通甚至房產設備，以此作為戰利品運往國內，對可移動財產更是瘋狂侵吞掠奪。據唐縱日記載：「據報瀋陽有工廠四千五百七十家，現僅有二十家開工，餘多已被掠。」[28]另據統計，二戰末期，蘇聯在東北地區共掠奪戰利品損失為一九四六年幣值的五十三億四千日元，折合當時美元十三億六千元。尚不含沒有折價的白金三萬兩千四百零一・五五克、白銀一百八十六萬六千五百四十九・六九克和鑽石七百四十一・零六六二克。一九四六年國民政府發表的抗戰期間財產損失一百三十三億美元，而僅蘇軍從東北掠走的財產即價值十三億美元。也就是說，一九四五至一九四六年，蘇聯從東北掠奪的物資，相當於中國抗戰八年所有財產損失的十分之一。至於蘇軍在東北地區肆意蹂躪中國同胞，強姦婦女，更是不在話下。面對蘇軍的種種惡行，國人早已恨之入骨，欲啖之而後快，只是鑑於當時國際國內的敏感

蘇軍在吉林敦化拆卸機器設備運回國內

雲集中國東北各大工廠強拆中國機器的蘇軍官兵合影

形勢，以及蔣介石此前堅持的「忍氣吞聲，負重致遠」（日記）的精神，一直忍而未發。

當《雅爾達協定》內容突然披露後，無論是國民黨要員還是普通民眾，壓抑的情感如火山一樣噴射而出，重慶、南京、上海、漢口、杭州、南昌、北平、青島等中國各大城市，迅即爆發了反蘇示威大遊行，各界知識分子與高校師生更是以悲壯的心境成為反蘇遊行的中堅力量，喊出了「打倒赤色帝國主義」、「俄國佬滾出東三省」等口號。國民黨上層甚至蔣介石本人也於悲憤中不再堅持「忍氣吞聲，負重致遠」的處事法則，旗幟鮮明地支持了這次全國範圍內的示威遊行，其涉及面之廣、規模之大，為抗戰以來所罕見。據唐縱日記二月二十二日載：

按照《中蘇友好同盟條約》規定：占領中國東北的蘇軍從日本投降後的第六周起逐步撤退，由中國政府接收地方主權。蔣介石委任蔣經國為東北外交特派員，專門負責與蘇軍駐東北最高統帥馬利諾夫斯基元帥交涉。但蘇聯當局遲遲不撤軍，嚴重影響了國民政府對當地政權的接收。1946年1月22日，蔣介石派宋美齡為自己的代表以慰問蘇軍名義抵達東北，展開與蘇軍的談判，蘇方虛與委蛇，實際撤軍比中蘇條約規定的時間延遲了五個多月。

重慶各校學生貳萬餘人為蘇軍不退出東北、中共為蘇聯幫腔而遊行示威！遊行群眾搗毀《新華日報》、《民主報》，以該二報為蘇聯張目也！遊行口號：（一）蘇軍必須立即退出東北；（二）蘇聯應切實履行中蘇友好條約；（三）徹查張莘夫慘案；（四）中共應即徹底實行停戰協定中對於東北之協議；（五）中共應即愛護祖國；（六）所謂民主聯軍不容存在；（七）新疆是中華民國的新疆；（八）反對分化內蒙〔古〕；（九）打倒新帝國主義等三十三個口號。大會宣言，要求蘇軍即撤出東北，抗議雅爾達祕密協定，請當局不做額外讓步，並有質中共書提出五個問題。29

二月二十四日，天津《大公報》發表了傅斯年、任鴻雋、陳衡哲、王雲五、樓光來、宗白華、范存忠、儲安平、吳世昌、林超、蘇繼廎、錢清廉、吳任之、吳思裕、陳銘德、羅承烈、趙超權、錢歌川、任美鍔、張貴友等二十人聯名的〈我們對於雅爾達祕密協定的抗議〉書，文中措辭激烈地指出：「這一祕密協定，違背了聯合國共同作戰的理想和目標，開創今後強力政治與祕密外交的惡例；影響所及，足以破壞今後世界的和平，重踏人類罪惡的覆轍。這一祕密協定，實為近代外交史上最失道義的一個記錄。」又說：「雅爾達會議的召開，正在中國中原湘桂各次戰役失利之後，原子彈尚未成功以前，羅斯福在兩面作戰的形勢下，急於要求蘇聯對日宣戰，其處境心情，我們容能了解；但不顧道義，違背本心，同意蘇聯的要求，侵犯中國的領土主權，其事絕不可恕。羅斯福及其領導的美國，在中國人心靈上

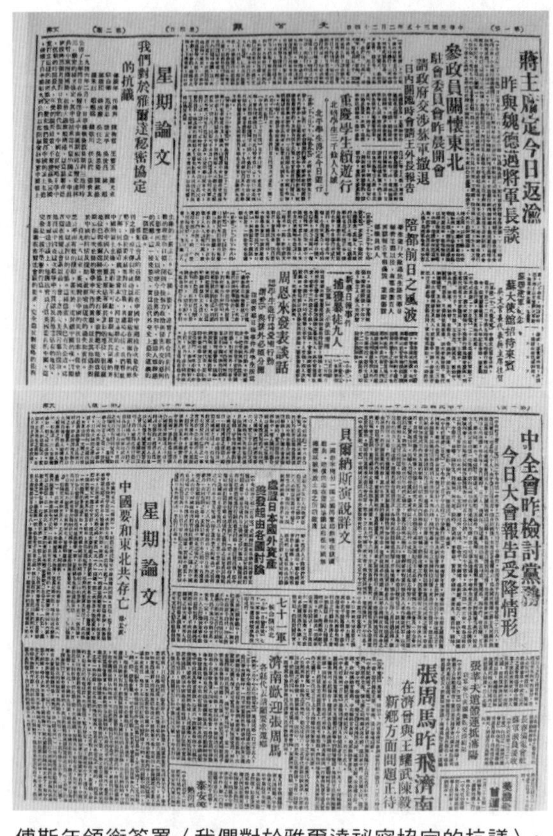
蔣主席定今日返渝
昨與魏德邁將軍長談

參政員關懷東北
駐會委員會昨晨開會
請政府交涉蘇軍撤退
日內開臨時會聽王外長報告

重慶學生今日遊行

陪都前日之風波

周恩來發表談話

星期論文
我們對於雅爾達祕密協定的抗議

中全會昨檢討黨務
今日大會報告受降情形

貝爾納斯演說詳文

處理日本國外資產

星期論文
中國要和東北共存亡

七十一軍

張周馬昨飛濟南

濟南歡迎張周馬

傅斯年領銜簽署〈我們對於雅爾達祕密協定的抗議〉，及發表〈中國要和東北共存亡〉兩篇文章的剪報。

原占有極其友好的地位，但這種地位已因雅爾達祕密協定大受打擊。我們絕不能因為羅斯福在這次整個戰爭中所做的貢獻，以及其他過去對於中國的同情及援助，就原宥他這次的過失和責任。」而「自『九一八』以來，英國對於中國的抵抗日本，從來缺乏公平而有效的援助，甚至於一度封鎖中國的惟一國際交通，以求對日妥協。這種態度，久已有失公道。邱吉爾在雅爾達會議以前，曾特意誇大美國對華的援助，他蔑視中國在這次戰爭中的貢獻及其他應占有的地位，在雅爾達會議上，他顯然背負了為英國盟邦的中國，這完全是一種不榮譽的行為」。

在揭露美英帝國主義者不仁不義的同時，〈抗議〉以大量篇幅對蘇聯的陰謀和惡行進行了痛斥：「蘇聯在雅爾達會議中的要求，完全違反對侵略的法西斯國家共同作戰的目的。違反列寧先生與中山先生共同建設中蘇友愛的新基礎。違反蘇聯多次的對外宣言，尤其是對華放棄帝俄時代不平等條約的宣言。違反大西洋憲章以來各重要文件的精神。蘇聯所標榜的打倒帝國主義，然則今日蘇聯要求恢復其『俄羅斯帝國的權利』，又何以自解？蘇聯乘人之難，提出這種要求，其異於帝俄對中國之行為者何在？這種行為難免造成今後世界戰禍的因素。為中國，為世界，我們不得不提出嚴厲的抗議……」

最後，傅斯年等警告中國政府當局：「應將這一問題及最近東北各種震驚人心的發展全部公開，要求聯合國調查，用以杜絕今後任何可能類此的祕密外交，並以避免東北重為世界大戰的因素。關於目前的局勢，中國政府除在蘇聯同樣履行其條約義務的條件下履行其所簽訂的中蘇條約中所應履行的義務外，不得再有任何喪失國家主權及利益的行為。」同時呼籲：「全國上下，不分黨派，一致團結，監督政府，督促政府努力爭取中國在國際社會中的平等地位，及其主權、領土與行政之完整。」

二月二十五日，怒氣未消的傅斯年又於重慶《大公報》發表〈中國要和東北共存亡〉長篇檄文，指出中國失去東北的嚴重後果：假如沒有了東北，中國永不能為名副其實的一等國，永不能發展重工業、纖維工業、化學工業和電力業，中國必永為貧、病、愚之國，永遠走不上積極建設之路。因而，「中國不惜為東北死幾千萬人，損失國民財富十分之九，不惜為東北賭國家之興廢，賭民族之存亡」。

就在重慶學生遊行示威與傅斯年等學界大腕們在報刊連篇累牘撰文，對進駐東北的蘇軍

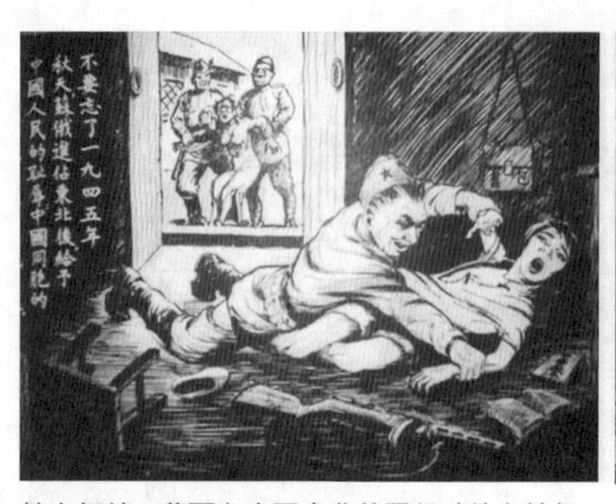

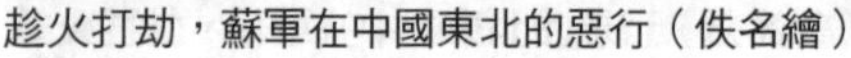
趁火打劫，蘇軍在中國東北的惡行（佚名繪）

被蘇軍強拆搗毀的中國工廠大型機械

進行口誅筆伐之際，西南聯大師生也開始了行動。首先是一百一十名教授聯名發表〈對東北問題宣言〉，主張蘇聯軍隊撤出東北。然後是千餘名師生在聯大新校舍草坪為蘇軍在東北搬運機器和強姦婦女等罪惡舉行東北問題演講會，聯大教授傅恩齡、馮友蘭、查良釗、雷海宗、燕樹棠、高崇熙等分別講話，對蘇軍暗殺張莘夫等一連串罪惡大加討伐。會後師生走出校園在昆明大街小巷遊行，高喊蘇軍撤出東北等口號以壯聲威。全國各地為數眾多的大小知識分子和部分官吏、群眾，也紛紛走上街頭遊行吶喊行動。

如此全國性的抵抗熱潮，自然引起了國際政界和輿論的高度警覺與關注，先是蘇聯以提出抗議為名，對自己的惡行強行狡辯，謂此次遊行乃中國政府內部有人策動，並謂何以不要求美國撤兵而偏要求蘇軍撤退？但中國民眾並不買帳，依然高呼「俄國佬滾出去」的口號。駐瀋陽蘇軍司令在輿論壓力下，公開出面承認東北機器裝備許多已運往蘇聯，但此事係根據三國協定所為，並無不妥。美國方面一聽大感不快，國務卿發表聲明，謂蘇軍的做法純是擅自主張，並無任何協定根據，那位司令官是因伏特加喝多了，才如此喪心病狂，胡言亂語。

因各地學生和知識分子群體對蘇軍的惡行抓住不放，駐長春蘇軍只得對外發表聲明，謂東北蘇軍在撤退中，撤盡時期不致遲於美軍。於是，圍繞蘇軍到底是正在撤退還是壓根未退，美國是否同時撤退，張莘夫事件凶手到底是誰，如何懲辦凶手等一系列敏感問題，在知識階層和學生中又產生了新的分歧和爭論。西南聯大教授簽名行動中，吳晗所說的幾個「臭名昭著的國民黨員」，自是指馮友蘭、查良釗、燕樹棠等人，而那個「被愚弄的簽了名的中間分子」則是歷史系教授向達。向達後來在報上發表聲明，指出「拿給他簽名的油印宣言與報紙上發表的宣言不同，並說自己簽名時曾附注也要請美國撤兵，馮文潛、湯用彤教授都同意這個意見」[30]云云。

因了這些事件，西南聯大師生中的左、中、右三派外加另類派等各個派別，漸漸分化融合成兩個涇渭分明、水火不容，見面恨不得拔出刀子一刀結果對方性命的政治兼暴力色彩的派系。在聞一多與吳晗等人看來，國民黨之

1946年6月，瀋陽煤炭研究所大樓，裡面的設備全部搬運到蘇聯。鑑於中國人民掀起的反蘇浪潮，為快速便捷地把設備搬走，蘇軍索性在窗下掏洞。

所以支持這次遊行，除了促使蘇聯撤軍之外，還有反對和阻止中共軍隊接收東北的意圖，因而除了敦請歷史系向達發表聲明，以「揭穿國民黨反動派的陰謀」，吳晗也跑到前臺，親自赤膊上陣，發表戰鬥檄文，以罵街的方式與口氣，向以傅斯年為代表的反蘇教授、學者討伐起來。吳晗說：「在御造的『全國性』的反蘇空氣中，平時，三緘其口，口口聲聲『天皇聖明，民罪當誅』的若干名歷史教授，好容易抓得了機會，也許，還不如說，好容易有這樣一個御造的機會，來賣弄他們積陳幾十年，霉得發黑的歷史觀點吧！一犬吠影，百犬吠聲，養狗千日，用在一朝，大發其史學宏論，從歷史觀點證明蘇聯是百分之百的帝國主義，從中西文化之演變中，證明蘇聯是百分之百的帝國主義，並稱此次東北事件，即其帝國主義者之侵略野心表現云云。」[31]罵過之後，吳晗以戰鬥的激情呵斥道：「名歷史教授們聽著！帝俄絕不是蘇聯，也不可能等於蘇聯！帝俄的侵略帳不能算在蘇聯的帳上，猶之乎清朝和北洋軍閥的一些喪權辱國的濫帳不能算在國民政府帳上同理。」而「就中蘇關係說，過去帝俄是中國的敵人，而一九一七年以後的蘇聯，卻百分之百是中國的友人，鐵證是中蘇友好同盟條約的簽訂。曲解蘇聯即帝俄，不但厚誣蘇聯，厚誣中國人民，也厚誣了歷史」。[32]

此時，作為「鬥士」的吳晗，已不是幾年前由雲大轉聯大受挫而求助傅斯年為之「吹噓」的時候了，不同的政治理想與人生追求使他與傅斯年越離越遠，直至公開對壘叫板，徹底決裂。因了這一事件和緣由，三年之後，傅斯年率三千弟子渡海赴臺，吳晗以中共新貴的身分接管北大、清華，也就不再令人感到唐突和茫然。

對於此次事件，當時任教於聯大外文系、無派無系的青年教師夏濟安用自己的特殊眼光和思維，對各派系的表現和當時的政治局勢做了一番「另類」評判。夏在一九四六年二月二十一日的日記中說：「除了想她之外，東北問題也很使我憂念，因此午覺不能入睡。連日少休息，精神不佳。我關心國事，倒是出於真心。我不在其位，尚且如此關心，一旦真的做了大官，豈不一天到晚要愁死了嗎？東北問題，非美蘇打一打不能解決。我看得很清楚，可是還在替國家著急。蘇聯如此四處不斷擴張，戰機實已迫切。今秋平津開得成學否還成問題。蘇聯如果勝了，我算是白投了個人生，大可以不必活下去了。可是我不信我的命如是之壞，假如我下半生還有點作為，大致美國是可以打勝的。」[33]

夏氏日記中所說的「想她」之「她」，是聯大外文系一湖南籍的漂亮女生，夏氏正處於對這位女生的迷戀與幻想中。隔一天，

1946年4月28日，蔣介石返回南京，此為蔣的隨行人員。自左至右：蔣介石英文祕書沈昌煥，內政部次長兼警察總署署長唐縱，國民黨文化運動委員會主任張道藩，中央黨部祕書汪公紀，總務局長陳希曾。

也就是二月二十三日一早，夏濟安在憂國憂民的同時，想請同宿舍另一位青年教師錢學熙為自己做戀愛參謀，並有「今天他起來得較早，我先請他吃麵，談論陪都學生反蘇大遊行一事，我很興奮。昆明如有此種遊行，我準參加。爾後，我又拉他去翠湖散步」，開始談「我在想女人」的事，並想請向達教授做媒人，向是湖南人，「較便說話」。二月二十五日，夏濟安又記道：「聯大一百十教授為東北問題發表宣言，未簽名者尚有多人，如卞即其一。他們因此事為國民黨所發起，不願同流合汙。故心裡或主張東北應歸中國，卻不願公開發一聲明，以示不受利用。嗚呼！國將不國，若輩自鳴清高，寧誤大局而不稍捐私見，迂不可及也，愚不可及也。」此處的「卞」，即聯大外文系副教授、詩人卞之琳。夏接著記敘說：「下午聯大草坪上有公開演講會（這次聞一多等不露臉，由『右派』教授如查良釗、雷海宗、燕樹棠等出馬），會後遊行，遊行人數估計不到千人（我不會數，可是看來總比上次亦在本月，為校場口血案的那次大遊行少得多），我沒有去開會，可是遊行過靛花巷的時候，我站在門外看，卻沒有勇氣參加。我曾經說過要去參加，臨時卻又畏縮了。到底怕什麼呢？就是怕『清議』。今天這次遊行雖不一定就是國民黨發動，受到國民黨的贊助，是不成問題的，既然有國民黨的份，加入進去就好像不清不白了。愛惜羽毛的人，雖然很贊同這件事，可是沒有勇氣站出去。」[34]

夏所說的「校場口血案」，發生於一九四六年二月十日，當時重慶各界二十多個團體在校場口廣場聯合舉行慶祝政協成功大會。到會者達一萬餘眾。政協代表周恩來、沈鈞儒、梁漱溟、羅隆基、邵力子等應邀參加大會。會議開始時，國民黨當局派遣大批特工人員，以重慶工務會、農務會、商務會等名義強行入場，搶占主席臺。大會主持者李公樸上前阻止，被特務包圍，一頓亂拳將其打翻在地，爾後像踢地瓜和玉米棒子一樣，幾腳踢於臺下，李頭部中傷，血流不止。出席會議的演講人郭沫若、馬寅初、章乃器、施復亮等人也遭到唾罵和追打，自視甚高的郭沫若與特工人員互毆，結果當場挨了幾個響亮的耳光後被無情地踢於臺下。為表示自己與眾不同和戲劇家出身，郭灰頭土臉地被人扶起時，還模仿戲劇電影中的英雄人物仰首張目，「哈哈」大笑了一番，以示對特工人員的極度蔑視。個頭瘦小的沈鈞儒面對特工人員的行凶鬧事，揮舞小拳頭連聲高呼：「不怕，不怕！」號召有血性者和真正的英雄好漢與其對打，以牙還牙，以暴力對付暴力。於是，兩股力量扭打在一起，糾纏在一處，鮮血噴濺，哀號不止，現場一度混亂。特工加打手們以事先準備的鐵條、磚頭等將主席臺人員或抽倒在地，或拍於臺下，混戰中連圍觀的記者和部分看客一併打倒在地，共有六十多人被毆傷——這就是著名的重慶「校場口血案」。混戰中，中共代表周恩來和國民黨將領馮玉祥聞訊趕到會場，加以制止和痛斥，特工人員和雇用的打手們才四散而去。

此事經過媒體渲染與中共地下力量暗中造勢，引起全國性關注，與被打者政治思想和路徑相同者，紛紛通電抗議國民黨特工人員的暴行，要求懲辦凶手，給被毆傷者一個說法。西南聯大在中共地下支部和擁護分子聞一多、吳晗等人的造勢與鼓動下，二月十七日，昆明學聯、昆明文協等十團體在聯大新校舍草坪舉行萬人大會，慶祝政治協商會議勝利閉幕，抗議國民政府當局製造「校場口血案」。此時，原在聯大師生聲討中捲起鋪蓋離開雲南，灰溜溜跑回重慶的李宗黃又趾高氣揚地出任新職，眾人懷著對李的憤怒和對蔣介石的不滿來到了會場進行討伐。這也是夏濟安日記中所表露的此次會議參加人數較多的一個深層原因或者說巧合。針對聯大師生對「校場口血案」和「東北問題」遊行所表現的不同陣勢和不同心理，夏濟安在日記中總結性地說：「參加反政府的遊行，雖然有手榴彈的危險，卻容易博『勇士』、『烈士』之名，故參加之人多。參加受政府贊助的遊行，雖然（或因為）有憲警的保護，卻易蒙動機不純之嫌疑，潔身自好者不去。真正有勇氣的人，只問自己良心無愧，工作的本身有沒有意義，既不怕手榴彈，亦不怕清議——然而清議比手榴彈更可怕。我就是個怕清議的人。謠傳發起一百十教授宣言的蔡維藩等曾領到三百萬賞金。若果有此事，蔡等之心不可問；若無此事，則左派分子造謠手段之惡劣，實在可怕。我們現在所需要的，就是不畏造謠中傷的真心愛國人。」[35]

夏濟安其心可感，但畢竟是一典型的文人書生，每在紙上說得頭頭是道，一到實際就因怕「清議」而變得縮手縮腳，不敢動彈了。因了這政治的緣故也牽涉到生活中的是非觀念，夏濟安如痴似狂地暗戀的那個湖南籍女生，若同是湖南籍且德望甚高的向達出面作媒，或許有成功的希望，但事情沒有按這個軌道行進。二月二十六日，夏濟安日記載：「我預定代我去做月老的向先生，近來因為東北問題，我同他意見很不合，我不高興多麻煩他。」[36]此後，不但夏濟安費盡心機所追求的女生成為黃粱美夢一場空，夏氏與向達也成了陌路之人（南按：經此變故，夏終身未娶，赴臺後英年早逝）。而在心理上，夏氏與聞一多、吳晗等人形成的距離，則不是用一個「陌路」可以表達的了。

三、子彈穿過頭顱

既然如夏濟安所說，凡參加反政府的遊行，就可以在手榴彈下博一個「勇士」或更高規格的「烈士」之名，相信爾曹身與名並不俱滅的人物就會鋌而走險，放手一搏。如此這般，反政府的一方與擁護政府的一方，在一九四六年那個「姹紫嫣紅開遍」的明媚春天裡，於春城昆明開始真刀真槍地打鬥在一起。決鬥雙方皆騰雲駕霧，劍氣如虹，經過三十個回合六十個重手，直殺得難分難解。如此無休止地爭鬥，令名義上擁護政府，實則暗懷鬼胎、圖謀私利的一方不勝其煩，決定加大「鬥」的力度，來個一劍封喉。於是，一連串暗殺的名單悄然列出，天堂與地獄之間一條通道轟然裂開，等待真正的「鬥士」殺奔前來。而這個時候，於搏擊拚殺中越戰越勇，視死如歸的聞一多，並不把對方放在眼裡，更不懼怕已開列的暗殺黑名單，以一貫的豪氣加血性，躍馬橫槍殺奔而來，想不到竟一步踏入了鬼門關。

一九四六年六月二十五日，也就是聞一多走向鬼門關的前二十天，梅貽琦在南京與朱家驊赴蔣介石官邸彙報聯大復員事宜。面對蔣介石的垂詢，梅按照自己的思維和推測，本著息事寧人的方式做了回答，這是聞一多遇難前蔣梅二人關鍵的一次「君臣對」。梅在日記中對這次談話做了較為詳細的記錄，這個記錄很重要，對「聞一多遇刺之謎」的研究者具有不可忽視的價值。梅氏日記載，該日天空晴朗，悶熱，根據約定，下午五時梅與朱家驊驅車到蔣介石官邸。二人在外客廳坐數分鐘後，有他客出，始被讓入內室。只見：

主席著藍長衫，頗安閒。談話約半時，首告以數日前往北平查看校舍情形，問：復校計畫何如？答：現正趕修各部，暫定雙十節開學。問：師生能趕到否？答：希望大部分居時能到平。問：下年校中辦法如何？答：仍當注重學術研究風氣之恢復，倘使教授們生活得安定，研究設備得充實，則研究工作定更有進展，隨即提清華教授中近有少數言論行動實有不當，但多數同人深不以為然，將來由同人自相規勸糾正，諒不致有多大（不好）影響。朱乃提及關於東北事件百餘人宣言之事為證。朱又謂曾商量過關於教授長（原文如此——編者）及院系主任人選之更動，總使主要負責者為穩健分子。至此余乃謂此數人以往在學術上頗有成績，最近之舉動當係一時之衝動，故極希望能於規勸之中使其自行覺悟，則其後來結果必更好。對方似頗頷首。余繼謂此數人之如此或尚有一原因，即其家屬眾多或時有病人，生活特困難，而彼等又不欲效他人所為在外兼事，於是愁悶積於胸中，一旦發洩，火氣更大。主席點首曰，生活問題實甚重要。朱因乘機提教員待遇及經費應增高問題。余問：主席看北方局面是否可無問題？答：吾們不能說一定，或者不致有大問題。言時笑容可掬，其或笑余之憨，余亦故為此問也。承款以糕點杏仁露。朱又報告關於某省廳長事。辭出時承送至門口，似特客氣矣。[37]

梅貽琦不是文學家，但此段記述頗得要領，主客的音容笑貌躍然紙上，讀來如身臨其境。按梅貽琦的觀點，聞一多、吳晗等人之所以成為「鬥士」，實乃被窮困生活所迫，文人嘛，所想的無非是在世俗中出個小名，生活上圖個溫飽，假如學校北返，教授待遇提高，積於胸中的火氣也就不發自泄，上頭下頭都得到安頓，自然溫順下來，一切問題也就迎刃而解。只是出乎他的意料，僅隔二十天，聞一多竟砰然倒地，喋血街頭。

一九四六年七月十一日，西南聯合大學最後一批學生搭車離開昆明，未行者只有待機北返的教職員與留守人員。當晚，在昆明北門以開辦書店為掩護從事地下活動的民盟昆明支部主要成員李公樸，在外出時遭不明身分者槍擊死亡，算是越過鬼門關到那邊去了。李氏一死，出於同情與各方的面子計，作為與李同一條戰壕戰友的聞一多就不能攜家乘機北上，他必須要辦理完李公樸的喪事之後才能離昆。當時昆明城風傳下一個遭暗殺的人就是聞一多，但事已至此，聞一多也就成為夾道跑馬不能回馬的孤獨騎士，只能拚命向前。

七月十五日下午，聞一多大著膽子出席了李公樸治喪委員會於雲大至公堂舉行的李氏生平事蹟報告會，發表了後來頗為著名的〈最後的演講〉，對暗殺李公樸的特務人員和現場搗亂分子給予痛斥，聞一多講到激動處，慷慨激昂地說：「今天，這裡有沒有特務！你站出來，是好漢的站出來！你出來講！憑什麼要殺死李先生？（厲聲，熱烈的鼓掌）殺死了人，又不敢承認，還要汙蔑人，說什麼『桃色案件』，說什麼『共產黨殺共產黨』，無恥啊！（熱烈的鼓掌）這是某集團的無恥，恰是李先生的光榮！李先生在昆明被暗殺，是李先生留給昆明的光榮！也是昆明人的光榮！」[38]會後，聞又與楚圖南一起來到府甬道十四號民盟下屬的民主周刊社主持記者招待會。會議將要結束時，為防意外，聞一多的大兒子聞立鶴特地前來接應。會畢，聞一多又與楚圖南、尚鉞等人談了一會話。此時，聞一多與同人似乎感

位於雲南大學校園內的至公堂，聞一多最後一次講演即在此。（作者攝）

到空氣中夾雜著一股異味，一股不祥的預感籠罩了眾人的心，為防止特務行凶時將幾個人一鍋端，話畢，大家心照不宣地分頭默默走出周刊社。聞一多等楚圖南走出五、六分鐘，才與兒子聞立鶴走出大門向西倉坡宿舍奔去。在離家十幾米處，突然從小巷角落裡躥出四條彪形大漢，喝聲站住。聞一多父子剛一站定，尚未開口說話，一顆子彈飛來，擊中聞一多腦袋，聞氏立仆。聞立鶴見父親腦漿迸裂，倒地不起，立刻趕上前去以身掩護。緊跟著幾顆子彈飛來，聞立鶴中彈倒在血泊中。

當聞一多倒下的時候，開槍者輕輕地說了句：「哼，看你還出鋒頭不！」

當聞立鶴倒地時，開槍者說：「好，留下這種，將來替他爸爸報仇！」[39]

言畢，四條漢子轉過西倉坡一個彎道，乘一輛軍用吉普車揚長而去。

對這一血腥場面，聞一多夫人高孝貞回憶道：「五點多，突然響起了一陣槍聲，槍聲就在近處，我的心頓時像爆炸了一樣，意識到最擔心的事情發生了，拚命往大門口跑去……只見一多父子橫一個、豎一個倒在血泊中，西倉坡上空無一人。我搶上去抱住一多，鮮血立刻染紅了我的全身。他面色蒼白，大股大股的鮮血還在不斷湧流，鮮血中還合著白色的腦漿。他雙目緊閉，嘴唇微微張了一下，我抱著他的頭，拚命呼喚他，但他的面色已經逐漸發黑，嘴唇也漸漸變烏了。我又強掙扎著往立鶴那邊看去，他滿身鮮血，瞪著兩隻充滿仇恨的大眼睛。我只覺得眼前一片眩暈，什麼也看不見了。」[40]

聞一多遭槍擊後，當場氣絕而亡。不幸中的萬幸是，身中數彈的兒子聞立鶴在被送醫院搶救三天後，總算保住了性命。

隨著「千古文章未盡才」的聞一多慘遭暗殺，海內外輿論為之譁然，或為其鳴不平，或為政府洗刷，或編造故事藉以渲染政治局勢之紊亂。在重慶的民盟領袖梁漱溟等人發出了捉拿凶手、懲辦凶犯的呼聲。中共方面遙相呼應，在延安的毛澤東等中共領袖親自致唁電向聞一多夫人高孝貞表示慰問。一時間，許多團體或個人紛紛募捐以慰鬥士遺孤，附庸於黨派團體的風騷之士，藉聞一多其人其事賦詩詠懷，絲竹之輩仰其行而撰歌以示紀念。其聲之遠播，其勢之喧騰，抗戰八年所有犧牲、亡故之教授未有比之者。

除若干政治團體與政界人物，七月二十三日，胡適、薩本棟、李濟、梁思成、傅斯年等五人，聯名給高孝貞發來唁電，內有「聞一多兄遇刺，無任痛悼，謹致弔唁。斯年已向政府當局請求嚴緝凶手，查明案情，盡法懲治」[41]云云。

很顯然，這封電報稿是傅斯年一人擬就發出的，另外四人僅掛個虛名而已。傅氏之所以把前幾位尊姓大名一併列入，可能有讓他們分別代表北京大學、中央研究院、中央博物院、中國營造學社等機構以壯聲勢的意思。他自己作為聯大常委和這幾個機構的「太上首長」列

口含煙斗的聞一多。（木版畫，夏子頤1947年作）

入其中，以彰顯其「非官非學」，又凌駕於官、學之上的畸形政治身分和他在學界威風八面的政治背景。不管傅斯年內心究竟做何感想，是心甘情願地為他向來鄙視和反感的「布爾什維克」與「鬥士」灑一把同情之淚，還是貓哭老鼠或老鼠哭貓的做戲演出，但此時作為實亡名亦不存的原西南聯大常委的傅斯年，適時聯合幾位學界大腕拍發這封唁電，則是識大體與合乎人之常情的。

據可考的資料顯示，傅斯年拍發這封電報時正在北平，遠在四川重慶與南溪李莊的薩本棟、李濟等人，是否知曉傅之攘舉，不得而知。但可以肯定的是，如果不依靠特殊的通信設施和手段，電文中的胡適是否知曉其中之事亦未可知，但世人看到的是，隨著胡適的身影出現在中國大陸，聞一多與他的「鬥士」身分，以及「鬥」出了什麼名堂等，在喧騰了一陣之後很快淹沒在胡適的巨大陰影與翻雲覆雨的政治漩渦中沒了聲息。[42]廣大民眾的興奮點被新一輪政治搏殺所吸引，而整個學界的焦點則投到胡適、傅斯年等決定中國教育、學術前途命運者身上。

注釋

1 傅斯年，〈汪賊與倭寇——一個心理的分解〉，《今日評論》三卷八期（一九四〇年二月二十五日）。

2 何兆武、馮左哲，〈憶傅斯年先生二三事〉，收入布占祥、馬亮寬主編，《傅斯年與中國文化》（天津：天津古籍出版社，二〇〇六）。

3 蘇雙碧、王宏志，〈吳晗小傳〉，收入李華、楊釗、張習孔主編，《吳晗文集》卷四（北京：北京出版社，一九八八）。

4 同前注。

5 此為一九八一年三月二十六日，〈吳晗小傳〉的作者蘇雙碧、王宏志採訪李文宜的記錄。同前注。

6 轉引自朱宗震，〈吳晗在西南聯大時的轉變〉，收入伊繼東、周本貞主編，《西南聯大現代中國研究》（北京：人民出版社，二〇〇八）。

7 李華、楊釗、張習孔主編，《吳晗文集》卷三（北京：北京出版社，一九八八）。

8 同前注。

9 聞黎明、侯菊坤編，聞立鵰審定，《聞一多年譜長編》（武漢：湖北人民出版社，一九九四）。

10 魯迅，《魯迅雜文全集·二心集》（鄭州：河南人民出版社，一九九四）。

11 梁實秋，〈羅隆基論〉，《世紀評論》二卷一五期（一九四七年十月十一日）。

12 同前注。

13〈吳晗小傳〉。另據《聞一多年譜長編》，聞氏加入民盟的介紹人是羅隆基與潘大逵，當時民盟尚屬祕密組織，成員身分不公開，聞一多宣誓入盟後，他的誓詞和登記表就被當面燒掉了。

14 李華、楊釗、張習孔主編，《吳晗文集》卷三（北京：北京出版社，一九八八）。

15 同前注。

16 王力，〈我所知道聞一多先生的幾件事〉，《龍蟲並雕齋瑣語》（北京：商務印書館，二〇〇二）。

17〈拍案而起的聞一多〉，收入李華、楊釗、張習孔主編，《吳晗文集》卷四（北京：北京出版社，一九八八）。

18李勇、張仲田編，《蔣介石年譜》（北京：中共黨史出版社，一九九五）。

19宋雲彬，《紅塵冷眼：一個文化名人筆下的中國三十年》（太原：山西人民出版社，二〇〇二）。見該書頁九九，一九四五年五月二十五日條。

20陳寅恪著，陳美延編，《陳寅恪集・詩集》（北京：生活・讀書・新知三聯書店，二〇〇九，二版）。編者注：此律寅恪先生詩存曾用題〈乙酉八月聽讀張恨水著水滸新傳感賦〉，現依唐筼編詩目改題。吳宓抄存稿題作〈乙酉七月七日聽讀水滸新傳後聞客談近事感賦〉，第一句作「誰結宣和海上盟」。

21同前注。編者注：此詩吳宓抄存稿第二句作「興廢無端夢可尋」，第五句作「當年舊事當年恨」，第八句作「錦江衰鬢獨哀吟」。

22吳學昭編，《吳宓與陳寅恪》（北京：清華大學出版社，一九九二）。

23胡文輝，《陳寅恪詩箋釋》卷上（廣州：廣東人民出版社，二〇〇八）。

24周佛海著，蔡德金編注，《周佛海日記》上冊（北京：中國社會科學出版社，一九八六）。

25唐縱著，公安部檔案館編注，《在蔣介石身邊八年：侍從室高級幕僚唐縱日記》下冊（北京：群眾出版社，一九九一）。

26同前注。

27延安的中共中央認為，張莘夫不幸遇難一事，中共撫順市委沒有做好保護工作，負有嚴重責任，一九四六年二月，對時任中共撫順地委書記兼市委書記的吳亮平給予撤職處分。同年五月一日，國民黨瀋陽市政府組織的張莘夫先生葬禮在瀋陽北陵公園舉行，該日參加送葬者達萬餘人，行列長達數里。至今，「張莘夫先生紀念碑」仍存於北陵公園（前一段為申報世界文化遺產，有人提議把張氏紀念碑搞出北陵公園，但遭民眾與輿論阻止，未果）。

28唐縱著，公安部檔案館編注，《在蔣介石身邊八年：侍從室高級幕僚唐縱日記》下冊（北京：群眾出版社，一九九一）。

29 同前注。

30 華澄，〈華北問題在聯大〉，昆明《真理週報》一期（一九四六年三月五日）。

31 吳晗，〈論歷史觀點〉，昆明《週報》九期（一九四六年三月），轉引自李華、楊釗、張習孔主編，《吳晗文集》卷三（北京：北京出版社，一九八八）。

32 同前注。

33 夏濟安，《夏濟安日記》（瀋陽：遼寧教育出版社，一九九八）。夏濟安（一九一六—一九六五），江蘇蘇州人。上海光華大學英文系畢業。抗戰勝利後任教西南聯大和北京大學外語系。一九四九年從香港赴臺北，在臺灣大學外文系任講師、副教授和教授。一九五五年春，在美印第安那大學進修一學期，翌年回臺北創辦《文學雜誌》月刊，歷時四年，對臺灣當代文學的發展極具影響力。一九五九年再度赴美，先後在西雅圖華盛頓大學和加州大學柏克萊分校任教並從事研究，不幸因腦出血去世，終年四十九歲。

34 同前注。

35 同前注。

36 同前注。

37 黃延復、王小寧整理，《梅貽琦日記》（一九四一—一九四六）（北京：清華大學出版社，二〇〇一）。

38 聞黎明、侯菊坤編，聞立鵰審定，《聞一多年譜長編》（武漢：湖北人民出版社，一九九四）。

39 李華、楊釗、張習孔主編，《吳晗文集》卷三（北京：北京出版社，一九八八）。

40 高真，〈聞一多犧牲前後〉，《縱橫》二〇〇三年七期。

41 聞黎明、侯菊坤編，聞立鵰審定，《聞一多年譜長編》（武漢：湖北人民出版社，一九九四）。

42 梅貽琦於七月五日由南京轉重慶返昆，十天之後聞一多遭暗殺。梅氏在日記中記下了當天的情形：「日間批閱兩校公事頗忙。夕五點餘，潘太太忽跑入告一多被槍殺，其子重傷消息，驚愕不知所謂。蓋日來情形極不佳，此類事可能繼李後再出現，而一多近來之行動又最有招致之可能，但一旦果竟實現；而察其當時情形，以多人圍擊，必欲致之於死，此何等仇恨，何等陰謀，殊使人痛惜而更為來日懼耳。急尋世昌使往聞家照料，請勉仲往警備司令部，要其注意其他人之安全」（《梅貽琦日記》（一九四一—一九四六）（北京：清華大學出版社，二〇〇一））。

當晚，梅與查良釗急電教育部，電云：「加急。南京教育部朱部長鈞鑒：今日下午五時，在西倉坡宿舍門外，本校教授聞一多為暴徒槍擊立斃，其子重傷。同人極度恐惶，謹先電聞」（《聞一多年譜長編》）。晚十二點，美國駐昆領事館副領事 Roser 率領兩名美軍，用吉普車把潘光旦夫婦、費孝通一家、張奚若等十餘人接到美領事館暫避。

次日，梅貽琦偕夫人到雲大醫院看望聞一多夫人高孝貞與兒子聞立鶴傷勢，知「肺部曾受三槍，今早已停止出血，腿部中二槍，一大腿骨已斷，槍彈尚在內。但此子體格甚好，或能出險。醫院中閒人甚多，蓋李公樸遺體於今午火化，故來看熱鬧者特多也」（南按：與梅日記不同的是，民盟與中共宣傳機構皆謂前來者並非看熱鬧，乃出於對「鬥士」的無比崇敬仰慕，特來弔唁，為民主運動鼓與呼云云。）。

李聞一案傳出後，輿論大譁，一時成為全國各黨派各團體與各色人等關注的焦點。民盟雲南支部發表〈申明〉，聯大準備聞一多喪事並發表意見，中共領袖人物毛澤東、朱德給高孝貞發唁電慰問，雲南省警備司令部總司令霍揆彰表示要捉拿凶手。此時的吳晗正偕妻經重慶轉赴上海，主要為袁震治病。在重慶時，吳晗夫婦拜訪了中共領導人董必武等要人，彙報了民盟昆明方面的情況與諸位「鬥士」們的戰績。到上海後，吳晗住在弟弟吳春曦家中，並設法把袁震送往醫院接受治療。時在昆明負責的華崗已調任上海工委書記，專門送給吳晗一筆錢作為他的路費補助。從這筆錢可看出，吳晗此前已經在為中共效力，故中共方面以投桃報李的規矩，專門拿出一筆錢以示回報。當時在上海的馮雪峰、史良、許廣平、胡子嬰、葉聖陶等著名人物曾到吳的住處拜訪。當聞一多被槍殺的消息傳到上海時，吳晗於悲痛中寫了〈哭一多〉、〈哭一多父子〉等文章，與全國各地民盟人員與中共控制的媒體遙相呼應，形成了一股控訴國民黨暴行，強烈要求懲治凶手的政治狂潮。在這股狂潮中，國民黨最高當局不得不下令追查槍殺案的真相與凶手，予以懲辦。

關於聞一多被暗殺的背景及懲凶經過相當複雜，其中許多未解之謎，幾十年來一直為臺海兩岸研究者關注、破譯並爭論不休。概言之，此案大體有以下幾種懸疑。

按聞一多之孫聞黎明所作《聞一多年譜長編》所說：「這是一次預謀已久的政治謀殺。早在五月間，雲南警備司令部總司令霍揆彰即命令稽查處上校處長王子明、中校情報科長單學修等人布置四個特務組收集先生與李公樸、朱家璧、楚圖南、艾思奇等五十餘人黑材料。六月二十八日，霍揆彰、王子明赴南京向陳誠彙報，並呈上黑名單請蔣介石圈定，旋返昆待命。七月五日，南京國防部給霍發來密電，同意霍於必要時得便宜處置。七月六日，霍揆彰在設在翠湖的警備司令部內召開祕密會議……會上，霍揆彰命令王子明負責布置行動科暗殺先生與李公樸、朱家璧、龍純曾四人……十一日，特務湯世良（湯時亮）、吳傳雲、趙鳳翔等暗殺李公樸。十二日，另一行動組組長崔鎮山召開組員會議，下令三日內刺殺先生，不准留活口。遂即決定秦永和、崔寶山等守候學校門口，跟蹤先生；李明山（李文山）、鍾剛潛伏西倉坡；崔鎮山、歐陽天化、劉錫林在翠湖邊隨時準備策應。」

《年譜長編》又說：「十五日，先生出席李公樸死難經過報告會，一出大門，便被特務跟蹤。先生在雲大至公堂演講時，蔡雲祈、尚福海便混在人群中，他們本想動手，但懾於環境，便打電話向王子明請示，王指示說等先生回家再動手。下午五時十五分左右，先生與聞立鶴從民主周刊社出來，走到離家門十餘步處，被早已潛伏及跟蹤的警備司令部稽查處特務李明山、崔寶山、劉錫林、何毅等前後夾擊，左輪手槍、快慢機（德國造的二十響）一齊射向先生和聞立鶴。李明山還在聞立鶴腿上補了一槍。」

聞黎明的這段記述，是他根據雲南省公安廳所藏解放初期審訊特務王子明、單學修、吳傳雲、崔寶山等人的記錄及本人交代材料編寫而成，提供材料者乃雲南省公安廳工作人員喻芳。應該說對方提供的屬於第一手材料，頗為珍貴和可信。但結合其他當事人的回憶錄與日記，有些地方恐不盡合理，有些地方還需重新提出加以探討。如按聞黎明之說，既然霍揆彰、王子明赴南京向陳誠彙報，並「呈上黑名單請蔣介石圈定，旋返昆待命」，這就證明蔣介石事前知道這件事。但當時這一事件的參與者沈醉在《軍統內幕》（北京：中國文史出版社，二〇〇一）中卻這樣說：「一九四六年七月，李公樸、聞一多兩先生在昆明先後被暗殺後，許多人都認為是軍統特務幹的。我當時在軍統局任總務處處長，不知道這件事的內幕，連軍統局局本部主管這類工作的負責人也不清楚。蔣介石從廬山打長途電話到南京責問毛人鳳的時候，毛人鳳也回答不出是什麼人幹的，只能說他沒有叫人幹這件事。據說蔣介石當時對這件事很生氣，原因是他正在策畫全面發動內戰的陰謀，表面上偽裝民主，還想欺騙全國人民，這種打草驚蛇的行動，暴露了他的馬腳。血案連續發生後，全國輿論譁然，紛紛提出責難。蔣介石便派新上任的全國警察總署署長唐縱赴昆明徹查，並下令嚴厲制止這類事件再度發生。」一時已離開蔣介石侍從室並晉升為全國警察總署署長的唐縱接令，立即做赴昆準備。十六日晚十時，唐縱來到國民黨中央祕書長吳鐵城公館會商昆明凶案處置問題，唐在當天的日記中記載道：「李公樸被刺，聞一多又被刺，究為何人所為？」十七日，唐縱又來到國府，與吳鐵城專門邀約參謀總長陳誠商量李聞一案的處置，陳「首先而堅決的表示，此事絕非霍揆彰所為，絕與軍方無關，當商電盧漢返滇主持偵查破案」。二十日上午，唐縱為李聞案訪張群，「彼對於昆明事件之看法，為下級同志出於義憤者所為」。二十二日，在昆明的原軍統局人事處長鄭修元（化名鄭履冰）致電唐縱，「報告李聞案與警備部有關」。唐縱決計次日赴滇，並致毛人鳳密電，謂「此間《新華日報》、《民主報》披露軍統局密令一則，須提出抗議，要求中共繳閱原文，否則就是揑造。揑造就是自作暴行，而嫁禍於人的陰謀」（《在蔣介石身邊八年：侍從室高級幕僚唐縱日記》）。

二十三日，唐縱抵達昆明，通過雲南省警務處處長李毓楨，雲南省警備總司令部參謀長、兵站分監劉叔琬，昆明市警察局長龔少俠，以及受蔣介石親自指派赴昆協助唐氏工作的原軍統局三處（行動處）處長、時任軍統上海臨時辦事處處長的程一鳴等偵查破案高手的協力合作，認定李聞之案就是霍揆彰指使部下所為。李、龔、程三人均係軍統特務，乃人中之傑，具有豐富的偵查與反偵查鬥爭經驗。為了坐實此案，在唐的指示下，幾人親自到聞一多被暗殺的西倉坡現場勘察調研，經過提取殘留物證、反覆測量查驗，結合當天目擊者的指證以及現場殘存的軍用吉普車的轍痕等蛛絲馬跡，認定聞一多就是死於雲南警備司令部霍揆彰部下之手。

七月二十七日，唐縱悄悄乘機離昆，一路輾轉來到九江，渡河，與原北大校長、時任行政院祕書長的蔣夢麟、大軍統局局長毛人鳳同車赴蓮花洞，換轎到牯嶺蔣介石官邸向蔣密報昆明之行與偵查結果。「主席怒猶未已，大罵霍揆彰是瘋子。余曰，聞一多於招待記者會時，侮辱領袖，力斥特務分子，刺激過甚，青年人血氣方剛，一時控制不住。主席長吁短歎，曰，汝再赴昆明一行。余曰，請示方針。曰，已告顧總司令，此事務期水落石出，不能冤枉人！顧、盧、霍、張今日已赴昆明」（《唐縱日記》）。

七月三十一日，唐縱抵昆，旋訪盧漢、陸軍總司令顧祝同。唐縱日記：「盧語我，案情不必調查，已成公開祕密，解決辦法：（一）由警備部繳出凶手，研究審訊方式與案情；（二）由地方青龍、金馬等組織中挺出一人擔當本案責任。繼與顧總司令商定將李、聞分開，由警備部解決聞案，李案由地方從容解決，原則即做如此決定。晚在金碧別墅，張貞夫、冷融庵、霍嵩山與余商量具體步驟至一時許。旋嵩山來告李、聞案真相。」

八月七日上午，唐縱與盧漢、冷融庵（冷欣，黃埔一期，時任陸軍副總參謀長）研究李聞案情，認為霍揆彰的警備司令部派人槍殺了李、聞。「傍晚赴巫家壩飛機場與周總司令至柔晤面。周含主席命來。傳達聞案意旨，現在此案外間知者甚多，尤其美方業有詳盡調查，必須認真辦理。美方表示，美國固然痛恨共產黨，但同時也痛恨法西斯比共產黨還厲害，當年德國向英美表示願與聯合打共產黨，英美人民覺得法西斯比共產黨還可怕，故與共產黨聯合打德國。這是值得注意的。研究良久，大家的意思交嵩山帶回去準備」（《唐縱日記》）。蔣介石的意旨不但說了實話，還頗具深謀遠慮之處。事實上，聞案發生後，美國總統特使馬歇爾在盧山就曾當面向蔣介石問過此案。當時的駐華大使司徒雷登在給美國國務卿的一份備忘錄中說：「馬歇爾將軍指出近於無休止的內戰跡象和一些似乎政府方面的過格行為。他旋即極坦率地談到昆明的兩次暗殺及其對美國輿論的有害影響，這使委員長尷尬萬分」（肯尼斯·雷〔Kenneth W. Rea〕、約翰·布魯爾〔John C. Brewer〕編，尤存、牛軍譯，《被遺忘的大使：司徒雷登駐華報告一九四六—一九四九》〔*The Forgotten Ambassador: The Reports of John Leighton Stuart, 1946-1949*〕〔江蘇：江蘇人民出版社，一九九〇〕）。

八日，唐縱在日記中寫道：此前對李聞案的推斷「已有八成真實性了」。

通過以上諸多材料分析，李聞案與蔣介石並無直接關係，也就是說蔣沒有在陳誠呈上的黑名單中圈定李公樸或聞一多，或者任何一位在他看來思想另類的「鬥士」。進一步說，蔣介石壓根就沒有見到這份所謂的「黑名單」，此說只是後來由民盟與中共的宣傳機構出於某種政治鬥爭和宣傳的需要，硬性製造而出。否則，蔣不會在唐縱面前大發雷霆並罵霍揆彰是瘋子。唐原是蔣介石侍從室的高級幕僚，隨蔣生活、工作多年，其間多有所為並極得主子信任，類似這樣一件並非涉及黨國大事的機密，只是一點鬧嚷嚷的小事，主僕之間完全沒有必要相互欺騙和玩布袋戲，蔣的發怒是他內心活動的真實反映。

此時的蔣介石認為霍揆彰這位黃埔一期生，小不忍則亂大謀，給自己的政治處境造成了被動。還有一個重要原因正如沈醉所說，蔣當時「正在策畫全面發動內戰的陰謀，表面上偽裝民主，還想欺騙全國人民，這種打草驚蛇的行動，暴露了他的馬腳」。沈醉說這話的時候，已是「喪家的資本家」的亡國之將，被中共作為戰犯拿入大牢關了幾十年之後重獲自由的言辭，通觀沈醉在大陸出版的所有回憶錄（連同其他很多被中共政權改造過的戰犯在內），如史家唐德剛所說，不是像逃往臺灣的國民黨將領撰寫回憶錄那樣唱戲拖屁股——自捧自，而是對著鏡子喊王八——自罵自。在罵自己及其家人、親屬、老師、上級、舊部甚或朋友的同時，當然少不了罵上幾句「老頭子」，以示自己洗心革面，鳳凰涅槃，重獲新生，大步踏上了光芒四射的社會主義康莊大道等。當然，這裡不是討論沈氏文章風格的時候，不說也罷。從歷史資料的真實與否看，沈醉的這段話倒是從另一個方面證實了蔣介石不會在國際國內局勢如此敏感時期，做出對李、聞這兩個知識分子刺殺砍頭的抉擇，故意給反對勢力製造口實，壞了自己正在策畫的黨國大事。如果蔣介石非要出此下策，下令刺殺李聞二人，那麼不是他罵霍揆彰是瘋子，他該用拳頭擊著自己光禿禿的電燈泡一樣的腦殼（馬寅初說：蔣介石的光頭腦袋是電燈泡，裡面真空，外面進不去），對著鏡子大聲喊上一陣子烏龜王八蛋了。

八月初，蔣介石在廬山召見霍揆彰，在罵了霍瘋子一頓「娘希匹」之後，鑑於全國輿論洶洶的局面和國際國內各黨派的喧譁與騷動，毅然決定捨車保帥，從霍的部下拉出兩個小特務槍決，以了事態。聞黎明在《聞一多年譜長編》中說，霍回昆明後，令王子明、劉叔琬召集行動科特務開會。會上，劉詭稱怕公審時露出馬腳，請弟兄中出來兩人自首，公審後用他人替換了來，事後連升三級，送國防部任職。王子明亦說：好歹要保住霍揆彰，否則一切都不好辦。這時，湯世良、李明山在無法推託的情況下，願意「自首」。於是，兩人編造了一套假口供，並改名為湯時亮、李文山。王子明還抓了兩個四川流落到昆明的人，用麻醉藥麻醉後，關在西站營房，準備在刑場上替換湯李二人。

八月十五日，國民黨陸軍總司令部軍法處、雲南省保安司令部、駐昆明憲兵十三團合組軍事會議審判庭，對刺殺李公樸、聞一多的特務湯時亮、李文山兩人進行「公審」。在場者僅二十餘人，記者只允許中央社兩人。梁漱溟要求聞立鶴出庭辨認凶手，被陸軍副總參謀長冷欣以其「傷勢未好」為由拒絕。

八月二十五日，國民黨陸軍總司令顧祝同在昆明金碧別墅招待記者，宣布霍揆彰之雲南警備司令職已被革除，以何紹周（何應欽之侄）繼任。

八月二十六日，顧祝同簽署陸軍總司令部法審布字第元號布告，宣布湯時亮、李文山兩人在昆明槍決。第二天早晨，監斬官憲兵十三團警務團副張拯東用酒把湯、李灌醉，拉至東站外執行槍決。湯、李知道受了騙，但為時已晚。

聞黎明所述，說明湯、李二位凶手已被真的執行槍決。但沈醉等人在回憶錄中卻說湯、李二犯中途已被悄悄掉包換下，死裡逃生。

據沈醉說：當時唐縱非常焦急，很擔心這個案件如果弄不清是什麼人幹的，讓他這位全國警察總署署長太丟人，同時也想將計就計，藉此來一次對中共的誣陷。在唐和沈醉等人研究的時候，便決定先在重慶準備好一兩個人帶到昆明去，叫他們在公開審訊時，自己承認是凶手，而且還要吞吞吐吐地說出和中共有關，但又不能完全承認是共產黨。這樣既可使全國人民知道不是國民黨幹的，又意味著是共產黨指使人幹的。為了避免中共方面要求參加審訊或進行反駁，所以要考慮得非常周到，不能露出馬腳來。於是，「當天唐決定要我到白公館和渣滓洞兩個看守所中去挑選違犯軍統紀律而受處分的人出面頂替。他鄭重其事地告訴我，這個出面頂替的人的條件，必須是沒有擔任過公開職務的特務，必須經得起反覆考驗而不會翻供。唐並透露，這個『凶手』經過幾次審訊之後便立刻判處死刑，但到執行時再換出來，用昆明監獄中已判決死刑或無期徒刑的其他犯人來代替。他還許願：對於願意出面頂替的軍統分子，則不問他罪行大小和刑期長短，只要完成這次假凶手的任務，便可立即釋放，並派往東北或西北地方去擔任較好的工作以為報酬」（《軍統內幕》）。

當沈醉連夜到看守所挑好人後，唐縱又突然命他放棄，說先到昆明看看再做計畫，於是沈隨唐飛抵昆明開始偵查案情。當案情真相大白後，「唐雖然向霍暗示已了解到這件事與警備總部的人有關，但霍仍然矢口否認。當時由於各民主黨派一致提出要求懲辦凶手，並保障民主人士生命安全，蔣介石才又派顧祝同到昆明查辦。與此同時，蔣還把霍揆彰叫到廬山去當面詢問，霍才不得不承認是他部下幹的。蔣介石只將霍撤職，並叫拿出特務營當連長的湯時亮和當排長的李文山兩人公開槍決，以了此案。實際上，這兩名宣布被槍決的人也是叫人冒名頂替的」。

在這之前，霍揆彰還準備利用李聞案件來一個借刀殺人，狠狠打擊一下雲南的地方勢力。為此，他一度放出風聲，說李聞案是雲南省前主席龍雲的兒子龍三所為，並立刻開始搜捕。龍三聞訊，連夜逃往昭通老家躲避，幾個與龍雲有關係的舊部如副官長楊立德等卻被捕了。但不管如何拷打審訊，這幾位舊部至死不認，事情一時陷入僵局。唐縱怕如此做法會引起以盧漢為首的當地勢力怨恨，惹出意外事端，乃勸霍立即放人，另想辦法。霍聽從了唐的規勸，釋放了龍雲舊部楊立德等人，另從昆明監獄中提出兩個判了死刑而未執行的罪犯，頂替警備總司令部特務營連長湯時亮和排長李文山被槍決。「槍決前，他們先將這兩個替死鬼用酒灌醉，執行時沿途警戒森嚴，槍決後馬上掩埋。這時，真正的凶手，奉霍揆彰命令主持這一罪行的警備總司令部情報處處長王子民和湯時亮、李文山等十多人，連同他們的家屬二十多人，已由霍揆彰派專車連夜送到大理，交給了第二軍軍長兼滇西警備司令王凌雲。王凌雲把他們安置在大理後山無為寺內，用好酒好菜招待這些人。直到一九四七年，王凌雲部調往武漢改編為整編第九師的時候，王子民等人才由繼任的雲南警備總司令何紹周派人接收，繼續保護起來。」

沈醉事後從霍的參謀長劉一戈、參謀處長郭業儒和第二軍軍長王凌雲等有關方面了解到，當時霍派部下殺害李、聞的目的，原來是想討好蔣介石，希望改派他取盧漢當雲南省的政府主席。因為霍是陳誠系中的重要骨幹分子，他從陳誠口中了解到蔣介石對與中共站在一條陣線的民盟「鬥士」們一向恨之入骨，滿以為放倒幾個「鬥士」可以更加得到蔣的寵信，以便實現升官發財的美夢。想不到卻落了個雞飛蛋打的下場。霍在抗戰時任過洞庭湖警備司令，當時沈醉在常德軍統系統任稽查處長，與霍結識。霍因李聞案而被免職後，居住在長沙小吳門外新建的別墅「嵩莊」當寓公，沈醉曾前去探望。落魄孤獨的霍揆彰對沈談到李聞案時，只認為時機還不到，幹得太早一點，才惹出一場麻煩。最後，霍無限感慨地說：「如果等到今天來幹，那就不是過錯而是有功了！」沈醉在關於李聞案的回憶中，最後一句話是「解放後，湯時亮、李文山等才被清查出來，落入人民的法網」（《軍統內幕》）。

沈氏回憶錄的真實性到底有多大，尚待進一步研究證明，不過他說湯李二人在解放後落入人民的法網，那麼作為案發地與管轄區的雲南省的公安廳應該知道此事，並有訊問筆錄等材料留下。但後來雲南省公安廳向《聞一多年譜長編》的編撰者聞黎明提供的只有王子明、單學修、吳傳雲、崔寶山等人的訊問筆錄與交代材料，而這些材料中沒有任何一人言及湯李二人在被槍決時於現場被替換之事。如真有此事，作為時任稽查處長，並指揮參與了整個案情的王子明不可能不知，落網後亦不可能不加以交代。或許出於慎重，聞黎明相信當時處決的就是湯李二人。要真正弄清李聞案特別是兩個凶手的真相，只要查一查湯李二人在解放後是否真的落網就可解決。如真的落入人民法網，替換之說自當成立；如果公檢法等部門皆不知其人有落網之事，那麼，可以認定當年被處決的就是真正的湯時亮與李文山二凶手。

當然，還有聞黎明所說的王子明與沈醉所提到的王子民疑為一人，若王子明就是王子民，那麼其人在解放後確實落入人民的法網，但他交代的材料中仍然沒有湯李二凶手被替換之說。這就從另一個側面證明沈醉所言可靠性不大。但沈醉在書中又言之鑿鑿，難道是沈氏的老毛病又犯了，與廣大讀者耍起布袋戲，或搞起了軍統時代指雞罵狗、聲東擊西的「暗算」不成？

第十三章

殘陽如血

一、胡適歸國

一九四六年七月四日，胡適乘坐的郵輪經過三十天海上風吹浪搖終於靠近了上海港。煙雨迷濛中，日思夜想的故國神州就在眼前。站在甲板上的胡適，手搭涼棚，眺望眼前這座在戰火兵燹中滿目瘡痍、百廢待興的城市，感慨萬千。他在當天的日記中寫道：

> 下午三點，船在吳淞口外遠遠的就下錨了。大雨。天晴後，八點一刻，海上晚霞奇豔，為生平所少見。九年不見祖國的落日明霞了！[1]

簡短的記述，蘊含著濃郁的詩情畫意，透出了胡氏對家國的眷戀與重返故土酣暢快活的激越心境，同時也隱約折射出異國他鄉多年生活奔波的辛酸與悲涼——八年前，當他以瘦弱身軀，在熊熊燃燒的戰火中踏上輪船甲板即將啟程遠離祖國的時候，沒想到會在今天這樣一個晚霞夕照的時刻重新踏上故國的土地。

第二天下午，胡適離開郵輪乘兒子胡祖望引領的小船登岸，在一群報館記者簇擁下來到上海市政府大廳，出席上海市長吳國楨作東的歡迎宴會。席間，胡適發表簡短談話，當記者問起在美國近九年的情狀和感受時，一直面帶微笑的胡適竟一時語塞，不知從何說起。八年零八個月的艱難辛酸，寵辱哀榮，已鬱結為一枚堅硬苦澀的青橄欖留在他的內心深處，其心境與感受只可意會，難以言傳，尤其是在剛剛踏上故國土地，激動亢奮的歷史時刻更難出口。此事可謂孩子沒娘——說來話長，絕不是此前胡適自嘲自怨的「我本將心託明月，誰知明月照溝渠」所能概括得了的。

在抗戰前的六年中，國人皆知胡適是主和派政治集團的一員驍將，曾竭力主張通過談判和國際調解與日本講和，盡力避免對日戰爭，直到受命出使美國才改變了這一頑固立場。多少年後，世人通過陸續披露的密信或內部檔案材料才略有窺知，抗戰前的胡適尚沒有傻到把國家命運全部押到與日本謀「和」這盤棋上，在主「和」的同時，同樣清醒地認識到，中日戰爭或早或晚不可避免地總要爆發，也就是臺灣前國民黨主席連戰的祖父連橫於一九三六年春在滬所遺留「今寇焰逼人，中日終必有一戰」的著名預言。中日雙方利害關係，就連前清遺老連橫老朽都能看出，何況集中西學問之大成的新派士林盟主胡適？在胡的思想觀念中，除了一個為國家的最大利益負責任的主和的「和」字，又有另一個主動迎接戰爭的思考和計畫。

早在一九三五年六月二十七日夜，胡適在給王世杰的一封長信中就表達了對時局的認識與戰略構想，並精闢地預言中國需要一個長時期的抗戰過程，方可促成英、美在太平洋與日本開戰的可能，信中說：「在最近期間，日本獨霸東亞，為所欲為，中國無能抵抗，世界無能制裁。這是毫無可疑的眼前局勢。」若中國局勢發生逆轉，只能寄希望於「一個很遠的將來」。其理由是，日本因滋生了一個狂妄而危險的圖謀稱霸世界的野心，最終將激怒英美，到那時，「太平洋上必有一度最可慘的大戰，可以做我們翻身的機會」。又說：「我們必須要準備三四年的苦戰。我們必須咬定牙根，認定在這三年之中我們不能期望他國加入戰爭。我們只能期望在我們打得稀爛而敵人也打得疲於奔命的時候，才可以有國際參加與援助。這是破釜沉舟的故智，除此之外，別無他法可以促進那不易發動的世界二次大戰。」[2]

這封信向世人揭示了一個埋沒日久的祕密，也消融了時人或後人對胡適的部分誤解。可以說，至少在寫這封信的時候，胡適就意識到形勢比人強的世界發展大勢，開始修正他此前一味主「和」的觀點，並天才地預見到了未來發生第二次世界大戰的國家、地點、時間。只是鑑於當時蔣介石心中「等我預備好了再打」的算盤尚未擯除，加之這個「世界二次大戰」的預言與現實尚有一段遙遠的距離，或者說仍處於霧中看花階段，胡適不便公開表白自己的觀點。但這一奇崛的戰略構想，無疑已在他的心中深深地扎下了根，並成為面對未來的希望所在。

一九三八年十月五日，胡適由歐洲返華盛頓就職視事，住進「雙橡園」大使館官邸。翌日拜謁美國國務卿，二十七日向羅斯福總統遞呈國書，自此正式以中華民國駐美大使的身分開始了外交活動生涯。

胡適使美，國人寄予厚望。十月八日，《大公報》發表張季鸞執筆的社評〈胡大使抵美〉，謂：「胡適之先生之受命為大使，及其本人之肯於擔任，這都是平日想像不到的事。這個問題本身，就象徵著中國是在怎樣一個非常時期。同時可以看出政府期待於他及他自己所期待的任務是怎樣的重大。」同時表示：美國人應當相信，胡適是位最冷靜、最公平的學者兼外交家。他最了解美國，也最了解祖國，我們政府與人民十分期待他此次能達到更增進中美友誼的使命之成功云云。當時的行政院長、與胡適關係並不融洽的孔祥熙也拍發電報，假惺惺地表示態度：「啟程蒞任，至感欣慰。此次使美，國家前途利賴至深。列強唯美馬首是瞻，舉足輕重，動關全局，與我關係尤切。吾兄長才，自能應付裕如。」[3]

當此之時，雖然羅斯福出於對世界大局的考慮有援助中國、遏制日本之心，但美國國會中仍有一部分長著「花崗岩腦袋」的傲慢者加一部分操蛋派議員，不為胡適的演講鼓吹所動，堅硬的腦袋中一如既往地殘存著嚴重的孤立主義，而唯利是圖的奸商巨頭也力圖與日本保持經貿關係，不願得罪日本，以便自己大發戰爭橫財。為避免不必要的糾纏，羅斯福授意財政部長亨利．摩根索暗中研究可能的援華方案。

一九三八年九月，摩根索在巴黎向中國駐法國大使顧維鈞表示：如果國民政府派兩年前曾與美國政府簽訂《白銀協定》時有過愉快合作的金融家陳光甫赴美，則有可能找到信用貸款的途徑。顧維鈞迅速將此消息轉達重慶，國民政府遂決定派陳光甫與徐新六兩位金融界巨頭前往美國。由於徐新六自港飛渝時座機

1938年10月27日，胡適（左）向美國總統羅斯福遞交國書後留影。

被日軍飛機擊落，陳光甫只得獨自赴美。當時國民政府行政院院長孔祥熙，整日只想著自己如何撈錢和與日本人講和，壓根沒有制訂具體的求援方案，甚至連求援數目都沒有一個較精確的估算，只是天方夜譚式地交代陳赴美後要爭取三億到四億美元的貸款。陳光甫當即認為孔祥熙乃一無知痴兒，不足與之為謀，更無須與其囉唆。在赴美之前的短暫時間裡，陳光甫對國內可做貸款抵押的各種產品進行了詳細研究，並在美財政部駐華使館參贊尼克爾森的建議下，選定桐油作為抵押品。桐油是美國緊缺的軍需物資，如果得以出口，那些反對援華抗日的孤立派也就失去了依託，反對的嘴巴就不易張開。更重要的是，桐油屬中國當時最大的出口商品，可能得到美方的信任，爭取到較多的貸款。陳光甫抵美後，在新任大使胡適的緊密配合下，很快與美國財政部就桐油貸款事宜達成了祕密協議。十月二十四日，根據美國財政部的要求，美國銀行終於正式同意向中國發放貸款。

就在美國同意貸款的前一天，即十月二十三日，武漢會戰進入尾聲，百萬國軍即將全面潰退。消息傳到美國，胡適召集大使館人員沉重而堅定地說道：「我們是明知國家危急才來的。國家越倒楣，越用得著我們。我們到國家太平時，才可以歇手。」

十月二十五日，中國重鎮武漢失陷，國民政府幾乎彈盡糧絕，軍隊損失慘重，已沒有一個完整正規師可以應戰，情勢萬分危急。當晚，美國財政部長摩根索專門邀請胡適與陳光甫到家中作客，宣布貸款批准一事，二人頗為感動。胡適後來致函摩根索，再三強調這是值得紀念的一個夜晚，稱「正當中國局勢危急的時候，這一筆錢，真是有救命與維持體力的作用，也是心臟衰弱時一針強心劑。而由此『桐油計畫』確立，英國之購料借款與幣制借款亦相繼獲得成功。中國國際信用大加改善。關係之重大，不言可喻」。[4]

十月三十一日，胡適將一張照片送給與自己精誠合作的金融家陳光甫，照片旁側有自己的題詩。詩曰：

偶有幾莖白髮，心情微近中年。
做了過河卒子，只能拚命向前。

正是這個「過河卒子」在祖國生死存亡的關鍵時刻，以真誠的情感和高超的外交手段爭取到了貸款，給中國的抗戰輸送了維持生命的血液。未久，美國復興金融公司董事長瓊斯正式向外界宣布進出口銀行將給予紐約世界貿易公司兩千五百萬美元貸款。一九三九年二月八日，陳光甫以世界貿易公司董事長身分與進出口銀行簽訂了借款合同，中國政府總算得到了第一筆美金貸款，也是書生大使胡適走出書齋為國家榮立的第一次大功。

就在胡適於美國政客之間為迫在眉睫的貸款事宜上下奔走時，一九三八年十一月八日與十二日，連續接到國民政府經濟部長翁文灝發來的兩封密電，謂國內有一部分人鑑於實力難以持久，頗乘此與日本媾和，而汪精衛、孔祥熙等鼠輩則早已對抗戰失去信心，力主談和，但介公卻「尚未為所動」云云。此時正是武昌失守，國軍全部退出武漢戰場，湖南岳州失陷，華夏神州最為富足的東南半壁江山盡失，中華民族到了存亡在乎一念的特急緊要關頭。胡適接電憂心如焚，當即擬一長電加急拍還，他根據自己原有的意圖與新近觀察的國際形勢，斬釘截鐵地指出：「六年之中，時時可和，但事至今日已不能和。六年中，主戰是誤國，不肯負責主和是誤國，但今日屈服更是誤國。」[5]

如此旗幟鮮明、措辭強硬的電文，令使館工作人員大為驚駭，生怕胡適「負責任太大」而不敢發出。在關乎國家民族生死存亡的緊要時刻，胡適一改往日臉上時常掛著的溫和笑容，神色莊嚴地正告道：「這是我給翁詠霓的私電，不是使館官電。」意思是若鬧出大的事體，吃不了我一個人兜著，不會沾到爾輩身上。在胡適的堅持下，此電最終發出。

按史家余英時的說法，胡適毅然受命於危難之際，出使美國，完全是為了實現他早在一九三五年給王世杰的信中，關於中日戰爭的一個有著先見之明的構想而來——中國在破釜沉舟、單獨苦戰三、四年之後，終能促成太平洋國際大戰。在這個戰略構想中，胡適首先假想的參戰國當然是美國，因而讓美國捲入遠東地區的戰局便是他首要願望和為之努力的目標。

當他於一九三七年九月末以民間使者身分踏上美利堅合眾國的國土時，在排華勢力與孤立派於政客、財團中仍占上風之際，胡適和當年「十四條」失敗後的威爾遜總統一樣，在華

1939年，49歲的胡適獲得了諾貝爾文學獎提名以及哥倫比亞大學和芝加哥大學名譽法學博士學位。

府「道不得行」的情形下，乃直接訴諸美國人民。為了這一目標的實現，胡適赤膊上陣，通過廣播演說，向美國人民展開宣傳鼓動攻勢。十月一日，他在首次應邀於舊金山哥倫比亞廣播電臺向全美廣播的極其寶貴的十三分鐘裡，巧妙又態度鮮明地表達了自己的思想方針。在這篇名為"What China Expects of American in the Present Crisis"（中國在目前危機中對美國的期望）的著名英語廣播演講裡，胡適說道：「雖然對於貴國人民冀求置身戰爭之外的願望我是完全的同情，可是我不免有這個想法：那就是僅靠消極的綏靖主義而沒有建設性的和平政策為後盾，絕對不足以保障列位所深深希望的和平。中國對美國所期望的——是一個國際和平與正義、實際與積極的領導者，一個阻止戰爭，遏制侵略，與世界上民主國家合作的策畫，促成集體安全，使得這個世界至少可使人類能安全居住的領導者……」[6]

此次演說，儘管胡適開始一再聲明中國絕對無意把愛好和平的美國捲入殘酷的戰爭，但又暗含機鋒地列舉出了第一次世界大戰的事例，指出美國「僅靠愛好和平，保持中立」，並不足以保證必能避免戰爭。過去，侵略者的野蠻行動曾使美國捲入世界大戰，而目前同樣的野蠻行動依然表現在侵略者的身上，美國最後還是要不可避免地被迫重新踏上以戰止戰的老路。也就是說，美國目前採取的所謂「中立」，是違背歷史經驗與世界大勢之潮流的。

胡適演說詞鋒芒之厲，就連電臺方面的人員都感到「太厲害」了，在開播前一再要求對這一講稿進行修改。胡適於「大生氣」中表示了強硬姿態，「寧可取消廣播，不願修改」。最後，電臺人員一咬牙，決定冒一次風險，演說詞一字未動，全文播出。所產生的效果自在預料之中，整個美國東西海岸為之震動，許多視日本在遠東地區進行侵略戰爭為「事不

胡適向美國公眾演講時的風采

關己」的美國人，收聽了這位中國學者的聲音，開始反省自己對於中日戰爭的認識並為之感到汗顏。按余英時的說法，這第一篇廣播詞定下了胡適此後數以百計演講詞的基調，「這才是他作為駐美大使的主要特色，他對中國抗日戰爭的最大貢獻也在此。他年復一年地四處演講究竟發揮了多大的實際效果，這是無法精確估計的」。[7]

已經了解世界大勢的胡適深知，如果中國政府和軍民不能苦撐自救，這個世界上則沒有其他人救你，正謂西方有句諺語：「上帝拯救的是那些自救的人。」胡適按照自己往日教導國民「一點一滴去做」的愚公移山精神，赴美後四處演講、遊說的努力一直沒有中斷，及至次年七月，他憑藉在國際間享有的聲望，已走遍美國、加拿大等北美國家各大城市，會見各方知名人士，揭露日本的侵華暴行，表明中國抗戰的堅強信念。其溫和真誠的態度，滔滔雄辯的演說詞，震撼著美國各色政客、財閥與公民的心靈，令對方於無形的感化中不斷修正對中國固有的傲慢與偏見。正如《紐約時報》所說：「凡是知道胡適的美國人，都會因為胡適的新使命而歡呼……胡適的同胞很少能比胡適更宜於代表新舊兩派中國文化的精華。很少中國人能如此適於溝通中美兩國的情形，促進中美兩國人民的友好關係。」[8]

一九三八年十二月四日，胡適在紐約中國文化協會（Chinese Cultural Society）做了一次題為「日本侵華戰爭」的演說，此時的胡適因研究小說頗得要領，一上來就以武俠小說的手法語出驚人：「如果你們要我用一句話來概括當前中國的狀況，我會毫不猶豫地說：『中國正在大出血中走向死亡。』」聽眾尚未從這一驚世駭俗的消息中回過神來，胡適接著說道：

> 在過去超過十六個月的時間裡，我們和侵略者進行戰鬥，侵略者是當前世界上三大海軍之一，也是四五個最強大的軍事力量之一。中國，已經傷亡百萬人，喪失了大片土地。所有沿海和長江流域的重要城鎮都已淪陷：北平、天津、青島、濟南、上海、杭州、南京、蕪湖、九江、廈門、廣州和武漢都已陷入敵手。幾乎所有一般為外界所知的重要城市，包括商業、工業、教育、現代文化、交通和通訊中心，不是受到嚴重破壞，就是受到侵略者的占領。〔全國〕一百一十一所大專院校之中，三分之二以上或被破壞，或被占領，或已癱瘓，只有極少數在內地的〔大學〕既無設備，又需冒被轟炸的危險，還在運作。除了戰鬥部隊的重大傷亡之外，六千萬的老百姓被迫離開了已被摧毀的家園，流離失所，沒有房子，沒有醫藥，絕大多數甚至沒有最起碼賴以為生的資源。每

天都有上百的無辜老百姓受到日本皇軍轟炸機的殺害。

最嚴重的是，自從十月廣州淪陷之後，中國完全斷絕了海上交通，那也就斷絕了來自海外武器和彈藥的供應……

這也表示在輸出和爭取外匯上，面臨了極大的困難。

這就是中國的現況。我說中國正在大出血中死亡，是個誇張的說法嗎？[9]

接下來，胡適以稍微緩和的口氣述說廣州和武漢淪陷後，國民政府很大一部分軍政要員與普通民眾一段時期內曾對抗戰能否繼續產生過懷疑和徬徨，甚至絕望。而胡適本人也曾多次向美國朋友指出，用血肉之軀來對抗高科技的武器是有限度的；在力盡之後，是有崩潰的危險的。因而部分人出現懷疑、徬徨是極自然的，就如新聞報導所說，有過一度和談——那就是認真地考慮過棄守投降——的溝通，而敵人也很清楚地表示願意議和。

在道出中國遭受侵略的現狀和實情後，胡適話鋒一轉，開始引用美國開國總統華盛頓領導的美國獨立戰爭的歷史，來說明中國的處境和存在的希望，以便引起美國人最大限度的理解和道義上的同情。最後，胡適堅定地指出：中國的抗日戰爭終將獲得最後的勝利。這個勝利有賴於中國人做出更大的犧牲，進行持久的抗戰；其次則呼籲民主國家對日本實施禁運等。

這篇用心良苦的演講，在引起美國部分人同情與理解的同時，也引起了一些媒體的誤解和斷章取義的歪曲，有的則毫不客氣地給胡適臉上潑了幾罐子蝦醬狀的汙水。據美國《生活》雜誌報導，這篇演講是中國有意向日本求和的試探性前奏曲。消息傳到中國，重慶方面一些政客如孔祥熙之流借題發揮，對胡適的言行大加討伐。為此，蔣介石也大感不快，差點將胡適招回國內「述職」。以此為開端，胡適日後在美國的「宣傳」也越來越與重慶方面的「當道」者不能合拍，直至雙方矛盾加深，成為不可收拾之局。

除了心懷善意或暗懷鬼胎的媒體弄出的誤會與曲解，胡適的演講在受到部分國內「當道」者詆毀的同時，也引起日本人的驚恐與憤恨。敏感的日本高層意識到在對美外交上讓中國占了上風，只派遣一個駐美大使無法與之匹敵，需調兵遣將，對胡適來個圍追堵截，方能打掉對方的氣焰。日本官方的《日本評論》更是趁機搧風點火、興風作浪，專門發表評論，宣稱日本需立即增派三個大使級人員才能抗衡胡適，這三個人分別是文學家鶴見祐輔、經濟學家石井菊次郎、雄辯專家松岡洋右等。在胡適的活動與

武漢淪陷後的1939年2月，蠢蠢欲動的漢奸團體在漢口發起「民眾救國大會」，許多未成年的兒童也被騙入會場，打著日本膏藥旗，要求國民政府與日本「講和」，以實現「大東亞共榮圈」之夢。中華民族到了最危急的時刻。

中國政府各方面的積極努力下，美國社會輿論漸漸從「不干預」轉向同情中國，譴責日本，形勢朝著有利於中國的方向發展。向來注意收集資料的胡適，在日記中保存了一份一九四〇年十月三十一日《紐約時報》的報導，內中轉述了東京英文《日本時報》的評論。這篇評論對美國國務院在幕後支持胡適於北美各地巡迴演講極表憤怒，指責胡適以大使身分到處演講，是刻意激起民眾對日本的仇恨，很有可能將美國引入和日本可怕的戰爭之中。

對這篇恨意咄咄的文章，史家余英時評論說：「這至少說明，在日本政府的眼中，胡適的演講活動已構成美、日關係的一大威脅。可以想像，胡適平時與羅斯福和國務院高層領導人物之間的交談，也必然強調與日本談判並不足恃，因為它絕不講信義，這是他一貫堅持的看法……無論如何，一九四一年十一月二十六日美日最後談判的破裂，與胡適在最後一分鐘的強烈爭持是有關係的。」[10]

余氏所說的「最後談判」，指著名的珍珠港事件爆發前美日最重要的一次外交戰略交鋒。胡適在最後一分鐘爭持的是什麼，為何世界兩個強大帝國由於胡適的爭持而導致談判破裂，直至大戰爆發？限於資料的匱乏，世人知之不詳。據美國新近解密的資料透露，當時的具體情形大致是：一九四一年九月，美日兩國政府開始祕密談判中國與西南太平洋局勢，日方派野村與來栖大使在華盛頓執行談判任務。胡適聞訊，立即在美國總統羅斯福與國務卿赫爾兩位決策者之間展開攻勢，防其在關鍵時刻做出有損於中國利益的舉動。但美國為了自身利益，還是決定與日本妥協，無情地把中國當作一條裝載了無數貪官汙吏兼飯桶的破麻袋拋了出去。此時中國與日本血戰已達四年之久，「苦撐待變」幾乎達到胡適所說的極限，若無外力介入，後果不堪預料，很有可能真的在大流血中走向死亡。而此時美國與日本的妥協，無疑將中國推向崩潰的邊緣。

九月二十四日，由於胡適的堅決請求，赫爾約見了胡適等中、英四國大使，極不情願地出示了臨時妥協草案的美方定稿。胡適看罷，極為震怒，當場向美國國務卿赫爾提出嚴正抗議，並立即求見羅斯福總統，請其出面阻止這一有害中國利益的方案，同時請求英國方面共同對這一決策提出抗議。英國首相邱吉爾經過反覆權衡，最終採取了胡適的建議，致電羅斯福總統，明確反對美國於歷史的緊要關頭與日本妥協這一利己害華的做法。邱吉爾極富政治遠見地指出：「中國如果崩潰，將大大增加英美的危機。」[11]由於英國方面與胡適大使的強烈反對，美國高層才於十一月二十六日決定撤銷與日本的妥協方案，從而導致日本陷入空前孤立狀態，滿天風險的太平洋局勢徹底翻盤。這就是胡適「在最後一分鐘的強烈爭持」的由來。

一九四一年十二月七日，即珍珠港事件發生的當日，胡適正在紐約慷慨激昂地演說，羅斯福打來電話，約他速到白宮相見。胡匆匆來到白宮，羅斯福開門見山地說：「胡適，那兩個傢伙（南按：指日本特使野村、來栖）方才離開這裡，我把不能妥協的話堅定地告訴他們了，你可即刻電告蔣委員長。可是，從此太平洋上隨時有發生戰事的可能，可能發生在菲律賓及關島等處。」[12]

此時的羅大總統只說對了一半，戰事是要爆發，但不是萬里之外的菲律賓與關島，而是美國本土。胡適離開白宮剛到使館，就接到了羅斯福打來的電話。對方用激憤得有些顫抖的

胡適大使（中）向美國總統羅斯福（坐者）說明中國人民萬人簽名的文件。

聲音說道：「胡適，方才接到報告，日本海空軍已在猛烈襲擊珍珠港。」太平洋戰爭爆發了。

幾年後，美國著名史學家、哥倫比亞大學名教授查理・畢爾在他的名著《羅斯福總統與大戰之序幕》一書中，視胡適為日軍偷襲珍珠港的罪魁禍首。畢爾在書中所說的大意是：美日之戰本來是可以避免的，而羅斯福總統為了維護美國資本家在亞洲的利益，不幸地上了那位頗為幹練的中國大使胡適的圈套，才惹起日軍前來偷襲珍珠港，最終把美國拖入了可怕的世界大戰。

查理・畢爾所言雖不免過於誇張，但也透出了一個內在的事實，即胡適當年接受使美職務，便是為此一「大事因緣」而來。胡適「在大使任內，運用一切方式和力量推動美、日交惡，是眾所周知的。他一心一意要把美國帶進太平洋大戰，使中國可以有『翻身』的機會」。[13]世人看到的是，隨著日本偷襲珍珠港，美英等國正式對日宣戰，第二次世界大戰全面爆發，胡適這一「大事因緣」就此了結，等待他的將是掛冠而去的灰色結局。

二、誰知明月照溝渠

胡適出使美國的幾年中，儘管整日殫精竭慮、不辭辛勞地四處演說，以喚起美國民眾對中國的同情，並以正義力量介入戰爭，達到「以戰止戰」的目的；以蔣介石為首的重慶國民政府同樣以堅強的意志和實際行動，向國際社會宣示了中國軍民抗戰到底的決心，然而，只有決心沒有實力仍然是一場虛幻的夢境。當抗戰苦撐到一九三九年九月，胡適與陳光甫爭取到的桐油貸款即將用竭告罄，國民政府再次陷入經濟和戰爭的雙重危機。根據蔣介石的指令，九月八日，駐美大使胡適緊急求見羅斯福，二十六日又見摩根索，申述國內局勢之嚴峻，要求美國再提供一筆借款，給中國「打一劑救命的針」。摩根索態度還算積極，但羅斯福迫於國內政客和日本方面的壓力，要求一定慎重從事，「勿授人以柄」。

一九三九年十二月六日，胡適與陳光甫再訪美國財政部長摩根索，闡明中國時局的惡化以及對美援助的熱切期望：「中國抗戰已逾二年半，國困人乏，一切物資都亟待補充……務請早日擬定辦法……如日本正式宣戰，我方接濟更多問題。」摩根索聽後，「頗為動容，答應極力設法」。隨後，陳光甫告知對方今天是自己五十九歲生日，能夠得到摩根索財長「極力設法」的允諾，實在是一件最好的生日禮物。摩根索聽後，深為陳氏的敬業精神所感動，並深信有胡適、陳光甫這樣的忠義之士為之效命，中國不會滅亡，戰略反攻只是遲早的事情。懷揣著對胡陳二人的敬意，摩根索當即親自為陳光甫預訂了回紐約的機票，讓陳回去過一個安穩的生日，並允諾他將親自處理貸款事宜。在得知陳尚未與聯邦貸款署瓊斯（桐油貸款時為美國復興金融公司董事長）商談後，摩根索又主動表示將親自與瓊斯商談此事。陳光甫深為感動，後來回憶該事件時稱之為「奉旨度生辰」。

摩根索與瓊斯等人商量的結果是，中國可由著名的滇錫貸款。陳光甫與胡適抓住這一時機，趁熱打鐵，胡適先後兩次會見羅斯福總統，竭力爭取對方促成滇錫貸款事宜。一九四〇年一月二十四日，胡陳二人又一起會晤瓊斯並申明，重慶國民政府一定不會中途與日講和，中國人民寧為玉碎，不為瓦全，絕不投降。如果美國能出力援華，中國定能堅持到最後勝利。為了向美方申明中國確有債務信義，陳光甫電促孔祥熙如期交付桐油。在各方共同努力下，一九四〇年三月七日，美國聯邦貸款署主任瓊斯終於宣布再向重慶國民政府貸款兩千萬美元。四月二十日，陳光甫與美進出口銀行正式簽署了滇錫貸款合同。胡適在向重慶報告時特別指出，這次貸款利息較上次為輕，償還時間較長，售錫餘款還可「自由」支配，堪稱是優惠條件（比桐油貸款年利少〇・五釐，還期為七年，比桐油貸期長兩年）。蔣介石對胡陳二人與美達成新一輪貸款深表感激，於三月九日致電羅斯福表示衷心感謝。國民政府多數軍政大員聞聽這一喜訊，也在長吁一口氣的同時露出了少有的笑容，堅定了抗戰到底的決心，並對胡適與陳光甫的努力充滿敬意。

就在中美雙方皆大歡喜之時，唯孔祥熙出於複雜的政治目的和心中擰結的陰暗疙瘩，滿懷醋意地對此次貸款表示不滿，揚言貸款條件似尚偏苛，不如對芬蘭等國為優，芬蘭貸款無須抵押，條件較寬，而中國不但以錫做抵押，美方還要利息，美國佬真是狗眼看人低，不是個東西云云。孔氏以行政院院長身分正式回電中，對美方頗有微詞，並悍然責備胡適、陳光甫等人談判不力，沒有為國家爭得面子等。胡、陳聞訊，在大為震驚迷惑的同時，對蔣介石這位「老二」孔祥熙的做法很是惱火，想不到在孔祥熙的眼裡，自己不但無功，反而成了民族罪人。盛怒之下，陳光甫決定回國當面向蔣介石說明並與孔祥熙對質，以正視聽。在離美之前，悲憤交織的陳光甫致電孔祥熙並轉呈蔣介石，極其明瞭又毫不客氣地說道：現在的美國「論利害與我非唇齒之依，論交情亦無共患難之宜，何獨鍾情於我等積貧積弱之國家政府？國際間無慈善事業……今後抗戰必須基於自力更生之原則」。又說：「我先自助，人方助我。否則，求人之事難若登天。」此言算是對單獨勃起較勁兒的孔祥熙一個猛力回擊，也是對蔣介石本人與國民政府高官大員們的一個嚴厲警示。

然而，世界是複雜的，政治更為複雜，胡適的舉動和努力，依然招致國內以孔宋集團為代表的政客們的種種非議和責難。原本就與胡適特別是胡的「打手」傅斯年水火不容的孔祥熙，不但不加收斂，反而在蔣介石面前屢進讒言，謂胡適書生氣太重，「只好個人名譽，到處領學位」，辦事不力，在中立法、借款、禁運、合作等主要使命上，成事不足，敗事有餘。作為向來好熱鬧和愛面子的胡適，在四處講演的同時，喜歡在美國各校接受名譽博士學位確是事實，四年間，竟領得榮譽博士帽子三十餘頂。[14]如此炫目浮華的盛譽，確也過於顯山露水，令人眼熱，並給對立面提供了攻擊的炮彈。於是，孔祥熙、宋子文之流便抓住此點到處散布，一併將水攪渾，把胡在美的其他功績全部抹殺，最終導致蔣對胡失去了原有的信賴。一九四〇年六月，蔣介石撇開胡適，命他的郎舅宋子文以自己私人代表的身分前往美國爭取對華貸款。宋子文下車伊始，便以皇親國戚咄咄逼人的氣勢，劈頭蓋臉地對前來拜見的胡適指責道：「國內有人說你講演太多，太不管事了。你還是管管正事吧！」胡適經此一擊，自是不服，當場同宋子文爭執起來。自此二人結怨，再也難以共事與合作。宋為急於立功，撈得「大魚」，也撕破臉皮，開始對胡適進行或明或暗的詆毀與擠壓。

一九四〇年十月，宋子文致蔣介石密電，公開表示對胡適的不滿，說：「欲得美國切實援助，非空文宣傳及演說所得奏效，務面向各政要及各界不斷活動。」又說：「際此緊要關頭，亟需具有外交長才者使美。」[15] 宋甚至公開提出撤換胡適，推薦施肇基接任駐美大使。蔣介石認為宋之意見頗有道理，但鑑於胡適與羅斯福總統建立的良好關係以及在美國人民心目中的威望，思慮再三，遲遲未下決心。同年十一月，胡適在當天的日記中抄錄了這樣一段話：「《封神》十九回說：我本將心託明月，誰知明月照溝渠？」[16] 藉此表達了胡氏一心為國操勞，想不到卻備受讒言詆毀與暗箭刺擊的憤懣痛苦之情。

1941年4月25日，胡適與蔣介石特使宋子文（右）、美國財政部長摩根索（左）簽訂中美平衡基金借款協定時的情形。

這年十二月十七日，這一天是胡適的生日。胡對自己一年來的工作做了梳理與回顧，頗為感歎，同時對做事的困難也有了更為辯證的認識：國際局勢演變對中國日益有利，確實使做事的難度減少了。但來了一群「太上大使」，又使做事的難度稍稍增加了，自己也「只好忍這種閒氣」。在如此的困境中，胡適仍決定困獸猶鬥，堅持自己的主張和做法，以「為國家做點面子」，「叫人少討厭我們，少輕視我們，叫人家多了解我們」。但「太上大使」宋子文卻不作如此想，他越來越把胡適的存在視作眼中釘、肉中刺，非欲除之而後快。宋氏窮追不捨，連連向蔣介石拍發密電，催促盡快免去胡適大使職務，以「挽救外交之頹局」。在蔣介石仍舉棋不定的情況下，一九四一年七月十二日，按捺不住的宋子文在給蔣介石拍發的密電中，再次枉說胡適在工作上不予配合，並頗有脅迫意味地表示：「長此以往，不但文不能盡職，有負委任，適之亦屬難堪。唯有懇請毅然處置，迅予發表。」這個時候的宋子文已有恃無恐，幾乎包攬了所有的外交事務，而將胡適排擠於圈外。一向懷有寬恕之心的白面書生胡適，終於忍無可忍，激憤地公開宣稱宋子文為「太上大使」，對自己的工作頗多掣肘打壓，二人矛盾進一步惡化。因胡適心中有一個把美國拖入太平洋戰爭，使中國好有「翻身」機會的信念，在與宋子文等輩斡旋的同時，依然堅持忍辱負重，咬緊牙關「苦撐待變」。當珍珠港事變爆發之日，胡適懸在心口日久的石頭才砰然落地，感到多年來期待的「大事因緣」已然鑄就，或謂千載一時，一時千載，新的世界格局業已形成，自己的使命也該結束了。

「飛鳥盡，良弓藏；敵國破，謀臣亡。」既然太平洋局勢已經翻盤，世界頭號霸主——美利堅合眾國業已參戰，強有力的「車、馬、炮」已雲集陣前，作為書生大使的胡適對國民政府來說，真的成為一個無足輕重、可有可無的「過河卒子」了。而這個卒子是拚命向前還是後退，抑或翻到溝中的汙泥裡去，亦無關大局。與此相反的是，宋子文藉此機會來了個鯉魚打挺，神奇地登上外交部長的座椅，開始名正言順地對胡適發號施令，竭盡排擠打壓之能事。面對這種令人尷尬、憤懣的局面，一九四一年十二月二十四日，胡適鄭重其事地對宋子文說：「郭泰祺來美時，我曾經告訴他，我不想幹這種外交官的事。若有更動駐美使節的需要，我隨時可走。現在你是我的老朋友、新上司。我也同樣向你聲明，如果政府要更動駐美使節，也請你千萬不要遲疑。我隨時可走。」[17]

胡氏之說可謂真情流露。但是，頗懂官場遊戲規則的宋子文，深知若在這個節骨眼上趕走胡適，無疑會引起國內對立面的憤慨與學術界的強烈反彈，讓對方抓住不仁不義的辮子反攻倒算，對自己的名聲地位極其不利。於是，他採取和稀泥的方式，把胡適架空並晾在一邊，讓其既不能進，亦不能退，上不著天下不著地地在懸空夾縫中自生自滅。

轉瞬半年時光過去了，徒有大使之名而無所事事的胡適，於一九四二年五月十七日給翁文灝、王世杰寫了一封長信，敘述了自己悲涼的處境與內心酸楚。信中說：「我在這四年多，總為諸兄說『苦撐待變』一個意思。去年十二月七日，世界果然變了。但現在還沒有脫離吃苦的日子。還得咬牙苦撐，要撐過七八個月，總可以到轉綠回黃的時節了。」又說：「某公在此，似無諍臣氣度，只能奉承意旨，不敢駁回一字。我則半年來絕不參與機要，從不看到一個電報，從不聽見一句大計，故無可進言，所以我不能不希望兩兄了……去年十二月八日我從國會回家，即決定辭職了。但不久即有復初之事，我若求去，人必認為我『不合作』，對內對外均費解釋，故我忍耐至今。我很想尋一個相當的機會，決心求去。我在此毫無用處，若不走，真成『戀棧』了。」[18]

兩天後的五月十九日，胡適在日記中饒有意味地記載道：「自從宋子文做了部長以來（去年十二月以來），他從不曾給我看一個國內來的電報。他曾命令本館，凡館中和外部、和政府，往來電報，每日抄送一份給他。但他從不送一份電報給我看。有時蔣先生來電給我和他兩人的，他也不送給我看，就單獨答覆了（他手下的施植之對人說的）。」又說：「昨日我覆雪艇一長電，特別抄了送給子文看，並且親筆寫信告訴他，意在問他如何答覆，他今天回我這封短信說，『I replied much in the same vein』（我已用同樣的意思答覆了）！他竟不把他的電文給我看！」[19]此時的胡適作為國民政府任命的特命全權大使，竟被宋子文之流擠壓到如此苟延殘喘的可憐地步，一代學術宗師的尊嚴盡失，面子蕩然無存，胡適本人為之憤懣不平的同時，也令旁觀者欷歔歎息。

遙想當年，胡適受命擔任駐美大使時，他一再聲稱自己就職實在是不得已而為之，是在「國家最危急的時期」，「為國家找點戰時工作」。在給夫人江冬秀的信中，胡適寫道：「我到此已五十日，沒有領到一個錢的薪俸。全館十餘人，還須我墊借錢應用。我每天總是很忙的，晚上睡覺總是很晚的……我不怕吃苦，只希望於國家有一點點益處。頭髮兩邊花白了，現在當中也白了不少。」在另一封信中又說：「現在國家到這地步，調兵調到我，拉夫拉到我，我沒有法子逃。所以不得不去做一年半年的大使。我聲明做到戰事完結為止。戰事一了，我就仍舊教我的書去。」[20]在胡適看來，坐上駐美大使這把椅子，並不是一種榮耀和發財的機會，但在另一些官僚政客看來恰恰相反。因而，戰事尚未結束，他就被孔宋家族擠出圈外。面對這一悲涼結局，拘於禮義道德與情面的胡適在痛定思痛之後，算是徹底想通了。既然大道不行，小道充塞，也就不再顧及許多，索性放下「吾曹不出，如蒼生何」的書生意氣，立即辭去大使職務，按照孔子「乘桴浮於海」的古訓，重歸士林，操持舊業。

一九四二年九月八日，國民政府行政院國務會議決議：免去胡適駐美大使職，調駐法大使魏道明任之。胡適接到免去他駐美大使職務的電報後，已近夜十一點鐘，他斜靠在沙發上長長地出了一口氣，稍後便回電國民政府：「蒙中樞垂念衰病，解除職務，十分感謝。」[21]

九月十八日，胡適交卸差事後，提著自己的行李，黯然離開了在華盛頓的官邸——雙橡園，結束了四年「過河卒子過洋來」的大使生涯。在當天的日記中，胡適這樣記述道：

> 今天早十一點離開雙橡園，離開華盛頓。
>
> 同事諸人都在站送我。劉鍇躲在我房裡，我忽然覺悟，他不願人看見他流淚。他送我直到Baltimore（巴爾的摩），才回去。我也下淚與他相別。[22]

胡適含淚與同事握別，孤獨地來到紐約東八十一街一〇四號，開始了斷斷續續大學教書和蹲在自己租住的房舍研究學問的寓公生活，此一居又是四年之久。

既然已經卸任駐美大使，標誌著「戰時徵調」已經結束，該復員回鄉了，但胡適為何仍寓住紐約遲遲不肯回國？個中原因頗為複雜，除了他兩個兒子胡祖望與胡思杜當時正在美國讀書需要一筆錢外，國民政府中樞也不希望他立即回國。內在緣由，曾擔任過外交部部長的郭泰祺（南按：珍珠港事變爆發後，《大公報》批評過的以巨額公款購買私人豪宅的那位），於一九四二年十月六日託人帶給胡適的一封密函中有所披露，信中說：「兄持節四年，譽滿寰瀛，功在國家，一旦去職，中外同深惋惜。」又說：「近閱報載言美各大學紛紛請兄留美講學。鄙意兄若能勉徇其請，似較『即作歸計』之為愈。因在目前情況下，兄果返國，公私兩面或均感覺困難，於公於私，恐無何裨益。」[23]信中所言多含隱語，但胡適心領神會。此時國民政府中樞，甚或蔣介石本人不想讓外界對自己生發「狡兔死，走狗烹」的惡劣印象和非議，同時胡適留美在各大學演講，還可以像小爐匠一樣，在中美關係的一些裂縫破洞間，起到敲敲打打的修補作用。而就胡適本人而言，剛卸去一個攻堅對壘、搏殺前沿的「卒子」職責，也需要有一喘氣和改變角色的緩衝機會，不至於因丟官罷職而在國人面前大跌面子。如此這般，在美國委曲求全、遮遮掩掩地留住近四年之後，胡適終以北京大學

1942年9月18日，胡適完成大使館的交接工作，與使館工作人員握別。

校長的新頭銜，於一九四六年六月五日下午一點五十分，離開紐約東八十一街一〇四號居所，乘朋友的汽車趕往碼頭，精神抖擻地健步登上客輪甲板。下午三點半，郵輪拔錨啟程，站在甲板上的胡適望著漸漸遠去的紐約百感交集，在當天的日記中，他深情地記載道：

> 此次留美國，凡八年八個月（Sept. 26, 1937 到 June 5, 1946）。
>
> 別了，美國！別了，紐約！[24]

頗有意味的是，當胡適跨過浩瀚的太平洋，於七月四日靠近離別近九年的故土時，迎接他的首先是狂風暴雨，繼而是如血殘陽。此時的胡適沒有意識到，這轉換突兀的物色景致，既是一種象徵，又是《易》卦辭所昭示「主大凶」的不祥之兆。它預示著古老的華夏民族文武周公孔子的後代子民們，在經過八年血火交織、抗擊外虜的苦戰之後，將再度展開一場更加酷烈的大戰與劇戰，緊隨其後的將是國民黨的敗亡與赤縣神州山河變色。此時國共談判已經破裂，北方的炮火硝煙已隨著漫天黃沙起舞升騰。再過一個多月，也就是八月十日，美國特使馬歇爾與司徒雷登將正式宣布「調處」失敗，同一種族的兄弟在自家的庭院中老鼠動刀——窩裡反將起來。歷史進程的狂風大勢已將這群黃皮膚黑頭髮的種族分化為非「赤」即「白」兩大陣營，身處這陣營中的各色人等，再也沒有一點迴旋的餘地和半塊自由的家園了。不是革命的戰士，就是反革命的罪魁，芸芸眾生只能在一場改天換地、再造寰宇的滾滾洪流中，別無選擇地扔下鋤頭鐮刀與乞討的要飯瓢，身著草鞋褲衩，赤膊上陣，掄刀舞棍地展開靈與肉的搏殺與撕咬。

在黃浦江碼頭走下船頭甲板的胡適當然顧不得日出東方西邊雨，是大吉大利還是「主大凶」的預兆。像當年他出使美國一樣，此次回歸祖國，是為「復興北大」與全國學術界這一「大事因緣」而來。

往事已矣，不堪回首，夢想與光榮、孤獨與屈辱皆成過去。擺在胡適面前的一個首要任務和重大目標，就是把北大建成中國乃至世界一流的教育、研究與傳播科學與民主思想的文化重鎮。

三、馬神廟旁，一片神鴉社鼓

胡適在上海稍事停留即轉赴南京述職，七月二十九日晨乘機飛往北平。為表示對這位儒林盟主的敬重之情，在北平的黨國大員李宗仁、蕭一山、吳鑄人，以及北京大學的傅斯年、鄭天挺、湯用彤、鄭華熾等名流大腕專程到機場迎接。略顯蒼老、疲憊的胡適在眾人簇擁下，驅車進入城中，透過車窗看到久違的北平城，胡氏感慨萬千，在當天的日記中記載道：「九年前今晨，二十九軍退出北平。九年前昨日，我從廬山飛到南京。次日始知平津皆失陷了。」[25]想不到九年後的今天，驕狂的日軍早已無影無蹤，歷盡劫難的北平重新回到中國人的懷抱，而胡適又以北大校長的身分重回故園，只是與九年前相比，自己兩鬢斑白，已不再年輕。而此時的北大，也不再是當年的北大了。

此前的一年裡，儘管傅斯年出於義氣與對母校北大的愛護加責任，以自己的大炮性格與超人的處事能力，替胡適「打平天下」，讓歸國的胡校長坐享其成，但傅也清醒地認識到問題的複雜與現實的殘酷。抗戰勝利之後最初階段，傅斯年曾多次致電在美國的胡適，彙報學校復員情形，力促胡氏早日歸校執政，並謂「此時關鍵甚大，斯年冒病勉強維持一時，恐不能過三個月」。[26]但胡適卻滯留美國遲遲不肯露面，令傅斯年大感棘手與苦惱。一九四五年十月十七日，傅斯年致長信於胡適，彙報北大復員事並催其速歸，信中道：「一般社會，未嘗沒有人以為來勢凶猛（宋江出馬，李逵打先鋒），因而疑慮。最苦的是我，孟鄰先生未盡諒解，又替騮先惹事，所以只有請先生早些回來，然後可以一切照常。我這些天精神在極度的不安與緊張之下。出席聯合國教育會議，又出了事。李石曾以未派他，大攻擊騮先，宋子文於是不使騮先去，騮先與子文共

胡適到北平後，李宗仁（右）與傅斯年（左）等到機場迎接。

事更難，又介公支持騮先，故騮先辭也辭不掉，只是活受罪而已。介公對李印象極惡，故李似乎做不出大事來，但今日教育界復員，極其困難，騮先性情倔強，能支持到何時，全不可定。北大事騮先絕對支持的，然前途既如此，只有堅忍做去，無論前途如何，我們抖起精神去幹，總可以比得過（outlive）這些妄人。」又說：「北大回後，大家也要復員。北平師範大學，騮先允其重設北平師範學院，他們還爭『大學』，這我看實無關係。而北平大學也鬧復員（李五支持），簡直是與我們搗亂。騮先絕不放鬆，介公也不要他回復，但是還未了……為我們北大事，弄出這些糾紛，以至李五要打倒騮先，以後此公的事，子文與騮先之不易合作（他們原是好朋友），恐怕還多著呢！」[27]

除了涉及、解決這些狗扯羊皮的人事糾紛，傅斯年還以極大的熱情，向胡適談了他的辦學計畫、院系設置以及人事聘用等敏感問題，如：

> 哲學（湯）：此系中堅分子為湯、陳康（治希臘哲學）及約定之王君（維也納學派邏輯家），另有賀、鄭。
>
> 國文系：二羅皆愈來愈糟，孫子書、孫蜀丞、俞平伯在北平苦苦守節（三人似可擇聘），語言學亦有很好的人。此系絕對有辦法，但主任無人。
>
> 史學系：從吾、毅生、子水、向達。非大充實不可。受頤必須拉回，愈早愈好。此系，史語所可以有人補充，周一良、王毓銓、胡先晉，乞先生一斟酌，就地決定。
>
> 理學院各系：算學充實，可惜多在國外。物理很好，也可添人。化學，曾昭掄極熱

心，目下人太少。物〔地〕質空空如也了，但有辦法，因北大當年早有此系，此系第二輩多是北大出身，易拉（北大出身，不可多拉，以免門戶，但國文、史學有學風關係，地質有特殊情形，難避）。

法學院最糟，政治系不成樣子，經濟空虛，法律則幾都是律師。

……[28]

以上諸事儘管紛亂，但總算有線索人頭可尋，最令傅斯年頭疼的是增設的幾個學院，按照此前「復興北大」的指導方針，朱家驊、蔣夢麟等政學兩界大老，積極主張復員後的北大增設工、農、醫三個學院，以增加綜合性大學的砝碼與氣勢。而傅斯年認為，工、醫學院費錢太多，出力難以討好，最看好的則是創辦農學院，在致胡適的信中，傅氏以憂國憂民的情懷說道：「農學院甚有意思，在華北之將來，其用無窮，我們不能老坐而論道，我們總當與人民接近，總當負起改造社會的責任來，而且我們學校最大的毛病，是：學生一入學，便走大街，英文永遠學不好。我想大可把一年級搬到城外去受嚴格訓練，有個農學院，可以開這個端……不過清華也要同時辦，正商量中，或者出於『分工合作』。」又說：「如果清華也堅持三十五年度辦，教育部為難。但我們這些年與清華合作，清華得到安定，我們得到卑視——孟鄰先生之情感，關於聯大者，並非無其理由——所以我想這一點是不讓他的。」[29]傅氏決意不讓對方，但清華也不是省油的燈，想方設法予以反擊。傅斯年在接下來致胡適的信中說：「追加復員費，此事曾引起清華、南開之衝動，鬧得教育部甚為煩惱。」又說：「在教育部領到二百時，有我們五；四百時，有我們十；六百時，有我們十五；八百時，有我們二十。此已與騮先原則說好，他並無難色，因他人更凶也。周鯁生來信要三十，兼大罵。」[30]

就北大而言，抗戰時期與清華、南開共同創業的近九年，不能說所得到的只有被「卑視」，當然有它光榮與輝煌的一面，但傅斯年信中所述也不是信口開河或者說空穴來風。事實上，清華憑藉美國庚款的後盾、扎實的學風，以及幾十年形成的一整套組織系統，在許多方面，其強勁的鋒頭均蓋過了北大與南開，這一狀況令號稱老子天下第一的北大同人深感失落，並產生受對方「卑視」，進而滋生了一些不便為外人道的芥蒂與怨憤心理。錢穆晚年在他的《八十憶雙親．師友雜憶》中提到的北大同人在雲南蒙自聯大分校，為文學院院長由清華的馮友蘭擔任而不讓北大的湯用彤沾邊之事發生爭吵，並向前往視察的蔣夢麟建議北大獨立之事即屬此類。儘管最後經錢穆解釋，同人們以抗戰大局為重，「不再言」，但不等於說北大教授們心中就不再有芥蒂和情緒。此時傅斯年對胡適所發的牢騷，在某種程度上道出了北大同人憋在心中積悶日久的怨氣。既然聯大已經解體，北大復員獨立，當然也就有了重整旗鼓，與清華爭個高下的新機緣。因而傅斯年在致胡適的信中要求胡藉留美之機，設法為北大新開辦的幾個學院募集書籍、儀器及款項，一旦就緒，便趕緊歸國。因為「我這幾個月必然鬧得空氣緊張，非先生早回來，有出大岔子之可能，那才糟呢！先生回來後，我當留校二三月協助，然後赴美治病……」。[31]

傅斯年踐行了當初的承諾，胡適一到北大，他就主動把自己坐得溫熱的校長椅子用毛巾擦了擦，搬到胡老師屁股下連扶加抬地將其請了上去，笑顏逐開的胡適儘管有點不好意思，還是打著哈哈當仁不讓地坐穩了。傅斯年不但要把胡老師扶上北大第一把交椅，還要按中國特色的「扶上馬，送一程」的老規矩，再送夫子一程，至少在一段時間內仍留在北平，把一切敵對勢力和半敵對勢力蕩平剷除之後方可卸職。

胡適坐上北大第一把交椅，顯然與一九三七年去美國前的北大教授兼文學院院長大不同了，儘管孔宋之流一再打壓排擠，由於胡適在美經年，尤其是一手把美國拖入太平洋戰爭的空前傑作，一時聲光四射，世界矚目，身價倍增。而他輕柔的腳步一旦踏進北大校園，如同潛龍歸淵，虎入深山，再度嘯傲士林，俯瞰政壇。歷史的風雲聚會把胡氏推向了一個新的高度，世俗地位和聲名也隨之達到了登峰造極的境界，其巨大影響使他不但成為中華大地教育、文化、學術界的「帥」字號人物，而且一舉成為政壇象徵性盟主——儘管虛幻多於實際（後來蔣介石曾有意讓胡當總統，自己掌行政院實權，就是這一虛幻影像中的一個插曲）。在「帥旗」飄蕩中，同樣沉浸在虛幻迷惘中的各色人等從四面八方雲集而來，於亂世蒼茫中企圖求得一方良藥，以壯行色。而此時的胡適端坐在北大校長的交椅上，一掃九年來在美受的委屈，特別是

1946年9月，傅斯年結束代理北大校長，歡迎胡適前來上任。左為傅斯年，中為胡適，右為胡適之子胡祖望。

孔宋集團施加的窩囊氣，野心頓發，開始搖動大旗呼風喚雨起來。按當時出任北大校長室祕書鄧廣銘的說法，頭頂五彩光環，身佩盟主「帥印」的胡適，不但「立志要把北大辦好，也不但以華北地區教育界的重鎮自任，而是放眼於全中國的高等教育事業，是以振興中國的高等教育為己任的」。[32]按胡適的構想，國家與其每年花費幾百萬美元送學生到外國留學，不如省出一部分錢來在國內建設少數具有世界水準的大學，只有如此，中國才有學術獨立的希望。本著這一構想，胡適提出了一個「爭取學術獨立的十年計畫」，即在十年之內先集中資源，經營五所基礎最好的大學——北大、清華、武大、浙大、中央大學。十年之後再陸續擴充其他大學，逐步在整體上達到世界先進教育水準——如此強勁的勢頭與大膽構想，在教育和新聞界引起強烈反響的同時，也令一些政客很感難堪。當初傅斯年薦胡出任北大校長時，作為教育部長的朱家驊漠然處之，或許對這種情形已經料到。只是書呆子氣仍未脫盡的胡適，沒有意識到斗轉星移、今非昔比的政治形勢。令他沒有想到的是，這一「宏大敘事」式的光輝藍圖，很快就像他歸國時遭遇的西天彩虹，瞬間化為泡影。在急遽動盪的時代潮流中，政治腐敗，經濟崩潰，教授與學生皆陷入生存的困境而難以自拔，中共地下組織開始行動，發動學潮，展開與國民黨政權的爭奪戰。如果說抗戰前中共潛伏於各大學的地下組織尚屬零散、隱蔽、小規模的鬧騰，如今幾乎已是公開的大規模的策反運動了。在「動地走雷霆」（郭沫若詩句）的滾滾學潮湧動中，胡適的大旗很快就淹沒在一片浩瀚激盪的急流赤水之中。

此前的五月四日，傅斯年由南京抵平，正式籌備北大復校事宜。二十一日，針對西南

剛剛就任北大校長的胡適，頗有疲憊之色。

聯大學潮的吵鬧不息與聯大教授聞一多、吳晗等人的攘攘不止，傅氏極為憤慨地發表公開宣言，謂：「至於學生運動，今日學生水平，不夠為未來之建國人才，甚望能安心讀書，專門做學問，學術絕對自由，惟不可作為政治鬥爭之工具。」[33]這年七月底，復員的北大、清華、南開三校聯合招考先修班學生，考生被錄取後可自由選擇學校與專業，根據國內情形，共分七個考區，分別為上海、北平、昆明、廣州、重慶、武漢及天津。成績出來後，七區成績以上海考生為最佳，而昆明考生最差。為此，傅斯年對記者發表談話，頗為感慨地說：「昆明區成績最差，因高中學生從事政治活動，而疏忽功課所致。」因而「奉勸昆明同學今後為自己前途著想，努力學業，何必替人家做墊腳石」。[34]

同年八月四日，筋疲力竭的傅斯年在北平《經世日報》發表了〈漫談辦學〉一文，提請政府與學校當局負起應有的責任。面對啼饑號寒的師生，政府必須提高其待遇，「不要視之如草芥，這道理尤其應該請行政院院長宋公明白……我們北京大學的教授，自國民政府成立以來，從來沒有為鬧待遇而罷課、而發宣言，這是我們的自尊處。但若宋公或他人以為這樣便算無事，可就全不了解政治意義了」。傅斯年明確表示，在風起雲湧的社會大動盪中，各校皆是面黃肌瘦的教員與衣食無著的學生，形同難民丐幫，希望他們不鬧事生非，實在是不近情理的事。但就校長與教授們一方，必須打起精神，拿出為青年、為人類的赤膽忠心。如其不然，學校是假的，不如不辦，免得誤人子弟。

話是如此說，但實行起來卻是極大困難，特別是吃飯問題，這是一個令各方都感到棘手和頭痛且必須亟待解決的大事、要事。一九四五年初冬，受傅斯年和鄭天挺指派，聯大化學系教授曾昭掄，由昆明飛北平查看北大校園設施與化學系實驗室及圖書儀器設備是否尚存。就在這次北飛中，曾昭掄最初的感覺是「故國河山，依然如舊」，但只要待下兩三天，便發現經過八年的敵偽壓榨，北平乃至整個華北確實是變了，北平已不是原來的北平，其變不在物質或表面現象上，而在內容或人民生活與思想上，人民變得很窮，有的已是衣不蔽體，與之相伴的是一種文化上的空虛。清華大學的房子外面大體完整，裡面卻一無所有。燕京大學的同學，依然是住在華麗的、貴族式的宿舍，可是吃的全是窩窩頭，許多同學難得一飽，營養更是談不到了。昆明、重慶的學生，儘管大多數瀕於赤貧，但是每個大學的大門附近，總擺著有許多攤子，開著有若干小販鋪賣食品，生意大都不錯。相反地，北平馬神廟北大理學院前面，僅有一家小麵館在慘澹經營，光顧者幾乎看不到北大的學生。有了二者的對比，曾昭掄深有感慨地認識到，後方民眾幾年來飽嘗通貨膨脹、物價飛漲的影響，十倍於今日之北平。不過在那些地方，苦雖說苦，開源多少還有辦法，不像北方這樣枯窘。那麼，到底誰使華北和北平變得如此貧困？曾昭掄認為：「當然主要是萬惡的敵人與偽組織造下的孽，但是收復以後，這種情形未見改善，反而變本加厲，則此刻當局不能辭其咎。」[35]

面對經濟崩潰，人民生活極端貧困的狀況，北平學潮興起並呈四面開花狀向全國各地輻射似是一種必然。作為北大代理校長的傅斯年以教育界大老的身分，面對頹局，咬緊牙關，為維護他心目中的教育秩序和風雨飄搖的國民政府做最後的努力。傅氏在〈漫談辦學〉中以嚴肅的態度和鮮明的政治立場指出：「學校必須有合理的紀律。這些年來，學校紀律蕩然，不知多少青年為其所誤，風潮鬧到極小的事，學生成了學校的統治者。這樣的學校，只可以關門，因為學校本來是教育青年的，不是毀壞青年的。大凡學生鬧事可分兩類，一、非政治性的，非政治的風潮，每最為無聊，北大向無此風。二、政治性的風潮，政治性的必須要問是內動的或外動的。某處（南按：指延安）廣播一下，說要美軍撤退，過了幾天，學生便要求美軍撤退，請問這是『為誰辛苦為誰忙』？這樣的學生運動，我是很不願意它和五四相提並論的。學校……若弄成了政治鬥爭的工具，豈不失了學校存在的意義？青年人多是不成年的人，利用他們，豈不等於利用童工？」最後，傅斯年以總結性的口吻說道：「我這幾個月負北京大學的責任，實在一無貢獻，所做都是些雜務的事，只是一條頗為自負的，便是『分別涇渭』，為北京大學保持一個乾淨的記錄。為這事，我曾對人說，『要命有命，要更改這辦法絕不可能』。」[36]

這是傅斯年首次坦率直白地向社會各界公開自己的政治觀點，也是正式抽身北大的告別演說，內中不無對這所風雨急驟的著名學府和北平學界未來的焦慮與憂心。當然，日後的北大校園是江水滔滔，還是洪流滾滾，或者在洶湧澎湃的學潮與社會鼓盪中走向復興還是衰落，他這位被蔣廷黻所譏諷的「太上校長」就顧不得許多了。此時傅氏的大本營兼老巢——四川李莊郊外山頂上的板栗坳，蟄居於山野草莽中的史語所同人，已連連拍發電報催其火速回返，以處理日積月累的複雜事務、人際關係與回遷首都等一連串棘手事宜。代理所長董作賓在電報中稱：「同濟大學已開始回遷上海，所內人心浮動，惶惶不安，皆盼早日返京。請兄務於百忙之中回所視事，以定具體復員計畫，穩定局面。」[37]

對於李莊方面急切的呼喚與期盼，傅斯年不能聽而不聞而留在北平繼續拖延下去，手心手背皆是自己的肉，且李莊的老巢遠勝過北大的臨時帳篷——史語所才是自己名正言順的職責所在，也是立身處世的最大本錢。於是，滿頭大汗的傅斯年不得不撂下協助胡適「復興北大」的挑子，搓搓雙手，捲起那張一直隨身攜帶、已有幾個補靪且狗毛幾乎被揉搓淨了的狗皮褥子，搖晃著肥胖的身軀離開故都北平，氣喘吁吁地登上飛機向南飛去。

注釋

1 胡適著，季羨林主編，《胡適全集》（合肥：安徽教育出版社，二〇〇三）。
2 耿雲志主編，《胡適遺稿及秘藏書信》手稿本（合肥：黃山書社，一九九四）。
3 中國社會科學院近代史研究所中華民國史組編，《胡適任駐美大使期間往來電稿》（北京：中華書局，一九七八）。
4 同前注。
5 余英時，《重尋胡適歷程》（桂林：廣西師範大學出版社，二〇〇四）。

6 胡適著，季羨林主編，《胡適全集》（合肥：安徽教育出版社，二〇〇三）

7 余英時，《重尋胡適歷程》（桂林：廣西師範大學出版社，二〇〇四）。

8 張家康，〈抗戰中的駐美大使胡適〉，《書屋》二〇〇五年八期。

所引文章作者張家康在該文中還提到：「羅斯福是胡適留學哥倫比亞大學時的同學。憑著這層關係，再加上胡適的聲望和魅力，羅斯福對胡適便另眼相看了。」直到現在，因包括像張家康這樣的作者，在書寫胡適出任駐美大使這一段時，往往把美國總統羅斯福說成是胡適的同學（本人所見不下十篇（部），不一一列舉），這個說法早已有之，可能後來的書寫者沿用其說也未可知，但無論如何，這個說法是不對的。此處不妨引用胡氏自己的說法為證。一九四七年十月八日，〈經世副刊〉登載了一篇叫做〈胡適外傳〉的文章。由於文中提到胡適青年時代在上海與警察打架的事，他看到後，頗有些惱怒，遂於十一月十日致函〈經世副刊〉編輯，表示對登載此文的抗議。在澄清打架之事實後，胡適又道：「如（二）說『抗戰的前一年，胡氏悄悄的由日本轉道美國，他是留美學生中的權威者，又和美國故總統羅斯福是早年留美時期的同學，因此……在蔣夫人訪美以後，就發表他的駐美大使』。這六十九個字裡，沒有一句不錯。我那回去美國，是從香港飛去的，並沒有『悄悄的由日本轉道』。時期是在『七七』之後兩個半月，『八一三』之後一個多月，並不在抗戰前一年。我從來沒有和故羅斯福總統同過學，他比我大九歲，他的學堂是哈佛，我的學堂是康南耳，我留學的後半期，羅斯福已是海軍次長了。政府發表我做駐美大使是在一九三八年九月，蔣夫人訪美是在我一九四二年卸任之後……」（曹伯言整理，《胡適日記全編》第七冊〔合肥：安徽教育出版社，二〇〇一〕。胡適函載次日《經世日報》，此文根據胡適保留於日記中的剪報記錄）。

關於羅斯福總統對胡適的好感，還是羅家倫說得更合乎情理一些。羅說：「胡先生在美國的交遊本來很廣，聲望很大，尤其是羅斯福總統對他有特別的好感。最重要的原因之一是因為美國哈佛大學二百周年紀念的時候，授予世界六十個名人以名譽學位，胡先生是其中唯一的中國人。羅斯福是哈佛的畢業生，所以哈佛捧的人他也跟著捧。以後他同胡先生過從頗為頻繁，有時還請胡到他的休假地點溫泉別墅去度周末」（羅家倫，〈胡適之先生出任駐美大使的經過〉，收入羅久芳，《羅家倫與張維楨：我的父親母親》〔天津：百花文藝出版社，二〇〇六」）。

9 轉引自周質平，《胡適的情緣與晚境》（合肥：黃山書社，二〇〇八），頁二四〇。

10 余英時，《重尋胡適歷程》（桂林：廣西師範大學出版社，二〇〇四）。

11 同前注。

12 張家康，〈抗戰中的駐美大使胡適〉，《書屋》二〇〇五年八期。

13 余英時，《重尋胡適歷程》（桂林：廣西師範大學出版社，二〇〇四）。

14 據美籍華人學者袁同禮在一九六一年出版的一部英文著作 *A Guide to Doctoral Dissertations by Chinese Students in America 1905-1960*（《中國留美同學博士論文目錄》）中稱，胡適共接受了三十一個名譽博士學位，連正式學位共三十二個。史家唐德剛在《胡適雜憶》中先是採信了袁氏之說，謂：「須知胡適是我億萬炎黃子孫中，唯一拿了三十二個『博士』學位的真正的大博士。」後又在「注釋」中說：「據筆者記憶胡先生曾告訴我他名譽學位共有三十四個。甚多均為第一流學府所頒贈。國人中接受名譽學位之次多者為蔣宋美齡，共十二個。」另據胡頌平編《胡適之先生年譜長編初稿》載，胡氏一生共得三十六頂博士帽子，除求學時通過正式考試得到的哥倫比亞大學哲學博士學位外，其餘三十五頂帽子都是後來歐美各大學自願贈送。胡在一九三九年六月六日的日記中曾有這樣的記載：「下午Columbia畢業典禮，我得一個法學博士學位。此為我做大使後得到的第一個名譽學位（今年有五個大學要給我學位，因醫生的訓誡，我只能出門接受兩個）」（《胡適日記全編》）。可見此時的胡適已為自己的盛名和徒有虛名的博士帽子所累，也為對立面提供了詆毀的炮彈。

15 〈戰時中美外交〉（一），轉引自陶文釗、楊奎松、王建朗，《抗日戰爭時期中國對外關係》（北京：中共黨史出版社，一九九五）。

16 曹伯言整理，《胡適日記全編》第七冊（合肥：安徽教育出版社，二〇〇一），頁四一八。

17 耿雲志主編，《胡適遺稿及秘藏書信》手稿本（合肥：黃山書社，一九九四）

18 余英時，《重尋胡適歷程》（桂林：廣西師範大學出版社，二〇〇四）。

19 耿雲志主編，《胡適遺稿及秘藏書信》手稿本（合肥：黃山書社，一九九四）

20 同前注。
21 中國社會科學院近代史研究所中華民國史組編，《胡適任駐美大使期間往來電稿》（北京：中華書局，一九七八）。
22 曹伯言整理，《胡適日記全編》第七冊（合肥：安徽教育出版社，二〇〇一），頁四一八。
23 余英時，《重尋胡適歷程》（桂林：廣西師範大學出版社，二〇〇四）。
24 曹伯言整理，《胡適日記全編》第七冊（合肥：安徽教育出版社，二〇〇一），頁四一八。
25 同前注。
26 耿雲志主編，《胡適遺稿及秘藏書信》手稿本（合肥：黃山書社，一九九四）
27 〈致胡適〉，收入歐陽哲生主編，《傅斯年全集》卷七（長沙：湖南教育出版社，二〇〇三）。
28 同前注。
29 同前注。
30 同前注。
31 同前注。
32 鄧廣銘，〈漫談我和胡適之先生的關係〉，轉引自余英時，《重尋胡適歷程》（桂林：廣西師範大學出版社，二〇〇四）。
33 傅斯年，〈談北大復校〉，《申報》，一九四六年五月二十一日。
34 傅斯年，〈漫談辦學〉，北平《經世日報》，一九四六年八月四日；轉引自歐陽哲生主編，《傅斯年全集》卷五（長沙：湖南教育出版社，二〇〇三）。
35 曾昭掄，〈貧困的華北〉，《民主周刊》三卷六期（一九四六）。
36 傅斯年，〈漫談辦學〉，北平《經世日報》，一九四六年八月四日；轉引自歐陽哲生主編，《傅斯年全集》卷五（長沙：湖南教育出版社，二〇〇三）。
37 臺灣中央研究院史語所傅斯年圖書館存傅斯年檔案。

第十四章

穿越歷史之門

一、研究烏龜殼的人

此時的李莊與中央研究院歷史語言研究所剛遷來的時候相比，已是大不相同了。因陳寅恪已赴成都燕京大學任教，其他幾員大將相繼離開，學術陣營日漸衰退。面對此情，自一九四二年春天起，傅斯年與董作賓、李濟等元老商量，決定招收幾位年輕有為的學者進所工作，以充實力，不致讓一個功績赫赫、聲名在外的研究所於這個深山僻壤中悄然垮掉。當然，傅氏心中還有一個更長遠的目的，就是「培養學術研究的種子」，以為國家學術事業延續香火。恰在此時，山東省圖書館館長王獻唐偕弟子屈萬里來到李莊。

王氏以學識淵博名冠一時，當年在他的協助下，中央研究院史語所考古組不僅在濟南郊外成功地發掘了著名的城子崖龍山文化遺址，還成立了山東古蹟研究會，史語所的傅、李、董、梁等都是該會委員。正是由於這一連串的關係，山東籍的傅斯年與王獻唐建立了深厚的友誼。抗戰爆發後，濟南淪陷，王獻唐得到某機構的資助，偕弟子屈萬里來到李莊投奔傅斯年，避居板栗坳繼續學術研究。王氏不遠千里來到此地，除與史語所幾位主要人員有故交，另一個重要原因，是此處有戰時後方最大的圖書館——幾十萬冊藏書可供參考。

與王獻唐一同前來的屈萬里，一九〇七年出生於山東魚臺縣，啟蒙後由取得生員功名的父親屈鴻生親自授讀古文，打下了深厚的舊學根柢。一九三一年「九一八」事變爆發，屈萬里自郁文學院輟學返鄉，由齊魯大學國學研究所所長欒調甫推薦給山東省立圖書館館長王獻唐，從圖書館館員一直做到編藏部主任。其間屈氏開始閱讀館藏文字學書籍，並隨王獻唐學習古文字，學業大進，後決心治甲骨學。抗戰爆發，在濟南淪陷的前夜，屈萬里主持將館藏書籍先運往曲阜，再運至四川樂山祕藏，隨後遷往重慶。一九四〇年任職中央圖書館，一九四二年辭職，隨王獻唐輾轉來到李莊板栗坳深山蟄居。由於屈氏此前已有較厚的甲骨學功底，傅斯年決定讓其補到史語所三組，跟隨董作賓整理甲骨文。

自一九四三年殷墟第九次發掘之後，董作賓把主要精力用在前九次發掘所得甲骨文的整理與研究中。據統計，前九次發掘共得有字甲骨六千五百一十三片，經過墨拓、登記、編號，選出三千九百四十二片，於一九三五年編輯完成《殷墟文字甲編》（以下簡稱《甲編》）圖版部分。按照計畫，與圖版相對應的還有一部《殷墟文字甲編釋文》（以下簡稱《釋文》），即對圖版加以考證和解釋的文字說明。《釋文》由董作賓的助手胡福林（厚宣）負責撰寫，但胡氏在昆明龍頭村時期不辭而別，轉而跟隨顧頡剛、錢穆等在成都齊魯大學另起爐灶，搞甲骨文研究，並招兵買馬，開山紮寨，公然與史語所抗衡。此舉在給董作賓造成心靈創痛的同時，也給他的研究工作造成了很大被動，胡福林在昆明負責的《釋文》工作隨之流產。

當史語所遷到李莊後，董作賓曾設想找一個懂甲骨文的人重新撰寫《釋文》。一九四一年十月十六日，李濟赴重慶公幹，梁思永在致李濟的信中提到「彥堂兄請兄覓聘一頂替胡厚宣的人物，囑弟轉告」[1] 即指此事。當時，學界中人特別是青年學子大都已無心搞學術研究，紛紛思走，想方設法到條件好的城市和利祿厚實的機關做事謀生，根本無法找到適當的人來這偏僻貧窮的李莊，研究在許多人看來百無一用的烏龜殼。無奈之下，董作賓只好請李莊士紳張官周薦介，把正在李莊憲群中學（南按：由張官周母親王憲群以養老田的收入出資創建，故命名為憲群中學）讀書的本地青年學生劉淵臨找來培養實習，以使其有能力完成此項工作。屈萬里的適時到來，正好可接替胡福林的職位，與劉淵臨一道協助董作賓完成未竟之業。儘管如此，由於胡福林中途撂了挑子，屈萬里接手後用了很大力氣才理出了頭緒。當一九四八年《甲編》由商務印書館在上海出版時，屈萬里的《釋文》卻遲遲趕不出來，直到一九六一年六月才得以出版——這時的出版地點已不是大陸而是臺灣了。相當長的一段歷史時期內，大陸學者所能夠看到的，就是一部由烏龜殼墨拓成形、未經考釋和注文的黑糊糊的《甲編》——這是胡福林的不幸，更是中國甲骨學界乃至整個社會科學事業的不幸。

與董作賓同在李莊板栗坳的研究員、著名漢簡研究專家勞榦曾說過：「彥堂先生在幼年曾一度學刻字，因此對篆文早就很熟悉，這對於學甲骨文是很有幫助的。彥堂先生曾經告訴我，他鑑定甲骨真偽的一種方法，是從原來刻時的刀法看，而這種心得，就是從刻字的刀法中悟到的。」[2]當時與勞榦同在李莊的北大文科研究所研究生任繼愈，許多年後以北京圖書館館長兼著名學者的身分，談到個人與社會潮流的關係時，曾列舉董作賓的成材事例說：「一個學者的成功，個人努力固然非常重要，但是人在社會裡，都是社會裡的一個成員，不管你有天大的本事，你總是拗不過這個社會的大潮。只有在這個大潮裡面，你個人的作用才有可能顯現出來……再大的英雄也是這樣。（如）搞甲骨文的像董作賓先生，我認識的，他原來在集市上擺小攤，賣那個毛巾呀、雪花膏呀、髮夾呀這類的東西。顧客有時候來，有時候不來，趕集嘛。他就拿著《漢書》在那裡看，結果被一個專家看見了，就說你這個年輕人不要擺攤了，跟我念書去吧。後來他就成了個甲骨文專家。這也是個自學成材的（例子）了。」[3]

任繼愈此言，可能是在李莊時曾聽董作賓親自講述所得，未免加入了一些傳奇色彩。但董作賓事業得益於風雲際會的大潮流、大趨勢，加之自己敏銳的學術眼光和不懈奮鬥而終於成其大器，則是合乎事實的。

董作賓一八九五年出生於河南省南陽董陽門村。在他五歲時，甲骨文被當時的國子監祭酒王懿榮認出並開始探究——這是世人認識甲骨文之始。次年，董氏在家鄉入私塾就讀經史，後進當地學堂學習，與後來成為著名考古學家的郭寶鈞同窗。因家境貧寒，自十四歲始，董作賓幫助父親「做手工業，印衣袖。臘月春聯鬻之。為人刻印章，每字取銅元四枚」，[4]但仍未放棄學業。一九一二年，董氏於小學畢業後赴南陽一面經商，一面與他人共同設館授徒。也就在這一年，著名甲骨學家羅振

李莊抗戰史研究專家左照環（中）說：「這就是李莊板栗坳牌坊頭戲樓院，董作賓與助手屈萬里、劉淵臨等在此研究甲骨文。」左為四川大學鍾麗霞教授，右為房東。（作者攝）

玉經過多次明察暗訪，終於找到了甲骨文真正的出土地——安陽小屯村，並搜求甲骨一・二萬片開始研究，同時根據甲骨卜辭考釋出小屯村就是殷商時代的都城，這一劃時代的發現，引起了中外學術界的震動和關注。一九一八年，二十四歲的董作賓於南陽師範學校畢業，接著考入河南育才館，師從古文字學家時經訓學習商簡，自此得知天下還有一種刻在烏龜殼上的古老文字——時距甲骨文發現已過去十九年矣！這位名叫時經訓的老先生，可能就是任繼愈講述的所謂發現董作賓的「專家」。但從董的經歷看，跟隨時老先生學習的收穫並不太大。一九二三年董作賓考入北京大學國學門成為研究生，仍一直沿著方言研究的路子走下去，同樣沒有要成為一名甲骨學家的跡象。直到有一天夜裡忽發奇想，靈感突現，才有了使他成為一代甲骨學大師的預兆。

據董作賓北大同學、後押運古物赴臺灣並出任臺北故宮博物院副院長的莊尚嚴回憶：一九二五年夏天，莊與董作賓於北大國學門畢業後，分別留校任助教，實際上是研究人員。董當時致力於歌謠方言的研究，莊則在考古學上用力。在莊看來，董作賓應當上山唱歌，自己則當下田挖土。由於是暑假，天氣悶熱，二人便搬到校中一間空閒的大辦公室打地鋪住宿，以避酷暑。有一天晚上，董作賓忽然從地鋪上坐起來，抹了一把臉上的汗水，鄭重其事地說道：「老莊，你看咱們長此下去，如何是了？」

莊尚嚴一聽，不知對方發什麼神經，漫然答道：「不如此下去，難道讓我們去搶銀行綁票，上山當土匪，殺人越貨嗎？」

董作賓並不理會莊的黑色幽默，沉默了好長一段時間，有點激動和神祕地說：「我有一個主意，你如同意，咱們一同到我家鄉安陽去發掘甲骨如何？你學的是考古，田野工作是你的強項。我是河南人，對地方關係可以搞得好。這是一條有廣大發展的道路，比侷促在這裡有前途得多了！」

董的一席話引起了莊的極大興趣。此時羅振玉、王國維等人正由於甲骨文的研究成果名聲大噪，備受世人矚目。除羅、王之外，當時研究此學問者寥寥無幾，而甲骨文很明顯是一個尚未開闢的充滿神祕誘惑的寶藏。莊尚嚴頭腦一熱，立即坐起來道：「你的想法很好，只是你我二人，一個搞歌謠，一個學考古，對研究甲骨文最重要的基本學識如小學訓詁文字學都無根基，如何辦得了？」

董作賓聽罷，不以為然地搖了搖頭道：「若等你在課堂或書本中學好文字學，人家的甲骨文字典早就在書店裡發賣了，哪還有咱們的機會？為今之計，只有占先，一面發掘，一面讀書，一面研究。有了新材料，就有新問題，這個問題就逼著你非讀金文、小學去細心細考，自然會有新局面、新結論。舊路已為人家占滿，不另闢新天下，哪有咱們年輕人的出頭之日？」

莊尚嚴在回憶中說：「大約從這時起，他就打定了這個主意，不久我就聽人家說他背起小包袱上安陽挖龍骨去了。我則為學校派往日本東京帝大從原田淑人先生研究考古，兩個人就此各自東西了。」[5]

莊氏所說的「不久」，其實是三年之後的事了，當時董對自己的學術前途尚茫然無知。任繼愈的「社會大潮說」有一定道理，倘若沒有當時社會大潮的推助，董作賓再精明老練，也不可能在這門學問事業中取得後來如日中天的大成就。事實是，一九二七年董作賓前往廣州中山大學任副教授，結識了與他人生命運緊密相連的「了解現代考古學和科學技術的少有的幾個天才之一傅斯年」。[6]一九二八年秋天，中央研究院歷史語言研究所在廣州宣布成立。此時董因母親病重，請假回鄉照顧母親，並在南陽中學當了一名國文教師。就是在這一節骨眼上，傅念舊情，先聘董為史語所通信研究員，後改為編輯員。史語所剛一成立，傅斯年就急於想在學術界大展身手，便有了到安陽挖烏龜殼的主意。不過這個時候的傅斯年尚是一光桿司令，手下無將無兵可派，情急之中，想起了在南陽中學任教的董作賓，便打電話令其赴小屯主持甲骨調查和發掘。頭腦並不糊塗且早有意要藉挖烏龜殼以鳴天下的董作賓，在這股驟然興起的社會大潮中，很好地利用了這一千載難逢的機遇，立即趕赴小屯行動起來。命運之神似對他格外惠

1929年春，安陽殷墟第二次發掘（小屯）出土器物初步分類情形，此次發掘發現了聞名於世的大龜四版。蹲在地上工作者為李濟。（李光謨提供）

顧，第一次試掘，竟獲取有字甲骨七百七十四片，古物十餘種，且從調查情況判斷，地下的甲骨並未窮盡，埋藏頗豐。有了這一非凡的收穫和發掘前景，董作賓的人生之路也就從茫然蒙昧中豁然明朗起來了。

當李濟於這年冬天前往開封和董作賓會面時，根據小屯的調查情況，二人商定於春節後再搞一次大規模發掘，並達成一項諒解，這便是：由董作賓研究出土的甲骨文字，李濟負責研究所有其他出土古物。對於這個城下之盟，李濟後來回憶說：「實踐證明這一諒解對我們個人關係與合作是重要的。作為考察這個遺址的第一位先鋒，董作賓應該有機會研究這批最重要的科學發現物，而有字甲骨是安陽發掘的關鍵品。另外，董的銘刻學研究能力是無容懷疑的。」[7]

事實上，李、董兩位大師之間終其一生都履行了這一協約：李濟研究殷墟出土的陶器、青銅器和其他器物，董作賓專門研究甲骨文。一九二九年，董作賓發表了〈商代龜卜之推測〉一文，首次提出應對殷墟出土的龜甲做系統的分析與研究。

當第三次安陽殷墟發掘的第二個階段，即一九二九年十二月十二日，第四區大連坑內出土了著名的大龜四版，這一發現使殷墟發掘推向了一個前所未有的高潮。在龜版卜辭的卜字之下、貞字之上有六個不同的文字。此類文字過去學者眾說紛紜，或以為地名、或以為事類、或以為官名，吵吵嚷嚷，未有定論。董作賓經過深入研究，於一九三一年發表了在甲骨學史上意義重大、影響深遠的〈大龜四版考釋〉一文，從對大龜四版第四版卜旬之辭的研究，論定卜貞二字之間的「某」是人名，而非地名或官名，從而否定了此前所有學者的論斷。與此同時，對易於混淆的官名也做了正確分析，並得出結論：「可知其決為卜問命龜之人，有時此人名甚似官，則因古人多有以官為名者。又卜辭多有『某某王卜貞』，及『王卜貞』之例，可知貞卜命龜之辭，有時王親為之，有時史臣為之，其為書貞卜的人名，則無足疑。」[8]

同民國年間和後來的大多數官僚、政客、房地產商等世俗的立式皮囊一樣，遠古的君王至少從商朝開始即進入了享樂的怪圈，在整日昏天黑地的庸俗、低俗、媚俗，以及美色、美酒、美味、美樂「三俗四美」折騰後，深知自己每一個毛孔裡都流淌著無產者的血汗，於惴惴迷惑中渴盼著長生不老，永遠騎在人民頭上作威作福的夢幻中想出了一條錦囊妙計，把自己的驕奢淫逸託附於天，號曰天命。為了令世人相信這一天命的真實合法性，且讓自己也同樣相信，以此落個心安理得，君王們便找來一幫號稱懂得通天入地且與鬼神可以溝通的巫師甚至巫婆，命人從東海或哪條河溝中摸幾隻烏龜殺掉，然後將這烏龜殼鑽眼兒並在火上炙烤。龜殼畢竟比不得後來的鋼鐵堅硬，不久就因受熱而發生小規模爆裂，巫師與巫婆們根據爆裂的花紋長短以及裂紋的走向等只可意會不可言傳的神祕理論，斷定星辰日月的異象、主子的吉凶禍福，或天地間有什麼大事發生，等等。之後，把這一問卜結果用刀子刻在烏龜殼上，放入檔案室收藏存檔——這就是幾千年後人們在安陽殷墟仍能發現甲骨文的原因。當然，研究者看重的是刻在烏龜殼上的人名、事件記錄，如某王出獵、出征、天象變化等，如「亥日允雨」刻辭，即表示亥那一天果然下起雨來。後世研究者通過這些文字可考證歷史上發生過的真相和不解之謎。

董作賓在研究烏龜殼中所發現的「貞人」，類似現代人們在街頭巷尾遇到的算命先生或巫師之類的人物——只是遠古的這些算命先生與巫師不在江湖流浪，而專在王室安排的辦公地點，每月領著可觀的薪水上下班，為君王與太子妃嬪、王室臣僚們算命看相、視風察水，推斷吉凶禍福。

大龜四版的出土，恰似天光洩漏，神靈忽顯，令董作賓於恍兮惚兮中突然有了一個重大發現——這個烏龜殼上面共刻有六個貞人名字，時間跨度九個月。這一發現可謂找到了破譯甲骨文體系的一把鑰匙，殷商王朝神祕的宮廷之門，隨著這把鑰匙的旋轉而一扇扇洞開，埋藏了三千多年的祕密由此彰顯人世，光照一個新的時代。在這九個月中有六位貞人輪流主持占卜，說明這段時間他們都是活在世上的人，而根據人的壽命推斷，這六個人「最老的和最小的，相差也不能五十年」，「凡見於同一版上的人，他們差不多可以說是同時」。若用現代事例比喻，相當於某位官僚的六位祕書在九個月內各自起草一份或幾份報告，如果最老的與最小的相差超過五十歲，老祕書退休時——按現在六十歲退休制推算，最小的才十歲，而十歲就到王室擔任這種具有獨特地位和功能的刀筆吏，幾乎是不可能的——因了這一如同神助的發現，董作賓很快得出了「可以由貞人以定時代」的結論。

繼貞人的發現與考證之後，董作賓又繼續往前推進，提出了甲骨文分期斷代的八項標準：

一、坑層；二、同出器物；三、貞卜事類；四、所祀帝王；五、貞人；六、文體；七、用字；八、書法。

「貞人」的發現與八項斷代標準的設想，為董氏稍後發表〈甲骨文斷代研究例〉奠定了基礎，也為甲骨文分期斷代的解決找到了一條有效途徑。董作賓後來說道：余自「民國十七年（一九二八）試掘殷墟遺址，即感覺各地區所出甲骨文字，必有時代之異，而苦於無法區別之。十八年（一九二九）大龜四版出，『貞人』之說創立，一切斷定時期問題無不迎刃而解。」[9]對此，李濟曾明確指出：「董作賓在甲骨文早期研究中最大的貢獻之一，也是他一生古文字研究最主要的成就之一，是他命名的『貞人』的發現。」[10]

一九三二年春，董作賓開始著手創作〈甲骨文斷代研究例〉，他在這部於甲骨學史上具有劃時代意義的大作中，系統地提出了一個整理殷墟全部甲骨文的新方案，正如他自己所

殷墟出土有明顯燒灼痕跡的刻字甲骨

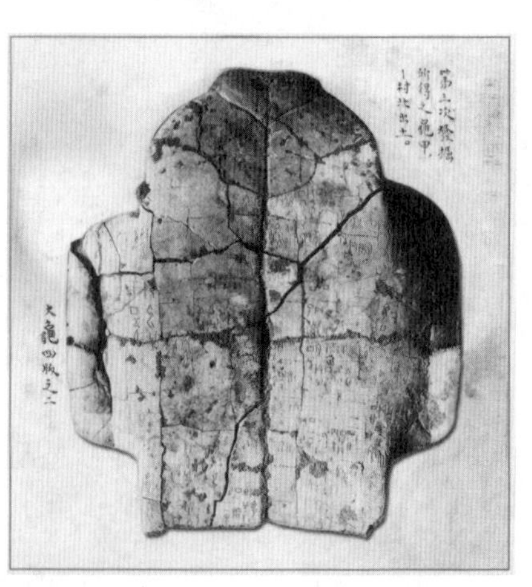

安陽殷墟出土的大龜四版（董敏提供）

言：「我第一次發掘殷墟時候，那是中華民國十七年（西曆一九二八年），我就開始注意到小屯村中、村北及洹水南岸各地方出土的甲骨文字，書法、字形、文例都有顯著的不同，我就感到這必有時代的先後問題。於是發憤從許多方面研究甲骨卜辭如何可以斷代。又經過了四次發掘，到了民國二十二年（西曆一九三三年），才找到了斷代研究方法。這就是應用十個標準，分盤庚到帝辛為五期的研究方法，也簡稱分期研究法。」[11]

十項標準是：

一、世系；二、稱謂；三、貞人；四、坑位；五、方國；六、人物；七、事類；八、文法，九、字形；十、書體。

依據這個十項標準，董作賓把殷商王朝自盤庚遷殷之後二百七十餘年、共八世十二王的甲骨卜辭劃分為五期：

第一期盤庚、小辛、小乙、武丁（二世四王）；

第二期祖庚、祖甲（一世二王）；

第三期廩辛、康丁（一世二王）；

第四期武乙、文丁（二世二王）；

第五期帝乙、帝辛（二世二王）。

董作賓提出的「十項標準」和「五期斷代說」，確有鑿破鴻蒙之功，所具有的開創性意義如後輩考古學者劉一曼所說：「〈甲骨文斷代研究例〉的發表，是甲骨文研究中的一件劃時代的大事，他使過去混沌一片的十五萬片甲骨，成為可以劃分為五個不同時期的歷史資料，使殷代後期歷史文化的研究，建立在較科學的基礎上。」[12]後來事實證明，除有一小部分甲骨文分期稍欠精確需要重新加以研究調整外，還沒有任何一個新的方案可以取而代之。曾一度作為董作賓助手的胡福林，後來在中國社科院歷史研究所任職期間，曾全力收集抗戰期間安陽出土流散的甲骨，共得一萬三千八百多片，另起爐灶，編成《戰後寧滬新獲甲骨集》等四部著錄、著作。為了顯示「青出於藍而勝於藍」的古訓，胡氏在分期斷代中採用了與董作賓不同的「四期法」。此法一出，立即引起了甲骨學界的猛烈抨擊，大多數研究者認為「所分的第三期包容了三世四王，究竟太長」。[13]在一片批評、指責聲中，胡氏在後來主持編纂另一部集大成的甲骨文著作《甲骨文合集》時，只好重新採用董作賓的「五期」說，並還歷史本真以平息眾怒。再後來，又有人如許進雄等輩在董作賓的斷代基礎上增補了一個「鑽鑿」項目，但仍未遮掩董作賓創造甲骨文斷代理論體系的光輝。董氏的學術成就和給予後世研究所指明的道路，時在哈佛大學任教的張光直說得較為明白：

董作賓的〈甲骨文斷代研究例〉的「突破性」是顯然而且公認的。自從甲骨文在十九世紀末出世以後，羅振玉、王國維等文字學、古代史學者在不同的層面上對它的研究做了很重要的貢獻，但是甲骨文之成學，亦即「甲骨學」之產生，無疑是董作賓這篇文章的後果。董先生將甲骨文斷代的各項準則歸納起來，擬定了十個標準……將殷墟二百七十多年中的遺物、遺跡與所發生的事件，首次建立了一個秩序。從此以後的研究，完全是要從這個秩序出發的。固然後來董先生在他的《甲骨學六十年》裡面將這十個標準有所修改，分期之說也更加細膩，許進雄先生在十個標準之外又增加了一項「鑽鑿」，但這都不能減低董先生這篇文章在歷史上的重要性。[14]

——斯言是也！

遙想當年，隨著安陽殷墟的發掘與甲骨文陸續出土，甲骨學漸被學術界所重視並很快發展為一門顯學。對於各路學者在這門新興科學研究中所占的位置，社會上一度流傳著國學大師錢玄同、陳子展的「甲骨四堂」說，即坐在前四把交椅上的是：羅振玉（字雪堂）、王國維（字觀堂）、董作賓（字彥堂）、郭

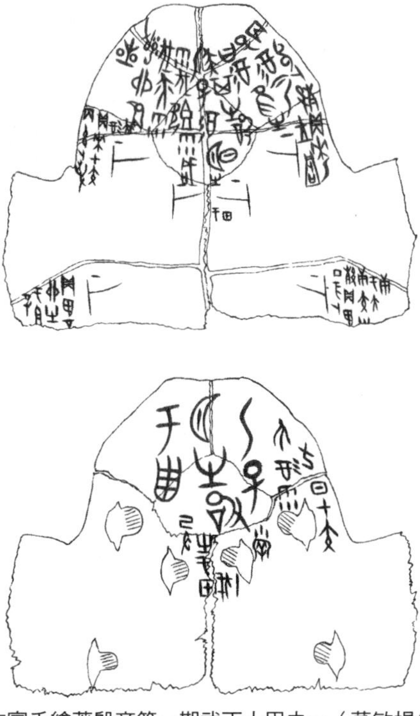

董作賓手繪著殷商第一期武丁十甲之一（董敏提供）

1936年，董作賓在安陽發掘工地，腳下是「殺人殉葬坑」現場。（董敏提供）

沫若（字鼎堂）這四位甲骨學家，也就是後世廣為流傳的「堂堂堂堂，郭董羅王」。對於「四堂」在學術上的造詣和不同貢獻，另一位著名古文字學家唐蘭（字立厂）有「雪堂導夫先路，觀堂繼以考史，彥堂區其時代，鼎堂發其辭例，固已極一時之盛」[15]之評語。對安陽殷墟發掘與甲骨學創立具有重大功績的傅斯年，對王、董「二堂」的學術人品多有讚譽，對羅、郭「二堂」的人格則相當不滿。據跟隨董作賓做甲骨研究的屈萬里說，在李莊時，傅斯年每提到羅振玉，總是咬牙切齒，以「羅振玉老賊」相呼，其緣由是「他不滿羅振玉後來保溥儀搞出『滿洲國』那一套事情，對於羅的學術地位他並不完全加以否定。他之所以罵羅振玉，也許因為羅在節操上很不夠，很使他看不起，正好像他不滿意他的祖先傅以漸一樣」。[16]而傅斯年對郭沫若的不滿與輕視，則緣於一項「痛苦的經驗」。

二、郭沫若賜給的教訓

以傅斯年為首的中央研究院歷史語言研究所退居臺灣後，在資料的開放、研究上，與所外學者曾一度產生過較大矛盾並引起外部學者的不滿，因而有了對李濟、董作賓等人霸道十足，對所外學者「封鎖資料」、「把持資料」，企圖把學術之公器占為己有等非議和抨擊。按臺灣有位叫李敖者在一篇〈從李濟的悲劇看中央研究院的幾個黑暗面〉的謾罵、攻擊文章所言：傅斯年領導下的史語所，特別是李濟、董作賓等人之所以後來「封鎖資料」、「把持資料」、「不肯讓局外人窺視一二」等「惡行」，其主要原因是傅斯年與其同人的「痛苦的經驗」使然。因為「當年他們曾因把資料開放而失過面子。例如第三次安陽發掘出來的大龜四版，出土時頗轟動一時。郭沫若那時正在日本研究甲骨文，特地卑躬厚禮地要大龜四版的拓片。當時李濟他們居然答應了郭沫若的請求，大概是為了表示學術公器的大度吧！不料郭沫若拓片到手，《卜辭通纂》書成。此書的內容是否有價值是另一問題，可是卻大大搶了史語所中人物的鋒頭，使他們因資料開放而大大地失掉面子！」因而，「這是他們沒齒難忘的『失策』。所以此後三令五申，繩為家法，嚴禁資料早洩，故胡厚宣離開史語所的時候，史語所特律以公函一道，警告他此後所有的著作，都不得引用史語所未曾公開出版的資料！」[17]

李敖此言未免又犯了一貫狂吠的老毛病。事情的真相大體如下：

一九二三年畢業於日本九州帝國大學醫科的郭沫若，由於在日本時期與郁達夫、成仿吾等人發起成立「創造社」並從事文學創作，名聲大振，遂於一九二六年二月出任廣東大學文學院院長，七月參加北伐戰爭，十月出任國民革命軍總政治部中將銜副主任。一九二七年蔣介石在發動反共清黨運動前夕，郭沫若對國民黨與蔣介石的做法頗為不滿，公開發表了〈請看今日之蔣介石〉一文，把蔣視為「流氓地痞、土豪劣紳、貪官汙吏、賣國軍閥，所有一切反動派反革命勢力的中心力量」。這一「叛逆」行徑惹得蔣介石大怒，郭沫若隨即遭國民政府明令通緝。同年八月，郭氏參加了中共領導的南昌起義，在南下途中加入中國共產黨。一九二八年流亡日本，蟄住千葉縣市川市，自此「在日本人的刑士與憲兵的雙重監視之下，開始對中國古代史和甲骨文、金文等進行研究」（郭沫若語）。一九三〇年集結出版了號稱中國馬克思主義史學開山之作的《中國古代社會研究》一書。直到一九三七年抗戰爆發後歸國，前後在日本亡命近十年。

一九二七年一月，魯迅根據中共的意圖由廈門轉赴已由廣東大學更名的中山大學，準備與他曾稱之為「流氓＋才子」的創造社「聯合起來，造一條戰線，更向舊社會進攻」[18]之際，郭沫若等人已離開廣州，魯郭二人遂失去了見面與製造聯合戰線的機會。而由歐洲歸國後至中山大學任教的傅斯年，連同後來進入的董作賓，更是無緣與郭氏相見，因而傅董二人與郭沫若在抗戰之前的十幾年裡並不熟悉。正是由於這種情形，當郭沫若把「無處發洩的精力用在了殷墟甲骨文字和殷周青銅器銘文的探討上面」，[19]在日本編纂所謂「在甲骨學史上具有里程碑式的意義」的《卜辭通纂》時，儘管「非常重視殷墟考古的每一進展並較早接受了西方考古學的影響」，[20]但在向國內學界索要材料時，並未直接向傅斯年等史語所人員求助，而是致信容庚、于省吾、馬衡、徐中舒等代為搜羅。後來郭在日本蝸居的小黑屋裡看到朋友們寄來的材料中，有董作賓的〈大龜四版考釋〉一文，並讀到董氏對甲骨文中的「某日卜某貞某事」的釋解，神情大振，當即驚歎曰：「近時彥堂解為貞人之名，遂頓若鑿破鴻蒙。」[21]到了這個時候，郭沫若才意識到史語所中人的厲害，同時壯起膽子致信董作賓和李濟，懇求一觀大龜四版的全份拓片，以為自己著述做參考。

此時郭沫若的身分仍是國民政府正在通緝捉拿的一名政治犯，而中央研究院直接隸屬於國民政府（後隸屬總統府），其對立的關係可想而知。李濟與董作賓接信後，覺得郭氏儘管在政治上與黨國有所衝突，且與自己並無親情舊故，但畢竟還是一位名聲在外的風流才子，在如此艱難處境下，沒有墮落沉淪，像許多落魄文人一樣整日除了打架鬥毆，就是吃喝嫖賭逛窯子，尚能堅持研究古史與甲骨文字，頗值得同情。於是，經得傅斯年同意，不避郭氏被通緝之嫌，甘冒通共聯敵的政治風險，以最快速度將大龜四版和「新獲卜辭拓片」寄去，信中特意說明此拓片尚未發表，僅供參考而已。董作賓一看郭氏在信中對自己發現甲骨文中的「貞人」之成果敬佩有加，頭腦一熱，把自己剛剛完成的一世

郭沫若流亡日本時留影

英名之作〈甲骨文斷代研究例〉三校稿一併寄往日本。

想不到郭沫若材料到手，置李濟和董作賓聯名的叮囑於不顧，立即將「新獲卜辭」和大龜四版的拓片編入他的《卜辭通纂》一書，於一九三三年在日本用最先進的珂羅版精印出版發行。可能郭氏覺得如此操作有失君子之風，心生一計，在書的序文中以彌補的意味極盡討好地吹捧道：「大抵卜辭研究自羅王而外以董氏所獲為多。董氏之貢獻在與李濟之博士同開出殷墟發掘之新紀元。」遂復在「後記」中繼續鼓吹道：「承董氏彥堂以所做〈甲骨文斷代研究例〉三校稿本相示，已反覆誦讀數遍，既感紉其高誼，復驚佩其卓識。如是有系統之綜合研究，實自甲骨文出土以來所未有……如此快事，幾令人直欲拍案叫絕。」在一陣狂風暴雨般的大肆吹捧之後，郭沫若似預感到自己的做法肯定會得罪對方，因而在序文的最後一句急轉直下，頗有些悲壯與滿不在乎地寫道「知我罪我，付之悠悠」。[22]意思是，反正我的書已寫就出版了，你們這些傻里傻氣一根筋的書呆子，愛咋辦咋辦吧，我是頗不在乎的。

郭沫若《卜辭通纂》手書序文

果然，此書由日本傳往中國再傳到史語所，傅斯年一看，僅史語所考古組發掘的「新獲卜辭」墨拓就用了二十二片，立即火起，盛怒之下，暴跳如雷，大罵不止，直呼「×××，他憑什麼」，並要訴諸法律云云。被徐志摩稱為「剛直木訥」的李濟面對此情，尷尬萬分，不知如何是好，儘管最後沒有同意傅斯年訴諸法律的要求，但默認了傅氏提出的「三令五申，繩為家法，嚴禁資料早洩」的鐵律。這一「鐵律」頗有點「一朝被蛇咬，十年怕井繩」的意味，後來遭到了許多圈外學者的詬病和攻擊，但就傅斯年與史語所而言，也著實有情可原。試想倘不如此，若再出個像郭沫若這樣將發掘單位未正式發表的資料公布於世的情況，這個世界不知要亂成什麼樣子。臺灣人李敖所說的胡福林，在史語所自昆明龍頭村即將遷往李莊的前夜，私自出走齊魯大學，傅斯年在勃然大怒之後，向齊大領導者所發出「今後若在貴校任何刊物內，載有本所未經發表之任何材料，自應由貴校負責，本所當採取適當辦法辦理」的討伐檄文，一併發函對胡福林給予敲山震虎的教訓，的確是與郭沫若這件事有直接的關聯。

對於這次「沒齒難忘的失策」，傅斯年耿耿於懷，李濟後來在重慶見到郭沫若時，也在非正式場合告訴對方「你這樣做是不對的，不要拿別人當傻子」云云，但沒有做進一步的討伐。

儘管如此，傅斯年對郭沫若的甲骨文、金文研究成果，仍然給予了肯定。一九四七年中央研究院進行第一屆院士選舉，事前傅斯年和胡適提出的候選人名單，都有郭沫若的大名。當年十月，中央研究院召開評議會會議，討論院士候選人名單，時傅斯年赴美就醫，史語所由代理所長夏鼐出席，夏據理力爭，最後以多數票通過郭沫若列入候選人名單。但是，當一九四八年三月中央研究院正式選出第一屆院士和九月舉行院士大會時，郭沫若已由國統區轉移到香港，即將於中共陣營中發跡，自是不把這個院士稱號放在眼裡了，此為後話。

與李濟大不相同的是，董作賓由於深受郭沫若「鑿破鴻蒙」、「拍案叫絕」、「高誼」與「卓識」等吹捧的刺激，雖默認傅斯年「嚴禁資料外洩」的「家法」與「鐵律」，但對郭沫若仍一往情深，久久難以忘懷。

抗日戰爭爆發後，國共兩黨的關係趨於緩和，郭沫若結束了流亡生活，拋別了日本老婆和孩子，隻身一人自日本返國參加抗日宣傳活動。一九四〇年，出任重慶國民政府軍事委員會政治部第三廳廳長。此時，已隨史語所遷往南溪李莊的董作賓得知郭沫若在重慶任職的消息，主動去信與之聯繫，等待親赴重慶拜訪的機會。在苦苦等了近兩年之後，機會終於來了。一九四二年五月，受傅斯年委託，董作賓赴重慶參加中央研究院院務會議，並一道辦理史語所書刊印刷與合作社購物等事宜。適此機會，董作賓一到重慶，就迫不及待地來到了郭沫若在郊外的住所，開始了甲骨學「二堂」的歷史性會晤。

據董氏後來對李莊的同事說，二人見面後，郭沫若欣喜異常，兩人促膝暢談，敘新話舊，交流學術，不亦樂乎。郭沫若除設宴款待外，還藉著酒興當場潑墨揮毫，賦詩相贈：

卜辭屢載征尸方，帝乙帝辛費考量。
萬蟻千牛推索遍，獨君功力邁觀堂。

詩中的尸方是殷墟卜辭中記載的一個方國的名字，帝乙、帝辛則是晚商王朝的兩位國王。此處郭沫若意在表達董作賓在甲骨文的考釋和研究上，已遠遠超過了聲名顯赫的一代宗師王國維。如此一番吹捧，卻令把酒臨風、已有些醉意的董作賓覺得非常受用和舒服，禁不住頭腦又眩暈恍惚起來，把郭沫若當作一世英豪與鐵把子兄弟看待。待回到自己下榻的旅館，董作賓藉著酒勁，很快作成〈跋鼎堂贈絕句〉一首，對郭氏給予了很高的評價，同時表示了自己將繼續為甲骨學事業奮鬥不息的決心，跋曰：

昔疑古玄同創為甲骨四堂之說，[23]立厂和之，有雪堂導夫先路，觀堂繼以考史，彥堂區其時代，鼎堂發其辭例之目，著在篇章，膾炙學人。今者，觀堂墓木盈拱，雪堂老死偽滿，惟彥堂與鼎堂，猶崛然並存於人世，以掙扎度此偉大之時代。

三十一年春，訪沫若於渝，十年神交，握手言歡。彼方屏置古學，主盟文壇，從事抗戰之役，余則抱殘守缺，絕學自珍。一生事業，其將以枯龜朽骨之鑽研而為余之止境乎？興念及此，擱筆太息！[24]

此時的董作賓只顧得與郭沫若握手言歡，揮墨題跋與擱筆太息，竟把自己來重慶的職責和任務忘得一乾二淨。在李莊的傅斯年得知此情，大為光火，在給中央研究院總幹事葉企孫的信中，滿含怨氣地說道：「彥堂此行，旨在可謂場鬧之至。弟初以藥未至，遂言不去，繼得藥至，頗有去意。如去，則印刷等事必得辦妥當。旋思彥堂好朋友，而重慶未去過，故請他去，實在是有望助成其意之意。但絕未想到，彼到後只是演說，訪友、尋友（例如郭沫若處，彼能去三次），而公事置之不問也。彼之行也，弟叮囑周至，謂開會是具文，我們遇事不爭，此行第一事是出版，其次為合作社物。彼來兩次信，已謂行期在十五矣，而無一語提及出版之接洽……竟然將第一事忘了。十七日始見到，在彼到渝將二十日矣。大可不成話。」又說：「大約彥堂平日在所，辦事用心，而一經見賓，心中飄飄然，其辦事乃不可恃矣。弟本為省事，請他去，反而多事……煩極煩極！」[25]

這是傅斯年對董作賓不滿的牢騷話，而沉浸在言歡眩暈中的董作賓尚未意識到，幾年之後，他將被郭沫若這位「神交十年」的朋友指斥為「跑到臺灣去準備殉葬」的「妄人」一個。儘管中國有文人相輕的傳統，但郭、董的交惡，並不是一個「相輕」就可解釋的。此為後話。

三、抗戰八年第一書

董作賓自重慶回到李莊，被傅斯年訓斥一番，自知理虧，不敢嘴硬，又開始蟄居李莊板栗坳幾間房子裡，在屈萬里與自己指導的研究生李孝定，以及剛從李莊中學新招收的見習生劉淵臨等人協助下，將所有的精力投入到《殷墟文字乙編》與《殷曆譜》的編製之中。為全力支持這項工作，傅斯年特批，由戰時首都重慶買來一盞煤油燈和一皮桶「洋油」，專供董作賓與助手開夜車使用，其他研究人員只能使用桐油燈，並規定不得到董氏處以各種理由「抹油」。因桐油燈煙大光暗，每到夏天很難適應，一到悶熱難熬的晚上，許多人就跑到牌坊頭藉著董作賓工作室映出的光亮聊天，而董作賓伏案與彎腰弓背翻檢找尋材料的身影，連同額頭上不時滾動著的汗珠一併映於眾人的眼簾。面對此情，外面的聊天者不得不一次又一次地壓低聲音，以免驚動這位辛苦做工的「老天爺」（南按：因董作賓對同事說話，一開口就老天爺如何如何，青年研究員就給他偷偷起了一個「老天爺」的綽號）。

董作賓著手進行的《殷墟文字乙編》，主要是對殷墟最後三次發掘（第十三次至十五次）所得甲骨文進行整理著錄。殷墟的後三次發掘共出土有字甲骨一萬八千四百零五片，其中最主要的是在小屯北地YH127坑出土的一整坑有字甲骨。當時在工地清理不便，連泥帶土運到南京史語所住地——北極閣大廈整理。在董作賓的領導下，由胡福林與所內技工關德儒、魏善臣等經過八個月的努力方告完成，共清理出有字甲骨一萬七千零九十六片——這是殷墟發掘以來在甲骨文搜集方面最大的收穫。「過去，傳世所得甲骨大都支離破碎，學者們據此難以確知甲骨的『全豹』。而現在，只此一坑就有完整大龜三百多版，再加上綴合材料就更多了。因此學者眼界大開，思路廣闊了。」[26]

按照原計畫，由董作賓主持編纂的《殷墟文字乙編》（以下簡稱《乙編》）共分上、中、下三輯，在李莊期間，完成了上、下兩輯，分別於一九四八年和一九四九年出版。第三輯在復員回南京後編成，一九五三年於臺北藝文印書館出版。《乙編》編排體例與《甲編》相同，但所收甲骨文要多出幾倍，共收入帶字甲骨九千一百零五片，「所收材料，超過《甲編》的四倍以上，出土的坑位簡單明晰；內容新穎而且豐富，研究的價值，也遠在《甲編》之上」。《甲編》的問世，是董作賓、屈萬里等人在甲骨學上所做出的又一項具有劃時代意義的偉大貢獻，正如甲骨學者孟世凱所言：「這種考古學方法著錄甲骨的新體例，是甲骨學史上的創舉。它不僅體現了近代田野考古學方法引入甲骨學研究領域取得了輝煌成果，也為以後著錄科學發掘所得甲骨文提供了範例。」[27]

就在主持編撰《甲骨文字乙編》的同時，董作賓開始向傾注了十幾年心血的《殷曆譜》做最後衝刺。此前，董作賓嘗浩歎：「殷周年代，乃古今史學界一大疑案，兩千餘年以來，異說孔多，懸而不決。並世治史者咸避而不談，或談而不能有所定，定於一說者即不免有謬

安陽殷墟小屯北地YH127坑出土的含有甲骨的灰土柱（李光謨提供）

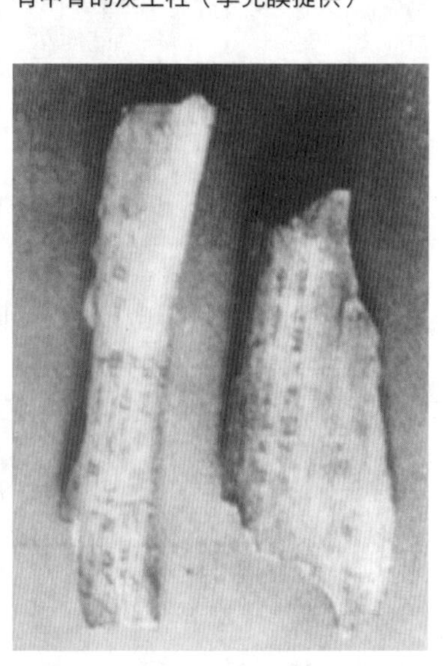

在李莊時董作賓研究的甲骨（董敏提供）

誤，實因年代之考定，必資曆術，曆術艱澀，鑽研為苦。而前人論述，各自成說，抉擇非易，無所適從也。」[28]殷墟發掘之後，董作賓試圖通過甲骨卜辭透出的蛛絲馬跡考證殷商時代的曆法，由曆法再轉推確切的年代。自一九三一年在《安陽發掘報告》上發表〈卜辭中所見之殷曆〉開始，經過十幾年的艱苦努力，終於取得了可喜的成果。

按史語所後起之秀夏鼐的說法，在「甲骨四堂」中，羅、王、郭「三堂」皆沒有田野考古發掘的經驗，無法利用地層學知識斷代，只能算「室內考古學家」，所取成績也就相對有了無法彌補的缺憾。而董作賓是親自參加過八次安陽殷墟系統發掘的甲骨學者，是名副其實的響噹噹的田野考古學家，對於甲骨文字的斷代和研究自然就較其他「三堂」更有科學根據，看問題的眼光也更勝一籌，所取得的成就在前三位之上也就成為一種必然。

一九四五年四月，董作賓在李莊板栗坳牌坊頭簡陋的斗室裡，完成了在甲骨學史上具有里程碑意義的鴻篇巨製《殷曆譜》，並在傅斯年熱切關照下於同年在李莊鎮石印出版。由於受當時條件的限制，這部「合情、合理又合天」的皇皇巨著只印了兩百部，每部都有編號，成為特殊時代的一種珍貴見證。

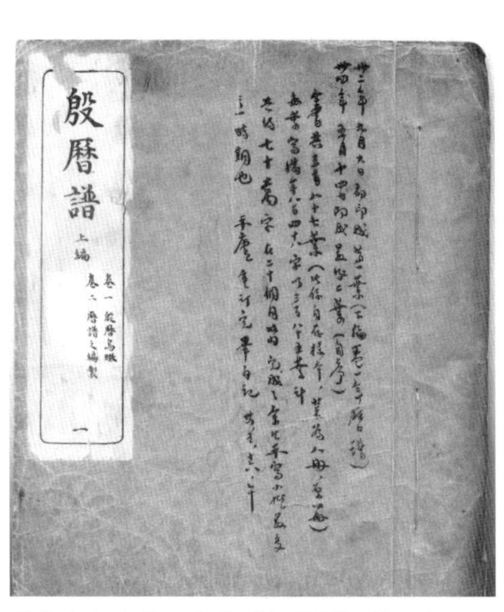

董作賓在李莊石印的《殷曆譜》封面上題記（董敏提供）

《殷曆譜》在李莊成稿後，在出版印刷之前，董作賓專門複印一份寄往時在成都燕京大學任教的史學大師陳寅恪求教。陳氏在回覆中對董氏的創見性成就表示了充分肯定：「大著病中匆匆拜讀一過，不朽之盛業，惟有合掌讚歎而已。改正朔一端，為前在昆明承教時所未及，尤覺精確新穎。冬至為太陽至南回歸線之點，故後一月，即建丑月為歲首，最與自然界相符合。其次為包含冬至之建子月，周繼殷而以子月代丑月為正月，亦與事理適合。」接下來，陳寅恪以廣博的學識，針對著作中一些具體問題和歷史中的迷惑不解之處談了自己的看法：「若如傳統之說，夏在商前何以轉取寅月為正月似難解釋。故周代文獻中，雖有以寅月為正之實證，但是否果為夏代所遺，猶有問題也。豳風七月詩中曆法不一致，極可注意，其『一之日』，『二之日』，是『一月之日』，『二月之日』之舊稱否？又與《左傳》孔子『火猶西流，司曆過也』參校，則疑以寅月為正，乃民間歷久而誤失閏之通行曆法。遂『託古』而屬之夏歟？」[29]

董作賓接信後，對陳氏提出的疑問進行了縝密考證和修訂，使之更加完善。當《殷曆譜》在李莊石印出版後，陳寅恪閱畢，以驚喜之情再次致信董作賓，盛讚說：「抗戰八年，學術界著作當以尊著為第一部書，絕無疑義也。」[30]一生堅持「獨立之精神，自由之思想」的陳寅恪，為人處世從沒有郭沫若般油滑與阿諛曲從、見風使舵的毛病，真正是按他所倡導的「士之讀書治學，蓋將以脫心志於俗諦之桎梏，真理乃得以發揚」這一標準入世為學。此次對董著的評價，當是發自內心的一片摯誠。或許，正是得益於像陳寅恪這樣有風骨與識見的學術大師的追捧喝采，才令學術界上層和最高當局決定予以公開表彰，以彰顯抗戰以來中國學者堅強不屈的意志和在學術文化上的偉大貢獻。這部大著上報後，在重慶的蔣介石親自簽發了嘉獎令：

中央研究院朱院長勳鑒：

三十四年七月四日呈悉，董作賓君所著《殷曆譜》一書，發凡起例，考證精實，使代遠年湮之古史之年曆，爬梳有緒，脈絡貫通，有俾學術文化，誠非淺顯，良深嘉勉，希由院轉致嘉勉為盼。

中正　午養侍祕[31]

後來的歷史不斷檢驗證明，無論是傅斯年、陳寅恪，還是朱家驊、蔣介石，對董作賓工作成就的肯定和對這部著作的讚譽、嘉勉，當是公道和公允的。半個世紀之後的一九九五年，即抗戰勝利五十周年之際，張光直在他晚年的一篇重要論文〈抗戰與學術研究——紀念抗日戰爭勝利五十周年〉中指出：「事實上，從一九三七年到一九四五年，也是產生中國人文社會科學重要著作的時代。例如，我的老師董作賓先生在這段期間完成的重要著作《殷曆譜》，對於中國的考古學界而言，是一本開天闢地、創造出一個新局面的著作。」[32]張氏的這一評價，臺灣學者吳興文認為「這雖然不完全是蓋棺論定的全盤總結，不過我們可以看出，張光直『吾愛吾師，吾更愛真理』的學子本色以及實事求是的為學精神，足為後人留下典範」。[33]

當然，面對陳寅恪、李濟等學界大腕的讚譽甚至最高當局的嘉勉，董作賓不再像當年郭沫若初次吹捧自己時那樣激動亢奮與心中無數了，他對此表現出了少有的冷靜、老成與謙虛。言及此事，董氏認為：「《殷曆譜》這部書，雖然我曾下過十年研究工夫，在四川李莊，手寫了一年又八個月，印成了四大本，連圖表共占有七十萬字的篇幅。在我看這算不得一回事，這只是『甲骨學』裡研究方法進一步的一個小小嘗試。」然而這個小小嘗試又是何其艱難，「全書之寫印，實係初稿。有時公私瑣務蝟集，每寫一句，三擱其筆；有時興會淋漓，走筆疾書，絮絮不休；有時意趣蕭索，執筆木坐，草草而止。每寫一段，自助覆閱，輒搖其首，覺有大不妥者，即貼補重書，故漿糊剪刀乃不離左右。個中甘苦，只自知之。」[34]

董氏著述之甘苦，不只是自知，作為一所之長的傅斯年，親眼目睹了董作賓治學經歷與生活之苦，深得其中況味。在為這部大著撰寫的序言中，傅氏滿含深情地說道：「《殷曆譜》者，吾友董彥堂先生積十年之力而成之書也。彥堂天資高邁，精力過人。十載兵戈，飄泊於西南大地之間，此譜耗其歲月約三分之一，若四之一，然彥堂一人每日可為之事當常人三四，故若他人為之，即才力相若，不窺園亭，抑或須一紀，此其所以使友朋輩無不羨妒者也。」又說：「雖然，彥堂之治甲骨學將近二十年，此將二十年之月日，皆與余共事中央研究院，余目睹當世甲骨學之每一進步，即是彥堂之每一進步……今彥堂之書，無類書之習，絕教條之科，盡可見之卜辭而安排之，若合符然，其功夫有若門德勒也夫之始為原子周期表，而其事尤繁矣。」[35]

在序文將要結束時，傅斯年透露了一個埋入心中日久的祕密：「吾見彥堂積年治此，獨行踽踽，倍感孤詣之苦，故常強朋友而說之焉。朋友知此，亦常無意而強與之辯，以破寂焉。吾亦偶預此列，則故反其說，說而不休，益之以怪，彼我所以為樂也。」[36]

只有到了傅氏自己把這個「祕密」點破之後，董作賓與居住在李莊板栗坳的石璋如、董同龢等大小學者，才真正洞察體會到傅斯年自昆明龍頭村居住時代起，經常與人辯論不休，且滔滔不絕，擺出一番嗷天嚯地的陣勢究為何故。特別是受到石璋如晚年稱讚的史語所那位人高馬大的青年才俊，號稱「第一勇士」的董同龢，也才有機會窺知在昆明龍頭村那荒涼的廟宇殿舍裡，傅氏強行與自己辯駁且多數大敗而去，實只為「以破寂焉」而為大家添些快樂和趣味的良苦用心。

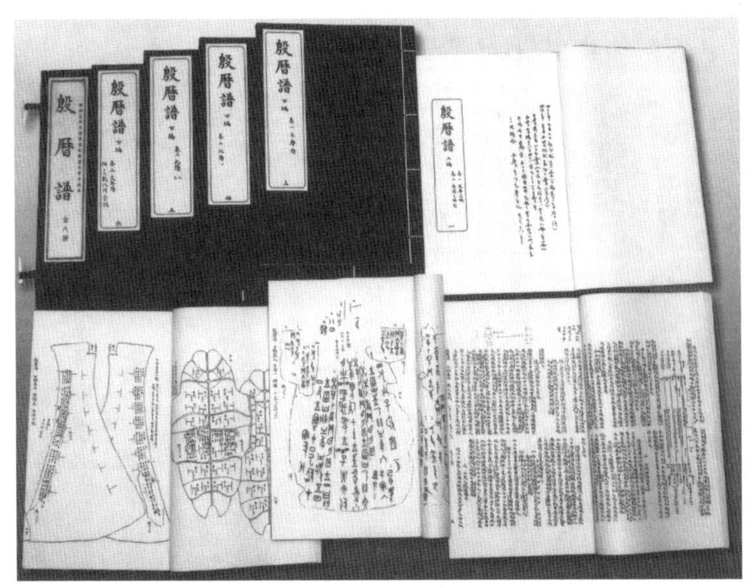

董作賓《殷曆譜》重印後部分內容展示，上有董作賓紅筆刪改字跡（董敏提供）

注釋

1 李光謨輯，〈李濟與友人通信選輯〉，《中國文化》一五、一六期（一九九七）。
2 董玉京，〈無盡懷思無盡恩〉，收入郭新和主編，《董作賓與甲骨學研究》（開封：河南大學出版社，二〇〇三）。
3 陳明採訪，《世紀老人的話・任繼愈卷》（瀋陽：遼寧教育出版社，一九九九）。
4 國立清華大學藝術中心策畫，〈董作賓年表〉，《殷商史的解謎者：董作賓百年冥誕特輯》（臺北：藝術家出版社，一九九四）。
5 同前注。
6 李濟，《安陽》（石家莊：河北教育出版社，二〇〇〇）。
7 同前注。
8 李濟總編輯，傅斯年、董作賓、陳寅恪、丁山、徐中舒編輯，《安陽發掘報告》三期（北平：國立中央研究院歷史語言研究所，一九三一）。
9 董作賓，《殷曆譜》（上編），卷一（四川南溪李莊：中央研究院歷史語言研究所，一九四五）。
10 李濟，《安陽》（石家莊：河北教育出版社，二〇〇〇）。
11 董作賓，〈為書道全集評論卜辭時期之區分〉，收入裘錫圭、胡振宇編校，《中國現代學術經典・董作賓卷》（石家莊：河北教育出版社，一九九六）。
12 劉一曼，〈甲骨文的發現與研究〉，收入中國社會科學院考古研究所編著，《殷墟的發現與研究》（北京：科學出版社，一九九四）。
13 陳夢家，《殷墟卜辭綜述》（北京：科學出版社，一九五六）。
14 〈傅斯年、董作賓先生百歲紀念專刊〉，轉引自吳興文，〈吾愛吾師，吾更愛真理：董作賓、李濟與張光直之間的師生情〉，《溫故》之七（桂林：廣西師範大學出版社，二〇〇六）。

15 唐蘭，《天壤閣甲骨文存·自序》（北平：輔仁大學出版社，一九三九）。

16 屈萬里，〈回憶傅先生在臺大的往事〉，《傳記文學》二八卷一期（一九七六）。

17 李敖，〈從李濟的悲劇看中央研究院的幾個黑暗面〉，《李敖作品精選》（北京：中國友誼出版社，二〇〇一）。

18 《魯迅全集》（北京：人民文學出版社，二〇〇五）。

19 郭沫若，《十批判書·後記》（北京：東方出版社，一九九六）。

20 張豈之主編，《中國近代史學學術史》（北京：中國社會科學出版社，一九九六）。

21 郭沫若，《卜辭通纂》（北京：科學出版社，一九七八）。

22 同前注。

23 疑古玄同，即錢玄同，錢氏為表示自己對古代歷史記載的懷疑態度和決心，自號「疑古玄同」。是當年促使蝸居在紹興會館抄古碑的周豫才以魯迅筆名寫出〈狂人日記〉成名作的北大教授、國學大師，也是以顧頡剛為首的「古史辨」派的強力支持者與鼓吹者。後錢玄同與魯迅交惡。有一次魯迅由上海到北京，二人在某教授家中偶然碰面，錢玄同看到魯迅放到桌子上的名片，帶著和好的意思，主動問：「你還是兩個字呵？」魯迅對此不屑一顧地答：「我從來不用四個字。」說罷揚長而去，弄得錢大師張嘴瞪眼一時說不出話來。魯迅不愧世間少有的諷刺大師，一語雙關地諷刺了錢玄同疑古過頭的「怪癖」。

24 董作賓著，董作賓先生全集編輯委員會編輯，《董作賓先生全集》（乙編）第五冊（臺北：藝文印書館，一九七七）。

25 歐陽哲生主編，《傅斯年全集》卷七（長沙：湖南教育出版社，二〇〇三）。

26 王宇信，《甲骨學通論》（北京：中國社會科學出版社，一九八九）。

27 王宇信、楊升南主編，《甲骨學一百年》（北京：社會科學文獻出版社，一九九九）。

28 董作賓著，董作賓先生全集編輯委員會編輯，《董作賓先生全集》（乙編）第五冊（臺北：藝文印書館，一九七七）。

29 〈致董作賓〉，收入陳寅恪著，陳美延編，《陳寅恪集·書信集》（北京：生活·讀書·新知三聯書店，二〇〇〇一）。
30 同前注。
31 董作賓，《殷曆譜》（四川南溪李莊：中央研究院歷史語言研究所，一九四五）。
32 吳興文，〈吾愛吾師，吾更愛真理：董作賓、李濟與張光直之間的師生情〉，《溫故》之七（桂林：廣西師範大學出版社，二〇〇六）。
33 同前注。
34 董作賓，〈《殷曆譜》的自我檢討〉，收入董作賓著，董作賓先生全集編輯委員會編輯，《董作賓先生全集》（甲編）第一冊（臺北：藝文印書館，一九七七）。
35 傅斯年〈《殷曆譜》・序〉，收入歐陽哲生主編，《傅斯年全集》卷三（長沙：湖南教育出版社，二〇〇三）。
36 同前注。

第十五章

還都南京

一、山坳裡躁動的靈魂

苦難的日子終於過去了，抗戰勝利的喜訊使蟄伏在李莊的科研人員及同濟大學師生在激動興奮之後又開始蠢蠢欲動，熱切盼望盡快走出這個偏僻的小鎮和憋悶得幾乎透不過氣來的連綿山坳，回到魂牽夢繞的都市，於燦爛的陽光與五顏六色的霓虹燈下，重溫那失散得太久的陳年大夢。在這個大夢中，年輕的學者紀律渙散，無心研習且心猿意馬。有幾人乾脆藉此機會向代理所長董作賓請假，返回家鄉省親，卻又音信頓失，遲遲不歸，後來才知是在家鄉談戀愛找媳婦，做起了娶妻生子的準備。董作賓眼看無力統率眾位弟兄，在同人催促與家屬們的嚷嚷聲中，連連給傅斯年拍發電報和書寫信函，請求對方速返李莊，以維持即將潰散的局面，共商復員返京大計。

一九四五年九月十八日，董作賓再次致信傅斯年，謂：「陶器及不用之書已著手裝箱，將來遷移須全部停止工作，搬家時，盼兄能回李一行。」[1]這個時候的傅斯年，正在重慶、昆明、南京與北平之間來回穿行，大部分精力都投入到北大復員和處理西南聯大學潮的事情中，對於李莊諸事心有餘而力不足，只有靠董作賓一人設法處理。而窩在山坳裡的董作賓對外部消息知之甚少，關於搬遷的具體事宜又無法做主，只能不間斷地以電報與信函向傅斯年請示問計。

傅斯年對史語所何時能得以搬遷，同樣舉棋不定。他於一九四六年四月七日給董作賓的信中說：「復員問題，京滬物價高，留下亦無好法子，真進退維谷也。東西是搬不完的，所以在山下租張家祠，繼續一年，公私比例分攤或為不可免之事也。在京、渝、李（三地）必須皆有主持之人。」[2]

董作賓對此回覆道：「三所公物是否可於五月底以前即開始向李莊鎮內（張家祠）搬？或俟有定期再搬動？請指示。」[3]傅斯年得電仍猶豫不決，未置可否。

一九四六年五月一日，國民政府正式發布「還都令」，宣布於五月五日「凱旋南京」。

傅斯年得此消息，不再猶豫，立即指示董作賓組織人員盡速裝箱搬運，同時派員到重慶與民生公司商談，請對方派專輪運送史語所人員物資。董接到指令後，立即行動，除委派本所助理員李孝定等人火速赴重慶商談租船之事，又從李莊鎮找來大批強壯青年，由板栗坳駐地向李莊鎮張家祠運送甲骨、書籍、青銅器等珍貴物品。史語所物品繁多、貴重，

抗戰勝利之後，滿臉疲憊的董作賓與夫人熊海萍，攜三個孩子在李莊板栗坳牌坊頭合影，以紀念歷盡流亡之苦的艱難歲月。（董玉京提供）

經過差不多兩個月的時間，才把大部分藏品運往靠近長江碼頭的張家祠。一箱箱貨物堆積在一起，如同小山一樣龐大壯觀。

李莊儘管偏僻閉塞，但就交通條件而言，與昆明相比，更適宜於外鄉人回歸疏散。如西南聯大等在昆明的師生，要翻越許多座崇山峻嶺方能回歸到平坦的長江以北地區。而身處李莊的「下江人」可直接從家門口碼頭乘船，沿長江這條天賜的通衢大道，順流而下，一路暢通無阻，直達重慶、武漢、南京、上海。當然，這種便捷只限於平常歲月，在抗戰勝利全國各界爭相復員回歸的節骨眼上，情形就大不相同。正如當時在重慶工作的費慰梅所言：「政府把所有的船隻和飛機全部管制，為了避免混亂，每個部門和機構的搬遷依次序排了號碼。當然，陪都的高級官員和戰時暴發戶利用來歷不明的交通工具，提前到達東岸，而窮得要命的李莊戰時難民，則沒有這種機會。他們只有依靠政府送他們回去，而且只能在驚人的通貨膨脹中慢慢等待。」[4]梁思成在致費慰梅的信中則說：「中國營造學社和中央博物院一起走，但這兩個機構一起排在第四十七號，而據說：「排在第一號的是中央大學，還不知幾時動身。在戰爭結束之前，我們以為很快可以把所有的破爛扔掉，坐飛機走，但一切我們知道還得用上好一段時間。」[5]此前的流亡之路布滿了艱辛與痛苦，想不到回歸的路同樣充滿了焦慮與不安，此等情形，只能讓這些以研究為業、無權無勢的「下江人」仰天長歎了。

卻說傅斯年於匆促間離開北京大學，登上飛機先至南京再轉重慶，在中央研究院總辦事處稍做停留，盡了一份「太上總幹事」的責任之後即赴李莊。此時正是汛期，江水暴漲，波急浪湧，放眼望去，整個長江具有一種浩浩蕩蕩、氣貫長虹的威勢。傅斯年坐在一艘擁擠得幾乎喘不過氣來的輪船上，與不同身分的男女老少混雜一處，痛苦難耐又無可奈何地向前行進。

經過三天三夜劇烈顛簸搖晃，傅斯年乘坐的輪船總算熬到了李莊。客輪尚未靠岸，就遠遠望見一群男女混雜的青壯人員雲集碼頭，正在向幾艘輪船上搬運物品。憑直覺，傅斯年知道這昭示著捷足先登的同濟大學即將啟程東下。

下得船來，穿過李莊鎮外的田野，又跨越五百多級臺階，大汗淋漓的傅斯年終於登上了史語所大本營——板栗坳。董作賓見傅氏到來，長吁了一口氣，直言不諱地說道，史語所已是人心渙散，特別是家屬們看到同濟大學陸續東遷，已是人去廟空，整個李莊越來越沉寂難耐，於是焦躁不安，三天兩頭跑來詢問復員歸京之日。受其感染，青年們也坐不住了，議論紛紛，不知是誰打聽的小道消息，說傅斯年可能要接替朱家驊出任教育部長，以後再也不管史語所了，同人們也開始惶恐不安，大有樹倒猢猻散之感。青年學者與北大文科研究所的學生

李莊鎮內的東嶽廟，抗戰時為同濟大學工學院所在地。沿東嶽廟旁小路可到達上壩月亮田中國營造學社，繼之到達更遠的板栗坳史語所駐地。

們，除了每日做著復員東歸的白日夢，再也無心搞什麼學問和研究了。若不趕緊想法加以安撫，一群男女老少悶在這個形同葫蘆一樣的山坳裡，恐怕早晚要出事兒。

傅斯年聽罷，知道自抗戰勝利後，自己連續在重慶－北平－昆明－南京之間來回奔波，表面上搞得紅紅火火，且在媒體上出盡鋒頭，不免有小道消息傳播開來，直至弄得史語所同人信以為真，且攪得人心惶惶。他苦笑著，嘴裡說聲「糟糕，這都是我的罪過」，心生一計，當場在董作賓的工作室找出一張白紙，潑墨揮毫，上書「傳言孟真要當官，斯年離所不做官」幾個大字，親自掛在牌坊頭大門的一邊，以明心志，也算是對史語所同人一個無聲的解釋。

隨後，傅斯年與董作賓商討了復員的具體計畫和處置措施。當晚，召開史語所同人會議，傅除了當面表白自己不會拋下眾人到南京做官，還明確表示不管遇到多大困難，最遲至十月，也就是長江枯水期到來之前，一定要像《聖經．舊約》中所說的摩西帶大家走出埃及一樣，回歸到那「美好寬闊流奶與蜜之地」，就是那歷史上有名的六朝古都石頭城——南京，讓大家得到應有的快樂與幸福。

傅氏的一席話，令眾人如同深夜中突然望到遠處霧色朦朧中燦爛的燈火，愁雲頓消，鬱悶之心境豁然開朗。

一個星期後，傅斯年接到朱家驊發來的電報，令其速至南京出席國府緊急會議，傅不得不再一次離開李莊。沒料想，這是他在李莊的最後日子，日後的歲月，李莊的山山水水只能在夢中相見了。

二、英辭未擬，惜此離思

一九四六年十月五日，前往重慶接洽船隻的人員已與民生輪船公司談妥，史語所返京在即。身在北平的傅斯年電示董作賓：「公物即搬山下，弟已分電京渝接洽，船隻恐必須在重慶換船，弟月中返京，盼十月中本所能遷移。前因停船及沿途困難未敢即動，今因江水將落勢須速辦。」[6]董作賓接電後，迅速組織所內人員行動起來。

在這座山坳裡一口氣憋了六年，終於盼到了重返京都的一天，所內男女老少聞此消息皆精神振奮，情緒昂然，大有杜工部當年〈聞官軍收河南河北〉之心情：「劍外忽傳收薊北，初聞涕淚滿衣裳。卻看妻子愁何在，漫捲詩書喜欲狂。」眾人於淚眼婆娑中收拾行李，打點包裹，盤算著回到南京將怎樣開始新的生活。

早在此前的幾個月，史語所同人就決定在這

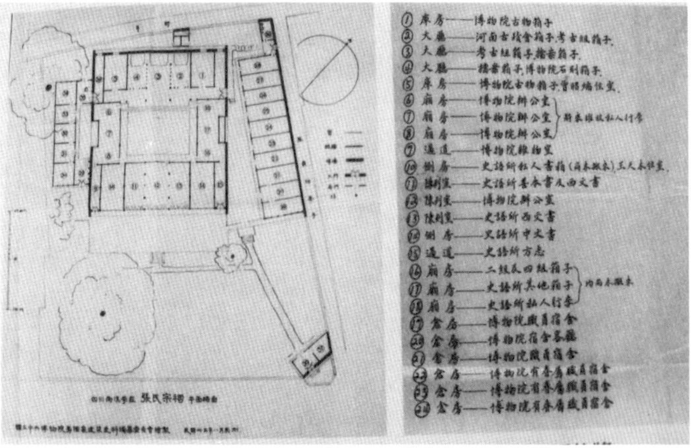

史語所物資搬下山後，暫存放張家祠內，此為存放位置圖示。（臺灣中央研究院歷史語言研究所提供）

塊哺育過自己的熱土上，留下一個標誌性紀念物。在董作賓具體策畫指揮下，幾十名當地土著和史語所幾位年輕的研究人員，將一塊大石碑從山下運來，於板栗坳牌坊頭最醒目的地方立起——這便是史語所在李莊這塊庇護了「下江人」六年的文化聖地所留下的一件最為重要的歷史見證。

紀念碑碑額為董作賓用甲骨文書丹「山高水長」四個大字，其意乃借用宋朝大文學家范仲淹名句。當年范在他那著名的〈嚴先生祠堂記〉結尾處，以飽滿的激情與至誠頌揚他的老師：「雲山蒼蒼，江水泱泱。先生之風，山高水長。」而如今，對滋養庇護了自己近六年的山川大地與鄉鄰百姓，史語所的學者們同樣以這一動人的詞句來表達內心的感念之情。碑額下是「留別李莊栗峰碑銘」幾個大字，銘文由史語所才子陳槃撰，勞榦書。文曰：

李莊栗峰張氏者，南溪望族。其八世祖煥玉先生，以前清乾隆年間，自鄉之宋嘴移居於此。起家耕讀，致資稱巨富，哲嗣能繼，堂構輝光。

本所因國難播越，由首都而長沙、而桂林、而昆明，輾轉入川，適茲樂土，迺來五年矣。海宇沉淪，生民荼毒。同人等猶幸而有託，不廢研求。雖曰國家厚恩，然而使賓至如歸，從容安居，以從事於遊心廣意，斯仁里主人暨諸政當道，地方明達，其為借助，有不可忘者。

今值國土重光，東返在邇。言念別離，永懷繾綣。用是詢謀，咸同醵金伐石，蓋弁山有記，峴首留題，玉跡嘉言，昔聞好事。茲雖流寓勝緣，亦學府一時故實。不為刻傳以宣昭雅誼，則後賢其何述？銘曰：

江山毓靈，人文舒粹。舊家高門，芳風光地。滄海驚濤，九州蔚灼。懷我好音，爰來爰託。朝堂振滯，燈火鉤沉。安居求志，五年至今。皇皇中興，泱泱雄武。郁郁名京，峨峨學府。我東曰歸，我情依遲。英辭未擬，惜此離思。

中華民國三十五年五月一日

國立中央研究院歷史語言研究所同人傅斯年、李方桂、李濟、凌純聲、董作賓、梁思永、岑仲勉、丁聲樹、郭寶鈞、梁思成、陳槃、勞榦、芮逸夫、石璋如、全漢昇、張政烺、董同龢、高去尋、夏鼐、傅樂煥、王崇武、楊時逢、李光濤、周法高、逯欽立、王叔岷、楊志玖、李孝定、何茲全、馬學良、嚴耕望、黃彰健、石鍾、張秉權、趙文濤、潘慤、王文林、胡占魁、李連春、蕭綸徽、那廉君、李光宇、汪和宗、王志維、王寶先、魏善臣、徐德言、王守京、劉淵臨、李臨軒、于錦秀、羅筱蕖、李緒先同建。

有人說史語所於一九四〇年十月遷來李莊，離開的時間是一九四六年十月，其間正好六年。因此，碑文中所言「五年」，實應為「六年」之誤。[7] 其實若細考究起來，無誤，此碑刻於一九四六年五月，書寫碑文當更早些，這個時候離史語所同人遷來的時間為五年半左右，或者還不到，因而刻寫「五年」亦可說得過去。當然，若刻「邇來五年多矣」，就更準確了。此為小事一樁，順便提及而已。

另一點需要提及的是，碑文落款名單中，有的人當時並不在李莊而在其他機構服務，如李方桂正在成都燕京大學任教，淩純聲調任教育部邊疆教育司司長等。此碑鐫刻之時，董作賓曾專門去函詢問李方桂何去何從，是否有與史語所同人一起復員回京的打算。一九四六年五月二十四日，李方桂回函董作賓說：「家母已八十，非飛機無法返平，而弟又必須陪走，故恐不能與所內同人同行。經與薩總幹事商議，已蒙允許，囑弟函告吾兄，補一申請先行返都手續。」[8]

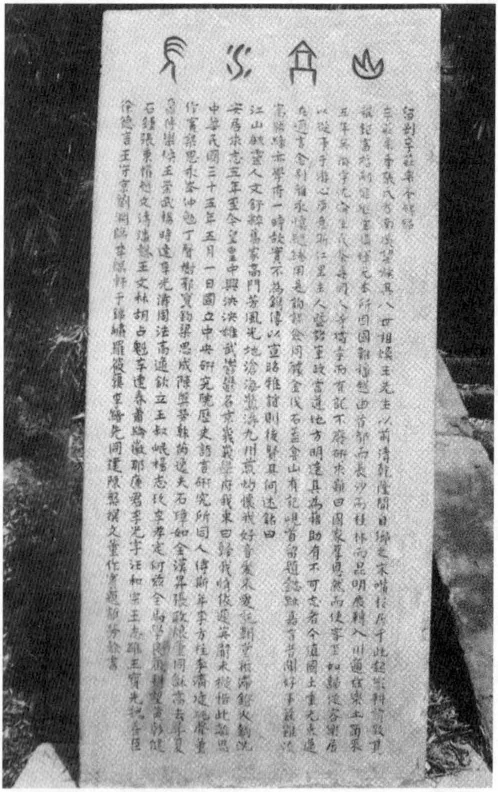

就在李方桂準備陪母返北平的時候，在美國由耶魯大學轉入哈佛任教的趙元任曾動了攜家回國，繼續到史語所當他的語言組主任的念頭。趙向學校當局遞交辭職書時，校方不允，趙只好推薦李方桂接替他在哈佛的職位，以換取回國的機會。身在成都燕京大學任教，但仍

留別李莊栗峰碑銘。原碑已毀，2005年李莊政府在原址上重立。（李莊鎮政府提供）

兼史語所語言組代主任的李方桂，接到趙的信函，當即決定攜家赴美。對於這個頗為匆忙的決定，李氏後來在他的訪問錄中透露：「（我）必須去哈佛的真正原因是為了領薪水，因為我沒有錢了。」[9]說這話時，李方桂顯得相當輕鬆、乾脆和直白，似乎再也沒有其他理由，去美國就是為了一個「錢」字。

一九四六年夏，李方桂託人把老母送往北平，自己攜家眷離開成都，轉赴上海搭乘一架美國海軍的軍用飛機直飛檀香山，未久來到哈佛大學欲替換趙元任，但趙元任卻由於其他原因未能成行。後來又因哈佛在人事安排方面發生變故，趙李二人分別轉入柏克萊大學和華盛頓大學任教。李方桂此次美國之行，成為西去的黃鶴，一去不返，自此與史語所同人隔海相望，莫之奈何，趙元任也暫時打消了回國的念頭。當復員回京的中央大學學潮迭起，原校長辭職，國民政府欲請趙元任回國接任校長一職，趙在給朱家驊的回電中謝絕未就。

當內戰爆發，共產黨翻盤，江山易主之際，經中共統戰人員祕密做「政治思想工作」，趙李二人再度動過回大陸的念頭，但學校當局不願放人，二人亦未再固執己見。自此，「趙元任的回國夢在伯克萊（編按：今譯柏克萊）結束，而我的夢在西雅圖化為泡影。事情的結局總是這樣」。[10]李方桂後來如是說。

李方桂飛抵美國弄錢去了，在李莊的學者們卻還在為生計與復員還都之事大為犯愁。一九四六年八月九日，傅斯年的侄子傅樂煥致函傅斯年，表示自己患病非常嚴重，無法隨史語所同事一道返京。

傅樂煥是傅斯年的堂侄，其外祖父是濟南著名的耆紳張英麟。自傅氏家族於晚清趨於破落後，傅樂煥的父親攜家離開聊城，來到濟南投靠岳父張家謀生。可惜好景不長，隨著整個國家政局崩潰，張家也一步步走向沒落。樂煥的父親雖在先人的餘蔭下躋身於紳士階層，然而隨著家庭破敗和生活的拮据，再也沒有紳士風采與派頭了。當時在濟南的傅家可謂上有老下有小，不僅樂煥有胞弟樂炘、妹妹樂淑，另外還有孀居的嬸娘與堂妹一家的生活需要照料。按當時的社會風俗和道德理念，那些所謂的衣冠中人，即使吃了上頓沒下頓，也不肯把困難透露給外人，只有悄悄變賣家中的衣物維持生活，更不肯赧顏向親友借貸求援。這與半個世紀之後「文革」結束，特別是所謂的改革開放之後，世人為「求生存、圖發展」，皆如春天出洞之蛇鼠爭相從親友或國家銀行想方設法賒金借銀，且越多越榮耀光彩，而一旦折本便不想還貸，溜之乎也，讓對方呼天搶地滿地亂滾莫之奈何的道德觀念與行事準則大不相同。像當時的傅樂煥家族，更多了一層顧慮，怕家人出面借貸，有失傅家和樂煥的外祖父張家家族的體面。在這種處境下，樂煥的父親既不能仰事俯畜，盡當家人的責任，又無法周旋於親朋好友之間以引橋補路渡過難關。在長期窮困潦倒而看不見點滴希望與光明的境況中，樂煥的父親終於忍受不住物質與精神雙重擠壓與煎熬，對人生徹底絕望，遂於一九二九年年關即將到來時，在雪花飄零的夜晚，獨自來到濟南火車站旁一個小賣店，用兜裡僅有的三元錢打了二兩白酒，買了一袋平時最愛吃的鹽煮花生米，三下五除二灌進肚中，爾後藉著酒勁，迎著刺骨的寒風和飛舞的雪花，踉踉蹌蹌爬上了碎石與木樁鋪就的路基，臥軌自殺。

噩耗傳出，傅家老小悲慟不已。時年十六歲、正在初中讀書的傅樂煥，突遭如此慘痛打擊，心情更感苦痛，待堅持讀完初中，已無力繼續升學。此時中央研究院歷史語言研究所已遷入北平北海靜心齋，傅斯年聞訊，顧及同族親情，於一九三〇年把傅樂煥叫到北平，以勤工儉學的性質讓其做自己的管家兼史語所抄寫員（南按：時傅尚未與俞大綵結婚）。與此同時，為了弟弟妹妹能夠繼續讀書和維持一家老小的生活，傅樂煥主持把濟南濼源門外好一點的住宅賣掉，全家遷居城裡歷山頂街南頭大灣街一個小巷的貧民窟艱難度日。

身兼管家和抄寫員的傅樂煥在北平的日子並不輕鬆，對於一個初中剛畢業的學生而言，置身於性情急躁，遇事常暴跳如雷的傅斯年以及他的同事、朋友之間，就需頭腦靈活，事事加倍小心謹慎，處理好各方面的關係。否則飯碗不保，未來的生活前途更是不堪設想。好在樂煥是個聰明伶俐又有志氣的青年，除了把工作與人事關係處理得井井有條，還擠時間刻苦自學，終於得到了傅斯年的賞識和信任。一九三二年寒假後，在傅斯年支持下，樂煥得以到北平私立立達學校高三年級就讀，並於暑假前拿到了高中畢業證書，同時考入北京大學歷史系。其時，傅樂煥在濟南時一個叫嚴薇青的初中同學也考入北大歷史系，兩個人被分到同一宿舍。除星期天，平時傅樂煥還要經常返回傅斯年家照料家務，以便取得經濟上的資助。據嚴薇青回憶：「從一些生活細節上可以看出他（傅斯年）的脾氣可能不小。比如有一個初冬下午，我和樂煥約好，跟他到西鐵匠營看看傅斯年的寓所和樂煥原來的房間。那天恰好傅斯年不在家，我在樂煥屋裡頭坐了一會兒，他帶我去看傅的書齋兼客廳。那是三大間北房（樂煥住的就是最西頭的一間耳房），房內雖是舊式的方磚鋪地，沒有地毯，但是打掃得非常乾淨，寫字臺上也是一塵不染。書櫥裡絕大部分是外文書，而且是物理方面的。據樂煥介紹，傅斯年出國最初學的是物理。等我看過出屋的時候，樂煥小心翼翼地又仔細檢查一遍，唯

1932年的傅樂煥（傅樂銅提供）

恐留下有人進屋的痕跡，爾後才把門關好。傅斯年的衛生間在院內西南角上一座小屋裡，也是抽水馬桶。由於沒有暖氣設備，屋裡生著爐子。在我用過並沖洗之後，樂煥又重新沖洗、檢查一遍。從樂煥這些細心檢查的活動來看，傅斯年對生活上的要求大概很高，很可能過去為這些瑣事發過脾氣，所以樂煥才不厭其煩地一再查看。同時也說明過去樂煥住在他家，大概總是提心吊膽，看來這家主人並不是好伺候的。」[11]嚴薇青還說：「有一次，一個家在北平市的初中同學來看我們，當我談到想家、想濟南時，他說：『你不過是想家，樂煥卻是「掛家」，掛著家裡如何生活。』」這一說法在嚴薇青看來「是十分中肯的」。

一九三六年，傅樂煥於北大歷史系畢業，進入中央研究院歷史語言研究所歷史組工作。抗戰爆發後，陪傅斯年的母親先入安徽鄉下避難，爾後轉長沙。前文所述傅斯年因母親沒有逃出來，在暴跳如雷的同時，當場搧了兩個侄子耳光事，其中一個就是傅樂煥（南按：另一個是傅樂成，後去臺灣成為著名歷史學家）。史語所遷昆明，樂煥隨往，並在昆明入北大文科研究所讀碩士研究生，與逯欽立、楊志玖、張政烺、鄧廣銘等友善。後來楊志玖在南開大學任教時曾對他的弟子們提及在昆明北大文科研究所讀書時的情景，說昔日眾所推服的同窗中，傅樂煥不苟言笑，鄧廣銘（字恭三）頗恃才傲物，張政烺則書生氣十足。為此，同學們則取笑說：「樂煥不樂，恭三不恭，張政烺不懂政治。」每講到這些在弟子們看來並「不太逗樂」的往事時，楊氏的臉上就會盪起孩子般的笑容，且還「嘿嘿」地笑出聲來，眼睛也在鏡片後瞇成一條縫，似乎又回到了那難忘的讀書時代。

當史語所遷李莊後，傅樂煥以副研究員的身分在板栗坳主要從事宋遼金元史的研究。一九四二年發表了著名的〈遼代四時捺鉢考〉，以遼帝春山、秋水等行跡為主線，對有關地名進行了全面考察，這篇文章的問世，對了解遼代的疆域和地理狀況具有重大價值。由於這項研究成果在歷史研究中的突出地位和貢獻，榮獲中央研究院頒發的楊銓獎金。

傅樂煥在李莊時，他的老母仍在濟南，妹妹傅樂淑則在昆明西南聯大歷史系讀書。樂煥掙的薪水要拿出大部分寄往昆明與濟南，以盡家中長子之責。時濟南已淪陷，連寄款的線路都成了問題。據樂煥的同窗好友、時在濟南一所中學高中部任教的嚴薇青說：「這時樂煥的母親來找我，說是樂煥來信，讓商量一個從後方寄錢來濟南的辦法。以後通過我父親的朋友柳老先生在西安的親戚，讓樂煥設法把錢交給家在西安的友人，由友人如數送錢給柳老親戚家，柳老在濟南接信後再如數把錢給我，我再轉交樂煥家裡。這個撥款的辦法大概一直用到抗戰勝利。」[12]

一九四四年秋，國民政府鑑於抗戰勝利有望，為在日軍投降前進入山東，掌控政局，乃任命曾任山東省教育廳長的何思源為山東省政府主席，到敵後發展組織。何思源上任後，有一次與傅斯年在重慶見面，傅想起侄子傅樂煥一家在濟南的窮苦，便託這位北大與柏林大學同窗、五四運動時代的好友，就近照顧一下傅樂煥的家人。何思源自是應承照辦，遂經常派人探望一下，到了過春節的時候，又派人送傅家麵粉兩袋。後來感到傅樂煥家中日子過得實在艱難，何思源又以「主席私人所送」及「抗屬某某之費」的名義，撥給傅樂煥家二十萬元以示救濟。消息傳到李莊，傅樂煥深感不安，特於一九四五年三月二十七日致函傅斯年，說明情況並擬請何思源的堂弟何茲全代為轉還這筆錢。[13]

因李莊醫療條件缺乏，加之長期焚膏繼晷攻讀著述，傅樂煥患上了嚴重的心臟病，以致到了返京之日，由於病情極其嚴重而無法隨返。唯恐耽誤全所集體回遷，傅樂煥於一九四六年四月九日致函傅斯年，說明病況，並表示「侄如能走，自將隨同東返，如事實上必不可能，止有暫留。如果暫留，擬請研究所改發半薪」。[14]幾個月後，傅樂煥的心臟病並未好轉，當傅斯年最後一次回到李莊時，探視傅樂煥病情。望著侄子蓬頭垢面、骨瘦如柴的病相，念其早年喪父，命運多蹇，流徙西南而只能翹首北望，家有老母卻不能即行相見，不禁潸然淚下。確認在短時間內無法回京，萬般無奈中，只好託李莊鄉紳羅南陔在鎮內找了個稍好一點的房子，為其日後養病之居所，慢慢等待病情好轉。

2008年3月23日，何茲全在家中向作者講述堂兄何思源照顧傅樂煥一家生活，以及傅樂煥還錢的往事。（作者攝）

三、有情人終成眷屬

李方桂飛赴美國弄錢，傅樂煥心懷巨大悲傷與無奈留在了李莊，其他史語所同人卻要攜家帶口踏上返京之途。與遷來時的景象有些不同的是，原來的光棍漢們大都已娶妻生子，並在李莊成家立業，栗峰碑銘中碑文下方署名的逯欽立、汪和宗、楊志玖、李光濤、王志維等五人，分別娶了李莊的姑娘而成了李莊的女婿，從另一個層面上，外來的「下江人」與李莊結下了割不斷、理還亂、血脈相連的深厚情誼。此次眾人離別，真可謂「最難將息」，別有一番滋味在心頭。

在迎娶李莊姑娘的五人中，逯欽立（字卓亭）、汪和宗、楊志玖均為山東人，與傅斯年同鄉。逯於一九一〇年出生於山東鉅野大義集，介於今濟寧與菏澤之間。此地古稱鉅野澤，《史記》所載魯哀公十四年春，狩大野，叔孫氏車子鉏商獲麟，孔子見之，嗟號「吾道窮矣」，遂停止《春秋》寫作。此大野即後來的鉅野澤，亦逯欽立所出生的鉅野縣，今地處巨野城東七公里，仍有獲麟古塚，或稱獲麟臺、麒麟臺，舊址遺存供人憑弔。

大野澤位於魯西南地區，一望無際的沼澤湖泊與北部的鄆城和號稱八百里水泊的梁山連成一片，向東南更有浩如煙海的微山湖相通。特殊的地理環境形成了歷史上著名的「響馬文化圈」，隋唐時代的程咬金、秦瓊等造反鬧事者，皆在此攻城略地，與官軍周旋；唐末那位「屢舉進士不第，以販私鹽為業。家富於財，善擊劍騎射」，後來引軍造反起事的黃巢就是該地曹州冤句（今菏澤西南部）人。而宋代號稱「及時雨」的宋江率眾弟兄扯旗造反，聲勢更是浩大得氣壯山河，有「梁山一百單八將，七十二名出鄆城」之稱，鄆城屬古曹州，其大的範圍就包括逯氏的家鄉，其他的好漢或著名人物多出自曹州北部聊城所屬的陽穀、東阿一帶，如武松、西門慶、武大郎、潘金蓮等，至於孟州道上賣人肉包子的「母夜叉」孫二娘那家小飯館，離這個圈子也不算遠，否則武松不會自動送入孫二娘的懷抱而差點被剁成肉餡包了姑棊（餃子）。由於歷史地理的原因，逯欽立與同樣出身梁山周邊「響馬文化圈」的傅斯年有著天然的、非同尋常的關係。

當然，魯西南這塊地盤兒，不只是產生隋唐時代的程咬金之類響馬和後來的梁山好漢與晚清的大刀會、義和拳（南按：義和拳的演化自一八九七年曹州大刀會殺德國教士引發）等草莽英雄。同時它又是孔孟的故鄉，儒家文化產生盛行之地。因此是強盜俠義文化與儒家文化雜糅並存，既張揚又保守，能忠義隱忍又敢於行俠仗義、痛快造反的人物鑄造地。傅逯二人自小就受這種雜交文化的浸淫，如坊間流傳的多是些黃巢、程咬金、宋江、李逵、武松等俠義造反，西門大官人與小潘、瓶兒、春梅如何淫亂，以及鄭來旺、孫雪娥聯手盜財私奔又被官府「一條索子拴了」等等類似諜案故事。同時在學堂與家中又深受孔孟思想之教化與薰陶，如「弟子，入則孝，出則悌，謹而信，泛愛眾，而親仁。行有餘力，則以學文」（《論語・學而》），「得志，與民由之；不得志，獨行其道。富貴不能淫，貧賤不能移，威武不能屈，此之謂大丈夫」（《孟子・滕文公下》），以及「修身齊家治國平天下」等文武兼備的思想與浩然之志。就性格而言，傅的血液裡流淌的俠義、張揚、霸蠻的文化因子較多，逯欽立則多了一些儒家文化精神中的謙遜、溫雅、「悠悠乎，文哉」的氣度和風範。這種不同，除了地理文化上的差異，與各自的門風家世有重大關係。

逯欽立家族在魯西南算得上是家業興盛的大戶，祖上雖沒有出什麼高官顯宦，但資財的宏富卻聞名鄉里。逯的父親是當地一位有名的私塾先生，飽讀經書，信奉儒家學說，家教甚嚴。受其薰陶，逯欽立自幼勤奮好學，尤對舊詩文、策論等用功最勤，十歲開始與當地秀才、舉人對詩作賦，往往引得眾座擊掌稱奇，在當地具有「神童」之譽。

一九三五年，逯欽立由著名的山東省立菏澤六中考入北京大學哲學系，這在魯西南「獲麟之地」的鄉親們看來，是逯家祖墳冒了青煙。當時京師大學堂的餘韻還在民間殘存，仍把北大當作培養翰林與官僚的場所。一個「神童」登堂入室，自是前途無量，套用山東話說，日後升官發財、治國平天下是手到擒來把攥的事兒。有點出乎眾鄉親意料的是，逯氏一生未能坐上高官顯宦那寬大厚重的太師椅，而是坐了幾十年冷板凳，成了一位命途多舛的大學者。

逯進北大不久，即顯示了他的出眾才華和深厚的歷史文化功底，開始以「祝本」筆名在文學刊物上發表小說、詩歌，才子名聲隨之傳遍校園。翌年，逯轉入中文系就讀並出任《北大週刊》主編，以本名和筆名「胡蠻」（Human）等發表雜文和小說，宣傳抗戰。同時，在夜校教工人識字讀書。一九三七年抗戰爆發後，逯氏隨校遷長沙，旋又隨曾昭掄、聞一多、袁復禮等教授步行三千多里抵達昆明，繼之赴蒙自，在西南聯大繼續就學。一九三九年畢業後，考入傅斯年為代理所長的北京大學文科研究所，師從羅庸（字膺中）、楊振聲二導師攻讀碩士研究生，自此開始了幾十年尋尋覓覓，專題研究「先秦兩漢魏晉南北朝詩」及同時期文學史的學術歷程。

據逯欽立的同學周法高回憶：逯的導師羅庸是北京大學出身，學問、人品非常令人敬佩，「對於三禮和宋元理學都有研究，學問非常廣博，尤長於中國文學史的研究。著作不多，對於儒家的學說頗能身體力行。記得一九四〇年他所居的地方失火，一時烈焰沖天，蔣夢麟校長曾經當場拍照證明曾經有某機關存貯了大量的汽油而引起火警的。羅先生遇到這種不幸的事，仍能苦撐下去，弦歌之聲不絕，可以想到他的修養了」。又說：「西南聯大中文系裡，北大和清華的老師和學生在初期相處得並不太融洽，小的摩擦總是難免的。記得一九四〇年秋季聞一多先生本來是開《楚辭》的，這一年要開唐詩。而唐詩本來是羅庸先生開的，於是羅庸先生說：那麼我就開《楚辭》好了。由此也可看出羅庸的博學。」[15]

2010年4月2日，作者（右）在山東鉅野大義集逯家老屋前訪問逯欽立之弟逯欽如。（逯弘捷攝）

周法高所言不虛，當羅庸接手《楚辭》課業後，所顯示的博學與研究功力深受同行讚譽，而受學生歡迎的程度不下於杜詩。當時西南聯大中文系有羅常培和羅庸兩位羅姓教授，師生們稱為「大羅先生」與「小羅先生」。因為二人非但年齡稍有大小，身材也略顯出高矮。兩位羅先生都京音純正，善於講課但風格不同，大羅先生又被尊稱為「羅長官」，蓋因一度執掌聯大中文系之故。羅常培講課條理明晰，論述曉暢，把音韻學中一些晦澀模糊的問題，用現代語音觀點予以剖析，使人有渙然冰釋之感。小羅先生聲音洪亮，節奏分明，跌宕起伏，收縱自如，有「羅叫天」之美譽（比況京劇泰斗「小叫天」譚鑫培），很令聯大師生敬佩。有一天晚上，羅庸要講《楚辭》中的〈九歌〉，海報一出，連住在昆明城東的聯大工學院的同學都紛紛跑到城西的聯大聽講。一間差不多可容百人的教室，坐滿了聽眾，窗外還站著一群外校學生。羅一氣講了三個多小時，直到夜深才結束，中途很少有人退場。據早些時候聽過羅庸杜詩課的聯大外文系學生趙瑞蕻回憶，羅講杜詩的情景比講《楚辭》還要引人入勝，其感情的投入和聲情並茂的演講，令人陶醉，浮想聯翩。趙說：「羅先生是《論語》、《孟子》和杜詩專家，有精湛的研究。他聲音洪亮，常講得引人入勝，又富於風趣。那天，我去聽課，他正好講杜甫〈同諸公登慈恩寺塔〉一詩。教室裡坐滿了人，多數是中文系同學，我與外文系幾個同學坐在最後邊。羅先生一開始就讀原詩：高標跨蒼穹，烈風無時休；自非曠

羅庸在西南聯大時留影。（引自郭建榮主編，《國立西南聯合大學圖史》〔昆明：雲南教育出版社，2006〕）

士懷，登茲翻百憂……先生來回走著放聲念，好聽得很……羅先生自己彷彿就是杜甫，把詩人在長安慈恩寺塔上所見所聞所感深沉地一一傳達出來；用聲音，用眼神，用手勢，把在高塔向東南西北四方外望所見的遠近景物仔細重新描繪出來。他先站在講臺上講，忽然走下來靠近木格子的窗口，用右手遮著眉毛做外眺狀，凝神，一會兒說：『你們看，那遠處就是長安，就是終南山……』好像一千三百多年前的大唐帝國京城就在窗外下邊，同學們都被吸引住了。羅先生也把杜甫這首詩跟岑參的〈與高適薛據登慈恩寺浮圖〉做了比較，認為前者精采多了，因為杜甫思想境界高，憂國憂民之心熾熱，看得遠，想得深。羅先生接著問，詩的廣度和深度從何而來？又說到詩人的使命等。他說從杜甫這首詩裡已清楚看到唐王朝所謂『開元盛世』中埋伏著的種種危機，大樹梢頭已感到強勁的風聲。此詩作於七五二年，再過三年，七五五年（唐天寶十四載）安祿山叛亂，唐帝國就支離破碎了，杜甫〈春望〉一詩是最好的見證。羅先生立即吟誦：

國破山河在，城春草木深。
感時花濺淚，恨別鳥驚心。
烽火連三月，家書抵萬金。
白頭搔更短，渾欲不勝簪。

「吟完了，羅先生說現在我們處在何種境地呢？敵騎深入，平津淪陷，我們大家都流亡到南嶽山中……先生低聲歎息，課堂鴉雀無聲，窗外颳著陣陣秋風……」[16]

一九四四年秋，羅常培赴美講學，聯大中文系主任由羅庸代理，直至西南聯大解散北返。按常規，北大復校後，羅庸本人應隨校遷平，繼續當他的北大教授或代理個系主任什麼的。但蹊蹺的是他沒有隨大隊人馬回平，而是悄然留在由聯大師範學院改制的昆明師範學院（現雲南師範大學）任國文系教授兼系主任。這一打破常規的抉擇究其原因若何？羅氏本人沒有公開披露，外界人士包括聯大中文系學生也多有不知，公開出版的聯大校史等書籍與紀念文章，在提到這一令人疑惑的轉捩點時，也只是一筆帶過。或許羅庸留昆的隱祕尚未揭開，或許本屬正常——但從兩年之後即離開的事實推斷，恐怕又非其本意。最有可能的一個解釋是，羅與抗戰後出任北大代理校長的傅斯年不甚合拍，此點從前述傅斯年於一九四五年十月十七日寫給尚在美國的胡適信函中可以窺出一點蛛絲馬跡：「二羅皆愈來愈糟……此系絕對有辦法，但主任無人。」據《國立西南聯合大學校史》載，聯大中文系教職編制如下：

> 教授十人：羅常培、羅庸、楊振聲、唐蘭（以上屬北大），朱自清、聞一多、劉文典、王力、浦江清（以上屬清華），游國恩（由聯大直聘）。
>
> 副教授二人，陳夢家、許維遹（皆屬清華）。
>
> 另有陳寅恪（清華，與歷史系合聘）、魏建功（北大）已先後離校，未計在內。[17]

以此推斷，傅斯年信中所說的「二羅」應是羅常培、羅庸。當時羅常培尚在美國講學

1945年6月，羅常培在美國訪學時送給胡適的照片。（羅慎儀提供）

未歸，而就昆明的羅庸而言，屬於沉默寡言的一類，為人處世保持低調、謹慎，很少顯山露水，性格沉穩堅毅，絕不像劉文典那樣張牙舞爪地容易遭人嫉妒忌恨（南按：劉氏除了被聞一多一個點射踢出門外，後來在評選中央研究院院士時又被傅斯年藉機敲了一棒，自此倒地不起。見後文）。

如前所述，一九四〇年八月十四日，傅斯年為北大辦文科研究所事向遠在美國的胡適稟報，內中有「湯公公道盡職，指導有方，莘田大賣力氣，知無不為，皆極可佩。此外如毅生、公超、膺中皆熱心，只有從吾胡鬧」。信中說的莘田是指羅常培，膺中自是羅庸。想不到幾年之後，在傅斯年眼裡「二羅」竟成為「愈來愈糟」的人物了。這一變化，除了抗戰後期各自的政治觀點發生了變化，連帶地在處世態度與性格脾氣上使傅與他們不能合拍外，很難從其他方面找出更堅硬的理由。羅庸既然在聯大後期能代理系主任，返回北平後，在羅常培尚未回國的情況下，主持北大中文系事宜亦在情理之中。但掌握予奪大權的傅斯年顯然沒有這樣考慮，而在他心目中一個「愈來愈糟」的人，也不可能委以重任，甚至當個教授都很勉強。當然，羅庸對傅斯年其人也未必服膺，或許還有些反感和輕視。正是緣於這樣一種表面上平靜，暗中卻急流湧動的糾葛，自尊心頗強且有點倔強的羅庸就此遠離了北大，北大失去了羅庸。

一九四九年，羅庸離開昆師赴重慶，在梁漱溟創辦的勉仁文學院任教，一九五〇年病逝於重慶北碚，終年五十一歲。一生著有《中國文學史導論》、《陶詩編年》、《陳子昂年譜》、《魏晉思想史稿》等多種，其中在昆明期間闡發中華民族文化精神的講演稿十篇彙集而成的《鴨池十講》，深受讀者熟悉和推崇，在中國文化史上占有一席之地。

作為羅庸研究生的逯欽立，原居住昆明靛花巷史語所租賃的樓上，後躲避日機轟炸隨北大文科研究所搬到昆明北郊龍泉鎮龍頭村寶臺山彌勒殿。一九四〇年，逯欽立研究生畢業，為駐所研究助教。同年九月，因課題研究需要遂申請就讀史語所，旋赴南溪李莊在傅斯年指導下繼續從事學術研究。一九四二年以學術研究成果〈詩紀補正〉十六冊通過畢業論文答辯，獲教育部核發碩士學位，同時轉任史語所助理研究員，為當時史語所文學組唯一一位駐所專任古典文學研究的學者。據逯的同屆同學周法高回憶說：逯在史語所期間，「曾在該所集刊發表了一篇〈古詩紀補正敘例〉。明代馮惟訥的《古詩紀》，搜羅唐以前的古詩，相當完備，（近人）丁福保的《全上古三代秦漢魏晉南北朝詩》這部書，就是根據《古詩紀》加以補充的。逯欽立找出很多丁書的疏漏錯誤的地方，而把其中比較顯著的若干例子放在這篇文章中，所以寫得非常精采」。[18]周氏所說的這篇文章，只是逯欽立對這一專題研究生涯中的牛刀小試，但只這一試就足見其用功之勤，考據之精深。如漢詩樂府古辭〈孤兒行〉有詩云：

> 父母已去，兄嫂令我行賈。
> 南到九江，東到齊與魯。
> 臘月未歸，不敢自言苦。
> 頭多蟣蝨，面目多塵。
> 大兄言辦飯，大嫂言視馬。
> 上高堂，行取殿下堂，孤兒淚下如雨。

逯氏在〈敘例〉中，將此詩歸入「依韻校勘例」，並說：「字訛失韻，由辭例推知當為某字者。」由此校正：「詩中大兄之大，為土之訛字，當屬上句，作面目多塵土。土與前後韻賈、魯、馬、雨皆協。今土訛大，則斷塵為句，失其韻。又土訛大，連下讀為大兄，後人遂不得不於嫂字上亦添大字，使篇中兄嫂辭例亦亂。應添土字，去兩大字。」

這一考證可謂精明確切，足可匡正舊日傳寫之誤。胡適嘗謂：「發現一個字的古義，與發現一顆恆星，都是一大功績。」[19]此喻未免過重，但由此可見逯氏的國學功底及「詳搜、精校之功」是何等了得。

以後的歲月，逯欽立開始致力於《陶淵明集》與洋洋一百三十五卷《先秦漢魏晉南北朝詩》的考訂、校補、編纂工作。正當逯氏於青燈黃卷中意氣風發地沿著這條通往名山大業的崎嶇小路奮力攀登時，一個偶然的機會，與李莊一位美麗的「窈窕淑女」羅筱蕖不期而遇了。

羅筱蕖，名荷芬，字筱蕖，別名藕曼（Woman），因在家中排行第九，故當地人又稱羅九妹。其父為李莊黨部書記、川南知名學者，別號「小孟嘗」，又稱「植蘭書屋」主人，曾與民國初年駐軍南溪的滇軍名將朱德結金蘭之好（羅氏長朱德一歲）且有姻親的羅南陔，也就是當年積極主張同濟大學與中央研究院各機構遷往李莊，並親自起草「同大遷川，李莊歡迎」的那位著名鄉紳。梁思永一家由滇入川後一度在他的家中——著名的李莊羊街八號「植蘭書屋」居住。

羅筱蕖高中畢業後赴成都華中專科學校就讀，一年後返回李莊到板栗坳栗峰小學任教。時為一九四二年夏間事，羅九妹二十歲。

栗峰小學原是李莊板栗坳張氏家族的一所私立小學，受南溪縣教育局領導，以板栗坳鄉紳張九一（號稱「張九爺」）為校長。小學校址設在柴門口張九一家的大房子裡，有教師四人，分別是羅筱蕖、張素萱、張增基、黃婉秋，學生六十多人。當地學生有張錦雲（南按：後嫁史語所人員楊志

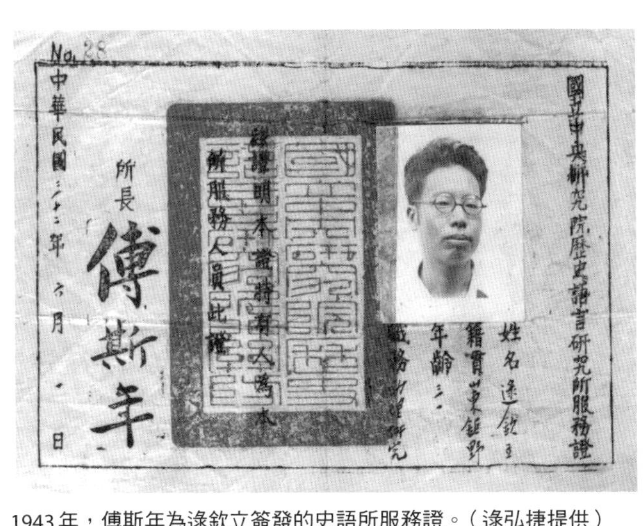
No. 28
國立中央研究院歷史語言研究所服務證
姓名 逯欽立
籍貫 山東鉅野
年齡 三二
職務 助理研究
茲證明本證持有人為本所服務人員此證
所長 傅斯年
中華民國三十二年 六月 日

1943年，傅斯年為逯欽立簽發的史語所服務證。（逯弘捷提供）

玖）、張彥雲（南按：後嫁史語所人員王志維）、張彥霞等。羅筱蕖來校後，不久即升任教務主任。在史語所遷往板栗坳後，因離李莊鎮較遠，上山下山來往不便，研究人員的子弟大都入該小學就讀。其中有傅斯年之子傅仁軌；董作賓之子董敏、董興；李方桂之子李文茂，女兒李文俊；芮逸夫之子芮達生、芮蓉生；梁思永女兒梁柏有；勞榦之子勞延煊；向達之子向燕生、向宇生等近二十名孩子，年齡在五歲到十二歲。原在西南聯大歷史系任教的向達，受李濟之邀，自西南聯大借調中央博物院籌備處，組織西北科學考察團，先後兩次進西北邊地考察，時在李莊的夏鼐等人參加。向達來李莊後，眷屬長時間住在板栗坳，兩個孩子就此進入栗峰小學就讀。

本來栗峰小學教室就有些擁擠，突然加上史語所子弟，更顯擁擠不堪。加之當時經費不足，學校越辦越差，出現了許多史語所子弟蹺課的現象。在這種情況下，傅斯年與同人商量要自己辦一所學校，名稱為「中央研究院史語所子弟小學」，專門招收史語所同人的小孩來校就讀。校址設在牌坊頭董作賓、吳定良住處附近的戲樓院，校舍採光較優。此前由於各位家長到栗峰小學接送孩子的關係，與教師們漸漸熟悉起來。經傅斯年與張九一協商，決定聘請羅筱蕖、張素萱兩位女教師來史語所子弟小學任教，由羅九妹負責教務和校務管理。兼課任教的還有史語所同人和家屬，如勞榦教國文，石璋如教地理，芮逸夫教歷史，董作賓教書法。另有董作賓夫人熊海萍、董同龢夫人王守京、何茲全夫人郭良玉、馬學良夫人何蕊芬、蕭綸徽夫人蕭玉、李方桂夫人徐櫻等皆在學校兼課。據羅筱蕖說，當年傅斯年親自找她談話，說：「孩子們沒有學上，家裡的大人都頭痛，我不願意看著他們亂竄，就專門辦了這個小型學校。不過這學校要是沒有你的維持也辦不下去，你就給管一下吧。」[20]於是，羅筱蕖與張素萱便由栗峰小學轉到史語所子弟學校。此時的羅張兩位年輕教師沒有意識到，在不經意間，開啟了一扇新的命運之門。

許多年後，羅筱蕖在東北師範大學校園內她那所不大的公寓中回憶道：「當時各位兼課的夫人家務繁重，又要照顧小孩，一般是有課就到，下課即走，許多事都是我來管，太太們臨時有事也請我代課。儘管學校規模小，但較正規，課程也全，五、六年級還開設英語課，很有特色，家長們比較滿意。我和張素萱是年輕姑娘，學生們很喜歡我倆，每當太陽好的時候，在頭兩節課間，我常集合學生帶著他們在板栗坳跑上幾圈，除了喊一、二、三、四的口號，還高唱〈五月的鮮花〉、〈義勇軍進行曲〉等歌曲。在寂靜的山坳裡，深深的庭院中，那些埋頭鑽研學問的先生們，被孩子們陣陣喊聲和美

李莊時期的史語所子弟小學學生，自前至後：勞延炯、傅仁軌、勞延煊、梁柏有。（勞延炯提供）

麗的歌聲所吸引和振奮，會情不自禁地站起身，一邊伸著懶腰一邊探頭向窗外瞧瞧，這樣我在他們面前也就更顯眼了。」

在談到與逯欽立相識相交直至戀愛的經歷時，羅筱蕖對青春歲月中發生的一切仍記憶猶新，恍然如昨。她說：「史語所光棍漢逯欽立在吃過飯之後，常到我們學校拿著粉筆在黑板上寫陶淵明詩，還畫一些古代詩人的像，如屈原、陶淵明，還有一些躍虎、奔馬等動物，逯在這方面頗有才氣，在黑板上一揮而就，孩子們見了很喜歡，他畫得也就越起勁。開始我不懂他這樣賣力的表現是咋回事，認為在板栗坳這個村寨裡，一個光棍漢太鬱悶、太無聊了，隨便到這裡放放風，透透空氣，跟孩子們胡亂玩玩罷了。於是我有時候也在教室看他在黑板上寫詩作畫，有時也跟他聊幾句詩什麼的，這樣他就更來勁了，開始畫我本人以及我魂思夢繞已故生母的畫像（按照片畫），畫得栩栩如生，我很感動，心生愛慕之情。逯君畫過之後，又跟我聊一些他研究陶淵明詩的心得。記得有一次他談到陶淵明那篇著名的文學作品〈桃花源記〉，在黑板上寫下了陶記中這樣一小段文字：

忽逢桃花林，夾岸數百步，中無雜樹，芳華鮮美，落英繽紛。

「逯君告訴我說：『在此之前，幾乎所有的版本及選本都將「芳華」作「芳草」，唯南宋有兩個本子（南按：曾集本《陶集》與蘇寫本《陶淵明集》）作「芳華」。』逯君認為應作『芳華』而不是所謂的『芳草』。其理由是，首先，這一段文字所描寫的是一幅十分完美鮮紅耀目的桃花林景象，中間不容夾雜綠草，破壞意境的純美。這是重要的一點。其次，陶詩中多以『華』作『花』的詩句，如〈榮木〉詩云：『采采榮木，結根於茲。晨耀其華，夕已喪之』等。這裡的『華』可作『花』解，二字通用。《詩經．桃夭》中說『桃之夭夭，灼灼其華』，早已開其先例。況且以『鮮美』形容桃花，正切合其鮮豔美麗的形象特徵。如果把它形容成綠草，就覺得不倫不類，很不切合。因而應作『芳華』解。」

羅筱蕖接著說：「聽了逯君的解釋，當時感覺很合乎情理，也覺得這個人的學問了不起，就有些佩服他。以後就經常在業餘時間藉學生們的掩護，在教室聽他講陶淵明詩。想不到群眾的眼睛是雪亮的，時間一久，逯君的一舉一動和所思所想，都叫他的同事給看破了。於是，沒有風，浪卻起來了。這風浪一起，我才明白，原來逯君不是在無目的地寫詩作畫，而是項莊舞劍啊！儘管當時我感到很不好意思，但又覺得這個人挺老實，人也不錯，又特別有才華，就繼續交往。後來閩東才女游壽到了板栗坳，與我和逯君的關係都很好，便主動出面牽線撮合，這樣事情就挑明了。過節的時候，一般學生家長要請我到家中作客，也就是吃一頓飯。我第一次去的是傅斯年先生家。當第二次被邀請去的時候，同桌的有李方桂太太徐櫻，還有逯欽立，如此一來事情就更進一步了。以後傅先生夫婦去重慶，回來時買了四件絲綢衣料相贈給我與逯君。當時我們都很感動，這個時候大家都意識到，我們的婚姻問題已到了水到渠成的地步，只差媒人正式向我家中說合了。不久之後，傅斯年在李莊鎮與家父一起開會的時候，就順便提出了這個事。」

傅斯年出面提親，羅南陔一時不知如何是好，儘管羅是當地見過世面的開明紳士，與

1943年冬，逯欽立為董作賓子女董敏、董興、董萍作詩配畫《邈藝三班》，董作賓專門以甲骨文書法一幅回贈。逯氏之畫載《平廬紀念冊》。（董敏提供）

史語所的傅斯年、李濟、梁思永、董作賓等幾位重量級人物建立了友誼，面對女兒的終身大事，還是不免有些猶豫。據羅南陔之子、羅筱蕖之弟羅萼芬後來說：「當時中央研究院遷來李莊，有很多男光棍，眼看年齡越來越大，個人婚事成了難題，但李莊的姑娘不願意嫁給他們。原因是他們都是『下江人』，家在外地，說來就來，說走就走，摸不清他們的底細，怕上當受騙。所以他們的人來了三四年，只有史語所的事務員汪和宗與李莊的姑娘王友蘭結了婚，其他人都不得幹。我父親是很開明的人，覺得既然女兒自己耍的朋友，就要尊重她的選擇。何況羅九妹當時已經是史語所聘用的人了，在本所耍朋友也合情合理。但父親對逯欽立其人不熟悉，從九妹這一方面考慮，就決定搞個火力偵察。他作為長輩不好出面，就請了我的堂兄羅伯希向傅斯年詳細打聽逯的事，後來說沒得問題，這門婚事就成了。」[21]

羅萼芬所說的羅伯希，就是當年在南溪縣城酒館裡與宜賓紙廠廠長錢子寧手下相遇的那位李莊鄉紳，正是在他的熱情周旋下，同濟大學的王葆仁與史語所的芮逸夫等才來到李莊考察，最終促成了同大與史語所等機構遷來此地的因緣。也正由於這層關係，羅伯希與傅斯年等人成了朋友。當羅伯希受叔父羅南陔委託後，便致函傅斯年詢問詳情。

由於傅斯年自己最初那段婚姻的痛苦經驗，他總感到夫妻之間如果文化程度與背景差異太大，絕不會有幸福可言，其結果必是悲劇，因而一直不贊成自己的弟子在避居之地與當地姑娘談情說愛。但史語所從長沙到昆明，再到李莊，一晃五六年過去了，弟子們也一個個由二十多歲生龍活虎的小夥子，變成了身染暮氣的三十多歲的中年人。所謂男大當婚，女大當嫁，這個自然規律又是難以抗拒。況且戰爭也不知何時結束，還都南京之日更是不可預料，總不能眼睜睜地看著這幫光棍漢於這個偏僻的山坳裡，大眼瞪小眼地乾熬下去。自史語所的事務員汪和宗於一九四二年底和李莊姑娘王友蘭戀愛結婚之後，這幫光棍漢便漸漸躍躍欲試，此事變得複雜起來。按傅當時的想法，處於這種亂世中的戀愛婚姻，既不能壓制也不便提倡，順其自然是最好的辦法。既然逯羅二人有意成就百年之好，自己當然也不便棒打鴛鴦，所謂在家鄉時母親經常教自己的那句「能拆三座廟，不拆一門親」是也。於是，傅在史語所同人家屬，以及逯欽立身邊的幾個好友，特別是山東同鄉們的說合下，決定親自出面促成這樁婚事，於是便有了向羅南陔為逯欽立提親的舉動。如今見羅伯希欲詢詳情，知道事情有望，心中大喜，便於一九四四年初春，專門書寫一函派人奉送羅伯希，對逯的身分和現狀做了介紹：

> 助理研究員之資格，依史語所規定，等於大學之專任講師。然中央研究院之標準，遠比各大學平均之程度為高，此時敝所助理研究員就業大學者，至少為副教授。此一職業，在戰前頗為舒服，今日所人幾夷為皂隸，弟亦如此也。若在戰爭結束後，固不宜如此，唯值此遽變之世，一切未可測耳。

古人嘗言，媒妁之言不可信，此次傅斯年說的可謂是大實話。他把研究人員與古代的押差、看守的皂隸做比，雖是暗含自嘲性質，但就當時史語所同人的生活和經濟狀況而言，確也是如此。「家有黃金，鄰居家有戥盤」，這是傅氏家鄉百姓常說的一句話。其意是你自我吹噓得再好再高，謂家藏黃金萬兩，鄰居們或者說廣大群眾的眼睛是雪亮透明，甚至有點孫悟空火眼金睛的能力，謊言一拆即穿，或曰不拆自破。傅斯年在這個關鍵時刻就逯的身分特別是生活窘迫之狀如實招來，想來也是萬不得已，除了略帶詼諧地自謙自嘲，更多的當是一種無可奈何的悲涼與心酸。但當論及弟子的學問時，傅氏就明顯地神采飛揚起來，似乎重新找回了戰前叱咤風雲的感覺。他頗為自信地在信中說道：

> 彼於八代文字之學，造詣甚深，曾重輯《全漢晉六朝詩》百卷，用力之勤，考訂之密，近日不易得之巨篇也。惜此時無法在後方付印耳。一俟抗戰結束，此書刊就，逯君必為國內文學界知名之士無疑也！[22]

羅家不愧是當地的豪門大戶，對待關乎兒女未來命運與前程的婚姻大事，每一個細節都不肯放過。這個時候的逯欽立三十四歲，羅筱蕖二十二歲，羅家怕身為「下江人」的逯氏在山東老家已有配偶，在這個山坳裡因耐不住寂寞，以久旱盼雲霓之心態，不顧道德法律之準則，瞞著眾人在外面招蜂引蝶，拈花惹草，或乾脆來一個瞞著家人納妾娶小之行動，以圖當時之快活。倘果真如此，羅筱蕖日後的人生命運將是如何，羅氏家族又情何以堪？於是，羅家再度就這一問題提出疑問，向傅斯年討個說法。傅受人之託，當然也不敢馬虎大意，在做了一番明察暗訪後，於一九四四年二月二十一日再次致信羅伯希言明內情。信曰：

伯希先生左右：

惠書敬悉，此點正為弟所注意而不敢苟者，故前信發出之前，已經查照，逯君並未婚娶。先是逯友人託弟寫信，弟即對之云，此點最重要，須證明。其同事友人遂共來一信，證明其事，故弟乃敢著筆也。彼時又查其入此填表及在北大填表，均未婚娶。當時辦法，家人多一口即多一口之米，故未有有家室而不填者。逯君平日篤實，不聞其說不實之話，故幾經調（查）而後以前書相塵也。先是彼在昆明時其父曾來信囑其在外完婚，事隔三年，又經遷動，原書不存。彼最近又向其家說明一切，當有回信，唯彼家在淪陷區，信每不達，回信當在半年以上耳。謹此奉覆！餘另，專頌

著安！

傅斯年謹啟

二月二十一日[23]

在信的後面，還附有史語所幾位研究人員的「保證書」，簽名者大都是逯的山東同鄉或好友，有張政烺、傅樂煥、王明、勞榦、王叔岷、那廉君等六君子，以證逯氏「年逾三十，尚無家室，以上所具，確係實情」[24]。

可以想像的是，當這幾位山東同鄉和好友們在撰寫「保證書」的時候，一定同逯欽立一樣心中美滋滋的，可能還要偷著樂上一陣子。此為史語所青年人中難得的一件雅事，尤其是在戰火流離之下更顯難得，作為相逢於祖國西南這個山坳裡的山東同鄉，又何樂而不好好地為之坐實，以成其美呢？

得到如此確鑿無疑的答覆，羅家知道逯氏並不是招搖撞騙或者古代戲曲中的陳世美之流，才算一塊石頭落地，正式宣布答應對方的求婚，並著手籌備婚事。據說，在史語所一幫山東老鄉的指點下，逯欽立首次拜見岳丈，竟提著十盒裡裡外外完全一樣的糕點，老岳丈不解其意，以為逯氏讀書讀傻了，一根筋到底，不知道變換花樣。逯氏早有所料，慨然解釋道：「按山東規矩，這十盒同樣的點心代表『十中（始終）如一』。」老岳丈與羅家人聽罷，自是心領神會，於哈哈大笑中徹底化解了對「下江人」的疑慮，各方皆大歡喜。一九四四年五月二十七日，逯欽立與羅家九妹筱蕖在李莊羊街八號「植蘭書屋」舉行了場面盛大的婚禮，才子佳人終成眷屬。

四、衝出夔門

由於羅家在李莊的顯赫門庭與龐大的人脈背景，逯羅夫婦的婚事在當地轟動一時，備受矚目。當初逯欽立在史語所子弟學校教室吟詩作畫與「項莊舞劍」之時，羅筱蕖猛然感到「無風起了浪」。而隨著他們婚事的舉行，整個板栗坳更是冰解潮湧，風生水起，許多蟄伏在青燈黃卷下的光棍漢們，開始心旌搖動，想入非非，時刻準備「興風作浪」，於愛情的汪洋大海奮力搏擊。李莊的姑娘們也從逯、羅的婚姻中受到啟發，大膽敞開心扉，準備迎接即將到來的在她們看來具有劃時代意義的革命浪潮，將史語所剩餘的光棍漢兼才子們一舉攬於懷中。在不長的時間裡，史語所的李光濤與羅筱蕖的表妹張素萱，王志維、楊志玖與李莊姑娘張彥雲、張錦雲，由悄悄的地下戀愛演變成了地上公開的結婚事實。

對於這段浪漫生活，當初由南開大學進入史語所跟隨傅斯年讀書，抗戰勝利後又返回南開大學任教的楊志玖曾有過一段回憶：「一九四六年六月，我經所內同鄉（汪和宗先生）介紹，要和房東（史語所的房東）小姐結婚。我寫信告訴傅先生。他來信不贊成這樁婚事。他說，你和某同事不同，不應忙著結婚，而且『今後天下將大亂，日子更難過也』。他勸我退婚或訂婚而暫不結婚。我已答應同人家結婚，如反悔，道義上過不去，未聽從先生的規勸。我結婚後，先生來信祝賀說，南宋時北方將士與江南婦女結婚者甚多，不知是否有委婉諷喻之意。在我結婚之前，已有兩位山東同事與當地人結婚。先生對此不以為然地說：『你們山東人就愛幹這種事！』」[25]

對於傅斯年的弦外之音，書呆子氣十足的楊志玖直到晚年還一直認為傅「有山東人倔強、豪爽的性格，但他不以山東人自居」。[26]此言真可謂大謬矣。明眼人一看傅氏所說的「你們山東人」如何如何，當是自嘲與戲謔之語。綜觀傅斯年一生，他從來沒有擺脫山東乃至北方這一地域觀念為人處世，當然他只是站在這個精神地域之上放眼中國乃至世界，並不是用狹隘的地域觀來思考和應付人事，此點從他後來主張遷都北平與在全國幾個重點地區辦校的文章與書信中即可見出。與楊志玖的理解恰恰相反的是，傅斯年作為一個山東人，眼睜睜地看著李莊共有五位姑娘嫁給史語所人員，而山東人已超越了半壁江山獨占其三，如此「功績」，讓他這位當所長的

逯欽立與羅筱蕖結婚照（逯弘捷提供）

山東老鄉情何以堪？如果山東人在中央研究院學術論文評獎中，獲獎作品獨占史語所五分之三，倒是傅斯年的一種榮耀和自豪。若說在當地搜羅良家百姓的花姑娘，而被山東響馬與梁山好漢們一舉奪了頭籌，實在不是一件值得炫耀之事——史語所畢竟是以研究歷史和語言這一學術為己任，並不是婚姻愛情介紹所。由此，向以山東人或水泊梁山好漢自居的傅斯年，用自嘲和戲謔性的語調，向跟隨他的列位兄弟們說出：「你們山東人就愛幹這種事！」恰恰

表明傅對這樣的事情不情願但又無可奈何，並且在關鍵時刻還須像梁山頭領宋江一樣親自出馬，向強悍風流的扈三娘主動示好，以為「矮腳虎」王英之輩成其好事的複雜矛盾心境。

戲謔過罷，傅斯年對楊志玖在婚姻問題上的建議，還出於其他方面更深層次的考慮，可惜此意在若干年後才被對方頓悟。楊志玖後來曾心懷遺憾地說：「這年的下半年，南開大學要在天津上課，文學院院長馮文潛先生寫信要我回校任課。我以本系借調，理應回去，寫信告傅先生說明。哪想到這一下使他很惱火，他沒給我回信，卻令史語所停止給我補助。我因為不願違背當日諾言，不願讓馮先生失望（馮對我也很好），也就顧不得傅先生的警告了。事後我才明白，傅先生把我借調到他那裡去，本有意把我留在史語所不回南開，借調本是個名義，好比劉備借荊州，一借不還。還聽鄭天挺先生說，傅先生本想送我到美國去，因我結婚而罷。怪不得傅先生給我信，勸我退婚或推遲婚期，可能與此有關。我從此再也沒見到傅先生了。」[27]正是這一決定人生命運的「輕率」抉擇，令後半生趴在南開大學歷史系並不得意的楊志玖思之悵然，悔之晚矣。

一九四六年十月中下旬，民生公司的幾艘「長遠」號貨輪停靠在李莊碼頭，中央研究院歷史語言研究所、中央博物院籌備處、中國營造學社等機構，開始搬運貨物，日夜兼程，緊張而忙碌地裝船。

此時，整個李莊鎮長江沿岸已是人山人海，李莊鄉民幾乎傾巢出動，為相處了六年的學者與家屬們送行。招呼聲、問候聲、互道珍重聲伴隨著嚶嚶哭泣聲、低沉的嗚咽聲，此起彼伏。剪不斷，理還亂，是離愁，別是一番滋味在心頭。在波滾浪湧、人聲鼎沸中，隨著一根又一根粗壯的纜繩緩緩解開，所有人的心「咚」地一沉，如同撕裂般滾過一陣劇痛。悠長而令人心焦的汽笛緩緩響起，「長遠」輪回身轉首，劈波斬浪向江心駛去。碼頭上，萬千隻揮動的手臂漸漸變得模糊，聳立在岸邊的魁星閣翹起的高高的飛簷尖角，漸漸被掩沒在青山翠竹的綠色裡。漸行漸遠的「長遠」輪拉響了最後一聲告別汽笛，突然加大馬力，抖動著龐大的軀體順滾滾江水急速而下。

浩瀚的江面上，幾艘「長遠」輪前後一字排開，乘風破浪，順流而東。當輪船轉過幾座山頭，李莊遠離了視野，船上的人員才漸漸擺脫了離別的憂傷，精神變得活躍起來。許多年後，據同船而行的史語所研究人員張秉權回憶：「眾人顧不得秋風蕭颯的寒冷，一個個爬出船艙，佇立甲板，盡覽長江勝景。尤其三峽的雄偉天

1946年，史語所告別李莊時在羊街八號羅南陔家中合影。前坐排自左至右：逯欽立、羅筱蕖、羅南陔夫婦（懷中各抱一幼兒）與新婚不久的張素萱、李光濤。（逯弘捷提供）

險，令人歎為觀止。記得夜泊巫山的那晚，縣城在半山腰，下瞰灩澦灘，眺望白帝城，惜別之情油然而生。第二天一早駛進夔門，兩岸峭壁聳天，江心險灘處處，暗礁無數。有一艘運軍糧的帆船，從下游逆水而上，大概無法避開我們那艘小輪的航道，急得向駕駛臺放了一槍，山鳴谷應，全輪震驚，人心惶惶。然而領船的那位師傅，不慌不忙，從容鎮定，用手勢和手指，指示航道，終使兩船均能安然無恙地脫離險境。」[28]

「長風破浪會有時，直掛雲帆濟滄海」；「劍外忽傳收薊北，初聞涕淚滿衣裳……即從巴峽穿巫峽，便下襄陽向洛陽」。順長江，出三峽，回故土，抵東海，不只是千百年來文人墨客和流亡漂泊者的夢想，它同樣是一個民族精神追求與圖騰的感召。四年前，當北京大學校長、西南聯大常委蔣夢麟，面對「炸彈像冰雹一樣從天空掉下」的殘酷場景，躲在陰暗潮濕的防空洞撰寫他的大著《西潮》時，曾有過這樣的預言：「中國所走的路途相當迂曲，正像曲折的長江，但是她前進的方向始終未變，正像向東奔流的長江，雖然中途迂迴曲折，但是終於經歷兩千多里流入黃海。它夜以繼日，積年累月地向東奔流，在未來的無窮歲月中也將同樣地奔騰前進。不屈不撓的長江就是中國生活和文化的象徵。」[29]

遙想抗戰初期，平津淪陷、上海淪陷、南京淪陷、武漢淪陷、宜昌淪陷，國軍節節潰退，日軍步步進逼。揚子江一線炮火連連，血水湧動，人頭滾翻，在中華民族生死存亡的緊要關頭，三峽作為一道天然屏障保住了中國最後一點血脈和反攻的力量。當然，三峽的意義不只是自然地理和軍事上的，更是一種精神上的標誌。中國所走的路途之迂曲，正像曲折的長江，但是前進的毅力與方向始終未變，不屈不撓，日夜不停地奔騰前進。在抗日戰爭最為堅苦卓絕之時，馮玉祥將軍於三峽險峻的夔門之上，振筆題詞「衝出夔門」四個大字以銘心志。由此，整個抗戰八年，夔門成了中華民族抵禦外侮、誓不屈服的旗幟與堅毅的象徵。置於絕地而後生的中華民族最終衝出了夔門，收復失地——那滿載文化菁英與大批國之重器，劈波斬浪、飛流直下的航船就是明證。

五、八十一名院士出籠

史語所與中央博物院籌備處大隊人馬自李莊遷回南京，傅斯年滿懷興奮與歡喜，在中央研究院大樓的演講廳設宴款待。為把宴會辦得紅火熱鬧，也為了讓流離失所九年的故朋新友有個歡聚一堂的傾訴機會，特地邀請胡適自北平來京參加這場具有歷史紀念意義的盛宴，胡氏欣然前往。

參加宴會的史語所研究人員張秉權許多年後還記得胡適初到的場景，只見這位光芒四射的士林盟主步入大廳，與眾人一一握手致意，對於新進後輩，似乎特別客氣。對一些家屬小孩也是談笑風生，親切感人。傅斯年在一旁亦莊亦諧地稱胡為史語所的「姑媽，娘家的人」。[30]一會兒又當著眾人的面大聲呼道：「人說我是胡先生的『打手』，不對，我是胡先生的鬥士。」[31]此話引得大家一陣哄笑。大廳內主客歡喜，如沐春風中。

席間，最令人難忘的是傅斯年在演說中對史語所歷次搬遷的追憶，當講到抗戰八年顛沛流離、堅苦卓絕的生活時，傅氏動了感情，說到動情處，幾次哽咽淚下，在場的人受其情緒感染而熱淚盈眶。最後，傅斯年端起酒杯，打起精神，滿懷激情與信心地說了一些「慶祝大家都能幸運歸來……從此之後我們可以安心工作，史語所八年的流離可說是告一段落了。搬回來之後永不搬遷」[32]等充溢著溫情與期待的話，眾人的情緒漸漸由悲壯轉為喜悅。這個時候，沒有人想到僅僅是兩年之後，史語所人員又倉皇辭廟，再度踏上了流亡之路。

自一九四六年六月起，美國武裝部隊動用軍艦、飛機協助，把一百五十萬國民黨正規軍調集到長江以北地區，其中有五十四萬精銳為美國動用海空力量直接運送。蔣介石認為一舉殲滅共軍的時機已到，於六月二十二日，密令劉峙指揮部署在中原地區的國民黨軍隊向各預定進攻地點集結。二十六日，開始大舉進攻中原解放區。中共軍隊奮起還擊，血與火交織的內戰在滿目瘡痍的中國大地上拉開了大幕。

同年十一月二十七日，蔣介石在南京召集「國民代表大會」，並發表講話，謂：「這次修改憲法，就是為了打擊共產黨。」又說：「現在是本黨的危急存亡關頭，大家要聽我的話，則有前途，否則完了。」[33]話音剛落，眾人驚駭，蔣氏的這一句「完了」，竟成讖語。

一九四七年六月，中共軍隊以損失三十餘萬兵力的代價，殲滅國民黨正規軍與雜牌軍達一百一十二萬人。共產黨所屬部隊由戰略防禦轉入全國範圍的大規模戰略進攻階段。

同年十二月二十五日至二十八日，中共中央於陝北米脂縣楊家溝村召開會議，毛澤東在報告中指出：中國人民解放軍的主力已經打到國民黨統治區域裡去了，標誌著中國人民革命戰爭已經達到了一個轉捩點，使之走向勝利的道路。同時強調：「這是一個歷史的轉捩點，這是蔣介石的二十年反革命統治由發展到消滅的轉捩點。這是一百多年以來帝國主義在中國的統治由發展到消滅的轉捩點。」[34]這次會議，為中共在新形勢下奪取全國性勝利，從政治、思想、策略上做了充分準備。

就在整個中國炮火連天，血肉橫飛，國共兩黨殺得昏天黑地，不辨牛馬之時，與殺人、砍頭關係不大的中央研究院首屆院士評選會議，又在亂象叢生的南京轟轟烈烈地搞了起來。面對這一行動，學術界意見不一，眾說紛紜。一九四七年六月二十日，傅斯年在致胡適信中道：「話說天下大亂，還要選舉院士，去年我就說，這事問題甚多，弄不好，可把中央研究院弄垮臺。大家不聽，今天只有竭力辦得他公正、像樣，不太集中，以免為禍算了。」[35]

關於中央研究院院士選舉事宜，早在抗戰勝利初期，學術界高層即開始醞釀並有所行動，因內戰爆發，迫使這一行動延緩下來。按照物理學家吳大猷的說法：「一九四七年由評議會籌辦院士選舉，先由各大學院校、專門學會、研究機構及學術界有資望人士，分科提名候選人，約四百餘人。一九四七年由評議會審定候選人一百五十人。」[36]吳氏所言在數字上與事實稍有出入，但大體套路不差。隨著國內政治軍事形勢發展，籌辦事宜在起起伏伏中又拖延了一年，到一九四八年初，中央研究院評議會評議員再次提出，無論戰爭局勢如何發展，一定要在中央研究院成立二十周年之際做最後一輪選舉，評出首屆院士，以為科學、民主爭得地位和榮譽，並為後世開出一條關乎國家民族命運的光明道路。

按原定計畫，院士選舉分為數理、生物、人文三個組。由中央研究院代院長朱家驊總負其責，總幹事薩本棟負責數理、生物組，胡適、傅斯年、李濟、陶孟和等人負責人文組並提出候選人名單。最後由中央研究院評議會評議員提出各自的意見並投票選出。

在第一輪正式推舉之前，作為人文組主要決策者胡適，於一九四七年五月二十二日發出的「中央研究院第一次院士選舉『人文組』的『人文』部分擬提名單」如下：

哲學：吳敬恆（稚暉）、湯用彤、金岳霖。
中國文學：沈兼士、楊樹達、傅增湘。
史學：張元濟、陳垣、陳寅恪、傅斯年。
語言學：趙元任、李方桂、羅常培。
考古學及藝術史：董作賓、郭沫若、李濟、梁思成。
人文地理、民族學：想不出人名。[37]

一九四七年六月十九日晚，傅斯年於南京寫信致北大校長胡適，謂：「一月多以來，生病，事忙，心緒不佳，等等。未寫信，北望至念也。十五號船擠下來（非我改），現買到二十九號 General Gordon 票，必行矣。」[38]

傅氏信中所言，是他欲赴美治病一事。經過與孔宋集團幾年的大戰並取得勝利，[39]傅斯年已身心俱疲，心臟不堪重負，無力堅持工作。同時也為躲避孔宋集團可能失去理智而雇凶殺人等血腥報復，在友人勸說下，傅斯年決定拋下各項事務攜家赴美治病療養。就在寫這封信的第二天，即六月二十日，傅斯年就院士評選事宜再致胡適一函，並透露了自己推薦的名單，內中說道：「日前開會商量應該在提名中不忘了外（部）名單（不必即是舉出，此會盡力，不能包辦也），想南方人士而不可多得，茲將當日所寫之名單送上一看，但請千萬祕密。」名單如下：

有涉人文組者：

（一）人文與社會科學平等數目，殊不公，因前者在中國比後者發達也。孟和原單標準甚低，減後如引。我看人文方面非二十人不可，分配如下：

中國文學四；史學六；考古及美術史四；語三；哲三。

我個人覺得以上單子可如下分配：

中國文學：⑴吳；⑵胡，以上關係文學風氣者；⑶楊樹達，經籍考定；⑷張元濟，古本流傳，泛言不能，專就百衲本言，因此者校勘記並未刊行也。

史學：⑴陳；⑵陳；⑶傅；⑷顧頡剛；⑸蔣廷黻，近代史當無第二人；⑹余嘉錫或柳詒徵。柳不如余，但南方仍不可無一人。

考古及美術史：⑴李濟；⑵董作賓；⑶郭沫若；⑷梁思成。

哲學：湯、馮、金。

語言：趙、李、羅。

傅斯年所列「人文」名單中的候選人姓名，分別是：

中國文學：吳稚暉、胡適、楊樹達、張元濟。
史學：陳寅恪、陳垣、傅斯年、顧頡剛、蔣廷黻、余嘉錫或柳詒徵。
考古及美術史：李濟、董作賓、郭沫若、梁思成。
哲學：湯用彤、馮友蘭、金岳霖。
語言：趙元任、李方桂、羅常培。

胡傅二人擬定的名單，可謂大同小異，或曰英雄所見略同，只是胡適擬定的名單為十七人，沒有自己，而傅斯年名單為二十一人，且當仁不讓地簽上了自己的大名。從名單擬定的視角也可看出，胡傅二人的性格以及處世方式之大不同。就傅氏性格和為人處世的方式而言，絕不是一個腐儒式的書呆子，他之所以能在學術界呼風喚雨，除了緊緊傍住胡適與朱家驊等一流大腕，並巧妙地借用了他們掌控的國內僅有的幾個基金會的勢力之外，自然也有他的過人之處。如此次致胡適的信中，就極其精明和圓滑地叮囑說：

以上陳寅恪、李濟、趙元任、董作賓、傅斯年五人為本所職員，似本所不願（擬）提名，擬請北大提出何如？

（二）其他部門，我們學校人數不多（清華多得多，六月四日其理由），然我們為求公道起見不可不注意，理學院饒、江、吳、楊、孫似不可落選，並乞先生居時留意。
（三）北大要提出一個名單，不能專寫名字，須照格式填，著作原件附寄。
（四）提名不可太少，亦不可太多。北大可先由各學院自推，最後先生審定寄所也。[40]

顯然，在傅與胡的心目中，史語所與北京大學已成兵合一處、將歸一家之勢。如此幕後操作和交易，儘管沒有不檢點和明顯違規之處，但可以想見，這兩家一旦變為情同手足式的一家，對院士選舉評委會將會有何等強大的控制與要脅能力。這就是傅斯年之所以成為傅斯年的根本所在。

六月二十九日，傅斯年偕夫人俞大綵與兒子傅仁軌由上海乘船，前往美國波士頓伯利罕醫院醫療。四個月後移居美國康乃狄克州紐罕文休養。傅離開南京赴美之前，董作賓也應美國芝加哥大學之邀赴美講學。經過一番考慮，傅斯年沒有把史語所的所務交給當時所裡的其他年長的研究員，而是讓年輕有為的夏鼐代理所長。這一決定既出乎眾人意料，又實在情理之中，以傅斯年精明老辣的識人能力，這個選擇很快就被證明是恰當和明智的。

此時的夏鼐與幾年前的一介書生不可同日而語了。他自一九四四年二月離開李莊，與向達率領西北科學考察團歷史組於四月到達蘭州，在河西走廊和敦煌附近進行考察。在敦煌小方盤域遺址的發掘中，發現了埋藏於沙漠深處書寫著「玉門都尉」的漢代木簡，從而為確定湮沒達兩千年的漢代玉門關確切位置找到了極其重要的物證。幾年之後，當出任文化部文物局局長的鄭振鐸談到西北科學考察時，曾以讚歎的口氣說道：「很奇怪，玉門關舊址，好多人找了多次找不到，夏鼐一去就找到了。」[41]言語中透著對夏鼐的敬佩，同時也可看出夏鼐高人一籌的智慧與科學素養。一九四六年春天，夏鼐於甘肅寧定縣陽窪灣的考古發掘中，在墓坑填土層發現了仰韶文化的彩陶片，從而在地層學上找到了仰韶文化早於齊家文化的有力證據，糾正了瑞典學者安特生氏此前在甘肅新石器時代文化分期上的錯誤論斷，為建立黃河流域新石器時代的正確年代序列打下了堅實基礎。這一發現與研究成果，令年輕的夏鼐聲名大振，受到了同事和學術界的普遍尊敬。當傅斯年、董作賓相繼離開南京後，由他主持史語所的工作當是自然的。

一九四七年九月下旬，中央研究院院士選舉籌備委員會發出通知，召集散布在全國各地的評議員赴南京開會選舉。二十五日，當北大校長胡適接到通知時，仍處於心煩意亂之中，並為學潮餘波發怵、發愁。此前，隨著

傅斯年長期患高血壓，1941年大病幾死，1947年6月方赴美治病。圖為在美時所攝照片，右二為傅斯年，右三為趙元任。（臺灣中央研究院歷史語言研究所提供並解說）

內戰擴大，國共雙方不斷擴兵收編，軍費開支浩大，造成物價虎跑狼躥，教育經費則成了兔子尾巴，師生日常生活難以維持。在人心即將動搖的關鍵時刻，中共不失時機地派員潛伏於大專院校，暗中策動學生運動。五月四日，上海學生風潮爆發，繼之全國高校遙相呼應。五月十五日，清華、北大學生喊出了「反饑餓、反內戰」等口號，向政府當局示威。鑑於外出宣傳叫喊的男生遭到軍警槍托拍、刺刀穿，女生被搧耳光、扯豐乳、踹美臀等群毆與汙辱現象不斷發生，中共地下黨又指使扯旗造反的學運頭目們在運動中增加了一個「反迫害」的口號和內容，並指使平津等地大學部分學生成立了一個「華北學生反饑餓反內戰聯合會」。五月二十日，在月黑風高的黎明時分，北大學運頭目以摔杯為號，聯合其他學校學生共幾萬人，一起扯著旗子走出校園，在街頭巷尾遊行示威。一大批群眾、三輪車夫與燒火做飯的廚師，外加一群群街頭流浪者和不明身分者見狀大為興奮，紛紛加入遊行的隊伍，場面更加浩瀚壯觀。如此這般鬧鬧停停、停停鬧鬧持續了一個多月，流風遍布全國六十多個城市，近百所大專院校、數十萬學生捲入其中，許多學運頭目被捕，僅北大就有幾十名學生被當局以反革命煽動罪和破壞社會秩序的罪名，拿入大牢以老虎凳與辣椒湯伺候……鑑於此種情形，作為北大校長的胡適自然像他的前任校長蔣夢麟所說的那樣，要在當局、學校、教授、學生等幾個方面奔波、斡旋、調解，特別是要說服當局釋放被捕的學生，恢復學校正常秩序。但幾個月的奔波忙碌，上下打點，費盡口舌，仍有幾名學生被認為是共產黨骨幹分子，關在大牢未能放回，而師生的生活不但沒有好轉，反而越來越糟。據胡適日記載，此前的九月二十三日，胡氏還在緊鑼密鼓地召集北大同人開會，商討應付辦法，到會教授約百人。胡適做會議主席，眾人爭論不休，指責甚至叫罵之聲不斷，持續三個多小時沒有結果。目睹此狀，胡氏極其鬱悶悲觀，心情怨憤，認為：「這樣的校長真不值得做！大家談的，想的，都是吃飯！向達先生說的更使我生氣。他說：我們今天愁的是明天的生活，哪有工夫去想十年二十年的計畫？十年二十年後，我們這些人都死完了！」[42]

如此這般吵吵鬧鬧地挨到了十月十二日，胡適按中央研究院院士選舉籌備委員會要求即將南飛。學生們得到消息，認為校長在如此非常時刻離平赴京，肯定有不可告人的目的。校中壁報很快出現胡適南飛，是奸人詭計，為的是調胡（虎）離山，軍警趁機入校大規模逮捕學生等宣傳言論。於是，在幾個學運領袖的操縱下，幾百名學生呼嘯而至，將校長住宅包圍起來，不准其出城南飛。胡適於焦急中向學生解釋自己此次南飛的使命，並指天戳地發誓保證當局不會與學生為難，兩個多小時後，經學校幾名教授聞訊趕來對學生勸說，胡適方突破重圍，匆匆趕往機場登上了即將起飛的航班。

當日，胡適飛往上海，幾小時後轉赴南京，於十三日與北平輔仁大學校長陳垣等人來到中央研究院出席會議。其間，胡氏向史語所代理所長夏鼐介紹了此次北平突出重圍得以南飛的緊張場面，並敘述北大學生被捕經過和保釋情形。《夏鼐日記》載其所述：「此次未能保釋之學生二人，其共產入黨證，一為一百餘號，一為三百餘號，皆為加入有年，在黨中占重要地位，陳布雷之女兒及女婿亦以黨事在平被捕。聞軍隊中少將、中將皆有加入共黨為祕密工作者。」[43]

第二天，史語所同人為歡迎胡、陳等人到來，由夏鼐主持，專門舉辦了由全體人員參加

中央研究院舊址（作者攝）

的茶話會。會上，夏鼐機智得體的表現，給胡適留下了深刻印象，胡在當天日記中以讚美的語氣寫道：「史語所中很有人才。孟真確是一個好導師。」[44]

十月十五日上午，由評議員組成的院士選舉委員會第四次會議在中央研究院北極閣大廈二層開始。朱家驊為當然的會議主席，另有黨國大員吳達銓文官長代表蔣介石、李石曾代表中央黨部，司法院院長居正與行政院副院長王雲五作為來賓分別致辭。因前來的黨國大員魚龍混雜，對院士選舉議程不甚了了，乃就教育是否獨立與派遣留學生問題鬥起嘴來。王雲五首先提及中國高等教育要走上獨立，以後少派留學生出國。胡適代表評議員致辭，贊成王氏之說，並主張修改博士學位選舉法，大學辦理研究所五年以上有成績者得授予學位，不必依舊法由政府贈予云云。對於王、胡之說，翁文灝起立反對，主張仍繼續派留學生，唯須取嚴格主義。李石曾繼之起立，謂吳稚暉以近來身體易感疲勞，故未來參加，囑代致意。緊接著介紹吳氏主張派遣留學生之說法，謂留學生能輸入抽水馬桶，改良茅廁，即已是大貢獻，若謂外匯消耗過多，殊不經濟，則只要有利益，經濟考慮亦屬相對的，如男女交媾每次所耗精蟲數百萬，只有一條精蟲過五關斬萬將，最後突出重圍成為一個人，經濟云乎哉？言罷，全場哄笑。一上午的會議就在政客們相互鬥嘴與爭論中結束。

當天下午，由本次評議會祕書翁文灝、中央研究院總幹事薩本棟及各所負責人報告工作情形，討論院士候選人名單審查辦法。夏鼐向評議會祕書處提交了由自己主持召開的史語所所務會議通過的「推薦院士候選人」名單：

哲學：吳敬恆、湯用彤、馮友蘭、金岳霖。

史學：陳寅恪、陳垣、傅斯年、顧頡剛、蔣廷黻、余嘉錫、柳詒徵、徐中舒、陳受頤。

中國文學：胡適、張元濟、楊樹達、沈兼士。

考古及美術史：李濟、董作賓、郭沫若、梁思永（以上考古）；徐鴻寶、梁思成（以上美術史）。

語言：趙元任、李方桂、羅常培、王力。

民族：凌純聲。[45]

評議會幾經討論，決定院士候選人不得超過正額（八十八至一百人）之一倍，次日上午分組審查。

十六日，會議繼續進行，評議會分為數理組、生物組、人文組等三個小組審查，其中人文組由胡適召集。因夏鼐僅為副研究員職稱，不是正式評議員，不能參加評議。但胡適以人文組傅斯年、陶孟和二人缺席，只剩胡適、李濟、周鯁生等三人為名，硬拉夏鼐與社會科學研究所的巫寶三列席。

會上，眾評議員對推薦機構和評議員分別提名的候選人進行資格初步審查，審查的內容主要看被提名人是否在抗戰期間淪陷區的偽大學等學術、教育機構任職。審查中，著名化學家趙承嘏、薩本鐵，以及參加偽「北大」的容庚被刪除。據夏鼐日記載：文史方面選出三十一人，濫居其列者，至社會科學，尤其是經濟及法律部門，前者幾無其人，因巫君在座，故仍提出七人（馬寅初、劉大鈞、何廉、方顯廷、楊西孟、巫寶三、吳大業）。法律方面提出王寵惠、王世杰，以後勉強列入燕樹棠、郭雲觀、李浩□。討論至十二時始散。下午開大會審查，化學組加入數人（孫學悟、朱汝華、黃子卿、紀育經）。物理組加入桂賀廷。生物科學、農學刪去陳宗一及侯□□。礦物學加入陳克恢。醫學原擬加入李卓浩，後以其未曾返國工作故未能通過。[46]

十月十七日上午，評議會繼續審查入選人員名單，而被審查的第一位就是郭沫若。有評議員認為郭是站在共產黨一邊的人，其罪過遠遠大於趙、薩、容等幾人，後者不可留，前者更該殺。胡適以和事老的身分出面問朱家驊，假如朱不是今日會議之主席當如何看待？朱家驊旗幟鮮明地表示郭某人「參加內亂，與漢奸罪等，似不宜列入」。薩本棟起而和之，謂：「恐刺激政府，對於將來經費有影響。」評議員吳正之幫腔道：「恐其將來以院士地位，在外面亂發言論。」此時陶孟和已來到會場，對於這一連串反對入選意見，起而反擊道：「若以政府意志為標準，不如請政府指派。」陶氏手下大將、會議列席者巫寶三見陶如是說，亦站起來表示擁護陶說，謂：「不應以政黨關係，影響及其學術之貢獻。」胡適見狀，思慮再三，決定附和陶說，謂「應以學術立場為主」云云。[47]

鑑於雙方意見各不相讓，最後決定以無記名投票的方式決定郭氏是留是除。在這一關鍵時刻，夏鼐認為「此事關係頗為重大」，[48]乃不顧自己作為列席者不能參加表決的身分和規矩，起立為郭沫若辯護，據夏鼐日記載：「會中有人以異黨與漢奸等齊而論，但中央研究院為Academia Sinica（中國的科學院），除學術貢獻外，唯一條件為中國人，若漢奸則根本不能算中國人，若反對政府則與漢奸有異，不能相提並論。在未有國民政府以前即有中國，（國民政府傾覆以後，亦仍有中國），此句想到而不須說出口，中途截止。故對漢奸不妨從嚴，對政黨不同者不妨從寬。」[49]

夏鼐的斗膽進言得到了李濟等部分與會者的支持，李濟進而言道：「郭是一個多學科有才華的學者，在考古學與古文字學領域造詣很高，雖其人沒有直接參加田野考古發掘，也不屬於中央研究院各所，但作為體制外的人士，我們應該給他保留一個位子。」[50]經此一說，中間派的態度有所改變，最後投票表決，郭沫若以十四票對七票的差額，被議定保留在候選人名單之內。當這個結果拍板定案後，胡適、李濟、夏鼐等人都長吁了一口氣。

關於此次選舉詳情，夏鼐於十月二十日向遠在美國的傅斯年做了詳細彙報，除了郭沫若是留還是砍的問題，評議會在討論各方推薦名單誰有資格列名為院士候選人的過程中，更是意見紛紛，各有所見。如胡適在評選中於哲學領域又比提交的名單多推薦了一位陳康，理由是「陳氏希臘哲學造詣頗深」；周鯁生則認為李劍農「對於中國經濟史及近代政治史皆有成績」，故予以推薦；另「有人提出何以不列入熊十力、朱起鳳、向達三先生。經胡適之先生解釋後，亦無異議」。至於不是評議員的史語所助理研究員王叔岷聞聽劉文典也被推薦後，在評議會外揚言，謂「劉文典先生之《淮南子》及《莊子》，校勘考據皆甚糟糕，並云傅先生如出席，必不推薦為候選人」等。[51]經過兩天激烈討論，院士候選人由最初列入的四百零二人減至一百五十人，分別是：數理組四十九人；生物組四十六人；人文組五十五人。具體名單在十七日晚七時公布，初選會議就此結束。

按原定計畫，最後一次院士選舉定於一九四八年春天舉行，至時必須再砍掉五十人，只有一百人當選。有了這個既定數字，最後的角逐就顯得更趨激烈與異乎尋常起來。各不同派別自是要為本系統以及與自己關係密切者力爭。掌握生殺大權的評議員們在場上的唇槍舌劍不可避免，而各色人等在臺下的小動作也連綿不斷，如北大中文系教授唐蘭就暗中請胡適為自己幫忙助力，結果是不了了之，後胡唐二人反目成仇，胡把此事揭出並對唐氏加以嘲弄和諷刺。當時正在美國講學的董作賓聞知音訊，於一九四八年二月二日由芝加哥致信胡適，特意談到了他對此次選舉的關注與態度，信中說：「春間中央研究院選院士，您必出席，關於考古學方面，希望您選（梁）思永或（郭）沫若，我願放棄。因為思永在病中，應給他一點安慰；沫若是外人，以昭大公，這是早想託您的。」[52]此時的董作賓對郭沫若仍一往情深，為了郭的緣故，自己可捨身相讓，甘落下風。不知同樣的信是否還寄給傅斯年，但從胡與傅推薦的名單看，郭氏始終在二人的推薦名單中一路過關斬將殺入一百五十強，而梁思永由於夏鼐主持的史語所所務會議的推薦，也一直在入選名單內並有最後取勝的可能。

時仍在美國養病的傅斯年也密切關注著即將到來的最後一次角逐，當他得知將在本年三月中旬開會一決雌雄時，於三月九日致快信於朱家驊、翁文灝、胡適、薩本棟、李濟並轉各評議員，對候選人名單毫不含糊地提出了自己的意見。信中說道：「自斯年出國就醫以後，曾接到幾次關於院士選舉之文件，其候選人名單，雖斯年仍不無意見，然大體上細心公正，至佩諸先生之勞苦，至此地步，大是不易。斯年因病在國外就醫，雖在委員會內，未能盡力，既慚且感，深喜諸事賴諸先生之勞苦，得以順利進行。」

待這番客套話說過之後，傅開始對「候選人名單之意見」直抒心胸，所談到的第一個人物就是號稱「國寶」的劉文典。傅說：「候選人中確有應刪除者，如劉文典君，劉君以前之《三餘札記》差是佳作，然其貢獻絕不能與余、胡、唐、張、楊並舉（南按：所列五人當是余嘉錫、胡適、唐蘭、張元濟、楊樹達）。凡一學人，論其貢獻，其最後著作最為重要。劉君校《莊子》，甚自負，不意歷史語言研究所之助理研究員王叔岷君曾加檢視（王君亦治此學）發現其無窮錯誤，校勘之學如此，實不可為訓，劉君列入，青年學子，當以為異。更有甚者，劉君在昆明自稱『二雲居士』，謂是雲腿與雲土。彼曾為土司之賓，土司贈以大量煙土，歸來後，既吸之，又賣之，於是清華及聯大將其解聘，此為當時在昆明人人所知者。斯年既寫於此信上，當然對此說負法律責任，今列入候選人名單，如經選出，豈非笑話？學問如彼，行為如此，故斯年敢提議將其自名單除去。」[53]

傅斯年與聞一多在政治上各有自己的立場，且呈水火不容之勢，未承想在對待劉文典「為土司之賓」的看法上卻出奇的一致。看來劉文典這位頗為自負的「國寶」在西南邊陲的所作所為，的確惹惱了不少人，最後落得個被聞一多藉機踢出圈外的悲涼結局。至於劉文典學問之差，當時傅斯年在國內時聽弟子王叔岷念叨過，或是直接來源於夏鼐給他的信中，說到王叔岷在評議會場之外的那通議論，不得而知。而劉文典的學問到底如何？是吳宓所說的「高見甚是」，還是王叔岷檢視的「無窮錯誤」？實在屬於仁者見仁，智者見智，尚可討論的學術範疇。[54]

傅斯年如此直言不諱，很容易讓人想起當年吳宓在西南聯大的時候，論陳寅恪和錢鍾書老少兩代在學界的地位的那段話：「當今文史方面的傑出人才，在老一輩中要推陳寅恪先生，在年輕一輩中要推錢鍾書，他們都是人中之龍，其餘如你我，不過爾爾！」[55]這一評價自有其精妙之處，從中可以看出，當年在吳宓的眼裡，大名鼎鼎的劉文典也並不是什麼所謂的大師或「國寶」，亦當屬於「爾爾」一類的普通之輩。吳氏說這句話的時候，心高氣傲的劉文典或許尚不服氣，其他人或許還稀里糊塗地蒙在鼓裡不置可否，如今傅斯年做如是說，劉文典就真的成為「爾爾」了。

1947年傅斯年在美國治病期間與夫人俞大綵合影（臺灣中央研究院歷史語言研究所提供）

就劉文典個人的命運而言，抗戰勝利後，滯留偏遠的雲南昆明，未能回到北平這一文化、學術中心，對他事業的發展、學術的定位、名聲的傳播，皆是一個不可估量的損失。當年清華中文系的幾位大牌教授，其璀璨的光芒經久不衰，凡稍讀過書的人幾乎皆聞其名。而劉文典的光芒卻很快暗淡下去，他在文學上的貢獻與聲名，除了幾個專業研究人士外，再難為世人所知。身處如此不幸中的劉文典，假如在此次首屆院士評選中得以勝出，或可藉此挽回頹局，重整旗鼓，在學術上做出新的貢獻並留下不朽的聲名。可惜的是，在這關鍵的歷史轉捩點上，又遭到了力大威猛，從梁山走出來的好漢傅斯年當頭一棒。若劉文典真如傅斯年，或傅的門生王叔岷說的那樣在學問上有「無窮錯誤」，那麼「國」將不「國」，劉文典這件號稱價值連城的「國寶」，也就自然成為一件假冒偽劣產品，或一堆廢銅爛鐵——或許還不如。

無論如何，經在萬里之外的傅斯年如此一記殺威棒，站在雲南大學講臺上的劉文典轟然倒下，屬於他的時代算是徹底終結了。世事無常，或許一切皆是命中注定。哀哉，劉文典！[56]

身在國外，但對國內學術界特別是本次院士人文組選舉具有超強控制能力的傅斯年，在候選人名單中第二個拖出來開刀問斬者便是清華教務長、獨腿教授潘光旦。傅直言不諱地表示：「社會學一項，有潘光旦君。潘君自是聰明人，然其治譜牒學之結論，實不能成立。彼以科舉之名，證明蘇州人天資優越，然此說實不足以成之，蓋科舉之業亦有風氣，且可揣摩，主考與入選者每為一調，忽略此歷史事實，乃潘君之說，故潘君之功夫似未可與陳達君同列也。治學不可以報紙文字定其高下，此學在中國既不發達，如求其次，則孫本文君似應列入。此君之書，甚有理解，其功夫非作二三小文之比，故敢提議將其列入候選名單。」[57]

潘光旦所搞的那一套社會學不為傅斯年所重，自是與潘氏的著述不周或觀點偏頗有關，但這似不是主要癥結，因為潘除了研究譜牒，還有其他大量社會學著作如人口學論文行世，此著述傅並未提及，抓住一點而攻其全身，自是於情於理皆說不過去，更不能令人信服。傅斯年之所以抓其一點就敢於把潘光旦即將戴上的院士帽子革掉，恐怕與他對潘的政治傾向和思想作風好不感冒更有干係。傅向來不把潘光旦，或與潘氏相近的吳文藻、費孝通等一派人物視為同志、同類或同族，又因潘光旦等人在抗戰後期經常於報紙上發表攻擊國民政府的言論，還不自量力地以「我們人民」的名義，向正在交火開戰的國共雙方進行勸阻、威脅，招致傅氏更大的不滿，這一點從傅斯年此前寫的

位於雲南大學門外的原王九齡公館中劉文典講課室，現淪為餐館，商家把其中一個餐廳命名為「文典學館」，算是對這位「國寶」兼學術大師的一份紀念。（作者攝）

文章和書信，以及此次所暗含譏諷的「治學不可以報紙文字定其高下」即可見到。政見不同，自然就不屬於一股道上跑的馬。按照「非我族類，其心必異」的處世哲學，潘光旦此次也只有被傅斯年踢出門檻之外靠邊架著拐杖看熱鬧的份了。

一九四八年三月二十五日至二十七日，中央研究院代院長兼評議會議長朱家驊在南京主持召開了最後一輪院士選舉會。經過入會者五輪無記名投票，原定要選出一百名院士，因許多名流大腕在投票中紛紛落馬，導致六十九人票數未能過半，最後只有八十一人通過。按既定規矩，凡通過者即正式成為國民政府中央研究院第一屆院士。名單如下：

數理組（二十八人）

姜立夫　許寶騄　陳省身　華羅庚　蘇步青　吳大猷
吳有訓　李書華　葉企孫　趙忠堯　嚴濟慈　饒毓泰
吳　憲　吳學周　莊長恭　曾昭掄　朱家驊　李四光
翁文灝　黃汲清　楊鍾健　謝家榮　竺可楨　周　仁
侯德榜　茅以昇　淩鴻勛　薩本棟

生物組（二十五人）

王家楫　伍獻文　貝時章　秉　志　陳　楨　童第周
胡先驌　殷宏章　張景鉞　錢崇澍　戴芳瀾　羅宗洛

李宗恩　袁貽瑾　張孝騫　陳克恢　吳定良　汪敬熙
林可勝　湯佩松　馮德培　蔡　翹　李先聞　俞大紱
鄧叔群

人文組（二十八人）

吳敬恆　金岳霖　湯用彤　馮友蘭　余嘉錫　胡　適
張元濟　楊樹達　柳詒徵　陳　垣　陳寅恪　傅斯年
顧頡剛　李方桂　趙元任　李　濟　梁思永　郭沫若
董作賓　梁思成　王世杰　王寵惠　周鯁生　錢端升
蕭公權　馬寅初　陳　達　陶孟和

隨著名單公布，折騰了幾年的中國有史以來的首屆院士選舉塵埃落定。

由名單可以看出，史語所相當多的研究人員當選本屆院士。其中專任研究員有傅斯年、陳寅恪、趙元任、李方桂、李濟、梁思永、董作賓、吳定良，兼任研究員有馮友蘭、湯用彤，通訊研究員有胡適、陳垣、梁思成、顧頡剛、翁文灝。整個人文組差不多有一半院士與史語所有關。後經夏鼐列表分析，本次當選院士，中央研究院有二十一人，北京大學十人，清華大學九人，技術機關六人，其他如中央大學、浙江大學、文化機關及行政長官各有四名，另外的機構、大學都在四名以下，如復旦大學僅童第周一人。中央研究院所占比例為百分之二十六。消息傳出，反響不一，有的認為本次選舉公平合理，有的則認為「遺珠甚多」，北大教授向達公開批評，謂：「本院的所長，大部分的專任研究員，幾乎都是當然院士。」「令人有一種諸子出於王宮之感。」[58]胡適事後對院士籍貫分布專門列表分析，並在一九四八年九月二十四日的日記中寫道：「此次院士八十一人，安徽只有我一人。」是否暗含著一絲同鄉太少且為劉文典出局的惋惜之情？後人則難以考證了。

當然，這個時候也有對此頗不在乎者，如經胡適、傅斯年、董作賓、李濟、夏鼐等人竭力爭取，終於成為院士的郭沫若。因

1948年9月國立中央研究院成立20周年，中央研究院第一屆院士會議合影。前排左起：薩本棟、陳達、茅以昇、竺可楨、張元濟、朱家驊、王寵惠、胡適、李書華、饒毓泰、莊長恭。最後一排右三為傅斯年。

郭氏此時已受到中共方面的重用，並開始在政治文化界大出鋒頭，對這個國民黨政府贈予的學術頭銜早已不屑一顧了。

一九四八年夏天，在美國的傅斯年突然提出回國，夫人俞大綵勸他再靜養些時日，但傅執意欲歸，且慷慨陳詞：「國內要做的事太多，豈能偷閒而安居異國乎？」[59]俞大綵不好阻攔，只把兒子傅仁軌留在美國一個親友家中繼續讀書，夫婦二人回歸祖國。抵達南京後，傅斯年重新執掌史語所所務，夏鼐的代理所長就此告一段落。

一九四八年六月九日，中央研究院在京人員搞了一個慶祝成立二十周年紀念活動。據參加活動的石璋如回憶：「上午開會，晚上就請吃飯，從總辦事處到地質研究所前頭的空曠處，桌子一路排開，放上酒跟點心，夜裡燈火通明，稱作遊園會。剛開始的時候人很多，愛去哪桌吃、喝酒都可以，可是天氣不巧，打了響雷下起陣雨，大家就集中到總辦事處的演講大廳去。我記得研究所內還有楊希枚領頭唱平劇，非常熱鬧。」[60]同年九月二十三日至二十四日，「國立中央研究院成立第二十周年紀念會暨第一次院士會議」在南京北極閣舉行，與會者有朱家驊等五十一人。為表示對學術事業與知識分子的尊重，蔣介石撇下前線十萬火急的戰事，親自出席會議並致訓辭，場面隆重熱烈。蔣退席後，分別由朱家驊、胡適、張元濟三位院士代表致辭，而以商務印書館掌門人張元濟痛斥內戰的講話最為沉痛動人。張說：「抗戰勝利，我們以為這遭可以和平，可以好好地改造我們的國家了。誰知道又發生了不斷的內戰，這不是外禦其侮，竟是兄弟鬩於牆。我以為這戰爭實在是可以不必的……但是戰端一開，完全是意氣用事，非拚個你死我活不可，這是多麼痛心的事情。打的時候並沒有多久，已經鬧到所謂四海困窮，人民有些受不住了。報紙所載，那邊的占領了東九省，圍攻了太原，打破了開封，現在又進逼濟南。關外、山西流亡的學生，成千成萬的到了平津武漢和南京，吃沒有好好的吃，住沒有好好的住，哪裡還說什麼入校求學呢？前幾天我聽李潤章先生說，他原籍昌黎縣，一年之內兩方的軍隊一出一入共有三次，地方的蹂躪也可想而知了。」又說：「戰事不到兩年，已經成了這個現象，倘若再打下去，別的不用說，我恐怕這個中央研究院也就免不了要關門。」[61]

張元濟一語成讖，這次院士會議，成為國民黨統治時期中國知識分子群體在苦難中深受矚目和倍感榮光的絕響。未久，中央研究院關門上鎖，八十一名院士在戰爭的硝煙炮火中分道揚鑣，踏上了不同的人生之路。

注釋

1 臺灣中央研究院歷史語言研究所存傅斯年檔案。

2 同前注。

3 同前注。

4〔美〕費慰梅（Wilma Fairbank）著，成寒譯，《中國建築之魂：一個外國學者眼中的梁思成林徽因夫婦》（上海：上海文藝出版社，二〇〇三）。

5 同前注。

6 臺灣中央研究院歷史語言研究所存傅斯年檔案。

7 岱峻，《發現李莊》（成都：四川文藝出版社，二〇〇四）。

8 臺灣中央研究院歷史語言研究所存傅斯年檔案。

9 李方桂著，王啟龍、鄧小詠譯，李林德校訂，《李方桂先生口述史》（北京：清華大學出版社，二〇〇三）。

10 同前注。

11 嚴薇青，〈追悼傅樂煥〉，收入嚴薇青、嚴民，《濟南瑣話》（濟南：濟南出版社，一九九七）。

12 同前注。

13 臺灣中央研究院歷史語言研究所存傅斯年檔案。

14 同前注。

15 周法高，〈記昆明北大文科研究所〉，《傳記文學》四二卷一期、二期（一九八三年一月、二月），轉引自王世儒、聞笛編，《我與北大：「老北大」話北大》（北京：北京大學出版社，一九九八）。

16 趙瑞蕻，〈紀念西南聯大六十周年〉，收入鍾叔河、朱純編，《過去的大學》（武漢：長江文藝出版社，二〇〇五）。

17 西南聯合大學北京校友會編，《國立西南聯合大學校史》（北京：北京大學出版社，二〇〇六）。

18 周法高，〈記昆明北大文科研究所〉，《傳記文學》四二卷一期、二期（一九八三年一月、二月），轉引自王世儒、聞笛編，《我與北大：「老北大」話北大》（北京：北京大學出版社，一九九八）。

19 胡適，〈論國故學（答毛子水）〉，原載《新潮》二卷一號（一九一九）；收入《胡適文存》一集卷二（上海：亞東圖書館，一九三一）。

20 二〇〇四年三月九日羅筱蕖給作者的信。以下引文同。

21 二〇〇三年十月一日，作者在李莊採訪羅萼芬記錄。

22 王汎森，〈逯欽立與《先秦漢魏晉南北朝詩》〉，收入杜正勝、王汎森主編，《新學術之路：中央研究院歷史語言研究所七十周年紀念文集》下冊（臺北：中央研究院歷史語言研究所，一九九八）。

23 同前注。
24 同前注。
25 楊志玖，〈回憶傅斯年先生〉，《傅斯年》（濟南：山東人民出版社，一九九一）。
26 同前注。
27 同前注。
28 張秉權，〈學習甲骨文的日子〉，收入杜正勝、王汎森主編，《新學術之路：中央研究院歷史語言研究所七十周年紀念文集》下冊（臺北：中央研究院歷史語言研究所，一九九八）。
29 蔣夢麟，《蔣夢麟自傳：西潮與新潮》（北京：團結出版社，二〇〇四）。
30 張秉權，〈學習甲骨文的日子〉，收入杜正勝、王汎森主編，《新學術之路：中央研究院歷史語言研究所七十周年紀念文集》下冊（臺北：中央研究院歷史語言研究所，一九九八）。
31 何茲全，〈憶傅孟真師〉，《傳記文學》六〇卷二期（一九九二年二月）。
32 陳存恭、陳仲玉、任育德訪問，任育德記錄，《石璋如先生訪問紀錄》（臺北：中央研究院近代史研究所，二〇〇二）。
33 李勇、張仲田編，《蔣介石年譜》（北京：中共黨史出版社，一九九五）
34 〈目前形勢和我們的任務〉，收入中共中央毛澤東選集出版委員會編，《毛澤東選集》卷四（北京：人民出版社，一九九一）。
35 〈致胡適〉，收入歐陽哲生主編，《傅斯年全集》卷七（長沙：湖南教育出版社，二〇〇三）。
36 吳大猷，〈中央研究院的回顧、現況及前瞻〉，《傳記文學》四八卷五期（一九八六）。
37 耿雲志主編，《胡適遺稿及秘藏書信》手稿本（合肥：黃山書社，一九九四）。
38 歐陽哲生主編，《傅斯年全集》卷七（長沙：湖南教育出版社，二〇〇三）。
39 早在一九三八年七月十二日，傅斯年就以國民政府參政員的身分致書蔣介石，從才能，用人，縱容夫人、兒子與不法商人勾結，發國難財等多個方面，全方位抨擊孔氏的惡行，終於導致孔祥熙被罷官。隨後，傅斯年又對準貪贓枉法的新任行政院長宋子文窮追猛打。為全面揭露孔宋家族的惡行，傅斯年於一九四七年二月十五日至三月一日，連續刊發了三篇火星激濺、威力巨大的戰鬥檄文：〈這個樣子的宋子文非走開不可〉、〈宋子文的失敗〉、〈論豪門資本之必須剷除〉。傅稱前兩文內容為「鐵幕縫中透出來的事實」。文章在《世紀評論》刊發後，全國各報刊紛紛轉載，一時朝野震驚，群情激昂。胡適等人積極呼應，勢同火上澆油。而此時的國民政府監察院一幫見風使舵的官僚政客，眼見宋氏即將翻船沉沒，於憤恨中大著膽子從背後給予一記悶棍。一九四七年二月十六日，監察院舉行全體監委緊急會議，決定派員徹底清查黃金風潮釀成的嚴重後果與責任者。消息傳出，全國軍民於歡呼聲中皆翹首以待。傅斯年抓住時機，抹著滿頭汗水，於著名的《觀察》雜誌拋出了第三篇戰鬥檄文，給予宋子文最後致命一擊。面對傅斯年發射的炮彈和社會各階層的打擊，宋子文已無招架之功，更無還手之力，只得重蹈孔祥熙的覆轍。就在《觀察》發表傅氏文章的當天，宋子文在巨大輿論壓力下，不得不即刻提出辭職，如同過街老鼠一樣灰溜溜地夾著尾巴下臺滾蛋。至此，孔宋兩位皇親國戚均被傅斯年幾聲炮響轟於馬下，天下人心大振。

40 歐陽哲生主編，《傅斯年全集》卷七（長沙：湖南教育出版社，二〇〇三）。

41 石興邦，〈夏鼐先生行傳〉，收入杜正勝、王汎森主編，《新學術之路：中央研究院歷史語言研究所七十周年紀念文集》下冊（臺北：中央研究院歷史語言研究所，一九九八）。

42 曹伯言整理，《胡適日記全編》第七冊（合肥：安徽教育出版社，二〇〇一）。

43 夏鼐，《夏鼐日記》（上海：華東師範大學出版社，二〇一一）。

44 曹伯言整理，《胡適日記全編》第七冊（合肥：安徽教育出版社，二〇〇一）。

45 臺灣中央研究院歷史語言研究所存傅斯年檔案。

46 夏鼐，《夏鼐日記》（上海：華東師範大學出版社，二〇一一）。

47 同前注。

48 〈夏鼐致傅斯年（一九四七年十月二十日）〉，臺灣中央研究院歷史語言研究所存傅斯年檔案。

49 夏鼐，《夏鼐日記》（上海：華東師範大學出版社，二〇一一）。

50 二〇〇四年十一月二十八日，在北京採訪中國考古界一位不願透露姓名的老人記錄。

51 〈夏鼐致傅斯年（一九四七年十月二十日）〉，臺灣中央研究院歷史語言研究所存傅斯年檔案。

52 耿雲志主編，《胡適遺稿及秘藏書信》手稿本（合肥：黃山書社，一九九四）。

53 歐陽哲生主編，《傅斯年全集》卷七（長沙：湖南教育出版社，二〇〇三）。

54 關於王叔岷當年是如何對劉文典著作進行「檢視」並「發現其無窮錯誤」的詳情，作者曾專門致信由臺灣轉赴大陸居住的王叔岷先生請教，無奈王先生年老體衰，已不能復記，遂成憾事。後來根據王國簡提供的線索查尋，收穫甚微。下面是王叔岷之子王國簡回作者的信：

尊敬的岳南先生：

您給我父親王叔岷的信已收到，謝謝！父親年老體衰，記憶力衰退，且日漸糊塗，我把您的信讀給他聽，他有些茫然。

關於我父親與劉文典先生在《莊子》研究方面的不同見解我查了有關資料，似乎可以從中華書局出版的王叔岷《莊子校詮》的序論中找到一些線索，先生不妨一試。至於您問到的李莊時期，王鈴和娟娟戀情之事確實不得而知了。請見諒！

祝安

王國簡

二〇〇七．十二．二二

作者根據王國簡先生的提示，查閱資料，發現了王叔岷對這段往事的記載並透露出自己的歉疚之情。王叔岷在一九八五至一九八六年完成的〈莊子校詮．序論〉中說：「惟《莊子校釋》乃岷少年之作，用力雖勤，不過校釋古書之初步嘗試，始於一九四一年八月，完成於一九四四年八月……〈校釋附錄〉（二），有〈評劉文典莊子補正〉一篇，乃岷少年氣盛之作，措詞嚴厲，對前輩實不應如此！同治一書，各有長短，其資料之多寡，工力之深淺，論斷之優劣，識者自能辨之，實不應做苛刻之批評。況往明於人而暗於己邪！一九七二年，臺灣臺北市臺聯國風社翻印拙著《莊子校釋》，岷在海外，如知此事，絕將〈評劉文典莊子補正〉一篇剔除，至今猶感歉疚也！」（王叔岷，〈莊子校詮．序論〉，《莊子校詮》（北京：中華書局，二〇〇七））

又，王叔岷先生於二〇〇〇年獲臺灣「行政院」文化獎後開始長住大陸四川老家，大陸文化界也開始關注王氏的學術造詣與著作出版情況。二〇〇七年，中華書局出版了《王叔岷著作集》共十五本。二〇〇八年八月，王叔岷先生於成都龍泉驛區其長子王國簡家中去世。

55 孔茂慶，《錢鍾書傳》（江蘇：江蘇文藝出版社，一九九二）。

56 劉文典自認為無罪受罰且被放逐，流轉雲南大學任教後，鬱悶異常，精神不振，加之身體漸衰、年事趨高，講課有些吃力，但仍擔任中文系與歷史系的部分課程。據吳棠回憶說：「一九四八年我有幸聆聽他的課，講的是《荀子》。其他先生講課都是站著，劉先生則要坐著講，靠背木椅不行，要藤椅，學校專門買了一把騰衝出產的『太師椅』，到他上課時，我們就事先把藤椅擺在課臺上。或許是年老體弱的關係，上課要用『葫蘆兜』人力車接送。劉先生身體十分瘦弱，面容枯槁，頭髮蓬鬆從不梳理，夏天還穿絲棉長袍，玄色葛綢的衣領和袖口，變成了發亮的黑色。同學們說這就是不修邊幅的『名士』風度。講桌上還要備一把江西瓷小泡壺、一包精裝『重九』香煙。他的煙癮極重，基本上一根接一根的抽，只有擦火柴時稍有停歇。」又說：「他躺在太師椅裡，講幾句，抽幾口煙，又呷一口茶。板書時也不起立，轉過椅子側身伸手寫在黑板上……他的國學根柢堪稱大『儒』自不用說，還精通英語和拉丁文。講一個『字』，他有時就把這個字的英文、拉丁文詞義，同時寫在黑板上，流利地用外語讀出來。按照劉先生的這種講法，一個學期只講了一篇〈勸學〉，《荀子》其他各篇，就叫我們自己去『學』了」（吳棠，〈劉文典先生授課記〉，《雲嶺叢談》（香港：天馬圖書有限公司，一九九九））。

另據劉的學生張文勳說，一九四九年年末昆明解放前夕，胡適打算把劉文典弄到美國，並已為其聯繫好了學校，還為他一家三口辦好了簽證，買好了機票。在這人生的十字路口，劉文典拒絕了胡的安排，並呈大義凜然狀，道：「我是中國人，我為什麼要離開我的祖國？」（《劉文典全集》卷四，頁九四三。南按：此段記述有待考證，時已在美國的胡適自顧不暇，哪裡還管得了身陷昆明的劉文典。）既然不願離開祖國，當中共接收雲南大學後，劉文典也只能像流落到西南師範學院的舊同事吳宓等知識分子一樣「無術遠遁」，蹲在這一隅之地動彈不得了。

一九五一年秋至一九五二年秋，中國大陸開展了「知識分子思想改造」運動，劉文典表現較為積極，承認自己缺點很多，但無罪過，沒有做對不起國家民族的事，並多次宣稱：「處於反動統治的舊社會，走投無路，逼我抽上了鴉片，解放後，在共產黨領導下，社會主義國家蒸蒸日上，心情舒暢，活不夠的好日子，誰願吸毒自殺呢！」又說：「今日之我，已非昨日之我，我再生了！」（劉兆吉，〈劉文典先生逸聞軼事數則〉，《新文學史料》二〇〇二年四期）

「再生了」的劉文典沒有想到，被「改造」的命運正是他餘生的主旋律。運動中，劉文典作為「國寶」級的大師受到越來越嚴厲的批判，同為劉姓的雲南大學中文系主任劉堯民在批鬥會上，甚至將劉文典寫的兩首古體詩無限上綱為「反動詩」，搞得劉文典於震驚中悲憤交集又無可奈何。當然，劉堯民也沒有逃脫在「文化大革命」中被迫害致死的命運，此為後話。

一九五二年，全國高教系統院系調整，由清華大學調往雲南大學執政的李廣田（一九五九年在黨內「反右傾」鬥爭中被劃為「右傾機會主義分子」，由校長降為副校長，一九六八年十一月二日被迫害致死），出於對知識分子的同情和文化良知，對劉文典十分尊重，言必稱「老師」、「劉老」等。每每開會，都請劉坐在主席臺上並先做發言。學校當局還為劉提供了優越的工作和生活條件，增闢了專門的研究室，配備助手，並請劉專為中青年教師講課，以期傳燈有人，等等。此時的劉文典雖年高體弱，但有了一份很好的待遇，遂懷著報答知己的心情努力教學，堅持上課，先後開出了「杜詩研究」、「溫李詩」、「文選學」、「校勘學」等課程，深受師生敬重。差不多就在這前後，劉文典一咬牙，把鴉片癮徹底戒掉了。

劉文典因這一番表現，受到上頭的優厚禮遇。評定職稱時，劉是雲南省唯一一名一級教授（文科），並被推選為全國政協第一屆、第二屆委員，在懷仁堂受到毛澤東等黨和國家領導人親切的接見。劉在激動興奮中於政協大會上發言說：「我很僥倖的、很光榮的趕上了這個偉大時代，更高興的是以一個九三學社成員的身分來做一個共產黨的助手。我願意獻出我的餘生，獻出我的全力，為國家社會主義文化而奮鬥！」（〈在全國政協第二屆委員會第三次全體會議上的發言〉，《劉文典全集》卷三，頁七八〇）應該說，這是劉文典晚年最得意的時期。據郭鑫銓在《燈下拾語》中說：一九五五年九月，雲大中文系召開了迎新會。就在這次會上，一年級新生李必雨，第一次見到了劉文典。李生回憶道：

會議開始不久，一個瘦小枯乾的老人趿著方步走進了會場，手裡還拿著一把茶壺，嘴裡叼著一支「大重九」。正當新生們在竊竊私語，好奇地相互打聽這個「怪人」到底是誰時，系主任劉堯民主動站起來向大家介紹：「這位便是劉文典先生。劉先生學術廣博，古典文學的造詣尤其淵深，對《莊子》的研究更是獨闢蹊徑，成就超卓。現在請劉先生給大家講話！」

臺下的學生雖然都是初來乍到，但很多人剛進校門就不止一次聽說過劉文典這個名字，都已將他當成傳奇般人物崇拜嚮往。沒想到學校第一次活動，就能見到這位「真神」，學生們都豎起了耳朵，想聽聽這位名教授將會發出什麼樣的驚世駭俗之語。

暴風驟雨般的掌聲之後，劉文典微笑著站起身，向臺下點點頭，說道：「我一向不參加這類活動。聽說新一屆新生的入學成績不錯，我心裡高興，破一次例，來看望看望大家。我不教你們，教的是你們老師的老師。說到《莊子》，不是什麼研究的蹊徑問題。古今中外的那些學者不論經由什麼蹊徑，皓首窮經，勉強算是挨近了《莊子》的，寥寥可數。算起來，全世界真正懂《莊子》的人，總共兩個半。一個就是莊子自己，中國的《莊子》學研究者加上外國所有的漢學家，唔，或許可以算半個。」他並未指明另外一個是誰，只是掃視全場，微微一笑。不過大家心裡都明白，那當然只能是他老先生了。他繼續說：「我雖然不教你們，不過要是遇到了國學上的難題，你們可以來問。我喜歡勤學好問的學生，別人不識的字，我識；別人不懂的篇章，我懂。你們不論來問什麼問題，我都會予以解答。嗯，就說這些。」（劉平章編，《劉文典傳聞軼事》〔昆明：雲南美術出版社，二〇〇三〕，頁八八—八九）

從這段記述中，不難看出劉氏再次顯露的自信、張狂性格，以及他這一時期短暫的舒適生活。

劉文典受政治環境和革命口號的鼓動，再度打起精神，想以餘年趕寫完成《杜甫年譜》、《王子安集校注》、《文心雕龍研究》，以及規模較大的《群書校補》等八種著作。惜歷史給予他的機會曇花一現，很快將化作青煙飄逝於蒼茫天際，劉文典之雄心壯志及其夕照中孤獨奮進的身影，很快也將幻滅，可謂「出師未捷身先死」，徒給後人留下無盡的慨歎。

「思想改造」運動結束，又經過幾個小運動，接著便迎來了一九五七年聲勢浩大的「反右」鬥爭，劉文典因以往的「反動言論」被校黨委定為「中右」分子。

一九五八年，隨著全國各高校開展「向黨交心和大破資產階級法權」運動，雲南大學校黨委以「大躍進精神」發動群眾在全校開展寫大字報和個人交心競賽，並發動學生給教師寫大、小字報提意見。被譽為「國寶」的劉文典大師未能幸免，被貼了大字報，內中充滿了侮辱其人格的言辭。向來以狂傲放縱的獨特文人風骨處世的劉大師自是不服，對貼他的大字報和會上的批評言語一概加以冷嘲熱諷。雲大副校長楊黎原後來曾提到在交心運動中劉的表現：「劉文典說『劉文典之所以成為劉文典就是因為我這一套，把它破了，我還能成為劉文典』」（張有京，〈國學大師劉文典之死〉，《炎黃春秋》二〇一三年九期，以下日記摘錄及括弧內文字皆來自該文）。劉文典因了自己的強硬態度，被校黨委升級為死不悔改的「反動學術權威」，交全校師生集中火力進行批判。

當年曾任雲南大學黨委常委、副教務長、歷史系主任和中國民盟雲南省常委的張德光，是雲大歷次運動的經歷者與見證者。一九八六年張德光去世後，其子張有京對乃父遺留的日記、筆記、書信等進行整理，發現了關於劉文典在政治運動中被整肅的一些記錄。一九五八年運動前期，張德光日記中有多條涉及劉文典言論、現場記錄與黨委態度的記載，如：

> 三月二十九日，校黨委開會，「書成同志（張有京注：黨委書記）強調中文系堡壘劉文典，歷史系方國瑜必須突破。劉文典在中文系組負嵎頑抗，大言不慚地說：『我是權威是你們捧出來的，在我面前上一炷香嘛！我不死誰敢教杜詩，即算能教也拿不了我這樣多的薪水。』」（張有京注：一級教授月薪三百五十元，相當於國家部長級別待遇。）

為攻克劉文典這一「頑固堡壘」，校黨委多次安排中文系、歷史系師生及校內各民主黨派人士聯合對劉進行猛烈批判。四月四日，張德光轉達了校黨委的意圖，劉文典在會上被迫做檢查。從張的記載看，劉文典態度仍「避重就輕」，仍透出內心不馴服的鋒芒，但表面帶有調侃、諷刺自己的意味。劉的檢查內容可概括為三點：

> 1. 我是極端個人主義。初燒時我認為自己是個大財主，倉庫裡東西很多，再燒就感到燒空了，空虛得很。
> 2. 我與張為騏（張有京注：中文系教授，劉文典的學生，對劉文典先生十分崇敬）有共同語言，我也看佛經，我說信仰自由是憲法規定的，抬出憲法來就不對了。
> 3. 我悲觀厭世，但我不自殺。我就一種自殺法，吹煙慢慢自殺。

四月十日，系主任會議研究學校教改如何轉入爭論階段時，張德光對劉文典態度與言論的記載如下：

> 中文系反映劉文典對大字報相應不理，他說：「古今中外了解老子最深的是老子自己，之外，就算我劉文典了。」（南按：劉文典以治《莊子》名世，或者劉說的是莊子，而張氏記錄有誤？或張記錄不誤，因為老莊在古典文學研究中是連在一起的。）

四月二十日，在校內各民主黨派整風會上，中文、歷史兩系師生代表再度聯合向劉文典發起進攻，許多老知識分子出於向黨表忠心和因恐懼而求自保的考慮，對劉文典猛踩重踹。一時間，會場內亂棍飛舞，批判之激烈、用詞之尖銳前所未有。如雲大著名文史老教授、九三學社成員方國瑜揭發如下：

> 劉老師的個人主義思想是醜惡的，解放前姜亮夫當文學院院長，請劉先生校補《慈恩法師傳》，預支稿

費五萬元，相當教授一年工資。劉先生貪得務多，又向熊慶來（校長）敲詐稿費。熊找我四次，叫把西南文化研究室印書用紙四十令賣了給劉文典。我不同意，熊說：「劉文典逼帳如逼命，你救救我的命吧。」不得已，我同意借一部分紙給學校救熊的命。劉先生收到錢後交稿了，我吃了一驚，原來是個騙局，劉先生只在書上加了幾條眉批，就算著作了。簡直是貪汙，太惡劣了。思想改造時，劉先生還汙蔑我貪汙了四十令紙，真無恥。

無數次的揭發批判，往昔的同事與學生反目成仇，不斷指責批鬥與嚴厲痛斥，使劉文典的精神意志漸漸垮了下來。在革命群眾的巨大聲浪面前，「頑固堡壘」終於土崩瓦解，一生桀驁不馴的劉文典低下了高貴的頭顱，只得承認莫須有的罪名，站在鬥鬼臺上向黨和人民群眾「認錯」、「認罪」，對著鏡子喊起了王八。劉在公開檢查中說：

……我劉文典除了思想上一包臭膿血外，沒有一點貢獻……一九五〇年抗美援朝我作過國變詩。我認為幫兄弟國家的忙，應有個限制，打起來建設不成了……我的問題最嚴重，我需要改造，我在茅廁裡蹲久了，聞不到臭味……我在上海租界一帶長大，都喜歡古今中外一切黃色的東西，生活作風壞至極點，我很下流的想法是對待女藝人（張有京注：先生酷愛京劇）……臺上小生畫畫我不要，花旦畫個畫我就要……我對教學是庸俗觀點，我說你們（共產黨）既要古典文學，就要借重我，這與右派分子三顧茅廬禮賢下士有何區別，其實我掌握的材料也只一點點，向黨討價還價這種想法卑劣不堪……現在我感到自己非常空，我全錯了。破是破了，立什麼呢！

六月十五日，雲南大學黨委會上，李書成書記在做運動小結中自豪地宣稱：「重點批判，國寶專權孤立了，承認了反動立場思想，威風打垮了，劉文典、方國瑜兩個堡壘垮了。」此時，劉文典不僅垮了，且生命也走到了盡頭。

一九五八年七月十四日深夜，劉文典在家中突然對夫人張秋華說自己頭痛，不一會兒昏迷過去。延至十五日下午五時，終因腦出血搶救無效死亡，終年六十九歲。一顆國寶級的學術巨星就此隕落。

劉文典去世當天，張德光日記載：

楊副校長通知與劉堯民研究劉文典後事。劉太太堅持不火化，要裝棺運回安徽去，狐死首丘恐辦不到。

「狐死首丘」，典出屈原《九章．哀郢》：「鳥飛反故鄉兮，狐死必首丘。」古代傳說狐狸如果死在外面，一定把頭朝著它的洞穴。屈原的詩句表達了對故國、故鄉的懷念之情。劉文典活著的時候，曾對夫人說過，夫妻死後都要回到安徽老家安葬。劉死後，張秋華根據其生前遺願向學校提出這一要求，但校方沒有答應，只弄了一口薄木棺材收殮屍體，派人抬到雲大後邊一個小山包處草草埋葬了事。張秋華繼之提出要在墳前立個碑，但沒有得到學校批准。對此，一九六〇年六月二十二日，雲南大學張為騏教授與張德光談到劉文典死因以及身後事時，悲憤難平地對張說：「交心運動中把劉文典一棍子打死，把人整死了還不甘休。」

據張有京說，許多年後，他見到劉文典唯一的兒子劉平章，劉對張說：「老弟，父親去世我從重慶工學院趕回來辦理父親喪事才知，在四月分一次批判會後，父親在回家路上吐了幾口血，吳進仁（中文系教師，先生的得意弟子）陪父親到醫院檢查，確診患肺癌晚期。父親再三叮囑吳進仁不要告訴學校，也不要告訴母親和我。我不知父親當時是怎麼想的，如他把病情告訴學校完全可住院治療，也可暫時迴避對他的無情批判。一向剛強固執的父親，在生命即將走到盡頭時為什麼拒絕治病呢？」

二〇一五年七月九日，作者藉到雲南考察的機會，專程赴昆明找到劉平章先生，詢問其父病亡詳情，得到補充如下：劉說：「我當時不在重慶工學院，也不是教師，而是成都工學院土木系的一名大學生。一九五七年冬天寒假回昆探親，有一次發現父親吐了血，就帶他到昆明醫院看醫生，那時候『反右』已進行了大半年，估計好的醫生都成『右派』被隔離審查批鬥了，只剩一般的醫務人員在敷衍了事。有個醫生看了一下說『沒什麼事，可能是太勞累了，回去好好休息吧』。我拿了點藥就帶父親回到家中。那時全國『反右』正如火如荼地進行，父親屬於『右派分子』，整天寫檢查，或被弄到院、系自我反思、檢查，或接受群眾無情揭發批判等，整得日夜不得安寧。父親身心受到極大摧殘，精神越來越委靡不振，瘦得不成人樣了。到了一九五八年四月，又開始吐血，且據說比以前吐得凶，這樣就由父親的學生吳進仁老師帶到醫院檢查，確診是肺癌晚期。父親之所以不讓吳老師告訴家人和學校，當是他知道自己不行了，醫治也不會有什麼奇蹟出現，他的倔強、固執性格，使他原本對運動整治自己的不服氣又凸顯出來。我猜想父親當時的想法是：既然你們要批鬥我，我不能在這個時候稱病逃脫，有病也不能說，必須堅持著，陪著你們鬥，如同士兵在戰場上，要有視死如歸的氣概，奉陪到底。就這樣，父親作為政治『堡壘』和『靶子』，繼續和往常一樣參加學校召開的批鬥會。直到父親死前十幾天，批鬥會議還沒有結束，揭發批鬥他的材料和文章一大堆，而每次批鬥時間都很長，有時到凌晨一兩點才能回家。如此這般鬥來鬥去，批來批去，心力交瘁的父親突發腦出血暴亡，而不是因為癌症，也不是他自稱的『吹煙慢慢自殺』而死去。」

一九五九年，已於成都工學院畢業的劉平章根據父親遺願與母親的建議，到雲大後邊的小山坡把盛裝劉文典的棺材挖出，用一個小擔子擔到火化廠火化。一九六一年，劉平章藉回安徽探親的機會，把父親的骨灰用一小盒盛裝，帶到家鄉安葬。

一九八二年，劉文典夫人張秋華去世。按照其遺願，兒子劉平章將其骨灰安葬於母親故鄉安徽省懷寧縣北門外總鋪公社燎原大隊高家山墓地，父親劉文典的骨灰再度起出，與母親同葬一起。至此，在外飄蕩大半生的遊子，終於算是落葉歸根，「狐死首丘」了。正是：

曼余目以流觀兮，冀壹反之何時？
鳥飛反故鄉兮，狐死必首丘。
信非吾罪而棄逐兮，何日夜而忘之？

57 歐陽哲生主編，《傅斯年全集》卷七（長沙：湖南教育出版社，二〇〇三）。

58 羅豐，〈夏鼐與中央研究院第一屆院士選舉〉，《中華讀書報》，二〇〇四年九月八日。又見中國社會科學院考古研究所編，《夏鼐先生紀念文集：紀念夏鼐先生誕辰一百周年》（北京：科學出版社，二〇一〇）。

59 臺灣中央研究院歷史語言研究所傅斯年圖書館存傅斯年檔案。

60 陳存恭、陳仲玉、任育德訪問，任育德記錄，《石璋如先生訪問紀錄》（臺北：中央研究院近代史研究所，二〇〇二）。

61 張元濟，〈在國立中央研究院第一次院士會開幕式上致詞〉，《張元濟詩文》（北京：商務印書館，一九八六）。

第十六章

山河崩裂

一、國寶爭奪戰

當參加中央研究院會議的群賢碩儒們，為連綿內戰造成的苦難憂心愁悴，徬徨山澤，嗟號昊旻而無一絲收效之際，炮彈轟鳴、人頭亂滾的戰場又傳出一個又一個國民黨軍戰敗覆亡的凶訊：

一九四八年九月十二日，中共將領林彪指揮的東北野戰軍在遼寧省西部和瀋陽、長春地區，對國民黨軍衛立煌部發起攻勢，史稱遼瀋戰役。此役東北野戰軍以傷亡六萬九千人的代價，殲滅、俘獲國民黨軍兵力四十七萬餘人，繳獲了大批美製武器裝備。經此一役，國民黨軍元氣大傷，徹底踏上了衰亡敗退之路。

九月十六日，中共華東野戰軍以三十二萬兵力圍攻國民黨重點守備的戰略要地濟南城，歷時八天，城陷，國民黨軍十萬四千人被殲，最高指揮官王耀武被俘。

十一月六日，中共華東、中原野戰軍與地方武裝共六十餘萬人在以徐州為中心，東起海州、西至商丘、北至臨城、南達淮河的廣大區域內，向集結在這一地區的七十萬國民黨軍發起強大攻勢，是為淮海戰役（南按：國民黨稱之為徐蚌戰役）。解放軍攻勢凌厲，兵鋒所至，所向披靡，國民政府首都南京岌岌可危。

十一月十三日，號稱一代「文膽」的蔣介石侍從室二處主任、總統府國策顧問、首席祕書陳布雷，看到國民黨政權日暮途窮，滅亡在即，自己回天乏術，更無力挽狂瀾於既倒、解黨國之危，痛苦悲憤中服巴比妥安眠藥自殺，以古老的「屍諫」形式表達了對蔣介石的忠誠以及對國民黨政府前途的絕望。在置於寓所書桌的遺書中，陳布雷字字血、聲聲淚地宣泄出久積於內心的苦痛與徹底絕望之情，書曰：

介公總裁鈞鑒：

布雷追隨二十年，受知深切，任何痛苦，均應承當，以期無負教誨。但今春以來，目睹耳聞，飽受刺激。入夏秋後，病象日增，神經極度衰弱，實已不堪勉強支持。值此黨國最艱危之時期，而自驗近來身心已毫無可以效命之能力，與其偷生尸位，使公誤以為尚有一可供驅使之部下，因而貽害公務，何如坦白承認自身已無能為役，而結束其無價值之一生。凡此狂愚之思想，純係心理之失常，讀公昔在黃埔斥責自殺之訓詞，深感此舉為萬萬無可諒恕之罪惡，實無面目再求宥諒，縱有百功，亦不能掩此一眚，況自問平生實無絲毫貢獻可言乎？天佑中國，必能轉危為安，惟公善保政躬，頤養天和，以保障三民主義之成功，而庇護我四億五千萬之同胞。回憶許身麾下，本置生死於度外，豈料今日，乃以畢生盡瘁之初衷，而蹈此極不負責之結局，書生無用，負國負公，真不知何詞以能解也。夫人前並致敬意。

部屬　布雷　負罪謹上[1]

此前，陳氏曾多次向蔣介石苦諫，謂「罷兵弭戰，同共產黨舉行談判，早日結束內戰，國民黨或許還能坐半個江山」。蔣答之曰：「目前戰局確實不利，但不必悲觀；即使談判也保不住半壁江山，只有背水一戰，成敗在天了。」[2]

面對山河崩裂、天地改色以及搖搖欲墜的國民黨政府，蔣介石困獸猶鬥，在決心背水一戰的同時，沒有聽天由命，而是採納了歷史地理學家出身的著名策士張其昀（曉峰）的縱橫捭闔之術，決定著手經營臺灣，作為日後退身和反攻大陸的「轉丸」之地。

在國民黨軍隊大舉敗退臺灣之前，根據蔣介石密令，由中央銀行為首，把儲備黃金、白銀等財寶全部祕密運往臺灣。運送管道有兩條主要路線，一是從上海的央行直接運至碼頭，以海關緝私艦悄悄運送到臺灣島；另一種是其他地區銀行的金條、銀錠、銀圓等，以陸路方式分頭運送到廈門鼓浪嶼，再以軍艦從廈門運送至臺灣。據國民黨當局後來披露，一九四八年之後從大陸運到臺灣的黃金、銀錠、銀圓共有三批，其中黃金二七七．五萬餘兩，銀（錠）圓一千五百萬元，另有一千五百三十萬餘美元存進美國銀行的國民政府帳號。美國前駐法國及蘇聯大使蒲立德（William Bullitt）後來曾在《展望》雜誌發表文章，分析一九四九年和一九五〇年臺灣的經濟與財政情況時指出：「臺灣面積僅約為波多黎各的四倍，它怎能維持六十萬的武裝部隊呢？這完全靠蔣先生將大陸的黃金運臺，才安定臺灣官員的生活。沒有蔣先生由大陸運臺價值十億美元的黃金，臺灣的經濟將被通貨膨脹的洪流所淹沒。」[3]蒲立德所言大體不差，這批黃金對穩定臺灣民心和國民黨軍心，以及後來的經濟發展發揮了極其重要的作用。蔣經國亦曾對這批庫存黃金的搬運經過有過如下披露：「當上海快要撤退的時候，父親就派我們幾個人到上海去，勸中央銀行把庫存的黃金全部搬運到臺灣來。臨行的時候，父親又再三囑咐我們『千萬要守祕密』，因為早已預料，李宗仁一定要以庫存黃金作為『和談』的條件之一。後來這批黃金很順利地運到臺灣了。政府在搬遷來臺的初期，如果沒有這批黃金來彌補，財政和經濟情形早已不堪設想了。」又說：「庫存黃金到達臺灣之後，父親又記起還有一箱國家的珠寶，存放在中央信託局，命令我們再趕到上海去，勸信託局把這一箱珠寶也運到臺灣。」[4]

蔣氏回憶的最後一個細節特別令人難忘，在如此艱危的情形中，蔣介石居然連一箱珠寶也記得清楚並掛在心上，可見他對這批立足之本的重視程度，真是考慮得細緻入微。除把價值約十億美元的黃金和銀圓連同蔣經國後來披露的當時不為外人所知的珍寶祕密運臺外，根據國民政府訓令，科學教育界能搬遷的人、財、物盡量搬遷，先以臺灣大學為基地，爾後慢慢站穩腳跟，以達「求生存、圖發展」的目的。因臺灣大學原校長莊長恭履任半年就攜眷悄然向當局呈請辭職開溜，國民政府決定由傅斯年接任臺大校長，著力經營關乎科學教育這一立國之本的重要基地。經蔣介石批准，朱家

南京庫存金屬錠。這些金屬錠將運往上海並轉臺灣。（臺灣中央研究院近代史研究所提供）

驊和傅斯年多次晤談，傅勉強表示從命，欲「跳這一個火坑」。

一九四八年十一月十日晚，國民政府行政院長翁文灝以故宮博物院理事長身分，召集朱家驊、王世杰、杭立武、傅斯年、李濟、徐森玉等故宮和中博兩院理事在官邸舉行談話會，決定先把當年運往倫敦展覽的五百箱精品文物運往臺灣，同時將中央研究院史語所、中央博物院籌備處、中央圖書館等機構的主要文物和圖書一併運往臺灣，並由朱家驊向蔣介石呈報，爭取海軍派軍艦押運。

十一月二十六日，在南京國民黨中常會擴大會上，C.C.派骨幹分子陳立夫等人猛烈攻擊教育部長朱家驊鎮壓學潮不力，當場要其下臺。朱氏心力交瘁，吐血病倒，但在胡適、傅斯年等人的強力支持下，仍咬牙苦撐，堅不去職。幾天後，朱家驊從病床上爬起來，奉命召開「中央研究院在京人員談話會」，由總幹事薩本棟主持，分別召集在京的七個研究所負責人及相關人員參加。出席會議的有傅斯年、李濟、陶孟和、姜立夫、陳省身、張鈺哲、俞建章、羅宗洛、趙九章等，會議緊急商定了幾條應對措施：立即停止各所的基建、擴建工程，原備木料全部製成木箱以備搬遷之需；各所盡快徵詢同人意見，做好遷臺準備。眷屬可自行疏散，或於十日內遷往上海，可能出國者盡量助其成；南京地區文物、圖書、儀器、文卷等先行集中上海，由安全小組封存，伺機再南運臺灣。會議之後，各所組織人員攜公私物資陸續向上海撤退，「靜觀待變」。

於是，故宮博物院南京分院、中央博物院籌備處、中央圖書館、中央研究院歷史語言研究所、外交部檔案室等五機關聯合組成統一機構，將所藏的珍貴文物、圖書和歷史檔案、外交檔卷等裝箱運往臺灣。本次遷運，由教育部次長、故宮博物院理事會祕書、中央博物院籌備處主任杭立武全權指揮。

待一切準備就緒，由蔣介石特批，海軍司令部派來「中鼎」號運輸艦與一個排的官兵協助裝運。此時整個國統區已是人心惶惶，流言四起，慌亂無計，紛紛設法出逃。據當時參加裝運的南京故宮博物院人員那志良回憶說：「海軍部人員聽說有船開往臺灣，大家攜家帶眷帶了行李，趕來搭便船，船上擠滿了人。我們覺得對文物安全是有問題的，由杭立武先生找來海軍司令桂永清解決這事。他上了船，百般勸慰，說另有船疏散眷屬，他們才相繼下船。」[5]

此船共裝運五家機構運來的古物、標本、儀器、歷史檔案、外交文書等七百七十二箱，由李濟擔任押運官，全程負責運輸、裝卸事宜。這時的李濟已辭卻中央博物院籌備處主任之職，以故宮博物院理事與史語所考古組主任的身分擔負這份重任。在搬遷之前，中共方面已得到消息，急派中共地下黨員、李濟的一個學生出面勸阻，但李並未聽從，並告訴對方：「保護這批古物是我的職責，自盧溝橋事變之後，我已護送這批珍寶跋涉了大半個中國，終得以保全。現在我同樣不能眼看著祖宗留下的國寶毀於戰火。國共之戰我管不了，但如果我能保全這批文物而撒手不管，是為不忠不孝，同樣對不起後世子孫。」[6]

眼看這位學生無力阻止，中共方面又轉而找到傾向共產黨的陶孟和對李濟委婉相勸，李仍不買帳，決定一意孤行，並對陶曰：「如果你陶孟老能保證這批古物不在戰爭中被毀，並有科學證據說服眾人，同時能擔當起這個責任，那我就放棄。」陶孟和當然拿不出科學證據，更不敢擔當這份與江山社稷緊密相連的「國之重器」存亡之重責，於是乃罷。對此，李濟以譏諷的口氣說道：「你陶孟老不是也帶人跑到上海的租界躲起來了嗎，對於我們做的事又橫加指責，這不是五十步笑百步嗎？臺灣與南京同為中國的領土，並不是外國人的領地，在整個大陸都籠罩在炮火中的非常時刻，中華民族的珍寶應該放到祖國領土最安全的地方去，這是人所共知的常理，陶孟老也不要揣著明白裝糊塗，為自己在政治上做投機取巧的打算才是。何況《左傳・宣公三年》周朝王孫滿對楚子有言：『成王定鼎於郟鄏，卜世三十，卜年七百，天命所也。周德雖衰，天命未改。鼎之輕重，未可問也！』中山先生締造之偉大中華民國，還沒有到玉石俱焚的時候。」[7]陶孟和聽罷，感到自己也不過是這個戰亂年代的一葉飄萍而已，打算固然有，但人微言輕，哪裡能阻止得了如此重大的事宜？遂不再強勸和阻攔。

一九四八年十二月二十日，滿載國之重寶的「中鼎」號軍艦拔錨啟程，由上海進入激流洶湧的臺灣海峽，向陌生、神祕的基隆港駛去。在行程中，因「船是平底的，遇到風浪，船搖搖擺擺，顛簸不定，船上的箱子又沒捆好，船向左傾，箱子便滑到左邊來，向右傾斜，箱子又滑到右邊去了，隆隆之聲，不絕於耳。海軍司令又託船長帶了一條狗。它又在那裡不住地狂吠，加以風聲、濤聲，這些押運人員直覺得是世界末日要到了」。[8]軍艦在大海裡顛簸了一個星期，直到二十七日才到達基隆港。後來，據隨李濟押運的那志良聽中央圖書館館長蔣復璁說：「在古物裝上船後，又傳來幾天前在海峽，海浪打沉一條船的消息，許多老友勸李濟不要跟船走，李回答說，物在人在，免得子孫唾罵千年。從南京到基隆，文物安全抵達，老先生也差點癱倒，其精神壓力之大可想而知。」[9]

由於前方戰事吃緊，海軍一時無船可派，第二批運輸珍物包租了一艘招商局的海滬輪，該船船艙較大，僅史語所的古物、資料就裝載了九百三十四箱。一九四九年一月六日海滬輪拔錨啟航，僅三天即到達基隆。

第三批是海軍部派來的一艘「崑崙」號運輸艦，當古物裝載時，海軍部的人員眷屬拖兒帶女呼呼隆隆地擁向船艙搶占座位。杭立武仍用老辦法請出海軍司令桂永清前來勸阻。此時國民黨軍戰事更為不利，人心越發焦灼慌亂。那志良說：當桂永清命令眾人下船時，「大家都哭了，希望老長官原諒他們，幫他們的忙。那種淒慘的樣子，使得總司令也落了淚。他沒有辦法可想，只有准許他們隨船去了」。[10]

該艦自一九四九年一月二十九日開出，直到二月二十二日才抵達基隆港。至此，五家機構共

「中鼎」號軍用運輸艦。該艦輸送文物至臺後，於1949年初，再度輸送國民黨官兵南撤。（臺灣中央研究院近代史研究所提供）

四千二百八十六箱古物、資料、珍貴圖書、檔案等全部運完，無一件損壞。故宮博物院南京分院運去的珍貴文物就多達兩千九百七十二箱，這批文物後來存放於臺北故宮博物院。而史語所僅「內閣大庫」檔案就多達三十一萬一千九百二十四卷（冊），其中明代檔案三千多卷（件）。這批珍寶與其他文物先借放於臺北楊梅鐵路局倉庫，後轉南港史語所辦公大樓資料庫永久保存。

就在五家機構的古物、圖書、檔案等倉皇運臺的同時，翁文灝見國民黨大勢已去，遂決定獨自開溜，於一九四八年十一月二十六日辭行政院長職，由孫科繼任並重新組閣。混亂中，原決定中央研究院各所人員全部遷臺的計畫竟沒有幾人響應，多數人員仍要在南京、上海「靜觀待變」。陶孟和等人則明確反對遷臺，堅持要留在大陸，靜候共產黨軍隊到來接收。十一月三十日，陶孟和參加在京人員談話會時，見不可一世的國民黨大老與一群公公婆婆即將倒下，感到自己終於可以吐一口惡氣，倒一倒若干年來肚中的苦水了。遂腰桿子突然硬將了起來，毫不客氣地對朱家驊說：「搬不搬要同全所同人商量，以多數人意見為依歸。」[11]

十二月九日，面對朱家驊的催促，陶氏以所務會已開過，「全所人員多一票」決定不遷回覆。朱氏聽罷又急又怒，當場以「出席人員中包括助理研究員，不符合規定」為理由，強行令全所搬遷，但陶卻置之不理，並以各種辦法拖延。面對朱家驊步步緊逼，陶孟和給社會學所的同人打氣說：「朱家驊是我的學生，我可以頂他，他不敢把我怎麼樣。」[12]意思是你們這些小的們不要怕，一切事由我這棵大樹頂著。一九四九年五月，竺可楨由杭州潛往上海，聽任鴻雋、陳衡哲夫婦說：「陶孟和頗贊成共產，近來大發議論，於首都陷落前赴京……」[13]此時的陶孟和決心拉著手下弟兄離開即將崩盤的梁山泊聚義廳，棄暗投明，接受新一輪「招安」，因而朱家驊的一切努力皆成徒勞。

在中央研究院各研究所中，只有傅斯年主持的史語所在遷臺事宜上表現得較為積極，但真要離開生於斯、長於斯的家園，其徬徨、猶豫、痛苦也在心頭縈繞不去。據陳槃回憶：「當首都倉皇之日，時有陳布雷、段錫朋二氏之歿，師（傅斯年）因精神上大受刺激，悲觀之極，頓萌自殺之念。而師卒未於此時殉國者，賴傅夫人愛護防範之力也。」[14]陳氏之說後來得到了俞大綵的證實。當時俞正準備陪母親去廣州、香港就醫，傅斯年的弟弟傅孟博暗中勸俞不要離開，俞大綵說：「那時我的母親患嚴重心臟病住院，大姐大絪，以南京危在旦夕，決奉母先飛廣州，轉香港就醫，她要我同行，與她共同隨機照顧病母。我慮及孟真舊病復發，加以他感時憂國，情緒極劣。母親重病在身，長途飛行，極堪憂慮，左右為難，不知何所適從，商之於孟真。他毫不遲疑地說：『你母親病情嚴重，此行如有不測，你未能盡孝，將遺恨終生。你非去不可，不要顧慮我。』我略整行裝，準備隔日啟程，當夜孟博趕來痛哭流涕，責備我不該離開孟真。他說：『你難道不知道哥哥隨身帶著一大瓶安眠藥，一旦匪軍攻入，他便服毒自盡麼？那時，你將何以自處？』骨肉情深，感人肺腑，我們相對涕泣，我便放棄了廣州之行。」[15]

陳槃的回憶當是可信的。與傅氏一度友善的北大教授，汪偽國民黨中央常委兼宣傳部長，一九四一年後為蔣介石侍從室祕書、《中央日報》總主筆的陶希聖，也曾有過類似的回憶。陶說：「在徐蚌戰事失利之後，我到雞鳴寺去看孟真；歷史語言研究所的圖書都在裝箱，他的辦公房內也是箱篋縱橫。他告訴我說：『現在沒有話說，準備一死。』他隨手的小篋裡面藏著大量的安眠藥片。」[16]

傅斯年之所以沒有自殺，除了夫人看護有加，與傅本人心中牽掛著史語所同人和他的故舊親朋亦有極大關係，也正是這一條若隱若現的鎖鏈，最終拴住了他的心並延長了其生命。對此，陳槃還有一段關於傅斯年和中央研究院歷史語言研究所人員赴臺內幕研究中絕對不可忽視的記錄：

自三十七年冬，首都告急，群情惶急，不知何以為計。一日，師（傅斯年）召集同人會議，慘然曰：「研究所生命，恐遂如此告終矣！余之精力遂消亡，且宿疾未癒，雖欲再將研究所遷入適當地區，使國家學術中心維持得以不墜，然余竟不克荷此繁劇矣。今當籌商遣散。雖然如此，諸先生之工作，斯年仍願盡最大努力，妥為介紹安置。」同人此時，以學術自由之環境已受威脅，於多年生命所寄託之研究所，亦不勝其依戀可惜。一時滿座情緒，至嚴肅悲哀，有熱淚盈眶者。師於是不覺大感動，毅然曰：「諸先生之貞志乃爾，則斯年之殘年何足惜，當力命以付諸先生之望耳。」

本所遷移之議，於是遂決。[17]

陳氏之說當屬事實，但似乎又令人聯想起古代坊間小說的某些情節。傅斯年在赴延安會見毛澤東時，謂對方「對於坊間各種小說，連低級興趣的小說在內，都看得非常之熟。毛澤東從這些材料裡去研究民眾心理，去利用民眾心理的弱點，所以至多不過宋江一流」。其實傅的這段講演也頗具梁山好漢們特別是宋江之流慣用的伎倆，具有典型的利用民眾心理來達到目的的戲劇性效果，想來傅斯年是同樣深諳《水滸》等坊間小說精髓的。或許此時的他並未想到利用和欺騙，而是把他的真心誠意借用這一古典戲劇性手法加以表達也未可知，無論如何，他的目的是達到了。全所大部分人員開始於惶恐紛亂中，攜妻帶子緊急逃亡臺灣海峽另一邊的孤島，只有吳定良、夏鼐、郭寶鈞、逯欽立等少數人留了下來。

遷臺經過是慌亂複雜的，而最終得以成行，除了傅斯年一手造就的史語所具有曾國藩締造的湘軍「兵隨將轉」的政治格局和習性，促成該所大部分人員出逃的原因還有一個意外插曲，這就是濟南城被共產黨軍隊攻陷後，山東圖書館館長王獻唐被掃地出門，流浪街頭。王氏在學術界屬於德高望重的前輩，抗戰期間流亡李莊達四年之久，與史語所同人建立了深厚的感情。聞知這位學界耆老的悲慘際遇，眾人在潸然淚下的同時，也聯想到了自己日後的命運，遂下決心離開即將被共產黨占領的大陸，像當年的徐福浮海東渡一樣出走臺灣。

當史語所一行人登上輪船，心懷淒涼之境，在風高浪急的臺灣海峽動盪顛簸時，傅斯年沒有離去，仍繼續留在南京，擔負起搶救學界名宿碩儒奔赴臺灣孤島的重大使命。

二、學人搶救計畫

一九四八年十一月二十九日，共產黨所屬東北野戰軍會同華北軍區主力共一百萬人，在北平、天津、張家口地區聯合打響平津戰役，與國民黨軍傅作義部六十萬人展開決戰。十二月十二日，北平城被解放軍包圍，南苑機場失守，國民黨軍氣脈已竭，力不能支，平津即將陷落。蔣介石急派飛機空投手諭致平津守軍各軍長，以鼓舞士氣。手諭末尾以悲壯無奈的口氣道：「固守待援，不成功，便成仁。」十三日，北平西郊炮聲隆隆，解放軍發射的彈片從清華園上空「嗖嗖」掠過，校內師生及家屬大為驚恐，紛紛逃跑躲避，清華陷於混亂。鑑於此情，校方只好宣布停課，師生員工自尋出路。

在國民政府風雨飄搖、大廈將傾的危急時刻，朱家驊、傅斯年、杭立武、蔣經國、陳雪屏等在蔣介石授意下，於南京緊急磋商謀畫「平津學術教育界知名人士搶救計畫」細節辦法，很快擬定了「搶救人員」名單。名單包括四類：

（一）各院校館所行政負責人；

（二）因政治關係必離者；

（三）中央研究院院士；

（四）在學術上有貢獻並自願南來者。

計畫既定，立即實施。南京方面急電北大祕書長鄭天挺，令其迅速組織胡適等重量級知識分子火速南下，共商圖存大計。但北平方面遲遲沒有回音。十二月十一日，教育部副部長陳雪屏再度致電北京大學祕書長鄭天挺，安排搶救學人事宜，曰：

> 毅生我兄，先後三電計達。前與俞部長商定，一俟場可著陸，即派機來迎。託石志仁主持辦理。特囑黃瀓隨機北來，切取聯繫。
>
> 右所應注意之點，就一時想到者列後：
>
> 一、適師及師母必須先行，無論空軍專機或航機先到，立即動身，千萬勿猶夷，因隨時場地仍可破壞也。總統對此一再諄囑，至要至要！
>
> 二、東廠胡同如寅恪、錫予諸先生亦可與胡師偕行較為方便，此時不宜謙讓，以免耽擱有變，總之盡前利用機會。
>
> 三、其餘同人有必須走開者，如第一項名單所列海宗、壽民、孟實、佛泉、□修、子水、貽寶、□□諸先生，以及各院校館行政負責人，如梅校長、袁、馬、李、賀、鄭、馮、葉、霍、褚、饒諸先生及吾兄，要走便立刻決定，不宜遲疑。此外各校有地位之教授，如今甫、莘田、景鉞、澤霖諸先生。大抵每機可坐四十人，擬用四機分兩批，何人先走，請兄□梅校長志仁兄商定。中院院士朱先生特別重視請注意。輔大百齡重一侍峰諸兄亦請勿遺漏。排定次序，祕密通知，立即出發，自己萬不可鬧意見，爭先後。先將

必須走者定為第一批，再分別與其他者商定。一切請與樹德實齋兄商酌進行。匆匆。餘由敏功面陳。

敬頌

大安

弟雪屏謹啟

十一　18

密電到達，胡適卻以籌備北大五十周年校慶為由不肯起身，而接到電文的清華校長梅貽琦也磨蹭觀望。當時北平出現了一股北大將要南遷的謠言，身為北大校長的胡適為穩住師生情緒，在積極籌備校慶活動的同時再三闢謠：「北京大學如果離開北平就不能稱為北京大學了，所以絕無搬遷之理。」事實上，面對解放軍的咄咄進迫，胡氏曾有過把北平各大學遷往南方，再度成立像抗戰中長沙臨時大學或西南聯大的念頭，但僅僅是一個念頭而已，尚未來得及詳細籌畫，解放軍潮水一樣湧來，國民黨軍在排空連壁的疾風猛浪中翻了幾個跟頭便成了縮頭烏龜，躲在高大城牆包圍的城中不敢冒頭，只偶爾從箭垛的垛口，露出兩隻黑豆一樣的小眼珠，滴溜亂轉著尋找可以逃跑或投降的機會。面對這些烏龜王八蛋的軟骨症加飯桶做派，胡適深覺失望，認為學校南遷無望。既如此，號稱平津教育界「定海神針」的他，就面臨著一個必須抉擇的急迫問題——是留，還是走？

而此時，鑑於胡適在中國政學兩界不可忽視的巨大存在，共產黨方面也加緊了對其拉攏、爭奪的行動。根據中共高層指令，幾個地下黨、原胡適的弟子紛紛潛入北平，通過各種方式做胡的政治思想工作。早些時候已棄教職走出清華園，祕密潛入解放區等待出任中共高官的吳晗，曾專門指派嫡系找到胡適密談，讓胡留在北大，不要無事找事地跟著國民黨亂跑找死。

當然，這次交談，吳晗的指令不再代表過去自己向國共兩黨宣稱的「我們人民」，而是代表「我們中國共產黨」。但是，胡適沒有聽從這位前愛徒、現以高官大員自命者的指令，乃冷冷地回了一句：「不要相信共產黨的那一套！」意思是我不相信，你吳弟子也不要懸在「兩涘渚崖之間，不辨牛馬」的陰陽界中做著美夢，還是早一點鞋底抹油——開溜的好。最後，胡適旗幟鮮明另加斬釘截鐵地讓來使告訴吳晗三句話：「在蘇俄，有麵包沒有自由；在美國，又有麵包又有自由；他們來了，沒有麵包也沒有自由。」[19]

吳氏知胡老師心意已決，遂放棄了努力，但共產黨高層仍不死心，便以其他方法展開心理攻勢。據時任北大教授兼東方文學系主任的季羨林回憶，當解放軍包圍北平郊區時，「我到校長辦公室去見胡適，商談什麼問題。忽然闖進來一個人——我現在忘記是誰了，告訴胡適說解放區的廣播電臺昨天夜裡有專門給胡適的一段廣播，勸他不要跟著蔣介石集團逃跑，將來讓他當北京大學校長兼北京圖書館館長。我們在座的人聽了這個消息，都非常感興趣，都想看一看胡適怎樣反應。只見他聽了以後，既不激動，也不愉快，而是異常平靜，只微笑著說了一句：『他們要我嗎？』短短的五個字道出了他的心聲。看樣子他已經胸有成竹，要跟國民黨逃跑。但又不能說他對共產黨有刻骨的仇恨。不然，他絕不會如此鎮定自若，他一定會暴跳如雷，大罵一通，來表示自己對國民黨和蔣介石的忠誠。我這種推理是不是實事求是呢？我認為是的」。老季又說：「因此，說他是美帝國主義的走狗，說他『一生追隨國民黨和蔣介石』，都是不符合實際情況。」[20]

直到一九四八年十二月十二日，胡適接到南京教育部長朱家驊親自拍發的密電：「明天派專機到平接你與陳寅恪一家來京」，他才有離平的打算。當國民黨派出的飛機飛抵北平上空時，南苑機場已被解放軍控制，飛機無法降落，只能空返。十四日，蔣介石兩次親自打電報催促胡適飛南京，並派專機迎接。胡得此消息，決定乘

1948年6月15日，北大校長胡適與出席泰戈爾畫展的來賓在孑民堂前留影。前排右五徐悲鴻，右六胡適，左一季羨林，左二黎錦熙，左三朱光潛；第二排左三饒毓泰，左七鄭天挺，左八馮友蘭，左九廖靜文；第三排左五鄧廣銘。（北大校史館提供）

機南飛，臨行前，他派人勸輔仁大學校長兼好友、與陳寅恪齊名的史學大師陳垣共同乘機赴京，陳垣不從。令胡適想不到的是，不但老友陳垣不從，即使他的小兒子胡思杜也表示暫留在親戚家，不隨父母南行。這一拒絕令胡適夫婦大為吃驚，心中惱怒又不知如何是好。

一九四一年，胡思杜投奔在美當大使的胡適進入美國學校讀書，一九四八年夏回到國內，八月三十日到北平圖書館報到，成為北圖的一名職員。據胡適辦公室不掛名的祕書鄧廣銘回憶說：「當時胡思杜不願意隨胡適南飛，他剛從美國回北平不久，對國內這幾年的情況不熟悉。他說：我又沒有做什麼有害共產黨的事，他們不會把我怎麼樣。結果胡適夫婦就把他留下來了。」[21]因事涉緊急，胡適無法也無力在短時間內做通這個腦後長有反骨的兒子的政治思想工作，眼見胡思杜周身充溢著一股年輕氣盛，不知天高地厚的牛烘烘的叛逆氣味，胡適夫婦頗感無奈，只好強壓怒火，按照天要下雨娘要嫁人，或者兒要守家的古訓——隨其便了。胡適對兒子說了幾句不要再像在美國讀書時那樣——整天出去吃喝嫖賭，正事不幹，除了工作，要好好蹲在家中照看家產與書籍之類的話，便告辭而去。未久，胡適驅車來到鄧廣銘家中，急切地詢問能否找到陳寅恪，並謂昨日南京政府來電，說今日派專機抵達南苑機場，「搶救」胡與陳寅恪等著名教授離平。胡打電話至清華問詢陳氏的情況，告之已回城內，但不知具體落腳何處，因而要鄧廣銘想辦法尋找。

一九四三年年底，陳寅恪辭卻傅斯年邀請，自重慶攜家繞過南溪李莊，徑直赴成都燕京大學任教。到校後，與早些時候由史語所轉赴燕大任教的李方桂一家同住學校租賃的民房，生活艱難。時陳寅恪身體極度虛弱，右眼失明，上課之後回到家中，仍在昏暗的燈光下用唯一的左眼緊張地備課和研究學術。一九四四年春，陳寅恪上課地點改在華西大學文學院，一家隨之遷入華西壩廣益宿舍，居住條件稍有改善。因物價仍在飛漲，陳家柴米不濟，夫人唐篔時常犯心臟病，可謂饑病交迫，令人心焦。在此種情形中，陳氏每個星期都要身穿長衫、夾著包袱到教室上課。因生活困苦，營養不濟，陳寅恪左眼視網膜剝離加重，終致失明。這年十一月二十三日，陳寅恪給傅斯年與李濟的信中寫道：「弟前十日目忽甚昏花，深恐神經網膜脫離，則成瞽廢，後經檢驗，乃是目珠水內有沉澱質，非手術及藥力所能奏效，其原因是滋養缺少，血輸不足（或其他原因不能明瞭），衰老特先，終日苦昏眩，而服藥亦難見效，若忽然全瞽，豈不大苦，則生不如死矣！」[22]

關於陳寅恪失明的經過，陳寅恪女兒流求回憶說：「一個早上，父親突然發現兩眼一片漆黑，失明了。先叫我通知他當天不能上課，隨後住進存仁醫院。」又小彭筆記：「父親在存仁醫院由眼科醫生開刀。聽父親說，在成都開刀時手術不怎麼理想，視網膜皺在一起，以後雖到英國醫治，已無法再弄平。」[23]一九四五年二月，陳寅恪作〈目疾久不癒書恨〉表達自己憤懣哀惋之情。詩曰：

天其廢我是耶非，歎息萇弘強欲違。
著述自慚甘毀棄，妻兒何託任寒饑。
西浮瀛海言空許，北望幽燕骨待歸。先君柩暫厝北平，待歸葬西湖。
彈指八年多少恨，蔡威唯有血沾衣。[24]

詩中的「西浮瀛海言空許」句，指幾次欲赴英講學而未成行，這個心願直到抗戰勝利之後方才得以實現。

一九四五年秋，英國皇家學會與牛津大學為實現以前的承諾，再次邀請雙目失明的陳寅恪赴倫敦，由英國醫生療治目疾，希望治好後留牛津講學。陳氏接受邀請，由成都啟程經昆明，轉印度，乘水上飛機赴英，進入對方安排的醫院接受治療，但手術最終失敗。陳夫人唐篔於一九四六年二月十九日在成都致信傅斯年求援，並談及史語所事，信中說道：「寅恪本有意隨郭子傑兄之伴赴美國，看更有無其他方法補助左眼之模糊，又恐所帶之款不夠，此事正在躊躇中，請先生與騮先先生、立武先生一談如何？」又說：「元白詩箋證稿篔已請人著手抄寫，俟寅恪歸來，再刪改後即可付印。此項抄寫費是否可出自史語所？大約三萬左右（並未詳細計算）。史語所何日出川？有何計畫否？燕大成都方面整個的關門結束，教授之去留以北平、燕大之聘書而定，受聘者始能談到回平的話。北平方面已屢來信拉寅恪（哈佛研究院只是研究工作），而寅恪尚無答覆。先生之意如何？望有信直接寄英，以助其考慮。」[25]

正在重慶和昆明之間為處理西南聯大學潮焦頭爛額的傅斯年接信後，做何努力與答覆不得而知，但從後來的情況看，籌款之事似乎沒有多大成效。在倫敦醫病的陳寅恪，先是由著名眼科專家Sir Steward Duke-Elder負責診治，第一次手術後有進步，但眼睛吸收光線尚無好轉，仍模糊。第二次手術想黏上脫離之部分，失敗。但情形似比出國時好一些，醫告無須再施手術。陳寅恪尚存最後一線希望，遂請在國外訪學的熊式一教授，把英倫醫生的診斷書寄給時仍在美國的老朋友胡適請求援助。胡託人將診斷書送往哥倫比亞眼科學院諮詢，對方告之亦無良策，無法手術，胡適「很覺悲哀」，百忙中只好託在美訪學的全漢昇帶了一千美元給陳，以示關照。一九四六年四月十六日，胡適在日記中寫道：「寅恪遺傳甚厚，讀書甚細心，工力甚精，為我國史學界一大重鎮，今兩目都廢，真是學術界一大損失。」[26]

另據小彭筆記載：陳寅恪「到英國後，由於第二次世界大戰方結束，營養很差，雖用電針貼合視網膜，由於網膜皺在一起，無法復原」。[27]自此，陳寅恪雙目完全失明，一代史學大師將在黑暗中度過餘生，其悲苦之狀，令人浩歎。陳氏為此寫下了「一生負氣成今日」與「殘餘歲月送淒涼」之句，[28]表達了自己悲觀茫然的心境。

同年三月十六日，唐筼再次致信傅斯年，謂陳寅恪「本擬赴美洲一行，今以種種不便，旅費亦不敷用，遂決定等船及覓伴歸國」。同時提到「寅恪有書籍四箱，擬託歷史語言研究所復員時同運至南京。事前筼可託五十廠便車先帶至重慶，但不知可交與何人？乞先生酌，指定某處某人可接洽，並代為保管者」。最後又提及：「寅恪來書云：對燕大事已辭謝，大約欲回清華或回史語所專事著作。」[29]

傅接信後，當即做了回覆。就書箱之事，專門致信李莊指示由史語所文書兼圖書管理員那廉君負責辦理。而此時陳寅恪正在回國的輪船上。對這段經歷，陳氏在清華時代的高足楊聯陞曾有過一段回憶：「來美國留學之後，曾於一九四六年四月十九日與周一良兄（當時青年學人中最有希望傳先生衣缽者）同隨趙元任先生夫婦，到紐約卜汝克臨二十六號碼頭停泊之輪舟中，探望先生。時先生雙目幾已全部失明，看人視物，僅辨輪廓。因網膜脫落，在英經其國手名醫，用手術治療無效（先生曾膺牛津大學中文系講座之聘，實未就職，但藉此前往就醫）。置舟回國，道出紐約，原擬再試醫療，後聞美國名醫亦無良策，遂決定不登岸。是日午後約三時半，先生在艙內初聞韻卿師母、元任先生呼喚之聲，頓然悲哽。但旋即恢復鎮定，談話近一小時。對一良與聯陞近況，垂詢甚詳。時二人皆已在哈佛先後完成博士學業，即將回國任教……此為聯陞在國外拜謁先生惟一之一次，亦為畢生最末之一次。」[30]前去拜訪的趙元任夫人楊步偉後來回憶說：陳寅恪「睡在船艙床上，對我說，『趙太太，我眼雖看不見你，但是你的樣子還像在眼前一樣』。這是（我們）最後一次見面」。[31]此情此景，令趙元任夫婦泫然泣下。自此，陳趙兩位原清華國學院導師，中央研究院史語所一、二組主任，中國歷史、語言學界的泰山北斗，紐約一別竟成永訣。而此次訣別，也意味著陳趙二人與史語所的緣分已盡，各奔東西。陳寅恪為此留下了「人生終古長無謂，乾盡瀛波淚未乾」[32]的詩句以示心跡。

一九四六年五月底，陳寅恪返國抵南京，暫住妹夫俞大維公館。未久，夫人唐篔攜三個女兒由成都抵京，一家人算是得以短暫團圓。六月十二日中午，由昆明來南京教育部辦理清華復員事宜的梅貽琦專程赴俞大維公館拜望陳寅恪，並請陳回到復員後的清華繼續任教，陳表示可以考慮。八月，傅斯年告別復員後的北大南飛，在京停留期間專程拜望陳寅恪夫婦，並勸陳氏不要再回清華，留在南京一邊休養一邊等待史語所自李莊復員回遷，繼續擔任本所一組組長與專職研究員職位，生活、住房等一切事宜，皆由傅氏負責安排妥當。面對傅氏的盛情，陳寅恪答應可做詳細考慮，但自己則傾向於回北平清華園。傅知彼對清華園與清華同事尚有一份難以割捨之情，不再強勸，只囑陳再做考慮，告辭而出，趕赴李莊。幾天後，陳寅恪接到了梅貽琦寄來的聘書，決心重回清華任教。

一九四六年十月，陳寅恪安頓女兒流求、小彭在南京讀書，與夫人及小女美延赴上海，乘船轉道赴北平，重返闊別九年的清華園，暫住清華園新林院五十二號，抗戰爆發時在天津離去的工友陳忠良也回到了陳家，生活等諸方面算是安頓下來。同戰前課程安排一樣，陳氏仍任清華中文、歷史兩系合聘教授，外兼已復員的燕京大學研究院導師。時已由美國歸來並出任北大校長的胡適多次前來拜望陳氏一家，並想方設法幫助解決生活中的困難。陳寅恪因已雙目失明，教學研究皆需助手查閱誦讀所需書籍資料及抄寫講稿，遂與清華校方協商，向北大祕書長、史學系主任鄭天挺求助，請王永興前來協助。陳寅恪在致鄭氏的專函中寫道：

> 毅生先生史席：
>
> 弟因目疾急需有人助理教學工作。前清華大學所聘徐高阮君，本學年下學期方能就職。自十一月一日起擬暫請北京大學研究助教王永興君代理徐君職務，至徐君就職時止。如蒙　俯允，即希　賜覆為荷。耑此順頌
>
> 著祺
>
> 弟　陳寅恪敬啟
>
> 三十五年十月三十日[33]

王永興原是清華大學中文系學生，後仰慕陳寅恪的道德學問轉入歷史系，成為陳氏的弟子。西南聯大畢業後考入北大文科研究所，與另一名學生汪籛追隨陳寅恪研究唐史，畢業後留在北大文科研究所做研究工作，與導師陳寅恪關係甚洽。陳請其至清華擔任自己的助手，正是源自多年建立的師生情誼與默契。鄭天挺接函，報告北大校長胡適批准，王永興來到了陳寅恪身邊，陳氏心境漸漸由焦躁變得平和安靜。除在家中為歷史系開設「魏晉南北朝史」、「隋唐史」等課程，決心好好做一番教學和學術研究，繼續自己未竟的事業，並把自己的書齋取名為「不見為淨之室」。所謂「不見」表面上是指目盲（南按：據王永興說，陳寅恪尚能辨別眼前人的大體輪廓，對有些東西能影影綽綽看到一團影子），實際是有深意。

儘管陳寅恪對政治和黨派鬥爭採取「眼不見，心不煩」的態度，但又不可能生活在真空之中，當國共內戰越演越烈，最後呈你死我活的膠著狀態時，陳氏深為中國的前途憂心忡忡。延至一九四八年年底，北平郊外炮聲隆隆，清華園成為解放軍的天下，共產黨即將於古都北平徹底翻盤，陳寅恪攜家離開清華園遷入城中躲避。兵荒馬亂中，陳氏沒有想到，胡適在即將南飛的最後一刻想到了他。胡氏認為，陳垣這樣的人物可以捨棄，但像陳寅恪這樣具自由知識分子氣節與風骨、三百年乃得一見的史學大師，無論如何也要拉上，絕不能讓其留在眼看就要落入解放軍之手的北平。於是便急如星火地驅車來到鄧廣銘家中詢問陳氏下落。

鄧氏聽罷，當即回答可能找得到，估計在他大嫂家中。送走胡適，鄧廣銘急奔北大西語系教授俞大縝（俞大維胞妹）家中詢問陳寅恪大嫂（陳師曾遺孀）在城內的住處。待問明後，鄧廣銘果然在其嫂家中找到了陳寅恪及其家人。鄧把胡適的囑託向陳複述一遍，問是否願意與胡氏一起離平南飛。陳寅恪頗為乾脆地回答：「走。前許多天，陳雪屏曾專機來接我。他是國民黨的官僚，坐的是國民黨的飛機，我絕不跟他走！現在跟胡先生一起走，我心安理得。」[34]

陳寅恪向來有午休的習慣，待決心下定，令鄧廣銘先去胡宅覆命，他稍事午休即僱車前去東廠胡同胡宅會合。當鄧來到胡家，胡適即告之飛機已抵達南苑機場，時間緊迫，令鄧趕緊回去催促，請陳不要按老規矩午睡了。鄧正要出門，見陳寅恪夫婦與兩個女兒流求、美延已攜部分行李趕到（南按：時流求已由南京轉北平），胡適夫婦與陳氏一家立即攜帶簡單行李，乘胡適汽車向南苑機場飛奔而去。車到宣武門，城門緊閉，守門官兵不准出行。胡適只好用電話與北平守軍總司令傅作義聯繫，無奈傅正忙於與解放軍代表談判周旋，根本聯繫不上。而北平城外一片戰火，導致南京派往北平的專機不能降落，無功而返。關於此日的混亂情形，《申報》駐平記者於當日發回一組電訊：

1948年，葉企孫（左）與陳寅恪在清華園陳宅院中一起喝茶。（葉銘漢提供）

北平外圍國民黨軍已完成集中部署，增強城垣防務，下午四時西郊若干區域發生大火，截至四時卅分發電時，廣安門外郊區激戰甚烈。新市區昨下午即捲入戰渦，今日復興門外之公主墳傳有激戰。平大軍雲集，西城沿街商店皆為軍隊住滿，大街亦為軍隊行列壅塞難行。官方透露，刻國民黨軍兵力已完成集中，情勢即可扭轉。另電：「今上午平上空沉寂，午後有軍機過空，官方透露王叔銘今飛平。（又電）平午後初聞機聲，有轟炸機一小隊，經市空向西北飛去，下午三時後，有民航飛機兩架飛臨市空，盤旋良久，疑在市內東單練兵場試行降落未果，仍行飛回。」[35]

面對飛機不能降落和城門不開的混亂危險局勢，胡陳兩家只好乘車返回東廠胡同暫住，等待第二天早晨再次行動。當晚，鄧廣銘到東廠胡同與陳寅恪話別，陳對鄧意味深長地說了下面一段話：「其實，胡先生因政治上的關係，是非走不可的；我則原可不走。但是，聽說在共產黨統治區大家一律吃小米，要我也吃小米可受不了。而且，我身體多病，離開美國藥也不行。所以我也得走。」[36]

十五日，平郊戰火蔓延，槍炮聲更趨雜亂緊急，清華園已成為共產黨的天下。蔣介石親自下達手諭派出飛機再次飛往北平，胡陳兩家趕至中南海勤政殿等候。守城司令傅作義下令城外部隊組織兵力向南苑機場攻擊，不惜一切代價奪回機場，完成「搶救學人」的計畫。經過兩個輪次的浴血苦戰，解放軍退縮，國民黨軍暫時奪回了機場的控制權。下午，南京派出的飛機冒著解放軍的炮火在南苑機場緊急降落，傅作義命人通知胡適等人立即前往登機。於是，胡陳兩家立即從勤政殿門前換乘傅總司令的座駕駛往南苑機場，而在胡、陳兩家前後陸續到達機場的尚有北大與清華的毛子水、錢思亮、英千里、黃金鼇等著名教授。因時間緊張，被「搶救」南飛的教授大都除了手中幾件行李，再無他物，胡適的匆忙更使他在城內東廠胡同的家中遺落了數十年來與友朋弟子的大量通信以及日記等珍貴資料。十、七八年後，其中的一些信件竟成為他早年提攜栽培的學生吳晗「投靠帝國主義洋奴、買辦、走狗」的一大罪證。在行前的匆忙慌亂中，胡適於十四日給北大祕書長鄭天挺和湯用彤等人留下了一張便箋：

> 今早及今午連接政府幾個電報，要我即南去。我就毫無準備的走了。一切的事，只好拜託你們幾位同事維持。我雖在遠，絕不忘掉北大。[37]

傅作義控制下的北平駐守南苑至盧溝橋一線的部隊（臺灣中央研究院近代史研究所提供）

這是胡適與他傾注了半生心血的北京大學的最後辭行，此一去竟成永訣，再也沒有回到這塊令他魂牽夢繞的古城舊地。在這天的日記中，胡適寫道：

> 昨晚十一點多鐘，傅宜生（南按：傅作義）將軍自己打電話來，說總統有電話，要我南飛，飛機今早八點可到。我在電話上告訴他不能同他留守北平的歉意，他很能諒解。今天上午八點到勤政殿，但總部勸我們等待消息，直到下午兩點才啟程，三點多到南苑機場。有兩機，分載二十五人。我們的飛機直飛南京，晚六點半到，有許多朋友來接。兒子思杜留在北平，沒有同行。[38]

錫予
毅生　兩兄：
今早及今午連接政府幾个電報，要我即南去。我就毫無準備的走了。一切的事，只好拜托你們幾位同事維持。我雖在遠，決不忘掉北大。
弟胡適　卅七，十二，十五

胡適離開北大時給湯用彤、鄭天挺留的字條。（鄭克揚提供）

此次南行，胡適為時人和後世留下的懸案頗多，其中之一便是小兒子胡思杜為何獨自留在北平。因胡適日記中只有一句簡單記載，其他流傳的資料又無直接證據加以釋解，致使胡思杜自殺之後，成為言人人殊的不解之謎。

三、金陵王氣黯然收

當胡適、陳寅恪及其家眷與毛子水等教授乘坐的飛機抵達南京明故宮機場時，王世杰、朱家驊、傅斯年、杭立武、蔣經國等前往迎接。對這一不可多見的歷史性場景，隨行的《申報》記者做了如下報導：

胡適夫婦抵京

【本報南京十五日電】北大校長胡適及夫人，十五日下午六時三刻自平乘空運大隊專機飛抵首都，同行者有名史學家陳寅恪教授闔家，前平市副市長張伯謹夫婦及北平英文時事日報社長王雲槐等。按總統日前曾遣專機於十四日赴平迎胡氏南來，然以故都局勢陡緊，機場不能使用，致專機未克降落，乃延至十五日始完成是項使命。胡氏下機後，與蒞臨機場歡迎之王世杰、朱家驊、蔣經國、傅斯年、杭立武等握手寒暄。據云：平市軍情十五日已趨鬆弛，人心頗為安定，旋即偕夫人赴總統府方面預為準備之寓邸休息，入晚除朱家驊等往訪，談平市教育界情況外，甚少賓客，且因旅途疲勞，就寢頗早，亦未外出。

就在胡適、陳寅恪等人飛南京的當天，國民政府行政院第二十九次會議通過，正式免除臺大校長莊長恭職務，任命傅斯年為國立臺灣大學校長並公示。對於這份公示，傅斯年並未理會，仍將全部精力用在「搶救學人」的奔波中。眼見與胡適同飛南京的學界名流太少，第二天，傅斯年再擬一快函代電，通過航空系統由平津路局轉致北大祕書長鄭天挺，急切要求對方再做努力。函曰：

天挺：

空運隊可即派兩架機到平，兄前信中所開三批名單，做一次走，又中航機亦可能到平，其他可走者，應即準備勿延，與劉總聯絡，務即辦好送斯年。

此頁乞轉　北大鄭祕書長天挺或清華梅校長！

弟　傅斯年

一、今日（十六）中航五架大部空歸，想校方未接頭好，可惜之至，以後必須先集中，每人只能帶隨身行李，劉總協助，如協助胡校長是必須的！

二、通知時請千萬勿猶疑，猶疑即失去機會。

三、必須事先集中，與中航聯絡好。

四、凡北大鄭祕書長、或清華梅校長、或師大袁校長出證之搭客（教授及眷屬）均不必在北平付款，在京由教育部直付。

又，大維甚記念其令妹大縝，乞兄務必問她一下，給她一個機會，至感！

一、決定

二、集中

三、與交通聯絡好

四、劉總協助

今日胡先生與總統談及由總統指定三人小組，陳雪屏、蔣經國及弟，大紱則由弟聯絡，大維大買（賣）力氣，每日調度至可感。只要以上□辦好，而機接（新舊）可行（南按：原文如此），飛機要原原（源源）而來的。

十二月十六日[39]

快函發出，傅斯年與陳雪屏聯名再向石樹德發一急電：

急　平津路局石局長樹德兄，請譯轉梅校長、袁校長、鄭祕書長，筱晨有一機到，如順利當續有機到，名單包括四類，（一）各院校館所行政負責人，如梅、李、袁、陳、胡、鄭、賀、霍、褚、沈、湯、馮、舲饒等。（二）因政治關係必離者，如朱、雷、劉、毛、梅、齊等，（三）中央研究院院士，如景鉞、通夫、大紱、宗恩、寶駼等，（四）在學術上有貢獻並自願南來者，如今甫、莘田、廉澄、思亮、祖聖、三強、濟慈、政烺、從文、廷祥、循正等，請會同分配列為數批，連眷屬，約三百人，分次乘機，務須與劉總實齋兄，路局志仁兄切實聯繫，機到即走，不能觀望稍有遲疑不決。

斯年　雪屏　銑十六日[40]

繼傅陳二人之後，胡適以北大校長的身分拍發一電給鄭天挺，再次叮囑應注意的事項和關節：

> 安抵京，即與家驊、孟真、雪屏籌畫空運同人事，必須獲得傅總司令協助始有效，請兄與梅袁二校長切實主持，並與實齋兄密切聯繫。□另電詳達。此次在校慶前夕遠離同人，萬分慚愧。適。[41]

同日上午，陳寅恪攜家眷由南京悄然赴上海，在俞大維弟弟俞大綱家中住了下來。一個月後，陳氏沒有隨國民黨遷臺，而是攜家轉赴老同事陳序經任校長的廣州嶺南大學任教（後併於中山大學）。自此，一代史學大師終生留在了南國這塊潮濕溫熱的土地上。

陳寅恪赴上海，胡適與傅斯年應該知曉，在如此的亂世中，若上海有合適的住處，移至此處亦不失為一個好的辦法，故並未放在心上。只是胡傅二人都沒料到，這一別竟是海天相隔，成為永訣。

就在陳寅恪攜家赴上海的這天中午，蔣介石與宋美齡夫婦在黃埔路官邸專門設壽筵宴請胡適與江冬秀夫婦，胡適偕傅斯年同行赴宴。平時請客從不備酒的蔣介石，特為胡適準備了上等好酒，提前一天為其賀壽，可謂破格示敬。胡氏當日行止，《申報》做了如下報導：

胡適校長偕夫人於十五日晚抵京後，十六日晨其友好翁文灝、陳立夫、陳雪屏、朱家驊、杭立武等均先後往訪。胡氏並於上午十一時訪新任臺大校長傅斯年於中央研究院，把晤後即於十二時同赴總統官邸，應總統召宴，席間敘談平教文界動態。晚教長朱家驊在其寓邸為之設宴洗塵，邀司徒大使、傅涇波、杭立武等作陪。京中人士關心平市教界動態者，均紛紛向胡氏探聽一切。[42]

就在胡適與傅斯年於中央研究院把晤並即將抵蔣介石官邸赴宴之時，遠在千里之外的北京大學部分師生已拉開了校慶序幕，只是心情比南京方面諸位大員更為沉痛悲觀。據《申報》駐平記者於當日下午六時三十分發出的專電稱：「北大今在炮聲中開始校慶節目，因胡適離平，主持乏人，展覽講演皆不能按預定節目進行，勢將悄然度過。在郊外之農院一部學生，今被迫入城，衣物有損失，並飽受虛驚，學生在孑民堂前痛哭流涕。」[43]

十二月十七日，北大五十周年校慶正式開始，因校長胡適逃離北平，校慶活動蒙上了一層陰影，其悲涼尷尬情形從媒體的報導中可以看到：

北大度過校慶

北大今在大炮與機槍聲中度過五十校慶，因胡適赴京，公推湯用彤主席，湯氏指出在此時慶祝校慶，應想到如何應付將來，並謂北大始終在進步中。徐悲鴻代表來賓致辭，讚美蔡元培之功績。周炳琳代表校友致辭，反覆強調五十年來之中國可謂多災多難，北大生於此災難中，並助成了每次的變故，故在今日槍炮聲中，紀念北大五十壽辰，應再勇敢的承擔起災難。今日參加此簡單儀式者不及百人，梅貽琦簽到後匆匆離去，預定之講演節目皆流產，展覽會停開。44

在離平之前，胡適一直認真賣力地籌備北大五十周年校慶會，除了要搞《水經注》版本展覽，還著手編輯紀念論文集，並且委託北大工學院院長馬大猷製造了一臺稱作「九頭鳥」的廣播器，準備在慶祝會上借用此「鳥」向全北平市教育界做廣播演說，只是後來匆忙南飛，該「鳥」棄之未用。

與北平遙相呼應的是，這天下午三時，由南京北大同學會主辦的校慶活動在北極閣中央研究院大禮堂舉行，這一天也正是胡適五十七歲生日。整個會場布置簡單，禮堂正面懸掛故校長蔡元培遺像，共有兩百多位校友到場參加。會上，首由胡適「發表沉痛演詞」，這是胡氏離平前專門趕寫的一篇紀念箴言，本想在北平慶祝活動中演講，但戰爭的炮火與局勢的變化迫使他懷揣這份演講詞來到了南京，並於此時此刻以沉重的心情說道：「北京大學今年整五十歲了。在世界的大學之中，這個五十歲的大學只能算一個小孩子……我曾說過，北京大學是歷代的『太學』的正式繼承者，如北大真想用年歲來壓倒人，他可以追溯『太學』起於漢武帝元朔五年（西曆紀元前一二四年）公孫弘奏請為博士設弟子員五十人。那是歷史上可信的『太學』的起源，到今年是兩千零七十二年了。這就比世界上任何大學都年高了！但北京大學向來不願意承認是漢武帝以來的『太學』的繼承人，不願意賣弄那二千多年的高壽……」

演講中，胡適高度稱讚了蔡元培與蔣夢麟主持北大三十年的功績，謂經過蔡與蔣三十年的不懈努力，才使北大成為「一個繼續發展的學術中心」，並稱蔣夢麟是「一個理想的校長，有魄力，有擔當」的校長。又說：「民國二十年（一九三一年）九月十七日，新北大開學了。蔣校長和全校師生都很高興。可憐第二天就是『九一八』！那晚上日本的軍人在瀋陽鬧出了一件震驚全世界的事件，造成了第二次世界大戰的序幕！」但自此之後到盧溝橋事變北大南遷的六年國難之中，北大「工作最勤，從沒有間斷。現在的地質館、圖書館、女生宿舍都是那個時期裡建築的。現在北大的許多白髮教授，都是那個時期埋頭苦幹的少壯教授……現在我們又在很危險很艱苦的環境裡給北大做五十歲生日。我用很沉重的心情敘述他多災多難的歷史，祝福他長壽康強，祝他能安全的度過眼前的危難，正如同他度過五十年中許多次危難一樣！」

最後，胡適謂自己面臨此次災難「則已如一逃兵」，且稱「乃一不名譽之逃兵」。言畢「聲淚俱下，與會者幾同聲一哭」。[45]

胡氏演講完畢，由蔣夢麟致辭，蔣氏「語音沉重」，謂對時局「不事推測，言及將來，則以『盡在不言中』五字」結束了簡短的演講，旋由傅斯年致辭。與胡蔣二人大為不同的是，傅斯年搖動龐大的軀體晃晃悠悠登上講臺，先聲奪人，以慷慨悲歌的語氣道：「以北大五十年歷史創造自由主義成新的精神為基礎，認為過去雖未能獲得現政府之扶助，但未來共產主義如有所成就，對自由主義將更摧殘。」但他相信將來定有一個「朝代」、「能就吾五十年來培養之自由主義種子，予以發揚」。據當時報載：「傅氏自稱悲觀，但竟以樂觀言之，博得多數人破涕為笑。旋復由朱家驊、狄膺致辭後，即至隔壁室痛飲佳釀。據校友會報告，所儲佳釀共計百斤，但願狂飲，不欲剩餘。又十七日除為校慶紀念外，同時亦為胡校長誕辰，諸校友今日飲此之意，一為校慶，一為傅斯年之樂觀者壽，再一即為胡校長壽。一時杯觴交錯，極盡歡洽，至六時始散。」[46]

正可謂：「水調數聲持酒聽，午醉醒來愁未醒。」書生們在南京搞的這場百感交集的校慶於哭哭笑笑中總算過去，擺在面前的緊迫任務仍是盡快「搶救」陷入圍城中的學人，鑑於北平方面無一點音信傳出，傅斯年於焦急中再發一電：

特快

北京大學鄭祕書長毅生兄　北平

速湊夠一機人數約四十人後即急電雪屏，友人可走者均須搭此款機。

斯年　元[47]

儘管南京方面急如星火，因解放軍圍城正緊，飛機降落與起飛地點皆成問題，南苑機場險象環生。十二月十九日上午，中央航空公司與中國航空公司聯合組成五架大型客機衝破解放軍的空中封鎖，在南苑機場強行著陸，除「搶救」本公司人員眷屬外，還兼及部分文化教育界人士。據搭乘該機的戲劇理論家齊如山回憶說，早已集中的南行者接到號令，乘大卡車由永定門奔赴南苑，越過四五道戰壕及卡子趕奔機場。剛要登機，在百步之外就炸響了一個炮彈，濃煙翻滾中，乘客驚惶失措，飛機駕駛員更是惶恐不安，形勢萬分危急，所有飛機助推器都轉動起來了。運行李的卡車也不敢等裝飛機，掉頭往城內逃跑，所有行李裝了不到百分之一二。乘客更亂，紛紛登機，到最後一位站在飛機舷梯上尚未擠進艙門，飛機已開始前行了。往下一看，箱子、手籠、行李和水果等散落了一地，而最令人難過的是，有一兩個小孩留在地上，「斯時飛機已離地，而送客之所有車輛都已逃回，這兩個小兒是無人照管了，真是傷心慘目，然而又無計可施」。[48]這應是北平南苑機場起飛的最後一批客機，此後機場不堪應用，好在北平「剿總」已在東單一塊空地上搶修了跑道，可供小型飛機起降，此處成為南飛人員唯一的通道出口。

十二月二十一日，清華大學校長梅貽琦率領第二批被「搶救」學人，於新修成的東單機場乘機起飛抵達南京。當天晚上，前往採訪的《申報》記者發回了如下電訊：

> 政府派專機飛平救援各大學名教授之工作，因北平城內機場可資使用，已於二十一日開始，第一批教授及其眷屬等二十四人，二十一日下午五時分乘專機兩架先後飛抵京，其中有清華大學校長梅貽琦及李書華、袁同禮、楊武之、董守義、張頤、張起鈞、顧毓琇、趙梅伯、江文錦等。專機抵達時傅斯年、陳雪屏及蔣經國等均至機場歡迎。據梅貽琦氏語記者，北平一周前確甚緊張，現已較前穩定，清華大學一度停課，現已復課，學

校對於應變亦已有準備。記者詢以如北方各校之校長及教授南來，是否仍如抗戰時期相同，設立聯合大學，梅氏稱現與抗戰時期不同，另設聯大或無可能。

同日，《申報》駐北平記者於下午七時十分發回電訊，稱：

> 平國私立院校教授撤退者，第一批二十一日，離平飛京，專機二架載去梅貽琦等二十四人，第二批將續於二十二日成行，教部已商得華北剿總同意，優先運教授撤離，專機係昨飛來，今晨試飛良好，但以市內新機場跑道鬆軟，只能載重三千磅，下午一時起飛，不離平之教授，決於二十二日成立聯合會，並與當局取得聯絡。[49]

就在梅貽琦等抵達南京的第二天，朱家驊在陳立夫等對立面的擠壓下被迫辭教育部長職，政府任命梅貽琦繼之。梅自稱未能將大部分北平教授接運出來，深感慚愧，表示不能從命，旋提出辭職。如此一來一往，在政學兩界產生震動的同時，也加劇了知識分子群體的恐慌。繼翁文灝之後新任行政院院長的孫科，見梅氏不肯與自己同船共擔艱危，只好請他並不怎麼看得上的杭立武出面暫時代理，梅氏由此成為國民黨在大陸統治時期最短命的教育部長。

關於梅氏為何放著高官不做，在風浪狂急、命懸一線的危難之時，還要拒絕政府伸過來的一根粗型救命稻草？細究起來，原因極其複雜，除梅氏不想與孫科等一群不成器的鼠輩為伍，正如媒體所言，梅自感沒能把清華教授接運出來而「深感慚愧」。這一點並非虛妄，當時的清華大學中文系代主任浦江清在日記中有所披露：「南京派飛機接取若干大學教授，搶救到南京，是開了一個名單的，大概各校都有。北大接到這名單（北大應該搶救的名單，是傅斯年等所擬），祕書長鄭天挺覺得不大好辦，決定公開，使要離平者登記。結果是名單上有的，不想南行，有些講師助教們本來有家在南方因故要南行的，搶得此機會。飛機到了南京，若干文化要人到場去接，以為有許多位名教授忠於黨國毅然飛回了，竟大失所望，下來了許多不相識不相干的人。據說飛機上有不少空位，袁同禮的老媽子也上了飛機。成為一大悲喜劇。」[50]正是這類悲喜劇的出演，使梅貽琦認為自己扔下清華園師生，單獨跑出來封官晉爵是不道德的。且當時的梅貽琦志不在此，他清楚知道自己手握清華基金的分量，而憑藉這份厚重的基金，完全可另闢蹊徑，實現重建清華的夢想。因而，那頂凌空飛來、說不定哪一刻又飄忽而去的教育部長的紙糊帽子，在梅貽琦看來，不戴是明智的，而日後的事實也證明了他選擇的正確。

當然，梅貽琦對自己未盡職責並「深感慚愧」的心理，對南京國民政府而言可能相符，對清華園師生來說就不見得吻合。或者說，清華師生對他的這個「慚愧」就不見得領情了，甚至一部分還表示反感，認為是矯情與荒唐的表現。此點從浦江清的日記中可看出一個大概，浦氏說：「上午出門，看黑板報消息。梅先生已飛京，與胡適等在京成立平津各院校遷移委員會。名稱似如此，可笑可鄙。學校既不能遷，同人學生幾全體在此，只有幾位校長先生及極少數教授得到便利飛出去，還籌備什麼南遷？是召集流亡教授，給予優待，我們留在這裡的，便視同匪類了！讀工字廳前教聯會報，對於南京成立平津院校南遷委員會，大致譏評，並對於留在校內的態度不明的動搖分子加以警惕。」[51]

這段日記表明，留校人員對這個「南飛計畫」與少數南飛人員並不買帳，也不認同，且從心底裡生發出一股牴觸對立情緒。正因這一情緒，又繁衍出對校內態度不明的「動搖分子」加以警惕的敵對之心。而此時的「動搖分子」，不知對暗中射來的可怕的「警惕」眼光是否有所察覺，亦不知有多少此類分子最終南行。但可以想見的是，在不久的將來，隨著解放軍代表正式接管清華園，要想出走就難上加難。在未來的歲月裡，那些未能南行的「動搖分子」，與坐在清華靜等解放軍前來解放的「堅定者」，形成了水火不容、勢不兩立的族群，當初的「搖」與「定」，成為革命與反革命的分水嶺與試金石。在這塊試金石面前，「搖」者成為「定」者監視和鎮壓的群鬼，而這一嚴重後果，是「動搖分子」們當初萬萬沒有料到的。

四、傅斯年出任臺大校長

就在朱家驊、俞大維、傅斯年、蔣經國等人坐鎮南京調集飛機全力「搶救」北平學人的短暫時間裡，從北方飄入江南的風聲越發令人慌亂和驚懼，蔣家王朝搖搖欲墜的跡象也越發分明，國民政府必須請求美國迅速投入大批武器裝備與美元才能扶大廈之將傾。在蔣介石授意下，孫科內閣緊急督請胡適出任行政院副院長兼外交部長，即刻出面與美國交涉，盡快爭取援助，以為岌岌可危的國民政府「打一劑救命針」。胡適聞訊，極不高興地對助手胡頌平說：「這樣的國家，這樣的政府，我怎樣抬得起頭來向外人說話！」[52]堅決予以拒絕。儘管胡氏一舉揮去了向自己頭上飛來的兩頂耀眼奪目的官帽，但他即將使美求援的風聲還是傳了出來，引起社會各界強烈關注。十二月十八日，聯合社與《申報》等新聞媒體專門就這一問題登門採訪，胡氏以外交辭令答稱「外傳種種，絕對不確」，但沒否認蔣政權遭遇的重大困難和希望外援的急迫。當天聯合社發出的電訊稱：「北大校長胡適表示，蔣總統將繼續剿共戰事，惟無外援恐難長期作戰。胡氏認為中共為蘇聯型共產黨，與之組織聯合政府，結果必蹈捷克覆轍。胡氏並稱，吾人固欲和平，即總統亦然，惟不能不惜任何代價以求和平。」當記者向其詢問對於大局與國共和戰意見時，胡以沉重的語氣答道：「和比戰難，和比戰也許難十倍，難百倍。」[53]

這組消息透出蔣家王朝獨木難支與蔣、胡等人決心困獸猶鬥，反共到底的同時，也暗含了胡適將出使美國求援的可能。只是此時一切或明或暗的動作，都無法挽回國民黨兵敗如山倒的頹局，正可謂「滿目山河空念遠，落花風雨更傷春，不如憐取眼前人」。隨著戰事越來越糟以及國民黨高層相互傾軋，包括朱家驊辭職、梅貽琦拒不入彀、傅斯年血壓高漲即將病倒等一連串事件發生，原來沸騰火熱的心漸漸冷卻，再也沒有人主動出面組織赴平「搶救學人」之事了。此一計畫隨著國民黨軍的潰敗與李宗仁集團逼迫蔣介石去職下野的呼聲高漲而虎頭蛇尾地結束了歷史使命。

一九四八年年底，淮海戰場國民黨軍全線潰退，北平城破在即，國民黨敗局已定，蔣介石決定辭廟下野。在退出歷史舞臺之前，蔣氏通過行政院突然任命心腹幹將陳誠為臺灣省政府主席，傾全力經營臺灣，為國民黨撤退做準備。這道命令，連時任副總統的李宗仁和臺灣省主席魏道明都事先毫不知情。對此，被晾在一邊的李宗仁後來曾滿腔悲憤地抱怨道：迫於解放軍步步進逼的形勢，蔣介石於一九四九年一月二十一日宣布下野，我當了代總統。因蔣暗中操縱掣肘，使我不能有絲毫作為。蔣「在決定引退之時，即已準備放棄大陸，退保臺灣，以貫徹其改造黨政軍成為三位一體的心願，維持一個清一色的小朝廷。他更深信大陸放棄之後，國際情勢必益惡化，第三次大戰亦必隨之爆發，即可因人成事，回大陸重溫接收政權的美夢。為布置這一退路，蔣先生於一九四八年十二月二十九日突然命令孫科的行政院任命陳誠為臺灣省省主席。前已言之，陳誠於一九四八年春初自東北鎩羽歸來之後，在京滬一帶的東北籍人士群起鼓譟，恨不得殺陳誠而後快。蔣先生不得已，准陳誠辭職赴臺，託辭養痾，實另有所布置。此次新職突然公布時，前主席魏道明事前竟毫無所知。陳誠得令後，立即自草山遷入臺北。一九四九年一月便在臺北就職視事。行動的敏捷，為國民黨執政以來所鮮見。由此可知蔣先生事前布置的周密」。又說：「陳誠上任後，蔣先生便密令將國庫所存全部銀元、黃金、美鈔運臺。因自一九四八年八月『金圓券』發行之後，民間所藏的銀元、黃金、美鈔為政府一網打盡。據當時監察院財政委員會祕密會議報告，國庫庫存金鈔共值三億三千五百萬美元。此數字還是依據中國公開市場的價格計算的；若照海外比值，尚不止此數。庫存全部黃金為三百九十萬盎司，外匯七千萬美元和價值七千萬美元的白銀。各項總計約在美元五億上下。」正是蔣的這一切安排，「在我就任代總統之日，手頭一文不名，為維持軍餉，安定民心，曾命行政院飭財政部將運臺的國庫銀元金鈔運回一部分備用。但是在臺負保管責任的陳誠奉蔣暗示，竟做充耳不聞的無言抗命」。[54]

在蔣介石眼中只是一個擺設或替罪羊的李宗仁，面對這種糟糕的天命人事，以及即將全面崩潰的局勢，也只能是旱地的歪子（又稱土種氣蛤蟆）撐肚子——乾生氣了。曾出任國民黨新聞局局長的董顯光在所著《蔣總統傳》一書中，對此段歷史有不同的看法，董說：二月間有一機會可從行將勝利的共產黨手中奪回國家的重要資產，「蔣總統深信大陸不免於淪陷，乃以國民黨總裁的地位，命令幹練而可靠之中央銀行總裁俞鴻鈞密將政府所存黃金運往臺北，以免將來淪入敵手。這些存金到了臺灣，於必要之時，將可支持政府抗『共』。俞鴻鈞立即遵命辦理，此項存金運輸遂於二月二十日完成。李宗仁聞此消息，異常懊怒。蔣總統原來也恐此項存金留在李氏手上，難免不為勞而無功的和談增加一件交易的標的。幸而蔣總統把這些存金在不動聲色之下迅速轉移地點，李氏遂未能先占一著」。[55]

就在蔣介石與李宗仁兩巨頭爭風吃醋、較勁鬥法，各懷鬼胎又各不相讓，蔣罵李「娘希匹」，李罵蔣「王八蛋」之時，一個天崩地裂、改朝換代的大時代業已來臨。一九四九年元旦，共產黨通過新華社發表新年獻詞，提出「打過長江去，解放全中國」的響亮口號。就在這個元旦之夜，南京城一片死寂，胡適與傅斯年聚會一室共度歲末。師徒二人置酒對飲，相視淒然。瞻念前途，滿目蒼涼。思前想後，兩位書生不禁泫然涕下。

三年前的一九四五年七月，傅斯年等六參政員赴延安訪問，臨別時毛澤東專門託傅向胡適老師問好。此前毛與傅談到自己在北大圖書館當職員時，曾向胡適請教中國的前途等問題，回到湖南長沙所辦的自修大學，還是胡適給出的命名云云，因而毛對胡一直心懷感激。傅斯年回重慶，把這一消息傳給在美國的胡適並於媒體披露。胡適與毛澤東自北京一別，倏忽二十多年過去，一直未再見面，想不到這位中共領袖在農村組織革命數十年而沒有忘掉自己，想來也真是不易，胡適心中頗有些感動，盤算著該給這位「我的學生毛澤東」寫點什麼，於是，便有了如下一電：

潤之先生：

頃見報載，傅孟真轉述兄問候胡適之語。感念舊好，不勝馳念。二十二晚與董必武兄長談，適陳述鄙見，以為中共領袖諸公，今日宜審查世界形勢，愛惜中國前途，努力忘卻過去，瞻望將來，痛下決心，放棄武力，準備與（於）中國建立一個不靠武裝的第二政黨。公等若能有此決心，則國內十八年之糾紛一朝解決，而公等二十餘年之努力皆可不致因內戰而完全消滅。美國開國之初，吉福生十餘年和平奮鬥，其所創之民主黨遂於第四屆大選獲得政權。英國工黨五十年前僅得四萬四千票，而和平奮鬥之結果，今年得一千二百萬票，成為絕大多數黨。此兩事，皆足供深思。中共今日已成第二大黨，若能持之以耐心毅力，將來和平發展，前途未可限量。萬萬不可以小不忍而自致毀滅。以上為與董君談話要點，今特陳述，用供考慮。

胡適八月二十四日[56]

就在胡適寫就這封電文四天後的八月二十八日，毛澤東由延安飛抵重慶，開始與蔣介石談判。當國共雙方為權力分配、軍隊保留等一系列問題爭得不可開交之際，談判代表之一、國民政府外交部長王世杰適時把胡適這封電報遞給了毛澤東。毛閱後的反感與鄙視之情可想而知，棄之一邊不予理會也是自然中事。

就當時的國內政局論，身在美國的胡適真可謂糊塗得可以，其對天命人事的見解，遠沒有他的一些同事甚至後輩明白。陳寅恪嘗謂：「中國之人，下愚而上詐。而魯迅謂：中國只有兩個時代在循環往復，一個是「想做奴隸而不得的時代」，一個是「暫時做穩了奴隸的時代」。[57]胡適所言的英吉利，抑或什麼美利堅等洋玩意兒，除了被對方當作無聊的扯淡和地地道道的胡說，怕是很難再找到其他價值。在這一點上，還是胡的學生傅斯年看得清楚、說得明白。此時的毛澤東和共產黨已羽翼豐滿，譬之當年的劉邦、項羽並不為過，其實力與鬥志完全可以與蔣介石大戰三百回合，鬧他個天翻地覆慨而慷，折騰出毛澤東在延安對左舜生所說的兩個或三個太陽給天下人看看。如此豪氣干雲的盛況，到了胡老師的嘴裡，竟成了不堪一擊，「因內戰而完全消滅」，甚至「自致毀滅」的頹象與悲劇式結局。因了胡氏如此糊塗的政治觀點，以及站在國民黨一邊帶有威脅口吻的狠話，耿耿於懷的毛澤東，待談判結束回到延安，即在中共幹部會上的報告中斬釘截鐵地指出：「人民的武裝，一枝槍、一粒子彈，都要保存，不能交出去。」[58]這番話，在闡明了共產黨堅定姿態的同時，也算是對胡老師痴人說夢般的「胡說」一個公開的答覆。

想不到僅是三年多的時間，胡適預料中「因內戰而完全消滅」的共產黨，不但沒有被消滅，反而氣焰更盛，直至弄出了一個主客易位、乾坤倒轉的嶄新局面。國民黨一敗塗地，成了地地道道的「自致毀滅」的丘八。如此悲慘的場景，實在是對胡適一介書生參與政治並不識時務地「胡說」的莫大諷刺。

午夜的鐘聲響過，胡適向傅斯年哀歎自己由北平到南京做「逃兵」、做「難民」已十七日之後，於醉眼矇矓中強打精神，撇開不快的往事，重新抖起文人的癲狂與豪氣，一邊往嘴裡灌酒，一邊吟誦起陶淵明〈擬古〉第九：

種桑長江邊，三年望當采。
枝條始欲茂，忽值山河改。
柯葉自摧折，根株浮滄海。
春蠶既無食，寒衣欲誰待？
本不植高原，今日復何悔！[59]

抗戰勝利，傅斯年、胡適接辦戰後的北大，至此已逾三年。「三年望當采」，正期望北大有所建樹和成就之時。「忽值山河改」，由青天白日忽然變成了滿地紅旗，期望中的「事業」隨之付諸東流。「柯葉」、「根株」，經此一大「摧折」浮水東流，一切希望皆成泡影。「本不植高原」，「種桑」之地本就沒在風雨無憂的高原，忠悃所寄，生命所託，面對今日這般悲愴淒涼之境，又有什麼可後悔的呢？吟過數遍，二人酒勁上來，各自倒在床上昏睡過去。

一月五日，已奉令遷入臺北主持政事的陳誠致電傅斯年：

> 弟已於今日先行接事，介公深意及先生等善意，恐仍須有識者之共同努力，方能有濟。弟一時不能離臺，希先生速駕來臺，共負鉅艱。60

傅斯年接到電報，意識到自己何去何從的最後時刻到來了，在命運的重要轉折關頭，向來幹練決斷的他竟再度猶豫起來。此前，隨著陳布雷自殺身亡，他亦產生繼之而去的念頭。這個念頭存在他的心中已有時日，早在一九三二年他就說過：「國民黨曾為民國之明星者若干年，而以自身組織紊亂之故，致有今日拿不起、放不下之形勢。於是一切殘餘的舊勢力蠢蠢思動，以為『彼可取而代之也』。」又說：「平情而論，果然共產黨能解決中國問題，我們為階級的緣故，喪其性命，有何不可。我們雖不曾榨取勞苦大眾，而只是盡心竭力忠其所職者，一旦『火炎崑岡，玉石俱焚』，自然當與壞東西們同歸於盡，猶之乎宋朝

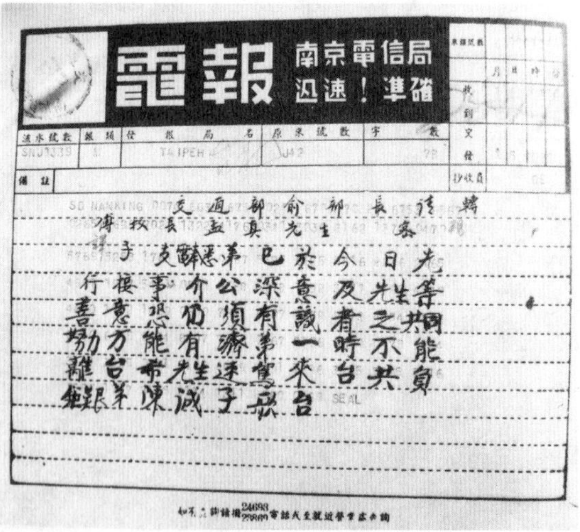

臺灣省主席陳誠拍發給傅斯年的電報（臺灣中央研究院史語所傅斯年圖書館「傅檔」）

亡國時，若干好的士人，比貪官汙吏還死得快些一樣子。一從大處設想，即知如此命運真正天公地道，毫無可惜之處。」[61]但究因家人看護與對史語所及臺大命運的牽掛未能步陳布雷後塵——死，有時容易，有時也難。

一月八日，蔣介石接到密電，北方局勢即將全面崩盤，焦灼中急約胡適晚餐。席間，蔣循慣例先問胡對大局的看法，胡氏又犯了一介書生弄舌逞快的老毛病，竟像當年勸毛澤東解除武裝一樣，又不知深淺地奉勸蔣介石投降，且同樣列舉一些洋例子加以佐證「投降」的必要：「我為他述General Wain-Wright（溫賴特將軍）守Bataan（巴丹半島）力竭投降，勝利後釋放回國，美國人熱烈歡迎他，國會特授予『榮譽勳章』。」更不可思議的是，當一通勸降話說完，胡氏竟認為「蔣公稍有動意」。[62]

事實上，身經百戰的蔣介石是何等人物，怎麼會聽從一介書生的「投降」之說？就像在重慶談判的毛澤東不會聽從胡氏的痴人說夢一樣，在大地「陸沉」之際，蔣介石仍決定死裡求生，做最後一搏，並請胡適到美國求援。因胡氏此前已明確表示不做正式外交人員為政府效勞，蔣介石亦採取通融之策，令胡以民間外交的方式使美。當天晚上，胡適在日記中記下了這樣一段話：

> 蔣公今夜仍勸我去美國。他說：「我不要你做大使，也不要你負什麼使命。例如爭取美援，不要你去做。我止〔只〕要你出去看看。」[63]

杜聿明被俘現場

胡適經過一番內心煎熬，決定服從蔣公這一委派，重返美國為政府「做點面子」。

一月九日，被共產黨部隊圍困在淮海戰場達六十六個日夜的徐州「剿總」副總司令杜聿明，向蔣介石發出了最後一封電報：「各部隊已混亂，無法維持到明天，只有當晚分頭突圍。」[64]是夜，國共兩軍展開激戰，國民黨軍全面潰敗。整個淮海戰役，解放軍以傷亡十三萬人的代價，殲滅、俘獲國民黨軍五十五萬五千人，徐州「剿總」副總司令、戰場總指揮杜聿明被俘。而作為一個指揮五十餘萬大軍的主將在戰場上被俘，這在中國歷史上未曾有過。

一月十五日，共產黨軍隊占領天津，北平危在旦夕。胡適匆匆趕往上海拜訪銀行家陳光甫，商討赴美求助方案。十七日晚上，正在上海的顧頡剛受邀參加胡適的晚宴，早已與胡老師產生芥蒂且不明就裡的顧氏，藉著酒勁勸胡藉此擺脫國民黨政府的糾纏，不要再回南京，「免入是非之窩」。並謂：「當國民黨盛時，未嘗得與安樂，今當倒壞，乃欲與同患難，結果，國民黨仍無救，而先生之令名隳矣。」[65]顧氏的一番說教，胡適並未放在心上，更沒有透露自己行將赴美的半點口風。此時的胡適與顧頡剛在情感上和政治上皆已分道揚鑣，這對相互傾注過熾熱情感與人倫大愛的師生，上海一別竟成永訣。

一月十九日凌晨，傅斯年遵照事前安排，欲趕赴機場搭乘軍用飛機赴臺。在慘淡的星光照耀中，傅斯年提著行李走出史語所大院中的居處，專門由上海返京送行的胡適做前導，傅氏祕書那廉君殿後，一行三人在漆黑寒冷的黎明中悄無聲息地走著，沒有人再說話，千言萬語已說盡，最後要道的「珍重」又遲遲不能開口。當那扇寬大厚重的朱紅色大門「嘎嘎」推開時，沉沉的夜幕遮掩下，把門的老工友接過傅斯年手中的行李，在送向汽車的同時，嗚咽著道：「傅先生，今日一別，還能相見嗎？」傅聽罷，悲不自勝，滾燙的熱淚「唰」地湧出眼眶，順著冰涼的面頰淌過嘴角，又點點滴滴地隨著夜風四散飄零。「好兄弟，等著我，我會回來的。」傅說著，握住老工友的手做了最後道別，然後登車倉皇離去。正可謂：「最是倉皇辭廟日，教坊猶奏別離歌。垂淚對宮娥。」

當天上午，傅斯年飛抵臺北。此次一去，竟是「回頭萬里，故人長絕」了。

五、人生長恨水長東

一九四九年一月二十一日，蔣介石在李宗仁、白崇禧、閻錫山等派系聯合打壓下，力不能支，乘「美齡」號專機飛離南京抵達杭州，發表「引退公告」，宣布由副總統李宗仁代理總統，與共產黨進行「和平談判」。此後，蔣躲在老家溪口母墓旁之「慈庵」，韜光養晦，並以國民黨總裁的身分暗中操縱軍政大局，指揮軍隊繼續與解放軍對抗。

放下武器的國民黨駐平官兵，高呼口號歡迎解放軍。

一月二十二日，駐守北平的傅作義正式宣布〈關於和平解放北平問題的協議〉公告，北平城內二十五萬餘國民黨軍移出城外，開至指定地點聽候解放軍改編。整個平津戰役國民黨軍隊損失五十二萬人，解放軍傷亡三萬九千人。

此前兩日，即一月二十日，中共中央電賀淮海戰役勝利結束，經毛澤東修改定稿的電報中稱：現在南京城內尚有頭等戰犯及其他罪大惡極的幫凶們，例如胡適、鄭介民、葉秀峰等人。到了一月二十六日，延安電臺廣播說：「對於去年十二月二十五日中共權威人士所提出的戰爭罪犯的初步名單，[66]有人感覺名單遺漏了許多重要戰犯，例如軍事方面的朱紹良、郭懺、李品仙、董釗、陳繼承、張鎮；政治方面的谷正綱、徐堪、俞大維、洪蘭友、董顯光、劉健群；黨特方面的鄧文儀、黃少谷、陳雪屏、賀衷寒、張道藩、蔣經國、鄭彥棻、鄭介民、葉秀峰；反動小黨派方面的左舜生、陳啟天、蔣勻田。許多學生和教授們認為名單中應包含重要的戰爭鼓吹者胡適、于斌和葉青。」[67]從這條廣播可以看出，此時的胡適由罪大惡極的「幫凶」，已晉升為重要「戰犯」，而傅斯年似乎成為漏網之魚。

眼看長江以北精華之地盡失，國民政府代總統李宗仁決定立即派代表赴北平與中共進行談判，展開旨在保住江南半壁江山的和平攻勢。為加強社會各界力量的和談砝碼，李宗仁專門向已赴臺灣的「漏網之魚」傅斯年發電，希望傅能拿出翻江倒海的本領助自己一臂之力，盡快達到「和平之目的」。但此時的傅斯年對國共和談已不抱任何希望，予以謝絕。在致李宗仁的信中，傅斯年以他一貫的作風和政治立場，直言不諱地表達了對時局的看法：

德鄰先生賜鑒：

前奉覆電感佩之至，我公以民生為念，倡導和平，凡在國人，同聲感荷，然共產黨之行為，實不足以理喻。共產黨本為戰爭黨，以往尚如彼好戰，今日走上風，實無法與之獲得和平，今看共產黨態度，下列數事至為明顯：

1. 分化敵人，徹底消滅中央政權，只與地方談和，以實行其宰割之策，絕不以人民為念。

2. 絕對走蘇俄路線，受蘇俄指揮，而以中國為美蘇鬥爭中之先鋒隊。

司徒雷登（右）在南京與蔣介石、李宗仁等合影。（引自傅斯年，傅孟真先生遺著編輯委員會編，陳槃等校訂增補，《傅斯年全集》〔臺北：聯經出版公司，1980〕）

3.對多年掌兵符者，必盡量摧毀，介公固彼所不容，而我公及健生宜生諸先生，彼亦一例看待，即我們讀書人，不受共產黨指揮者，彼亦一樣看待也。

在此情形之下，中央倡導和平，忍辱負重，至矣盡矣，受其侮辱亦無以復加矣，凡此情形可以見諒於國人矣。乃共產黨既如此，則和平運動恐須適可而止矣。蓋如文伯、力子、介侯諸先生之辦法，和平既不可得，所得乃下列之結果：

1.江南各省分崩離析，給共產黨以擴張勢力以方便，而人民亦不能減少痛苦。

2.合法政權既已大明，則權衡輕重，恐須即為下一步之準備，力子、文伯之談和平，毫無辦法，只是投降而已；偏偏共產黨只受零星之降，不受具體之降，不知張、邵、甘諸公作何解也？

3.大江以南之局勢，如不投降，尚有團結之望（至少不是公開之紛爭），如走張邵路線，只有全部解體而已。只要合法之政權不斷氣，無論天涯海角，支持到一年以上，將來未必絕無希望也。司徒大使實一糊塗人，傅涇波尤不可靠，彼等皆不足代表美國，今日希望以美國之助，與共產黨取和乃絕不可能之事也。[68]

傅斯年這一與中國共產黨決絕的強硬態度，並不是一時興起的妄言，實與他一貫的政治主張相吻合，同時也是胡適對中國共產黨態度的呼應。早在一九四七年一月十五日，傅斯年應蔣介石之約共進午餐，席間蔣提出讓胡適組黨並出任國民政府委員兼考試院長，一併請傅幫助說服胡。傅斯年當場予以回絕，謂：「政府之外應有幫助政府之人，必要時說說話，如皆在政府，轉失效用；即如翁詠霓等，如不入黨，不在政府，豈不更好？」又說：「自小者言，北大亦不易辦，校長實不易找人，北大關係北方學界前途甚大。」如此談了許久，蔣一直未放鬆，傅只好答應寫信通知胡，詳述其「這一番好意」。二月四日，傅斯年致信胡適說明原委，信中說：

適之先生：

不大不小之病三個星期，發燒到三十九．八，而蛋腫得可怕，過舊曆年即呻吟最甚時也。老天開這個玩笑，真惡作劇。昨晚出醫院，傳染期已過（入院原為避染他人），血壓較平常為低（熱病後之現象），仍在頭暈。

病發作在一月十五日，是日中午蔣先生約去吃飯（前約一次，因他約未去），座中無他人。他問我意見，我說了好些，大致為：（一）政府非振作不可，何必待各黨派來再「一新天下耳目」，許多事自己可做也。他問我何事，我說了幾件。（二）宋〔子文〕與國人全體為敵，此為政治主要僵局之一。（三）實施憲政必須積極，此時盡可無多慮，云云。他似乎並不以為然。

接下來，傅斯年敘述了與蔣的談話內容，以及傅替胡適拒絕到政府做官的詳情。最後陳述道：

自由主義者各自決定其辦法與命運。不過，假如先生問我的意見，我可以說：

一、我們與中共必成勢不兩立之勢，自玄學至人生觀，自理想至現實，無一同者。他們得勢，中國必亡於蘇聯。

二、使中共不得勢，只有今政府不倒而改進。

三、但我們自己要有辦法，一入政府即全無辦法。與其入政府，不如組黨，與其組黨，不如辦報。

四、政府今日尚無真正開明、改變作風的象徵，一切恐為美國壓力，裝飾一下子。政府之主體在行政院，其他院長是清中季以後的大學士，對宋尚無決心，其他實看不出光明來。

五、我們是要奮鬥的，惟其如此，應永久在野，蓋一入政府，無法奮鬥也。又假如司法院長是章行嚴（杜月笙之祕書），定不糟極！

六、保持抵抗中共的力量，保持批評政府的地位，最多只是辦報，但辦報亦須三思，有實力而後可。今日鬥爭尖銳強烈化，如《獨立評論》之free lancer（自由作家），亦不了了也。[69]

胡適聽從了傅的勸告，沒有加入內閣成為純粹的國民黨官僚，但辦報的理想亦未實現。就在胡傅二人為國民政府前途與自己該在何方用力，以幫助政府擺脫困境而焦慮猶豫之際，一九四七年，胡適藉赴南京選舉中央研究院院士的間隙，於十月二十一日受美國駐華大使司徒雷登邀請共進午餐，這位滿身充溢著書呆子氣味的司徒大使，竟對眾人說出了「中國一兩個月後就得崩塌」的喪氣話。此舉惹得胡適大為不快，當晚在日記裡斥罵道：「此老今年七十一，見解甚平凡，尤無政治眼光。他信用一個庸妄人傅涇波，最不可解。」[70]此時，美國政府一些政客拋棄國民黨政府的呼聲甚囂塵上，而作為駐華大使的司徒雷登不但拿不出相應的辦法力挽狂瀾，反而以喪門星的角色，只知道拿針扎輪胎——洩氣，自然引起胡適等擁蔣政府者的厭惡。而司徒大使本人確也不是一位精明的外交家，從後來落了個姥姥不疼，舅舅不愛，在毛澤東一篇〈別了，司徒雷登〉的聲明中灰頭土臉夾著皮包溜回美國，即可見出其人無膽無識與政治眼光的缺乏和短視。或許，正是這樣的糊塗大使與一群「庸妄人」，如司徒的助手傅涇波之流占據了中美溝通的位子，加之國民黨本身的腐化墮落，才最終釀成了不可收拾之敗局。

面對國民黨內部傾軋與大舉潰敗，在臺灣的傅斯年將窩在肚子裡發酵了幾年的怒火，藉給李宗仁寫信之機，一股腦地發洩出來，既怪罪駐華大使司徒雷登的「糊塗」與其助手傅涇波「不可靠」，又遷怒於國民黨軍政大員的虛妄無能，認為國民黨之所以「半壁萬里，舉棋中兒戲失之」，則是因為「不能言和而妄言和，不曾備戰而云備戰」，最終導致不可收拾的殘局。他在為國民黨敗局表示「不堪回首」或不願回首之際，決定把全部精力投入臺灣大學的建設上，以在精神上得到一點寄託和安慰。

一九四九年一月三十一日，解放軍占領北平城，北平和平解放。

這年的四月二十一日，毛澤東主席、朱德總司令發布「向全國進軍的命令」，號召人民解放軍廣大官兵「奮勇前進，堅決、徹底、乾淨地殲滅中國境內一切敢於抵抗的反動派，解放全國人民，保衛中國領土主權的獨立與完整」。[71]當天，中共中央軍委一聲令下，百萬大軍在西起九江東北的湖口，東至江陰，總長達一千里的戰線上，強渡長江，國民黨苦心經營達三個半月，號稱「固若金湯」的長江防線轟然崩潰。四月二十三日，國民黨統治了二十二年的「首都」失守，崩潰中的國民政府南遷廣州。二十四日，中國共產黨宣布南京解放。

八月十四日，毛澤東在為新華社所寫〈丟掉幻想，準備鬥爭〉一文中，對胡適、傅斯年、錢穆等三人進行了點名抨擊與唾罵：「為了侵略的必要，帝國主義給中國造成了數百萬區別於舊式文人或士大夫的新式的大小知識分子。對於這些人，帝國主義及其走狗中國的反動政府只能控制其中的一部分人，到了後來，只能控制其中的極少數人，例如胡適、傅斯年、錢穆之類，其他都

1949年2月，南京機場，一名士兵看守飛機殘骸，國民黨可謂一敗塗地。（臺灣中央研究院近代史研究所提供）

不能控制了，他們走到了它的反面。」[72]

十月一日，毛澤東在北京天安門城樓上宣告中華人民共和國中央人民政府成立，時正在廣州與國民黨軍政大員策畫阻止解放軍前進的蔣介石聞之痛心疾首，在當天的日記中寫道：「據報，共匪已於十月一日在北平成立偽人民政府，毛澤東為主席，副主席六人，宋慶齡為其中之一，總理在天之靈必為之不安。國賊家逆，其罪甚於共匪，痛心極矣。」[73]晚上，蔣氏以沉痛的心情獨自步入黃埔公園的屋頂納涼，心中「憂慮黨國，不知何以為計」。[74]

十月八日，蔣介石接國民黨「五虎上將」之一、陸軍總司令顧祝同電稱：「粵省西北與湘、黔軍事，已趨劣勢，請毅然復任總統，長駐西南。」[75]

十月十日，正是國民黨的「雙十節」，作為基督信徒的蔣介石於晨四時起床，早課完畢，仍感六神無主，不能自制，遂以《聖經》卜問國民黨前途與自己的命運。一番凝神默禱之後，蔣氏閉著眼睛按住《聖經》隨手翻開一頁，爾後用手指點在某處。查看內容，「得使徒行傳第九章四十一節之啟示，有彼得拯救多加起死回生之象」。[76]《聖經．新約．使徒行傳》第九章四十一節原文為：「彼得伸手扶她起來，叫眾聖徒和寡婦進去，把多加活活地交給他們。」

因了這條卜文，蔣介石神情為之一振，心中默誦：「感謝上帝，使我中華民國得由忠貞子民介石之手，能使之轉危為安，重生復興也。」[77]

十月十四日，廣州失守，「國民政府」再遷重慶，蔣介石隨之出山，在臺灣與四川之間布置、指揮戰事，並在大陸度過了最後一個生日——六十三歲誕辰。

十一月，桂系將領白崇禧指揮的子弟部隊大部被殲，李宗仁在政治上賴以生存的條件與

1949年8月從廣州搭機逃往臺灣的國民黨官員及眷屬

靠山被摧毀，遂於十一月二十日以就醫為名，從南寧乘專機飛往香港，後流亡美國。

十一月三十日，重慶陷落，蔣介石偕蔣經國乘機逃往成都。十二月七日，新任「行政院長」閻錫山（南按：三月孫科辭職，何應欽繼任；五月何辭職，六月閻接任），率領包括中央研究院在內的「國民政府」各機構從成都逃往臺灣，「政府」遷臺聲明當天對外發表。

十二月十日下午二時，一代梟雄蔣介石帶著兒子蔣經國，在瑟瑟寒風中，從成都鳳凰山機場起飛逃往臺灣。此時解放軍攻城的炮聲正緊，為了逃命，蔣氏父子都來不及細細看一眼大陸河山。此時的蔣介石沒有想到，此一去，再也不能回到故國家園了。正是，人生長恨水長東。無限江山，別時容易見時難。

（第二部完）

注釋

1《陳布雷先生文集》（臺北：中國國民黨中央委員會黨史委員會，一九八四）。陳布雷服安眠藥自殺後，第二天，即十一月十四日，國民黨機關報《中央日報》做了如下報導：〈陳布雷昨日心臟病逝世總統夫婦親往弔唁明大殮〉。

【中央社訊】陳布雷氏於昨（十三）日上午八時，以心臟病突發逝世。陳氏前晚與友人談話後，仍處理文稿，一切如恆，就寢為時甚晚。昨晨，隨從因陳氏起床較晚，入室省視，見面色有異，急延醫診治，發現其脈搏已停，施以強心針無效。陳氏現年五十九歲，體力素弱，心臟病及失眠症由來已久，非服藥不能安睡。最近數日略感疲勞，仍照常辦公，不以為意。不料竟因心臟衰弱，突告不起。噩耗傳來，各方人士對陳氏學問事業之成就，公忠體國之精神，無不同深景仰。當茲國步艱難之時，失此碩彥，尤為可惜。陳氏遺體於昨日下午五時移入中國殯儀館。蔣總統夫婦親往弔唁。陳夫人已自滬趕返。中央黨部已成立治喪委員會，籌備喪事，定明日大殮。

四天之後，即十八日，經國民黨高層授意，陳布雷之死以「以死報國」的標題羞羞答答地報導出來，眾人皆知陳氏乃自殺身亡。

關於陳布雷何以自殺，眾說紛紜，或許從陳布雷的部下唐縱日記中能尋出點滴線索。一九四五年七月二十四日，唐氏日記載：「上午往見陳主任，彼滿面愁容，為國憂惶！為政府威望日落而懼，為參政會糾劾孔祥熙、盛世才案處理困難所苦！」七月二十六日又載：「昨日在黃山與陳主任相談甚久。余謂抗戰八年，發生許多嚴重問題，這些嚴重問題的來源，一則由於歷史的積病，一則由於人為不貳……這些問題，如果沒有革命精神，是不會有決心的，無論制度、人事、理論莫不如此。布雷先生有感，喟然曰：『我對不起領袖，這些事領袖多交給我做，可是我都打消了！我也知道這是一個錯誤，想改，可是改不過來，也許是身體的關係，也許是性格

的關係！』」（唐縱著，公安部檔案館編注，《在蔣介石身邊八年：侍從室高級幕僚唐縱日記》（北京：群眾出版社，一九九一））

2 李勇、張仲田編，《蔣介石年譜》（北京：中共黨史出版社，一九九五）。

3 洪卜仁，〈黃金怎樣從廈門密運臺灣〉，《廈門商報・臺商周刊》，二〇〇七年六月。

4 蔣經國，《我的父親》（臺北：燕京文化事業股份有限公司，一九七六）。

5 那志良，《典守故宮國寶七十年》（北京：紫禁城出版社，二〇〇四）。

6 二〇〇五年十二月四日，作者採訪李濟之子、中國人民大學教授李光謨記錄。據說，當年那位勸李濟的學生後來曾對人說：「沒想到，陰差陽錯，這個事李老師做對了」云云。對於此言，要探討的地方恐怕很多，假如有先見之明，學者們知道南京解放後仍安然無恙，站在國家民族立場上論，這批文物則無須轉移。如果不能預測南京城陷之後的狀況，事情就變得複雜起來，論述的角度就有多種，其間的是是非非就不是那麼容易說清楚並為世人所廣泛接受了。

7 同前注。

8 那志良，《典守故宮國寶七十年》（北京：紫禁城出版社，二〇〇四）。

9 同前注。

10 同前注。

11 巫寶三，〈紀念我國著名社會學家和社會經濟研究事業的開拓者陶孟和先生〉，《近代中國》第五輯（上海：上海社會科學院出版社，一九九五）。

12 同前注。

13 竺可楨，《竺可楨日記》第二冊（北京：人民出版社，一九八四—一九九〇）。

14 陳槃，〈師門識錄〉，收入國立臺灣大學紀念　傅故校長籌備委員會哀輓錄編印小組編，《傅故校長哀輓錄》（臺北：國立臺灣大學，一九五一）。

15 俞大綵，〈憶孟真〉，《聯合報・聯合副刊》，一九九七年三月二十六、二十七日。

16 陶希聖，〈傅孟真先生〉，臺灣《中央日報》，一九五〇年十二月二十三日。

17 陳槃，〈師門識錄〉，收入國立臺灣大學紀念　傅故校長籌備委員會哀輓錄編印小組編，《傅故校長哀輓錄》（臺北：國立臺灣大學，一九五一）。

18 北京大學檔案館檔案。全宗號（七），目錄號第一號，案卷號一二三一。函中的石志仁，字樹德，時任平津鐵路局局長。實齋，當指華北「剿總」副祕書長焦實齋。黃澂，字敏功，乃陳雪屏在西南聯大時的門生，時為國民黨青年部頭目之一。

19 唐德剛，《胡適雜憶》（桂林：廣西師範大學出版社，二〇〇五）。

20 季羨林，〈為胡適說幾句話〉，收入謝泳編，《胡適還是魯迅》（北京：中國工人出版社，二〇〇三）。

21 沈衛威，《沈衛威講胡適》（合肥：安徽教育出版社，二〇〇七）。此為青年學者沈衛威訪問北大教授鄧廣銘的記錄，這個說法與下列兩家基本一個格調。如學者石原皋說：「蔣介石送三張飛機票，要他們立刻走，思杜雖無法阻止父母親走，但他卻堅決留下來不走，他不留念美國的生活，寧願留在祖國做些事情」（石原皋，《閒話胡適》（合肥：安徽人民出版社，一九八五）。又，胡思杜的本家胡應華說：「胡適的二兒子胡思杜解放前和胡適在北平一起生活，他思想進步，蔣介石接胡適時，要求他也一起走，接胡適的飛機也給他留了座位，但他堅持不走，留下來迎接解放」（胡應華，〈我對胡適家庭的一段回憶〉，《天涯讀書周刊》總第七六期〔二〇〇八〕）。

到了一九八九年，隨著思想開放和實事求是精神的提倡，一些教授、學者的思想，也從太虛空裡的妄念中漸漸擺脫出來，與時俱進地試著說點老老實實的真話。如前所述的鄧廣銘，就對胡思杜留守北平之事有了不同於以往的新的說辭。云：「胡思杜在美雖然讀完大學，但因不認真學習，所以學無所長。胡先生對他一直很不滿意。當他跟隨胡先生回國後，雖和他的父母同住，並且也有人想為他介紹到某大學去教書，胡先生卻堅決反對，並說：『不能讓他指靠我胡適之吃飯。要為他找工作，必須待他自己學有所成，能夠獨立謀生之後。』還說：『他這個人，凡和他初次見面的人，都可以聽到他漫談希臘、羅馬，古今中外的許多事，使人莫測高深。但你如第二次、第三次和他見面，他仍然是向你漫談這些東西，既無條理，又無系統。』據當時情況看，他之所以不肯把胡思杜帶走，是因為南下後，前途未卜，他不願意把這個包袱背走；並不是胡思杜接受了新思想，不願隨行」（鄧廣銘口述、蘇敏整理〔一九八九年〕，〈胡適與北京大學〉，收入王大鵬編著，丁聰插畫，《百年國士：自述・回憶・專訪》〔北京：商務印書館，二〇一〇〕）。就從常理上分析，鄧廣銘此次口述除了說胡思杜隨胡適回國這一點有誤外，其他事實與論斷較之上述石、胡等輩諸說，當更為可信。

22 〈致傅斯年〉，收入陳寅恪著，陳美延編，《陳寅恪集・書信集》（北京：生活・讀書・新知三聯書店，二〇〇一）。

23 蔣天樞編，《陳寅恪先生編年事輯》卷中（上海：上海古籍出版社，一九九七）。

24 陳美延、陳流求編，《陳寅恪詩集》（北京：清華大學出版社，一九九三）。

25 〈致傅斯年〉，收入陳寅恪著，陳美延編，《陳寅恪集・書信集》（北京：生活・讀書・新知三聯書店，二〇〇一）。

26 胡頌平編著，《胡適之先生年譜長編初稿》（校訂版）第六冊（臺北：聯經出版公司，一九九〇）。

27 蔣天樞編，《陳寅恪先生編年事輯》卷中（上海：上海古籍出版社，一九九七）。

28 同前注。

29 同前注。

30 楊聯陞，〈陳寅恪先生隋唐史第一講筆記〉，《傳記文學》一六卷三期（一九七〇年三月）。卜汝克臨，即布魯克林（Brooklyn）。韻卿師母，指楊步偉，字韻卿。

31 趙元任、楊步偉，〈憶寅恪〉，收入俞大維等著，《談陳寅恪》（臺北：傳記文學出版社，一九七八）。

32 陳美延、陳流求編，《陳寅恪詩集》（北京：清華大學出版社，一九九三）。

33 陳寅恪，〈致鄭天挺〉，收入陳寅恪著，陳美延編，《陳寅恪集・書信集》（北京：生活・讀書・新知三聯書店，二〇〇一）。徐高阮（一九一四—一九六九），字芸書，浙江杭縣人。一九三三年考入清華大學，頗受陳寅恪賞識。後參與政治，加入共產黨，一度出任中國共產黨北平市委組織部長，一九三五年被國民政府逮捕送至南京憲兵總部關押。出獄後因與中國共產黨北平市委李葆華等領導以及清華大學蔣南翔等之間存在尖銳意見分歧，被開除黨籍，徹底絕了從政之路。抗戰軍興後，徐先後在滬江大學和西南聯大受業於陳寅恪、傅斯年等大師，在學術上多有創見發明，深得陳寅恪器重。一九四八年三月十日，陳寅恪曾為徐著作〈徐高阮重刊洛陽伽藍記序〉一篇，文中追述徐氏校注此書的經由，並推許其「不獨能恢復楊（南按：東魏楊衒之）記之舊觀，兼可推明古人治學之方法。他日讀裴、劉、酈三家之書者，寅恪知其必取之以相參證無疑也」。陳把徐氏之作與前三家並列，可見對徐的推崇與期待已超出常人。惜後因種種原因，徐終未成為陳的助手。一九四九年，徐赴臺任職於中央研究院歷史語言研究所，有《山濤論》等著作問世。

34 鄧廣銘，〈在紀念陳寅恪教授國際學術討論會閉幕式上的發言〉，收入紀念陳寅恪教授國際學術討論會秘書組編，《紀念陳寅恪教授國際學術討論會文集》（廣州：中山大學出版社，一九八九）。

35 《申報》，一九四八年十二月十五日。

36 鄧廣銘，〈在紀念陳寅恪教授國際學術討論會閉幕式上的發言〉，收入紀念陳寅恪教授國際學術討論會秘書組編，《紀念陳寅恪教授國際學術討論會文集》（廣州：中山大學出版社，一九八九）。

37 王昊，〈文人南渡〉，《歷史學家茶座》總第八輯（二〇〇七年六月）。

38 曹伯言整理，《胡適日記全編》第七冊（合肥：安徽教育出版社，二〇〇一）。

39 北京大學檔案館，全宗號（七），目錄號第一號，案卷號一二三一。

40 同前注。

41 同前注。

42 《申報》，一九四八年十二月十七日。

43 同前注。

44 《申報》，一九四八年十二月十八日。

45 胡適，〈北京大學五十周年〉，《國立北京大學五十周年紀念一覽》（北平：北京大學出版部，一九四八）。北京大學乃中國近代最早的一所國立大學，原為京師大學堂，清光緒二十四年（一八九八年）創立，為戊戌變法的一大「新政」。中日甲午戰爭之後，光緒帝有意維新圖強，於一八九八年六月十一日頒布〈明定國是詔〉宣布舉辦京師大學堂，以「變法為號令之宗旨，以西學為臣民之講求，著為國是，以定眾向……」此詔不僅表達了光緒皇帝變法的決心，也拉開了「百日維新」的序幕。一九一二年更名為國立北京大學。關於北京大學在國際高等學府中的座次問題，一九六〇年六月五日，胡適在出席臺北師範大學建校十四周年的演講中，有過這樣一段話：「一九三六年，我曾代表北京大學參加哈佛大學成立三百周年紀念，有五百多個世界各地的著名學術機構和大學的代表都去道賀。在一次按照代表們所代表學校成立年代為先後的排隊遊行中，埃及的一個大學排在第一，但在歷史上這個大學有一千多年的歷史，是可懷疑的。實際可考的，應該是排在第二的義大利佛羅倫斯大學，才真正具有一千多年的歷史。北京大學是排到第五百五十幾名」（胡適，〈教師的模範〉，《新生報》，一九六〇年六月六日）。

46　《申報》，一九四八年十二月十八日。

47　北京大學檔案館，全宗號（七），目錄號第一號，案卷號一二三一。

48　齊如山，《齊如山回憶錄》（瀋陽：遼寧教育出版社，二〇〇五）。

49　《申報》，一九四八年十二月二十二日。

50　浦江清，《清華園日記・西行日記》（增補本）（北京：生活・讀書・新知三聯書店，一九九九）。一九四九年一月二十九日條。

51　同前注。一九四八年十二月二十七日條。

52　胡頌平編著，《胡適之先生年譜長編初稿》（校訂版）第六冊（臺北：聯經出版公司，一九九〇）。

53　《申報》，一九四八年十二月十九日。

54　李宗仁口述，唐德剛撰寫，《李宗仁回憶錄》（桂林：廣西師範大學出版社，二〇〇五）。

55　董顯光，《蔣總統傳》（臺北：中國文化學院出版部，一九八〇）。

56　《大公報》，一九四六年七月十七日第二版，標題為〈胡適明日由京返滬：附志其致毛澤東之一電〉，文前有編者按：「胡適博士去年八月在紐約曾有一電致毛澤東，特附志於次，以見其對國事之主張。」

57　魯迅，〈燈下漫筆〉，《魯迅雜文全集・墳》（鄭州：河南人民出版社，一九九四）。

58〈關於重慶談判〉，收入中共中央毛澤東選集出版委員會編，《毛澤東選集》卷三（北京：人民出版社，一九九一）。

59 陶詩原意大略為：「種桑長江邊」，寓意東晉偏安江南。據傅斯年門生逯欽立釋，西晉初，人們率以桑為晉之祥瑞。傅咸〈桑樹賦序〉云：「世祖（司馬炎）為中壘將，於直廬種桑一株。迄今三十餘年，其茂盛不衰。」又賦云：「惟皇晉之基命，爰於斯而發祥。」詩本此義而申言東晉。「三年望當采」，喻劉裕立晉恭帝既已三年，似可做出成績。黃文煥曰：「劉裕以戊午年十二月，立琅琊王德文，是為恭帝。庚申二年而裕逼禪矣。帝之年號雖止二年，而初立則在戊午，是已三年也。望當采者，既經三年，或可以自修內治，奏成績也。長江邊豈種桑之地，為裕所立，而無以防裕，勢終受制。」「柯葉」以下六句，和傅曰：「柯葉枝條，蓋指司馬休之之事。休之拒守荊州，而道賜發宣城，楚之據長社。迨劉裕克江陵，奔亡相繼，而晉祚始斬，故以春蠶無食，寒衣無待況之。其必作於元熙以後無疑也。」

60 臺灣中央研究院歷史語言研究所存傅斯年檔案。

61〈「九一八」一年了！〉，收入歐陽哲生主編，《傅斯年全集》卷四（長沙：湖南教育出版社，二〇〇三）。

62 曹伯言整理，《胡適日記全編》第七冊（合肥：安徽教育出版社，二〇〇一）。

63 同前注。

64 李勇、張仲田編，《蔣介石年譜》（北京：中共黨史出版社，一九九五）。

65 顧頡剛，《顧頡剛日記》（臺北：聯經出版公司，二〇〇七）。

66 這天宣布的戰犯名單如下：

蔣介石　李宗仁　陳　誠　白崇禧　何應欽
顧祝同　陳果夫　陳立夫　孔祥熙　宋子文
張　群　翁文灝　孫　科　吳鐵城　王雲五
戴傳賢　吳鼎昌　熊式輝　張厲生　朱家驊
王世杰　顧維鈞　宋美齡　吳國楨　劉　峙

程　潛　薛　岳　衛立煌　余漢謀　胡宗南
傅作義　閻錫山　周至柔　王叔銘　杜聿明
湯恩伯　孫立人　馬鴻逵　馬步芳　陶希聖
曾琦　張君勱等。

67 曹伯言整理，《胡適日記全編》第七冊（合肥：安徽教育出版社，二〇〇一）。

68 〈致李宗仁書〉，收入歐陽哲生主編，《傅斯年全集》卷七（長沙：湖南教育出版社，二〇〇三）。

69 中國社會科學院近代史研究所中華民國史研究室編，《胡適來往書信選》下冊（北京：中華書局，一九七九）。

70 曹伯言整理，《胡適日記全編》第七冊（合肥：安徽教育出版社，二〇〇一）。

71 中共中央毛澤東選集出版委員會編，《毛澤東選集》卷四（北京：人民出版社，一九九一），頁一四五一、一四八五。

72 同前注。

73 秦孝儀主編，《總統蔣公大事長編初稿》（臺北：中國國民黨中央委員會黨史委員會編，一九七八）。

74 同前注。

75 李勇、張仲田編，《蔣介石年譜》（北京：中共黨史出版社，一九九五）。

76 秦孝儀主編，《總統蔣公大事長編初稿》（臺北：中國國民黨中央委員會黨史委員會編，一九七八）。

77 同前注。

歷史與現場 295

南渡北歸：北歸・第二部（全新校對增訂、珍貴史料圖片版）

作　　者—岳南
主　　編—王育涵
特約編輯—蔡宜真
校　　對—蔡宜真、呂佳真
責任企畫—林進韋
美術設計—兒日設計
內文排版—極翔企業有限公司

總 編 輯—胡金倫
董 事 長—趙政岷
出 版 者—時報文化出版企業股份有限公司
一〇八〇一九台北市萬華區和平西路三段二四〇號七樓
發行專線—（〇二）二三〇六六八四二
讀者服務專線—〇八〇〇二三一七〇五・（〇二）二三〇四七一〇三
讀者服務傳真—（〇二）二三〇四六八五八
郵撥—一九三四四七二四時報文化出版公司
信箱—一〇八九九臺北華江橋郵局第九九信箱

時報悅讀網—www.readingtimes.com.tw
人文科學線臉書—http://www.facebook.com/humanities.science/
法律顧問—理律法律事務所　陳長文律師、李念祖律師
印　　刷—勁達印刷有限公司
初版一刷—二〇一一年五月二十七日
二版一刷—二〇二一年十一月二十六日
二版四刷—二〇二四年八月二十九日
定　　價—新台幣八〇〇元
（缺頁或破損的書，請寄回更換）

時報文化出版公司成立於一九七五年，
並於一九九九年股票上櫃公開發行，於二〇〇八年脫離中時集團非屬旺中，
以「尊重智慧與創意的文化事業」為信念。

南渡北歸・北歸By岳南
由中南博集天卷文化傳媒有限公司授權出版

ISBN 978-957-13-8541-9
Printed in Taiwan

南渡北歸：北歸．第二部 / 岳南作. -- 二版. -- 臺北市：時報文化出版企業股份有限公司, 2021.03
面；　公分. --（歷史與現場；295）
ISBN 978-957-13-8541-9（平裝）

1.知識分子 2.傳記 3.民國史

782.238　　109022223